出版理论与实务研究

研　究

沈小农／主编

中国人民大学出版社

·北京·

目　录

一、出版工作思考

二、选题策划

五、书评

一、出版工作思考

关于建设新闻出版强国的战略思考

·贺耀敏·

改革开放 30 多年特别是党的十六大以来，我国新闻出版业取得了举世瞩目的快速发展和显著成就，多种媒体都呈现出前所未有的繁荣发展局面，新闻出版业从多个方面促进着经济、政治、社会和文化的进步与发展，我国已经成为名副其实的新闻出版大国。2010 年全国新闻出版工作会议明确提出："站在新的历史起点上，我们必须瞄准世界新闻出版强国，将今后十年我国新闻出版工作的主攻方向和新闻出版业的发展目标确定为：向新闻出版强国迈进！"[1] 由此可见，推动我国从新闻出版大国向新闻出版强国迈进，已经成为今后一段时期内我国文化建设的重大战略任务之一。

一、我国已经成为新闻出版大国，但远不是新闻出版强国

我国新闻出版业的繁荣与发展，离不开改革开放和现代化建设事业的繁荣与发展。改革开放 30 多年来，我国新闻出版业取得了巨大的发展和显著的成就，使我国在不太长的时间内迅速成长为世界新闻出版大国，并为我国在今后十年建设新闻出版强国奠定了坚实的基础。与此同时，我们也应该看到与欧美等世界新闻出版强国相比，我国新闻出版业仍存在很大差距。

1. 我国新闻出版业已经成为国民经济的重要组成部分，我国已经进入世界出版大国的行列。这是一个基本判断，没有这个判断就会丧失建设新闻出版强国的信心和决心。

第一，整体新闻出版实力明显增强，产业规模不断扩大，发展质量和速度好于并快于其他国民经济重要部门。据有关统计数据显示，截至 2009 年底我国拥有图书出版单位 580 家，音像出版单位 378 家，网络出版企业 195 家，报纸 1 943 种，期刊 9 549 种；全国共有国有、民营、外资、合资发行企业 12 万余家，网点

16.1万个。[2]我国日报年出版总量达到440亿份，出版规模已连续9年位居世界首位，成为世界发行总量最大的报业市场；图书出版品种27.57万种，销售额1 456亿元，仅次于美国；印刷复制业有企业18万余家，总产值达到5 746亿元，位居世界第三位；数字出版总产值达到750亿元，年增长50％以上；新闻出版业总产值首次突破1万亿元。[3]这些数据都显示出新闻出版业较好地满足了国家和人民群众的文化生活的需要，我国已经成为名副其实的世界出版大国。

第二，出版产业结构不断优化，产业升级逐步加快，产业体系日趋完善，成为推动我国转变发展方式的重要部门之一。目前我国已基本形成了以图书、报纸、期刊、音像制品、电子出版物、网络和数字出版等六大新闻出版媒体为主，包括出版、印刷、复制、发行、教育、科研、出版物资供应、版权贸易和代理、出版物进出口等多个门类较为完整的产业体系。电子出版、网络和数字出版增长势头强劲，发展前景看好。印刷、发行、出版策划、内容提供等服务领域已经形成了多种所有制和多种组织形式共同发展的新格局。在一些城市和地区初步形成了新闻出版业包括出版、印刷、物流和动漫的生产基地，这些产业集群的蓬勃发展正改变着一些地方的产业结构和发展方式。

第三，科学技术在新闻出版业中的应用规模不断扩大，应用水平不断提高，正在改变着传统出版的面貌。新闻出版业最适合以计算机技术、网络技术等为标志的新的科学技术革命。近十几年来，新闻出版业与新科技成果的融合日益紧密，从技术装备上看，我国新闻出版业正在走向光与电的时代，新技术、新装备在我国出版业广泛应用；从出版载体形式上看，我国新闻出版业与世界新闻出版业的距离进一步缩小。据不完全统计，截至2008年底，中国580家图书出版单位中已有90％开展了电子图书出版业务，电子书发行总量超过3 000万册，收入达3亿元，同比增长50％。数字出版、网络游戏、手机彩铃、手机游戏、手机动漫等新的新闻出版业态大量涌现，2009年中国数字出版总产值已超过750亿元。

第四，新闻出版业整体改革不断深入，新闻出版单位转企改制取得突破性进展，重塑了新闻出版的市场主体，出版活力进一步焕发出来。截至2009年底，国内已经组建了29家出版传媒集团公司，80％以上的图书出版社完成转企改制或进入转制程序，1 000多家报刊出版单位走上了市场，30个省级新华书店系统完成了转企改制，新闻出版行业上市公司达39家。新闻出版业的格局正在发生深刻变革，跨行业、跨媒介、跨地区的联合、兼并、重组方兴未艾，一些优质新闻出版企业通过上市等资本运营手段赢得了跨越式发展。

2. 与世界发达的新闻出版强国相比，我国尚有很大差距，新闻出版业的发展仍未摆脱粗放型增长的轨迹，需要更深层次的改革与创新。这也是一个基本判断，看不到这一点就会丧失建设新闻出版强国的机遇和勇气。

我国新闻出版业的发展成就有目共睹，但是我们也应看到我国新闻出版业与世界发达的新闻出版强国相比，还存在很大差距，还有很漫长的一段道路要走。正如柳斌杰署长所说："与世界强国相比，无论发展规模、发展格局，还是发展方式、发展质量，都存在着很大的差距。"[4]这种差距集中表现为：

第一，新闻出版业整体规模偏小，产值偏低，不仅与人民群众日益增长的物质文化需要存在差距，而且其产值和规模也没有发展到成为国民经济重要行业的程度。我国新闻出版业从出版数量上讲，已经比过去有了很大进步，每年出版新书品种超过了英国、德国、日本等国，但是仔细分析我国出版的图书品种就可以发现，其规模大的主要原因是我国庞大的受各级各类教育的学生人群，最主要的图书品种和数量来自于各级各类教材和教辅教参资料。我国新闻出版业的有效销售总量、出版业总产值在国民经济中的地位都还严重偏低，新闻出版业的整体发展质量和水平与人民群众的要求和国民经济发展的需要相比，都还存在很大差距。2007年人均购书册数仅为4.58册，当年图书出版产业只占第三产业增加值的0.7%[5]。

第二，新闻出版企业普遍缺乏核心竞争力，产品创新不足，低水平重复严重，导致大量新闻出版产品生命周期短暂，难以流传下去和传播开来，新闻出版企业经营意识不强。一个国家的新闻出版业是否具有核心竞争力，关键要看这个国家的新闻出版业是否具有创新能力和创新精神，是否能够为广大读者提供喜闻乐见又长期流传、广泛传播的产品，是否形成了一批影响深远、读者认知度高的优秀品牌和精品力作。而目前我国的相当一批新闻出版单位严重缺乏市场意识，热衷于跟风炒作，粗制滥造，不仅从产品角度上讲难以推出形式多样、内容新颖、读者欢迎的好的作品，而且从管理角度上讲也缺乏产品创新、管理创新和技术创新的机制与动力。更有一些图书出版机构长期采取"作坊式"生产，依靠政策吃饭，自我积累、自我发展的能力较差，只能维持出版简单再生产和低水平重复出版，难以实现扩张经营和跨越式发展。在终端消费者眼里，出版社的市场地位并不高，远未形成市场号召力和品牌忠诚度。

第三，新闻出版产业的集中度偏低，长期形成的新闻出版条块分割结构和行政化管理体制，不仅导致了新闻出版资源配置严重不合理，而且加剧了新闻出版业的行业封锁和地方封锁。我国新闻出版业的产业布局是在计划经济体制下形成的，无论是新闻出版单位的地域分布，还是资金、技术、人才和市场的集中度，都存在着高度分散化的问题。改革开放以来虽经不断改革有所改善，但是其基本格局并没有被触及。绝大多数新闻出版单位的普遍特点就是单位体量小、生产能力弱、服务对象少、读者群狭窄，所以发展空间都不大。与世界新闻出版强国所表现出来的那种资本运作开放性、业务结构跨行业性、集团格局跨地区性相比，差距很大。

第四，新闻出版业整体技术含量和创新能力偏低，与高新科技成果的融合步伐比较缓慢，我国新闻出版业目前仍处于粗放型增长中，尚未探索出一条集约型增长的发展道路。新闻出版业的发展离不开高科技成果的运用和推广，在计算机技术和互联网高速发展的今天，离开了高新科学技术的支撑，任何产业都无法得到快速发展。与高新科技企业向新闻出版业的积极延伸和渗透相比，我国相当一部分传统新闻出版单位对高新技术反应迟钝，缺乏发展高新技术、推动产业升级的动力。不彻底改变新闻出版业这种运用科学技术相对迟缓的局面，新闻出版业的发展就是一句空话，建设新闻出版强国的目标就会落空。

二、今后十年是建设新闻出版强国的重要战略机遇期

确定我国今后十年新闻出版业的战略目标是建设世界新闻出版强国，不仅有必要性，而且有可能性。认真分析我国今后十年各个领域和各个方面的发展趋势，深入探讨世界新闻出版业发展的规律，我们有充分理由相信，我国用十年左右的时间实现新闻出版强国的目标是一定能够实现的。

第一，我国社会经济的迅速崛起和我国国际地位的显著提升，为建设新闻出版强国提供了坚实的物质基础和强大的国力支撑。纵观世界新闻出版业发展史，我们可以清楚地看到，一国新闻出版业的发展从根本上取决于该国社会经济的发展程度和水平，没有强大的社会经济作为物质基础和力量支撑，就不可能有发达的新闻出版业。在过去的 30 多年中，我国社会生产力和综合国力迈上了新的台阶。以 2009 年为例，尽管遭遇了金融危机的严重冲击，我国国民经济仍取得了显著成就：国内生产总值达 33.5 万亿元，经济总量上升为世界第三，仅次于美国和日本；进出口总额达 22 072 亿美元，超过德国跃居世界第一；外汇储备达 23 992 亿美元，已经跃居世界第一。分析未来二三十年的中国经济发展，国内外绝大多数经济学家都持积极乐观的观点，更有论者认为在此期间中国将成为世界

第一大经济体。这样的社会经济发展，必将极大地推动和支持新闻出版业的快速发展。

第二，中华民族几千年来创造的优秀文化成果和新中国成立以来特别是改革开放以来创造的丰富的当代中国文化内容，是我国建设新闻出版强国的内容保障和支撑。新闻出版业从本质上讲是内容产业，是知识生产和知识创新的产业，是对有价值和优秀的文化内容进行搜集、选择、创造和转换的活动。优质而丰富的出版内容是新闻出版业赖以生存和发展的核心要素，是建设新闻出版强国最重要的核心竞争力。中国文化包括中国传统优秀文化和当代丰富的文化内容的价值，越来越多地得到中国人民和世界各国人民的认可，对中国文化内容认识的这种深刻转变，为我国新闻出版业的大发展准备了良好的基础和土壤。我国广大人民群众在物质生活水平提高的同时，对文化的需求越来越强烈，这既来自于外部的倡导，也来自于自身的发展需求和心灵需求。从国际视野看，中国近几十年的快速发展更是引起了广泛的关注，人们纷纷探索中国发展的奥秘所在，"中国热"持续升温。

第三，科学技术与新闻出版业日益紧密的融合是提升新闻出版业整体素质和水平，增强传播力、影响力和产业实力，打造新闻出版强国的第一推动力。新闻出版产业是知识密集、科技含量高的集约型产业。它既是科技进步的产物，又在科技进步中发挥巨大作用，只有运用先进适用技术改造传统新闻出版生产方式和基础设施，才能构建覆盖广泛、技术先进的新闻出版传播渠道。应该看到网络出版、数字出版是现代新闻出版业发展的必由之路，是数字化时代新闻出版的新业态。有人将网络出版和数字出版看作是继造纸术、印刷术之后的第三次出版革命。我国科学技术的发展特别是数字技术、互联网技术的发展日新月异，科学技术向新闻出版领域的渗透日益明显；贯彻落实科学发展观，转变经济发展方式，为新闻出版产业与科学技术的融合创造了空前有利的条件。科学技术是第一生产力深入人心，必将是建设新闻出版强国的第一推动力。

第四，新闻出版企业是建设新闻出版强国的主力军，新闻出版体制改革的不断深入，为组建一批规模宏大、力量雄厚、竞争力强的新闻出版集团创造了条件，为发展一批机制灵活、成长性好、创新能力强劲的新闻出版企业创造了条件。建设新闻出版强国，关键一环是要按照现代企业制度的要求，培养和建设一批规模层次分明、组织形式多样、具有核心竞争力的市场主体。事实上，新闻出版业原有的具有计划经济体制特点的管理方式、运行模式和发展方式正在逐步转变，一大批适应市场经济体制要求、具有市场竞争能力的新闻出版企业快速成长，我国新闻出版改革已进入培育市场主体、战略投资者的阶段，提高新闻出版产业和资本集中度，整合新闻出版资源，调整新闻出版结构，做强新闻出版主业，已经成为新闻出版业改革的共识。数据显示，2009 年中国出版集团等 14 家出版集团经营业绩全线飘红，并在调整结构、多元经营、跨行业重组兼并等方面也取得了新的突破。

第五，新闻出版人才队伍的规模、结构和质量直接决定着新闻出版业的发展水平和发展状况，培养和造就一大批创新型人才是建设新闻出版强国的重要支柱。新闻出版业作为一种知识产业，从事知识的聚集、加工、整理和传播，因而对从业人员的知识要求高；新闻出版业面临科技革命的现实冲击，对创新型人才的需求强烈。人才特别是创新型人才是新闻出版业成败的关键，人是知识的载体、使用者、传播者、创造者，是出版产业生产力中最活跃的因素。建设新闻出版强国，全面提升我国出版产业的国际地位，就必须优化和调整我国新闻出版业现有的人力资源，吸引更多有思想、有抱负、有干劲的人才进入新闻出版行业，培养和造就一大批创新性人才和领军人才，使新闻出版业的人力资源释放出巨大的凝聚力和创造力。目前，新闻出版业越来越成为吸引人才、汇聚人才、成就人才的行业。

第六，建设创新型国家是我国政府的战略目标，为新闻出版业营造良好的发展环境，大力支持和引导新闻出版业健康发展，是建设新闻出版强国的政策保障。在经济全球化快速发展的时代，文化越来越成为一个民族、一个国家凝聚力和创造力的源泉，越来越成为国与国之间竞争和国家综合国力较量的重要组成部分。胡锦涛总书记在第八次文代会、第七次作代会上的讲话中指出："如何找准我国文化发展的方位，创造民族文化的新辉煌，增强我国文化的国际竞争力，提升国家软实力，是摆在我们面前的一个重大现实课题。"新闻出版业的发展离不开政府的正确引导和大力支持，建设新闻出版强国是增强我国文化国际竞争力、提升国家软实力的重要组成部分。未来十年政府的大力支持和引导，将为建设新闻出版强国提供有力的政策保障。

三、建设新闻出版强国的战略措施

抓住未来十年建设新闻出版强国的战略机遇期，形成新闻出版繁荣发展的局面，建设新闻出版强国是一件十分艰巨的历史任务。为此，我们更应该扎扎实实地做好建设新闻出版强国的发展规划，脚踏实地地干好建设新闻出版强国的各项工作，坚持不懈地实施有关战略措施。

第一，坚持不懈地实施新闻出版产业振兴发展战略。通过国家投资、政府扶持、社会各界积极参与等战略措施，全面振兴和发展新闻出版业，使之真正成为我国国民经济的重要支柱行业之一，提升我国新闻出版的国际竞争力和国家软实力。由于新闻出版业所具有的意识形态性质和产业性质的双重属性，建设新闻出版强国首先必须有国家层面的发展战略，必须有政府的积极支持和介入。国家应该从战略上发展新闻出版业，用国家投资的方式建设一批重大的新闻出版等文化工程。出台相关政策措施，鼓励和支持中国内容、中国风格、中国气派的文化出版物的出版。其次要积极鼓励和扶持各种社会力量参与到新闻出版产业之中，促进新闻出版业的繁荣发展，共同促进新闻出版强国的建设进程。要通过进一步解放思想，大胆探索，走出一条中国式的新闻出版发展道路，不能以强调新闻出版产业的特殊性和工作环节的特殊性，把各种积极因素和有利因素排斥在外。

第二，坚持不懈地实施新闻出版产业聚集与整合战略。以市场机制为手段，以政府推动为引导，以做强做大为目的，打造代表中国新闻出版水准、具有相当竞争实力的新闻出版业"航空母舰"。从世界范围来看，大型化、集团化是新闻出版业发展的重要趋势和特征。建设世界出版强国，要以提高出版产业集约化程度为重点，优化出版资源配置，加大行业兼并重组力度，打破地区和行业限制，实现跨媒体、跨地区、跨行业、跨所有制发展。其中最直接、最现实、最有效的做法就是加快产权制度改革，推进出版企业股份制改造，全力打造中国出版传媒"航空母舰"，革除计划经济体制下形成的分散布局、僵化模式和落后业态等弊端，扶持和培育优质的名牌出版企业，全面提升我国出版企业的国际竞争力和市场影响力。最近中宣部、财政部等九部委联合制定的《关于金融支持文化产业振兴和发展繁荣的指导意见》的发布，对新闻出版企业做强做大是一个极大的推动。在推动新闻出版业发展时，要积极借鉴和探索新闻出版创新之路，高度注意并防止新闻出版产业出现成长惰性。

第三，坚持不懈地实施新闻出版产业提升核心竞争力战略。以最大限度地满足人民群众的文化生活需要和争取世界新闻出版市场为目标，优化新闻出版资源配置，确立"出精品，创名牌"的新闻出版精品意识和品牌战略。我国新闻出版业必须改变长期坚持的均衡发展模式，改变由政府按计划配置资源、均衡布局的传统做法，进一步优化新闻出版资源配置，提升新闻出版的核心竞争力。要按照市场经济的要求，大力推进新闻出版产业聚集，促进形成若干具有世界影响的新闻出版产业基地；要按照现代企业制度的要求，大力倡导效率优先的原则，既要坚持出版产业政策区域化，又要坚持区域政策的出版产业化；要坚持"出精品，创品牌"的企业发展之路，营造品牌孕育和成长的良好环境，引导新闻出版企业变产品经营为品牌经营；要强化"走出去"战略，明确新闻出版国际发展思路与措施，提升中国新闻出版业的国际地位和话语权，缩小与世界新闻出版强国的差距。

第四，坚持不懈地实施新闻出版产业向科技进军战略。加大科学技术在新闻出版业中的广泛运用，提高新闻出版产品的科技含量，满足社会各界特别是广大青年读者的需要。随着信息、网络技术的高速发展，互联网和数字化技术的应用已深入到出版业的各个环节，使出版业的产品形态、运作方式和流通渠道发生了深刻变化。以高科技为主要手段和特征的现代内容产业迅速产生和壮大，成为了不可逆转的产业发展趋势。在这种形势下，新闻出版业必须对内容资源进行全方位与深层次的开发利用，形成各种传媒形式与优质内容资源紧密结合发展的新格局。尤其要加大对新闻出版科技研发的投入，用高新科技手段装备新闻出版业，促进新闻出版业的技术变革。对高新科学技术的漠视和拒绝，都将免不了被快速发展的新闻出版业淘汰的命运。

第五，坚持不懈地实施新闻出版产业人才发展战略。重视新闻出版人力资源培养、开发和使用，确立人才资源是第一资源的思想，培养一批政治觉悟硬、业务能力高、市场意识强、创新后劲足的人才队伍。人才资源和人才队伍始终是新闻出版业竞争制胜的法宝，是新闻出版业繁荣发展的核心资源，优秀的人才资源是新闻出版企业保持核心竞争力的持久动力。我国新闻出版业繁荣发展的最大制约性因素就是人才匮乏，既缺乏熟悉现代新闻出版业发展趋势、善于组织领导企业开拓创新的优秀企业家和经营管理人才队伍，也缺乏新闻出版政治意识、专业素质和市场意识强的优秀专门人才队伍。从某种意义上说，新闻出版业的领军人物严重不足是制约当前新闻出版业发展的关键，我们要学习默多克，没有这样的领军人物和企业家，就没有世界上最大的跨国媒体集团——新闻集团。

第六，坚持不懈地实施新闻出版产业体制改革创新战略。体制改革的深化和管理的现代化是打造世界出版强国的重要途径，新闻出版业要进一步推进体制改革、制度创新和管理创新，以适应出版大国向出版强国转变的需要。积极探索一条适合中国实际的新闻出版体制和现代化管理制度是建设世界出版强国的重要保障。要勇于学习和借鉴世界新闻出版强国在体制和管理上的积极经验与做法，加快新闻出版体制改革和管理创新的步伐。通过产权制度的改革和创新，改变我国新闻出版业政企不分的局面，明晰国有新闻出版企业产权，并通过建立现代企业制度，提高国有产权的经营效率；通过企业经营制度改革与创新，建立健全符合现代企业制度和国际惯例要求的激励机制、约束机制和企业文化，探索建立适合自身的商业模式和盈利模式；通过管理制度改革与创新，提升企业的发展能力，不仅要增强在国内市场竞争中的竞争力和生命力，还要增强在国际市场的竞争力和影响力。

当前整个世界的新闻出版业都面临着重大的技术创新和制度创新，这种形势为我国新闻出版业实现跨越式发展、建设新闻出版强国创造了难得的历史机遇。世界大量产业发展的经验表明，后发展国家和后发展产业，都有可能实现跨越式发展，中国的新闻出版业也一定能够实现跨越式发展，建设成为世界新闻出版强国。

【注释】

[1] 柳斌杰：《改革创新 科学发展 大力推动我国向新闻出版强国迈进》，载《中国出版》，2010（2）。

[2] 参见柯维：《中国成为新闻出版强国的战略思考》，载《中国编辑》，2010（1）。

[3] 参见柳斌杰：《改革创新 科学发展 大力推动我国向新闻出版强国迈进》，载《中国出版》，2010（2）。

[4] 柳斌杰：《改革创新 科学发展 大力推动我国向新闻出版强国迈进》，载《中国出版》，2010（2）。

[5] 参见蒋雪湘、胡振华：《中国图书出版产业规模经济效应分析》，载《出版科学》，2009（5）。

切实处理好图书出版流程中的几个关系

·刘　志·

所谓图书出版流程，就是指一本图书从选题组稿、书稿审读、编辑加工、印务制作到出版发行，其间经过的一系列具体步骤或工作环节。

具体来说，一本图书的诞生需要经历以下几个环节。

（1）选题组稿。首先，策划编辑进行充分的市场调研，确定适应不同读者群体的选题意向；然后，在分社内部进行多次论证的基础上将意向确立为选题，由分社将该选题上报总社选题论证委员会审批。选题经总社审批后再上报教育部主管部门和出版总署审批，待选题正式获得批复后，策划编辑即可启动组稿程序，与作者沟通，开始书稿的创作。

（2）书稿审读。在策划编辑初步审看书稿部分样张认为基本达到要求后，作者方可提交全稿。交稿后由策划编辑组织审读稿件，并就书稿质量拟就《审读报告》，在书稿的政治性、学术性、创新性、完整性、丰富性以及是否符合本社出版方向等方面作出判断。

（3）出版合同。书稿经过审读确认达到组稿的各项要求后，出版社决定正式出版，由策划编辑代表出版社与作者方签订《图书出版合同》，以法律文书形式确认关于作品出版的合意行为。

（4）编辑加工。策划编辑完成上述工作后，达到齐、清、定要求的书稿正式由文字编辑接手，转入排版和编辑加工过程。文字编辑加工过程中，要经常与策划编辑、作者就改稿情况进行沟通，务求稿件符合出版标准。文字编辑和校对人员须对书稿进行三审、三校。

（5）装帧设计。与编辑加工同步进行，策划编辑提出总体装帧设计方案，并与文字编辑和作者进行持续沟通，共同完善。

（6）印务制作。三审、三校完毕，最后由文字编辑通读核对校样，确认无误签字付印后出片，送出版部门下厂印制。

（7）样书检查。印制工厂先期制作少部分样书，交文字责任编辑、质管部门、出版部门三方核查，确认无误后批量生产、包装、仓储、发货。

从上述情况来看，一本图书的诞生恐怕至少要经过十几个环节。只要其中某一个环节出现问题，我们精心策划的图书就难以完全体现出我们当初的策划意图，我们精心设计的精品就有可能不能真正完美地呈现在广大读者的面前。当然，这种情况下我们各种市场预期就可能打折扣，图书的经济效益也得不到充分实现。因此，重视图书出版流程管理，切实处理好图书出版流程过程中的各种关系，具有十分重要的现实意义。

笔者总结多年来从事出版流程管理的经验，结合出版社的工作实际，认为在图书出版流程中应该切实处理好以下几个主要关系。

一、编辑与作者的关系

编辑与作者应该是互相依存、共同发展的关系。编辑通过出书，结识和培养作者，逐步建立起自己的稳定的作者队伍，为长期的可持续的策划工作奠定坚实的基础。作者则通过出书，传播自己的学术思想与成果，实现个人价值，促进社会进步。作者是知识的创造者，编辑首先应该尊重作者，尊重作者的劳动。这一点编辑要始终牢记。尤其是对待年龄较大、学术地位较高的作者更要强调尊重。除了尊重以外，编辑还要具备较强的理解和沟通能力。很多作者都是某一领域里的著名学者或年长者，同这些作者沟通，要求我们的编辑必须具备一些相应的交往知识和学科知识。比如，在日常交往方面，编辑要多了解作者的身体状况，个人爱好与特长，平时言谈方式以及喜欢的话题，等等。在学科学术方面，要多注意作者相关的学科领域里的学术动态，关注当前该学科的状况，包括该学科有哪些学术带头人，他们的个人背景情况，已经出版过什么代表性的著作，发表过哪些代表性的文章；该学科中哪些问题已经解决，哪些问题各方意见尚有分歧；目前争论的焦点何在，代表性的论点有几派，等等。只有掌握了这些背景知识，并加以综合运用，才能最大限度地实现与作者的沟通，才能展开与高端作者的学术对话，也才能组到真正的精品力作。此外，编辑与作者打交道任何时候都要真诚，真情换真意。编辑要善于与作者做朋友，做"忘年交"；作者遇到困难时要真心帮助他们，要设身处地地帮他们出主意、想办法，解决问题。策划编辑与作者之间关系的最理想状态，就是一些作者能经常为策划编辑提供有关学科领域的教学及科研动态，甚至有时成为相关领域选题的辅助策划人。

二、文字编辑与策划编辑的关系

人大出版社成立事业部时，由于策划编辑和文字编辑刚刚分工，这两部分编辑都在适应新的角色，所以，两者一度比较难以协调，经常各诉各的苦衷。特别是当时一些文字编辑感到地位似乎有所降低，情绪产生波动，一定程度上影响了出书。后来，出版社积极采取措施，完善各种制度，较为顺利地解决了问题。社会上采取策划与文编分工的出版社，大体也都经历了与我社相同的发展磨合过程，目前基本上都已能较好地处理两方面人员之间的关系，出书已经变得较为顺畅。

当然，关于是否应该将传统的编辑按职能划分为策划编辑和文字编辑两种，在出版界至今仍然没有定论，其中一个很重要的原因在于：很多出版社分工之后没有实现两者利益目标的统一，在工作上不能让双方达到有效的沟通与协调，甚至其间经常产生一些矛盾，影响了出版社整体效益的实现。因此，纵观各个出版社的成功经验，要真正处理协调好策划与文编的关系，我们可能要着重做好这样几方面工作：第一，出版社的管理者在改革过程中要端正态度，切实将文字编辑与策划编辑置于同等重要地位。在相当一段时期内出书成为瓶颈的情况下，管理者要特别关注文字编辑的实际困难，在工作中对他们表现出体谅和爱护。第二，出版社的管理者要为策划和文编制定共同的目标体系，在最终利益上将两者捆绑起来，使两者在工作中形成合力。第三，出版社的管理者应尽量使流程中各个环节的设置科学合理，既不浪费人力，又可以量化。第四，出版社的管理者应明确策划与文编的各自岗位职责，制订与贡献挂钩的考核办法，并一视同仁地加以执行，其核心目的是充分调动两者的积极性。

实际出书过程中，策划编辑与文字编辑为了实现共同的目标利益，应该在明确分工的基础上强调协调与合作，相互之间应该多商量、多"补台"。出书环节十几个甚至几十个，中间稍有脱节与掣肘，都有可能直接影响出书的速度和质量，最终影响共同效益的实现。

三、策划编辑和封面设计人员的关系

上世纪末，我们出版社在封面设计工作上率先进行了改革，目标是实现出版物封面设计的社会化，以博采众家之长，为我所用，缩短设计周期，节省设计成本。几年下来，我社出版物封面的整体设计水平获得很大提高，在社会上的影响也越来越大。当然，这不是说我们的封面设计水平就不需要再提高了，相反，随着社会整体设计水平的提高，我们未来的创新之路也更为艰难。

那么就策划和美编来说，二者是一种什么关系呢？我始终认为策划编辑应居于核心地位。策划编辑不仅要策划图书的内容，而且要策划图书的封面和版式，也就是说策划工作应该是一个整体的概念。策划人对选题应该有一个整体的思路。策划人就像一部电影中的制片人，他一开始就应该对影片有一个整体的思路，包括它的思想内容、艺术形式、总体风格、宣传手法、盈利模式等。这种艺术风格的思路是既定的，好的电影美工就是能够深刻领会这一思路，通过自己创造性的劳动充分体现出制片人的特定思想或意图。所以，一个优秀的策划人应该深入挖掘所策划图书的思想内涵，了解图书市场装帧设计的流行风格与发展趋势，了解各种印刷工艺、材料的特性及其成本水平等，最终把这些因素结合起来形成一个整体的设计思路，从而指导或引导装帧设计人员进行设计工作。当然，这种主导核心作用并非抹杀设计人员的积极主动性，相反，策划编辑应该想办法调动设计人员的专业潜能，让其在设计过程中能够出主意、想办法，充分发挥个人的专业能力。策划编辑一开始要向设计人员深入讲解图书的思想内容，描述图书的独有特色，将图书的整体理念灌入设计人员的头脑中。策划编辑不能把设计人员的能力估计得过高，一般来讲，把他当作图书策划制作中的一个重要环节就足够了。

目前，这方面存在的主要问题是策划编辑对设计人员的主导或指导作用不明显，或者说还不到位。策划编辑在装帧设计方面的指导或引导作用应进一步加强。

四、质量、成本、周期的关系

质量、成本、周期三者之间是互相制约、互为条件的关系。三者当中质量是根本，我们在任何情况下都不能靠牺牲质量来换取成本或者周期。图书质量是一个出版社的立社之本，是一个出版社的生命线，也是一个出版社的品牌所在。失去了质量，我们就失去了赖以生存的基础，更无法实现可持续发展。在一般情况下，这三者之间呈正比例关系。也就是说，在图书质量要求越高的情况下，其成本相对就要越高一些，周期相应就要越长一些。这也是一个正常的市场规律。当然，我们应该在主客观条件许可的情况下，在充分保证质量的前提下，尽可能地降低成本，缩短周期。这也是我们不断加强科学管理，向管理要效益的题内之义，但这决不意味着我们可以违反客观规律。

目前，在进一步提高质量、降低成本、缩短周期方面，我们还有很多工作要做。各个部门的管理者需要加强专业知识学习，加强对市场的了解，加强工作的计划性，加强相互之间的协调配合，努力使我们的管理工作细致再细致，科学再科学，真正在严格管理的基础上实现效益的提升。

五、分社、出版部、发行部的关系

分社、出版部与发行部之间的关系实际上就是组稿策划、编辑加工和生产制作、产品销售之间的关系。分社与发行部就像拉动出版社前进的两驾马车，出版社的高速增长，全靠两驾马车的快速奔跑。而出版部则好像是连接分社与发行部之间的一条纽带，它服从、服务于两端的发展。这条纽带的服务效果如何，将直接影响到两驾马车的奔跑速度。

1. 分社与出版部之间是一种研发与制造的关系

一部好的书稿如何能够以良好的品质，特别是美好的外在形式展示给广大读者，以便最充分地体现策划人的策划思路，实现两个效益的最大化，在这里出版包括装帧设计发挥着很大作用。从一定意义上讲，整个出版过程是对书稿的一次"再创作"，再创作好了可以为图书增辉增值，再创作不好则会影响图书在市场上的销售，甚至损害出版社的品牌形象。

从工作性质和出版环节而言，出版部和分社是服务与被服务的关系。出版部是服务部门，负有高质量地管理生产制作图书过程并不断降低生产成本的重要职责。出版部要尊重编辑人员的创造性劳动，要珍视他们辛勤劳动的成果。当然，出版部的服务不是消极被动式的，而是出主意、想办法积极主动式的。分社编辑也要尊重出版部人员的意见，因为他们拥有一定的专业知识，而且每天都在与材料、工艺、工厂打交道，从某种意义上说他们是出版行家。

2. 出版部与发行部是制作与销售关系

出版部与发行部是现代图书市场中最紧密的两个环节。其中销售更为重要，因为市场经济条件下生产出的产品再多再好，如果销不出去也只能造成产品的大量积压，实现不了预期效益。所以，从这个角度讲出版部要服务、服从于发行部，要听从发行部的生产安排。当然，如同分社与出版部的关系一样，出版部也要发挥自己的专业优势，发挥主观能动性，积极主动地为发行提供相关信息，搞好服务。

3. 分社与发行部是研发与销售的关系

产品的研发是企业可持续发展的基础，没有产品的层出不穷的、标新立异的研发，任何企业最终都会在激烈的市场竞争中败下阵来。但是，产品仅仅研发出来是不够的，它必须被推向市场，被人们充分了解，为广大消费者所接受，由此企业才能生存发展，才能实现效益，产品的研发才有意义。发行部的作用充分体现在这一方面。所以，简单地争论两者谁更重要已经毫无意义，重要的是两者需要相互"补台"、相互支持，因为两个部门都站在同一条船上，面对的是共同的市场风浪。

概而言之，就出版社共同的利益目标而言，分社、出版部、发行部的确是一个密不可分的整体。大家务必树立"一盘棋"思想，在工作中互相搭台、补台，将自己部门目标与全社的目标统一起来。编辑人员要认识到出版、发行环节的重要性，认识到出版部在把书稿变成图书精品过程中的重要作用，认识到发行部在把图书精品变成读者的"精神食粮"过程中的重要作用，注意调动广大制作人员（包括协作厂）和营销人员的主动性、积极性。同时，发行部和出版部人员也要珍惜广大编辑的工作成果，切实认识到研发部门对于一个企业的重要性，理解分社在企业中的"发动机"作用，努力为这个发动机加油再加油。

目前，几个部门之间仍然存在着需要进一步默契配合，进一步科学细化工作流程，加强成本费用核算等问题。特别是在进一步加强工作的预见性和计划性方面，当前尤其显得紧迫。

六、出版社与协作厂的关系

笔者认为，出版社与协作厂在当前的市场经济条件下是一种利益上的共赢关系。有的社会出版社也称之为"战略联盟关系"。协作厂只有在出版社的支持与帮助下，才能实现扩大再生产，实现企业效益增长和规模发展；反之，出版社只有通过协作厂高质量、高速度的生产活动，才能获得精美的图书制品，实现市场销售和经济效益，并最终实现品牌的扩张。社厂双方在共同服务于最终读者这样一根"链条"上应该紧密配合、相互协调，以共同实现各自的利益。因此，在实际工作中，我们一定要坚持厂社平等的原则，出版社要尊重协作厂，体谅协作厂，这样有利于最大限度地发挥他们的积极性，使其能够主动为出版社出主意、想办法、降成本、堵漏洞。

总之，我们一定要切实处理好图书出版流程中的各种关系。出版各环节、各部门的编辑、管理人员一定要讲大局，讲共赢，讲配合，讲协作，努力做好自己的本职工作，为实现"多出书，出好书，出精品"的目标，为出版社的可持续发展作出贡献！

试论出版企业品牌管理

· 张锁平 ·

品牌战略和品牌塑造在企业发展中具有的重要地位毋庸置疑。近年来，品牌管理已经成为各大企业管理中的重要组成部分。出版企业在加强管理科学化、规范化的过程中，特别是在整个出版业完成转企改制，市场化、集团化发展日益深入的形势下，加强出版企业品牌管理就显得更为重要。

一、出版企业为什么要关注品牌管理

品牌管理之所以受到各大企业的广泛重视，可以归纳为以下几个因素：(1) 媒体环境发生了变化。新媒体日益发展，有线电视网已经普及化，互联网快速发展，特别是最近电信网、计算机网和有线电视网三网融合进入实施阶段。(2) 消费者在不断变化。消费者对产品以外的需求在增加，比如消费者变得更加挑剔，消费者更喜欢寻求娱乐和刺激；消费者更加精于讨价和比较；消费者的需求层次在增加，消费习惯在变化。(3) 市场环境在变化。竞争更加剧烈，特别是恶性竞争带来了许多不良后果；产品和产品质量的差异在减少，产品的可替代性增强；品牌的求异战略受到挑战；国际品牌的冲击。(4) 企业本身在变化。产品的创新受到挑战；人才的流动性加大；组织结构面临挑战；企业文化建设面临挑战；资金不足的烦恼；市场的分化和不稳定性等。由于企业在发展中面临以上四个方面明显的变化和挑战，在未来，没有品牌的产品或服务是很难有长久生存的空间的。只有成功的品牌管理才有持续成长的企业和未来的辉煌。

出版企业不仅面临着上述各行业普遍面临的变化，而且面临着出版社改制后市场化加快等更加严峻的形势。特别是在媒体变化方面面临数字化进程的冲击，在这一进程中能否跟上，决定了出版企业未来在行业中的地位。如何在这些变化中，发挥自身品牌优势，取得长足发展？这就要求出版企业更加重视品牌管理，有效地塑造、管理自己的品牌，不断提升品牌影响力。

中国加入世界贸易组织后，无论出版企业家们愿意或不愿意，中国的出版企业都面临着全球的竞争，就是在家门口也同样面临着来自全球的对手。在国家实施文化"走出去"战略，大力发展文化产业，建设新闻出版强国的进程中，确保出版企业在出版产业大发展、大繁荣、大竞争的大环境下立于不败之地，实现可持续增长，加强出版企业品牌管理战略和价值法则研究，意义尤其重要。

二、出版企业如何进行有效的品牌管理

企业品牌管理是一个复杂的、科学的过程。按照一般企业品牌管理的规律，结合出版企业的特点，可以从以下几个环节着手：

（一）描绘出品牌的理性因素，即勾画品牌的精髓

首先把品牌现有的可以用事实和数字勾画出的看得见摸得着的人力、物力、财力找出来，然后根据目标描绘出需要增加哪些人力、物力和财力才可以使品牌的精髓部分变得充实。这里包括消费群体的信息、员工的构成、投资人和战略伙伴的关系、企业的结构、市场的状况、竞争格局等。

比如中国人民大学出版社作为我国人文社会科学出版的第一品牌，对其品牌"精髓"的勾画为：中国人民大学出版社成立于 1955 年，是新中国组建的第一家大学出版社，主办单位为中国人民大学，主管单位为教育部。1982 年人大出版社被教育部确定为全国高校文科教材出版中心，1993 年被国家教委评为教材出版管理先进单位，1998 年注册为法人企业，2007 年注册资本金 6 000 万元，经过50 多年的发展，人大出版社已发展成为具有图书、期刊、音像、电子和网络出版物等多媒体兼营的大型综合性出版社。截至 2009 年底全社员工 486 人，全社总资产 5.29 亿元，目前每年出书 2 400 多种，其中新书 1 500 多种，每年印制码洋和发行码洋近 7 亿元，每年上交国家税金 2 000 多万元。

人大出版社社本部的组织机构包括人文、经济、工商、管理、法律、教育、考试（外语）、学术、大众、综合等 10 个分社（出版中心），社办公室、人力资源部、财务部、国际合作部、总编室、质量管理科、出版部等 7 个管理部门，销售部、市场部、大客户部、直销部（4 个连锁书店）、外版部、结算中心、物流配送中心等组成的发行公司，此外还有音像（电子）出版社、数字出版中心、中国高校教材图书网、中国高校人文社科信息网、中国版权年鉴编辑部。

人大出版社的外埠机构包括上海、山东、江苏、广东、陕西、辽宁、湖南等发行分公司，华东出版分社（苏州），另有众多各地驻店代表和驻校代表。

人大出版社与国际大型出版公司如培生教育、麦格劳-希尔、圣智、剑桥、威立等建立了良好的合作关系。人大出版社每年引进版权约300种，输出版权约160种，已经连续多年获得版权贸易先进单位称号，2007年、2009年连续被商务部、文化部、广电总局、新闻出版总署授予2007—2008年度、2009—2010年度"国家文化出口重点企业"证书。

人大出版社把"出教材学术精品，育人文社科英才"作为自己的出版理念，把服务教育、服务学术、服务社会作为自己的根本任务。2007年被确定为首批高校出版社转制试点单位之一，2007年荣获首届中国出版政府奖先进出版单位奖。2009年在首次全国出版社评估中被评为一级出版单位，被新闻出版总署授予"全国百佳出版单位"称号。

中国人民大学出版社正在通过整合各种出版资源，发挥综合优势，争取在不久的将来，把中国人民大学出版社建设成多种媒体互动、产学研一体化的国际化现代出版集团。

（二）描绘出品牌的感性因素，即提炼品牌的核心

由于品牌和人一样有思想和感觉，所以我们在了解现有品牌的核心时必须了解它的文化渊源、社会责任、消费者的心理因素和情绪因素并将感情因素考虑在内。根据要实现的目标，重新定位品牌的核心并将需要增加的感性因素一一列出来。

比如人大出版社企业品牌的核心可以提炼为：坚持"出教材学术精品，育人文社科英才"的出版理念，服务学术、服务教育、服务社会，是我国人文社科出版重镇，是教育服务和教育内容的提供者，是"学术沃土　思想摇篮"，是"追求卓越　追求一流"、"为读者着想"的出版社。

比如高等教育出版社对其企业品牌核心定位为"引领教育出版的新潮流"。《读者》杂志的品牌核心为"博采中外，荟萃精华，启迪思想，开阔眼界"。

（三）找到品牌与众不同的求异战略，即寻找品牌的灵魂

通过对品牌理性和感性因素的了解和评估，升华出品牌的灵魂及独一无二的定位和宣传信息。所以品牌不是产品和服务本身，而是它留给人们的想象和感觉。品牌的灵魂就代表了独特的感觉和感受。

出版企业作为文化产品的生产者，其品牌的灵魂应该是通过其出版物向读者传递的想象和感受不同于其他出版者，让读者从其出版物中感受和体会出出版者的独特品味、喜好。而这种效果往往是通过长期的积累和潜移默化才形成的独特优势。这就取决于出版者的素质及选择作品、作者的独到之处。而这种感觉与感受有时出版者可能还没察觉，但在读者中已经形成了，比如人大出版社的经管类图书、工商财经类引进版图书、考研辅导图书等，商务印书馆的世界汉译名著、清华大学出版社的计算机图书、外研社的英语图书等都是读者选购同类图书的首选品牌，这就是品牌的灵魂在起作用。由此可见，出版企业的品牌灵魂应该渗透在其出版物中，出版企业的企业品牌灵魂的载体应该是出版社众多品牌产品和广大员工。

另一方面，企业文化也是企业品牌灵魂的载体。所以出版社要加强企业文化建设，培养员工的团队精神和对企业的忠诚度。例如人大出版社在企业文化建设方面提倡以人为本的理念，主要抓了员工学习课堂和员工素质提高工程，通过着重提升出版者自身的素质来提升产品品牌和企业品牌的内涵。

（四）品牌的长期维护

品牌形成容易，但维持是个很艰难的过程。没有很好的品牌关怀战略，品牌是无法成长的。出版企业的企业品牌维护，是通过维护品牌产品来实现的。

比如人大出版社的《西方经济学》教材，在同类教材中可以说是金字招牌了，但是，这一品牌的维护工作，其艰辛要远远多于品牌形成过程。出版社要有专门的编辑负责教材的修订和相关配套教学资源库建设，要定期对教师进行培训等。一本书是这样，一个系列品牌、一个出版企业品牌也是需要不断更新、维护，这样才能保证品牌的成长壮大。比如人大出版社通过建设教研服务网络，在线为广大教师和读者提供及时周到的服务，就是一种很好的品牌关怀战略。

在现实中很多品牌只靠花掉大量的资金做广告来增加客户资源，但由于不知道品牌管理的科学过程，在有了知名度后，不再关注客户需求的变化，不能提供承诺的一流服务，失望的客户只有无奈地选择了其他的品牌，致使花掉大把的钱得到的品牌效应昙花一现。所以，品牌管理的重点是品牌的维护和保持。

以往人们在谈论品牌时往往想的是产品或企业的商标，真正的品牌是从信誉牌开始进入到感情牌的过程。人大出版社在品牌维护方面处处、时时践行人大出版社"为读者着想"的理念，这样就让越来越多的读者想着人大出版社。这应该成为出版企业维持品牌的法宝。

三、出版企业品牌管理需要关注的重点要素

（一）建立卓越的信誉

因为信誉是品牌的基础。没有信誉的品牌几乎没有办法去竞争。加入世界贸易组织后很多"洋"品牌同中国本土品牌竞争的热点就是信誉。"洋"品牌多年来在全球形成的规范的管理和经营体系使得消费者对其品牌的信誉度的肯定远超过本土的品牌。我国出版企业同跨国品牌竞争的起点也是树立信誉，要依靠提升管理水平、质量控制的能力，提高客户满意度和提升团队的素质来建立信誉。我国出版企业必须着手研究读者需求的变化并不断创新出可以满足他们不同需求的、有个性化功能的出版物或服务。未来的出版品牌竞争将是靠速度决定胜负的。只有在第一时间了解到市场变化和读者消费习惯变化的出版品牌才可能以最快的速度调整战略，来适应变化的环境并最终占领出版市场。出版企业在信誉建立方面除了考虑读者客户群，还要考虑包括作者、经销商、相关合作企业如印刷厂、造纸厂等客户群。比如人大出版社在广大作者中就有良好的信誉，王利明教授在评价人大出版社时就提到，人大出版社之所以具有良好的品牌，首先是因为人大社在作者中具有良好的信誉。

良好的质量管理体系是出版企业品牌信誉度建设的关键，一个良好的出版企业，都应建立科学完善的质量管理体系，这是为读者提供高质量出版物的基本保证。

（二）争取广泛的支持

出版企业品牌的维持，需要出版企业价值链上所有层面的全力支持。除了读者群、作者群、造纸厂、印刷企业的支持外，来自政府部门、媒体、专家、权威人士及经销商等的支持也是同样重要。有时候，我们还需要名人的支持并利用他们的效应增加我们品牌的信誉。比如人大出版社近年来出版了国家领导人的几部重要著作就对品牌的信誉度提高起到了锦上添花的效果。

（三）与读者、作者、经销商等建立紧密的长期的客户关系

要想在众多出版品牌竞争中成为最后的胜利者，还需要同客户建立起紧密的长期关系。所以国内外的出版企业现在都不遗余力地想办法同客户建立直接的联系并保持客户的忠诚度。出版企业在这方面的做法主要是发展会员、派驻信息员、驻店代表、驻校代表，参加各类大型书展书市，举办客户联谊会等。出版企业还有一个重要的亲密关系就是要与自己的作者群时刻保持热线联系。

（四）增加读者亲身体验的机会

读者的购买习惯发生着巨大的变化。光靠广告上的信息就决定购买的几率已经越来越小了。读者需要在购买前尝试或体验后再决定自己是否购买。所以出版企业品牌的维持和推广的挑战就变成了如何让读者在最方便的环境下，不需要花费太多时间、精力就可以充分了解产品或服务的质量和功能。这种让读者满意的体验可以增加读者对品牌的信任并产生购买的欲望。

而出版物的特点决定了出版企业增加读者亲身体验的机会，就是把出版物尽可能地送到读者身边，这就要求尽量增加营销网点。在网上购物发展迅猛的情况下，目前加大网上书店的投放量应该是一种明智选择。作为以教材为主的大学出版社，人大出版社开展的"教材进校园活动"也是增加体验机会的好办法。

对于出版企业品牌而言，以上四要素的指数可以组成衡量品牌管理的指数：信誉指数、关系指数、支持指数和亲身体验指数。

四、出版企业品牌管理的价值法则

（一）不断提升管理水平，努力降低出版物生产成本

这一法则就是要求出版企业追求最优化的管理和运营，不断完善编辑、生产流程，降低生产成本，为读者提供最具竞争力价格的出版物。

这一法则要求出版企业管理创新转型、建立现代企业制度、健全激励机制、制定品牌人力资源战略等。在这方面各个出版企业都需要下大力气，比如人大出版社加强预算管理、加强成本控制、加强人力资源开发，通过不断改进管理，提高管理水平，降低出版物成本，尽量降低书的定价，向市场提供物美价廉的出版物。

（二）实施精品战略，持续不断地提供一流出版物

如果一个出版企业能够集中精力在选题策划上不断推出某一领域的新书，它就可能成为该领域新书的市场领袖。他们对客户的承诺是不断地为客户提供最好的产品。当然并不是靠一个新产品就可以成为产品的领袖，而是要年复一年地有新产品或新功能来满足客户对产品创新的要求。这些产品市场领袖的竞争优势并不在于他们的产品价格，而是在于产品的实际使用效果即产品的"表现行为"。比如人大出版社的21世纪系列教材、工商管理经典译丛、经济科学译丛、世界学术名著系列、当代法学家文库、经济科学文库、《亚里士多德全集》、《康德著

作全集》、《康有为全集》、《吴晗全集》、《方立天文集》、《饶宗颐 20 世纪学术文集》、《敦煌遗书总目录及其配套文献》，以及清史研究丛书等十几套大型学术专著系列已经成为各类学术研究的标志性成果。

不断推出新产品，人大出版社在图书出版国家级三大奖、中国高校人文社会科学优秀成果奖和北京市哲学社会科学优秀成果奖等评审中，获奖总品种数和获奖等级在出版界都名列前茅。仅以"十五"期间图书出版国家级三大奖获奖情况为例，人大出版社《人力资源管理》（2000 年）、"管理科学文库"（4 种）（2002 年）、《民法总则研究》（2004 年）分别荣获第十二届、第十三届、第十四届中国图书奖；《中国佛教哲学要义》（上下卷）（2003 年）荣获第六届国家图书奖，《物权法研究》获提名奖，《公共危机启示录——对 SARS 的多维审视》获特别奖；《制度、趋同与人文发展——区域发展和西部开发战略思考》获得第九届"五个一工程"入围作品奖，是国内少数几家囊括国家级三大奖的出版社之一。另外，2006 年，"法律科学文库"（19 种）以及《黄达书集》（与中国金融出版社共同出版）获首届"中华优秀出版物奖"；2008 年，《知识产权基本问题研究》获首届中国出版政府奖图书奖，《开发性金融论纲》获得首届中国出版政府奖图书奖提名奖。

（三）与特定客户建立密切关系

这一法则要求出版企业要把精力放在如何为特定客户提供所需的服务上而不是放在满足整个市场的需求上。要求出版企业与特定客户建立长期、稳定的业务关系。只有在建立了长期、稳定的关系的情况下才可以了解客户独特的需要，也才可以满足客户的这种特殊需求。这就要求出版企业了解客户要什么，为客户提供全方位的解决方案和售后支持来实现客户的远景目标。例如，各个出版企业编写区域版教材、区域开发项目，针对特定部门、客户开发的包销项目等。另一方面，建立特定客户关系应该包括出版社开展的对外合作项目，比如有些出版社与策划工作室的合作、与著名作家建立长期的合作关系等。

参考文献

1. 周志民编著. 品牌管理. 天津：南开大学出版社，2008

2. 王关义，王海云等编著. 中国出版业管理科学化案例研究. 北京：经济管理出版社，2009

3. 沈铖，刘晓峰编著. 品牌管理. 北京：机械工业出版社，2009

浅论出版社人力资源开发战略

·苏玉宏·

出版业作为一种在市场上运作的产业经常被论及是这几年的事情，而在此之前，出版业是作为文化产业存在的。作为出版业的载体，出版社以事业单位这样的体制出现在人们的视野，追求社会效益。受历史的局限，过去许多年，出版社对人力资源的需求一般仅停留在文字编辑的层面上。现在，随着社会的变化、市场经济的进一步完善，出版业的持续稳步发展及出版社的定位发生的根本性的转变，尤其是转制后出版社的完全市场化运营，各出版社间的竞争日趋激烈，对人力资源的需要如果还仅仅停留在过去的人力资源需求观念上就显然落后于时代。这几年，出版社显示出了旺盛的对人力资源全方位的需求，对人力资源素质的要求也在发生根本性的变化，从业人员也在经历新一轮的更新换代，入职门槛有了较大的提高。如何转变观念，为出版社提供可持续的人力资源，满足对各层次人力资源的需求，使出版社在竞争日益激烈的环境中脱颖而出的出版社人力资源开发战略研究成为越来越重要的话题。

一、人力资源开发战略研究是实现出版社持续稳定发展的需要

新中国成立以来，包括改革开放的前 20 年，由于大规模创建出版社时，我国借鉴了苏联的经验，以条块分割思路为指导，各行各业和各省市自治区都成立了出版社，重点高校也建立了自己的出版社。这种情况导致出版社都有自己的主管单位，对人员的需求在较长时期内都是通过主管单位分配解决的。出版社无论是高层管理人员还是一般编辑或发行人员，往往接收的是为解决上级主管单位人员职务提升问题或机构臃肿而分流的富余人员，并非自己所需要的人力资源。出版社本身也基本不需要研究人力资源的开发与规划问题，有一个简单的人员规划就很不错了。随着我国加入世界贸易组织和出版社转制，出版社竞争日趋激烈，

除了对出版社的经营提出更高要求外，原有人员的素质和结构已远远不能适应出版社发展的需要，专业性的人力资源开发战略研究成为出版社持续稳定发展的迫切需要。出版社在充分发挥传播先进文化、积累沉淀文明成果两大职能的基础上，需要整合出版社内外的各种资源，既包括出书资源，也包括人力资源。在整合人力资源时，出版社人力资源开发战略研究成为首要问题而提上议事日程。

出版社人力资源开发战略研究实际上就是要解决如何从现实与将来、全局与局部、一致与系统的角度，有效利用与优化各种资源，构建一个经济、科学与高效的开发体系，使包括组织架构、出版资源、企业文化、管理制度、行为规范、员工队伍、环境应对与决策过程等在内的各要素不仅满足出版社发展的需要，并且成为出版社前进的驱动力，以实现最大限度开发人力资源的战略目标。出版社人力资源开发战略研究是对人力资源进行专业开发的系统工程。

二、出版社人力资源开发的一般步骤和内容

出版社的人力资源，主要包括从事出版物开发、生产、制作、发行营销等的人力资源。出版社人力资源开发战略，主要是选题开发策划人员、生产流程实施人员、出版物营销人员的开发战略。一般来说，出版社人力资源开发战略有与其他行业的开发战略相通的共性，但更要体现出版业的特征。因此，出版社人力资源开发战略要以出版社未来为基础，从出版社的战略发展目标出发，科学预测出版社在未来环境变化中人力资源的供给与需求状况，制定必要的人力资源获取、利用、保持和开发策略，确保出版社对人力资源在数量上、质量上及人力资源结构方面的需求，使出版社和员工个人获得长远利益，共同成长。应该明确，出版社人力资源开发战略是指导整个出版社人力资源管理行动的纲领，是应对未来环境变化的策略。

出版社的人力资源开发战略研究主要有以下步骤：第一，出版社人力资源开发战略信息的调查和分析；第二，出版社人力资源需求和供给情况的预测；第三，出版社人力资源开发战略的制定；第四，出版社人力资源开发战略的实施与执行；第五，出版社人力资源开发战略的监控和评估。

出版社人力资源开发战略应该包括以下内容：出版社人力资源开发的总体战略、出版社员工招收与遴选战略、员工培训战略、员工职业生涯规划战略、机构设计与人员配置战略、员工队伍建设与管理战略、人力资源应对战略等。同时应

做好以下研究：内外环境的现状分析、预测分析、战略愿景、战略目标、战略重点、战略规划、战略实施手段与方法、实现战略的保障措施以及战略实施的评估等。企业战略研究中经常采用的 SWOT 分析法也可用来做人力资源开发战略研究，也就是通过确定出版社人力资源本身的竞争优势（strength）、竞争劣势（weakness）、机会（opportunity）和威胁（threat），将出版社的人力资源开发战略和出版社内部资源、外部环境有机结合。SWOT 分析分三个步骤实施：首先罗列出版社人力资源的优势和劣势，可能的机会和威胁，接着将优势（包括拥有关键领域的优秀人力资源、独特的人力资源及人力资源在数量、质量和结构上的其他优势等）、劣势（包括特有人力资源的稀缺等）和机会（包括战略目标中存在的机会对人力资源提出的预测性需求等）、威胁（包括人力资源流失等）进行结合，形成 SO（增长性战略）、ST（多种思路战略）、WO（扭转型战略）、WT（防御型战略）等策略，最后对这四个策略进行筛选，确定出版社目前应该采取的具体战略和策略。

三、出版社人力资源开发战略中应注意的问题

出版社人力资源开发战略是为实现出版社既定人力资源培养目标、寻求持久的人力资源优势而做出的有关全局的筹划与谋略，它是指导整个出版社管理行动的纲领，是应对未来环境变化的策略。一个好的人力资源开发战略，首先要反映现实，具有现实性，要充分研究出版社的现实情况，尤其是人力资源的现状，做好存量的现状分析。现状分析一般从出版社战略、现有人员情况（数量、素质、结构）、人力资源市场、国家政策和社会环境等方面入手，分类统计有关数据，并在此基础上对出版社的人力资源现状、人力资源市场竞争力和人力资源培养的特色进行分析，从而获得对出版社人力资源竞争力的水平、阶段和发展要素的准确认识，为获得对出版社竞争优势的准确认知创造条件。人力资源存量的现状分析要求在找准目前优势的基础上还要找准人力资源储备和培养中存在的问题及其原因，并对出版社自身的优劣和存在的威胁与机会作出清醒准确的判断。

其次，好的人力资源开发战略还要具有前瞻性、预见性，把握住未来社会发展和出版业日益激烈的市场竞争的时代背景，努力准确预测出版社人力资源的未来长期供求。人力资源开发战略是指向未来的，要在实际的基础上积极应对未来发展的要求，为发展创造条件，为发展提供动力，制定应对发展的措施。例如，

国家的"出版走出去战略"的提出和实施，在这两年及未来一段时期都急需擅长出版物输出的策划和营销的专业人才，哪个出版社在这个问题上具有先见之明，广揽人才并做好储备和培训，谁就在人才制高点上占据了先机，也必将为出版社的发展插上强劲的翅膀。一个好的人力资源开发战略，应该有助于出版社的发展与竞争优势的长期保持。而出版社的发展与竞争优势保持的关键，在于它所培养的人了解出版业及出版社的历史、现状与问题，尤其需要关注出版业发展的趋势，关注出版社在未来发展中的地位，与未来社会发展主流要求和趋势保持一致，准确预测未来出版业对于人力资源的需求。

再次，好的人力资源开发战略还要具有可操作性。人力资源开发战略中的战略目标在现有条件下或经过努力创造条件后要能够得以实现，否则，再好的人力资源开发战略都只是纸上谈兵，毫无用处。因此，人力资源开发战略必须设计相应的指标要求，具有可以测量和获得的可比性数据，同时还要有可以实施的具体方法、对策与措施。对于出版社来说，这个目标不仅指明了未来人力资源培养的方向与要求，而且能够引导各种资源的优化配置，有助于协调不同部门间和部门与个人之间的活动，通过出版社人力资源的开发，增强读者与出版社、作者与出版社、销售商与出版社及出版社在出版业的定位的合作与一致性，能够切实为出版社战略目标的实现提供能量和动力。

最后，好的人力资源开发战略要具备灵活性和兼容性。由于人们的认知和判断是有局限性的，加之存在不确定因素或其他原因，对出版社本身及其所处环境的认识可能是不完全确定的，对突然的变化的控制也可能是不完全的，由此编制的人力资源开发战略可能并不是完美的。因此，我们制定的人力资源开发战略，应该体现一种主动灵活的精神与兼容的特性，能够帮助出版社在未来人力资源培养的过程中，主动地迎接与灵活地适应由于环境变化所带来的各种挑战。对于可能的突变因素，战略系统中应该有相应的方法对策。虽然人力资源开发战略不是万能的，不可能应对未来出现的所有问题，但是，不进行人力资源开发战略的研究，对整个出版社人力资源培养系统没有事先的科学分析与预案，在具体的人力资源培养过程与管理中，就可能产生随意性与混乱。现实中可以看到这样的情况，在出版社高层的决策与管理中，由于没有人力资源开发战略的指导，某些关键的决策就比较容易受到主管领导选择偏好的左右，对一些人员的任用并未对实现出版社的战略目标起到积极的推动作用。

总之，出版社的人力资源开发战略是一个十分复杂且周期较长的系统过程。

在出版社的具体管理过程中，特别需要制定一个具有现实性、前瞻性，可操作性与灵活性兼备的人力资源开发战略，以期实现对人力资源的招聘、遴选、使用和培养的良性机制的建立，帮助出版社建立与保持持久的竞争优势，更好地实现出版社的战略目标。

企业如何选到真正想要的人才

——谈企业选人的关键因素

·苏玉宏·

在企业的发展和新竞争力培养中，人力资源是一种非常重要甚至是最重要的资源，这在许多现代化企业中，已是各级管理者的共识。但是如何挑选企业需要的人员，却是一个难题。许多企业从人才的绝对标准出发，认为选拔人才就是越优秀越好，这种看法在企业的部门主管中尤为突出。因而企业人力资源部和具体用人部门招聘人员时，在把握人才的标准上也往往因此会产生分歧。在实际工作中，几乎每次招聘时需要补充人员的部门负责人都会提出这样的问题，我们是不是应该选择最优秀的、最好的那个或那些人。这的确是一个人力资源从业者需要认真研究和必须面对的问题。

从人力资源管理的角度看，如果能做到天下英才为我所用的确是一件令人自豪的事情。但是，企业需要为此提供相应的岗位、待遇和工作环境，要支付相应的成本。否则，很可能在付出了较大的成本后却出现较高的人员流动率，造成员工队伍的不稳定，出现人才的浪费，甚至可能存在降低劳动生产率和企业效益的风险。因此，从实际出发，企业招聘人员时判断人员的优劣，关键之处在于挑选的人员是否更适合岗位的要求。换言之，选人并不在于挑选特别优秀的人员，而是挑选更适合企业发展和岗位需要及员工个人成长的人员，这一点更为重要。

实际工作中，发现优秀人才与挑选合适人才两者相比，后者可能更困难一些，操作起来难度也更大。优秀人才应具备什么样的素质，人们一般都能说出共同点，也可以找出共同标准，而实际上也存在着这种普遍适用的标准，比如，教育背景、工作经历优异，行为举止得体，思维清晰、思想活跃，具有领导能力和创新精神，善于与人沟通，有奉献精神和团队精神，等等，这些很容易达成共识；而合适人才应具备什么样的条件、如何选择则存在着显著的个性化特点，十个挑选者或者招聘考官会有十个着力点或标准。以长期从事人力资源招聘工作的经验看，挑选合适人才的关键是对企业岗位和对应聘者的个性特点要有深入、全面的研究，一定要在两者中间找到一个非常合适、恰当的切入点和结合面。只有做到了这一点，才能挑选到真正合适的、企业需要的人员，员工在企业中也能得到相应的个人职业生涯发展。

要做到这些，需要从以下几个阶段着眼。首先，认真研究岗位的工作说明书，包括岗位职责、工作内容和岗位绩效考核要求，找准工作岗位的特点，从工作岗位的特点找出对人员的具体要求。例如报刊的社会时事栏目的记者，其最重要的职责是及时、迅速、准确地反映国际、国内及身边发生的各类事件，尤其是关系到人们切身利益和人们感兴趣的事件。这样的工作职责要求从事这一职业的人员要具备眼光敏锐、反应迅速、思路敏捷、有一定的写作能力、文笔流畅、比较善于与人打交道的特点，同时还要具备相应的专业背景。再比如出版社的文字编辑，最重要的职责就是审读书稿时，要严把书稿的政治质量和文字质量关，能够使作者的稿件符合出版的要求，按时保质保量地将书稿审读完毕，同时保证与作者的沟通顺畅。这就要求从事文字编辑这一职业的人员要具备清醒的政治头脑、扎实的文字功底、良好的职业习惯、踏实的治学风格、沉静稳重的性格和一定的沟通能力，同时要具备坚实的专业背景。至于出版社的策划编辑，其最重要的是要有敏锐的市场洞察力、性格比较外向、善于与人沟通。如果是大众畅销书的策划编辑，还要具备对身边发生的事情是否会产生重大影响的悟性，捕捉读者读书喜好动向的敏感性；如果是高校教材和学术著作的策划编辑，则还要具备良好的学术素养和扎实的专业基础。明确了具体的工作岗位职责、绩效考核要求及人员应具备的相应特点后，就要将这些落实到对人员素质的要求上，这是招聘到合适人员的重要前提，也是人力资源部门和进人部门都需要认真研究的重要工作，绝不能仅仅停留在表面上放之四海而皆准的几个框框，比如踏实、认真、敬业、团队精神等等。这个过程的工作一般主要由需要进人的部门来做，人力资源部门工作人员来协助，具体应落实到发布的招聘信息和招聘考官的思想中。

其次，认真审查应聘人员的素质，包括知识结构、教育背景和工作经历。这些是应聘人员所具备的硬件特点，也是比较容易把握的部分。一般来讲，应聘人员的知识结构、教育背景和工作经历通过其递交上来的简历就能看得很清楚，同时还要配合适当的考查环节——笔试。在此过程中，需要做的工作就是分析企业需要补充人员的部门现有人力资源存量的情况，确定哪些专业（学科）、个性特点或者某一方面的经验，是现有人员所缺乏的并分出轻重缓急。根据工作岗位及企业的需要来确定所要招聘的人员应是何种专业、学历和毕业学校以及是否应具备工作经验和应具备什么样的工作经验。笔试环节要尽可能全面测试应聘者的知识储备和知识结构，必要时，辅以岗位要求的业务方面作为笔试内容，以期全面考查应聘者的综合素质和业务素质。这项工作通常由人力资源部的工作人员来做，做这项工作时要求脑子里一定要有企业的需求，严格掌握好尺度，认真对待每一份简历和应聘信，同时，慎重对待笔试题目的选择，必要时可以请专家设计笔试的内容和题目。

再次，分析、考查应聘人员的性格特点和思想品德。这是招聘工作中的难点，也是招聘工作的重点。人员的性格特点和思想品德属于应聘人员具备的软件。在计算机的学习中，硬件相对来讲是比较容易学的内容，是否有计算机基础或理工科背景都不是很重要，只要认真学习，把要学的内容掌握了就基本可以了，需要承接和延伸的方面并不是很多；而学习计算机软件则完全是另一个境界了，要比学习计算机硬件困难很多，一般来讲应具有理工科背景，如果有学习计算机的背景那就更好了。这也从一个侧面表明，软性的东西是比较难把握的，而人员的性格特点和思想品德就是软性的方面，尤其是只通过简单的面试、交谈与沟通很难对应聘人员有一个比较全面的了解。在这个过程中，有两点是很重要的，一是面试问题的设置和面试采用的方式。目前，许多应聘者都身经百战，对面试问题和面试形式有一些了解，也具备一定的面试技巧，这对面试题目的设置提出了比较大的挑战，那些能使应聘者解除思想和心理武装，全面展示内心和个性的题目就成为一题难求的题目，也考验着人力资源工作者和考官们的智慧；面试方式也应尽量采用那些能使应聘者消除戒备，在不经意中流露出惯常行为和逻辑思路的方式，可以由考官描述一些场景、规定一些条件，由应聘者发挥想象力，天马行空地解决问题。二是招聘人员的经验。考官在面试过程中要凭借自己的经验，随时调节好面试现场的气氛，现场要尽量少说话，多观察应聘者的言谈举止，认真倾听应聘者的发言，善于用"阅人无数"的眼睛发现应聘者的长处和短处。为了避免一锤定音却未敲在正音上的麻烦，还可以进行附加面试。在这项工作中，人力资源工作者与用人部门主管要协调配合，沟通交流，以期能够全面了解应聘者的特点及长处和短处。第一场面试通常由人力资源部来主导，随后的附加面试，一般由用人部门主持，最好也请企业高管参加。为配合这个过程的工作，目前市场上的一些心理测试的软件对做好这个工作可以提供一定的帮助。

最后，找出应聘人员和岗位的契合点。经过前面三个阶段的工作，已经可以根据笔试和面试的情况，包括对应聘者量化的笔试成绩及面试分数或排序，经由所有参与挑选人员的考官充分地交换意见，理出应聘者的特点和岗位的需要，按契合度高低排出顺序，确定最后合适的人选。

总之，企业选人不是挑选最优秀的人，而是选择最合适的人，这是笔者做了十多年劳动经济理论研究和近十年人力资源管理实际工作后深刻体会到的一点，也是对人力资源实际招聘工作的总结。通过上述四个方面的缜密细致认真的工作以及有关部门的密切协调的配合，抓住选人的关键，企业一定能挑选到适合企业发展需要也利于应聘者职业生涯发展规划的人员。

社办公室优秀团队建设方案

·张　毅·

一、目标

通过"创建优秀团队"的活动，进一步规范和完善我社办公室的内部管理体系，充分发挥每位办公室工作人员的工作热情和工作积极性，培养员工的团队意识，增强集体凝聚力，提高工作效率和工作质量，建立起一整套反应灵敏、运转规范、运作高效、服务优良的管理体系，全面推进办公室行政管理水平的提高，为全社各部门提供更为全面、细致、人性化的服务。

二、理念

规范、高效、协调、服务、创新。

三、实施细则

（1）认真履行办公室职能，处理办公室事务性工作耐心细致，有条不紊；处理公文能坚持质量、效率、精简和保密原则，严格按照《中国人民大学公文处理办法》的规定报送公文，拟稿正确规范，审核严格；对学校领导、社领导批示或交办的事项及时向有关部门传达，并积极协助落实。

（2）对需要领导会签的公文不积压，不拖延；及时准确地完成上级主管部门及其他行政部门要求填写的各类报表、总结等文字材料；严格贯彻执行社长办公会形成的决定、决议，并承担督办职能。

（3）完成上级党政文件的登记、传阅、保密、保管、清退工作和档案的收集、分类、整理、立卷、借阅、管理等工作。

（4）坚持重大事项、重大活动信息及时报送到学校和其他相关部门，报送的信息准确全面。保证学校与本单位的联系渠道畅通，在接听、收到学校会议通知后，及时通知本单位参加会议人员，对学校发送的通知作出及时准确的反馈。

（5）积极做好对外联络交流工作，主动与其他部门沟通联系，为出版社的发展创造良好的外部环境。

（6）进一步严格对党委印章、出版社印章的使用和管理，建立规范的工作程序，有专人负责本单位印章的管理，按学校和本单位要求，严格把握印章的使用，使用时要进行登记，遇特殊情况必须请示单位领导，不得随意和擅自使用印章。

（7）加强出版社党委组织工作，围绕出版社的核心任务开展一系列活动，充分发挥党员、积极分子的先锋模范作用；重视对入党积极分子的学习和培养；在日常管理工作中注意运用现代化的管理手段，提高工作效率。

（8）做好本社各项活动、会议的组织工作，及时与有关部门沟通，制定活动方案并负责整个方案的落实，保证活动协调有序进行。会后能做好相关的会议材料、发言稿等的整理、归档工作，并及时向学校报送信息。

（9）继续下大力气做好工会和老干部工作。积极组织和参与学校工会举办的各项活动，提高全体职工的集体荣誉感和团队精神；围绕我社的中心工作，组织职工开展形式多样的文化体育活动，丰富职工的业余文化生活；为离退休老干部服务时态度热情，细心周到。

（10）合理安排和制定本社物资设备采购的经费预算，采购办公用品、电脑耗材及办公楼内维修材料应本着厉行节约的原则，尽量选择物美价廉的商品；同时认真配合社内其他部门做好礼品、赠品的定制和采购工作。

（11）建立和完善相关的规章制度，严格办公用品及耗材的领取手续，任何人必须登记后方可领取；承担全社的信件收发、投递工作。

（12）按季度核算全社各部门的办公费用，包括电话费、办公用品、信件投递、用车、复印、劳保用品等，为财务科计算各单位成本提供准确的数据。

（13）加强固定资产管理工作，对每件设备的编号、归属都有明确的档案记录；定期与财务部门进行账目核对工作，及时更改设备的存放位置及所属单位。

（14）出版社总机接听人员必须在铃声响过5声之前接听电话，任何时候不得无故离岗。

（15）定期对楼内空调系统及电梯设备进行巡检，发现问题及时与维修保养单位联系，保证系统及设备的正常运行。

（16）每周对出版社办公楼内的水、电、暖、火灾报警、通信系统等设备进行常规检查维修，如发现问题一般情况下当日解决，特殊情况 3 日内解决。

（17）负责出版社各部门办公室调整方案的制定及搬家的具体组织实施，包括办公设备、网线及电话线的安装调试，一般情况下 2 日之内即可调试完毕。

（18）科学合理地安排社内各部门的用车计划，尽量满足社内用车要求，保证各项工作顺利进行。

（19）司机出车过程中要把安全意识放在首位，确保行车安全，遵守交通法规；要注意爱惜车内物品，不得无故损坏；尽量减少汽车油耗，节约能源。

（20）切实做好办公楼内的安全保卫、防火防盗工作，加大宣传力度，完善制度管理，定期对各部门的安全员进行有关知识的培训，对楼内违反安全规定的行为予以坚决制止，并对有关责任人员进行严肃处理。

（21）负责全社办公场所和库房的修缮工程及相关的监理、审计工作。

（22）保持办公环境的整洁优美，个人形象得体大方，体现出版社员工良好的精神面貌和素养；同事之间友好合作，彬彬有礼，营造良好的工作氛围。

（23）鼓励员工为办公室各项工作积极献计献策，提高办公室工作效率，控制办公成本。

（24）利用业余时间在办公室内部积极开展形式多样的学习活动，根据不同的岗位的需要，结合实际情况开展相关的业务理论学习和研讨，目的是使大家逐渐养成主动学习、勤于思考的习惯，提高理论素养及实际工作的能力。

（25）突出强调办公室服务与协调的职能，牢牢树立全局意识，加强与相关部门的协调与配合，从各方面提高服务质量，努力杜绝工作中因各种原因造成的拖延、失误等现象。

四、奖惩措施

办公室每月开展一次检查评比活动，对每位员工的工作态度、业绩进行综合评估、打分。凡在本职岗位上取得突出成绩、产生明显效益的员工将受到不同形式的表扬和鼓励；对于违反出版社规章制度、不能完成上述工作要求、受到社内外人员投诉、工作中出现明显失误的员工将视具体情况给予批评教育或扣发奖酬金的处罚。

尊重·服务·沟通

——建立高效团队

·司马兰·

如何进行团队建设，是困扰我们每个团队管理者的问题。大家忙忙碌碌地工作，每天陷于具体的事务当中，一些事情大都是凭经验及直觉和本能去做，没有来得及做整理和理论上的升华，希望能静下心来想一想，什么是团队建设中最重要的东西，不断总结工作中的一些经验和教训，才能建立高效团队。

建立高效团队主要分两个方面：一个是怎样当好团队领导；另一个是怎样建立高效团队。

一、怎样当好团队领导

自从有人类以来，群居便是人类赖以生存的方式，为了自卫、打猎、维持族群的繁衍，便逐渐成行聚落。在大工业生产的今天，团队更是日益重要。

（一）尊重

一切的前提——尊重，不懂得尊重人，一切都无从谈起。这个尊重不是口头上说的，而是来自于坚信每个人都有自己的特点。这个尊重是有形的，是可以看得出来、感觉到的，比如说：你对人的守时、守信、虚心听取意见等。最大、最可贵、最有效的尊重是信任！这体现为对团队成员的合理授权和委任。做到用人不疑，疑人不用。明确每一个人的工作职责，给以充分的信任。这种信任不是撒手不管，把任务指标分下去了事，而是要密切关注事情的进展，在需要帮助的时候伸出援助之手。有困难找民警，有问题，当然要找团队领导。更多地想的是对这个团体的责任，说得通俗一点，就是这帮人跟着你干，你要对得起他们，要对团队的事业和团队成员职业发展负责。我们的目的是要把工作做好。工作最终要靠整个团队，而不是某个人来完成。要立足于服务，给团队成员创造出一个良好的工作环境。最有效的做法就是对人真诚地尊重和信任、对成绩及时有效地肯定。如果能真正重视团队成员的意见并给予适当的授权，完成任务时给予及时的肯定，失败时给予真诚的帮助和鼓励，比许诺奖他多少钱产生的激励作用要来得强烈和持久得多。俗话说"士为知己者死，女为悦己者容"，虽然没必要那么夸张，但作用不可低估。每个人都希望自己的工作获得认可，及时、公开的表扬就显得很重要了，这代表着认知、肯定和认同。

（二）服务

作为团队的领导，想得最多的不是有权发号施令、监督、控制等字眼。换句话说，组织者的任务是把台子搭好，让团队成员把戏唱好。要勇于承担责任，乐于肯定团队成员的成绩，不要邀功于己，诿过于人，这是非常忌讳的。爱默生曾经说过，"我的工作究竟是什么？我需要做的是什么？我对什么有所了解？我难以逃避责任的事情又是什么？"要想成为高效的领导者，必须勇于承担责任，要让团队成员放手工作，即使是做错了，也要有一定的宽容度，要认真分析错误的原因，而不是求全责备。这里讲的服务，既是工作上的，也是生活上的，都很重要，都要尽可能细致、周到。服务做好了，管理基本上也就到家了。这里需要指出的是：服务不等于迁就，是有原则的，服务不是一味地护短，要帮助团队成员发现问题，解决问题。给团队成员创造出一个良好的工作环境。还有协调和组织，也就是把合适的人放在合适的位置上。发挥每个成员的积极性。其实，理想的状态是，团队成员各司其职，团队领导就像一个家长，不要事无巨细地管理，要因人就势，说明你的协调能力越强。因此，要尽可能多地、合理地授权，管得越少越好。

还有，在这个过程中，会有不少误解、委屈，也会很"吃亏"，没办法，谁让你是头儿呢，如果你想把工作做好，这些你都得认了，吃这些小"亏"占"工作做好"这个大"便宜"。等成绩出来的时候，那些误解、委屈也就没了，收获的将是一帮多少年后都还彼此眷顾、相互信任的朋友和一段美好的回忆。

（三）沟通

把情况了解上来，把影响施加下去。好的沟通就像一个灵敏有效的神经系统，又像是机件运行的润滑剂。沟通的手段多种多样，我比较喜欢用的有聊天，有人曾经问：怎么整天见你跟人聊天啊？回答是：聊天也是工作。因为，那不是乱聊的，尤其在时机和话题的选择上。目的只有一个：拉近距离，融洽气氛，了解情况，施加影响。还比较喜欢用的就是娱乐，尤其是下棋、打牌、喝酒，这三项活动最能体现人的性格，想藏都藏不住。性格无所谓优劣，最重要的是因人而异，善加利用。通过合理的组合，减少冲突，增强合力。还有就是文字记录，一定要让团队成员，尤其是关键成员养成做文字记录（正式、非正式）的习惯，这对团队建设本身不是十分重要，但从企业管理和项目管理的角度来看，却是非常重要的。而且，团队建设的目的，也是为了最终把工作做好。另外，将心比心，真心和真诚也能感动上苍。最重要的只有两点：一是真诚，二是沟通。

还有两个需要注意的方面：一是要注意实际情况，二是激励。物质奖励是必要的，但一定要慎用、少用。因为，好事往往会变成坏事，尤其对于时下的国人而言。不但起不到激励的作用，反而造成不必要的麻烦，增加攀比、猜忌等矛盾，破坏气氛。而且，如果老是要靠物质刺激来激励的话，就说明组织、薪酬体系有问题。激励更多的应该是精神层面的，最有效的就是对人真诚的尊重和信任、对成绩及时有效的肯定。

还有一个重要的问题，就是导向问题。前面提到的种种，都要以一个原则为导向，那就是：产生合力，达成目标，最终目的是要把工作做好。这是基本准则，也是衡量团队建设成功与否的标准。

二、建立高效团队

要成为"团队"必须要有以下几个条件：（1）具有共同的愿望与目标；（2）和谐、相互依赖的关系；（3）具有共同的规范与方法。

（一）具有共同的愿望与目标

有共同的愿望和目标是非常重要的。最重要的是要有同样的价值标准和评价体系。心理学家马斯洛说：杰出团队的显著特征，便是具有共同的愿景与目的。因此建立团队的首要要素，便是建立团队共同的愿景与目的，但是由于人的需求不同、动机不同、价值观不同、内心的恐惧不同，因此要让目标趋于一致，也是极为困难的，但是俗话说"人同此心，心同此理"，只要能具有同理心，加上熟练的技巧，建立共同的目标还是不难的。所以说，要建立优秀的团队，首先要有共同的愿望和目标，并且让每个团队成员明确努力的方向和目标，所以我们把每年每月每周我们应该能完成的任务和计划明确地告知团队成员，把它变成大家的努力方向。

（二）和谐、相互依赖的关系

应对团队关系的挑战，需要领导者创造环境与机会，协调、沟通、安抚、调整、启发、教育，让团队成员从生疏到熟悉，从防卫到开放，从不稳定到很铁，甚至从排斥到接纳、从怀疑到信任，关系愈稳定，愈信赖，组织内耗愈小，团队效能就愈大。

（三）具有共同的规范与方法

至于团队规范方面，没有规矩无以成方圆，车子不按照车道驾驶，马路上会一片混乱，组织中缺乏规范更会引起各种不同的问题，报销缺乏制度、休假规定不清晰、奖惩没有标准，不仅会造成困扰、混乱，也会引起猜测、不信任，当然写下制度规矩很容易，如何推行彻底则很困难。领导者必须有能力建立合理、有利于组织的规范，并且促使团队成员认同规范，遵从规范。

那么，高效团队有什么特点呢？有专家对高效团队研究发现，高效团队具有以下特点：

（1）规模比较小，一般不超过10人。

（2）互补的技能，即团队各成员至少具备科技专长、分析解决问题能力、沟通技能。

（3）共同的目的产生的前提，并可以为成员提供指导和动力。

（4）可行的目标以使成员采取行动和充满活力。

（5）共同手段或方法来达成目标实现。

（6）相互之间的责任。

争创"模范职工之家"

· 王凤基 ·

2008 年 12 月，中国人民大学出版社（以下简称人大社）分工会获得中国人民大学"模范职工之家"荣誉称号。这是多年以来人大社党政工齐抓共建，广大职工积极参与所取得的成绩，是人大社企业文化建设的成果。从 1995 年"优秀职工之家"到 2008 年的"模范职工之家"，人大社在建家之路上坚持从实际出发，围绕企业的中心工作大胆尝试，积极探索，开展了一系列卓有成效的工作，其主要工作有以下几个方面：

一、加强民主管理，切实保障职工的政治权利

人大社十分重视发挥职工的主人翁精神，在广大职工群众的积极参与下，对社务进行民主管理。人大社民主管理制度的基本形式是职工代表大会。其中，人大社分工会是社职工代表大会的执行机构，负责社职工代表大会的日常工作。关于职工代表大会的职权，《中国人民大学出版社职工代表大会条例》有如下规定："职代会行使下列职权：（一）听取社长的工作报告，讨论出版社的年度计划、发展规划、改革方案和重大改革措施、职工队伍建设等重大问题，提出意见和建议。（二）审议、讨论社长提出的管理责任制、职工奖惩、职工晋升考核办法等与职工有关的基本规章制度，提出意见和建议。（三）讨论有关职工的集体福利事业的重大问题的实施原则和办法，提出意见和建议。（四）监督出版社各级领导干部，通过评议等各种形式提出批评、表扬的意见和建议。"

在分党委的领导下和社行政部门的大力支持下，职代会的职权得到了很好的行使。

（1）每年年初，职代会代表和工会委员都要听取、审议社长所做的年度工作计划报告。比如，2006 年 2 月 14 日，全体职代会代表和工会委员听取了贺耀敏社长所做的 2006 年工作计划报告，重点审议了报告中的规章制度问题。职代会代表和工会委

员积极发言，并在年假制度、考勤制度等方面提出积极建议，后来多被社办公会采纳。

（2）每到年底，春节放假以前，职代会代表和工会委员听取并审议社长所做的年度工作总结报告。比如，2007 年 1 月 9 日，全体职代会代表和工会委员听取、审议了贺耀敏社长所做的 2006 年工作汇报，并对出版社长远发展问题、经营管理问题、职代会作用问题、青年职工的发展问题、企业编制职工的待遇问题展开了热烈的讨论。有 10 位职代会代表和工会委员提出了自己的建议。社领导对大家的建议给予高度评价，要求相关主管领导和部门落实、改进。

（3）职代会代表和工会委员听取社领导的述职报告并打分。与人民大学工作同步，每学期末，处级领导干部都要做述职报告。在人大社内，听取社领导的述职报告并打分，是职代会代表和工会委员行使民主监督权利的重要表现。

（4）定期召开职代会会议，形成职代会代表提案。人大社每年至少召开一次职代会会议，由职代会常务小组组长报告职代会一年的工作情况，社领导出席会议，向职代会代表报告出版社的有关情况并听取职代会代表的意见。比如，2004 年 11 月 23 日，人大社第二届职工代表大会 2004 年年会在出版社大楼 7 层会议室召开，职代会代表就出版社改革发展、制度建设、员工积极性的发挥、员工权益保护等问题提出合理化建议，并整理成议案 8 份。出版社领导班子全体成员出席会议、听取议案。社领导对议案非常重视，很多议案提到的问题在后来的工作中都得到了改进。一些议案，如："关于大力优化选题，变码洋导向为经济效益导向"的议案、"关于加强员工培训建议"的议案、"有关职工待遇方面几个建议"的议案等，都写进了其后的有关规章制度中。

人大社职代会在做好本职工作的同时，还积极参加学校教（职）代会的各项活动。在中国人民大学第六届教（职）工代表大会和第 15 次工会代表大会，人大社的代表准时出席，积极发言，踊跃提案，受到了有关方面的好评。在往届的校教（职）工代表大会和工会代表大会上，人大社代表的提案曾获得最佳提案奖。工会主席孟超同志作为学校工会委员，在学校工会的事务中也发挥了积极的作用。

二、关心职工生活，切实维护职工的合法权益

1. 出版社十分注重发挥工会组织的作用，把维护职工的合法权益作为工会组织的基本职责

为维护职工的合法权益，除了工会主席有权列席党政会议，参与有关职工切

身利益的规章制度的制定外，还设立了工会与党委和行政的联席会议机制，及时研究解决职工反映的有关问题，切实保障有关劳动合同、劳动保护、安全生产、女职工特殊保护等法律法规、条例政策的落实。

工会通过局域网、意见箱、座谈会、面对面等形式，建立与职工的沟通渠道，倾听职工的心声，积极帮助解决职工的实际困难，为职工多做好事，多办实事。

出版社建立健全了劳动争议调解组织，形成协调劳动关系的长效机制，及时妥善解决发生的劳动争议问题，保持职工队伍的稳定。

出版社还建立和完善了职工家庭档案和困难职工档案，做到"三必访"（职工婚丧大事必访，生活有重大困难必访，生病住院必访），切实履行好帮扶困难职工的职责。这方面的例子非常多，这里，仅举几个有代表性的例子。

2005年，员工小陈的父亲因患重病到北京住院就医。小陈家境不好，本人又是大学刚毕业的新职工，父亲治病需要五六万元，一时无处筹措，陷入困境。知道小陈的情况后，工会主席孟超立即前往医院探望，贺耀敏社长指示工会要对小陈给予帮助。分工会除了帮助小陈借钱外，还与团支部一起在全社范围内募捐，共筹得两万多元钱，帮助小陈渡过了难关。

2007年、2008年，郝老师等三名职工分别在上班和工作中因交通事故受伤，社领导和工会委员多次到医院、家里探视慰问，为他们的交通争议提供咨询和帮助，解决他们生活上遇到的困难。

2008年，我社分别有几名职工患重病住院治疗，相关部门的领导和员工都到医院看望，了解病情，询问是否有困难，安排好他们所承担的工作，使他们安心治疗。

2. 人大社十分关心职工的生活和健康，为他们排忧解难

关心职工健康。当前，出版业的竞争十分激烈，为在竞争中站稳脚跟，获得发展，出版社上下必须竭尽全力投入工作，满负荷运转。因此，职工任务重、压力大、工作忙，对职工的身心健康有一定的影响。针对这种情况，人大社党政工组织高度重视，想方设法为职工舒缓压力，营造健康、温馨的工作环境。比如，强调"以人为本"的工作理念，开展人性化管理，竭力减轻职工的精神压力；实行灵活工作时间，合理调剂工作量，努力减轻职工的工作压力；开展形式多样的文体活动，丰富职工业余生活，增强职工体质，使职工能够保持良好的身心状

态；每年组织职工体检，对女职工进行专项体检等。

3. 开展点滴温馨活动，体现人文关怀

为使每一个职工在人大社都能感到家庭般的温暖，每当职工过生日时，社工会都要及时给每位职工送上生日贺卡和生日蛋糕。

每逢节假日，社工会都要给大家送上节日礼品，并送上情意浓浓的慰问信。人大社外省籍职工比较多，单身青年职工也很多，每逢佳节倍思亲，社领导常常与外省籍青年职工一起过中秋、度元宵，以慰藉他们的思乡思亲之情。2004 年中秋节，贺耀敏社长等社领导和 40 多位新员工一起联欢，共度佳节，使新员工一走上社会就感受到了人大社大家庭的温暖。

2008 年 5 月 12 日，汶川发生了特大地震，社领导、工会干部和部门领导及时走访每一位四川籍职工，了解家里和亲属的受灾情况，并对他们给予慰问和帮助。分党委、分工会还召集四川籍职工开会表示慰问。对于社领导和工会组织的关怀，四川籍职工很感动。

人大社女职工占多数，每年都有几位女职工怀孕生育。在怀孕期间，各部门领导和工会干部都会关心她们的工作和生活，为她们的工作和生活提供方便（比如，执行灵活的考勤制度，改善工作环境，提供生育保健知识和经验等），产后，社领导、部门领导和工会妇女委员都要去家中探视。

4. 注重维护企业编制职工和短期合同工的基本权益

我社现有企业编制职工和短期合同工 200 多人，占全社职工总数的一半以上，由于体制方面的原因，他们长期游离于工会组织之外，基本权益得不到有效保护。出版社分工会一直积极活动，努力帮助他们解决这个问题。2004 年，分工会帮助企业编制职工填报学校工会会员表，并在校工会备案，学校工会组织的一切活动他们都可以参加，享受同等的福利待遇。2008 年，经过分工会的努力，又把短期合同工吸收到工会的大家庭中来，职工代表大会中也有了他们的代表。

5. 注重维护女职工的特殊权益

出版社女职工人数多，占到职工总数的 60% 以上，是出版社各项工作的生力军。人大社非常重视女职工的工作，关注她们的特殊权益，开展适合女职工特点的活动。

6. 热心做好离退休职工的工作

出版社现有离退休职工 70 多人，对这些为出版社的发展做出过重大贡献的离退休职工，人大社一直十分重视和关心他们的生活。社领导和工会干部节假日定期走访老同志，关心他们的生活；对于生病住院的老同志，社领导和工会干部主动探视，帮助他们解决困难；每年春节前还要把老同志请到一起，给老同志拜年，提前吃年夜饭；每年出版社还要组织离退休职工参观旅游，丰富他们的离退休生活。

三、服务中心工作，努力提高职工队伍素质

出版社工会积极配合党委做好职工的思想政治工作，在职工中开展了理想信念、法规法纪、职业道德等方面的教育，努力提高职工的思想素质，激发职工的主人翁精神，维护职工队伍的团结和稳定。

2003年，中宣部、新闻出版总署等单位号召在新闻、出版、文艺领域深入开展"三个代表"重要思想、马克思主义立场观点方法和职业精神职业道德学习教育活动（简称三项学习教育活动），2005年教育部也发出了在教育系统和哲学社会科学领域开展三项学习教育活动的通知。人大社非常重视这一活动，把它当作一次全面提高职工政治素养和职业道德的契机。自2004年以来，人大社有领导、有组织、有计划、有条不紊地在全社开展了三项学习教育活动。通过学习，全体职工普遍感到收获颇丰。

在注重提高职工政治素养和职业道德水平的同时，出版社还十分关心和重视职工业务素质和技能的提高，采取各种形式，努力建立鼓励学习、培育知识型职工的长效机制。

（1）员工素质提高工程培训。应聘员工入社后，都要进行员工素质提高工程培训。该工程采取专家学者授课、资深编辑讲座、专业人员传授、老编辑帮带、现场实习相结合的方式，培养能胜任各自岗位工作、具有基本工作技能的劳动者。只有培训合格的应聘员工，才能成为人大社的正式员工。

（2）员工学习课堂。知识经济时代，新知识、新工艺、新技术不断出现，为满足职工继续教育、不断充电的要求，工会协助行政部门开办了员工学习课堂。每年不定期举行，一般每年不少于四期。员工学习课堂一般聘请著名专家学者讲课并答疑，深受广大职工的欢迎。

（3）职工继续深造。人大社作为一个生产知识产品的企业，需要大量高学识、懂经营、会策划、善营销的人才。人大社鼓励职工在做好本职工作的基础上，继续深造，攻读硕士和博士。对于在职攻读学位的职工，出版社尽量提供方便，在职学习时间视同工作时间，并对学习优秀者提供奖金。

（4）积极支持职工参加社会实践活动和学术活动。对于职工所参加的活动，出版社在时间、场地、经费上提供方便，试图通过这些活动，提高职工的业务水平和学术水平，培养现代文化企业需要的专业型人才和复合型人才。

（5）走出去。人大社非常注意安排一线职工走出去，尽可能多的提供参加国际出版、发行会议的机会。多年来，每年都要组织几批这样的交流、考察活动，为职工走出去开阔眼界、参与国际交流合作创造条件。

（6）鼓励员工参加各种知识性大赛。通过各种知识性大赛，也可以提高职工的知识水平和业务能力。在人大社自己创办的"希望杯青年编辑技能大赛"、"社庆杯国际书展英语大赛"、"先锋杯国际书展英语大赛"等赛事上，人大社的职工表现出了较高的知识水平和业务能力。2009年，在中国版协举办的"第二届韬奋杯全国出版社青年编校大赛"上，人大社的青年编辑在与来自全国26个省市300多名选手的角逐中，获得团体二等奖和个人二、三等奖的佳绩。

四、开展形式多样的文体活动，丰富职工文化生活

自人大社复社以来，人大社分工会一直把"开展形式多样的文体活动，丰富职工文化生活"作为自己的一项重要工作。随着市场竞争的日益加剧，出版社的各项工作都高负荷地运转起来，职工的身心健康受到一定程度的影响。这个问题引起了社分党委和社办公会的高度重视，党政联席会议责成分工会积极开展形式多样、群众喜爱的文体活动，以增强职工的体质，放松职工的心情，舒缓职工的压力，提高生活的质量。分工会积极组织行动起来，在队伍建设、群体活动、活动场所、文体器材等方面狠下工夫，不断创新职工文体活动的形式，把专业队伍建设和广大职工普遍参与结合起来，构建积极向上、生动活泼的和谐氛围。

（1）积极参加校工会组织的各种文体活动。出版社职工一直是学校组织的各种文体活动的积极分子，从"红五月"、"庆七一"歌咏比赛，到校职工运动会，从广播体操大赛到各专项赛事，人大社都是组团最早、参加人数最多、参加项目最全的代表团，而且在每项比赛中，几乎都能进入前三名，多次多项获得第一名。在2008年第49届和2009年第50届学校运动会上，出版社代表团参加了教工组老中青赛事的所有项目比赛，夺得了多项单项比赛的第一名和男、女团体总分第一名。

（2）积极组织各种专业队。为提高出版社文体活动的整体水平，分工会组织

了各种专业队，主要有：足球队、篮球队、羽毛球队、乒乓球队、棋类队、合唱队等。在与其他单位的友谊比赛、杯赛和联欢中，取得了优异的成绩。在 2008 年人民大学"迎奥运"体育文化节上，社足球队获五人制足球比赛冠军。在随后举行的复校 30 周年"附中杯"乒乓球友好邀请赛上，社乒乓球队获得第三名。

（3）积极开展群众文体活动。分工会在开展文体活动中，一手抓专业队建设，一手抓群众文体活动，力争让每一位员工都能参加到文体活动中来。分工会每年都要拿出一定的经费来租场地、租器材活跃群众文体活动。比如，这几年，每年都租用人大世纪馆羽毛球场，一次租用 4 块场地，每年租用时间不少于 8 个月；每年暑期，人大社职工可以到人大附中游泳馆签单免费游泳。另外，分工会还不定期地租用学校的小足球场和篮球场以及原小学的足球场，方便职工锻炼身体。在有条件的地方（出版社大楼 7 层和校内科研楼 A 座 11 层），分工会购置了两台乒乓球桌，使职工能在繁忙的工作之余一展身手。在丰台书库，购买了篮球架，利用空地建起了篮球场，购买了乒乓球桌，并腾出一间办公室做乒乓球室。在人大社编辑比较集中的文化大厦，受场地和空间的限制，不便开展文体活动，工会委员就组织大家到楼下的空地，坚持每天工间做广播体操。

（4）组织各种比赛，提高职工的文体活动水平。除了组织专业队参加与外单位的比赛外，分工会还组织了多次群众性的文体活动比赛。比如，参加人数较多的羽毛球比赛自 2005 年以来已经举办了三届。几乎全社职工都要参加的"人人运动会"到 2010 年也已经连续举办了三届。编辑部对发行部足球、篮球对抗赛，足球"贺岁杯"对抗赛以及扑克牌双升循环赛，都已经成为人大社群众文体活动的品牌。

（5）我们的春晚。自 20 世纪 90 年代起，出版社春节前的联欢活动以"春节联欢晚会"的形式举行，至今已有近 20 年的历史了，被人大社职工亲切地称为"我们的春晚"。出版社的春晚是每年的压轴大戏，是出版社大家庭每年的"年夜饭"。春晚是职工展示才艺的舞台，能唱者唱之，能舞者舞之，能说者说之，能演者演之，即使你什么都不能，你也可以参加互动游戏，为自己喜爱的"明星"捧场。春晚的节目丰富多彩，欢乐是它的主题，笑声是它的乐章，十几年的春晚，培育出了许多"金牌"节目，组合成了许多"绝配"，发掘出许多"新秀"，造就了许多出版社的"大师"。春晚是出版社文娱活动的"阅兵式"。一些节目过去很长时间，在闲暇之余，人们还津津乐道。在春晚，领导干部和群众打成一片，投入到春晚的演出和互动中，忘却一年的困苦和烦恼，分享一年"丰收"的喜悦，其乐融融，其情切切，充分显示了出版社大家庭的团结和凝聚力。

为丰富职工文化生活，人大社分工会积极配合党政系统加强出版社的精神文明建设，创造性地开展特色文化建设。2002年以来，每年开展一个主题文化活动。

2002年，开展"打造品牌，展示风采"活动，举办了"庆七一"演讲比赛。

2003年，特别在"非典"期间，开展"防非生产两不误，我为咱社支高招"和"感想与感动"活动。最后结集出版了《防非生产两不误，我为咱社支高招——参赛作品集》和《感想与感动——主题征文作品荟萃》两本书。

2004年，开展"争创优秀团队"活动，评选出经管事业部等8个先进集体。

2005年，人大社50年社庆，开展"我与人大社主题征文活动"，其成果编辑出版了《书香缘》一书。

2006年，开展编辑、发行人员技能竞赛活动，举办了"青年编辑技能大赛"。

2007年，为提高员工的外语水平，为实施"走出去"战略打基础，举办了"先锋杯模拟国际书展英语演讲比赛"。

2008年，开展"影像回忆——见证复社30年"活动。编辑出版《影像回忆——见证复社30年》影像集。

这些活动对于建立出版社的企业文化，活跃职工文化生活发挥了重要的作用。

五、加强工会自身建设，依法独立自主地开展工作

人大社分工会自觉接受分党委的领导，主动向分党委和社办公会请示汇报，紧紧围绕党政的中心工作，依法独立自主地开展工作。

出版社不断完善工会组织机构和制度。第15届分工会一成立，就对工会委员进行了明确分工，分头把关，各负其责。分工会还调整了工会小组长的人选，一批年富力强的青年职工走上了工会工作的岗位。分工会还定期举行例会，将工会委员和工会小组长召集在一起，集思广益，研究问题，布置任务，落实维护职工民主管理权利和基本权益的事宜。

分工会还注重工会制度的规范化建设，在年初的会议上，各委员和小组长要从各自分管工作的方面出发，提出一年的工作计划，然后将各个计划汇总，形成

分工会的年度计划，经过各委员和小组长的再讨论后，最后定稿执行。在年末，各委员要汇报各自分管工作的执行情况，接受各委员和小组长的评价，以便发扬成绩、弥补不足、继续前进。工会主席要做年度报告，接受各委员和小组长的审议，为下一年的工作打好基础。

分工会在社局域网上开辟了"职工之家"栏目，作为工会的宣传阵地。这个栏目有以下功能：第一，将与职工切身利益有关的法律法规、规章制度挂在网上，以便会员学习、查询，使会员能明确自己的合法权利有哪些，怎样才能保障自己的合法权益。第二，将工会的文件、工作安排等在网上展示，使会员知晓分工会在做什么，将要做什么，便于会员知情和监督。第三，把工会的活动情况及时在网上通知会员，以便会员积极参与。第四，将工会活动的结果展示出来，使会员能明白分工会做得如何，既能鼓舞士气，又能找出差距和问题。第五，通过论坛形式（发帖或跟帖）会员可以畅所欲言，评价工会工作，推动工会工作不断进步。

为开拓职工的视野，丰富职工的业余生活，自复社以来，30 年间，人大社分工会每年都要组织会员外出参观考察。古人云：读万卷书，行万里路。读书是学习，参观考察也是学习，而且是一种能提高个人情操的学习。比如，2002 年的井冈山考察，使大家缅怀革命先烈的丰功伟绩，增强了做好自己工作的动力；2005 年的港澳考察，使大家深刻理解"一国两制"的伟大意义，加深了对社会主义优越性的认识；2007 年对日本的考察，对比日本的情况，大家为祖国的迅猛发展而自豪，由衷地感谢我国伟大的改革开放事业。

人大社分工会还举办一些讲座活动，满足会员的一些需求。比如，2004 年组织年龄较大的老职工进行为期一周的计算机技能培训，提高他们适应出版社信息化管理的能力；2006 年举办自救互救培训，30 多名职工获得了急救员资格；2008 年举办女职工医疗保健知识培训，深受女职工的好评。

人大社的建家之路是人大社面对日趋激烈的市场竞争，面对改革发展，构建自己的企业文化的一部分。争创北京市"模范职工之家"是我们的下一个工作目标。我们期待这一目标能够早日实现。

做好版权输出工作的几点想法

·孟 超·

自从中国加入世界版权公约后，和其他国家和地区的版权交易日益增多，对国际版权贸易市场的介入愈发深入。海外的出版商特别是欧美顶级的出版公司，越来越看重中国的市场，它们纷纷来和中国的出版社洽谈版权业务，可以这样说，国际上排名在前几位的出版公司没有一家不和中国的出版社有贸易往来。前些年来，中国出版业主要以引进为主。随着中国文化的发展和国力的增强，出版业的发展，让中国图书走出去，是我们中国出版人的重要责任。

走出去战略是我们出版界当前面临的艰巨而光荣的工作，也是一项不可回避的重要战略任务。文化"走出去"战略的重要内容之一就是版权贸易，它是宣传中华民族优秀文化最有效、最直接的途径之一。我们国家一直都非常重视走出去的发展战略，早在八年之前，也就是 2002 年 7 月，党中央就专门针对出版改革下发了 16 号文件，即《中共中央办公厅、国务院办公厅关于转发〈中央宣传部、新闻出版总署关于进一步加强和改进出版工作的若干意见〉的通知》，这个通知就明确指出："实施走出去的战略，扩大对外出版交流，让世界更好地了解中国，用好两种资源、两个市场。认真做好版权贸易，扩大自主版权的输出，逐步提高国际市场份额。"对于版权输出提出了很高的要求。近几年，国家又出台了一系列的政策法规，鼓励中国出版社走出去，例如中国图书推广计划、经典中国工程和国家社科基金资助等等。

版权输出的具体工作就是向海外销售版权。毋庸置疑，这比起版权引进有着更大的难度，"买易卖难"这一商业准则同样适用于版权销售。那么出版社要想向外推出更多的版权，仅仅有战略考虑是不够的，必须注重实际操作的各个具体问题。本文拟就此问题谈谈不成熟的看法。

第一，版权输出是出版社日常工作的重要组成部分。

出版社要统一思想，端正认识，进一步认真学习总署的文件精神，提高认识，大力贯彻国家的"走出去"战略规划，持之以恒，培养人才，注重实效。版权输出不是权宜之计，更不是为了赶某个风头，而应该是出版社长期和常态的工作之一。

中国的出版社有着双重的属性，一方面，出版社作为一个企业，要生存，要为自己的发展留有空间，所以要遵循商业规律运作；另一方面，出版社作为一个具有特殊性质的企业，要为广大读者提供先进的文化和知识，广大的读者不仅包括内地的，也应该包括海外和世界各国。随着世界各国经济的发展和文化交流的日益频繁，图书的内地市场和海外市场的界限越来越不易区分。在制定出版战略时就要考虑这个问题，从选题策划，图书开本大小，装帧设计到编辑工作都要有世界的眼光。发挥自身优势，做好版权输出工作。

第二，拓宽思路，借船出海。

出版社要依托自身的综合优势，积极推进与海外机构的合作，拓宽出版合作思路，利用合作方已有的出版和营销发行渠道，以期"借船出海"，进入世界图书主流市场。中国的几百家出版社，都各具特色，有些是中央级的大型出版社，有些则是地方上的中小出版社；有些是综合类型，有些则侧重于某个专业；还有一些是大学出版社。这些出版社在长期经营中形成了自己的特色，如果说以前在国内市场出版社的图书销售是依靠自身的特色和优势而生存发展，那么在版权输出方面依旧要坚持自己的特色。在版权输出上，曾经有一个错觉，就是一提到输出，马上就想到中国的中医养生、针灸推拿、历史文化和风光画册。当然这些的确是我们要向外介绍的重要内容。但如同国内市场一样，世界各国读者的需求也是多元的，有些高水平的学术著作、时政图书同样在海外市场有一定的需求，有进行版权贸易的机会。例如，中国人民大学出版社依托中国人民大学和全国各高校的综合优势，团结一大批优秀的作者，建社55年来，出版了一大批具有文化积累与文化传播价值的优秀教材和学术著作，出版的图书涵盖了人文社会科学各学科。人大社发挥自身的优势，把中国哲学、经济学和清史及其他学术领域顶尖级学术著作的版权成功销往国外，例如方立天先生的《中国哲学范畴发展史》、李瑞环同志的《学哲学 用哲学》等等，这些图书进入欧美的主流图书市场。其他很多出版社也是如此，发挥自身的特色，在版权输出方面取得了不俗的成绩。如果出版社在版权输出方面不坚持自己的特色，而是人云亦云，随着感觉，只会事倍功半。

第三，深入调研，面向市场。

出版社要通过各类书展、版权贸易会议进行海外调研，与海外主要出版集团和出版市场接触，针对东亚、欧美、拉非等不同的市场，分析不同市场读者的阅读兴趣、阅读习惯，积极探索并努力开发贴近不同市场的不同选题。

版权输出相对于版权引进，有着相当大的难度，出版社选题做得再好，再坚持自身的特色，依笔者看工作只是完成了一半，经过寻找合适的合作伙伴、谈判签约、翻译出版等项工作才可以说把版权输出落实到了实处。出版社要利用各种途径了解海外市场的需求，增加接触海外出版社的机会，培养版权贸易的专门人才。版权输出工作做得比较好的出版社，一般从人员安排、政策导向、业绩考核等方面都照顾到了版权输出工作的特点。这些都是做好版权输出工作必不可少的条件。

21世纪是世界各种文化相互碰撞、相互融合、相互冲击的时代，版权输出本质上是中国文化的向外传播，是中国文化价值观的向外介绍。在西方文化价值观猛烈冲击中国文化、中国传统价值观的背景下，中国文化应及时走向世界，弘扬、传播中华文明、中国优秀文化和中国价值观。版权输出正是中国文化走向世界的最好途径之一，同时也是出版社光荣而艰巨的任务。

版权贸易探讨

·李敏娜·

随着我国综合国力的不断增强，我国的版权引进和输出也在稳步增长，2006年我国引进版权为 10 950 种，输出版权 2 050 种；2007 年引进版权 10 255 种，输出版权 2 571 种，其中从美国、英国、日本引进的版权种数居前三位，分别是美国 3 878 种，英国 1 635 种，日本 822 种，输出版权居前三位的国家是韩国、美国、新加坡，分别是 334 种、196 种和 171 种。[1]尽管引进和输出的比例严重失调，引进的种数远远大于输出的种数，但是，输出的增长速度却在加快，这与我国的国际影响力日益增强，世界需要更多地了解中国的现实状况是相吻合的。因此，为了保证版权引进和输出健康有序地发展，对版权贸易的探讨研究亟须进一步加强。

版权贸易与其他商品贸易有一致的地方，也有其特殊性。因此，在版权贸易中，一般在转让方和受让方之间签订书面的合同，版权转让即可成立，但是，也有例外，如日本著作权法规定，版权的转让必须在日本文化厅著作权登录簿上登记才能生效，否则对第三方无效。也就是说从合同法的角度，合同一经签订，就应该是合法有效的，但是，按照著作权法的规定，却可能是非法的，不受保护。

由于各国版权贸易法律规定的差异性的存在，如何规范版权贸易，使其能够健康正常地发展，是我们业者一直以来所关心的问题。

版权的转让分为多种形式，从权利的归属来区分，包括版权所有权的转让和使用权的转让；从权利转让的完整性来看，又有部分权利转让和全部转让；从经济权利的角度，有经济权利的完全转让和部分转让。另外还涉及版权的利用范围、利用时间、利用地域、利用目的、利用条件等一系列的规定。

纵观版权贸易在我国实行十几年间的路程，这是一个从无到有，逐渐完善、成熟、发展的过程。版权贸易早期签订的合同，条款相对简单，随着版权贸易的活跃，版权实践的开展，合同纠纷问题的产生，版权贸易合同文本也开始从简单走向规范。

版权转让合同的文本很多，有权利人提供的，有出版者提供的，有代理公司提供的，作者的转让合同一般由出版者提供。如何审阅合同，避免合同执行期间出现不必要的法律纠纷，是我们今天要探讨的话题。版权合同签署的时间有时很长，出版者通常要求权利人提供其空白合同进行初次审阅，通过出版者与权利人几次讨论后才开始签订合同，国外有些规模很大的出版社都聘请了专门的法律顾问，合同条款修改周期很长，一般来说难以修改，但也不是不可以修改。无论出版者还是权利人都可以先签或后签合同，通过航空信件达到合同双方共同签署的目的。版权合同中出版者的签署日期和权利人的签署日期间隔时间可能会很长，从版权贸易实践中发现最长时可达一年之久，由于某些特殊的原因导致双签合同到达的时间较晚，为避免合同第一授权时间不被拖延，版权协议的开篇即该协议订立的时间为某年某月某日，确保了版权授予准确日期的记载。权利人和出版者的名称和详细地址构成了甲乙双方合同要素的一个组成部分。权利人授予作者的作品有简体中文翻译版权或影印等版权类型，严格意义上还要求提供版次、印量、预计定价、ISBN 号等，如果译稿出版后实际定价低于预计定价太多，出版社将被要求补交预付金，印量也应按合同条款规定执行。合同正文一般 20 条左右。版权授予的期限多为 5 年。由于版权类型的多样性，权利人授予的协议每次只限定一种形式，其他保留版权。权利人在版权保证方面做出承诺，所授予的版权合理合法，不会引起任何法律纠纷并免除出版者的法律责任。权利人只对其拥有的材料负责，未得到许可的其他材料出版者应自费获得。有大量图片和表格的图书，可能会在其材料的下方出现版权所有者的名字，作为版权保护材料的依据。译文出版的期限多为 24 个月，也有期限更短一些的，如果不能按合同要求履行其义务，可能面临取消合同，交纳罚金，损失已支付的预付金等后果。在预付款和版税方面，基本依据首印版税作为预付款的支付比例，在每年一次的版税结算时可以扣除已支付的预付金，如果出版者单方取消合同，已支付的预付金和其他款项一律不予返还。作品译文版出版后，出版者通常向权利人提供 3 到 5 册免费样书，方便权利人了解作品译文版的零售价、印数以及正式的出版时间等信息。权利人及作者可能在协议中要求以零售价格一定的比例购买一定数量的作品译文版。作品的翻译应准确忠实于原文，任何删减均应获得权利人的书面同意，权利人保留译文提交给作者进行审阅并批准的权利。原作者和原著的名称应在译文稿的相应位置载明，协议中明确规定如何在中译本标示版权公告。出版者可以对附属版权进行授权，所得收益与权利人按一定比例分配，附属版权一般包括：正式出版前的首次连载版权，正式出版后的连载版权，书友会版权，简装版、特别版、豪华版版权，文集、文摘、缩影版版权，教学使用等多种形式，除了正式出版前的首次连载版权权利人按80％获得收益外，其他与出版者对半分得收益。权利人可以使用10 000字的作品译文版，以任何形式用于作品的广告、宣传等。出版者宣布破产、重组或被收购时，协议中止。适用法律一般以授予方的法律为主，比如某协议将依据某国法律予以解释。

执行合同是一件严谨的事情，目前很多版权合同都是通过代理公司签署的。代理公司比较注重合同的执行情况，出版者经常会收到代理公司的函电，要求补交逾期未出版的译文版罚金，合同到期后，继续销售的图书要求续约等。正式注册的版权代理机构在我国为数不多，与发达国家相比，未能形成规模。现在越来越多的国外出版社通过版权代理公司签署合同，大众图书尤为明显，从大趋势看，这是一种必然的发展，通过代理公司办理烦琐的版权转让合同，可以保证权利人核心业务的发展，权利人一般给予代理公司10％的代理费。有些版权代理公司还存在很多问题，在合同前期选题的报价阶段实行无序竞争，大大抬高了版权转让的费用。版权代理公司多为我国引进版权的代理公司，在版权输出方面经验尚缺，并未意识到版权交易和利用在出版产业中的地位和作用，即使代理了版权输出，也多集中在港澳台地区，并没有把眼光投向世界。它们或者信息不灵，或者不重视、不懂得如何进行这方面的版权交易。

交易规则是版权交易整个过程中所有当事人都必须共同遵守的制度或准则，法律制度及规则不健全，不完善，不仅使当事人缺乏交易安全感，而且会直接影响版权交易的效率以及版权的开发和利用。

随着知识产权法律制度国际化、一体化的发展，在著作财产权交易的国际市场，统一规则及标准已逐步形成，我们必须从战略的高度充分关注国际市场著作权法律制度的发展动态，使我国的著作财产权交易行为在国际平台上更公平、更公正、更合理。

【注释】

[1] 参见崔保国：《2009年中国传媒产业发展报告》，95页，北京，社会科学文献出版社，2009。

版权经理人的发展与培养

·孟　超·

现代意义的版权经理人实际上分为两类，一种是和作者打交道的，他们的工作范围主要是国内外的作者，代理作者的版权；另外一种则是指工作在出版社或代理机构，交往的对象是海外的出版公司。版权经理人这个行业是既古老又年轻的行业。说它古老，是因为伴随着版权业的兴起，就有了这个行业；说它年轻，我们国家的版权经理人多是在 20 世纪 80 年代之后，特别是 1992 年中国加入世界版权公约和伯尔尼公约之后出现的。中国的版权经理人虽然出现时间不长，但发展非常迅速，从一开始很原始的做法，到现在基本和国际接轨，20 年走过了应该更长时间走过的道路。

一、版权经理人的分类

依照其不同的功能角色，版权经理人大致可以分为三种类型：

1. 第一出版使用单位（公司）所属版权部门工作人员

这种类型是最多的，也是最普遍的情况。通常我们看中一本境外图书，想将其以中文的形式出版发行，我们首先想到的就应该是从什么地方可以得到版权授权许可，拿到版权。

按照惯例，当作者把一部书稿交到出版社的时候，通常会和出版者签订出版合同。在许多英美法系国家，为版权诉讼及版权进一步利用的方便，出版公司一般要求作者签订版权转让合同，即在出版合同中规定：作者同意出版者具有许可使用该作品其他版权如翻译权、影印权等的权利（此出版合同也被称为授权书，在购买版权的同时，应要求授权方提供诸如此类的有效授权证明）。当前大陆出版社取得境外版权授权绝大部分都是采用这个形式。据统计，大约 90％以上的引进版授权都是通过这个途径取得的。这样的途径比较省时省力，境外一些大的出版社也都是采用这个方法。如培生图书公司、圣智出版、麦格劳-希尔，英国的麦克米兰、剑桥大学出版社、牛津大学出版社等等。

2. 自由版权经理人

自由版权经理人是一个古老的职业，严格地说自由版权经理人是属于中介的性质，又分为版权代理公司的版权经理人和个人作代理的版权经理人两种。在境外版权经理人非常活跃，一般来说他们代理的出版社都是一些中小型出版社。例如美国的一些大学出版社，虽然规模不是很大，但出版的图书很有特色，它们通常会将本社版权事务委托给版权代理。版权代理和一些出版社有长期固定的良好关系，它们的合作时间比较长，关系也比较紧密，如果看中的图书属于版权经理人代理，一般来说找出版社洽谈版权是没有结果的，它们会介绍到版权经理人那里。一般来说版权经理人工作是很积极的，它们会定期或不定期地推荐适合出版的书目，工作效率也很高。在境外，以个人从事版权代理居多，而在国内则以版权代理公司为多。国内有许多不错的版权代理公司，例如中华版权代理公司、天津版权代理公司、广西万达版权代理公司等等，在多年的版权代理工作中，它们服务热情主动，也掌握了大量的出版资源，特别值得提出的是，这些代理公司和国内外的出版社联系十分紧密，了解国内外出版社的出版资源和出版需求，可以有的放矢地向国内出版社推荐选题并把适合海外出版的国内图书及时向外推荐。自由版权经理人的费用一般是向成交的卖方收取，也有向买卖双方同时收取的情况。

有的时候，在申请版权许可使用时，发现很多有趣的现象，例如：某本图书的英文版权在原出版社处，而其他文本的版权在其他的版权经理人手中；某本图书的第一版在原出版社，后续版本在作者自己手里；某本图书文字版权在一个地方，其他权利，例如多媒体电子文本和音像制品等则在另外一个或几个地方。遇到这样的情况要仔细分析，找出问题的关键要点，想办法加以解决。

二、版权经理人应具备的基本素质

1. 良好的外语条件

作为一个版权经理人，首要的条件就是外语，这是一个基本的条件，现在，我们的客户遍及世界各地，外语对于现在年轻的版权经理人不成问题，成问题的是如何把所学的外语应用到工作中去，从这个角度说，做版权经理人不一定是外语专业的，关键是如何在版权工作中用好外语，不要以为外语只是一块敲门砖，到了工作岗位就没有用了。不要说版权经理人，就是一般的编辑，在挑选选题的时候都离不开外语，不可能干什么都带个翻译。作为版权经理人，最主要的问题是如何熟练运用外语，如何多掌握一门外语。随着时代的进步，外语越来越重要。不要期待对方全都会讲中文，更不能相信某种翻译软件就能解决语言问题。

2. 熟悉掌握版权业务

和国外版权经理人打交道，要了解相关的版权知识，交往时才有共同语言，在版权贸易的操作过程中，有许多通行的惯例做法，比如版税的高低水平、版权查询的流程等等，都应该熟悉了解。此外，熟悉我们国家的相关法律法规和管理办法，也是十分必要的。

作为一个版权经理人，版权的基本知识是十分重要的，我越来越感到，版权贸易是一门专业，版权经理人是一个行业，不是随便拉一个人就能做的，版权的知识和其他知识一样，也分为初级、中级和高级。

初级的是最基本的，比如说版税，利润，预付款，版权合同的基本内容，这是版权的基本话语，没有这些，就没有共同语言。中级的内容应该包括和你公司打交道的对方的情况，他们的经营特点和版权贸易程式。这些内容非常重要，对于能够最大利益化有很大作用。

高级就比较复杂了，要了解版权发展的历史，学习过世界版权史和中国版权发展历程，熟练掌握《中华人民共和国著作权法》和相关的法规法令，能够解决版权方面的疑难问题，等等。

3. 遵守交往礼仪规则

从事版权贸易和从事其他贸易一样，有着约定俗成的礼仪规则，遵守这些礼仪规则一方面有利于保证版权贸易的顺利进行，另一方面也体现了国内出版社版权贸易人员的精神风貌和对人的尊重。很多看来是很小的事情，却体现出一个人的素质修养。例如整洁的衣装、良好的精神面貌是双方见面时必有的，否则是对人的一种不尊重。预定的约会一定要遵守时间，特别是在书展上，大家的安排都比较满，如果不遵守时间，势必给谈判对方带来不必要的麻烦。还有特别指出的是，回应反馈要积极。有的出版社在联系版权索要样书的时候十分主动，但当得到对方样书，对方等待反馈意见的时候，则不再主动，少则数月，多则半年再也没有消息，对于对方的催促函件也不及时回复。甚至在这种情况下又开始和同一家出版社联系新的版权，结果可想而知。

4. 丰富的出版知识

版权经理人需要综合的知识，其中很重要的一个方面就是要有丰富的出版知识。据我了解，国内的出版社版权联系大致分成两类，一类是比较大的出版社，基本上是被动，也就是说编辑室或其他部门要求联系什么，提供书名，就开始联系。有些出版社则是版权联系和自主选题放在一起，这两种情况，特别是后一种，一定要有出版知识，包括选题的敏锐度，市场营销知识，财务算账能力，对自己单位情况的了解。即使是第一种，也有一个把关参谋的作用。有的时候，我们出版社版权部门的同志或是出于好心，或是没有经验，在和版权代理人洽谈版权时，对引进的数量估计过于乐观，没有考虑到市场和出版社本身的出版能力，签约过多，结果大量图书不能依约按时出版，甚至因为过了最佳市场销售期而不得不放弃出版，造成毁约的现象，不仅在经济上蒙受损失，而且也会严重影响该出版社今后的版权合作形象。

5. 和谐的人际关系和沟通能力

版权经理人的工作说到底，都是和人打交道。所以要想做好版权工作，首先就要学会和人打交道。和人打交道就要掌握必要的技巧。说话要得体、到位，给对方一种亲切感和信任感。

其次要有和谐的人际关系。搞版权的都知道，全世界每年出版的新书不计其数，但真正好的图书，或者说适合版权贸易的图书就没有那么多了，有些选题大家都在抢，输出也是一样，有些选题都差不多，买谁的都是买，这种情况下，人际关系就显得尤为重要。人都是有感情的，中国人如此，外国人也一样，如果能做到谈判对象在做业务的时候，第一能想到你，向你推荐图书，向你询问版权，条件能给你优惠，我觉得就成功了。做到这一点不是那么容易，贸易伙伴不是一天两天培养出来的，要有长期合作的想法，不要仅限于公事公办，为对方着想、帮助对方解决一些实际困难，也很重要。

版权经理人的发展，除了自身努力之外，外部条件也很重要。单位领导要为版权经理人的发展提供必要的条件，在业绩考核、业务谈判，参加书展、出国进修等方面都应适度倾斜，这样才有利于工作。

版权经理人是一个光荣的工作，我相信在 21 世纪的中国出版社，到处有版权经理人活跃的身影，版权经理人工作的好坏，对于出版社有着直接的影响。尽管版权经理人这个行业在我国是一个年轻的行业，但前途远大，我们要共同努力，做好这个工作。

关于建立健全图书印制质量保障体系的探索

·李　宏·

图书作为一种商品，从它诞生的那一天起就和质量结下了不解之缘，可以说质量是图书这一特殊商品的生命和灵魂。为社会提供质量合格的出版物，是出版社义不容辞的职责；为读者提供高质量的图书，是出版工作者的神圣使命。高质量的图书是一个出版社在激烈的市场竞争中战胜对手的法宝。党和国家关于出版工作的一系列方针、政策，新闻出版部门制定的一系列相关政策法规，是出版单位加强图书质量管理的根本依据。必须将其不折不扣地贯穿于出版工作的全过程，才能确保源源不断地为社会提供质量合格的图书。新闻出版署 1997 年颁布的《图书质量管理规定》中把图书的质量分为内容、编校、装帧设计、印刷装订四个大的方面，优质品、良好品、合格品、不合格品四个等级。内容、编校、设计、印制均合格的图书，其质量属合格。内容、编校、设计、印制中有一项不合格的图书，其质量属不合格。相对而言，提高图书内容、编校、装帧设计质量已得到了大家的高度重视，并取得了明显的效果，但图书印制质量在某些人和某些出版社却没有得到应有的重视。新闻出版总署质检中心公布了参加全国书市的图书印装质量检测结果：在总数 498 种送检图书中，精品仅 4 种，占总数的 0.8％；优质品 100 种，占总数的 20％；合格品 379 种，占总数的 76％；不合格品 15 种，占总数的 3％。结果令人遗憾和震惊。

图书印制质量是图书整体质量的一个重要组成部分，是实施图书精品战略和落实《图书质量保障体系》不可或缺的环节。质量管理应以预防控制为主，做好图书的印制质量管理，要在抓好印刷过程质量监控的同时，从出版社这个源头抓起，做好相关质量控制工作。出版社提高图书的印制质量要从以下几方面着手，加强印制环节的管理，逐步建立和健全一整套完善的印制质量保障体系。

一、强化印制质量管理意识

（1）出版社要具有印制质量的主体意识。长期以来，有一些人和个别出版社在思想上似乎认为：图书的印制质量是印刷厂的事，与出版社关系不大。许多出版社为了声明印制由承印厂负责，往往在图书的版权页或封底加上明确说明："本社图书如有印刷装订错误由承印厂负责调换。"诚然，承印厂应该对印制质量负责，但出版社就可以推卸责任撒手不管了吗？众所周知，图书是一种特殊商品，在它的价值实现过程中，出版者始终占主导的控制地位，因而是完整意义上的生产者，应对图书质量负总责。承印厂是受出版社委托，按出版社具体生产要求，并在出版社监控下进行生产。只有出版社本身对印制质量重视了，管理紧了，要求严了，承印厂才能做出相应的反应。随着出版印刷技术的发展，图书印制的工艺体系正在悄然发生着变化。不仅开本版式、工艺设计、印刷与装订方式、纸张规格等由出版社决定，而且排版制作、图像的技术处理、软片输出等已经基本上转移到出版社制作或由出版社委托相关公司制作。上面这些环节都是图书生产的重要组成部分，对图书的最终印制质量有着重要的影响。从这个意义上来讲，出版社正在承担着更多的图书印制质量责任，既是管理者又是生产者，肩负着图书印制生产的组织、协调、监督、控制的责任，同时也是图书印制过程的参与者。因此，出版社对图书印制质量起着主导作用，是图书印制质量工作的主体之一。

（2）出版社要强化全员印制质量意识。图书印制质量的提高和图书印制质量好坏不仅是承印厂一家的责任，与出版社领导、员工、印制部门及相关部门的重视和工作情况也是分不开的。不仅仅是出版部的职责，它贯穿于图书生产的全过程，涉及全社方方面面。首先，社领导必须高度重视印制质量，常抓不懈。其次，印制部门在思想上要高度重视，印制质量是图书质量的一部分，印制质量不合格，图书质量就无法合格。出版社的每一位员工都要以主人翁精神对待本职工作，不能心存侥幸，更不能将质量责任完全推给承印方了事。实际上，即便印制质量责任在承印方，他们赔偿了经济损失，但出版社却因此失去信誉、时间，遭受更大损失。印制工作的最高境界是把图书制作成精品，每个品种都要达到合格，而不是图书质量发生问题后急于分清责任，以为只要责任在承印方，自己工作就没有问题。再次，要加强社内相关部门的协调配合。印制环节的一些规章制度，单纯依靠印制部门有时无法落实，需要有关部门积极配合。在日常工作中要严格按出版社内部规章制度办事，各部门都不能靠经验办事，办事不能随意。所有涉及图书印制的工作环节都照章办事，图书印刷质量自然就有了可靠保证。多年的工作实践使出版社在保证图书印刷质量方面形成了一套行之有效的制度和做法，积累了一些有益的经验，但我们不能满足于此。社会的不断发展、科学技术的不断进步以及读者需求的不断变化，必将对图书质量提出越来越高的要求，这其中也包括印制质量所面临的新课题，对此，我们要以创新的精神不断加强图书印制质量管理，努力为社会提供更多的精品图书。由此可见，一个出版社只有强化全员印制质量意识，印制质量才能得到提高。

（3）出版社要调动承印厂家的质量意识。一般出版社都不直接印制图书，图书的印制质量最终是由承印厂来实现的。所以，出版社的质量意识和要求必须得到承印厂的认同，并落实到生产的每一个环节。首先，要建立起休戚相关、荣辱与共的平等协作关系。出版社与承印厂是图书生产中密不可分的一个整体。图书印制质量好，出版社在读者中信誉高，出版社快速发展了，承印厂也能相应快速发展；相反，图书印制质量差，砸了出版社的信誉，也就断了承印厂的饭碗。"质量是企业的生命"应是双方的共识。其次，社厂双方要经常沟通，共同探讨图书印制质量问题。再次，印刷产量要向质量高、周期快、服务好的承印厂倾斜，并实行优质优价。

中国人民大学出版社历任社领导都非常重视图书印制质量，把图书印制工作作为出版工作的重要环节，认为图书印制质量的好坏，不仅关系到一本图书的外观和给读者的第一印象，而且直接关系到图书的销量。社领导有专人分管印制工作，经常与印制部门的职工一起研究如何科学管理，提高质量。经过多年努力，各部门团结协作，提高图书印刷质量已经成为全社工作人员的共识。为了真正把提高印刷质量落到实处，我社还不定期组织有关人员抽查图书质量，把具有不同特点的图书抽调出来集中摆放，相关人员检查后，及时开会讨论解决印制工作中出现的问题。

二、建立完善的管理和监督体系

健全的规章制度能够规范业务工作程序，有助于及时发现影响图书质量的隐患，杜绝图书质量问题的发生，因此，严格遵守各项规章制度是保证图书印制质量的重要前提。有了相关的制度还需要必要的监督，以保证各项制度得以落实。因此，无论是出版社还是印刷厂都必须自觉接受来自各个方面的监督，不断提高图书印制质量。

1. 加强各环节的管理

（1）印前检查。印前阶段是图书印刷的基础，如何提高图书设计水平和排版质量，输出高质量的胶片或文件，是确保印刷质量的前提。印刷前期检查主要包括以下几点：首先是对封面设计的检查，要求制作胶片或文件后一定要有彩色打样，经美术编辑确认后方可发印；其次是对正文胶片的检查，检查胶片是否干净、套印是否准确、密度是否达到要求，并且每页都要逐一核对有无缺损；最后检查装帧设计是否合理，所需用料都要求承印厂送出版社看样。印前检查把关十分重要，根据多年的经验，图书质量出现问题，达不到规定要求，多与印前质量不高有关。

（2）印中监控。加强印中监控，可以有效减少印制质量事故的发生。图书印制过程中，要求印制员加强与印刷厂之间的联系，及时掌握印制进度，在可能发生问题的环节上，要与印厂方面及时沟通；印刷厂在拼版、晒版、印刷环节中必须严格执行有关技术标准，并替出版社主动把好质量关，发现问题及时与出版社沟通，尽可能地避免出现印制质量问题。

（3）印后装订。装订阶段是图书成书前的最后一关，要求印装厂必须对拼版顺序、插页印刷、正文印刷和封面印刷等逐一进行核对，并严格按装订各环节的工艺要求装订少量的样书送出版社检查。

（4）样书检查。图书印装完毕，要求印刷厂及时将样书送出版社检查。出版社印制部门自检后，分送美术编辑、责任编辑、策划编辑、质检部门、营销部门和出版社各级领导从不同角度进行检查。等各部门检查无误后及时通知装订厂进行大批量装订。这样做的好处是发现问题可以进行一定的补救，并可将损失控制在最低限度。

（5）入库抽查。图书入库后，印制部门还要根据图书种类和数量按一定比例进行抽查，防止出现样书送检合格，大批入库图书不合格的情况。

2. 接受各方面的监督

（1）各级主管部门的监督。近年来各级图书主管部门对图书印制质量的重视程度越来越高，监督力度也越来越大。出版总署质检中心除了要求各出版社、印刷厂按规定缴送样书外，还利用全国书展等机会对图书进行抽查，并将检查结果在媒体上进行公示。各级地方主管部门也组织各种评比和检查。因此，出版社和印刷厂要不断重视图书印制质量，自觉接受各级主管部门的监督。

（2）出版社内部的监督。出版社的图书印制质量主要由出版部负责，出版部工作的好坏，印制质量的高低，主要由社领导和全体员工监督，尤其是质检部门要建立一套印制质量的全面科学的评价体系。除了对每一本样书进行质检外，还要定期到库房和书店抽检，并将检查结果作为对出版部和相关人员进行奖励或处罚的依据。

（3）社会和读者的监督。出版社的每一本图书最终都要到读者手中，接受读者的检验。因此，任何一个出版社都必须把读者放在第一位，一切为读者着想。读者好的评价是一个出版社追求两个效益的基础。读者的意见和建议也是出版社发现问题、改进工作的法宝。因此，出版社必须格外重视读者监督。可以在版权页上公布质量热线，认真解决读者投诉，凡出现印装质量问题及时为读者更换。

只有这样，出版社才能在图书印制的各个环节、各个方面建立一套完善的保障体系，为提高出版社图书印制质量打下坚实的基础。

三、建立相对固定的印刷基地

图书印制的主要工作都是在印刷厂实现的，因此，选择什么样的印刷厂对图书印装质量至关重要。

1. 印刷厂的选择

印装厂的选择在图书印制质量管理中占有重要地位。作为图书生产权利的拥有者，出版社有权决定与哪家印刷厂开展合作。随着印刷市场的发展，目前市场上的印刷厂规模大小不一，特点各有不同。质量、周期和工价是影响出版社和印刷厂得以开展合作的重要因素。作为出版人员，需要了解所合作印刷厂的各项信息。其中包括：（1）印刷厂的设备情况，比如有几台四色印刷机、有几台单色印刷机，有何装订联动线，更需要清楚机器的品牌、使用年限、设备状况、使用保养的情况等。（2）印刷厂的人员情况，包括人员数量和素质，有何技术专长人员等。（3）印刷厂的规模情况，包括印厂都与哪些单位开展合作，承接的业务量和业务种类，企业的业务特点是什么，优势是什么等。（4）印刷厂的管理情况，如ISO 9000管理认证等。这是最复杂的，不仅需要看各种证照，还需要出版社人员到生产实际中去用心观察，单靠简单的询问是做不到全面了解实际情况的。（5）印刷厂当前的情况，如本社原有产品已经加工到何种工序，其他合作单位安排的任务量等。只有对所联系的印刷厂有深入的了解，出版社人员才能在实际生产中做到心中有数，有的放矢。

曾经有这样的观点："出版社只要把印版提供给印刷厂，厂家就要生产出合格的印刷品。"这句话有道理，但有一定的局限性。同样的型版，只有出版人员调配得当，才能够优质高效地生产出图书产品。现在各家出版社都联系有一定数量的印刷厂，多数产品各厂都能生产，但是每个厂家都有自己的特点，有的厂家擅长黑白产品，有的则擅长彩色产品，有的能抢急件，有的专门定位精品高端……这些情况都需要出版人员细心安排，合理布置，争取最佳的生产组合。这倒很像是一支球队，印刷厂像是球员，出版人员就像是教练。只有让每个球员发挥出自己最擅长的本领，才会形成高效的图书生产模式。

2. 严格印刷厂的检查与考核制度

印刷厂、装订厂是图书印制的主要生产部门，为保证图书印制质量，对印刷厂、装订厂的考核也要予以高度重视。实际上，出版社根据不同需要，对不同的图书，从材料选择到印装工艺，都会有不同的要求。例如对一些重点类图书，用料好，档次高，则会选择印刷设备好、质量管理严且有一定规模的印刷厂，而对一些普通类图书，从降低成本角度出发，也会选择中小企业。但无论承印单位规模大小，对其印刷、装帧质量的要求是一致的，都是严格以《中华人民共和国产品质量法》、《书刊印刷产品质量监督管理暂行办法》为标准对其进行全方位的考核，以确认其是否有能力保证所交付的成品是合格的，是否能够达到我们的图书质量要求。

出版人员对印刷生产的管理不仅体现在对生产任务的安排，还体现在对印制生产的检查控制。出版社在制版设计、工艺设计、纸张选配等环节中要建立严格的质量管理制度，树立质量管理意识。另外，也需要对印刷厂的生产过程进行监督管理。这其中包括对生产进度的检查，对样书的检查，对批量图书产品质量的检查。目前很多出版社都有对批量产品进行检查或者是抽查的制度，有些还专门进行以本社图书为对象的质量评定检测。这些措施，都能够督促印刷厂搞好印制生产，加强管理，进而确保产品质量。

出版社对印刷生产的检查应该是动态的，即是在图书印制过程中进行检查。检查主要可以分为三个阶段：一是在装订前。对机台上的印刷样品进行抽检，及时发现墨色不匀等问题，避免装订后重新返工，造成更大的损失。第二是在入库前。成书入库前，需要对图书的装订、包装等情况进行详细检查。第三是在发书前。由出版社的出版部门会同编辑对图书的质量做进一步的检查，以保证图书的优秀率及合格率达到规定要求。

3. 印装厂的管理

印装厂的管理主要包括质量管理、成本管理、周期管理和服务协调等方面，出版社应根据国家有关质量标准建立一系列评价体系，通过样书检查、入库抽查和读者反馈等方面对所有印装厂评比，每月可以将检查结果以简报形式或通过网络在出版社和印刷厂公示。凡是表现比较突出的应给予一定的奖励，在安排产量时应给予一定的倾斜，质量特别突出的图书应实行优质优价。相反，对印装质量差或发生质量事故的印装厂要实行一定的经济处罚，或在印刷产量上给予一定的控制。事故情节严重的要实行一定周期的停产整顿，屡次出现质量事故的印装厂可以解除合作关系。这样做的目的就是不断调动印装厂提高印制质量的积极性，在出版社各印装厂之间形成一种比、学、赶、超的良好氛围。

四、合理的投入与使用较高质量的纸张材料

（1）图书生产的合理投入，也是影响印制质量的一个重要因素。目前，一部分中小型出版社，实力不强，流动资金不很充裕，往往不能及时支付印制费用。在此情况下，承印厂一旦出了一些质量问题，出版社时常会采取迁就的态度，大事化小、小事化了，放松质量要求。由于资金紧张，出版社在生产投入上常采取紧缩措施，盲目追求低成本，以致在用料和工艺上不得已而求其次。长此以往，出版社的图书印制质量就会受到很大负面影响。所以，图书生产确保必要的投入，适当提高印装档次，是提高图书印装质量的基础之一。

（2）纸张的质量是图书印制质量的重要组成部分。一本书印制的好坏与所用纸张的质量有着相当密切的关系，纸张质量好能很快树立起图书在读者心目中的第一印象，否则，就会在读者心目中大打折扣，严重的还会影响图像、网线和文字的印刷效果。因此，出版社必须高度重视图书纸张的采购和使用。精品书、重点书必须使用高质量的纸张，一般图书和教材则采用性价比较高的纸张。另外，近年来纸张供求波动频繁，出版社出版部门还要及时关注国内外纸张和木浆形势的变化，确定适合出版社生产需要的合理库存量，避免在纸张供应紧缺时纸张质量受到影响。

（3）印刷和装订材料的质量也是影响图书印制质量的重要因素。印前输出所用的胶片、印刷所用的油墨和版材、装订所用的热熔胶等，这些材料的质量直接影响图书的印刷和装订质量。按惯例，这些材料都是由排印装厂负责采购和使用。如何控制这些材料的质量对出版社来讲是一个难题。监控得当对图书印装是一个基本保证，否则，由此而引起的质量事故不胜枚举。对此，出版社应该明确

规定上述排印装主要材料的质量标准、生产厂家，并利用适当的机会明查暗访。对一贯严格执行出版社规定的厂家在工价和产量上给予优惠，对经常使用低档和劣质材料的厂家给予警告和处罚，由此造成损失和浪费的由相关厂家赔偿全部损失。

五、积极采用新技术、新设备、新工艺和新材料

古人云：工欲善其事，必先利其器。技术、设备、工艺和材料在图书印制中所起的作用至关重要，在很多方面的作用是人所无法达到的。所以，出版社和印装厂的相关人员必须及时关注国内外印刷新技术、新设备、新工艺及新材料的现状和发展趋势，并积极探索、推广新技术、新设备、新工艺和新材料在图书印制中的应用。

目前，在国内外印刷界逐步推广使用的 CTP 数字制版技术，以其快捷的印前处理，低廉的印前成本，方便的文件管理和优异的印制质量显现了无与伦比的使用和推广价值。该技术避免了出片环节的线形损失，规避了手工拼版容易出现的偏差和脏痕，使网点还原更为清晰准确，甚至能再现 1‰ 的印刷网点，减少了人为误差，使颜色套印更为精确。另外，近年来国内外印刷新设备、新工艺、新材料也是层出不穷，出版社和印刷厂相关人员必须及时了解和搜集这方面的信息，积极参加各种印刷设备博览会，发现适合自己使用，有利于提高和改善图书印制质量的应积极考虑引进和使用。

图书印制质量所涉及的因素很多，保证和提高图书的印制质量，不仅是印刷厂的职责，更是出版社的责任。厂社双方应该精诚合作，相互支持，为图书整体印制质量的提高，为社会生产更多的精品图书作出各自的贡献。

浅谈按需出版印刷

·李　宏·

当今世界正处于一个数字革命的巨变之中，数字化浪潮席卷全球，冲击着我们生活的每一个角落。在很多行业数字化这一趋势已经显露无遗，比如数码相机已经基本取代了传统的银盐胶片，数据库技术已经渗透到各行各业，甚至很多小餐馆已经用上了无线点餐机，信息可以及时传递到厨房，经理可以随时查看每个菜品销售的好坏。然而在我们的出版行业，这个趋势只能说是初露端倪。告别"铅与火"迎来"光与电"，激光照排取代了铅字可以说是一次数字革命，但是它并不彻底，还需要物理的胶片存在。电子计算机直接制版的 CTP 技术在此基础上前进了一步，它跨越了胶片直接将数字化图文信息传递到了胶印 PS 版。随着惠普、柯达、奥西、施乐等大品牌厂商的持续投入，数字印刷机技术近几年得以飞速发展，其印制的图书已经完全不逊于传统胶印的质量，甚至略有所超，这就为我们出版行业的重大数字化变革——按需出版印刷提供了前提条件。

什么是按需出版印刷？目前业界并没有一个公认的定义。一般来讲，按客户需要的时间、数量、地点进行的图书印制，即称为按需出版印刷。严格来讲，按需出版印刷应该是出版行业的业态革命，是一场真正的数字革命。它始于数字化的网络交易平台，实现了"先卖后印"，先有订单然后按客户要求的数量进行数字化生产，在协议时间内送达客户指定的地点，理论上不再有库存，不再有报废，由于先收书款后交货，也无需再追收欠款。按需出版印刷将真正实现整个出版行业的数字化。

一、按需出版印刷的构成要素

1. 网上展示交易平台

让读者可以找到图书和相关内容片断，然后下订单并事先支付书款，它是按需出版印刷的起点。这是一个电子商务平台，可以自己开发，也可以挂接现成的网络图书销售平台，关键要有高质量的数字化内容资源，这个高质量不但指图书内容，更指的是数据库的开发建设。

2. 内容资源管理系统

它是按需出版印刷的核心，可以妥善地保管图书电子内容，实现高度的结构化管理，便于储存，便于查找，可以实现图书篇章节的分拆，甚至实现知识点的拆分和查询，以便内容资源的多次、多渠道应用。不但可以纸质按需出版印刷输出，还可以通过手机、电子书等其他介质输出，让出版社内容资源产生最大效益。内容资源库建设是一个复杂并且需要长期投入的过程。比如，美国按需出版印刷的典范 Lightning Source 公司用了 8 年的时间才积累起 20 万种图书。

3. 自动化工作流程

读者的网上订单通过自动化工作流程将自动转变为工作传票，在内容资源库中自动调出相关图书的电子内容文件和工艺文件等信息，传送到数字印刷机中进行印刷，使零散的订单汇集成工作流，产生规模效益。这一点也非常重要，真正的按需出版印刷订单将十分零散。Lightning Source 公司的订单平均印量是 1.8 本，每天是几千本书的印量。如果每 2 本书都需要人工干预一次，人工的代价和时间成本将成为按需出版印刷的噩梦，不可能有利润可言。Lightning Source 之所以平均每单 1.8 本就开印还有不错的盈利，正是因为通过强大的自动化工作流程，它印制一万印即使每张内容都不一样，也是不停机的。成本和传统胶印一版印一万印几乎没有区别。

4. 数字印刷机

它是真正的输出端，得到工作指令后按要求的数量进行印刷。目前奥西、施乐等成熟数字印刷机型都有很稳定的表现。随着喷墨技术的发展，在成本上会有较大的下降空间，这也将提高胶印和数码按需印刷的价格平衡点，有利于按需出版印刷的进一步推广。

5. 装订机

将封面进行覆膜等处理后，将正文胶订成册，也可采用精装、骑马钉等其他装订方式。但总的来讲在工艺种类方面还不如传统胶印丰富，有待印刷机生产厂家进一步改进。

6. 物流

即时的分发到直接的读者手中是按需出版印刷很重要的一个环节。按需出版印刷很重要的一个概念是"按需要的时间"，只有这样出版社才不需要库存。否则出版社出版的每一本图书都必须保有一定的库存，要不然就会影响销售。从这个意义上讲及时的物流和及时的印刷是同样重要的。Lightning Source 的母公司INGRAM 集团是具有 40 年历史的图书发行商，具有十分强大的物流体系。

二、适合按需印刷的图书类型

1. 短版图书

即出版数量少，达不到传统的起印数量的出版物。短版图书主要包括样书和抽印本、难以大量销售的学术著作、专业教材、信息资料、艺术作品、古籍、回忆录等类图书。

2. 断版图书

即已退出流通领域或即将退出流通领域的图书。依据新闻出版总署近几年《全国新闻出版业基本情况》的统计，中国平均每年出版 20 多万种图书，其中55％在出版后逐渐退出流通领域，这部分书还存在很大的市场价值。

3. 长线图书

即指那种需求量不大，但不断地有需求的图书。从图书市场上看，每本图书几乎都面临着这样的问题。即使印数估计得再准，初版书售完后，总还会收到100 份左右的零星定单。出版社很难为了 100 本书的短版书下厂印刷，读者只能等待那个最低印数甚至从此与该书无缘。但有了按需印刷系统以后，当出版社接到零星订单时，在与书店或读者达成共识的情况下，可以完成即需即印。尤其是有了网上书店以后，对图书"永不脱销"的要求显得尤为迫切，也就形成了图书的长线出版，这时按需印刷模式便是最好的选择。

4. 个性化图书

以身份感、纪念性、收藏化、时尚感为价值点的个人内容产业酝酿着极大的市场机会。

三、按需印刷的好处

1. 成本优势

抛开库存、报废等巨大隐形成本不谈，如仅以单价核算，传统胶印和按需数码印刷的平衡点是 300 册左右。也就是说 300 册以下即使只看直接印制成本，按需印刷也更具优势。

　　事实上在传统的图书出版过程中，印刷费只是整个出版发行成本的冰山一角，如下图所示。据有关数据统计，2005 年全国图书销售码洋与库存之比为98％，而 2007 年甚至达到了 110％，即库存金额超过纯销售金额。如果采用按需印刷的方式，实行少印量多印次，以及样书试销、凭订单付印、以销定产、异地印刷、网络营销等形式的数字化出版流程，也许，非正常的库存积压现象将会大大改善。这将大大降低出版社的隐性成本和资金压力。

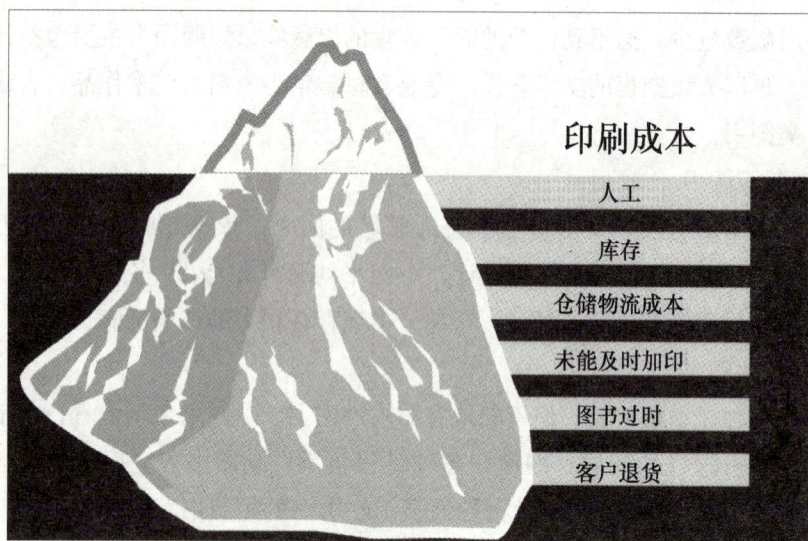

2. 开创新的市场空间和先进的商业模式

　　内容资产管理系统是按需出版印刷的核心基础，它不仅可以妥善地保管图书电子内容，便于储存，便于查找，更重要的是它可以让内容资源实现效益最大化。比如同一本书可以拆分成篇章节等内容零散卖给读者，而手段既可以是通过按需印刷的纸质图书，也可以是通过电子文件的形式发送到手机、电子书等。纸质图书不再是出版社获利的唯一途径。同时，作为一种先进的商业模式，按需印刷的交易环节离不开网络平台。网络平台不但是搜集零散短版、断版和个人内容需求的有效渠道，使大部分沉睡和无法展现的内容资源活跃起来，产生长尾效益，还可以实现先付费，后生产，解决令出版社头疼的追收货款问题。

3. 时间优势

　　对于短版图书，按需印刷具有传统印刷无法比拟的优势。它的 RIP 解释、拼版等过程完全是电脑控制，甚至是自动完成，无需菲林、PS 版以及传统胶印的上版、找规矩、找墨色等诸多烦琐工序。点一下鼠标，书就印出来了。如果印制 100 本图书，传统胶印最少要 2～3 天，而按需印刷的方式，一天内即可完成。

4. 质量优势

数码印刷机技术的长足进步，已经让按需方式生产的图书赶上甚至超过了传统胶印图书的质量，尤其是黑白图书。因为是电脑控制，没有人为干预，墨色更加均匀，版面更加干净。由于是一本一本地自动配页印刷，杜绝了传统胶印中容易出现的乱袋、少袋等装订问题。

四、按需印刷面临的障碍

按需出版印刷的前景乐观，这一点不容置疑。但按需出版印刷在出版业中的应用和发展并非一帆风顺。正在起步的国内按需出版印刷所面临的问题不容忽视。

1. 价格障碍

在目前的国内数码印刷市场，即使按最低的报价，按需印刷方式生产出的图书的价格基本相当于图书零售价格。这样的结果导致出版社无利可图。而调高图书定价又会影响图书的销售。按需印刷的这种两难境地严重影响到按需出版印刷的发展。这一方面有赖于设备供应商和生产商的共同努力探索，另一方面也需要出版方适当提高小众短版书的定价，同时高度重视库存、报废等隐形成本。卖书即使不挣钱，节约下来的库存和报废支出也是利润。

2. 技术障碍

目前国内图书市场并没有类似于亚马逊这样的按需印书交易平台，甚至连雏形都没有。作为按需出版印刷核心的内容资产管理系统更是极不成熟。供应商极少，而且自身在此方面并不成熟，应用方更是寥寥无几。最关键的是缺乏相关的复合型人才，即既懂得电子排版和输出知识，又了解数据库和数码印刷技术的人才少之又少。

总体来看，按需出版印刷在中国还处于起步阶段，理念有待进一步转变，市场有待进一步开发，经营方式有待进一步创新。虽然问题多多，但是时代的潮流无法停止它的步伐，按需出版印刷作为一种不可逆转的趋势，已经呈现在人们的面前。作为出版社能不能为读者奉献出更多更好的精品图书，作为印刷供商能不能用更好的方式让出版社的图书实现最大效益，以实现自身的良性发展，这都是摆在大家面前的迫切问题。"路漫漫其修远兮，吾将上下而求索"，创造价值，服务社会，相信这是我们每一个人，每一个企业生存的意义。让我们大家一起来努力吧，把握历史的机遇，顺应时代变革的潮流，创造一个属于我们自己的美好未来！

浅析音像出版业的困境及对策

·周满库·

一、我国音像出版业的现状

当前，我国音像业正处于"风雨飘摇"之中。2006 年以来，特别是 2007 年之后，由于市场销售量急剧下滑，70％～80％的音像零售店倒闭，产业链末端断裂，危机由零售环节向上游不断蔓延，对音像制品的制作、出版、复制等构成严重威胁，我国以光盘为主要载体的传统音像产业岌岌可危。

1. 市场急剧萎缩

全国音像市场发行总额基本上保持在 30 多亿元。根据全国新闻出版统计网已公布的数据，1996—2006 年的 10 年间，音像制品的品种、数量呈波浪式上升状态。2001 年、2002 年连续两年升幅达 20％，2005 年稳步增长，2006 年出现转折，之后呈现连续大幅度下降趋势：2006 年全国音像出版品种下降 3.59％，发行数量下降 5.73％，发行总额下降 2.71％；2007 年全国音像出版品种下降 5.2％，发行数量下降 5.4％，发行总额下降 10.55％；2008 年全国音像出版品种下降 26.48％，发行数量下降 6％，发行总额下降 41.39％。

2. 出版单位经营困难

我国现有音像出版单位 380 家，其中与图书出版社、报刊社一体的有 170 家，独立音像出版社有 210 家。国内音像出版企业经营状况堪忧，我国音像出版社总体规模偏小，注册资本不足 300 万元的占一半以上，人员规模 30 人以下的占 64％，单体出版发行能力弱，2007 年近五成出版社年出版品种不足 50 种，销售过千万元的仅有 40 家；行业利润状况令人担忧，呈现出利润下滑、亏损面扩大的整体趋势，全行业能够实现盈利的单位很少，盈利能力在百万元以上的仅 13.5％，这将严重影响到音像业的可持续发展。

二、我国音像业陷入困境的直接原因

传统音像出版业的衰退固然有多方面的因素，例如体制问题、经营机制问题、渠道问题等，但直接导致我国音像业近年陷入困局的原因主要有以下三个方面。

1. 现代信息技术发展对传统音像产业形成重大冲击

随着现代信息通信技术的飞速发展，计算机、互联网快速普及，更多人倾向于从互联网上下载喜爱的节目，音像制品国内市场的传统销售业务开始急剧下滑。同时我国成为世界最大的手机用户国，以手机彩铃、手机音乐、付费下载、视频点播等为主要形式的新媒体增值业务快速发展。手机音乐、互联网音视频服务等新兴媒介形式，大幅度地替代了光盘产品，改变了人们的消费习惯，分流了大量传统音像制品消费用户群，使音像制品的市场急剧缩小。而传统音像业由于还找不到有效的网络商业模式，难以在短期内适应网络经营环境，无法完成音像制品从有形向无形载体模式的转变，不能形成新的经济增长点。

2. 侵权盗版对音像产业发展造成极大危害

长期以来，我国对音像盗版存在法规不健全、打击不力、处罚过轻的问题，致使盗版音像制品一直在音像市场占据绝对优势，有统计显示盗版与正版的市场比例高达 9∶1。虽经多年打击与治理，这一比例仍没有发生根本性的改变，盗版因为逃避了版权使用、正常包装、纳税等费用，与正版制品在价格上差距巨大，面对版权意识淡漠的消费大众，在销售上占据绝对优势，将正版制品挤出市场，使著作权人、出版和制作单位都深受其害。

除传统的音像制成品的盗版形式外，网络盗版的影响更为严重。2005 年以来，一些企业和个人在互联网上公开、大规模地提供音像产品免费下载，吸引流量然后通过广告赚取非法利润；不少网民则是贪图免费，热衷于"分享"、"交流"。

互联网为免费下载等侵权盗版行为提供了强大的技术手段和条件，目前网络盗版主要有三种形式：一是在线提供播放、下载和链接；二是提供搜索服务；三是提供 P2P 服务，供用户上传和交换影视音乐节目，从广告中获利。无论哪种形式，网站应当构成共同侵权。但是，我国目前的法规政策，片面鼓励互联网发展，对视频等网站的侵权行为给予了姑息、纵容，在这些"网站免责"的政策面前，版权方的维权行为疲于奔命，几乎无效。

由于网络传播不改变音像制品内容、格式和观看方式，能直接利用、直接传输、直接播放，因此网络对音像制品的冲击大于对图书的冲击。今天，网络侵权现象十分普遍，非法网络传播、免费下载比比皆是的局面造成光盘音像产品市场急剧萎缩，不仅正版出版物没有销售市场，甚至一些做光盘盗版生意的不法企业和商户也难以生存，大批音像店因此倒闭。盗版和网络侵权直接冲击了正版出版物的发行，使得出版单位入不敷出，效益低下，出版单位只能靠极小份额的市场艰难维持。著作权人、出版方对盗版侵权现象十分无奈，正版为盗版侵权做嫁衣，出版效益被剥夺，导致著作权人、出版方出版积极性低下，对投资制作、出版新制品顾虑重重，直接影响了产品水平的提高。

更为严重的是，铺天盖地的盗版侵权破坏了社会经济道德，摧毁了消费者的版权意识，形成了恶性的消费习惯。不少人购买、下载盗版侵权内容，不以为耻，反以为荣；当对某一内容感兴趣时，首先想到的是去网上寻找免费下载，其次是寻找盗版光盘，实在找不到了，才会关注正版制品，还要拿盗版的价格标准拷问出版者"怎么这么贵"、"太黑"。盗版侵权导致年青一代网民知识产权保护意识淡薄，这对于传统和新兴产业都将是一种巨大的灾难。

3. 部分出版单位买卖版号的不规范行为残害自身

部分国有音像出版社由于体制僵化、不思进取，不少单位因为规模小、人员少无力开发新产品，就利用出版资格和版号资源，违规买卖版号。这种简单低级的合作方式，虽然勉强带来一点收入，但进一步弱化了出版单位新产品制作开发的能力，同时影响了整个行业的规范操作，带来了诸如与民营企业争资源、拼版税、拼折扣等一系列问题。在这种竞争中，与国有出版单位在财务管理、流程管理、版权处理上必须规范操作相比，民营企业因各种灵活手段处于优势，形成了不对等竞争，这进一步加剧了正规出版单位的经营困难。

买卖版号的最终结果是国有音像出版社将市场主体让位于民营企业。近几年，市场上几乎 95％的音像制品都是由民营企业投资开发、制作完成后，花500～2 000 元到音像出版社购买版号正式出版的。民营企业成为音像市场事实上的骨干力量。由于体制符合市场经济的要求，机制灵活，经过多年的发展，民营音像企业事实上已经成为音像产品开发、制作的主体。民营企业虽然对音像产业的发展、音像市场的繁荣作出了相当大的贡献，已经成为事实上的市场主力军，但由于它们长期被排除在音像出版体制之外，在品牌创建、企业扩展、融资、兼并、收购等方面受到极大制约。在当前市场极度萎缩形势下，也出现了大批民营音像企业撤出、倒闭的情况。

三、音像出版业健康发展的出路

针对直接导致音像出版业困境的内外部原因，若能采取有力措施解决这些问题，就可大幅度改善音像出版业的市场环境，再造业内发展动力。

1. 健全知识产权保护的法律法规，坚决打击盗版侵权，建立良好的市场环境

保护知识产权是社会文明进步的表现，是法制社会的必需，也是我国实现国际化的必需。

首先要加快法律法规的建设与完善，在现有法律的框架下，尽快做出有利于知识产权保护的司法解释，以利于在司法实践中更有力地打击侵权盗版活动。其次，对侵权盗版行为，打击要严厉，发挥震慑作用，才能彻底治理。最后，要建立健全执法队伍，解决管理体制不顺问题，解决打盗版靠出版单位、出版单位又无能为力的问题。这样才有望形成良好的市场环境。

音像出版作为承载文化、知识、教育、娱乐等功能的手段，仍具有不可替代的作用和适度发展的空间。但即使市场环境改善，消费者消费习惯、版权意识的回归还是有很长的路要走。

2. 出版单位要积极改革体制，努力做大做强

中国音像业正进行着一场自上而下的改革，根据新闻出版总署《关于加快推进经营性图书、音像和电子出版单位转制工作的通知》和《关于促进我国音像业健康有序发展的若干意见》，各音像出版社正积极进行转企改制，国家也积极推进兼并重组，建立音像产业集团，要通过有效措施，实现中央提出的"做强做优一批、整合重组一批、停办退出一批"的要求。围绕"三个一批"方案的具体实施，总署已经规划了三个国家级音乐出版基地，未来还将建设一个国家级的音像基地，以此带动国内音像业的做强做优。出版单位要解放思想，积极参与改革，消除原有的体制弊病，充分利用国家提供的重组、联合和引资的优惠政策，创造能够做大做强的自身条件。

3. 转变经营方式，学习民营经验

在改善和转变经营战略与方式上，要积极适应现代传媒发展的形势，转变过去的贴牌出版传统方式，向上游延伸，即内容节目的策划、制作，以内容与广播、电视、网络、移动通信寻求合作，并积极结合新的媒介形式，出版新的载体制品。

同时要学习民营音像企业的经营机制和经验，在节目创新、贴近市场以及市

场营销上进行提高。

应当说，在传统和网络盗版的重重围困之下，音像出版业形势严峻，在其纷繁复杂的背后，也是一场惊天动地的大变革。业内人士多次评估国内音像市场，认为其价值空间区几百亿元，如果能够通过有力措施规范这个市场，那我国的音像出版业仍有健康发展的巨大空间。

人大社音像出版思考与建议

· 孟旭浩 ·

我在音像社工作已有三年半的时间，在这期间虽然取得过一些成绩，但也出现了起伏，遇到了许多问题和困惑。同样，音像社的发展目前也处于一个新的关键时期。通过近一段时间对工作的思考，结合这几年对音像出版的体察和感悟，现对我社音像出版的发展方向、音像出版的环节以及音像社的制度和管理等问题提出以下思考和建议，希望能与领导和同事们共同探讨。

一、解放思想，拓宽思路，走开放性的市场化之路

人大音像社的发展目前处于起步阶段，与我社人文社科出版的品牌相比还有很大的差距。而且由于图书与音像的巨大差异，我社的品牌影响也很难给音像社带来连带效应。虽然我社隶属人民大学，学校的学术资源有待开发，但从将学术资源转化为出版产品的角度来说，音像相比图书教材而言有着许多差异，在实际操作中存在着一些问题和困难。另外，近年来我社推出的《百家讲坛》系列产品虽然形成了一定的社会影响，但由于节目时间早、定位高且缺乏后续产品，品牌影响已完全被央视产品超越。

因此，就目前的情况看，音像社的发展处于一个新的关键时期。如果想打造我社音像出版的品牌和影响力，走出自己的发展之路，我认为大致有两个方向：

1. 建立起成熟的音像营销渠道，发展特色化、专业化的产品路线。

在当前文化市场日益细分的环境下，走特色化、专业化的道路并最终形成自己特有的品牌和影响力，无疑是每一个音像出版者的愿望和最终目标。但其中必须注意的一点是，在当前的出版环境下，营销渠道在音像市场中的作用要远远大于图书市场。音像的营销渠道有时甚至还会反过来影响甚至决定产品的策划、出版和销售。通过对音像市场的考察可以看到，没有特定的渠道或宣传平台的支

撑，在音像市场很难树立起一个长久的品牌（这也是音像与图书功能特质差异的一种体现）。目前市场上比较成功的管理类、外语类、文化教育类等音像产品，无一不是有着强有力的营销渠道和营销团队在支撑。

然而就我社而言，人大社仍是以图书教材出版为主的出版社，销售渠道也以传统的图书教材渠道为主。尽管这几年在音像渠道的拓展上已经取得一些进步，但从目前来看还不具备支撑大规模专业化或特色化产品的能力和基础。因此我认为，在建立起相应完善的营销渠道之前，大规模开发此类产品的时机和条件还不成熟。而且，如前所述，可以说人大社在音像市场并没有什么既有的优势或资源可以倚靠。因此，在目前的条件下，我认为走完全开放性的市场化道路应是近几年我社发展的主要方向。

2. 解放思想，拓宽思路，走开放性的市场化之路。

随着我国文化事业的蓬勃发展，群众的物质文化需求日益提高，文化需求的层次和形式也逐渐多样化，新的文化热点和社会热点层出不穷。这对于出版的大环境来说无疑是利好因素，同时也为我们的音像出版提供了新的思路和广阔的发展空间。

市场化的出版就要求时时刻刻以市场为导向，用市场说话。这就要求编辑在选题策划时，不能仅从选题的内容层面来考量，而应当以选题是否能被市场接受为标杆；不能主观地去想我要做什么，而应当思考市场需要什么；不能以个人的喜好去遴选或评判选题，而应以产品能否适销对路作为评判的标准。

当然，走市场化的道路并不是意味着忽略品牌建设。相反，市场化的道路正是打造和树立品牌的必经之路，没有市场的产品也不可能形成品牌。市场化道路是在目前我社音像渠道并不完备的条件下提出的发展战略，它的最终目标仍然是通过开拓市场，逐步建立起完善有力的销售渠道和销售队伍，形成我社特有的具有品牌影响力的产品群。从另一个角度来说，丰富的品种和高度的市场认同本身也是一种品牌。

至于什么样的产品才是具有良好市场属性的产品，这是我们要共同思考的问题。这也对编辑的策划能力提出了更高的要求，需要更多深入的考察和探索。我们力争能沿着市场化的道路开发产品，并在这个过程中进一步把握音像市场，总结出一些规律性的东西。

二、以市场为导向，将市场意识贯穿到选题策划、编辑制作、包装设计等各个环节中

1. 以市场为导向，把好选题关。

音像市场相比图书市场，具有更大的灵活性和多变性。选题应当来自市场，是编辑对音像出版信息、渠道信息的洞察和捕捉，或者说是市场信息对编辑的反馈。选题的规划应当是在市场分析和评价的基础上进行的规划，缺乏市场预期的选题规划是不可取的。从市场的角度，我将目前接触到的选题分为三类：

（1）具有良好的市场性，通过一般渠道即可取得比较好的销售业绩；

（2）不具有很好的市场性，但主题内容有一定文化价值或社会意义；

（3）某些特定产品，如订制产品、包销产品。

第一类和第三类产品无须多言。这里我们关注的是第二类产品（判断某种产品不具有市场性可能比判断某种产品具有市场性更容易些）。如果是这类产品，那就特别要在策划初期做更为具体的销售计划，想好渠道出路，做好价格定位。虽然目前我社对产品没有很高的利润要求，但如果没有完备的销售计划，只是为了品种而品种，为了码洋而码洋，那么这一类产品滞销的可能性很大，最终必然造成库存积压，同时也会进一步增加营销人员的压力。

2. 确保出版质量，提高编辑效率，控制制作成本。

市场化的产品要求出版的高效率和低成本。这就要求我们在确保出版质量的基础上应尽可能地提高编辑效率，控制制作成本。因此在审读加工时，编辑要能够把握轻重缓急，提高工作效率。在节目制作方面，由于自行摄制的节目成本较高，可以尝试其他经济便捷的摄制方式，相应的缺陷或不足通过后期的编辑加工加以弥补和完善。

3. 摈弃我社固有设计风格的约束，尝试丰富多样的适应音像市场的产品设计。

产品设计直接影响着产品的质量和销售。好的产品设计对促进销售和扩大影响起着重要的作用，这一点在音像产品中体现得更加明显。我社固有的图书的出版有着自己独特的风格，并且形成了一定的影响力。但音像产品与图书产品的设计要求和市场需求完全不同，与我社学术图书的设计风格更是相去甚远。因此，在设计过程中，应当摈弃我社固有设计风格的约束，充分考虑音像市场和读者的需要，开发多样的产品形式（关于产品出版形式的思考在《百家讲坛》精选版的策划方案中已有体现，不再赘述）。

三、加强出版协作，理清工作职能，建立激励机制，充分调动编辑的积极性和创造性

1. 加强与出版相关部门的协作，理清相关部门的工作职能，保证编辑工作的高效有序。

由于音像社处于发展初期，某些工作职能的划分还不是很清晰，这可能会分散一些编辑工作的精力，降低工作效率。例如，装帧设计工作中，编辑投入精力过大，往往是编辑在手把手地指导设计人员怎么做，相当费时费力，经常因为设计问题影响出版进度。我认为，在设计上可以放得更开一些，在设计前编辑尽可能详尽地提出设计思路和要求，交由美编室或设计人员负责设计，并通过不断的沟通达到设计要求。又如，在与出版科的沟通中，应参照出版科与其他分社协作的情况做好音像出版的分工，处理好电子音像数据的填报和样品送缴等事务。随着音像社的发展和业务的扩大以及对编辑工作考量的细化，理清这些工作是非常必要的。

2. 建立激励机制。

选题策划的关键在于编辑，能否充分地调动和激发编辑工作的积极性和创造性直接影响到我社音像事业的发展。除了编辑自身的努力和敬业之外，一种长效而稳定的激励机制也是工作绩效的制度保证。由于音像出版具有选题的随机性、销售和回款周期长等特点，建议采取柔性综合考量的办法，即在一定时期内（例如半年或一年）对策划编辑的工作业绩进行考查，对其策划产品的品种、发货码洋、利润、退货及库存等指标加以综合考量，并以此形成工作绩效的量化评价。这种综合考量与绩效的结合不仅可以作为一种激励机制，而且也可对选题策划的方向和质量起到导向作用。

以上是我对我社音像出版的一些思考和建议，不妥之处请领导和同事们批评指正。希望通过这些探讨，最终形成新的思想合力，促成我社音像出版事业的更大发展。

传统出版应用好互联网

· 朱亮亮 ·

2010 年 1 月 15 日，中国互联网络信息中心（CNNIC）在京发布了《第 25 次中国互联网络发展状况统计报告》，《报告》数据显示，截至 2009 年 12 月 30 日，中国网民规模已达 3.84 亿，互联网普及率进一步提升，达到 28.9%。中国手机网民规模一年内增加了 1.2 亿，已达到 2.33 亿人，占整体网民的 60.8%。其中只使用手机上网的有 3 070 万，占整体网民数量的 8%。

随着中国互联网普及率的逐年提高，互联网正在走进人们的工作与生活。《报告》调查显示，在家和单位上网的网民比例 2009 年有了明显提高，有 83.2% 的网民选择在家上网，另有 30.2% 的网民选择在单位上网。互联网作为人们日常工具的价值正在日益提升，互联网和移动互联网等新媒体已经渗透到我们生活的方方面面：沟通交流、查找信息、交友、购物、支付、网络游戏、广告宣传等，在经济危机的情况下，依然保持着高速的成长性，在日渐感到寒冷的全球经济冬天，也因为低成本、精准性、效果可控而得到更多的机会，在我们的生活中发挥了更大的作用，包括在商务的应用方面。

具体到书业而言，近年来，善用互联网而带来的高速发展事例不胜枚举：在国外，亚马逊是具有开拓性的企业，它们之前就通过将互联网新技术与传统的出版业务相结合的方式创造了全新的商业模式，通过电子商务模式来销售书籍，使人们对书籍的阅读、购买和评论方式产生了巨大的变革；放眼国内，也有类似的变革，当当网等网上书店的销售日渐强势已经是一个不争的事实，各大出版集团和出版社也逐渐认识到网上书店的价值，并大力发展自己的网络销售平台，书业的电子商务已经被大家广为接受，而以图书信息和评论起家的 SNS（社会化网络）互动社区豆瓣网，也日益得到读者的认同，聚集起了千万级的用户群体。

互联网，移动互联网，乃至更多更新的技术，从广泛的社会领域来看，已经给我们的工作生活带来了翻天覆地的变化。合理利用新技术能对产业发展的推动带来很好的效果，从书业发展的宏观角度来看，因为读者阅读习惯，以及整体市场规模不足，盈利模式和利润总额的原因，数字出版尚不能成为整个图书出版产业的主流，传统纸质出版物在一定的历史时期和范围内，仍然是不可替代的，但是这并不妨碍我们利用互联网等新技术对传统出版流程进行改良，将新技术的优势为图书出版各个流程所用，使得传统的出版流程更科学高效——由粗放型出版模式向效益型转变。出版行业的有识之士早已开始积极探索，越来越多地体会到互联网和新技术工具的巨大作用，尤其是在图书选题策划、营销宣传和销售推广上。

那么，对于出版业来说，如何善用互联网新技术工具呢？笔者试给出三条衡量标准：

（1）解决问题：一定是能帮出版业确实解决具体问题的。

（2）降低成本：可以帮助出版业降低出版流程中的成本，特别是在经济危机中企业对各种支出包括营销支出更加谨慎的情况下。（当然，这不能简单从一次投入上考虑，要着眼到将来所能带来的成本的摊低）

（3）商业价值：有明确的收益和价值体现，或者盈利模式。

依照以上三个标准，笔者试论出版社加强网络图书信息检索以及互动，构建SNS 化 Web2.0 图书社区平台的可行性。

书籍是我们的亲密朋友，我们每个人都有自己具体喜爱的图书，从书里可以获得很多的知识和愉悦，现在，因为互联网，我们可以获得更多，打破书友之间存在着的时间和空间的限制，满足他们沟通交流的需要：以书会友，书与人的互动，人与人的互动，这将让我们与我们喜爱的书、和我们有同样喜好的人达到更好的沟通，有更多更紧密联系的机会以及相应带来的更有益的社交行为。

读者既是图书产品的销售对象又是口碑营销的宣传媒介，同样，作者既是图书内容的提供者又是图书的天然形象大使和宣传渠道，出版社是两者之间的桥梁，是内容的最终生产者也是销售服务的提供者，设想一下，假如出版社有一个能够提供读者、作者、图书之间充分互动的社会性网络服务平台，这样的网络平台，可以为出版社带来什么？

具体言之，用户可以在这个网络平台中找到与自己有共同图书兴趣的人，从而以书为媒，结识气味相投的好友。我们将利用好友间的关系营销，促进图书产品的销售，同时深度发掘并分析用户的行为，有针对性地给出该用户还可能会喜欢的其他书籍。网络平台会将作者、读者和图书三者紧紧捆绑在一起，记录三者所有互动行为带来的数据，并深度挖掘这个数据之间的关系，协助出版社精准地把握读者需求，以可靠的数据为选题策划、营销策划提供坚实支持，并可以有力地开展互动营销、口碑营销的电子商务……

（1）精准把握读者需求：通过开展各类调查，汇总分析读者的阅读偏好，了解读者的阅读需求和购买行为，提供从出版选题策划、印数控制、营销策略、促销政策、区域销售情况掌握等全方位的读者研究资料作为重要依据，紧紧抓住消费者的心理。

（2）紧密联系作者、读者，并有效地与双方进行互动沟通：轻而易举和作者、读者成为朋友，用彼此更容易接受和便捷的方式沟通了解，不再错失每一个重要的细节和信息，沟通成本更低，沟通更高效，方式更亲和，成为作者、读者真正不可或缺的朋友。

（3）精准营销推广：针对图书的目标读者群体，将他们感兴趣的图书信息和活动，在平台上发布，并自动根据读者的阅读偏好和行为分析，进行专业的匹配推荐，精准宣传，传播效果更明显，更可以进行小范围的活动测试和图书试读等，给出版社带来调整营销策略、广告策略，甚至调整图书内容和科学掌握印数的机会和时间。大众口碑塑造，专业读者群体的直接营销，网上教材进校园活动，立体化营销……

（4）效率更高的读者服务和咨询平台：传统邮购业务对于顾客读者是一种满意度很低的购买行为，往往多是在具有多种销售障碍情况下的无奈选择，读者咨询在很多出版社仍然是电话途径为主，高成本和低效带给读者的购买和咨询体验非常差，需要利用互联网的低成本、高效对传统邮购业务进行整合和发展，通过对网络平台信息统计数据的分析可以有力地支持出版社自有网上书店等业务的开展。

读者需求，互动沟通，营销支持，电子商务，以及与外部（作者、读者、经销商等）沟通的网络平台，这一切都完全可以实现。

读书不再是一件非常孤立的事情，当网络平台运营达到一定规模的时候，这将又是出版社开展直销和数字出版产品营销的强大用户基础。

浅谈出版社数字出版人才

· 马小莉 ·

数字出版是随着数字技术的发展而出现的一个具有高度概括性的新名词，以往陆续出现的桌面出版、电子出版、网络出版、游戏出版、手机出版（移动出版）都不足以概括让人眼花缭乱的出版形式，唯有数字出版以数字技术为核心，概括了现在所有的出版和传播行为及过程，数字出版正在成为一种新兴的、异彩纷呈的、多元化的朝阳产业。

现代社会，任何行业、任何企业的竞争本质上都是人才的竞争，那么立足于图书出版的出版社要发展数字出版需要什么样的人才？笔者拟从自己从事数字出版的实践经验出发，探讨出版社发展数字出版对数字出版人才的素质需求。

做数字出版，最终要有数字出版产品，数字出版产品是内容与技术的紧密结合体，要创作出好的数字产品，推进数字出版的发展，需要高素质的既懂技术又懂内容的复合型的数字出版人才。根据数字出版的工作流程，可以将数字出版人才分为以下五种类型：

一、数字出版策划人才

数字出版策划人才是指进行数字出版产品选题策划的人。跟传统出版物的策划一样，他需要对数字产品的内容和形式进行设计，对数字产品的市场进行预测分析并对数字产品选题的实施方案进行设计，对策划人员的要求更高。

1. 要有一定专业背景和出版经验

出版社发展数字出版，不能完全脱离企业特色及产品特色，比如网络游戏等项目，出版社限于自身条件，不太可能独立开发。因此，数字出版策划人才首先应掌握了编辑理论和编辑技能，具有一定其他学科专业背景，这是对数字出版策划人才的基本要求。

2. 要有多媒体策划的意识和能力

传统出版的经营模式成熟、流程清晰、有现成的经验可循，而数字出版策划则相对复杂、模糊、不确定。有的策划人员对数字出版不太懂，对可能的数字出版形式不敏感，缺乏多媒体策划的意识；有的策划人员对旧的策划流程驾轻就熟，觉得策划传统产品省时省力，而不愿意费力去策划市场不确定、盈利不确定的数字产品；还有的策划对数字产品的开发效果持排斥态度。这些策划人员没有跨媒体策划的意识，不可能进行跨媒体策划。优秀的数字产品策划人才，不仅要能策划出好的图书产品，还要对数字技术、数字出版流程、项目管理有较深的理解，能提炼传统出版内容的核心价值，将其以多种形式展现，并通过网络进行安全、可靠的传播。数字出版策划人才要对网络经济和网络技术有一定认识，能够充分利用网络途径进行产品运作和推广。

3. 要有较强的学习研究能力和创新能力

数字出版虽然在理论上被提到了很高的高度，但实践进程缓慢。国内一些以IT为主营业务的出版社在这方面做得好一点，但其出发点仍是巩固纸质图书市场地位、增加纸质图书销售。数字出版实践过程中出现的这些问题，根源在于数字出版模式仍旧模糊、盈利能力较差，而解决数字出版模式、盈利模式问题则成为数字出版策划人才义不容辞的责任，可以说数字出版策划人才担负着推动整个数字出版行业发展的重要任务，显然，这对数字出版策划人才的学习能力、研究能力、创新能力提出了更高的要求。

二、数字出版编辑人才

多媒体电子出版物、网络出版物、网络平台、数据库、资源库等数字出版产品比传统出版产品复杂得多，涉及内容非常广泛，工作量大，技术涉及面广，作为数字出版编辑人才，不仅需要处理文案工作，还要能够对视频、音频、图片、网页等进行处理，因此，对数字出版编辑人才的素质和技能要求也越来越高。数字出版编辑人才需要具备以下几种能力：

1. 具备文字编辑的基本功

数字出版产品的一大特点是拥有海量信息，数字出版编辑需要对这些文字内容进行编辑加工。出版企业的产品更侧重于文化的积累，有较强的科学性、思想性、知识性，有一定的深度，产品策划生产过程要求比报纸、网络更加严谨，文字差错率较低，而报纸、网络的差错率和失真率较高。发展数字出版，保持自己的特色，坚持进行文化积累，维护知识产品的稳定性、科学性、知识性、思想性，必须具有较好的编辑技能。

2. 具备对数字内容整合的能力

对于已有的数字资源，除了以电子版的形式使用外，还需要对内容深加工，对内容进行标注、整理，这些工作需要一定的专业背景知识，电脑智能化流水线无法自动生成。

3. 具备基本的审美能力

数字产品没有图书的外在表现形式，它以网络或者电子光盘为载体，内容的呈现需要一定的设计，以网络出版物为例，平面设计对内容的体现和渲染，对内容的吸引力和表现力至关重要。同样的内容，平面设计不一样，人们对内容的接受程度也有天壤之别。因此，数字编辑需要具有一定的审美能力，对设计中存在的基本问题应能够指正。

4. 掌握多媒体技术

使用多种软件工具对多媒体内容进行编辑的能力是数字出版编辑的重要能力。就网络出版而言，如果不会用 Dreamweaver、Photoshop、Flash、Illustrator 或其他类似的软件工具，不可能编辑出高质量、高水准的产品内容。网络的多媒体属性决定了在网络出版中，图文声像无所不在，网络内容的源代码处理、内容的提取、图片的处理都是最基础的技术。

5. 具备专题策划和制作的能力

数字出版编辑人才往往也要做一定的策划工作，比如网络专题、产品专题等。2009 年 7 月著名国学大师季羡林病逝后，腾讯、新浪、网易、人民网、新华网等多家网站都做了专题报道，这些报道各有特色，但从内容到版面整体设计的效果来看，腾讯和网易略胜一筹。产品专题的策划和制作也一样，编辑起到主导作用。文字、图片、视频、音频等素材的选择，内容的组合都需要编辑发挥自己的才智，调动各方面力量配合完成。

三、数字出版开发人才

在数字产品开发的模式上，可以采取两种方式：一是出版社自己开发，另外一种是外包，将数字产品的开发设计包给软件开发公司。外包方式适合项目不多的情况，如果数字出版规模较大，外包的成本是非常高昂的。因此，出版社培养自己的开发人员是必要的。数字出版开发人才应该具有以下能力：

1. 掌握数字开发所需要的开发技术

数字产品开发包括平面设计、程序编程、后期制作等。数字产品技术日新月异，其中重要的是 WEB 技术和平面设计技术，WEB 技术包括 Asp. net、PHP、Asp、Flex 等，平面设计包括 HTML、Javascript、Photoshop 等等。数字出版开发人员需要不断地学习、掌握这些技术，并将之熟练地应用于数字产品的实现。

2. 具有准确的理解和表达能力

软件开发领域存在的一个重要问题就是信息的准确获取和实现。数字产品开发需求到达开发人员那里，必然存在一定的信息丢失，IT 开发所提出的"领域驱动设计模式"就是基于这种现状。技术人才对行业需求的理解程度、对行业特殊性的认识都会很大程度上影响软件开发的进程和效果，准确的理解才能保证数据库设计、流程控制、模型选择、方法参数设计的合理性和科学性，数字产品才可能有较高的稳定性。

数字产品的平面设计也不同于图书封面、内文设计，设计的原则和技巧都有所变化，平面设计人员必须对数字产品有准确理解，才能找到适当的形式和表现手法，根据编辑的要求设计出美观大方、方便实用的方案。

四、数字出版服务人才

数字出版具有传统出版的文化产业和内容产业特性，以数字技术为依托，它的信息产业、网络产业、服务产业特征更加突出。传统出版企业做数字出版要向数字化内容服务企业转变，要做内容服务商而不能仅仅做单纯的内容提供商。数字产品运作相对成熟的知网、万方、龙源等数字期刊数据库平台已经为我们积累了经验，它们经过前期艰苦的集中资源、整合资源的工作后，现在面临的重大课题就是如何优化服务，优化用户体验，满足读者个性化需要，以及帮助读者高效地找到所需要的内容。

培养数字出版服务人才是信息产业发展的客观需要，海量信息的出现，让我们获得信息的效率比我们预想的大打折扣，随着信息的几何爆炸式增长，人们获取有效信息的难度可能越来越大，需要有人在信息和读者之间架起桥梁，进行服务，帮助读者提高获取有效信息的效率。

数字出版服务人才需要具有以下能力：

1. 具有较好的沟通能力

在产品的创作过程中，读者能看到半成品，对半成品的看法甚至能直接影响最终的产品内容和形式，这中间都需要有人员来协调作者与读者的关系，形成良性的沟通。在产品生产完成之后，数字产品的售后服务也需要人才，读者的意见反馈处理，疑难处理，更多相关资料的获取，都是可以开发的服务内容，随着数字出版的发展，还能够通过服务内容创造更多的价值。

2. 熟悉数字产品的功能和使用

数字出版服务人才是最熟悉市场的人，他们直接面对用户对数字出版产品的意见反馈，因此，数字出版服务人才需要较宽的知识面和较好的沟通能力，能够比较深入了解自己的数字产品，对读者的反馈和需求做出较好的回应，使用户体验到数字产品良好的增值服务，提高产品的市场竞争力。同时，只有对产品的功能、用途十分熟悉才能准确地对问题进行总结，为产品的完善提供可靠的依据。

五、数字出版管理人才

数字出版管理人才是既熟悉出版行业，又了解一定的数字技术，能够管理IT 项目的管理人才。数字出版管理人才实质上是推进数字出版的重要力量，是数字产品生产过程中的中枢，因此，对数字出版管理人才的要求非常高。

1. 具有独立见解和敏锐的意识

对数字出版产品、市场、发展方向具有独立的见解，不能人云亦云。对数字出版产品的需求、资源的价值点非常敏锐。能够坚持自己的观点，能够积极引导决策层对数字出版的认识和理解，使数字出版业务的发展得到决策层的有效认同和真正支持。

2. 具有前瞻能力

要制定出数字出版切实可行的战略规划，为数字出版部门的发展指明方向。数字出版概念的泛化，使很多人觉得数字出版什么都可以做，其实每个出版社都有自己的特色，真正可做的数字出版项目需要结合实际确定。

3. 具有较强的专业能力和管理能力

数字出版管理人才必须是一个专才，同时还必须是一个全才，对各个工作环节以及各种技术都有一定的了解，只有如此，才能解决好工作中的一些问题。比如对项目工作的难度、进度有相对准确的预估，避免因对技术交流障碍而造成某些工作人员故意拖拉、影响工作效率和进度；有时候对某些设计的功能和效果，技术人员也不太娴熟或者嫌麻烦而反馈说做不了，管理人员需要用自己对技术的了解来化解"不"，引导技术人员积极地去解决问题。

4. 具有较强的沟通协调能力和执行力

要以目标为中心，协调各种数字出版人才的分工与协作，协调数字出版工作流程环节的各方力量，使前述各种数字出版人才能够在数字产品生产线上流水作业，减少工作中的推诿和牵制。能够迅速发现工作中存在的问题，并能制定出有效的解决方案，能够强有力地按计划推进方案，高效的执行力是对数字出版管理人才的重要要求。

上述五种人才，是数字出版产业发展的生力军。数字产品生产是策划、编辑、开发、服务和管理各种人才相互配合共同完成的，缺一不可。数字出版产业的发展有赖于这几种人才的挖掘和培养，以及较好的运作机制让他们既相互独立又紧密配合。

正视数字出版技术，推进数字出版产业化

·张海明·

科学技术进步是推动人类社会发展的动力。传承先进文化、传播科学理论的出版业，在历史上每一次飞跃都是应用先进科学技术的结果。当今新兴的数字技术和网络技术的飞速发展，极大地增强了出版的创造力和传播力，传统出版业向现代出版业的转型加速，数字出版等新型出版技术的应用已经是出版业发展的必然趋势。

一、当前数字出版产业发展的新趋势

（1）2009年，中国数字出版的产值接近800多亿元，已经超过了传统出版业的产值，增幅达到50％。这一数字充分证明了数字出版在如今国内出版市场的迅猛发展。出版业要紧紧把握住信息化的历史机遇，加快与信息科技融合，就必须紧紧依托现代科学技术。大力推动以互联网为平台，加大技术投入、资金投入，不断提高出版物的科技含量和水平，对音频、视频、图文等出版内容和出版形式进行全方位、深层次的开发和利用，积极开发适合各类型读者需求的数字出版物。

（2）国际上美国次贷危机引发的全球金融危机，各国实体经济受到严重的冲击，全球出版业生存发展环境更加严峻。我国出版业在应对危机与挑战中，加大宏观调控力度，充分发挥政策杠杆作用，一系列促发展、保增长的政策措施得到了贯彻落实，出版业总体发展仍保持快速增长的势头，特别是出版业数字化进程明显加速，发展态势良好。可以说，数字出版产业所展示的巨大潜力与前景令整个出版业界注目。有数据表明，2009年我国包括在线阅读、手机阅读、手持式阅读器阅读等方式的数字图书阅读开始普及，国民各类数字媒介阅读率达到24.5％，全国约有2.8％的成年人只阅读各类数字媒介而不读纸质书。另据预

测，未来几年数字出版用户每年将增长 30％，数字出版收入每年将增长 50％。随着网络技术和数字技术的应用推广，新闻出版业正在从规模、实力、质量、效益等各方面迅速拓展市场。可以预期，未来几年，数字出版用户的发展速度将远超出版业传统用户。

（3）数字出版在发展过程中以出版物内容为基础，依靠技术创新和运营模式创新，提高出版业的生产能力和供给能力，推动出版产业结构调整步伐，拓展出版物的传播广度和深度，提升从业人员素质和管理水平。

二、数字出版发展过程中呈现的新特点

（1）产业融合不断深化，传统出版的数字化进程继续加快，积极探索新的出版方式。以图书、互联网和 DVD-ROM 三种形式同步出版，不同领域、不同文化传播方式之间的业务合作不断加强。采用传统图书、互联网、手持阅读器、手机阅读等多种出版方式，实现了多渠道全媒体同步出版。这些现象显现出数字出版运营的趋势，以内容价值最大化为目标，相关内容产业融合不断加深，充分实现了内容资源的多次利用，减少重复投入，降低生产成本，有效拓展了传统出版的阅读空间，延长了出版物生命周期。

（2）手机出版势头迅猛。2009 年数字出版实现了业态多样化，电子书业务早已在大多数出版社不同程度地展开，75％的报社涉足网络报，55％的报社拥有手机报，全国手机报数量将突破 1 500 种，手机成为人们的主要阅读终端之一，用手机收看电视、上网、阅读书报成为时尚。目前，随着移动通讯 3G 时代的到来，手机出版发展空间更加广阔，传统出版企业和数字内容及技术提供商纷纷推出手机出版物。各大主流媒体积极开发手机报业务。数字内容提供商积极同通信企业合作，共同建设手机出版内容基地。可以预见，未来手机出版会有更大的发展潜力和市场空间。

（3）数字技术不断创新，科技创新及应用是数字出版发展的根本动力。近两年来，以搜索引擎、移动终端、电子阅读器等为主的数字出版技术创新日新月异，数字阅读终端产品不断升级，新型阅读方式不断涌现。亚马逊在美国推出了电子阅读器；我国汉王科技推出了最新显示技术的电纸书阅读器；方正、惠普、富士通、三星、卡西欧等科技企业也在开发新一代阅读器。这些电子书阅读器的功能强大，设计人性化，使用便捷。

数字出版必须依托传统出版行业的基础资源，紧紧依靠科技进步、技术创新和提高从业人员素质。积极探索社会效益和经济效益俱佳、行业整体质量不断提高的可持续发展之路。

三、解决数字出版产业发展中的问题，推进数字出版产业化

数字技术、网络技术、网络出版和手机出版等新的科学技术的应用，代表了全球出版业未来发展的方向，2009 年，我国数字出版的产值已经超过了传统出版业的产值，我国数字出版的发展与发达国家相比差距正在缩小。但是我国的数字出版发展还存在一些问题，具体有以下几个方面：

（1）传统出版企业对数字出版仍缺乏研究和足够的认识，没有站在战略高度认识到向数字化转型是生产力发展的必然结果和时代发展的必然趋势，没有站在科技发展的角度去认识多媒体数字技术和传播方式对产业发展的巨大作用。

（2）传统出版单位长期从事出版物内容生产，在进行数字化出版转型时，在产业链上地位相当弱势，缺乏利益分配谈判的筹码。同时，还缺乏资金投入的魄力，无法按照需求形成独有的技术成果。

（3）推动技术研发的体制机制存在弊端，投入产出比严重失衡。自主研发能力和关键技术研发能力不足。

（4）缺乏成熟的数字出版商业运作模式，盈利模式在探索中。

传统出版业数字化进程不可逆转，业态间融合深化过程日益加快。传统出版企业不仅是纸介质内容的出版者，也要做数字化内容的传播者，积极从传统出版物提供者向数字化传播内容服务商转型。我们要认识到，谁拥有新技术，谁就拥有市场，谁就拥有未来。要通过市场来实现共赢互惠的模式，通过研发核心技术带动出版生产力实现质的飞跃。总之，作为传统出版业，要正视数字出版产业发展中的问题，大胆尝试，积极推进数字出版产业的发展。

参考文献

1. 郝振省. 2005—2006 中国数字出版产业报告. 北京：中国书籍出版社，2007

2. 景一. 我国数字出版业存在的六大问题浅析. http://www.360doc.com/content/09/1206/17/8750_10502272.shtml

3. 汪忠. 数字出版的商业模式与传统出版企业的数字出版发展. 出版发行研究，2008（8）

4. 王耀辉. 浅谈数字出版的优势和存在的问题. 科技情报开发与经济，2009（10）

对数字出版现状的一点思考

·李桂霞·

数字出版涉及版权、发行、支付平台和最后具体的服务模式，它不仅仅指直接在网上编辑出版内容，也不仅仅指把传统印刷版的东西数字化，更不是把传统的东西扫描到网上就叫做数字出版，真正的数字出版是依托传统的资源，用数字化这样一个工具进行立体化传播的方式。

从时间上看，中国数字出版的发展历史并不久远，但作为新生事物其发展速度却让我们始料未及，产业发展的覆盖范围甚至与我们每个人的工作、生活息息相关，例如 CD、VCD、DVD、电子书、网络、MP3 以及通过手机下载彩铃、彩信、图书图片等，这些数字出版的定义是：只要使用二进制技术手段对出版的整个环节进行操作，都属于数字出版的范畴，其中包括原创作品的数字化、编辑加工的数字化、印刷复制的数字化、发行销售数字化和阅读消费数字化等。也就是说，数字出版的产物在丰富了出版物内容和形式的同时，也改变了人们的生活方式和消费理念。

与传统出版相比，数字出版以出色的快速查询、海量的存储、低廉的成本、方便的编辑以及更加环保等特点，一时间风光无限。对此，甚至有人宣称：传统出版已经遭遇无可匹敌的对手，未来的出版产业将不再是纸和墨的时代。

数字出版在我国虽然起步较晚，但是发展很快，目前已经形成了网络图书、网络期刊、网络地图、网络视频、网络音乐、网络教育、网络游戏、手机出版等新业态。

所谓数字出版，简单说，是一个完整产业链。它包含了作者（内容生产者）、出版社（内容出版者）、数字内容加工平台（技术支持商）、阅读器（手持阅读设备提供商）、图书馆或网上书店（内容销售商）、读者（内容消费者）等六个环节。

它是出版业未来的发展趋势。数字出版的发展还要求各环节协同前进。

但是从实际的情况看，现阶段数字出版的各环节协同水平比较差。

以数字出版目前遭遇的问题来说，首先就是数字版权保护问题；其次是业界还没有订立一个数字出版品合理的价格模式；第三是使用者不习惯数字接口；第四是相关法规跟不上技术创新脚步；第五是营销策略与商业模式仍在磨合期。这些问题都还需要业者和有关单位积极地解决和克服。

与传统出版相比，数字出版在很多方面还处于弱势，尤其在内容资源、技术标准、专业人才、盈利模式等方面。

我国的数字出版最初就是由技术支持商在推动。像方正、超星、万方等，这些技术支持商为中国早期的数字出版市场奠定了基础。目前，技术支持商已经能够为数字出版提供全面的技术和服务，但是由于处在上游的出版单位缺乏主动性，导致数字化水平参差不齐。

出版单位只是搭架子，缺乏深入性的工作。出版单位作为内容提供商，大多缺乏从全局性来实施数字出版的内容构建和市场布局，以为与技术商合作，并成立了数字出版中心、信息中心或创办网站，就意味着跨入了数字出版的行列。实际上，这既不等于传统出版与数字技术的全面转型，也不代表内容生产与销售方式的全面对接。另外，出版单位所建立的网站大多局限于本版图书信息发布，无法进行交易，看不到回报，从而导致投入不足。

出版单位属于被动工作。版权保护、盈利模式以及人才等问题，制约着数字出版的快速发展。在传统出版单位看来，数字出版尽管前景诱人，但总觉眼前利益模糊，因而缺乏热情和动力。

出版单位自身资源比较单一且缺乏有效整合，无法满足数字出版对海量内容的要求，只能把精力放在本出版社纸质图书的电子化和数据库建设上，把数字出版仅仅看成纸质图书的一种辅助手段，没有真正找到可行方法。

除出版单位外，还有一些问题导致多年来数字出版的发展没有呈现强势。

现有技术标准不统一。技术商各行其是，方正的 CEB、超星的 PDG、Adobe 的 PDF 等各有自己的格式。标准不一却急于向内容渗透，加之终端阅读技术存在障碍，影响了数字出版产业的发展。

当技术提供商加紧向内容提供商渗透或转向时，将"内容"视为核心资源的出版单位看不清长远利益何在，不再轻易出让手中的数字版权，数字出版资源的整合因而出现巨大障碍。

传统出版单位囿于自身技术和单一资源各自为战地开发数字产品，看不准产业链条延伸的时机，踟蹰不前，以致内容资源在产业形态转化中难以实现增值，数字出版产业的发展举步维艰。

消费者还没有普遍形成常态的网络阅读习惯和付费意识，消费行为与数字出版产业发展的趋势不相适应。

网络条件利用水平的滞后与数字出版发展的要求不相吻合。教育领域对数字出版最有现实需求，但多数学校还不能充分利用好网络条件，网络设备大多处于闲置状态；多数家庭一味限制孩子使用电脑。导致这种结果的原因有网络内容问题，也反映了人们缺乏网络利用的意识。

无可否认的是，数字出版发展的进程是不可逆转的。数字出版是未来出版的潮流，是未来产业升级的趋势。但如何将传统出版产业升级，迈向以知识经济和文化创意产业交互运作的高科技产业，是出版界未来必须要面对的目标。数字出版、数字典藏的趋势与商机及数字出版的现况与发展策略成为所有出版者需要共同面对的课题。

数字出版的发展要有国家的政策，也要有相对配合的技术厂商（如北大方正等），又要有配合的出版单位。不少出版单位有许多优良的出版物，但是近年来库存暴增，真正好的、有内涵的出版物绝大部分堆在出版社的仓库里，如果不以数字出版技术解决这个问题，未来的出版界将会面临资源过度浪费，极度重复的局面。

除了数字出版及数字典藏的趋势与商机，也有学者引导大家共同探讨数字出版的现况与发展策略。首先，他们以环境保护为切入点，用台湾每年出版的数量换算为砍伐的树木，作为依据（以台湾图书的开本为例）。

一棵树＝15 900 张 A4 规格纸张，15 900 张 A4＝31 800 张换算 A5（16.5×19cm，台版图书多是此开本），31 800 张 A5＝63 600 页（A5）。一本书平均 280 页，一棵树可做 227 本书。台湾一年出书量 6 000 万册（5 万种），那就要消耗掉 264 317 棵树。从自然生态和环境保护的角度而言，是极为浪费的一件事。如果发展数字出版，势必将避免对自然环境的人为破坏。

从节约、环保角度来讲，任何一本书，纸张都和木材有关，如果能用电子阅读器，一个小的机器里可以装进去 3 万部长篇小说，如果把这 3 万部长篇小说变成书，要用多少纸张，要砍伐掉一大片森林，而且要盖多么大的书房才能容得下它。所以这种电子化出版、电子化阅读应该是一件好事，代表了低碳环保的发展方向。

2010年4月在成都举行的第二十届书博会上，首次设立数字出版专馆，展示了全国数字出版领域最先进的技术和科研成果。主要包括手持阅读器、手机阅读、电子图书等。汉王科技等数字出版企业及涉足数字出版的传统出版企业，都带来了最先进的数字出版技术成果参展。这无疑向我们透露了一个重要信息：数字出版时代已经到来！

有些专家针对现有市场上电子阅读器的迅速推出也有顾虑："无米之饮"如何解决？"只有电子没有书，这是业内面临的最大问题，这个问题解决不好，这个行业就无法正常成长起来……"

随着内容"源头作用"的日益显现，作为出版单位，考虑的重点应该是采用什么样的商业模式来整合现有的资源，努力增加其附加值。

出版单位应当首选教育数字出版作为产业发展的定向。教育出版物的属性决定其与数字技术的结合更为便利、自然。教育图书的读者绝大部分是计算机和互联网用户中比例最大的教师和青少年，他们的工作和学习体验呈现多方位、多维度、多层次的特点，普遍认同并乐于接受数字化内容，是教育出版数字化中最稳定、最现实的受众群体。提供经过精心策划编辑的专业内容和相关学科管理资源，是教育出版与生俱来的优势，而不断涌现出来的技术服务商和网络运营商，则丰富了教育产品的媒体形态和销售渠道，为教育出版数字化的建设提供了强大的技术支撑。

电子教科书：21 世纪教科书出版的趋势

——从美国电子教科书的发展状况看世界教科书行业发展的未来

· 司马兰 ·

21 世纪的大学生，笔记本电脑已经成为学校用品的标配，但是现实中也存在着一些矛盾的现象：尽管学生们拥有了这个世界全新的沟通手段，他们仍然使用着老式的纸质教科书。最近这一现象已经悄然发生了改变，这种改变可能预示着人们阅读喜好的转变。随着笔记本电脑在大学校园里的普及以及纸质教科书的价格不断上升，产生了一个热点问题，在计算机技术上有优势的学生似乎准备改变自己的学习习惯，去购买更加便宜的电子教科书，这样做不仅节省了很多钱，而且更方便快捷。

最近，有人认为，改变阅读习惯的时机已经成熟。但调查表明，做出这样的结论还为时过早。虽然亚马逊的 Kindle 和索尼的电子图书阅读器获得了巨大的成功，新的技术手段诱惑着读者尝试新的事物，到 2009 年 6 月底，Kindle 电子书库中约有 28 万种图书，而亚马逊电子书库图书在有电子书和纸质图书可选择的情况下，电子书已占销售额的 35%，但即使是这样，到现在为止，电子书仍然是潜力股，其市场仍然处于启动的边缘。随着硬件设备的改进，软件程序的改善，相信在不久的将来，这个市场会不断发展壮大，代代相承。对出版电子书的尝试不仅引起了世界出版界的广泛共鸣，也吸引了电脑制造商的注意，如苹果公司推出了技术先进的 iTunes。

对电子书的尝试在教科书行业也不例外。在过去的一年里，美国主要的教科书出版商做出了一些新的举动，推动了大学教科书的整体市场有了非常稳步的增长，虽然到目前为止，这种增长还是很小的。牛津大学出版社学术和美国区版权和业务开发部门副总裁埃文说，"这些努力已开始破解数字出版表面上的冰层，数字出版将日益成为高等教育产业增长的重要方面"。根据美国麦格劳-希尔教育出版集团的统计，它已经对几乎 95% 的教科书提供了电子图书。尽管电子书特别是电子教科书的基础还很薄弱，但在过去的几年里，出版商对此的兴趣正在稳步增长。VitalSource 技术市场总监穆尔说，"我们不在这个时间点上谈论这个市场有多么大"，但该公司已与出版商和学术机构展开合作，提供在线数字教科书。实际上，现在高等教育界致力于电子教科书开发的人数很少。不过他说，他认为在未来该领域会"非常迅速"地增长。

在美国，大型出版公司虽然已经是夕阳产业，但在整个行业走向末路之前，由于各种原因它们自己也愿意接受新技术，他们会很快与新兴企业竞争，寻求利用像 Facebook-style 的社会网络，更广泛地把电子教科书提供给普通学生。每一个努力代表了不同的方法，现在他们通过 1 和 0 的计算机数据、通过计算机屏幕和便携式阅读器来提供有舒适的打印效果的电子教科书。虽然尽了很大的努力，但是读者还是不领情。

有一个论坛中的博客帖子的标题为"是这个吗？"，博主是牛津大学的Schnittman，他谈论的是 CaféScribe 系统，这个系统可提供下载的服务，有一个类似于 iTunes 书籍浏览界面，让学生能享受社会网络的功能，例如分享在线笔记等。但是，这个"灵丹妙药"却遭到学生的排斥，学生们认为这个系统不便于使用。

只有弄清学生的学习习惯，才能更好地改进软件功能。它使学生能够做注释并用不同颜色的彩色笔标注课文。学生也愿意合作，他们甚至上网收集同学的笔记。课文中的每一句话很容易用谷歌进行搜索和查询，如果使用导航工具就更容易了。作为一个有增长潜力的市场，到目前为止，人们所做的一切事情，都是"要尽一切努力让他们使用电子教科书"。

这个问题在业界仍然是一个难题：为什么虽然有巨大的需求，但是销售量却不大？大家都渴望着对课程内容进行数字化，但其结果却不尽如人意。Cour-seSmart 市场营销的执行副总裁弗兰克·莱曼说，"虽然如果你问学生，'你们得到了数字化的课程内容吗？'……大家都说得到了，但我跟大家开个玩笑，电子书在大学使用是 2 年乃至 10 年以后的事"。虽然如此，CourseSmart 看到了巨大的市场前景，它甘愿冒这个风险，支持 6 个高等教育教科书出版商对其教科书进行数字化改造，CourseSmart 企业总裁说，这是一个朝阳产业，我们"为什么不做呢"？他们还看到了社区学院和非传统学生的数量在增长。虽然增长不一定是立竿见影，但这仍然可能是未来几年的趋势。他们可能是电子教科书更大的潜在市场。

美国的布莱斯·约翰逊用电子教科书这个问题作为其硕士论文的题目。作为一个刚毕业的学生，几年前他在加州大学伯克利分校获得了 MBA 的学位，他探讨了为什么数字图书并没有在现实媒体上流行的问题。他很快意识到，大家只是在蜻蜓点水，浅尝辄止，没有很多人真正地投入其中，认真研究。经过一些小组问询和问卷调查，他发现，问题主要是学生对此不感兴趣，因为这些产品只是复制了已有教科书沉闷的封面。约翰逊回忆说，"学生关注的主要事情是，电子书要很容易用彩色笔做标记和记笔记"。

因此，他的论文的副产物形成了一项商业计划，成为 CaféScribe，该公司在8月面向公众推出了该产品。它使用了直接面向消费者的模式，用户下载一个程序，就可以浏览、购买和阅读图书，并且可以做注释和分享笔记。CaféScribe 不是靠学校书店或人员进行推销，而是更多地依靠口口相传。

它的战略从一开始就是要解决这样一个问题，即学生拥有电子书是一种切实可行的选择。但他们很难知道读者是更重视读书的感觉呢，还是更重视查找功能。比如有的人享受指尖滑过飘着油墨香气的纸张的感觉。为了求证这个问题，该公司宣布，它将送给每一个顾客带有"陈腐书"气味的气味刮刮卡。

约翰逊说："我认为现在已经非常接近事物的临界点，至少我们理解了从学生那里获得的内容，知道他们想要什么。"如 iTunes，该机型的特点是采用了数字版权管理类型，允许用户将购买的电子教科书下载到三台独立的电脑或笔记本电脑。但是，像苹果公司提供的数字音乐服务一样，敢于冒险的 CaféScribe 企业则依靠可用的内容取胜。据约翰逊估计，该公司在 2008 年第一季度已有 15 家出版商同意为其提供内容，其中包括来自牛津大学的很多内容。他说，"内容是我们目前最大的障碍"。

CourseSmart 的莱曼有一个关于电子教科书市场的理论：在广泛使用的格式中，没有一个内容的临界物质。考虑到这一点，他们试图创办合资企业，由有财力的包括 Wiley 出版社、培生、圣智、麦格劳-希尔等在内的出版商的支持，来尝试"快速启动"这个市场，在此之前它并没有自发地出现。

对学生而言，这意味着他们将拥有一个基于 Web 的信息库和流行教科书 PDF 格式的版本。现在他们还只能在线使用，不能离线阅读或下载。同时，莱曼表示，此次合作还将使教授更轻松地上网查找关于课程的有用的资料。

除了直销，CourseSmart 将尝试与大学书店和其他零售商合作，试图让学生尽可能多地选择购买其产品。毕竟，在大学，家长是学生的主要出资人，家长可能会赞成这样的购买方式：用 180 天在线"订阅"来购买《市场营销》第九版。在一学期里，美国大学生拉姆、海尔和丹尼尔从事网上销售工作，他们以不到 5 折 80.99 美元的优惠价格销售定价为 176.95 美元的 CourseSmart 产品（亚马逊网上出售二手版本价格在 91.99 美元以上）。尽管如此，CourseSmart 进入美国高校教科书市场的行为还是激怒了书店协会，他们现在已经研究由财团提出潜在的反托拉斯问题。

一些图书出版商也开始着手制订他们自己的电子化战略。"我们开始看到……学生有兴趣购买一本'教科书内容'的电子书以代替印刷书籍"。培生教育交流高级副总裁温迪·施皮格尔说："我们看到学生对电子书的兴趣在不断增长。"出版商提供了至少 800 种电子格式的图书，其价格约是纸质图书的一半。他们认为，发展电子教科书是公司未来总体战略的重要部分。

有些人认为便携式阅读器的发展潜力巨大，以这种方式提供教科书潜藏着无限商机。麦格劳-希尔公司教育交流副总裁汤姆·斯坦顿在电子邮件中说："便携式阅读器的发展证实了我们的观点，数字内容的发展为我们提供了重要的市场机遇。"

以上情况是美国电子教科书近年来发展的概况。窥一斑而知全豹，他山之石可以攻玉。借鉴美国的经验，据新闻出版总署统计，截至 2008 年底，我国 578 家图书出版社中已有 90% 开展了电子图书出版业务，出版电子图书约 50 万种，与 2007 年相比，增长了 25%；电子书发行总量超过 3 000 万册，收入达 3 亿元，同比增长 50%；数字出版业的整体收入比 2007 年增长 46.42%。有关方面预测，2030 年，预计 90% 的我国出版物都是电子出版物。

传统媒体——包括纸质书刊出版业自进入数字时代以来，不断受到新技术的挑战，发展遇到了前所未有的障碍。随着数字化洪流的汹涌澎湃，传统媒体——包括纸质教科书命运多舛，迟早要被电子书所替代。正如比尔·盖茨所说："电子书一定会改变全世界"。

法兰克福书展整体印象及感想

·刘　晶　班晓琼·

2009 年 10 月 13 日，被誉为世界出版"奥林匹克"的德国法兰克福书展拉开帷幕。这一次，书展的主宾国是拥有五千年灿烂文化的中国。刚到法兰克福，就能感受到"中国无处不在"：随处可见的宣传标语，亲切的汉字展示中国独有的魅力；总能遇到黄皮肤、黑眼睛、黑头发的同胞，带去中国人的自信、和善与友好。

全球出版商们把法兰克福书展视为"寻找机会的地方"，中国出版社也把书展看作与世界出版业接轨的重要契机。主宾国是每届书展的最大亮点，本届书展自然对中国、对中国出版业意义尤为重大。用中国新闻出版总署柳斌杰署长在书展期间"国际出版高层论坛"上的话说，"随着中国综合国力的不断增强，中国出版业在世界文化舞台上越来越受到关注。中国作为主宾国参加法兰克福国际书展，是中国出版业对外开放、融入世界出版业的重要标志"。这次书展的主宾国活动，充分展示了新中国成立 60 年来特别是改革开放 30 多年来中国出版业的发展成就，展示了中国文化与出版在人类文明发展进程中所作出的历史贡献，展示了当代中国政治、经济、社会、文化领域的发展变化。

经过充分准备，中国主宾国活动组委会策划、组织了 600 多场活动。精心设计，展示中国文化底蕴的主题馆，突出了经典和创新两大主题。书展期间许多重要出版文化交流活动在此举行。从书展开幕的第一天起，中国代表团的活跃就使中国成为本次书展上当之无愧的亮点。签约仪式、图书首发式、图书推介会、文化论坛、作家演讲、新闻发布会、艺术表演……各种活动往往同时举行，紧锣密鼓的活动使报道书展的中外记者大叹分身乏术。诺贝尔经济学奖获得者、欧洲汉学家、国际出版家、著名作家、各大媒体纷纷出现在中国主宾国活动的现场。中国主题馆人流涌动，中国展区前来洽谈的外国出版人川流不息，中国展商所在的 6 号馆（2 500 平方米的大厅）始终热闹非凡，"中国"这两个字像磁石一样深深吸引着专业人士和普通观众。

中国出版集团副总裁李朋义在评价本届中国主宾国的表现时说："这是一届令中国出版人扬眉吐气、深感自豪的书展，我们实现了两个'大丰收'，一是展现中国文化的大丰收，一是版权贸易的大丰收。"

有同样感受的不仅仅是中国人，德国电视三台节目主持人米歇尔·施密特说，本届法兰克福书展中国主宾国的规模超过了以往任何一届主宾国，给他留下了深刻的印象。

作为中国出版业的生力军，各大出版集团都以最强的阵容、最佳的状态，向世界出版界展示"中国实力"。今年参展的中国大陆出版单位达 225 家，展品7 600余种。在参展图书中，既有经典常销书，又有 2009 年新书；既有介绍中国传统文化的图书，又有反映新中国成立 60 年来巨大成就特别是富有当下时代特色的图书；既有传统纸质图书，又有"听书"、"电纸书"等新兴的多介质读物。尤为重要的是，版权输出成为今年中国出版商的参展重点，各参展商围绕贸易、宣传、活动等多方面精心准备，落实到位，以探索"走出去"发展的新途径、新手段、新内容，扩展新资源，积聚新强势，增进海外市场影响力、辐射力。据统计，中方在本届书展上共输出版权 2 417 项，取得了可喜的成绩。

在展会现场，我们强烈地感受到，随着现代科技的发展，尽管图书的载体和形式已经发生变化，但是图书市场不会萧条，出版业大有可为，因为人们对精神文化生活的追求没有止境，人们对提高能力、完善自我的追求没有止境，各国、各民族文化的交流的增进，需要图书出版业进一步发挥良好的媒介作用。

据展会组织方统计，参加今年书展的出版商虽比去年减少 59 家，但展出的面积并没有减少。这是因为展出的图书种类与去年基本持平，新出版的图书还略有增加。图书有广阔市场的第二个证据是，今年展会上的版权交易比去年上升了11％。第三个证据是，尽管全球金融危机给德国经济造成重大打击，国内生产总值有可能下降4％以上，但图书市场的零售额，今年前 10 个月与去年同期相比却增加了 2.8％。这一反一正，恰恰体现了图书贸易和出版事业旺盛的生命力。

通过本次书展，我们获得了以下信息：

1. 图书销售市场的变化

由于网上销售的兴起，传统的书店日益萎缩，图书销售市场发生了重大变化。有报道称，由于经营亏损而关门的书店占全球书店总量的 20％。与此相反，全球一些大的网络经销商的销售业务却红红火火，图书销售十分火爆。从消费者的角度看，这省去了去书店买书的时间。这对时间非常宝贵的学者、教授和学生而言，确实带来了便利。与普通商品和家用电器的网上销售不同，图书的网上销售基本不存在质量问题，很少出现用户和厂家的矛盾，如果出现质量问题把图书退回就可以了，非常简单。这或许就是图书网上业务比普通商品火爆的缘由之一。

2. 版权贸易的重点图书种类

对于出版商而言，出版的内容决定一切。书展现场有几类书籍比较受欢迎：一是教育类图书。知识经济时代，人力资源是最重要的资源，教育，包括普通教育和高等教育，是人才的孵化器，而图书对教育而言，是不可或缺的。二是儿童读物或是儿童启蒙教育方面的书。儿童是未来，是希望，世界各国无一不关注儿童的启蒙教育。三是图文并茂的美食读物。四是历史读物。五是真实反映社会存在的文学作品。文学作品在法兰克福书展上占有特别突出的地位。六是著名政治家的回忆录或传记。

本届书展有一个鲜明的特点，就是翻译的文学作品特别受青睐。有文化积淀的文学作品能够打动人的心灵，具有强烈的感染力，尽管世界各国、各民族有不同的历史文化、风俗习惯，而人类的情感是相通的，同时，文学也是不同世界人民相互了解的窗口。出版商也推崇文学这种传播方式。

当今的世界已进入了全球化信息时代。最先掌握最全面、最准确的信息，才可能在竞争中获胜。图书市场的国际化也是方兴未艾。无论是从民族、国家，还是从集体或个体的出版商的角度看，凡是能虚心和其他民族、国家和出版界进行广泛而平等交流的，那前途一定是光明的。可以说，今年法兰克福书展透露的信息表明，未来的图书和出版市场在交流和合作的前提下进行扩张是毋庸置疑的。

3. 图书载体的变化

全球最大的图书业博览会法兰克福图书展是出版业的"风向标"。在这次展会上，全球出版业巨头们无一不谈的一个话题就是数字化出版问题。随着全球科技的发展，古老的图书出版行业也面临着互联网、数字化等新兴科技的发展带来的挑战。法兰克福图书展总裁博斯说，我们今天谈到的书，已经不仅仅是传统意义上印在纸上的书。拿法兰克福图书展为例，如果只是看到印在纸上的书，的确展位面积在下降，但另一方面，电子媒体、数字化产品在法兰克福图书展中的参展比例却逐年上升，意义日益重大。它们已经成为书展的不可或缺的一部分。

据法兰克福新闻中心公布的资料表明，在参展产品中，传统的纸版书籍仅占

40%，超过30%的展品都是数字化产品。为出版界专业人士举办的400多场活动中，超过50%的活动与图书数字化潮流有关。以电子图书为代表的数字化图书代表了世界出版业未来的发展方向，在这一领域，中国保持了与世界先进水平同步。中国数字化出版集体亮相法兰克福，国内知名的盛大文学、起点中文网等知名网络文学出版商都参加了展览会。据业内专家预计，未来5年内，中国在全球图书数字化进程中的影响力将增加3倍，并为中外出版界在数字图书方面创造广阔的合作空间。

人大社作为我国高等教育出版版块之一参加此次书展，展出了最新出版的优秀人文、社科图书。在书展期间，我社成功举办了《中国图书出版产业报告》英文版（第二版）的图书首发式，与麦格劳-希尔出版公司就"蔚蓝远景·品牌实战案例"系列图书签署了版权转让协议，并组织了"美丽中国"摄影作品展等活动。我社约见国外合作伙伴四十多家，建立、巩固、加强与国外出版社的合作关系，寻找优秀版权资源，并积极宣传、推广我们的优秀产品，通过会谈处理了平时通过邮件不宜处理的版权疑难问题，并取得了实质性成果：输出版权107项，成为内地地区输出版权最多的单体出版社，位居"版权贸易输出签约排行"第五。

通过这次书展，我社展现了我们的品牌优势，进一步提升了我们的品牌影响力，同时，也收获到宝贵的经验，为将来的发展、创新积累了资源。

参观美国出版社的思考与启发

·费小琳·

2005 年 8 月 3 日至 8 月 19 日，由贺耀敏社长带队，我社一行 8 人访问美国，参观了洛杉矶、拉斯维加斯、华盛顿、圣迭戈、费城、新泽西、纽约、波士顿等城市，考察了威立出版公司、培生教育出版公司、美国牛津大学出版社等，并在哈佛商学院出版公司参加了为期两天的案例教学培训。此行收获极大，感受颇丰，现归纳总结如下。

一、网络出版成为各个出版社关注的焦点

我们参观的几家出版社无一例外地让我们看到了网络出版对于各出版社发展的意义与价值。

威立出版公司着重介绍了"课程在线系统"，从 2003 年开始，威立的高等教育部开发了 4 门在线课程；2004 年有 45 门；2005 年达到 85 门。该系统分为教师使用部分和学生使用部分。把每一门课的教材内容电子化，同时列出课程大纲、与课程对应的试题库等，学生可以直接通过网络上传给老师交作业（非发到邮箱），每一个问题又可以链接到教材的相关部分，这样当学生在做作业遇到问题时，可以返回到教材部分进行阅读。同时这一网络开发了教学管理部分，学生的考试成绩、作业成绩等都可以进入数据库，方便老师对学生的管理。这个系统较受学生的欢迎，因为它使得学生更容易抓住学习重点，在课堂外也可与老师做互动交流。出版社的营销重点也是通过学生对这一系统的欢迎去说服老师使用（因为学生要对老师打分，学生的喜欢可以促成老师购买和使用）。

培生教育出版公司也为自己的网络支持系统而骄傲。公司的营销经理和销售代表可以在家里甚至世界各地，实时更新公司的新书数据，并向客户演示。他们的网上教学内容这次没有重点介绍，但是据我们了解也是十分丰富的，我社工商

出版分社正在与之合作，将部分内容汉化，并进行链接，向教师提供。

美国牛津大学出版社介绍了该社已经争取的若干资金资助，在线开发和出版各国历史研究资料。这是很有意义的一件事，只要有资金，该项目会成为网络出版史上的里程碑。

在哈佛商学院出版公司，"哈佛案例在线"为老师选择案例、使用案例提供了极大的方便。但是不规范的使用，如无授权下载，也使该公司陷入持续开发的困境。

以上简单罗列了各出版社在网络出版方面的作为，每一件行为本身不一定值得效仿，但是如何运用网络提供增值服务，如何享用运用网络出版的好处，何时开始将我社的出版物电子化、网络化，最重要的是找到网络出版的盈利模式，这些都是我们不得不思考的问题。

其实运用网络为传统出版物提供增值服务，服务内容的构想相对比较容易，也不难实现，难以实现的是盈利。解决这一问题我们一般是选择发行量大的教材开发相关辅助教学资料，当相关辅助资料开发比较简单、单一时，这部分费用可以分摊在教材上。但是当辅助资料复杂、量又大时，如何消化这部分费用就是出版社不得不考虑的问题了。笔者认为至少应该考虑这样几个方面的问题。

（1）由于短期内这笔费用需由出版社承担，并免费提供给教师，因此应该对开发辅助资料的项目进行总量控制，也就是对此项目的年投入资金作出预算，根据资金预算决定我们的开发项目。

（2）建立统一的平台，制定统一的开发标准和成本控制标准。

（3）探索长期的盈利模式。有些境外出版社把这部分费用分摊到教材中，提高教材定价，或者为网上使用付费，这两种方式对国内的学生来说都不现实，短期内可以考虑通过给老师办培训班、研讨会等分摊这笔费用，今后可以通过收取会费达到持平或盈利。

（4）是否准备出版 E-Book 和有声读物？何时开始？

二、规范的管理和灵活的组织结构使出版社基业常青

1. 明确的发展战略

每家出版社都首先向我们介绍了他们的整体发展战略，在亚洲乃至在中国的发展战略。尽管有时听来觉得空泛，但还是很有启发价值的。

如：威立的战略：

- 开拓性：具有全球性的地位和品牌；

- 利用并促进技术投资；

- 寻求战略合作伙伴和盟友（在出版和销售领域）；

- 通过收购占领市场；

- 加强业务间的联系，整合业务模块达到增值（高等教育、专业和大众图书、期刊三大业务间的整合是威立的特色，为某一领域设计的产品可能在另一领域销售）。

牛津大学出版社的战略：

- 使命：在大学出版社中成为第一。

- 投资重点：大学教材、网上数据库、专业出版物（医疗、脑科学）、学术专著。

2. 以市场为导向的岗位分工和管理模式

在培生教育出版公司的经管分部，共有 150 人，每年在全美有 2 亿美元的销售额，年出版新书在 125 种左右，年增长率为 4%。四个总裁，一位销售总监，同一时间有 12 个团队在运作。他们设有如下岗位：

- 策划编辑（或项目经理）要对项目的整体情况特别是盈利状况负责。

- 研发编辑要从学生的角度对内容进行把握，比审稿编辑的权力要大，能力要强。

- 媒体编辑负责开发配套的电子产品，每个编辑同时负责 3～4 个项目。

- 业务经理（被称为魔鬼），监督财务预算。

- 销售经理，管理 10 个销售代表。

- 销售代表负责到院校向老师演示产品，推广图书，了解老师需求。他们的职业生涯一般为：销售代表——销售经理或编辑（非审稿编辑）——全国销售总裁——总监。

所有编辑都从销售代表做起，一般从事两年的销售代表之后经过培训，自主选择是否从事编辑岗位的工作。审稿编辑作为生产部门的人员，大部分为兼职人员。不同级别的编辑对书稿负有不同的责任。他们的团队是根据项目随机组合成不同的团队小组，在每个小组中，设有项目负责人、研发编辑、媒体编辑和销售代表等。每个人也可能同时参与几个项目。每本书都要有销售目标和利润目标，每年进行两次评估。每年 8 月份开始对下一年的项目、包括预算等进行反复的协商和评估。

培生出版公司认为，决定是否出版一本书的选题论证远比论证需投入多少钱做这本书要难。为此培生设计了评估流程。为使内容更有针对性，培生对于重点教材要请 450 名教授对图书进行审阅，这一举措也同时起到了市场培育的作用，这些教授会成为潜在的使用者，同时他们也会成为下一本好书的作者。

培生在教材开发时为每门课程进行编号，这个编号对应每一本书及相关教辅材料，同时还对应教授该课程的教师。

从培生的经验中我们思考了这样几个问题：

（1）研发编辑在图书运作中的重要性，每本书都应体现编辑的专业力和策划力。我们过去研发功能一部分由策划编辑承担，一部分由审稿编辑承担，但有时两者又都不很重视这一工作，导致我们图书的策划含量比较低，内容形式都很具有竞争力的产品不够。在市场竞争如此激烈的情况下，人大社编辑的研发能力或策划能力是出版社的核心竞争力之一。

（2）市场导向是我们经常会谈到的，但是培生的所有编辑从销售代表做起这一做法却从组织上给予了保证，而我社对策划编辑的培养还主要是生产导向型的，至少策划编辑应该从销售代表做起，但同时要兼顾书稿审读能力的培养。

（3）培生灵活的团队是以项目为导向的，这样可以避免把有些短期的项目作为一个事业部固定下来。如果人员又不能流动，导致有些专业面较窄、市场潜力较小的团队也要不断地开发新选题，致使专业面更窄，或进入我们完全不熟悉或不具有优势的领域。当然，像培生这样的做法会增加管理成本，对管理者管理能力的要求也比较高。

（4）预算：应对每个部门、每个项目进行预算管理。两次出国考察，我们看到国外出版社都把它作为非常重要的工作。

3. "营业额增长 12%，利润增长 18%"

威立出版公司介绍的每年"营业额增长 12％，利润增长 18％"给我们留下了十分深刻的印象。我想这是任何一家出版社都十分向往的目标，对人大出版社也是这样。近几年来，随着我们营业额的增加，增长率却在下降，我想这也许并不是坏事，只要我们的利润率的增长持续稳定，且市场占有率能够稳步增加，出版社的发展就应该是健康的。但是如何实现这一目标是需要全社上下认真研究的。

以上是本次出国考察给我的启发和我的一点思考。

日本书业参观考察报告

·郭　虹·

近期赴日本书业参观考察，参加了东京国际书展（TIBF），考察了东贩物流，参观了日中通讯社，早稻田大学、东京大学及东京书店一条街等。收获感触很多。

东京国际书展被称为"买卖版权与书刊的最佳交易场所"，每年来自世界各地的出版业界人士通过 TIBF 洽商出版权的买卖，寻求共同发行的伙伴，直接购买或输入日本国际书刊，开发日本图书出版市场。今年，来自世界 30 个国家的770 家公司参加了东京国际书展，其中三分之二是日本本国参展单位。世界各地的国际书展都有一些共同点，不再赘述，这里介绍这次东京国际书展的几个特点：

一、展场布置、展商分布上推崇日本本国文化

东京书展分为儿童图书展区、自然科学图书展区、社会人文图书展区、数字出版展区、教育及软件展区和语言教学展区等几个展区。同北京国际书展辟出专门的展馆给欧美、日韩等国家不同，东京书展上位置最好、数量最多的是日本本国的出版社，占整个参展单位的三分之二，特别是漫画类图书展位，几乎占了半壁江山。相比日本本国展位，外国参展单位散布其中，参展的大型欧美出版集团也比较少，比如我们比较熟悉的欧美法律图书出版公司都没有参加。数量不多的其他国家的展商多是日本人比较感兴趣的几个领域的出版单位，比如儿童漫画类、小说类、语言学习类，学术、科技方面的外国出版社比较少。我国共有外研社、高教社、语言文化大学出版社等 5 家出版社参展，我们看了其中的语言文化大学出版社的展位，展位比较小，展出的主要是对外汉语教育类书籍。此外，同北京国际书展上明显的英文标识不同，东京书展上外文说明比较少。

从东京书展的这种布局上，不难看出日本对其本国文化的推崇和推介是很重视的。作为全球第二大图书市场和图书消费大国，日本在重视引进的同时，更重视其文化输出。

二、漫画书、图文书大行其道

东京书展最大的特色也是它最引人注意的地方应该说是其数量众多、琳琅满目的漫画书、图文书了。这两种类型的书几乎占了整个书展的半壁江山。日本的漫画书从封面装帧到内文普遍设计精美，色彩亮丽，引人注意。而且漫画书的种类非常多，不仅有适合儿童阅读的漫画，还有专为成人设计的漫画。题材也很丰富，从童话故事、民间传说到各类言情小说、侦探小说以及历史类书籍。比如，展会上看到的漫画版的世界历史和日本历史以及《三国志》，给看惯正史的人们一种新的体验。除了漫画类图书，这次书展上的图文书也很多。图文书最大的特点是其书中配有大量印刷精美的图片，少量的文字反而成了点缀。

从满眼的漫画书和图文书可以看出大量日本人确实已进入了读图时代。这与日本社会压力大、工作节奏快，人们需要"软派"的轻松阅读是分不开的。据调查，漫画书的销售额大约占到了日本出版总销售额的20%左右，出版册数占到了出版总量的40%。日本外相曾公开宣称，要通过外交部全力推广日本动漫和其他流行文化。日本漫画卖到了全世界，也对全世界的青少年儿童产生了巨大影响，潜移默化地实现着其文化攻略。

另外值得一提的是日本的讲谈社、小学馆等大社也把儿童书作为参展的重头戏。讲谈社展位的横标上赫然写着"儿童书的讲谈社"。以前听说过"辞书的三省堂，三省堂的辞书"，因为三省堂以辞书饮誉日本出版界，而"儿童书的讲谈社"这种表述还是第一次听说。讲谈社出书范围很广，随笔、商务、政经、人文、理工、艺术、辞典、漫画、杂志等几乎无所不包，儿童书只是其中之一。如此定位足见该社对儿童书的重视已经提到了战略高度。

三、数字化出版行业的飞速发展

这次书展设有数字出版专区，不仅有电子出版物的演示，还有从文字处理到印刷、发行所有环节的数字化运作、瞬索搜索技术、各类 E-Book 终端阅读器、先进的电子辞典、配套教学资源库、网络书店等，对我们触动很大。

1. 数字移动文件技术

比如，夏普公司 2001 开发出了 XMDF 数字移动文件技术，发展日益成熟，现在能为网络计算机、便携电话、PDA、手持电子书阅读器、电子辞典等多种终端提供服务。内容和形式也很多样，彩色图像流畅清晰。内容可以包括动漫、小说和电子辞典等。

另外，值得关注的是日本手机出版产业发展迅速，手机游戏、手机读物（手机报纸、手机小说、手机杂志）种类多样。据统计，日本国内手机普及台数逐年递增，2006 年 12 月达到 9 494 万台，一年增加了 476 万台，其中第三代（3G）手机达到了 2 019 万台。手机动漫采用交互式矢量图形技术制作多媒体动画内容，并通过手机网络提供下载、播放、转发等功能，信息量大、表现形式丰富。2.5G 及 3G 手机的基础设施建设，为手机出版提供了可能性。

2. 网络书店及瞬索搜索技术

网上书店由于能够大幅度地节省成本，很有发展前景。特别是日本东贩运营的书店网 e-hon 很有特色。从 2000 年 11 月成立到 2002 年 7 月，加盟 e-hon 网络的书店突破 1 000 家，2004 年加盟书店突破 2 000 家。2005 年 3 月开始 e-hon 网站推出购书满 1 500 日元（含税）就免费送货上门，2005 年又把 CD 和 DVD 也纳入了经营的范围，成为复合型的网上书店。如果读者购买 CD，还可以在网上试听，很受顾客欢迎。只要成为书店网 e-hon 的会员，就能够享受它的特色服务，并且入会是免费的。一直是作为大中盘的东贩，有 2 000 家书店加盟，实际店面和虚拟店面相结合，加上不断改进服务，确实吸引了不少忠实的顾客。现在全国书店网 e-hon 的会员已经突破了 30 万人。

网上书店的快速发展离不开日本富士通的"瞬索"图书搜索系统。该系统为用户提供了统一的图书搜索界面。在原有的图书搜索系统中，按图书标题进行的一个简单搜索也要花费 10 秒钟，采用了"瞬索"技术，比旧系统快了 5 倍，无论多么复杂的搜索，"瞬索"技术都可以在 3 秒钟内显示结果。

3. 电子图书及网络发行

出版业的技术革新使出版行业与电子媒介之间的界限日趋模糊。书籍产业从文字处理程序到印刷和发行的所有环节都是数字化的，有效降低了书籍生产成本和发行成本。

但据我们在书展上和在东贩的调查，目前电子图书及网络发行正在增长之中，销量还比较少，而且主要集中在动漫、小说、新闻领域，其他领域还比较少见。这一方面可能是因为人们传统的阅读习惯难以在短时间改变，另一方面也可能有电子图书的费用问题。以书展中的 Global Web 株式会社为例，其电子期刊号称低价，不用一次性支付费用，可以按月支付，然而每月的费用为 1 995 日元，约合人民币 120 元。

4. 教学资源库

在书展上还有幸看到了一家教育出版社（丸红株式会社）演示其交互式教学软件。

配套教学资源分为教师辅助资源和学生辅助资源。教师资源有教师指导手册、习题答案册、试题库、电子教案等。学生辅助资源有交互式学习软件、辅导材料等。

其中交互式学习软件能够为学生提供个性化的教学服务。以数学题为例，首先将现有教材的某一章节按照难易程度分解成为几个部分，然后学生根据网上自动生成的测试题答题，然后自动生成反馈与成绩，通过自测及反馈，学生可以知道自己在哪些知识点上比较薄弱，交互式软件接着会自动生成弥补以上弱项的学习材料和针对弱项的新的练习题。

5. 数字印刷技术

数字印刷技术的优势在于其个性化和可变性，因而相较于传统印刷业，非常适合于内容时效性强、变动大的出版物和媒体，比如报纸、期刊和电视媒体出版物。日本的数字印刷技术非常发达，比如，Dai Nippon Printing（DNP）印刷公司，化被动为主动，与日本的几家主要的媒体组成了媒体网络，提供多语言服务，可以方便快捷地实现跨国多媒体服务。

最后，简单介绍一下书展上的电子辞典。书展上看到了一家专做电子辞典的公司，分为日英、日韩、日汉等几种类型，个头普遍比国内电子辞典大一些，发音清晰，感觉上功能也比较强大。据调查，2002 年，日本纸质辞典的销售额为 250 亿日元，电子辞典的销售额首次超过纸质辞典，达 420 亿日元。据三省堂八幡社长讲：10 年来日本纸质辞典的销量逐年下降，大概下降了 40％左右，现在电子辞典和纸质辞典的总销售额是 10 年前只有纸质辞典时的 2.6 倍。

四、大学教育类出版参展规模不大

这次东京书展参展的大学教育类出版社不多，东京大学、早稻田大学等七家名校出版联合体只占了一两个展位，展出的品种也不是很多。后来我们参观考察了东京大学校内书店、东京书店一条街以及东贩，对这个问题有了更好的认识。

在日本，教材类图书的出版和发行都有其特定的单位和发行渠道，处于受政府保护的地位。而东京书展被称为买卖版权与书刊的最佳交易场所，以展示和版权交易有关书籍为其主要目的，因而大学教育类出版社展示的并不多。

这里结合对书店的考察，以法律类图书为例，对日本的高校教材作一简要介绍。日本高校教材有这么几个特点，一是其开本普遍都比较小，封面装祯设计非常素雅。32 开为其最常见开本，一些重点教材出了 64 开的口袋书缩略本，厚度也不大，让有些枯燥的法律书化繁为简，便于携带，使读者可以随时看上两眼，也不失为一种选择。二是教材销售与作者权威性、知名度密切相关，一门课程提供可选择的教材并不多，主要是几个名家的独著型教材。不像国内教材出版日益分化，参编者众多。三是司法考试类辅导用书同国内一样，正在热销，像我们到的东京大学书店门口就放了不少免费的司法考试讲座宣传材料及司考辅导用书的宣传单页。

五、日本书业大中盘——东贩

东贩是我们参观考察的另一重点，其高度数字化和现代化的管理令我们印象深刻。

多年来，我国大多数书业企业主要采取自办物流方式，大多数出版社都有服务于本版书的仓库和运输车辆。众多民营书商都是自己进货、自己储存运输。而一部分省、市、县级新华书店的物流主体还包括图书批销中心、音像部、教材储运部和子公司等，均各自拥有物流配送部门，自成系统，因为造成区域和市场的分割，物流资源也未能有效充分利用。

日本书业物流分工明确，出版社直销所占比重非常小，一般与书店和读者之间不直接发生联系，而是通过经销公司，也就是像东贩这样的物流公司联系起来，通过一家经销公司，基本可以买到所有出版社的书。上文中曾经提到日本知名的网上书店 e-hon 就由东贩设立，出版社加盟。日本目前有 4 229 家出版社，书店 22 688 家，而经销公司只有 31 家，特别是像东贩、日贩这样的大图书物流公司占据了主要市场份额，日本书业物流的专业化和高效、快捷由此可见一斑。（这里需要提到的一点是日本的教科书不同于日本其他类图书，其发行方式比较特殊，要经过专门的物流公司和特殊供店。）

　　物流作为跨地区、跨行业的运作系统，有两个至关重要的影响因素。一是其标准化程度。标准化程度的高低不仅关系到各种物流功能、要素之间的有效衔接和协调发展，也在很大程度上影响着全社会物流效率的提高。书业物流标准化普遍面临如下问题：物流交换标准不统一、物流器具标准不配套、物流包装标准与物流设施标准之间缺乏有效衔接等。第二个影响因素是信息化。信息化是物流现代化的重要支撑。信息化和网络化是最终提高物流效率和降低成本的根本保障。

　　而高度标准化和信息化正是我们在东贩看到的两大特点：东贩的图书入架、分拣、包装、退货基本都由机械化的现代流水线完成。从订单采集、接收、分类到处理，从图书进库到出库的所有过程和细节都由计算机控制。而整个流转过程从物流器具、物流包装到物流设施标准非常标准化和统一，以分拣书筐为例，东贩采用了拥有设计专利的标准可折叠式塑料书筐。这种书筐折叠时体积只有展开时的五分之一，可以落成平板的形状，每个书筐大小很标准，叠放起来很节省空间。

　　东贩的计算机管理系统从1954年开始导入，1960年开始使用大型电脑，1968年开始引入联合开发的管理系统。经过多年经营管理，始有如今的规模和效益。今天，东贩的图书快递系统，可以在接到订单后的第三天将书送到日本全国各地的客户手中，快递品种包括2 100家出版社的产品，50万种，200万册。东贩的仓储系统主要为书店添货使用，计有20万品种，600万册。而东贩的退货中心日可处理退货60万到70万册。站在东贩五层的物流大厦里面，看着东贩自动化、标准化的流水线和其立体自动仓库内高达二三十米整齐的码放，确实令人感慨。

　　2001年，日本出版理论家小林一博的《出版大崩溃》一书，曾经引起全世界出版业的关注。此书2004年在我国出版，也曾成为我国出版界的热门话题。日本1996年达到图书销售册数的最高峰，为9.15亿册，1997年开始下滑，1998年下降到8.1亿册，于是开始惊呼"出版大崩溃"。现在看来小林的预言有些危言耸听。通过我们自身对日本书业的考察及请教日本同行，我们发现日本作为全球第二大图书市场，整个书业仍在发展之中，特别是其优势出版领域和新兴出版领域，仍有很多东西值得我们借鉴和学习。

小书展　大智慧

——2010 年中国人民大学出版社赴希腊
萨洛尼卡书展考察报告

·刘叶华·

2010 年第七届希腊萨洛尼卡国际书展暨中国主宾国活动于 5 月 22—25 日如期举行。我社在周蔚华总编辑的带队下，共有 7 位编辑、发行和版权工作人员全程参展。

经国务院批准，中国以主宾国身份参加此次萨洛尼卡国际书展。2008 年，希腊作为主宾国参加了北京国际书展。萨洛尼卡国际书展主宾国活动是中希两国重要的双边出版交流活动，也是中国继巴黎图书沙龙、莫斯科国际书展、首尔国际书展和法兰克福国际书展之后第五次以主宾国身份参加国际书展。我社此行的主要目的是，作为总署指定的重点参展单位，积极参与萨洛尼卡国际书展中国主宾国各项活动，与希腊出版机构寻求建立合作关系的契机。经过精心的前期准备，我社在了解希腊出版市场、宣传中国文化、拓展希腊版权贸易合作伙伴方面，开拓了视野、增长了见识，获益颇多。下面从这三个方面对这次考察活动进行总结。

一、萨洛尼卡国际书展的整体情况

萨洛尼卡国际书展以图书展销和版权贸易为主要内容，是南欧地区重要的国际书展之一。希腊北部城市萨洛尼卡是个幽静、闲适而颇具人文气息的小镇，拜占庭风格的建筑、开放而不拘一格的大学校园，吸引了希腊 90％以上的出版社前来参展。

1. 唱儿歌，秀演技，生动活泼的图书推介活动

我们感觉，萨洛尼卡书展的图书展销的功能比版权贸易的功能更强一些；从图书品种上看，希腊出版商以出版儿童书和小说等畅销类图书为主，也有专门出版艺术类图书的专业类出版社。

在这四天的书展中，学校的老师会带领低年级的学生成群结队地来书展参观

游玩。一个有趣的小插曲是，学生们还学会了简单的中国话"你好"，穿越中国展台时，会微笑着向每一个中国人致意。友好和亲切之感油然而生。

希腊的出版社和书店都抓住这个大好时机，各显神通，宣传推广自己的图书。一大早，这边就开始播放韵律十足的儿童音乐，头戴饰物的图书推广人员就带着孩子们模仿卡通人物，唱歌、跳舞，还制作了精美的手工图画；那边，穿着希腊传统古典服饰的演员们就在"城堡"里表演起了幽默剧，孩子们拾阶而坐，开心的笑声不时传出。希腊的出版同仁给我们上了一场生动的现场观摩课。

2. 引进来、走出去，中希互译图书琳琅满目

中国参展图书约260种、300余册。参展图书均是外向型图书，内容涵盖哲学、社科、文学、艺术、教育、儿童等多个方面，都配有英文说明。其中，我社参展图书50余种，以人文社科类图书为主，每本参展图书都配有英文腰封；并为参展图书制作了精美的专门的参展书目（见图1）。开展第一天，《童话童画》和《民间记忆》就被希腊读者提前订购。

特别值得一提的是，总署信息中心设立了"中希互译精品图书展柜"，我社的《亚里士多德全集》（精装十卷本）入选"重点推介图书"之列。这是从古希腊语直接翻译而来的经典哲学著作，荣获第四届"国家图书奖"。

图1 国家新闻出版总署副署长孙寿山到我社展台视察

3. 学汉语，品美食，去中国

在众多的参展图书中，汉语学习类图书是最受希腊读者欢迎的图书。尤其是多媒体汉语教材和教学仪器——点读笔，更是吸引了希腊小朋友驻足，从来没有接触过汉语的希腊小朋友也能说如"你叫什么名字"等简单的句子。

主宾国活动后的中国美食吸引了络绎不绝的希腊参观者，美味醇厚的中国红酒和令人食指大动的中国美食，使整个活动区洋溢着浓浓的节日气氛，难怪希腊出版界的朋友称这次中国主宾国活动为"萨洛尼卡图书节"。

在品味美食的同时，观众还可以在主题馆的液晶屏幕前欣赏我社提供的《文化中国游》和《这里是北京》的宣传片。宣传片都配有英文字幕。每一位打交道的希腊出版界的朋友都表示：一定要到中国去，亲身体验她的自然风光和人文风光。

二、我社筹办的主宾国活动——《美丽中国》摄影作品展

1. 活动主题

国际·现代·经典——中美大型文化合作项目《美丽中国》摄影作品展。

2. 展示内容

《美丽中国》是由中国文化促进会主编的大型摄影画册，收录了 30 位著名摄影家的 60 幅精美的中国风光摄影作品。画册中的作品包含了世界著名的人文景观：长城、故宫、布达拉宫等；自然景观有：气势磅礴的黄河壶口瀑布、神奇的长白山天池、无与伦比的九寨沟等；城市景观有：北京鸟巢、水立方，上海黄浦江两岸夜景，香港维多利亚港湾夜景等。这些作品汇集了中国的美丽风光，更是给我们展现和记录了美丽风光的最美好瞬间。

我们在编辑设计上，把每一幅图画都单独编排成一页，前面是风光图画作品，后面是作品简介、作者简介和作品风光所在省市、区的简介，每一幅风光图画作品都有版权页。更值得介绍的是，每一幅作品都可以独立拆下来，以便于装裱悬挂。画册的这种编辑装帧设计在国内应该是首创的。

《美丽中国》展示图片的说明文字均采用了英希双语制作，有助于希腊观众更快捷地了解展示图片的内容。

配合图片展示活动，我们还制作了 100 余幅明信片，放在活动现场赠送给来

往的观众。由于领取明信片的观众太多，我们不得不限制每人领取的数量。

3. 活动反响

《美丽中国》图片展安放于中国主题馆场内的正面装饰墙上，恢弘的气势、亮丽的色彩使之成为中国主题馆最亮丽的一道风景线。希腊的参展观众在此流连忘返，并合影留念（见图 2）。在预展时，一位希腊的教授就向我们提出，在书展之后，收藏和展示这些图片。

图 2　欣赏《美丽中国》的希腊参观者

在主题馆开馆仪式结束以后，国家新闻出版总署副署长孙寿山，中国驻希腊大使罗林泉，希腊文化与旅游部部长耶鲁拉诺斯、公民保护部副部长武亚斯等国内外高级官员参观了《美丽中国》图片展，并给予了极高的评价。国内外各家媒体记者按动快门的声音不绝，纷纷以此为背景，记录中希友好文化交流的历史一幕（见图 3）。

三、从零开始，推销版权，与希腊出版商的版权合作

与希腊出版商建立版权合作关系，是我们此行的重要目标之一。在赴希腊之前，我们就与希腊的出版商通过电子邮件，制定了约见计划，交流了各自感兴趣的出版物。因此，书展的版权会谈进展十分顺利，气氛也格外融洽。

图 3　专心致志摄影的希腊电视台摄影师

1. 小说和儿童书最受青睐

如前所述，小说和儿童书在希腊的图书市场上占有较大的份额，因此，小说和儿童书也是希腊出版商最感兴趣的图书品种。如 Kastaniotis Editions，它是希腊最大的小说类出版社，很多畅销小说还被翻译成了英文和德文在其他国家出版。我们有幸见到了总编辑 Chrysostomides 先生。他对王小波的《我的精神家园》和《思维的乐趣》表示了浓厚的兴趣。

2. 中希哲学比较研究最受褒奖

在重点书推荐之后，版权经理会浏览一下我们制作的书目。出人意料的是，三四家出版社的版权经理翻到《自由的孔子和不自由的苏格拉底》时，都眼前一亮，希望我们可以提供翻译样章，以进一步评阅此书。可见，孔子、苏格拉底两位伟大的思想先贤在中希两国的思想文化领域的影响是多么深远，而"民族的就是世界的"。

3. 中希互译是最受关注的出版"瓶颈"

在与希腊版权经理讨论出版中希图书时，最受关注的是翻译质量和译者队伍。中希互译的翻译人才非常稀缺，成为出版社的"瓶颈"。因此，当我看到 Patakis 出版社的 Della 女士制作的中文目录时，我特别兴奋，和她饶有兴趣地攀谈起了译者的情况：一个希腊的作家，曾经有一位中国的女朋友，于是掌握了娴熟的中文，甚至字里行间散发着浓厚的浪漫气质。当然，有时候我们也会退而求其次，互相询问是否有英文版本，这样可以更顺畅地安排出版合作（见图4）。

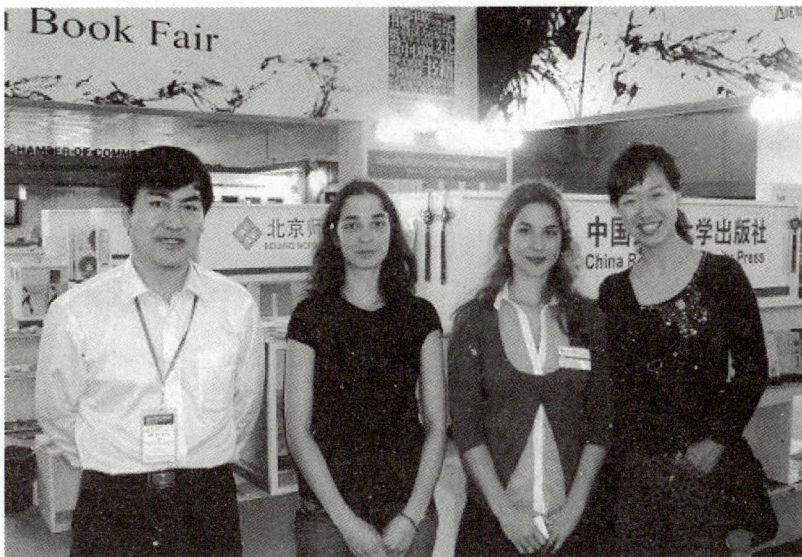

图4　与希腊 Polis 出版社版权经理的合影

当中希两个拥有悠久文明历史的文化巨人在爱琴海畔相遇，当两国的出版人都为对方的杰出成果所倾慕，我们相信，一张友善的笑脸、一番畅快的会谈、一届小小的书展，带给双方的是友谊的建立、合作的起航、智慧的交融。

市场规范　技术强势

——掠影日本书业

· 杜宇峰 ·

2009 年底，我与发行部门的另五名同事一起参观了日本大型出版物经销商东贩公司的桶川物流中心，期间也走马观花地了解了日本书业的一些动向。自《出版大崩溃》一书在我国发行以来，我们似乎觉得日本出版业已经一落千丈，发行流通环节混乱不堪，而新兴的 IT 革命正在对日本出版业造成冲击，整个出版秩序面临全线崩溃……这些都能够在我们的日本之行中得到验证吗？

我是带着疑问出发的，但耳闻目睹的另一种完全不同的出版生态系统，却让我感受良多。

一、东贩桶川物流中心成熟完善

作为图书编辑，一直以来对于出版业技术的了解仅限于印装技术，而且，国内图书市场商业气息浓厚的大环境也使得市场上的人力因素占据了主导，拼体力、拼折扣是重要的竞争手段。我从未想过技术对于图书这种精神文化产品能够起到怎样的作用。但在东贩，我的惯性思维被极大地颠覆了。

日本大型出版物经销商东贩公司是由出版社共同投资成立的，总部位于东京都新宿区，在日本图书流通市场占有率达到 40％。东贩公司将自己定位于"承担出版社和读者之间的信息沟通，向出版物销售网点提供高效流通服务的专业化企业"。2005 年，东贩公司耗资 300 亿日元在日本推行书籍连贯流通系统"桶川计划"。在玉县桶川市投资建设全新的物流据点——东贩桶川物流（SCM）中心（见图 1），这也是我们访问的目的地。

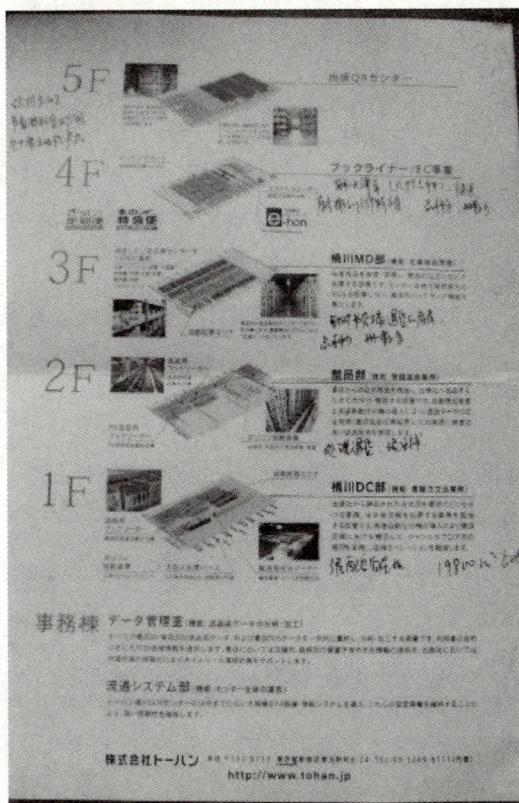

图 1　桶川物流中心平面演示图

桶川物流中心占地面积 65 400 平方米，总建筑面积 76 300 平方米。整个建筑长 150 米，宽 80 米，为 5 层楼构造，最大库容量为 80 万种、1 800 万册。物流中心全年 365 天每天 24 小时运作，每天可迅速完成多达 200 万册书刊的出货与退货作业（如果用 10 吨卡车装载，需要 100 辆卡车）。

物流中心的不同楼层分别承担着不同的功能：

1 楼为书籍订购品中心（桶川 DC 部），负责书店订购商品的分拣、出货，采用多种高速分拣机以及重力式货架和箱式自动仓库，实现订购图书的快速、准确出货。

2 楼为书籍退货中心（桶川整品部），负责对书店退回的图书进行检验、分类整理，经自动分拣后退给出版社。

3 楼为书籍商品中心（桶川商品部），负责目前物流中心书籍的存储与保管。

4 楼为 EC 流通中心和书籍定期速递中心，主要针对东贩公司的电子商务业务（网上书店 eShopping! Books 是东贩的子公司），完成客户（包括书店、便利店、个人读者等）网上订购书籍的拣选与加急配送。

5 楼为出版 QR 中心，是由出版社共同出资在桶川物流中心设立的图书保管区域。出版社为了做到对读者需求的快速响应（quick response，QR），将部分图书存放在物流中心，以缩短从接受订单到交货的时间，从而提高整个出版物供应链的运作效率，增大销售机会，降低物流成本（见图 2）。

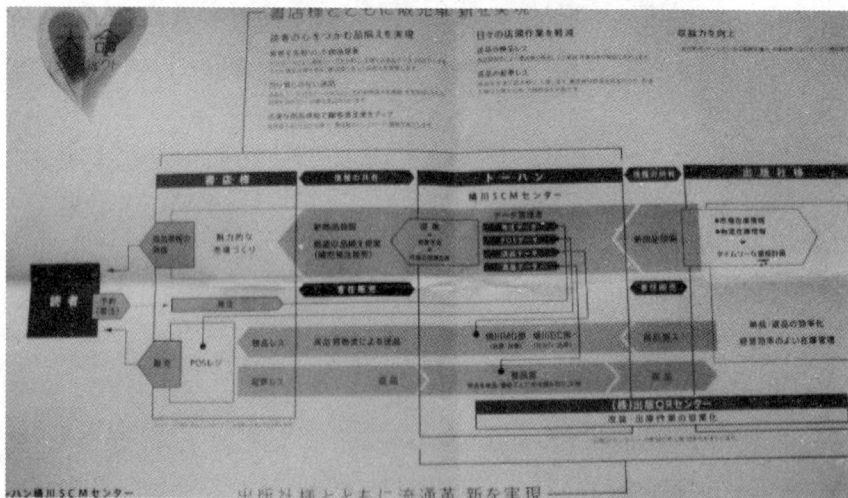

图 2　概括流程

以上是我们在跟随负责介绍的田口伸先生步行两公里的路程后获得的直观信息。

外观并不起眼的五层楼里面，呈现在我们面前的是二三十米高的庞大设备。田口先生特地取了钥匙，打开平时紧闭的大门，带我们进去。只见连通配送车间的流水线快速运转，机械手臂在 10 秒内迅速伸缩于近百米的狭长通道，取回电脑下达的指令图书。分拣、配送、出货等工作在瞬间就完成了。

据说东贩桶川物流中心建立的原因，在于解决图书从出版社到直销店面书店这一通道中的流通难题：（1）书店退货率近四成；（2）当书店要求送货时，如果经销商没有库存，往往需要在 10～14 天后才能交货，会导致书店因缺货而影响销售；（3）书店收货时的验货作业以及退货时的记账单整理与打印需要花费很长时间；（4）除部分大型书店外，多数书店没有彻底进行库存管理，不能实时掌握库存情况。

这个初衷看起来非常简单，即东贩桶川物流中心建立的原因有点都江堰"乘势利导、因时制宜"的意思。

因为长期生活在急剧扩张的事业中，只为了疏导而进行巨大投入，是我无法理解的。唯一的解释是，那是一个发展异常完备、充分的市场。而这种疏导手段其实需要的是更加巨大的利润投入，才能保证其运转。同行的国图公司东京联络处的王松林老师认为，作为图书盈利的关键环节——中盘的健康稳定，使日本书业获得了持续良性运转，这是与我国目前图书市场状况不同的根本原因。

东贩桶川物流中心专注于发配 4 000 家出版社每年的新书和杂志，和日贩一起占据了全日本 85% 的市场份额。在其功能介绍中不乏（1）物流、（2）金融、（3）进货、（4）贩售、（5）信息流通、（6）指导、（7）咨询，但"除了物流和金融，其他技能显然都没有发挥作用"。我问到他们与出版社在选题上的互动，田口先生语焉不详，只说对于销售良好的书有再版建议，但对于选题，出版社会更为敏感。

二、人文社科类书籍丰富多彩

东京神田书街上分布着三百多家书店，日本人文类图书向来有俗中见雅、标高而不就低的好评，一路逛下去，我们对此有了深切体验。

这里有东京大学出版会、劲草书房、法政大学出版局、未来社等专业学术社书籍，更多的是岩波书店、文春社、社新书房、筑摩书房的知名人文社科类产品。

适应日本社会阅读软化（图多字少）倾向，我所见到的这些图书极少有厚重的大开本，很多文丛内容是深奥的哲学、经济学和史学，但居然以我们印象中的口袋书面目出现。语言局限让我无法猜想大部头精简后的样貌，但其印制的精美和轻便也很难不激发人阅读的兴趣（见图 3）。

人文社科图书的品种可谓极大丰富，而且各家出版社都有自己见长的产品。文春文库拥有的日本一流作家最多，2009 年恰逢创刊 35 周年，有书店就赫然挂出了松本清张、林真理子等多位名家的大照片。岩波书店的上百册统一装帧的岩波文库的整体展示，则凸显了丛书的规模效应。

图 3

看似撞车的选题也有。三年前我很感兴趣的作家太宰治，国内仅有其代表作出版，反响很小，销量乏善可陈。由于生于 1909 年，今年就有两家出版社展示了太宰治的 100 年诞辰纪念文集（见图 4）。但翻阅一下就会发现，两本书里除了太宰治脸上尴尬的笑容一致外，内容全然不同。一本是理论家对于太宰治作为符号化人物的研究文集，另一本是以照片和基本资料构成的太宰治生平介绍。在这个越来越善于丢弃的时代，这个已经 100 岁、曾秉持"唯有堕落才能保持纯真"信条的边缘化人物，终究因为对自身的强大认同和对社会物化的持续反抗一而再地被拾起并呈现，备受争议和关注。出版社编辑视角的独特，呼应和尊重了太宰治生命形态的独特，这应该是"人文"这两个字最宝贵的内涵吧。

三、教材销售市场规范有序

行前，因考虑到与发行部门同事一起要接触日本销售企业，而我们的销售压力很大一部分来自教材的销售，我希望了解日本大学教材销售的相关知识。

在查阅资料后，我得知日本教科书的选用制度存在一套非常严格、完全独立于其他图书销售体系之外的行政体制。

日本教科书的编纂和使用采取审定制和采择制。教科书编写完成后，选定程序从时间上必须花费 1～2 年，而一经慎重选定，必须连续使用。相比较而言，我国的教科书编写，从最初的国家规划教材到部委规划教材，到现在的各出版社规划教材，不仅各级各类学校均有自己的系列教材，而且，无视有无学术声望、教学经验，讲师、助教乃至研究生等尚在学习阶段的在校生，也可以参与教材教辅的编写，这样组织的教材质量上难免会备受争议。

图4

另外，日本法律规定，同一版本的教科书必须连续使用三年之后才能更换。这也避免了我国目前高校教材征订期硝烟四起的纷乱局面。

这套体制让利润巨大的教科书市场被严格规范在行政制度和相关法令之下，给予使用者充分考察和客观评定的空间，既避免了各相关方（主管部门、出版商、销售商）耗费巨大精力参与无序竞争，也避免了有权选定教材的教师和校方受到持续打扰或在利益的诱导下失去公正、客观。

四、数字出版受到持续关注

今年，东京国际书展首次开辟了电子书和数字出版技术展区。参展公司包括夏普、Voyager Japan、Celsys、Dai Nippon Printing 和 Toppan Printing 等著名公司。据统计，从 2003 年开始，日本数字出版市场一直保持着 200% 的年增长率。在书店可见各种品牌的电子出版物，向人们展示了新的阅读方式的悄然临近。

亚马逊在 2007 年底刚推出电子书阅读器 Kindle 时，遭到一片质疑之声，但根据著名投资机构巴克莱资本的预计，至 2012 年，Kindle 阅读器每年将为亚马逊带来 37 亿美元的盈利。如此可观的数字难免会激发出版商对于新兴阅读方式的兴趣。但看过令我眼花缭乱的演示之后，我还是认为，如果没有优良的内容供应，形式和手段都只不过是表象，就像 Kindle 的成功，在其刚推出时就有 9 万册图书可供下载，现在已经增加到 25 万多本图书、30 余种报纸以及 25 种杂志。这种强大的内容支撑是从传统亚马逊售卖到 Kindle 售卖成功背后一以贯之的原因所在，这也是传统阅读在电子书的迅猛势头下还能保持好整以暇姿态的重要原因。资料显示，即便是在阅读器研发较早的欧美地区，电子阅读的利润额也只有传统出版的 1‰～2‰，还远远无法达到承担重任的分量。

而针对 Kindle 2009 年最新的促销措施——降价 37%，又使得这一新领域的未来角逐显得扑朔迷离，难以预测。

五、结语

"健康的市场是怎样的市场？"在一路上每见到与开头的担心相比截然不同的景象，我都忍不住问自己。或者是消费者的成熟，或者是生产者的精密，更或者是整个社会生活的诚信度极高……这个巨大的命题短短几天之内显然找不到答案。

回来之后，我曾经与《中国新闻出版报》的章红雨编辑讨论过东贩，她对于东贩巨大仓库和漫长的流水线怎样维持饱和度百思不解。与国图公司的王松林教师对于国内中盘的消极态度不同，章编辑兴致勃勃地给我列举了江苏、江西、浙江等省的先进库房，觉得只要解决了季节性和饱和度问题，赶上东贩也并非难事。但是，真相是这样吗？我们的中盘对于教材类图书的巨大依赖、无休止的价格战、低水平重复的选题众多、相对方诚信度的缺失……所有这些都成为流水线难以高速运转的隐形障碍。

"居安思危"是日本民族的天性，书业崩溃的预言在规范市场下似乎不会一夕上演。那么也让我们本着"见贤思齐"的乐观态度，继续自己的事业吧。

图书展展台的设计与发展

· 续蓓虹 ·

我国会展的展览展示起始于 20 世纪 80 年代，随着社会的发展，国民经济的强大，我国的会展业也在迅速发展。各种各样的展会，如汽车展、服装展、机械展、农业展、文化展、图书展等等，层出不穷，与此同时，对展台设计的要求也不断提高，而图书展更与其他展会不同。

一般展会大都有一个主体，比如汽车展，整个展台的设计亮点就在于突出"车"这个主体，而书展则要以"书"为主体，但"书"这个主体不是单一的，往往是由几百本甚至上千本个体组成。书又具有其独特性，它是有思想、有内涵的产品，所以，书展的展台设计不仅要有严谨的结构，还必须要有与其相应的文化品位。

一、书展展台设计的结构与选材

1. 展台设计

在会展展馆指定的范围内，由专业设计者根据参展商的需要，用建筑材料搭建立体的框架结构，以展示参展的产品及参展商的企业形象。

展台设计是由多方面的因素构成的。展台设计既要考虑到客户的需求，又要顾及材料的特点，还要保证展台结构的整体艺术效果。展台设计就是要把实用与艺术巧妙地结合，把平面与空间巧妙地结合。

2. 展台设计的结构与材料

展台设计的结构与材料是密不可分的，结构大致可分为三大类：木结构、钢铝结构、钢木混合结构。材料基本为建筑材料，同时还要融入声、光、电等。

（1）结构分析。

木结构的优点：可塑性强，可以搭建出各种风格，特别是民族风格、古典风格、现代风格等，变化多样，可随心所欲。缺点：施工时间长，可变性差，不可重复使用。

钢铝结构的优点：可变性强，搭建简捷，可以重复使用，运输方便。缺点：可塑性差，一般表现为现代化的风格。

钢木混合结构：集木结构和钢铝结构展台之优点于一身，既可塑造变化多端的风格，又可随现场的需求随意组合，拆建方便，有部分材料可重复使用，有所节约。

（2）材料分析。

展台搭建的材料要根据展台的主体构造来定，除了上述的钢、木主体材料外，还包括玻璃、有机板、太阳板、防火板、写真布、宝丽布、钢丝等建筑材料。设计者必须熟悉各种材料的特性，才能恰当、合理地运用这些材料，使其为展台的设计服务。

展台的作用不仅仅是展示产品，可以说展台就是一个立体的大型广告，为了营造强烈的广告气氛，合理地运用声、光、电等空间效应是必不可少的。

二、图书展的展台设计的风格

1. 元素的运用

不同的参展商所要表现的展台风格特异。展台风格大致可分为民族风格、古典风格、欧式风格、现代风格。设计者要根据参展商所要求的风格在设计中融入所需元素，同时选用相应的建筑材料来体现所要表达的主题。

在 2008 年国际图书博览会中，为弘扬奥运精神，我社参展的展台的设计，在保持我社传统红色的同时，融入了祥云图案，运用了中国的栏栅等造型，使现代化设计风格的展台又不失民族风韵，收到了良好的社会反响（见图 1）。

现代风格混搭是从多年的展台设计中总结出来的我社展台使用的搭建风格。钢木结构的混合使用，既突出了展台的独特性，又使展台的设计保持积极进取、追求创新的现代风貌。

2. 色彩的搭配

可以说，元素的运用直接导致展台风格的形成。也可以说，色彩的运用也是展台风格形成的重要因素。

在展台设计中要突出一个主色调。然而，为了打破单一颜色的呆板，往往融

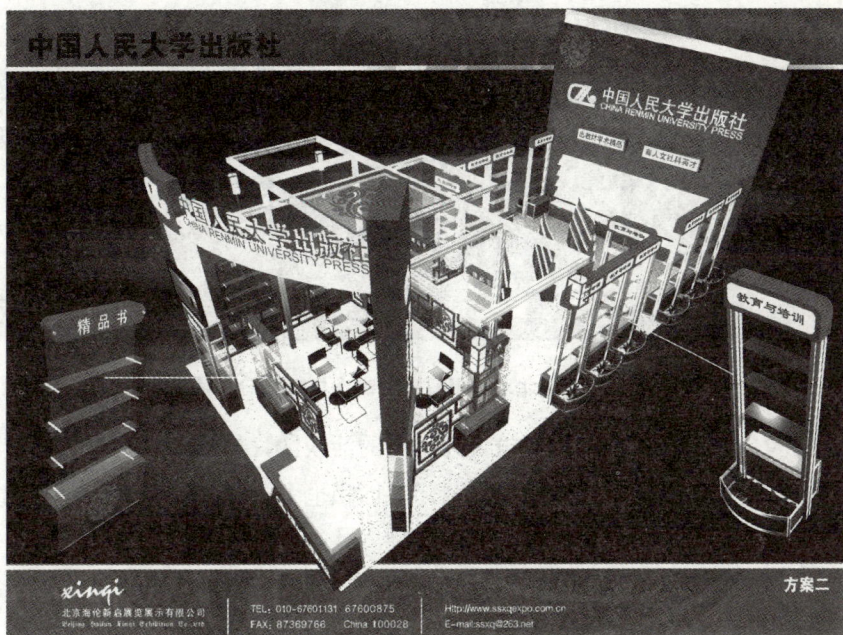

图1　2008 年国际图书博览会展台

入相应的同色类色或对比色，但颜色不宜过多。特别是图书展，图书封面的颜色可谓五花八门，要把众多的颜色统一到一个合理的色彩空间之中，选择无色彩系列的黑、白和灰色是最无可挑剔的。

在书展展台设计中，我社的展台在保持特有的大红色的同时，加进了白色和灰色，白色提高了整个展台的亮度，灰色作为中间色既使五颜六色的封面降低了纯度，又使白的封面提高了亮度，灰色还能使大面积的红色和白色过渡得柔和有序，使展台即突出了主题色，又不失色彩的色层次。

3. 基本的布局

书展的展台布局大致可分为接待区、精品展区、产品展区、洽谈区、广告区（见图2）。

接待区：接待台、吧凳、出版社简介、电视播放视频。接待前来参观者，使其了解出版社的产品。

精品展区：展示我社的名牌产品、重点产品。精品展区一般采用精品柜的形式，以示其中展示的图书的重要性。

产品展区：多由高低不等的若干书架组成。为了便于阅读，我们把我社图书产品分为四大部分，即图书精品、教材精品、大众精品、音像精品。同时，为重点图书配置图书精品展示柜。

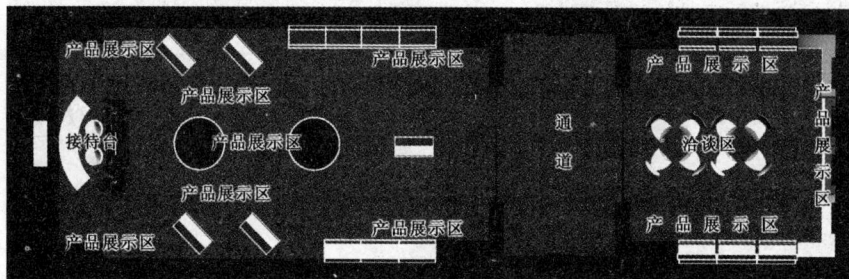

图2　2010年北京图书订货会展台区域划分平面图

洽谈区：根据不同展会的要求设计不同的洽谈区，如国际展会，为了接洽国际伙伴谈版权，洽谈区设计就要相对封闭，面积也大；国内展会对洽谈区的要求相对要低，就利用展台的空间摆放一些桌椅。

广告区：利用展台一切可以利用的空间，如：书架背面、柱子立面等以灯箱的形式做图书产品广告；重点新书以摆放书堆造型等形式增强广告的效应，弓形展架广告可移动性强，则见缝插针摆放，不同的产品以不同的形式和手段进行宣传，以突出展会所要展示的主题。

展台合理的布局使展台结构完整，使所要展示的产品一目了然，同时，给与会者带来了更大的便捷。

三、图书展的广告效应

展会的展示不仅仅是简单的产品展示，更重要的是企业形象的展示。可以说，展台就是一个立体的大型广告，其受众面是广泛的，在展会期间受众体可以身临其境，与展台及展品直接互动，图书展更能使读者直接触摸到图书，其独特的广告效应是任何媒体都无法比拟的。

1. 设计的多元化

展览展示设计是一个多元化的设计，有设计内容丰富、涉及领域广泛的特点，展台设计不是单一的，其包含着平面设计、三维设计、展架设计、图书摆放形式的设计、多媒体设计等等，从空间到结构，从平面到三维，大到展台的结构，小到每本图书的定位，都要精心策划、合理安排，集多元化设计于一身。体现在展台中的每一个环节都离不开设计，每一部分的设计又都必须切合展示中所要突出的主题，因此，展台设计所表现的每一个层面都体现着不同的广告效应。

2. 不断地强化与坚持

图书展台的广告效应不仅仅局限于图书的宣传，更重要的是整个企业形象的宣传、企业实力的展现。

我社的展台设计本着"出教材学术精品，育人文社科英才"的理念，坚持以"书"为本的原则。在展台的设计过程中，坚持突出建社理念，坚持突出图书产品，坚持以红色为主体，坚持整体设计风格不变。每年四次大型展会，我社的展台设计在不变中寻求新的亮点，每次展会都有新的设计元素展现，已经形成了自己独特的风格，使与会者很轻松地就能在会场众多的展台中找到我社的展台，甚至不用看社名就能认识我社的展台，这也是一种根深蒂固的广告效应（见图3）。

图3　2005 年北京图书订货会展台

四、从展台的变化看出版社的发展

1986 年我国第一次在北京展览馆举办国际图书博览会，标志着我国出版事业的发展进入了一个新的历史阶段。历届书展我社均有参加，从参展的图书品种和展台规模两个方面见证了我社发展的过程。

1. 图书产品体现了出版社的雄厚实力

1978 年复社我社图书从零点做起，70 年代的教材大都是油印本；80 年代末参展图书只有几十本；90 年代我社参展图书约 500 本，2000—2007 年参展图书约 800 本，2008 年 1 月北京图书订货会送展新书首次突破千本，近两年我社参展图书达到 1 500 余本，由此可见我社图书出版的迅猛步伐。

2. 展台规模展示了出版社的企业形象

80 年代末到 90 年代初我社参展的展台没有特装，只是简单地把社名、社标用及时贴刻成镂空字贴在展台的后背板上（见图 4 和图 5）。

图 4　1988 年国际图书博览会

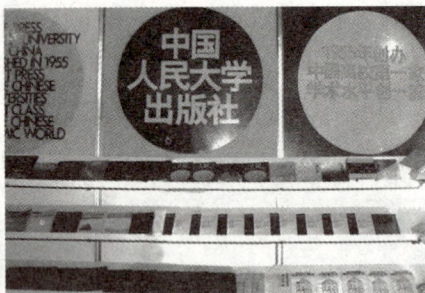

图 5　1990 年国际图书博览会

90 年代中期，我社参展展台的设计，以美编自己动手为主，在 1996 年全国图书成果展上初次使用了灯箱的形式，进行简单装饰（见图 6 和图 7）。

图 6　1996 年全国图书成果展

图 7　1996 年国际图书博览会

1998 年 9 月国际图书博览会，我社参展图书品种增多，展台面积扩大，为此，我们聘请中央工艺美术学院的展览公司为我社的展台作设计搭建。拱形的门头、别致的异型书架以及灯光的使用，使我社的展台面貌一新，取得了良好的效果。

从此以后我社的展台设计向专业化、规范化发展。随着我社参展图书产品数量猛增，我们的参展展台面积不断增加，我社的展台规模也越做越大。从一个展位摆几十本图书到十几个展位展示上千本图书，这不仅体现了我社图书产品数量的飞跃，更体现了我社做大做强的气势（见图8、图9、图10和图11）。

图8　1998年国际图书博览会

图9　2006年北京图书订货会　　**图10　2007年国际图书博览会**

在展台设计中，我们坚持社领导提出的"以突出展示新书产品为主体"的设计理念，以最大的空间、最显著的位置展示我社的图书产品。我社的展台设计风格也逐步自成体系。我社展台的主色调为大红色，这预示我社发展红红火火、朝气蓬勃，充分展现了我社是大社强社的企业形象，在众多的展台中形成亮点。

图 11　2010 年北京图书订货会展台

　　三十多年来，一次次展会展现了人大社的图书产品，一次次展会再现了人大社的企业风采，一次次展会记载了人大社人共同创造的辉煌业绩。

试述 ERP 流程管理对财务工作的影响和作用

·王　薇·

20世纪90年代我国出版行业会计电算化得以快速发展，近些年ERP管理理念又纵深到出版社管理体系之中，有识的企业管理者纷纷在搭建ERP管理平台的基础上，将其应用于出版社流程再造、提高工作效率和经济效益的管理工作中，以求在成本、质量、服务和速度等各项至关重要的绩效指标上取得显著的改善。财务管理是ERP流程管理系统中的核心模块，ERP流程管理的建立和实施决定着企业管理水平，也对业务流程设计、资源最优整合的重新梳理和构建起着重要作用，是对传统的、落后的、繁赘的管理流程的改造与革新，它对财务工作的影响和作用有以下几个方面：

1. 电子信息化是对传统会计核算模式的一次彻底革命

自新中国成立以来我国出版业的行政隶属关系皆处于部署及国管体制之下，财务核算体系比较单一及行政化，财务制度及核算方法介于企业与行政事业之间。在我国信息业尚不够先进的年代里，财务管理模式采用既落后又简单的核算办法，财务人员笨拙的手工记账记载着大量的财务数据和经济信息，造成人、财、物极大的损耗与浪费。自20世纪90年代初出版业会计核算电子信息化逐步开展后，财务工作的规范性管理和工作效率得以极大提高，财务人员开始从落后的财务管理模式中解放出来，工作强度开始减轻，专业知识结构得以扩展，专业人员素质得到提升，工作质量和工作效率日新月异。

电子信息化的运用，提高了财务核算的质量，财务数据库中的资源共享功能使多口记账转为单口记账，继而生成财务其他数据及各级明细账总账，规避了人为的疏漏环节，基本保证了财务数据的严谨性、连贯性、准确性三大原则，在这种单一模式的电算化系统中，形成了财务内部的小小 ERP 管理系统。

会计核算电子信息化的实施，使会计职业领域告别了一个陈旧的、原始的管理模式，开创了一个崭新的、现代电算化管理空间，是对传统财会管理模式的挑战与革命。

2. ERP 管理系统高度集成了财务核算和监督体系

出版业 ERP 流程管理的理念是伴随着文化体制改革的步伐而进步的。近十年来，出版社由事业单位逐步改制为产业化公司，脱离了行政事业建制，转制为以市场为导向的企业组织。面对产品市场的激烈竞争，ERP 企业资源计划的管理模式科学地、适用地帮助出版社跳出了因循守旧的传统框框，将 ERP 管理系统与本企业管理思想相结合，对本企业的作业流程进行了根本的改造与设计，把财务、营销、制造和其他业务功能合理集成，使它既成为一种管理工具，又是一种先进的管理理念。在这个流程再造中，财务管理模块贯穿在企业首尾相接的、完整的整合体中，它链接了破碎的、割裂的、不易看见也难以管理的企业整体流程，将上游的生产、制造与下游的物流、销售环节链接在一起，中间贯穿着反映企业综合评价的目标和效果，实现了财务业务一体化的管理思想，通过 ERP 建设实现了出版社编辑业务—出版印刷业务—发行业务—财务核算管理资源四大模块的信息共享，对出版社的信息流、物流、资金流进行有效控制，财务的生产成本核算、销售核算、费用核算等诸多的初始数据都由其他业务子系统自动生成，通过财务核心模块对企业经营全过程实施监控，有效地规避了企业经营风险，实现了由财务会计向管理会计的转变。

3. ERP 将财务管理与企业管理相结合

在日益严峻的经济危机形势下，企业能够在逆境中求发展，必须首先对企业的财务管理工作有足够的认识，要实时监控整个企业的资产流动情况，规避各种企业经营风险。ERP 系统以其系统化的管理思想，充分运用企业资源并制定可行性计划，建立了一套标准化的成本管理及预算体系，在实现了整个供应链的有效管理的同时，也为财务管理提供了信息基础。在传统的会计业务处理过程中，财务对成本的核算主要体现在事后收集和反映的会计数据上，在管理控制和决策支持方面的功能相对较弱，不论是在及时性上，还是在有效性上，都难以展现它的作用。

ERP 管理系统将成本管理设计为一个能协调计划、监控和管理企业各种成本发生的全面集成化系统，所有的成本管理应用程序都共用同样的数据源并且使用一个标准化的报告系统，从而协助企业的各项业务活动都面向市场来运作。由于业务活动面向市场，就形成了业务内容的真实性、前瞻性、完整性，所以较容易地满足并实现了企业管理的要求和目标，例如，出版业的项目核算、单制品核算等。在业务一体化的流程中，财务部门能够事前通过业务流程中的信息链传输成本所发生的经济信息，对计划经营行为实时监控，在生产经营业务发生的同时，及时、完整地归集出符合本单位的绩评考核数据，实现财务工作从"核算型向管理型"的职能转变。

4. ERP 管理系统的实施为财务规范化管理提供了根本保证

ERP 管理系统将电子信息化与管理职能相结合，以提高工作效率为目标，以绩效管理为需要，会计的工作理念不再以数据归集、计算为目的，而是运用管理会计的范畴设计并应用 ERP 管理流程，财务的许多初始数据不再是原始录入，而是从业务流程中自动生成，如存货的采购、销售的数据、成本的计算等等，这些经济数据汇集到财务，由财务对其进行归集、分类、整理，以完整地反映出版社各项经济指标和绩评考核的要求。

ERP 把产—供—销整合到一个信息平台上，每个业务部门的工作都不是独立的，每项业务发生都与其他部门的基础信息相通，因此要求业务环节必须要严谨、操作规范，这在客观上为财务规范化管理提供了根本保证。

5. ERP 在财务管理中的问题

任何事物都具有两面性，ERP 在财务管理中也尚存一些问题，主要体现在：(1) 人机应用欠缺灵活性。ERP 把产—供—销整合到一个信息平台上，所有业务流程都被拴在一起，任何一个环节发生变动马上就影响了其他业务数据，如成本、原材料采购、成品入库等等，某一模块数据没有按照正常程序操作就会导致财务核算上的不准确，随之带来的是关闭工作程序，协调部门业务或人的问题，客观上影响了工作进度和效率。(2) 系统维护成本较高。由于 ERP 系统的开发是某个公司集体制作，系统维护是经常进行且必需的，基层的维护人员无法全面、真正地了解 ERP 的运作全过程，一旦出现问题，往往需要层层汇报，时间长，费用大，影响了企业的效率。(3) 财务原始数据容易覆盖。虽然 ERP 具有高度集成等特点，对应关系也比较明晰，但是在会计核算当中，财务原始数据的保存非常受限制，不得在同一会计科目下设置不同科目内容，否则事后需要查找很麻烦和复杂，影响工作效率。

总之，ERP中的财务管理系统不仅克服了传统财务管理工作的缺陷，还取代了绝大部分传统会计功能，因此实施 ERP 管理系统，对财务工作的影响是显而易见的。许多原本由会计人员来完成的基础工作已被信息链取代，财务工作的职能属性向高层次提升，ERP 管理系统使企业经营信息实现了及时化、智能化，并对企业的财务状况起到了积极的预警作用。

关于出版企业实行图书单品种
核算管理模式的探讨

·尚　彬·

当前，中国的图书出版业正面临着前所未有的挑战。国外出版巨头纷纷进军我国的图书发行领域，凭借其先进的出版发行管理体制和雄厚的资金实力，必将给我国的出版行业带来巨大的冲击；随着国内出版管理体制改革的进一步深入，图书出版业的利润率大幅下降；网络出版、数字出版以及新媒体的出现给传统图书出版带来了巨大的冲击。作为一个现代出版企业，必须不断落实现代管理观念，提高自身效率和核心竞争力，才能在这种激烈的竞争中谋求生存和取得长足的发展。

目前，出版企业普遍采用粗放式的管理模式。出版的核心产品是图书，对于图书的粗放型管理造成的结果就是核心竞争力不明确，对于整个企业的生产经营决策和战略规划无法提供准确的数据支持。

由此来看，实现图书单品种核算对出版企业具有十分现实的意义，图书单品种核算能准确核算单品种图书的盈利能力，为图书生产经营决策提供数据支持，为出版企业内部考核提供准确的财务核算依据，为图书选题立项和市场定位提供详细的统计信息，为出版企业未来战略规划提供参考。加强现代财务管理，建立起以图书单品种核算为核心理念的管理、核算、考评机制是提高出版企业核心竞争力的必然要求。

一、图书单品种核算对出版企业管理提出的要求

1. 树立全员单品种核算理念

作为一种管理目标与管理理念，单品种核算必须建立在"全员参与"的原则

之下才能保证其有效性。这就要求企业全员都树立单品种核算的意识，建立全面的以单品种核算为核心的管理系统。所谓的单品种核算和财务管理，不只是财务部门的事情，更不仅是财务部门主管和会计的事情。财务管理的目标不再是由利润最大化这一短期性的直接动因决定，而是需要定位在更具广度和深度的战略层面上。企业中每个员工都在占用成本资源的同时创造价值，每个员工都负有财务管理的职责，每个员工都是财务管理的对象，同时，每个员工也都是财务管理的参与者。图书的策划编辑和责任编辑对图书的开本、印张以及纸张的选用、图书宣传的定位等具有决策权，这些决策直接影响了图书成本的高低和图书未来的销售；印制管理人员对图书的用料、印装费用以及印制时间成本的控制也同样有着重大的影响；图书营销人员建立营销网络、组织营销活动等所产生的费用以及如何确定这些营销行为对有效的销售造成的影响范围，这些都与财务管理有着紧密联系；发行销售人员对图书发行、销售、回款的管理和相关信息的准确反馈直接与单品种效益以及财务管理的目标挂钩；企业管理层更应在图书生产的组织过程中，通过科学决策，努力实现效益的最大化。

2. 贯彻全过程单品种核算理念

从成本角度来看，图书作为一种产品所发生的成本费用，不仅包括在编辑、设计、校对及排版、印刷、装订等等生产流程中所发生的直接费用，还包括其他间接支出的费用。过去出版物的成本管理过程中重直接成本，轻间接成本；重产销成本，轻营销宣传成本。这里所说的轻，并不是指资金投入量不够，而是指对该成本的投资与效益的关联重视得不够。所以，在图书单品种核算的管理模式下的出版成本管理，是指包括图书生产、营销及相关管理、服务成本等等一切相关费用的管理。具体到实际工作中是要把每一本书的支出都计入到该书的成本。从效益角度来看，要求发行环节能准确地归集单品种图书收益，从而与相关成本费用配比，反映单品种投入产出情况。这样才能以单品种核算为导向，激励从策划、编辑到营销发行的各方面人员努力降低成本、扩大销售，从而最大限度地提高效益。

3. 实施全面预算管理

图书单品种核算要求出版企业必须实行以预算为核心的财务管理模式，一切经济活动都围绕财务目标的实现而开展，在预算执行过程中落实单品种核算的财务政策，强化单品种核算的财务控制。其主要内容有：

（1）围绕目标利润，编制财务预算，巩固财务目标在图书生产经营计划指标体系中的中心地位。在企业主要负责人的领导下，成立由各主要部门负责人组成的预算编制委员会，综合考虑图书生产和采购、销售、管理等因素，在单品种利润预算的基础上，确立出版企业目标利润，并测算和分解销售、生产、采购、市场开发、行政管理等具体预算约束指标，然后由各部门分别编制单项预算，按照目标利润—销售预算—成本预算—采购预算—期间费用预算等编制程序，反复测算调整过程，寻求实现目标利润的最佳预算组合。

（2）围绕实现财务预算，落实财务制度，提高财务的控制和约束能力。财务预算一经确定，在企业内部便具有"法律效力"，出版企业各部门在生产营销及相关的各项活动中，要充分考虑财务预算的可能，围绕实现财务预算开展经济活动，使财务预算渗透到哪里，财务管理的触角就延伸到哪里，促进全员和全过程单品种核算及财务管理工作的开展。

（3）围绕效益实绩，考核预算结果，兑现财务政策。财务部门的期终决算要和财务预算相衔接，依据各责任部门对财务预算的执行结果，提出绩效考核意见。同时预算委员会要及时地从预算执行的正负差异中分析出主客观因素，适时提出纠正预算偏差的财务对策。

目前大部分出版企业尚未建立起全面的预算管理，或者说在单部门、单项目上可能有一些预算意识，各部门对于部门可控费用采用了简单的预算控制方法，也有部分出版企业使用费用预算软件对部门费用进行控制和管理。但总体上来看，这种预算控制大部分都未扩大至整个企业范围，未延伸至图书编、印、发的全过程。

二、图书单品种核算的基本架构

从企业实施层面来看，图书单品种核算是在软件系统的支持下，以财务核算为中心，将出版、编辑、发行等内部环节统一组成完全对接的管理系统，针对每个品种形成一系列相对完整的体现单书编、印、发环节发生的全部成本和收益的记录，并在此基础上对各种数据进行整理分析，从而完成经营控制、考核等多种企业目的的一种手段。

1. 图书单品种核算的两种模式

（1）完全的单品种核算即核算会计角度的单品种核算。在完全单品种核算模式下，采用从生产到库存、销售全部针对单品种设置财务核算科目，进行会计核算和财务分析。这种模式的好处在于真正地将当期会计利润完全分解至单品种，缺点在于操作复杂、影响因素众多而且有些外部因素克服起来难度较大。

（2）内部单品种核算即管理会计角度的单品种核算。在内部单品种核算模式下，平时的会计核算和记账依然采用既有模式，在财务系统平台的基础上单独设置单品种财务模块，汇集编辑、发行、出版、会计核算的各种信息，并在此基础上进行各种数据分析。这种模式的好处在于操作相对简单，只要求内部数据的统一性、可比性，缺点在于和会计核算数据无法完全对应，存在期间差异和人为调整因素。

2. 出版企业图书单品种核算内部流程设计

图书单品种核算对企业内部流程提出了比较高的要求，从出版企业目前内部经营流程现状来看，目前的成本基本采用付印后印厂计算工价，出版审核后报财务做账的事后归集方法，生产成本信息滞后，不能适应单品种核算的要求。在发行销售环节，图书销售数据不能反映至单印次，发货、退货以及库存、报废管理未达到单品种核算要求，对图书没有进行印次管理。由于上下游各环节未达到图书单品种核算的要求，这种整体的粗放型管理最终导致的结果反映为财务形成了简单的记账模式，导致出版企业"只能算大账，不能算细账"，一旦涉及单品种的效益考核，就无法提供相对准确的信息，在管理上造成被动。

图书单品种核算模式无论是构建在会计核算平台还是管理会计平台，都需要对于出版企业内部各环节的流程进行重新构建，使之完全实现数据共享和同步。

（1）编辑环节。

选题确定后，将印量、定价、装帧要求、材料要求等基本信息及时录入系统，并形成与出版、财务、发行系统的数据共享，稿费、版税、编审费以及其他相关费用必须及时确定，由此作为费用预算的基础。出版补贴信息也应在此环节确定并形成预算基础。

（2）出版环节。

出版部门根据选题相关出版信息要求对图书未来发生的生产加工数据进行准确估计和录入，在图书入库前准确计算应计书刊生产成本，形成生产成本预算基础。要求成本项目齐全，版印次准确。

（3）发行环节。

按照单品种设置发货、退货、销售的信息，入库、退库、报废、库存都必须按照单品种及时、准确记录，并形成与财务系统完全的同步。

（4）财务环节。

全面引入"应计书刊生产费"的核算概念，提前收集、归结图书单印次编印信息，使成本费用与发行同步，改变过去历史成本计价的核算原则，采用计划成本方式归集库存商品成本。

费用归集进一步细化。须由企业经营管理层确定细化的费用分摊方法，按照图书种类的不同确定不同的费用分摊项目和分摊金额，使单品种图书费用相对合理。

库存商品与发行系统直接对接，图书出入库信息与财务账务保持一致，存货成本和销售成本的记录按照发行系统的存货和销售模式设定，实现发行和库存与财务信息的完全同步。

财务系统上建立起一个单品核算平台，全面反映单品种图书的各项信息（收入成本发生金额、编印进度、发行库存情况、预算执行情况），并实现与其他管理系统的无障碍链接。

三、图书单品种核算在财务核算中的实施要点

1. 成本费用核算

（1）生产成本核算。

出版企业成本核算的现状是图书结算周期长，往往图书已经入库、销售，甚至销售快要结束，图书成本费用还没有完全结算入账，从而造成图书已形成销售但没有与之相匹配的销售成本的状况。大部分出版企业都采用平均成本率方法结算销售成本，然而差异率和成本率总是与实际成本有差异，加上在结转时采用人为调节的因素，导致差异会更大，造成财务账面库存与实际库存大大不符，同时，在图书未结转前，也无法统计单品种图书真实的盈利情况。

单品种核算的前提是，将图书成本的财务完工结转的时间点提前，从以前由成本核算会计挑选成本费用齐备的卡片，提前至销售发生或图书入库时。这样处理不仅便于软件系统识别，同时对库存也能实现会计意义上的单品种

核算。

（2）费用核算。

编辑费用的分摊目前普遍的做法是：编辑费用随着生产成本结转而分摊到产成品，从而形成单品种图书的成本额。这是一种"大锅饭"形式的分摊，缺乏一定的科学性，造成单品种图书成本与实际支出有一定的差距，这种差距是由于会计核算方法和管理要求的数据口径不同造成的，需要通过内部管理模块重新对费用进行归集和考评。这种归集是企业内部为适应管理要求而进行的，可以与会计核算模块并行，这样既不违背会计制度和会计准则的要求，又能满足内部管理者进行单品种核算的要求。

2. 库存商品核算

在单品种核算模式下，对于库存商品的核算和管理必须进一步细化。财务意义上的"库存商品"应全面反映出版企业实物库存情况，它涉及财务、出版、发行、储运等各个业务部门。从财务账务角度来讲，要在"库存商品"科目下分离发行库存与印厂库存，使印数与库存存在可比性。还要设立"委托代销商品"科目，反映发行实物出库情况。

3. 收入核算

由于出版行业的发行一般都采取代销制，退书无限制，结账时还要调整折扣等等，最理想的状态是以批销清单作为确认依据，货物发出后计入收入，退货冲销收入，这样才能使真实的图书销售情况得到体现，但是这样做造成的结果是财务工作量大，操作过程复杂，税收环节存在问题。目前出版企业普遍采用以发票作为确认依据，即当清单开据发票时计入收入。这种操作相对简单，既有利于收入的核对与确认，也不违反税务的相关规定，但不符合单品种核算的收入确认要求，不能将销售收入与单品种进行一一对应。所以在图书单品种核算模式下，需要对单品种图书收入进行重新定义。

4. 重新构建以财务系统为核心的现代管理信息系统

大学出版社教材出版量大、图书品种多、印发量大，实现单品种核算的技术难度相对较大。比较现实的方法是在现有软件的基础上，彻底实现编务、出版、发行和财务系统的一体化系统，实现最大限度的资源共享，对每一个品种建立起编、印、发一体，预算与核算一体的图书财务资料，为出版企业实现单品种核算提供技术保障。

总之，单品种核算的管理模式的建立，是一个流程再造的过程，是一个全面提升出版企业管理水平与管理理念的过程。出版企业应根据实际情况，制定符合企业发展需要的规划，有步骤、分阶段地进行。

　　建立图书单品种核算的管理模式，需要出版企业从制度上对其进行保证，明确每个员工、每个部门对于单品种核算管理模式的责任和义务，并建立起相应的约束机制，才能全员、全过程地贯彻单品核算理念，从而实现这一管理机制的最终目的，即更及时、准确、有效地反映企业生产经营情况，为各种决策提供有力的保证。

目标成本法与作业成本法在出版企业的应用

· 辛 星 ·

在商品经济高度发达、市场日趋全球化的今天，现代企业面临的内外竞争日趋激烈，如何建立企业长期的核心竞争力和高效的内部激励机制，已经成为每一个企业管理者必须面对的重要课题，而成功的战略成本管理方法则是其重要组成。传统的制造业成本管理方法无论从成本信息的准确性，还是成本控制的有效性上都已经不能满足现代企业管理的需要，管理会计上需要提供一种更加科学、完善的成本管理方法。

具体到出版企业，随着文化企业改制步伐的加快，市场对参与者提出了近乎苛刻的要求。"物竞天择，适者生存"，出版企业建立战略成本管理观念势在必行，而结合使用目标成本法和作业成本法可以在一定程度上弥补传统成本管理的某些缺陷。

一、目标成本法

目标成本法（target costing）是起源于日本制造业的成本管理方法，通过顾客的支付意愿决定产品的特性，是一种以市场为导向、对产品的制造过程进行利润规划和成本管理的方法。它以大量市场调查形成的可行性研究报告为出发点，根据客户认可的价值和竞争者的预期反应，估计出在未来某一时点市场上的目标售价，然后减去企业的目标利润，从而得到目标成本。其基本公式为：

目标成本＝目标收入－目标利润

其中，目标收入和目标利润为自变量，二者被看成是外生变量，前者由消费者的支付意愿决定，后者由管理者力求达到的利润目标决定。

通过此公式确定目标成本后，根据企业自身情况进行目标成本的分解，或者按组织机构确定，或者按产品设计、生产、销售过程确定，进而落实到各责任中心。在生产经营过程中努力确保责任成本的实现，最终达到目标总成本的要求。

落实到出版企业的生产经营，出版物在选题阶段，策划人员应与销售人员共同研讨目标客户群的需求，从而预计出版物的市场行情，确定目标收入，综合考虑社会效益等因素，形成单项产品的利润目标。这里需要注意的是，由于出版行业的特殊性，利润目标可以为负，但应实行总量控制。最后也是最重要的，即形成正式的可行性研究报告。可行性研究报告的质量直接体现了一个策划编辑即项目经理的素质，而大部分出版企业没有建立科学、详尽的可行性研究报告评价制度，这正是出版行业落后于其他管理水平较高行业的根本所在。

依据公式计算得出总目标成本后，合理将其分解到策划组稿、编辑加工、生产印制、仓储物流、销售服务等环节。确定成本责任中心，借助 ERP 的功能，实行成本的实时控制，让责任人员随时能检索得出已发生的实际成本离分解后的责任成本还有多少额度，积极规划下一步成本支出，最终促进各个部门目标成本的控制。

实行目标成本法的挑战是如何将总目标成本合理地分解到各责任中心，分解不清，容易造成系统内部的混乱。理论上有多种分解法，如与基期盈利水平非直接挂钩分解法、与基期盈利水平直接挂钩分解法等，百家争鸣，莫衷一是。由于笔者学识所限，此文不作理论探讨，现提一法，虽有取巧之嫌，但可供实务参考。

我们首先假定完全市场环境下决定的价格是合理的，然后引入"内部转移价格"这一评价利润中心业绩的名词，依据作业链的次序，将前一责任中心报出的目标成本作为与后一责任中心的购买价格。具体而言，各责任中心根据自身的能力和条件报出自己认为合理的目标成本，此后先不评价分解后的各目标成本是否合理，控制总目标成本的部门简单汇总各责任中心报出的目标成本，然后与总目标成本相比较，如小于或等于总目标成本，则认定目标成本实现，图书的策划、生产、销售工作及时展开。这样做更多地是考虑到竞争市场瞬息万变，质量再高的可行性研究报告也是有时效性的，及时地向消费者推出产品是完成目标收入和目标利润的重要前提。因此首先考虑的应该是总目标成本的实现，至于分解后的各目标成本是否合理，则可以在生产经营的过程中加以评价和控制。

出版企业评价和控制分解后的目标成本是否合理，则可通过以下方法分别实现：

（1）与很多出版社都有合作的外部独立策划工作室或文化传播公司的合作成本，可以作为评价策划组稿责任中心报出的目标成本即向下一环节报价是否合理的依据。

（2）编辑加工环节则可以与出版社外部文字编辑以及专业校对公司的价格进行比较。

（3）生产印制环节可以用同行业的平均水平以及本企业在行业中所处的地位评价，或者由对此有质疑的部门进行市场询价获得。

（4）仓储物流环节较为简单，可以向外部专业仓储物流公司询价，然后与之比较。

（5）需要多说两句题外话的是销售服务环节。出版企业转制的方向为成立大型综合性出版集团，其中发行公司独立化将成为趋势。渠道优势已经成为很多大型出版企业的重要核心竞争力。因其已经在充分、严酷的市场竞争环境下生存发展多年，不容易被竞争对手复制，也就可以成为各出版企业手中的王牌，甚至是其面对民间独立策划力量表现出的咄咄逼人气势时所掌握的最有分量的筹码。"渠道为王"可以带来稳定的现金流，因此，笔者认为在中国出版行业相对于其他完全开放的行业和依赖外贸行业受到金融危机冲击较小的情况下，"渠道为王"的概念在目前似乎比"现金为王"更为重要。随着大型出版集团下发行公司的发展，会有一些出版企业发现自办发行的效果和成本不如将自身发行外包给这些大型出版集团下的发行公司，而这种发行工作的集约化也将有助于增强出版集团与经销商谈判的能力。因此，出版市场将会出现合理的发行成本，这恰恰为评价分解的销售服务环节的目标成本是否合理提供了一个绝佳的评价标准。

如果评价后，各责任中心合理的目标成本之和大于总的目标成本，则需要调低公式另外一边的目标利润，管理者则需要结合内外部情况来权衡调整后的目标利润是否可以接受，对此作出取舍的决策。

企业通过实施目标成本法，从传统成本管理方法下对成本进行事中控制改变为对成本进行事前控制，但其对进行详细的成本管理作用有限，更多的贡献来自为企业所有员工树立成本管理的概念，而不像传统方法下，一提成本管理，仿佛就是财务部门的事。而采取一种什么样的新方法进行具体成本核算，为管理层决策提供更加准确的成本信息，则需要结合使用在美国制造业企业应用广泛的作业成本法。

二、作业成本法

有位哲学家对会计曾经有过一句比较经典的评述："会计就是分类"，而相对于财务会计来说，管理会计更加侧重于如何科学合理地对各种繁杂的数据进行所谓的"分类"。

成本核算中，直接成本的收集和归类相对比较容易，问题的焦点一直在于间接成本和辅助费用的归集和分配。传统的成本管理方法通常以一种简单的成本动因对其进行分配，而作业成本法（activity based costing）则通过分析成本行为的结构性影响因素和控制其来重建价值链，区分增值作业和非增值作业，尽量减少或消除非增值作业，最终设计形成最有效的"作业链"。然后将间接成本更准确地分配到作业、生产过程、产品、服务及顾客中。

作业成本法的基本指导思想是："作业消耗资源，产品消耗作业"。作业成本的成本分配主要使用直接追溯和动因追溯。通常直接成本即物料消耗使用直接追溯，而间接成本和辅助费用则常常使用到动因追溯。实施作业成本法的重点就是如何分析各成本动因，对间接成本和辅助费用进行合理的动因追溯。

现在我们以上面目标成本法确定的各责任中心为单独作业中心，对出版企业产品的各成本动因分别进行分析。

（1）策划组稿中心发生的成本费用分为两种：一种是选题策划成功，形成正式的产品；一种是产品的目标成本过高被放弃，或实际组稿过程中由于各种原因而最终失败。后一种情况发生的成本应作为损失独立核算，不应该分配到产品中去，而其与前者即出版企业的制造费用如何区分，以及区分后以何种方式分配到产品中去，则是我们需要进一步考虑的问题。

仔细分析产品的策划组稿过程，我们可以发现引入传统制造业的重要分配因素——工时可以同时解决以上两个问题。这就需要策划人员填报准确的工时用工单，填报时不需要考虑产品最后能否最终形成，但必须有相应的产品号作为索引字段，待确定是否真正形成产品时再予区分。据此其工资费用、差旅费用、房租水电、固定资产折旧费用等均可以工时为成本动因进行分配。

（2）编辑加工环节的人工费用一般可以直接追溯到产品本身，其他费用则可以参考人工费用分配的比率分配到单项产品中：

$$\text{某书编辑加工环节分配的其他费用} = \text{其他费用总额} \times \frac{\text{此产品直接追溯的人工费用}}{\text{人工费用的总额}}$$

（3）生产印制环节消耗的纸张、印制工价，包括需要在此环节支付的版权费用一般均可直接归集到产品本身，而此环节的间接费用分摊则用期内生产的图书的品种数作为除数较为合理：

$$\frac{某书生产印制环节}{分配的费用} = \frac{生产费用的期内总和}{期内生产图书的品种数}$$

间接成本分配到这，财务会计上的单书成本已经可以得出，成本核算已经可以结束。但延伸到管理会计，我们需要确切地知道产品在形成及销售后占有的资源的相关成本。考虑到这一点，仓储物流环节的分配因素以期间库房内的有效印数作为除数较为合理；销售服务环节则应该以直接追溯为主、与策划组稿中心相似的工时分配为辅的方式进行分配。

这样的分配方法解决了大多数出版企业简单以单位印张等单一因素进行分配的缺陷，但不得不考虑的是成本效益原则。实行全面的作业成本管理，成本可能过高，积极借助 ERP 是有效解决成本问题的方法。

综上所述，先进的成本管理战略是决定一个企业核心竞争力的重要内容，尽管目标成本法与作业成本法因各自的局限性和我国目前企业管理的普遍现状，在实践中成功的例子不多，但出版企业在转制中，机遇与挑战并存，用目标成本法更新成本管理的理念，洗毛伐髓；用作业成本法合理、准确地计算出版物成本，修炼绝招，二者结合将使企业的成本管理战略成为无坚不催的利器，也使自身成为立于不败之地的"武林高手"。

参考文献

1. ［英］Christopher S. Chapman 等. 管理会计研究. 北京：中国人民大学出版社，2009

2. 2009 年度注册会计师全国统一考试辅导教材：财务成本管理. 北京：中国财政经济出版社，2009

3. MBA 智库网站. http://wiki.mbalib.com

浅谈财务报表分析

·徐　燕·

　　财务工作就像年轮，一个月工作的结束，意味着下一个月工作的重新开始。虽然繁杂、琐碎，也没有太多新鲜感，但是作为企业正常运转的命脉，我深深地感到自己岗位的价值。

　　在市场经济条件下，出版社都面临着激烈的市场竞争，要生存就要获得更多的利润，要获得更大的、更稳定的利润就要发展。出版社作为一个特殊的文化行业，有着社会功能、经济功能、文化功能等综合的经营目标，这就要求出版社的财务部门不仅要进行基本的会计核算，更要充分地发挥其管理职能，利用财务信息为管理层提供决策依据。

　　我负责会计报表的工作已有几年了，也深知其重要性。如何做好企业财务报表，就是从损益表、资产负债表、现金流量表三张主要报表着手，财务报表是企业所有经济活动的综合反映，提供了企业管理层决策所需要的信息。认真解读与分析财务报表，能帮助我们公允地评估企业的决策绩效。财务分析既要有针对性，又要有完整性，大致可分为以下四个方面。

一、企业经营成果分析

　　一般的会计报表关注的重点是企业的经营状况和经营成果。首先关注的是企业当年实现了多少利润、效益怎样、与历史相比有无增长等。因此企业的财务分析应当先满足会计报表使用者的这一需要。

（一）企业盈利状况分析

　　根据企业的年度损益表，首先分析利润构成情况。弄清企业当年利润总额的形成来源，包括营业利润、投资收益、补贴收入和营业外收支净额四部分。通过分析各项利润占利润总额的比重，来确定企业利润形成的质量。重点看营业利润总额比重的高低，评价企业经营业绩是否突出、利润来源是否稳定。其次，分析企业利润总额增减变动情况。主要对主营业务完成情况进行分析，以便检查经济业务是否按预定目标发展，并预测以后各期的进展情况。用实际数与预期数对比，找出存在的差距。与以前年度同期比较，以发现各项目的变动情况及发展趋势，然后再对一些差异较大的项目进行重点分析。从损益表的构成项目入手，先进行销售收入的比较，看与往年相比本期销售额有无较大变化；再将其他项目转换为占销售收入的百分比，看损益表的各项比重中哪一些项目变化较大，并进一步分析原因。对营业外收支、投资收益也不例外。在结构百分比的基础上还可以结合一些财务指标来分析。例如，成本费用利润率可分解为销售净利率和成本费用占销售收入的比重，就可计算出此项费用的支出能产生多少利润，企业管理者可据此有的放矢地压缩成本、降低费用，力求以最少的投入获得最大的产出。

（二）成本费用要素分析

主要是运用盈利结构分析法，从损益表的构成项目入手，先进行销售收入的比较，看与往年相比，本期销售额有无较大变化；再将其他项目转换为占销售收入的百分比，看损益表的各项比重，哪一些项目变化较大，并进一步分析原因。对营业外收支、投资收益也不例外。在结构百分比的基础上还可以结合一些财务指标来分析，例如，成本费用利润率可分解为销售净利率和成本费用占销售收入的比重，就可计算出此项费用的支出能产生多少利润，企业管理者可据此有的放矢地压缩成本、降低费用，力求以最少的投入获得最大的产出。

实施全面预算管理是实现资金集中管理的关键环节。要推行全面预算管理制度，对生产经营各个环节实施预算的编制、分析、考核制度，将预算作为企业内部组织生产经营活动的法定依据，把资金的收支纳入严格的预算管理程序之中，严格限制无预算的资金支出，实施大额资金的跟踪监控，保障企业资金有序流动。我们在经营中必须切实做到事前有预算，事中有控制，事后有反馈考核。在费用核算上采取分部门核算，随时都可以查出每个部门每个月实际发生的费用。

（三）企业盈利能力评价

即通过计算销售利润率、成本利润率等指标及各项指标与以往年度比较的变动情况来正确评价企业盈利能力及发展后劲。

二、现金流量分析

现金流量表反映企业一定会计期间有关现金和现金等价物的流入和流出的信

息，用来反映企业创造净现金流量的能力。对现金流量表的分析，有助于报表使用者了解企业在一定时期内现金流入、流出的信息及变动的原因，预测未来期间的现金流量，评价企业的财务结构及偿还债务的能力，判断企业适应外部环境变化对现金收支进行调节的余地，揭示企业盈利水平与现金流量的关系。可以对其他财务指标分析起到很好的补充作用。

三、企业负债及偿债能力分析

偿债能力分析是指对企业偿还各种短期负债和长期负债能力的分析。根据企业资产负债表，先弄清企业负债的基本情况，即流动负债和长期负债及其结构，进而分析各种负债的具体项目，然后分析企业的偿债能力。

四、企业资产管理绩效分析

资金是企业中最重要、流动性最强的资源，通过资金集中管理可以集中控制最基本、最重要的财务资源，增强企业集团控制力和资源使用效率。对于出版企业来讲，实现财务资源管理必须要以资金管理为中心，从资金集中管理入手，以现金流量监控为切入点，建立、完善企业结算中心制度，充分发挥结算中心监控、服务与调剂资金余缺的功能及对资产管理效率的分析。应收账款作为流动资产，是企业的重要资源。应收账款不仅占用了企业的流动资金，而且一旦经销商出现问题，最终容易形成坏账、呆账、死账。不良应收账款对企业的经营是有重大影响的。因此对应收账款进行分析，区分正常应收账款和不良应收账款，认识不良应收账款对企业经营成果的影响，发现管理中存在的问题，是十分必要的。

通过分析资产负债表，可以了解企业的财务状况，对企业的偿债能力、资本结构是否合理，以及流动资金充足性等作出判断。

通过分析损益表，可以了解、分析企业的盈利能力、盈利状况、经营效率，对企业在行业中的竞争地位、持续发展能力作出判断。

通过分析现金流量表，可以了解和评价企业获取现金和现金等价物的能力，并据以预测企业未来现金流量。

在这一系列的工作中，我深知：作为一名合格的财务工作者，不仅要具备相关的知识和技能，而且还要有严谨、细致、耐心的工作作风，同时体会到，无论在什么岗位，哪怕是毫不起眼的工作，都应该用心做到最好，哪怕在别人眼中是一份枯燥的工作，也要善于从中寻找乐趣，做到日新月异，从改变中找到创新。

二、选题策划

高等职业教育教材市场大有可为

· 徐　莉 ·

一、高等职业教育教材市场的现状分析

1. 高等职业教育的飞速发展给教材建设带来巨大的市场空间

　　近年来，国家把职业教育的发展问题提高到战略性的层面进行指导和规划，加大了职业教育的投入力度，使我国高等职业教育得以蓬勃发展。《国务院关于大力发展职业教育的决定》中明确指出：要"把职业教育作为经济社会发展的重要基础和教育工作的战略重点"，"到 2010 年，中等职业教育招生规模达到 800 万人，与普通高中招生规模大体相当；高等职业教育招生规模占高等教育招生规模的一半以上"，"'十一五'期间，为社会输送 1 100 多万名高等职业院校毕业生"，"加强示范性职业院校建设，重点建设 100 所示范性高等职业院校"，"建立职业教育学生资助制度"等等。这些战略性规划的成果已经在"十一五"期间得到了充分的显现。

　　国家对示范性高等职业院校的重点投入，使得一些高职院校获得飞速发展，成为高等职业院校的领头羊。它们在服务区域经济和社会发展、以就业为导向进行课程建设和人才培养模式改革等方面所进行的探索与实践，为其他高等职业院校提供了可供借鉴的经验和成熟模式，使得高等职业教育整体，越来越明显地体现出高职教育人才培养的特色，为社会和企业培养了大量高素质技能型专门人才，受到用人单位的欢迎。因此，与前几年相比，接受高等职业教育，成为高技能型人才的选择，逐渐得到学生、家长和社会的认可。在高职院校的生源中，出现"本科生"回炉到高职院校的例子，恐怕也能说明一些问题。

　　在教育制度方面，高等职业教育将借鉴以德国为代表的职业教育模式，在与国际接轨的过程中，逐步形成高职高专、本科、研究生相互衔接的高等职业教育体系，满足社会进步和个人发展的要求，这也会吸引越来越多的优质生源选择高

职院校。

从宏观层面看，高等职业教育事业兼具"天时、地利、人和"，正在迎来一个快速发展的时代；但从微观层面分析，也有许多具体的问题亟待解决，给从事高职教育的工作者带来新的研究课题。同样，建立一个什么样的教材体系，如何进行教材建设，也是大家普遍关注的。无疑，对出版社来说，这是一个巨大的市场，机遇与挑战并存。

2. 高等职业教育教材出版进入了质量和品牌竞争阶段

与高职教材建设相比，本科教材建设开始得更早，也更加成熟。经过多年的发展，本科院校的课程设置和教学体系基本形成，教材系统、规范，各出版社的市场格局也相对形成，教材市场几乎没有空白点；而高等职业教育教材建设则方兴未艾。随着高职教育自身的发展，高职院校对特色鲜明的精品教材的需求越来越强烈，高等职业教育教材建设，从"从无到有"阶段进入到"从有到优"的新阶段，从出版社的角度来讲，高等职业教育教材建设进入了质量和品牌竞争阶段。

随着科学技术的进步，经济的快速发展，一些职业岗位和岗位群对知识和技能的要求有了新变化，一些新的职业岗位和岗位群出现，这些也对高职教材的建设提出了新的要求。高职教材不仅要及时更新，跟上行业自身的发展，同时，还要紧跟时代的发展，及时了解新兴职业发展和高职院校专业设置的新动向。在这一过程中，老牌的高职教材出版社并不占什么"先天"优势，而新进入高职教材领域的出版社则有了进入的契机。

伴随着高等职业教育飞跃性的发展，高职人才培养模式的研究始终处于不断探索和发展的过程中，课程模式、内容不断改革与出新，使得教材建设始终滞后于教育教学本身的发展，难以满足高职院校的需求。有一种极端的说法是：目前没有哪一家出版社的高职教材堪称真正意义上的"精品"，有些出版社得到认同，更主要在于它的专业优势或出版优势，而不是教材自身的优势。因此，对于致力于职业教育教材出版的出版社来说，这一时期是靠质量取胜、打造职业教育教材品牌的黄金时期，高职教材市场即使不是重新洗牌，至少也给每一个进入者一个均等的竞争机会。

二、高等职业教育教材建设中存在的问题

前面讲到，高职教材的建设经历了两个阶段。刚开始，高职教材的建设赶不

上其规模的扩张，不少院校不得不借用专科教材甚至本科教材，出版社出版的高职教材，大多是中职教材的改编本或本科教材的压缩本，被称为"发面馒头"和"压缩饼干"，谈不上质量和特色，仅仅解决了教材有无的问题。进入 21 世纪后，在教育部规划的500种精品教材的带动下，由职教学会、行业协会、教职委、出版社组织的一些高职教材陆续编写出版，教材品种迅速增加，覆盖的专业越来越广，高职教材建设进入了快速发展的阶段，高职院校选择教材的余地也更大了。从目前高职教材建设的现状来看，虽然从第一阶段解决有无问题，到现在遍地开花，有了一些专门教材，但仍然普遍存在着一些亟待解决的问题：

（1）高等职业教育特色不明显。据统计，全国约有 400 多家出版社参与高职教材的出版，少则几十个品种，多则上千个品种，这些教材有些是省部级的优秀教材、精品教材，但更多是质量一般的，还没有完全摆脱本科教材和中职教材的影响，也缺乏与行业企业实际职业岗位要求的有效对接。另外，也不乏有内容交叉、照抄照搬、低水平重复者，教材的同质化现象十分严重。而真正体现高职教育"理论够用、应用为主、就业导向"的人才培养特色，体现职业教育内涵的教材少之又少。

（2）缺乏占高职院校课时分量极重的实训教材。近年来，作为高职院校基本建设之一的实训基地建设，取得了很大的成绩，给高职院校进行实践教学提供了重要保证，也使高职院校的实践教学逐步规范化。高职高专院校实践教学时数一般占总学时数的二分之一到三分之一，分量很重，这些内容应该在高职教材中有所体现，也应该有专门的实践类、实训类教材。目前，高职教材中实训类的教材微乎其微，有个别以实训教材命名的，要么是中职实验教材的翻版，达不到高职实训课的教学目标，要么与行业企业实际脱节，实训教学特点不突出，针对性不强。而且，由于实训教学在各院校差异很大，规范性不强，缺乏较为统一的标准，在组织编写以及教材适应性方面难度很大，因此，高职实训类教材尚不能自成体系，教材建设远远不能满足高职教育发展的需要。

（3）教材内容与职业资格证书制度脱节。"双证书"是高职高专院校人才培养的理想目标，也是高职教育的特色所在。"双证制"要求学生不仅要获得学历证书，而且要取得相应的专业技术等级证书。因为存在多头管辖的情况，所以目前高职教材的编写还没有与职业资格证书所对应的职业技能标准有效衔接，这是高职教材未来需要着重研究的问题。目前一些高职院校已经开始把职业技能鉴定的考核内容作为课程教学内容的知识点和技能点，有的学校直接用考取相关证书代替了课程考试，由此可以预测，与职业资格证书制度相衔接的高职教材将成趋势。

（4）教学资源建设严重滞后。当下的高职教材仍以纸质教材为主，教学资源的开发处于较低水平，无论数量上还是质量上，离教学的实际需求还有很大差距。特别是在教学实践环节，如果能利用先进的技术把实践过程形象化，对再现实际场景、激发学生兴趣无疑是极其重要的，其教学效果必定会有一个飞跃式的提高。而现在提供的所谓的教学资源，大量的是"课本内容搬家"的教学课件，远远不能满足高职教育教学需要，现代技术的应用价值在高职教材中远未得到体现。

针对目前高职教材存在的普遍问题的分析，高职精品教材的含义也就随之浮出水面了。高职教材除了具备一般教材所具备的思想性、科学性、先进性、规范性等特征以外，还应该突出职业教育特色，和行业企业实际职业岗位要求对接，与职业资格证书制度对接，配套实验、实训、实习等关键环节的教学内容，配套生动、形象的多媒体教学资源，融"教、学、做"为一体。这样在内容和形式上皆具特色，质量上被大家公认，具有导向性和示范性的教材，可称高职教材的精品。

随着高职教育的发展，高职教育的教育理念、人才培养模式相对成熟，高职"双师型"师资队伍逐步成长壮大，一些探索性的创新性教材的推出，加之教育部"精品课程建设"的推动，精品战略的可行性已经具备，精品教材已经呼之欲出了。

三、人大出版社的高等职业教育教材精品战略

人大出版社在 2002 年，刚好在 21 世纪初的时候，开始了职业教育教材的出版。那时，高职教材的市场刚刚解决了教材有无的问题，开始探索有自身特色的、为高职院校人才培养量身定做的精品教材。因此，人大社没有走弯路，直接走进高职院校，寻找优秀的作者，出版人大版的高职高专教材。经过近十年的努力，人大社的高职教材已经初具规模，并且得到了有关专家和高职院校的认可。在"十一五"规划教材的评选中，人大社有 50 多种高职教材入选。职业教育教材已经成为人大版教材中的重要板块。

当下的职业教育教材市场，正是出版社大有作为的时期。人大社应该有更加

清晰的高职教材精品战略，致力打造人大社高职教材的优质品牌，这是人大社在职教领域做大做强的根本保证。

1. 全面规划、抓住重点是实施精品战略的基础

人大社的高职教材虽然数量不少，但感觉整体规划不够，产品比较分散，缺乏特别强势的专业或系列。与本科教材相比，缺乏像21世纪系列教材那样大手笔的长期规划，虽然也冠之21世纪系列的题上项，但远没有当年21世纪本科教材那么强的影响力。在人大社教材的优势学科上，如政治理论、经管、法律领域，也远没有形成专业上的明显优势。在高职教材已经形成一定规模的现状下，要想在质量和品牌的竞争中脱颖而出，当务之急就是要对高职教材进行全面规划，整合现有产品，补充完善专业课程体系，经过3～5年的努力，以一套自主策划的有竞争力的教材，在高职教材市场打造一个响当当的系列品牌。同时，考虑到规模、效益和质量的关系，以及人力资源配置的问题，必须突出重点，集中力量，形成优势。无疑，经管和公共课系列要优先考虑、重点发展，要重新规划整合，突出专业和出版的特色优势。理工科要重点发展一两个方向，有选择地进入，产品线不能过长。人大社高职教材经过若干年的发展，已经到了长远规划、打造品牌的阶段，这是我们实施精品战略的基础。

2. 抓住精品课程和立项教材、提高质量是实施精品战略的关键

实施精品战略、形成优势品牌，提高质量是关键。这里包括教材的内容质量、编校质量、印装质量等多个因素，在此，我们只讨论教材的内容质量。保证教材的内容质量，必须依靠优秀的教学团队和作者团队。高职教学现在正处于改革和探索的阶段，要抛开原有的理论体系和知识架构，创造出一套全新的与职业资格证书制度相衔接、与职业岗位要求相对应的"任务驱动型"教材，再配上生动、丰富的教学资源平台，需要专家、教师和企业人员多方参与，需要依靠一个教学、科研相结合的团队，才能够完成，单靠哪一个教师单打独斗，是很困难的。在这种情况下，出版社就要紧紧抓住精品课程和立项教材，这是提高教材质量的关键。具体应抓好三个层面的工作：

（1）争取国家级精品课程和立项教材。国家级教材建设立项是由教育部领导和部署的，出版社应关注教育部已经启动的500本高职高专教材的规划和评选工作，跟踪立项项目的院校和作者，组建自己的作者团队。另外，要积极组织"十二五"国家级规划教材的申报工作，争取有更多的高职教材入选。

（2）争取省、市级精品课程和立项教材。同样，各省、市在教育部的指导

下，也根据本地区高职教育规模、专业设置以及区域经济特色，积极启动精品教材建设工程，支持各院校的教材建设项目。这里也有一些成果和作者值得出版社关注。这些教材建设项目虽然开始得比较早，但由于规划庞大，需要分步实施，而且不断有新的项目进入，出版社据此策划出版相关的教材还是有很大的空间的。

（3）争取校级精品课程和立项教材。在教育部和地方政府的大力扶持下，在职教专家不遗余力的指导下，一批批高职示范院校迅速成长起来，成为高职教育的中坚力量，真正在高职院校中起到了示范和带动作用。这些院校，都十分重视教学改革和教材建设，并产生了一批质量上乘、代表高职教材发展方向的系列成果。以"长三角"、"珠三角"和第一批28所示范校为核心圈的高职院校群体，它们的教改方向和教材建设成果，是高职教材建设的风向标。它们的立项教材既是本校的，也是全国的。作为高职教材的出版者，我们应该走进学校，积极配合学校、教师开展教材建设（包括教学资源建设）工作，努力挖掘优质资源，优化作者队伍，及早参与到高职教材的研发中。

3. 跟踪教学科研的发展、不断创新是实施精品战略的保证

正如前文所述，提高教材质量，打造真正意义上的高职精品教材，将是我国高职教材建设今后一段时期内的一项重要工作，而作为高职教育重要内容的实训教材体系尚未形成，高职教材建设工作任重而道远。人大出版社应当利用这一契机，密切关注教育主管部门发展高职教育的政策和措施；加强与高职高专教职委、职教学会、行业协会的联系，及时了解行业发展动态，充分发挥这些机构对高职教材研发的规范和指导作用；深入教学一线，与一线教师一起，研究高等职业教育专业培养目标、课程设置、课程模式与内容、教材与教学方法等，真正成为高等职业教育资源的研发者、提供者和服务者。任何教材的研发都不是一劳永逸的事，它既需要在教学实践中接受检验，不断修订完善，也需要随着教育教学的发展，不断创新。只有内容和形式不断创新的教材才会有长久的生命力，这也是人大社实施教材精品战略的根本保证。

公共管理学科开发体会

·刘 晶·

一、机会只留给有准备的人——策划缘起

1999 年下半年进入出版社开始从事出版社的编辑、策划工作。2000 年 5 月出版社对编辑室进行改革，把原先的各个编辑室解散，成立选题策划部和书稿审读部两个大部。自己有幸成为选题策划部的一员。

做为策划人，首先就是要找到主攻方向。这个方向应该是有长久生命力的，既要符合出版社的发展方向，又应该是社会上学科发展需要的，值得全力以赴、持久不懈投入的方向。在寻找选题方向的过程中，首先要做的就是市场调研分析。

（一）市场调研

1. 我社当时经管选题开发现状

经济管理是我社的传统优势学科。当时"经济科学译丛"、"工商管理经典译丛"是我社的两大品牌，产生了很大的社会影响。同时经管的配套国内教材已成规模。我是学经济学的，但当时经管类策划编辑已经比较充裕。

2. 国际上的学科发展动态

公共行政与管理作为一门科学研究领域，真正诞生于 20 世纪初发达的资本主义国家，现已有百年的历史。随着公共管理职业化的发展，公共行政和公共管理的研究和教育事业在西方发达国家方兴未艾。公共管理硕士（MPA）与工商管理硕士（MBA）、法学硕士并列成为西方发达国家职业学位的三驾马车。经商学 MBA、从政学 MPA 成为当下的共识。

3. 我国学科发展现状

公共管理是以政府为核心的公共部门运用管理学、政治学、经济学、法学、社会学、系统科学等多学科理论与方法对国家和公共组织进行有效治理的管理活动。公共管理学是运用管理学、政治学、经济学等多学科理论与方法研究公共组

织，尤其是政府组织的管理活动及其规律的学科体系。它是一个科际整合的交叉学科群，是以解决公共问题为方向的应用科学。

我国从 20 世纪 80 年代开始公共行政与公共管理研究和教育的恢复与重建，自此以后该学科得到了长足的发展。特别是公共管理一级学科的设置和我国公共管理硕士（MPA）专业学位研究生教育的启动，以及高校公共管理本科专业的大量开设，促使公共管理成为当代中国社会科学和管理科学领域教学与研究的一个充满生机活力、具有远大发展前景的学科。

4. 我校的学科优势

行政学是我校的传统优势学科，我校行政学系的行政学专业是全国首批博士点授予专业，我校行政学还被评为全国重点学科，同时我校也是首批 MPA 学位招生、授予单位。MPA 秘书处设立在我校。

基于以上各个方面的综合分析，在当时的情况下，公共管理学科集各方优势于一身，开发时机比较成熟，学科发展前景较好，公共管理教学和实践又迫切需要。在这样的背景下，我毅然放弃了自己以前所学的经济学专业，从头开始关注公共管理学科。

（二）译丛策划实施

1. 目标定位

继"经济科学译丛"、"工商管理经典译丛"之后的出版社第三大品牌；在全国公共管理出版领域"争做第一，引领潮流"。

2. 策划宗旨

围绕两条主线：国内公共管理学科发展与政府治理改革实践。

提供两种服务：为公共管理学科发展和科研服务；为政府治理、改革提供借鉴和参考。

3. 虚心好学，处处做有心人

目标确定后，首先就是要迅速了解这个学科。利用一切机会、各种渠道学习、了解学科概念、术语、发展脉络、前沿、人物、流派，争取能与该领域的著名专家尽早沟通、交流对话。

4. 整合资源，集合专家的智慧，寻找突破口

专家库的作用是至关重要的。为此拜访了全国该领域的很多著名专家学者，认真听取他们的意见、建议，请他们出谋划策。我们则集合专家的智慧，最终形成自己的策划思路。这就是：公共管理是一个从西方引进的、在我国发展时间不

长的新学科，以引进国外公共管理领域的权威教材、学术著作为突破口，来树立我社的公共管理品牌形象，是一个非常好的选择。在当时随着 MPA 职业学位的引进，也提供了一个非常好的时机。

5. 注重细节，精心策划

方向明确后，要进行周密、充分的选题论证，以得到社里的支持。随后就是充分利用国内外专家的推荐，筛选国外精品图书。为了把这套译丛做成精品，从译丛推荐专家、编委会成员和学术顾问成员的组成，海外版权的联系，到译著封面、设计印制各个环节都做了精心的准备。

在社领导的大力支持下，在外版、编辑部、美编、出版、营销各个环节的共同努力、紧密配合下，在 2002 年 1 月的北京图书订货会上，整体推出了该译丛的第一批图书，产生了很大的社会反响。

二、品牌推广——营销策划

一个有影响品牌的产生是一个系统工程。译丛陆续推出后，我制定了详细的营销方案，主要做了以下工作（见图 1）。

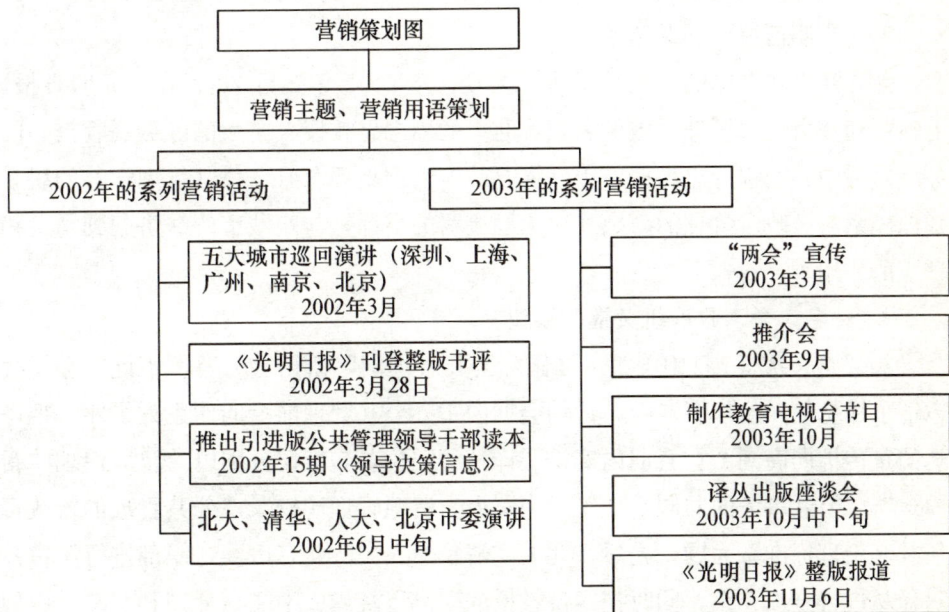

```
                        ┌──────────────┐
                        │   营销策划图   │
                        └──────────────┘
                               │
                ┌─────────────────────────────┐
                │   营销主题、营销用语策划        │
                └─────────────────────────────┘
                               │
        ┌──────────────────┐        ┌──────────────────┐
        │ 2002年的系列营销活动 │        │ 2003年的系列营销活动 │
        └──────────────────┘        └──────────────────┘
                │                             │
    ┌────────────────────────┐   ┌────────────────────────┐
    │ 五大城市巡回演讲（深圳、上海、│   │   "两会"宣传             │
    │ 广州、南京、北京）          │   │   2003年3月             │
    │ 2002年3月                │   └────────────────────────┘
    └────────────────────────┘
    ┌────────────────────────┐   ┌────────────────────────┐
    │《光明日报》刊登整版书评      │   │   推介会                 │
    │ 2002年3月28日            │   │   2003年9月             │
    └────────────────────────┘   └────────────────────────┘
    ┌────────────────────────┐   ┌────────────────────────┐
    │ 推出引进版公共管理领导干部读本│   │   制作教育电视台节目       │
    │ 2002年15期《领导决策信息》  │   │   2003年10月            │
    └────────────────────────┘   └────────────────────────┘
    ┌────────────────────────┐   ┌────────────────────────┐
    │ 北大、清华、人大、北京市委演讲│   │   译丛出版座谈会          │
    │ 2002年6月中旬            │   │   2003年10月中下旬       │
    └────────────────────────┘   └────────────────────────┘
                                 ┌────────────────────────┐
                                 │《光明日报》整版报道        │
                                 │ 2003年11月6日           │
                                 └────────────────────────┘
```

图 1　营销策划图

（一）宣传用语的策划

1．从内容上

（1）提供公共管理的最新策略，展现政府未来治理模式，阐释公共管理前沿观点，全球高校普遍采用的权威教材。

（2）研究政府管理，探讨治国方略，培养管理精英，建设富强中国。

2．从定位上

（1）引领公共管理出版方向，打造公共管理出版重镇。

（2）读公管书，找人大社。

（二）2002 年的系列营销活动

1．五大城市巡回演讲

利用社里的"三月书香"活动，2002 年 3 月在深圳书城、上海书城、南京大学礼堂、广州中山大学礼堂、北京西单图书大厦邀请我国著名的行政学家、中大夏书章教授，著名的政治学家、复旦大学的曹沛霖教授，国务院发展中心的程远忠教授分别以"从加入 WTO 看引进 MPA"、"入世与政府职能转变"、"市场经济机制下的政府治理模式"为题进行讲座。为此活动，我制作了 PPT 文件，在每位专家开讲前，我先做 15 分钟的译丛介绍，产生了很好的宣传效果。

2．《光明日报》刊登整版书评

配合社里在全国的"三月书香"活动，于 2002 年 3 月 28 日在《光明日报》上整版刊登由公共管理领域的名家：北大的周志忍教授、厦大的陈振明教授、国务院发展中心的程远忠教授，以《探寻政府治理新理念》、《公共管理学科的崭新知识体系》、《政府管理的新模式》为题撰写的书评，与四城市的演讲起到了遥相呼应的作用。

3．著名大学、政府机关巡回演讲

2002 年 6 月 15 日中美第一届国际公共管理国际研讨会开幕，借此机会，我邀请了译丛的四位作者参会，计划会期内举办公共管理前沿问题系列讲座，把译丛的宣传推向高潮。在会期内安排了译丛的四位著名教授分别以"政府治理的新模式"、"公共事务的共同治理"、"中美人力资源管理比较"、"公共管理的行政责任及其伦理标准"为题，先后在北大、清华、人大、北京市委组织部进行演讲并对译丛进行全面介绍，同时把四位教授的演讲稿翻译成中文，分别刊登在《中国行政管理杂志》和《中国人民大学学报》上。此次活动引起了很大的反响，国内外媒体都进行了相关报道。

4. 推出引进版公共管理领导干部读本

按照公共管理的知识体系，将译丛中的五本书（《公共管理导论》、《公共预算》、《公共部门战略管理》、《公共部门人力资源管理》、《行政伦理学》），经过加工后做成《简明 MPA 领导读本》刊登在 2002 年第 15 期的《领导决策信息》杂志上，推荐给领导干部阅读。

（三）2003 年营销活动

在 2002 年对译丛的宣传达到高潮以后，对 2003 年的营销活动也进行了整体策划，计划在 2003 年底达到新一轮的宣传高潮。

1. "两会"宣传

借助 3 月的"人大、政协"两会对译丛做新一轮的宣传，同时带动其他公管图书的宣传。

2. 品牌推介

9 月召开新闻媒体见面会，主推人大公共管理品牌。2003 年 9 月 26 日《中国图书商报》以《借鉴国外经验·创新公共管理》为题，2003 年 10 月 8 日《中国新闻出版报》以《人大社拟建公共管理出版重镇》为题进行了品牌推介。

3. 制作教育电视台节目

在中国教育电视台对人大张成福教授、北大周志忍教授、清华薛澜教授、MPA 秘书长朱立言教授这四位著名公共管理专家就译丛的评价及影响进行访谈，并在黄金时段播出，起到了非常好的宣传作用。

4. 出版座谈会

2003 年 10 月 17 日在人大世纪馆举行了译丛出版座谈会。2003 年 11 月 6 日《光明日报》以《借鉴国外经验，推动中国公共管理创新》为题，整版刊登了译丛出版座谈会纪要。与会的 20 多位专家从不同的角度对译丛给予高度评价。至此，对译丛的宣传达到了新一轮的高潮。

之后根据当时社会热点和不同时机，适时进行新品种的宣传，不间断地推出译丛宣传，强化人大社公共管理的品牌形象，以此带动公共管理其他图书的销售。

（四）良好的经济与社会效益

经过艰辛的工作和努力，译丛取得了良好的经济与社会效益，到现在，译丛已出版了 70 余本，其销售码洋达到 2 000 多万元。打头的《公共管理导论》已销售近 6 万册。

由于本套丛书是国内第一套比较系统、全面介绍西方国家公共管理理论与实践的丛书，译丛出版后，在社会上引起了很大反响，全国多家媒体如：《光明日报》、《中国新闻出版报》、《中国图书商报》、《中华读书报》、中国教育电视台、《中国机构》、《中国行政管理》杂志、《领导决策信息》、《中国出版》杂志等都做了大量报道，并发表了书评。认为这套丛书为我国公共管理的教学、科研提供了一个崭新的知识体系，该系列图书提供的新理论、新思维对我国公共部门管理者更新观念、开阔视野，对中国的公共管理实践都有重要的参考意义。

这些报道和书评还被多家网站转载，丛书出版后，得到了国家有关部门（如中编办）的关注，中编办主办的杂志《中国机构》也刊文推介。中编办、国务院办公厅、国务院发展中心、国家人事部政策研究室、北京市委政策研究室等部门专门派人到人大社读者服务部购书。该丛书被《学习时报》列为向领导干部推荐的好书，被很多大学（如：中国人民大学、北京大学、清华大学、复旦大学、中山大学、厦门大学等）列为考研、考博的必读书目和 MPA 教学参考书，被中央党校、国家行政学院列为领导干部培训参考用书等。

这套丛书还成为国内学术界撰写著作和论文时，引用最为广泛的文献材料。译丛中的一些概念，如"持续创新"、"无缝隙政府"、"公共服务"、"公民参与"、"社会问责"等已被学术界所接受，且对我国政府改革的实践起到了重要的借鉴作用。

该套丛书被新闻出版署列为国家"十五"、"十一五"重点图书出版规划项目，并获得 2002 年度"引进版社科类优秀图书奖"。

（五）译丛的独到之处

反思译丛之所以能够形成品牌，引起很大的社会反响，主要有以下几个方面原因：

（1）译丛所选书目一流、经典、权威，名家参与翻译提升了品牌。

（2）版权上占了先机，几乎垄断了当时国外公共管理领域的名家、名著的版权。

（3）译丛是国内第一套，分为：经典教材、公共管理实务、政府治理改革、学术前沿、案例五个系列，满足了不同读者的需要，涵盖了公共管理的整个学科体系。

（4）推出的时机比较好，2001 年教育部学位办首次引进 MPA 专业学位，在全国进行宣传、推广，译丛得到了借势宣传的机会。

（5）营销到位。产品整体推出后，全国大城市的巡讲、名牌大学的演讲、整版书评的刊登、教育电视台节目的制作、出版座谈会的召开、"两会"的宣传、有分量媒体的宣传报道等各种形式的大规模的营销活动全面展开，相互配套。

（6）译丛起到了引领观念的作用。如《持续创新》、《无缝隙政府》、《新公共服务》、《公民参与》、《社会问责》等这些书与我国当前政府治理、改革的热点相吻合，抓住了出书的时机。

三、树干结构——学科发展规划

译丛创出品牌后，应该趁热打铁，迅速跟进其他系列图书。这就需要一个详细的学科发展规划及分阶段的选题开发重点计划（见图2）。

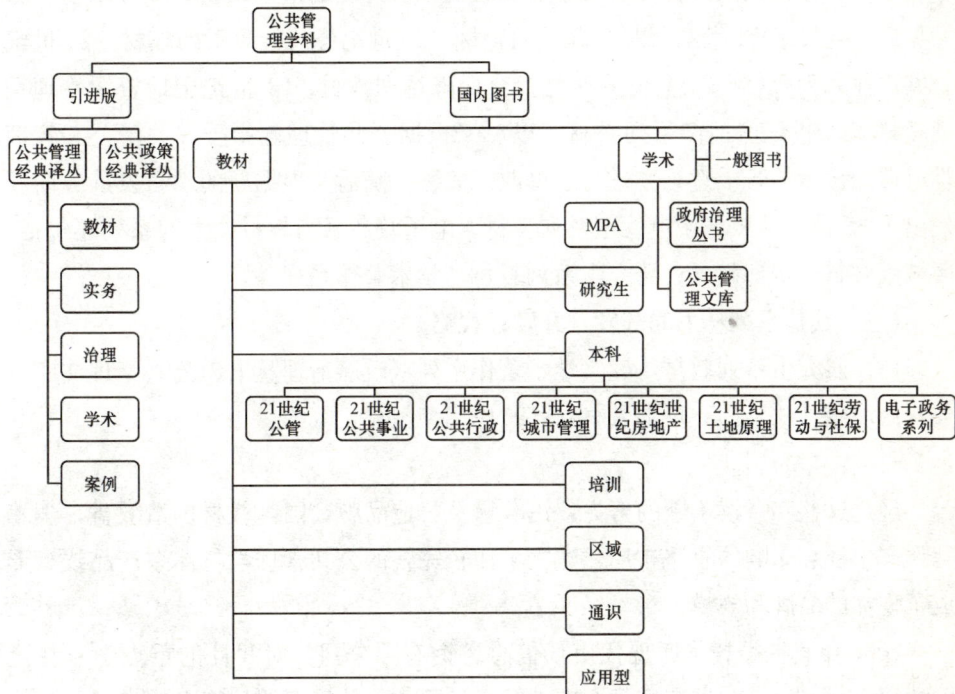

图 2　学科规划图

（一）MPA系列教材研发

借助译丛的品牌效应，顺势迅速开发国内教材产品。首先是开发MPA系列教材。随着2001年MPA学位的引进，为了满足MPA学员和社会培训对公共管理教材的需要，反映国内外公共行政与公共管理研究的最新成果，着手策划

MPA 系列教材。

本套教材包括按照国务院学位办确定的《公共管理硕士专业学位培养方案》的要求而编写的 9 门核心课程教材，还包括专业方向必修课和选修课教材。以后随着 MPA 学位课程的调整，教材也做了适当的调整，目前 MPA 系列教材出书 30 余种，销售码洋 2 300 多万元，《国家公务员制度教程》累计销售超过 17 万册，《公共管理学》累计销售 13 万册。

（二）公共管理本科教材的开发

本科教材的开发是出版社教材建设的重中之重，也是我们的工作重点。在 MPA 教材的开发过程中，迅速开始了公共管理下设四个专业方向的本科教材开发工作。当时公共管理学科还没有比较明确的课程设置，我们根据教育部 1997 年教学方案中课程的设置并进行了公共管理本科开课的市场调研，又征求了专家意见后，开发了 21 世纪公共管理系列教材、21 世纪公共行政系列教材、21 世纪公共事业系列教材、21 世纪劳动与社会保障系列教材、21 世纪土地资源管理系列教材、21 世纪房地产系列教材。以后又根据公共管理教指委《关于公共管理学科课程设置的若干意见》进行了修改、完善。随后又根据新的学科发展方向开发出了 21 世纪区域与城市管理系列教材、电子政务系列教材。大的系列还包括：区域版教材、培训教材、研究生系列教材、学术著作系列等。

（三）其他系列丛书的开发（开发过程略）

（1）研究生系列教材，（2）学术著作系列（政府治理丛书、公共管理文库），（3）区域版教材，（4）培训教材，（5）应用型教材，等等。

总结：

经过这些年持续不断的努力，沿着译丛打造品牌，国内教材创造效益，学术著作产生社会影响的思路布局，建立了比较完整的公共管理学科体系产品线，形成了现在的品牌和规模。

2006 年我社委托华通现代市场信息咨询有限公司，对我社的重点学科在全国抽样 11 个省 15 个城市进行调查，结果显示：公共管理的品牌影响力（品牌认知度、品牌提及率、品牌偏好）、市场占有率名列第一，社会上形成了读公管书，找人大社的共识。

最后，我想用以下三句话作为结语：一分耕耘，一分收获；机会只留给有准备的人；之所以能，是相信能。

教材策划工作心得

· 王克方 ·

随着市场的开放，伴随着高等教育事业的发展，越来越多的出版社、出版商进入高等教育教材出版领域，这给教材策划编辑带来了挑战和压力，同时也提出了更高、更细的要求。许多编辑不愿干教材策划工作。是的，教材的策划与学术著作策划、大众图书策划不同，有它独有的规律和特点。笔者作为一名老编辑，一直生活在基层，工作在一线，始终是一名行动者、实践者。在这里，我将自己在教材策划中遇到的问题和体会托出来，希望通过和同行的研讨、交流与思考，互相学习，不断改进教材策划的工作思路和方法，提高教材策划水平。

教材策划的目的和方法有很多，但是有一点是达成共识的：教材的策划实际上就是教材这种产品的研发。适销对路的产品是取得效益、树立品牌的基础。笔者认为一定要扎实地做好以下几项工作。

一、学科要绘图

高等教育学科很多。编辑首先要按照教育部教学指导委员会的学科目录为自己所负责的学科绘制学科网络图。横栏按专业设置，包括本专业开设的课程、本专业给外专业开设的课程、外专业给本专业开设的课程等。竖栏按层次设置，包括高职高专、本科、硕士研究生、博士研究生等。有了这样一张网络结构图，就可以很直观、全面地看到各学科的教材开发与建设的整体情况。

二、定位要清晰

面对众多学科、庞大的课程，不是每一个学科和课程都值得去做，需要去做。客观条件、内在原因都使我们不可能齐头并进，要有所选择、要有顺序。也就是说，开发哪个学科、哪些教材、给谁用一定要清晰。例如，同样是《西方经济学》，经济学专业和非经济学专业的要求就不一样。一般来讲，教材的开发遵循的基本原则是"从大到小，从无到有，从有到精"。教材的开发目标与方向是："由主干到选修、由母本到教辅、由单一到分层、由中文到影印、由纸制到网络，做到层次深入。上有博硕、下有本专，左有原创、右有引进，前者纸介、后者网络，做到浑然一体。"

三、选择要务实

教材开发中一要定课程，二要选作者。

开发哪些课程的教材至少要考虑两大因素：一是教学指导委员会专家规定的课程，它具有一定的权威性，也涉及对高校的评估。高等教育毕竟是一种规范性的教育，脱离教学指导委员会的建议，一味追求社会热门、潮流课程，其寿命是有限的。二是与社会考试有衔接的课程教材。如法律专业的学生今后从业要有律师证，会计专业的学生要有会计证等。一般来讲，社会各种资格考试所设课程、所用教材与学院教材有差别、有侧重。教育的目的是培养社会所需要的各类人才。从长远、从大多数人的角度看，与社会考试衔接的课程教材，其市场更大，生命力更强。

所有编辑都喜欢选择著名或者大牌的作者编写教材，这是对的。但在实际市场中，许多知名教授的教材并不十分受读者的认可，其原因也是多方面的：教材内容多，难度深，老师不易讲，学生不易学；作者不重视教材，随意转包，错误较多；作者很忙，不能及时修订，内容陈旧，等等。这就需要我们在确定作者之前，先对该作者进行全面了解：他对编写教材的态度，他有无时间，他的文笔如何，他在业界中的影响力，他的衍生资源有多少，他未来的潜力有多大等。作者是合作伙伴，更是长期资源，编辑一定要花长时间大力气发现和涵养。

四、创新要积极

随着高等教育教材市场化进程的加快，竞争更加激烈。要想成功，必须靠特色取胜。特色就意味着要不断地、积极地、主动地去创新，引领潮流。

首先，我国的高等教育集权性很强，政府教育政策的变化和导向，为教材的开发提供了很好的切入点。国家级规划教材、教育部推荐教材、"面向21世纪"教材等为策划精品、高端教材提供了契机。教育部教学评估为双语教材、网上教程等提供了市场。教育部"211"、"985"工程为研究型教材、应用型教材、特色教材提供了抓手。我们要抓住每项政策推出的时机，顺势而为，有所作为。

其次，要密切关注市场需求变化，有效跟进。社会对人才的需求多样化，反映到学校的是不断增加的专业和教材的多样化。一课一纲一本的教材时代已过去。要根据高校培养对象的变化，及时推出理论型、应用型、区域型的教材。要根据学科不断交叉的变化，及时推出跨学科的教材。要根据国际化需要的变化，及时推出引进版教材、双语教材。要根据就业的变化，及时推出案例教学教材、实训课教材，等等。

最后，要密切关注新技术的发展变化趋势。大家都知道现代社会是资金和技术主宰的市场。新技术的革命，出现了网络产品、电子书等，大有取代纸质教材的趋势。对于新技术、新产品我们不能熟视无睹，更不能拒绝或排斥。要主动地调查其影响方向、力度和速度，积极地去研究新技术和教材之间的关系作用，不断尝试新技术与教材的结合，实现教材的新突破。

五、沟通要及时

确定好作者后，编辑与主编及时、经常的沟通决定着教材的市场命运。书名是否体现课程，教材是写给谁的，教材内容是否符合教学指导委员会的教学大纲要求，采用什么样的写作风格，篇幅字数控制在什么范围，需不需要做配套的指导书，教学资源库怎么做，最佳交稿时间等具体策划工作都需要编辑逐一与作者沟通好。哪怕有一项做不到位都会影响教材质量，动摇读者的选用。

在和作者沟通时要注意两点：一是要因人因时因情采用不同的方式。不同的人，性格不同，方式不同。同一个人，时间不同，方式不同。同一个人，同一件事，或受作者当时情绪的影响，方式也不同。二是要掌握作者的学术圈子和学术观点。文人相轻，不同学术圈子里的作者水火不相容。在和作者沟通时，尽量不要涉及学术圈子中的事，妄议学术观点，避免介入是非之中。

六、服务要到位

要想争取到好的教材，一定要准确定位，做好各项服务工作。笔者接触的有些策划编辑，真把自己当成"导演"、"龙头"。其实和出版业的所有员工一样，教材策划编辑也只是一个"文化的传播者"，一个为作者制作"嫁衣"的"裁缝"。服务意识的树立是做好本职工作的前提。

服务有宏观微观之分。从宏观方面讲，是要服务于国家的高等教育事业。这就要求我们主动和教育部门、各专业学术机构、各大院校建立联系，取得支持。如承办一些相关会议，支付一些赞助费，无效益的书适当予以支持，等等。从微观方面讲，是要服务于具体的作者。这就要求我们围绕教材和作者做细微而有耐心的工作。比如，不断地反馈相关信息，让作者意识到他和他的书很重要。节日、重要作者的生日要发短信问候，体现策划编辑对作者的尊重与关心。作者提出的各种问题和要求要尽快回复，不要拖拉，等等。到位的服务实际上是一种情感的投入，它会带来意想不到的收获。

总之，教材策划是一种能力，一种创造，也是一种技巧。面对越来越大的压力，烦恼谁都会有，只要我们多点勇气，多点机智，多点磨炼，多点感情投资，我们也会像"成功者"一样，营造一个有利于自己生存的宽松环境，建立一个属于自己的作者群、交际圈，创造和享受美好的事业人生。

教育培训市场调研报告

· 费小琳 ·

一、教育培训市场的现状

(一) 教育培训市场的规模及产业优势

中国教育培训市场已被公认为"朝阳产业"和 2007 年最具"钱景"的市场之一，业内估测的产业规模已达上千亿元。《2006 年中国教育与培训业研究咨询报告》的调查数据显示，中国培训教育市场的潜在规模达 3 000 亿元，并保持着迅猛的发展速度。2006 年国内培训市场总体规模达到了 3 700 亿元，远程培训市场规模逼近 400 亿元。早在 2004 年，城市居民人均教育培训支出已达 1 012.85元，以 7.4% 的比例高居家庭消费支出的第一位。截至 2004 年底，除去国家高等教育，单论各种相关培训市场，产值已达百亿元的规模，且正以每年 30% 以上的速度迅速增长。

教育培训市场利润丰厚，而进入的技术壁垒和资金壁垒却比较低；就业压力、传统教育体系的理论与实践脱节、资格认证制度的实施、办学政策的放宽等等因素为培训市场的发展提供了广阔的机会。在发达国家，由于有广泛的社会需求和大量的潜在客户，培训业已发展成为令人羡慕的主流行业。

(二) 教育培训市场的分类

(1) 从办学性质上分，包括：外资培训企业、合资培训结构、政府部门下属的行政事业单位、民办、高校办。近年来已有一些出版社介入培训领域，如高教社、清华社、中国财政经济出版社都有独立的培训中心，外研社等一些出版社也开展免费培训，但是没有独立的培训中心；出版少儿类图书的 21 世纪出版社以其少儿英语的出版物为龙头，建立了 21 世纪吉德堡少儿英语学校。

(2) 从学员接受培训的内容上分，包括：学历文凭教育培训，其中包括成人高考、高教自考；考试类培训，其中包括技术职称考试、考研、中考、高考等辅助考试类的培训和职业资格证书考试的培训；职业技能培训，如外语等语言类培训、IT 类职业培训、经济管理法律等在职培训等。其中 IT 培训、英语培训和少儿教育是目前培训教育业的三大支柱。

（3）从培训对象上划分，包括：学前儿童、在校的大中小学生、社会非特定行业的学生（如英语等）、特定行业的从业人员（如：师资培训、新闻从业人员培训、经理人培训等）。

（三）最受国内外投资者青睐的三大培训领域

在培训领域，IT 培训、英语培训和少儿培训是规模最大的三大领域，也是最受国内外投资者青睐的培训领域（见表 1）。

表 1   2007 年来国外投资机构对中国培训业的投资一览表

机构名称	投资时间	机构地点	融资金额
巨人教育集团	2007 年 9 月 4 日	北京	启明创投与巨人学校在京举行战略合作签约仪式，正式宣布公司成功获得 2 000 万美元的资金
环球雅思教育集团	2007 年 8 月	北京	软银亚洲赛富基金向环球雅思融资 2 000 万美元，并计划环球雅思 2008 年上市
上海新世界教育集团	2007 年 9 月 4 日	上海	美国私人股权投资公司凯雷投资集团旗下亚洲增长基金斥资 2 000 万美元入股上海新世界教育集团
新东方教育科技集团	2005 年	北京	2005 年新东方获得老虎基金 4 500 万美元的投资，2006 年在美国纽约成功上市，发售的 750 万股美国存托凭证，为其融资 1.125 亿美元
安博教育集团	2006 年 8 月	北京	安博教育集团接受集富创投 1 000 万美元融资
飞龙网	2005 年	北京	2005 年 12 月 15 日，专注于教育培训行业的飞龙网获得了来自德国一家投资公司的 8 位数（欧元）投资
中华培训网	2005 年	北京	2005 年 9 月 9 日，融勤国际与北京东方华培科技有限公司（中华培训网）正式签署《投资合作战略协议》。《协议》约定，融勤国际将对中华培训网分批注入不少于 1 700 万美元的资金
精品学习网	2005 年	北京	全球最大的网络风险投资机构——国际数据集团（IDG）向精品学习网注资数千万美元，打造中国教育培训的门户网站

1. IT 培训领域

赛迪顾问的最新数据表明，2005 年中国 IT 培训与教育市场销售额突破 40 亿元人民币，连续几年保持近 30％的市场增长率，远远高于全球 IT 培训市场 12％的增长速度。从发展趋势来看，未来 3～5 年内该行业的增长率基本会在

20%~25%之间。即到 2008 年整个中国 IT 培训市场的规模将达到 100 多亿元人民币，到 2010 年 IT 培训市场规模将达到 178 亿元人民币。短短几年整个 IT 培训市场投资将超过过去 10 年的投资，总投资将达到 2.3 万亿元人民币。

汉鼎咨询分析师史常青分析说：众多的跨国公司都进入中国教育培训领域，特别是 IT 培训领域。印度 NIIT 于 1997 年来到中国。首先在上海建立 PCEC-NIIT 信息技术学院，经过三年试点，取得成功后，于 2001 年开始先后在 25 个省市设立了 100 多所 NIIT 培训中心。作为决定 21 世纪国际竞争地位的战略性产业——中国 IT 产业在过去尽管获得了长足进步，但由于起点较低，仍然面临跨越式发展的机遇和挑战。目前中国 IT 人才每年的缺口高达 20 万，而且每年还呈递增趋势。其中，高级软件人才、IT 项目经理、软件架构师等紧缺。仅靠国内 IT 企业自身的积累，显然难以满足跨越式增长和国际竞争的需要。这时候，具有国际规模的 IT 培训机构顺势进入中国，抢占国内 IT 培训市场。

2. 英语培训领域

中国社会调查所公布：2007 年中国英语培训市场的市场总值大约是 150 亿元，目前全国的英语培训机构总数也已达到了 5 万家之多。预计 2010 年，我国英语培训的市场总值将会达到 300 亿元人民币。2006 年 9 月新东方在纽约成功上市，2007 年软银亚洲赛富基金向环球雅思融资 2 000 万美元，并计划环球雅思 2008 年上市。这两家培训机构是中国教育培训领域的领头羊，更是英语培训行业的领头羊。环球雅思学校以英联邦雅思考试培训为主，并采取连锁加盟形式在中国迅速扩张，创办后 10 年时间里，有 100 万名学生参加过其培训。到 2007 年 8 月 31 日，环球雅思共在 43 个城市开设了逾 200 个校区，此外，还在海外开设了 2 所学校，教师人数近千人。汉鼎咨询分析认为：环球雅思获得资金后，将加快在各个重点城市开设学校的步伐，同时会关注一些目前尚未涉足的城市，将继续在各地学校拓展应用培训领域。

作为世界最为顶尖的投资机构之一，软银亚洲赛富基金曾经成功完成对盛大、橡果国际（好记星）等企业的投资并取得良好回报。软银亚洲赛富基金此番看中环球雅思学校，并投下其今年最大一笔风险投资，首先是看好整个培训市场的上升趋势，同时，也是看好环球雅思利用全国连锁的方式发展其品牌的模式。软银亚洲赛富基金注入环球雅思后，市场上将出现新东方、环球雅思两大外语培训舰队，估算这两家学校合计持有资金将超过 15 亿元。环球雅思学校计划 2008

年投资逾 1 亿元进行扩张和整合。

3. 少儿培训领域

少儿教育包括婴幼儿学前教育和中小学生的助学和其他素质教育。

现在"婴幼儿产业"被称为 21 世纪的朝阳产业，根据我国第五次人口普查统计结果：中国 0～6 岁幼儿达到 1.4 亿，其中城镇 0～6 岁婴幼儿为 5 200 万左右。按照城镇家庭每月为 6 岁以下的孩子教育投资 50 元的保守估计，0～6 岁儿童教育市场消费额就可达到 312 亿元。事实上，家长对婴幼儿的教育投入远不止于此。专家预计，在未来五六年中，我国婴幼儿教育市场消费额将达到上千亿元的规模。

巨人是北京课后辅导教育市场中的领跑者。经过 13 年的发展，从当时的吉他培训班发展到如今北京最大的中小学生课后辅导培训机构，多次被评为"中国十大教育集团"等知名教育品牌。目前巨人主要从事 0～18 岁学生的课后辅导培训和素质教育培训，主要课程包括华数、作文、英语、艺术、体育、家教、中高考等。目前巨人教育集团在北京、上海、南昌、武汉、西安、石家庄及郑州设有一百多所分校。2006 年，公司全年共完成超过 20 万人次的青少年培训。2007 年 9 月 4 日，启明创投与巨人学校在京举行战略合作签约仪式，正式宣布公司成功获得 2 000 万美元的资金。启明创投主导并携同 SIG 完成本轮对中国课后辅导培训市场第一品牌的投资。

汉鼎咨询分析认为：巨人教育与启明和 SIG 合作，可以帮助巨人建立起全国性的教育网络和品牌，巨人教育可以利用国际资本为中国青少年提供更好的教学和服务。

(四) 网络在培训中的作用

网络为培训推波助澜，在培训产品的宣传推广营销、提供培训前后的服务以及培训本身中都起到越来越重要的作用。2004 年中国网络教育市场规模达到 144 亿元人民币。而随着中国的信息化程度以及网民对网络教学认知程度的提高，网络教育市场规模将不断增长。预测在 2005 年、2006 年以及 2007 年中国网络市场将分别达到 181 亿元、233 亿元以及 296 亿元。

(1) 培训的门户网站越来越受培训机构和消费者的青睐，同时也被投资者看好 (如飞龙网、中华培训网、精品学习网都得到风投公司的资金)。网络使中小培训机构的培训招生信息最为广泛地传播，并可以使消费者用最小的成本了解、选择最适合的培训项目。如：飞龙网和新学道等都以发布各机构的各类培训信息为主。从另一个角度看，由于目标人群的对应性（年轻人、学历高、收入高），教育培训行业在网络媒体上的广告投放也在大幅度增长。2005 年教育行业的网络广告投入占据了整体网络广告投入份额的 10％，达到将近 2 亿元并且增长趋势明显。山东山大学府教育交流有限公司市场经理张世刚说：在《齐鲁晚报》，公司平均每月花费 2 万～4 万元打广告，一年就花了 30 多万元，而在百度，一年才花了 1 万多元；如果计算人力成本的话，公司在学校做活动、办讲座，要耗费大量的人力、精力成本，在百度推广则没这么多麻烦事。而从效果上来说，"现在有 30％的生源都是百度带来的，能从网上带来那么多的生源，这是我们远远没有预料到的。"

（2）以面授为主，网上培训作为面授的补充和后续服务，并通过网络进行教务管理。将教学内容制作成课件，作为教学资源的积累，发展其他形式的培训增值服务；如：华尔街英语培训，把学生上机学习作为外教教学的预备阶段，不仅增强了成人学习英语的时间上的灵活性，而且减少了外教面授的课时，节约了成本，并可以通过人机互动达到学习和学习管理的双重目的。从某种角度说，华尔街英语已经发展为网上学习为主，面授成为补充。

（3）网上培训："互联网应用的第一次浪潮是电子支持和电子服务，第二次浪潮是虚拟生产，第三次浪潮是电子学习。"远程培训、网络培训即通过网络向学员提供自学课程，包括网上提交作业、网上考试等，并可通过网络与教师、同学进行交流。现在，网上培训这一网络技术高速发展的产物，以其无可比拟的优越性受到越来越多的公司的青睐。

和传统教学模式相比，网络学习更便捷。任何人都可以通过网络在任何时间、任何地点、从任何章节开始、学习任何课程。即使出差在外，只要带上笔记本电脑，登录互联网就可以学习了。从某种角度上看，通过网络培训模式，有限的资源可以发挥近乎无限的作用。任何有限的教学资源，只要能够通过网络媒体加以传播，那么它发挥的作用和影响可以不受时间、地理空间和人力的限制。

同时，网络教学更利于因材施教，展开个性化教学。由于可以对每个网络学员的学习过程和考试成绩等做完整的系统跟踪记录、贮存，教学和学习服务系统可基于个人资料，有针对性地提出学习建议等（见图 1）。

教育培训类网站目前常见的盈利模式简要介绍如下：

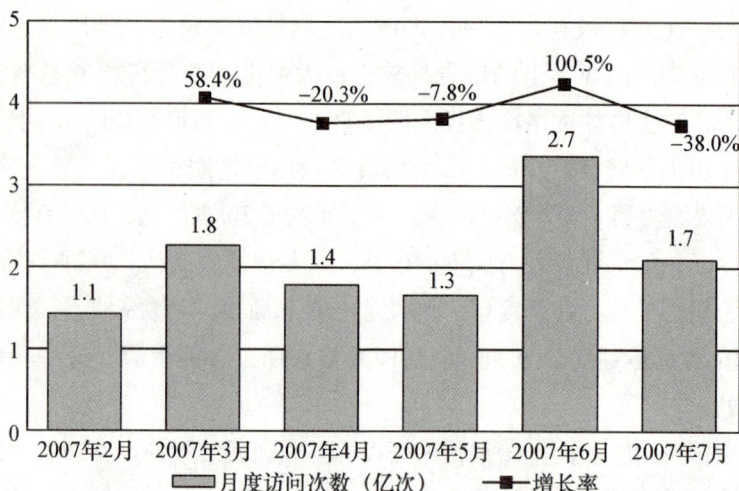

Source：iuserTracker，2007.9，基于对 5 万多名样本的长期网络行为监测，代表 1.2 亿中国家庭及工作单位（不含网吧等公共上网地点）网民的整体上网属性数据。

© 2007.9 iResearch inc.   www.iresearch.com.cn

图 1　iuserTracker——2007 年 2—7 月中国教育资讯类网站用户月度访问次数

远程教育：如奥鹏、考研网、东大正保、好医生等网站，以为用户提供远程教学培训、老师在线辅导服务为主；靠大量的流量收取广告费：如搜狐、新浪的教育频道，通过免费提供信息来吸引流量然后赚取培训机构的广告费；海量课程代理招生报名赚取佣金，广告费用：如精品学习网、飞龙网就是通过代理全国各地各培训机构、学校的课程赚取佣金，吸引培训机构的广告投入赚取广告费；网上商城模式：如中国中小学教育教学网，把教学书籍、教学设备及教学资源整合出售；线下实体培训，线上招生：如新东方，这类网站线下有实体的培训机构，在网上是以招生和做辅导性工作为主。

艾瑞咨询分析认为，网络高等教育和网络职业认证教育将是未来中国网络教育市场的最为重要的领域，它们相对的成熟性、基础设施的完备性、用户的接受程度都将促使这两个领域的发展。

二、培训热点

尽管在培训市场上 IT 培训、英语培训和少儿培训是市场规模最大的三大领域，但是考虑到我社进入培训市场很难将此作为主攻方向，而应该以我社的优势学科为主，所以重点考察了以下领域的培训热点和主要的培训机构。

（一）经济（金融）管理类培训

面向社会的经济（金融）管理类培训以金融投资培训和企业管理培训为主。其中企业管理培训应该说是仅次于 IT 培训、英语培训和少儿培训的第四大培训市场。

据国家统计局、工商局的最新统计数据，我国现有（2007 年）注册企业 796 万家，其中外资企业超过 40 万家，预算内企业 20 万家，如果高管培训能够在中国广泛普及，那么市场前景相当可观。统计数据显示，中国培训业规模正以每年 30％的速度递增，目前我国管理类培训的市场规模有 50 亿元。中欧国际工商管理学院的专家甚至认为：中国高层经理培训的市场价值将达到 40 亿美元。

中国管理培训机构有以下七种类型：海外商学院、海外咨询公司和培训公司（如：阿乐莫公司）、跨国公司的商学院（如：惠普大学、摩托罗拉大学）、国内培训及咨询公司（如：派力营销、时代光华）、中国大型企业的大学（如：海尔大学、蒙牛大学）、独立商学院（如：长江大学、中欧商学院）、高等院校的商学院。

管理类培训与 MBA、EMBA、注册会计师等学位教育紧密结合，这些资格考试的培训也多分布在管理类培训中。管理类培训的另一个特点就是针对企业特性的定制化培训课程，将管理与咨询紧密结合，较强地体现了定制化培训的新理念。

通过中华培训网可以看到企业管理培训课程的热点和主要布局（见图 2）。其主要培训项目有：企业战略、会计与财务管理、市场营销、人力资源管理、生产管理（项目管理）等，同时开设一些个人技能的管理，如时间管理、会议管理、商务谈判等课程。

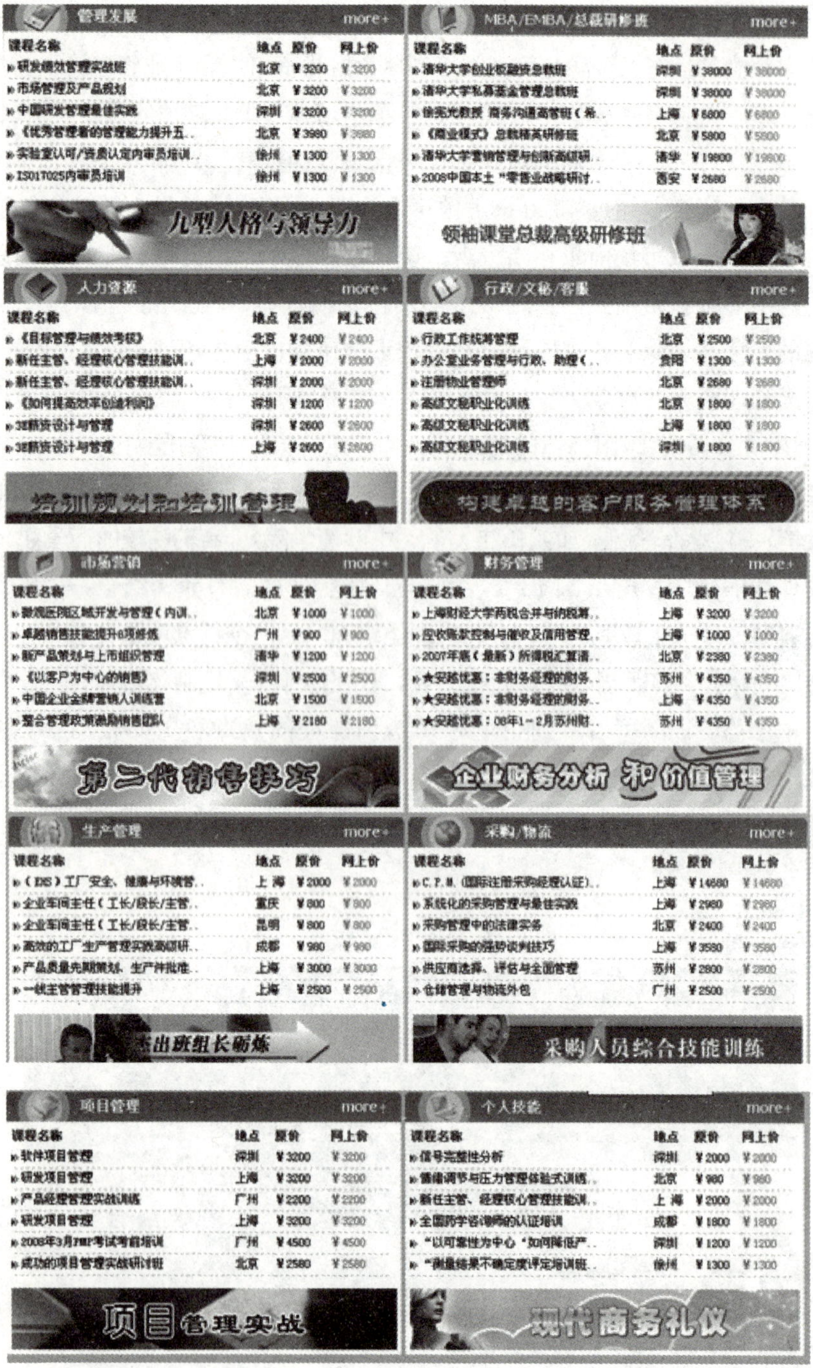
管理发展 more+
课程名称 地点 原价 网上价
研发绩效管理实战班 北京 ¥3200 ¥3200
市场管理及产品规划 北京 ¥3200 ¥3200
中国研发管理最佳实践 深圳 ¥3200 ¥3200
《优秀管理者的管理能力提升五.. 北京 ¥3980 ¥3980
实验室认可/资质认定内审员培训.. 徐州 ¥1300 ¥1300
ISO17025内审员培训 徐州 ¥1300 ¥1300
九型人格与领导力
MBA/EMBA/总裁研修班 more+
课程名称 地点 原价 网上价
清华大学创业板融资总裁班 深圳 ¥38000 ¥38000
清华大学私募基金管理总裁班 深圳 ¥38000 ¥38000
徐宪光教授 商务沟通高管班（希.. 上海 ¥6800 ¥6800
《商业模式》总裁精英研修班 北京 ¥5800 ¥5800
清华大学营销管理与创新高级研.. 清华 ¥19800 ¥19800
2008中国本土"零售业战略研讨.. 西安 ¥2680 ¥2680
领袖课堂总裁高级研修班
人力资源 more+
课程名称 地点 原价 网上价
《目标管理与绩效考核》 北京 ¥2400 ¥2400
新任主管、经理核心管理技能训.. 上海 ¥2000 ¥2000
新任主管、经理核心管理技能训.. 深圳 ¥2000 ¥2000
《如何提高效率创造利润》 深圳 ¥1200 ¥1200
3E薪资设计与管理 深圳 ¥2600 ¥2600
3E薪资设计与管理 上海 ¥2600 ¥2600
培训规划和培训管理
行政/文秘/客服 more+
课程名称 地点 原价 网上价
行政工作统筹管理 北京 ¥2500 ¥2500
办公室业务管理与行政、助理（.. 贵阳 ¥1300 ¥1300
注册物业管理师 北京 ¥2680 ¥2680
高级文秘职业化训练 北京 ¥1800 ¥1800
高级文秘职业化训练 上海 ¥1800 ¥1800
高级文秘职业化训练 深圳 ¥1800 ¥1800
构建卓越的客户服务管理体系
市场营销 more+
课程名称 地点 原价 网上价
景观医院区域开发与管理（内训.. 北京 ¥1000 ¥1000
卓越销售技能提升8项修炼 广州 ¥900 ¥900
新产品策划与上市组织管理 清华 ¥1200 ¥1200
《以客户为中心的销售》 深圳 ¥2500 ¥2500
中国企业金牌营销人训练营 北京 ¥1500 ¥1500
整合管理政策激励销售团队 上海 ¥2180 ¥2180
第二代销售技巧
财务管理 more+
课程名称 地点 原价 网上价
上海财经大学两税合并与纳税筹.. 上海 ¥3200 ¥3200
应收账款控制与催收及信用管理.. 上海 ¥1000 ¥1000
2007年度（最新）所得税汇算清.. 北京 ¥2380 ¥2380
★安越优惠：非财务经理的财务.. 苏州 ¥4350 ¥4350
★安越优惠：非财务经理的财务.. 上海 ¥4350 ¥4350
★安越优惠：08年1～2月苏州财.. 苏州 ¥4350 ¥4350
企业财务分析和价值管理
生产管理 more+
课程名称 地点 原价 网上价
（EHS）工厂安全、健康与环境管.. 上 海 ¥2000 ¥2000
企业车间主任（工长/段长/主管.. 重庆 ¥800 ¥800
企业车间主任（工长/段长/主管.. 昆明 ¥800 ¥800
高效的工厂生产管理实践高级研.. 成都 ¥980 ¥980
产品质量先期策划、生产件批准.. 上海 ¥3000 ¥3000
一线主管管理技能提升 上海 ¥2500 ¥2500
杰出班组长磨炼
采购/物流 more+
课程名称 地点 原价 网上价
C.P.M.（国际注册采购经理认证）.. 上海 ¥14680 ¥14680
系统化的采购管理与最佳实践 上海 ¥2980 ¥2980
采购管理中的法律实务 北京 ¥2400 ¥2400
国际采购的强势谈判技巧 上海 ¥3580 ¥3580
供应商选择、评估与全面管理 苏州 ¥2800 ¥2800
仓储管理与物流外包 广州 ¥2500 ¥2500
采购人员综合技能训练
项目管理 more+
课程名称 地点 原价 网上价
软件项目管理 深圳 ¥3200 ¥3200
研发项目管理 上海 ¥3200 ¥3200
产品经理管理实战训练 广州 ¥2200 ¥2200
研发项目管理 上海 ¥3200 ¥3200
2008年3月PMP考试考前培训 广州 ¥4500 ¥4500
成功的项目管理实战研讨班 北京 ¥2580 ¥2580
项目管理实战
个人技能 more+
课程名称 地点 原价 网上价
信号完整性分析 深圳 ¥2000 ¥2000
情绪调节与压力管理体验式训练.. 北京 ¥980 ¥980
新任主管、经理核心管理技能训.. 上 海 ¥2000 ¥2000
全国药学咨询师的认证培训 成都 ¥1800 ¥1800
"以可塑性为中心"如何降低产.. 深圳 ¥1200 ¥1200
"测量结果不确定度评定培训班.. 徐州 ¥1300 ¥1300
现代商务礼仪

图2 中华培训网

零点指标数据网最新发布（2007 年）的一项调查结果显示：面对国际化的竞争环境，企业高层管理者不再单纯地聚焦于管理层面的知识，而是更加注重跨行业的知识积累，金融、IT、法律知识成为高管培训的需求热点。

作为企业的高层管理者，运筹帷幄不仅表现在企业内部的重大决策上，更多地体现在对企业资本运营和管理、项目投资、融资渠道、股权运作方面的掌控上。因此，高层管理者对金融知识的需求尤为迫切（37.7%）；身处信息技术发展突飞猛进的时代，"地球村"不再是梦想，掌握基本的信息技术，是高层管理者更广泛地获得信息的途径，是企业与国际接轨的平台，高层管理者对 IT 知识的需求仅次于对金融/证券类知识的需求（33.5%）；而不管企业如何运作，法律是衡量一切商业活动的准绳，尤其是加入 WTO 之后，国际标准的法律、行业规范使高层管理者对法律知识的需求也比较突出（18.8%）；相比之下，高层管理者对管理类知识的需求最弱（5%）。由此可见，知识整合已成为 21 世纪企业高层管理者共同追求的目标，是面对国际化竞争培养拓展性战略思维的知识源泉。高层管理者对知识整合的需求必将带动金融、信息技术和法律，以及更多的其他学科与管理科学相互融合，这种趋势对于培训机构而言，既对其业务结构的调整提出了新的挑战，也为其业务拓展提供了一个利好机会（见图3）。

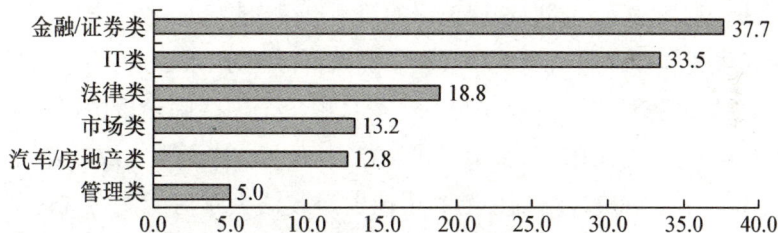

图 3 企业高层管理者最希望接受培训的知识类型

说明：此题为多重应答题，应答比率之和大于 100%。

管理类培训机构一般分为四种类型：

咨询型：深入接触客户，根据客户需求，量身定制培训方案并研发相应课程，理论与实际完美结合。以客户为中心，自主开发核心产品，具有可持续发展的潜力。

实战型：以专家和职业经理人为主要师资力量，实践经验丰富，但适合别人的，并不一定是最适合自己的。

理论型：以国内外优秀教材作为培训主导课程，或者引入国际先进的理论和经验。理论先进，但应注重与实际、与本土相结合。

跟随型：是中国管理培训市场的主流，市场中哪种培训成为热点，就立即跟随模仿。短期利益明显，但无核心产品，在市场规范化和品牌压力下，生存艰难。

四种类型在管理类培训特别是高管培训机构按所占市场份额依次排列，呈金字塔形。显然，跟随型的培训机构是目前市场中的主流，而咨询型的培训机构则显现出高处不胜寒的单薄；培训市场未来的商机却恰恰与此相反，随着市场杠杆的调节作用，优胜劣汰，咨询型将是未来培训机构的发展方向，而跟随型培训机构将大幅度萎缩。

目前管理培训的翘楚清华经管学院在整合国际一流教育资源、提升自身学术水平和影响力方面表现突出；清华与哈佛进行合作，起点很高；北大吸引了大量国企管理人员；中欧的学员多来自外企，香港背景的长江商学院因为资金实力雄厚，发展也非常迅速。

(二) 法律类培训

法律类培训以国家司法考试、法律硕士、律师职业资格考试等考前培训为主。同时包括：针对最新颁布的法律和面向企业界进行的法律培训，如：合同法、公司法、物权法等；同时法律英语的培训也很火热。

法律培训机构以高校法学院、成教学院以及行业办、民办为主。通过全国律师协会推荐的20家律考培训机构可见一斑：中华全国律师函授中心、中国人民大学教育培训中心、华东政法大学（成教院）、西北政法大学（成教院）、中国国际高级法律人才（重庆）培训中心、中南财经政法大学法学院、吉林大学法学院、深圳大学法学院、司法部涉外经济法律人才培训中心、杭州商学院（法律系）、河北师范大学法律系、山西省政法管理干部学院、律师人——中国律师资格考试远程教育网、中国政法大学培训中心、司法部杭州培训中心、湖南行政学院、北京市海淀区万国培训学校、北京市海淀高等职业技术教育培训中心、武汉市司法学校、山西财经法律培训学校。

中国法律培训网是一个比较成熟的网络培训机构，以推进法律在职教育为己任。其四大培训版块为：审判业务培训、律师业务培训、企业法律培训和银行法律培训（见图4）。

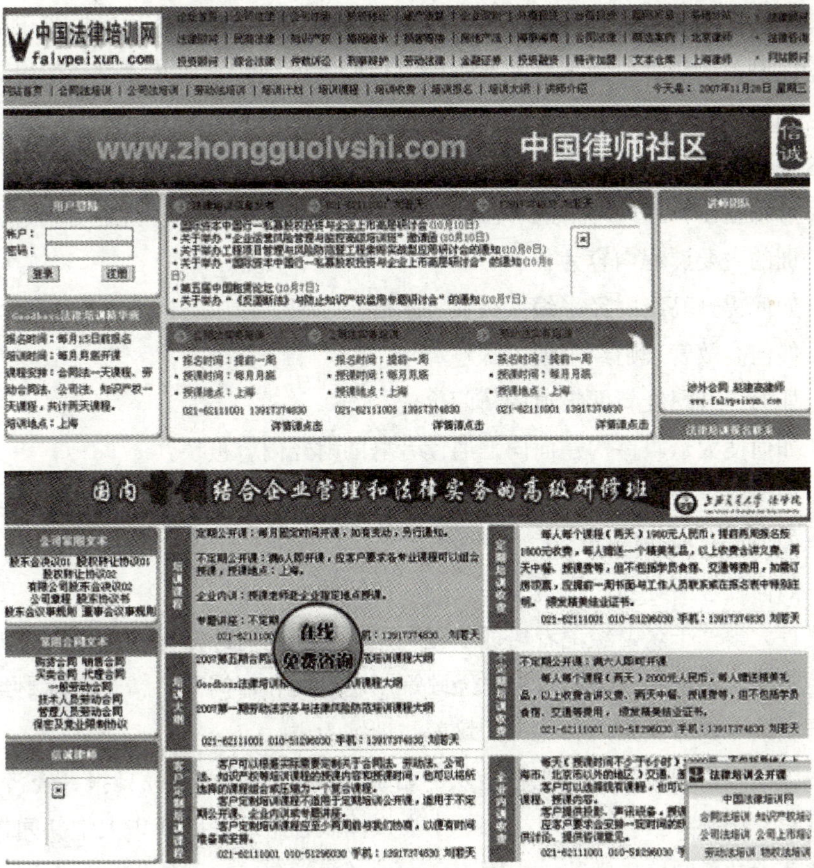

图4 中国法律培训网

(三) 新闻类专业培训

新闻类培训除各高校新闻专业培训班以外，管理职能部门和新闻媒体也参与这一培训领域。近年来国内高校新闻学院和境外院校、新闻媒体也举办了一些高端的培训班。如：复旦大学新闻学院与创维集团于2004年联合推出"千名财经记者培训工程"，每年举办高级财经记者研修班；北京大学财经新闻研究中心和英国《金融时报》联合创办"财经新闻国际培训班"；中国传媒大学与德国之声"广播新闻与时事报道培训班"（2000、2006年）、"教学培训班"（2002年）、"广播管理及广播营销讲习班"（2004年）、"在线新闻培训班"（2005年）、"网络新闻业务培训班"（2007年）；清华大学于2007年9月开办了亚洲"全球财经新闻"项目。该项目包括一个面向中国和世界各地招生的两年硕士班和一个针对全国在职记者的财经报道高级培训班。这个项目通过清华大学新闻与传播学院和国际新闻记者中心在华尔街等处募捐，获得了美林证券、耐特基金会和彭博资讯的资金与实验室设备的赞助。新华在线与美国道琼斯通讯社联合举办"财经传媒高级编务及管理培训"。

这些高层次的培训项目一般收费较高，主要面向国内较大的新闻媒体。从这些项目可以看出，新闻与财经、法律以及网络等交叉学科的培训更受瞩目。如新华社培训的主要课程内容为：

- 如何提升高级财经采编人员业务水准？
- 如何高效管理财经采编团队？
- 如何提升财经新闻报道的新闻价值？
- 如何使大众媒体构建面向普通读者群的财经内容板块？
- 如何解读公司财务报表并从中发掘新闻线索？
- 如何进行成功的财经人物专访？
- 如何处理财经新闻报道中涉及的法律问题？

复旦大学"千名财经记者培训工程"则以"通晓财经知识和理论"、"熟悉国际财经法律与规章"、"洞悉政府财经政策制定过程和依据"、"精于国际财经报道理论与实践"四方面素质和能力的培养与训练为主。

中国新闻培训网是一个比较活跃的培训机构，该网由人民日报、经济日报、工人日报、法制日报、中央电视台等中央媒体联合组织，以清华大学新闻传播学院、北京大学新闻传播学院、中国人民大学新闻学院、中国传媒大学电视与新闻学院等新闻学术机构为依托组织开办。目前以"新闻采访与写作"、"新闻摄影"、"新闻发言人"为专题组织培训。

作为职业资格认证的"网络编辑"的培训也是这一领域内较受关注的培训。

(四) 职业教育类培训

近几年我国职业教育培训发展迅速，"终身教育是一种普通的权利"的思想已被政府、社会和个人所接受。职前职业教育已与普通学校教育平分秋色；接受职后职业教育培训的人每年数以千万计，且增长的势头迅猛。劳动和社会保障部近日公布，中国计划在未来三年培养50万被称为"高级蓝领"的高技能人才，主要集中在制造业、服务业及其他技能含量较高的职业。农村转移劳动力的培训工程也已经启动。

从广义上说，职业教育涉及职前、职后职业教育的方方面面，包括管理、法律、IT、公务员等，相对来说面向白领阶层的各类培训特别是企业高管等盈利空间较大，广受社会关注，而面向蓝领的培训各界重视不够。在这里我们将更多地关注后者。国家在积极倡导，但投入不足，包括在政策性的支持和鼓励方面。例如，对大规模的职前职业教育投入不足；对农村及贫困地区发展职业技术教育扶持不够；对大规模产业结构、行业结构调整中转行、转岗的劳动者再培训缺乏支持措施。作为劳动力使用的主要单位——企业，除部分效益好的大型企业外，对在职人员的职业教育培训都投入不足，更谈不上对社会性的职前职业教育投入。因此与国外的发达国家和发展中国家相比，我国在这一领域的培训都还有很大的发展空间。

目前培训机构开展的职业教育培训，以劳动部发布的职业资格证书为主。如：IT类的3G移动通信工程师、嵌入式系统工程师、通信工程师、电子商务工程师、物流信息管理师、信息管理师、网络工程师；管理类的人力资源师、理财规划师、汽车经纪人、物流经理、营销经理、国际商务单证员、国际货运经理师、物流职业经理、物流经理助理、营销员、全国采购管理师等。还有一些低端的厨师等培训。

（五）语言类培训热点及主要机构

在语言类培训中规模最大的是英语培训市场，从英语四六级考试，到出国用托福、雅思等，以及各年龄层的英语学习。目前小语种培训和对外汉语教学的培训也倍受关注。语言类培训的交互式特性，以及这一市场的巨大潜力，使得它与计算机、互联网的结合更为紧密，其技术开发的超前性促进了教学理念的更新，除新东方外，值得一提的是华尔街英语学院和EF英孚教育等。

1. 华尔街英语学院

华尔街英语学院提出了"多元法"教学系统，它使英语学习个性化和实用化，灵活互动的学习方式迎合了学习者的需要，处处提供练习和巩固的机会，使他们能够根据自身条件循序渐进地进行英语学习。它的学习过程包括：

（1）多媒体语言学习中心：课程期间，学员在双语顾问的帮助下，在多媒体语言中心不限时间地学习。

（2）互动面授课：母语为英语的教师授课、每堂课不超过4名学员、练习并巩固之前在语言中心所习得的语言。

（3）补充课程：在外教的指导下，学员在社交会话能力的训练中建立自信，提高英语表达的流利程度。

（4）社交俱乐部：俱乐部以游戏、电影、讨论、聚会和户外活动等多种形式给学员带来现实英语环境的真实体验。

(5) 虚拟社区：这是一个为华尔街学院学员提供的一个互动的国际互联网社区。学员在这里聊天、交友、练习语法，并得到英语医生的贴心指导。

(6) 随时随地学英语：这个环节在时间和空间上给学员最大的机动性。学员可以随时随地通过互联网学习英语。

2. EF 英孚教育

EF 英孚教育是当今世界最大的语言教育机构——英孚教育集团的九大产业之一。1965 年成立于瑞典的这家集团专门从事语言培训、教育游学和文化交流，目前在全球 40 多个国家设有 70 多个分支机构，每年为逾百万学生提供各种语言教学服务。壳牌石油、爱立信、贝尔、西门子、麦当劳等在华跨国公司都选择英孚为其员工在中国本地进行培训。EF（英孚）教育集团投资 4 000 万美元专为白领精英研发出一整套全新的学习体系，该体系是基于网络而随时随地可以在线学习的新产品，为此 EF 开发了全新的支持该学习的网站：Englishitown。任何人，在任何时候，只要想学习英语，就可以登录 Englishitown，来完成英语学习的愿望。而全新的 Englishitown 的实施，真正实现了 24 小时、365 天、随时随地与外教当面沟通无障碍。EF 英孚教育首创 100％灵活的成人英语课程。学员可以 24 小时无限制地和学校里及网上的外籍教师直接沟通，Englishtown 课程 24 小时外教服务是由 EF 教育集团旗下全球各个地区的教师共同任教，学习者可以在每个整点时间进入网上语音教师与外教对话练习，由于是 24 小时不间断学习，学生可以选择任何时段，与自己所在地时间相同的外教进行学习，这就免去了时差问题。

三、高校师资培训市场

(一)目前主要的培训机构和培训内容

高校师资培训市场目前还不成规模，目前高教社在原来畅想园培训中心的基础上创建了"全国高校网络培训中心"，并在 20 个城市建立了分中心。同时各省教育厅也分别建有师资培训中心，但是更多地侧重于教师教学技能的培训，而较少有学科知识型的培训。高校师资培训的另一支主力军是各学科专业指导委员，但他们自身并没有把师资培训作为主要工作，并且也很少有专业指导委员会有计划、成规模地进行培训工作。

教育部全国高校教师网络培训中心是教育部批准设立的高校教师培训机构，业务上接受教育部高等教育司和人事司的直接领导，行政上由高等教育出版社管理。中心主要利用数字化和网络化技术，通过遍布全国各省市的全国高校教师网络培训省级分中心和城市分中心，开展教师培训工作。

教育部全国高校教师网络培训中心的主要任务是：通过建立全国高校教师网络培训系统和运作体系，组织开展以国家精品课程为主要内容的高校教师培训，促进质量工程各项建设成果的广泛应用和共享；承担教育部高等教育司和人事司交办的其他高校教师培训任务；开展高校师资培训数字化内容资源建设。

目前，教育部全国高校教师网络培训中心在全国各地拥有 300 余名院校代表队伍，正在积极与各省、直辖市和自治区高校师资培训中心和有关教学服务机构合作，构建起由 30 个全国高校教师网络培训省级分中心和 20 个城市分中心共同组成的覆盖全国的高校教师网络培训体系。计划五年内，运用现代远程教育技术，培训以基础课和专业（技术）基础课教师为主的高校骨干教师 10 万人，建设形成的数字化培训内容资源将使约 50 万名高校教师受益。

教育部全国高校教师网络培训中心统一组织、指导和协调全国高校教师网络培训省级分中心和城市分中心的教师培训及其他社会培训工作，教育部全国高校教师网络培训中心的网站是 http://www.enetedu.com。日常培训工作由教育部全国高校教师网络培训中心、全国高校教师网络培训省级分中心和城市分中心共同完成，北京畅想数字音像科技股份有限公司协助进行网络培训的运营服务。教育部全国高校教师网络培训中心以服务教师为己任，"创新高校教师培训模式，传播质量工程建设成果，推动高校教师专业发展，服务高校教师终身学习，促进高等教育质量提高。"

目前该网站上的课程有：线性代数（非数学专业）、货币银行学、文学概论、工程图学和无机化学与实验。

（二）师资培训市场的发展空间和潜力

基础教育教师成长理论提出了"教师专业发展"的概念，并认为其主要包括五个方面的能力：

- 基本能力，包括通用知识、人际交往沟通能力、问题解决能力等；
- 学科能力，教师所具备的学科素养；
- 专业能力，包括教学能力、教学与评价的技巧、课程设计与选择等；
- 专业精神，教师的职业道德与职业修养；

- 教育教学的研究能力，能够在教育实践中有计划地实施发现问题、探索问题，并将研究运用于教育教学实践中的能力。

按照这一划分，各省教育厅的培训目前集中在基本能力、专业能力和专业精神方面；专业指导委员会等和出版社组织的培训与会议更多地侧重学科能力和教育教学的研究能力，如介绍某个学科领域的前沿知识、最新研究成果，以及优秀教师、优秀教材的作者就教学内容现身说法。我社已经组织的一些培训和研讨会也侧重这一领域，相信这也是我社今后的培训热点。

这一领域的市场潜力到底有多大？如何保持持续盈利？需要走访学校和专业指导委员会，作进一步的调研。

值得指出的是，高等职业教育教师在专业内涵上不仅应该具有该专业不同高等院校教师的学科知识，还要具备厚实的与职业人才培养目标相匹配的岗位技术、技能型人才培育的行业（或专业）知识、技术应用与技术技能传授能力，且这一领域发展迅速，教师培训的要求更加迫切，是未来教师培训需求更加迫切的一个群体。

四、给我社开展培训工作的几点启示

（一）定位及培训内容

人大出版社开展培训工作应该主要定位于开发与内容产品相关联的延伸服务。人大出版社以出版教材学术精品为己任，具有丰富的、权威的人文社会科学方面的作者资源，开发面对教师的培训既是对现有产品的宣传推广，也是教材使用的"售后"服务，同时也为提高学科教育水平贡献我们的一份力量。因此我们有必要也有能力做好这一方面的培训工作。

随着培训工作的展开，或者当我们组建培训中心之后，面向行业从业人员的培训我们也具有得天独厚的资源，特别是那种跨学科的培训，比如：面向新闻从业者的财经知识培训等，并可以由此开发相关的图书、音像产品。

（二）培训手段与盈利模式

实体培训与网络培训相结合。网络培训不仅可以和我们现有的教材、教学资源库相结合，使这些产品有更广泛的读者群，甚至可以开发一套完整的盈利模式；同时可以通过网络培训锁定我们的读者，使他们成为我们更忠实的客户。

实体培训不仅可以成为我们推广教材等产品的手段之一，还可以逐步做到收支平衡甚至盈利，成为我社经营中新的经济增长点。

总之，为教育服务是我社的基本定位，而从为教育服务这一点来看，培训市场的介入和开发，对于以出版高校教材为主的大学出版社来说，培训不是副业，甚至也不是可有可无的一部分业务，它和图书、音像、网络出版物等一起作为服务于教育这一产业的立体化产品。早做准备介入培训市场，将为出版社开拓更广阔的发展空间和新的盈利模式。

（本文写于 2007 年，文中数据多为当时的数据）

《辩证法随谈》编辑出版花絮

·沈小农·

《辩证法随谈》一书是李瑞环同志继《学哲学 用哲学》后出版的又一部重要著作，是李瑞环同志在生活和工作实践中活学活用辩证法的理论结晶和实践总结。本书并非专门谈论辩证法，而是把马克思主义唯物辩证法的原理运用于对具体问题的分析和解决上，既有立场、观点、方法，又覆盖工作、学习、生活诸多方面，可谓时时处处应用了辩证法，时时处处体现了辩证法。正是因为具有这样鲜明的指导性和实用性，本书在出版后受到了广大读者的热烈欢迎。

回顾《辩证法随谈》一书的编辑出版，既有忙碌与辛苦，也有启迪与感悟，很多片段在我脑海中都烙下了深刻的印记。下面择取其中的一些花絮，与大家分享。

一、关于选题

李瑞环同志的《学哲学 用哲学》一书出版后，各方面反应热烈，特别是其中的"处处都有辩证法"一节，经多家媒体转载，引起读者广泛关注，认为这种质朴、鲜明、生动的片言只语，简短精练，好读好记好用，可以使读者在轻松、活泼的氛围中获得认识论、方法论的启迪。而编辑《学哲学 用哲学》的过程中，可用于"处处都有辩证法"一节的内容多达千余条，为了保持篇幅匀称，只选用了其中约十分之一。还有些读者建议出一个《学哲学 用哲学》的简编本。这本《辩证法随谈》就是在李瑞环同志主持下为满足读者上述要求而选编的。而《学哲学 用哲学》一书由中国人民大学出版社出版获得了巨大成功，按照李瑞环同志的说法——各方面反响和销量大大出乎预料，使得《辩证法随谈》在人大出版社出版变得顺理成章。

在书稿的编选过程中，我社特别是贺耀敏社长便积极介入其中。待得初稿出来后，我们便及时对书稿进行了初步的编辑加工，并由贺社长、主管发行的副社长赵东晓，及负责编辑工作的我，去向瑞环同志作了汇报，提出了对于书稿整体的看法，日后发行方面的设想和前景预测，以及编辑方面的意见和建议。贺社长汇报说：《辩证法随谈》一书将一些精彩的论断、警句，按照专题分类，并辑录成书，这种体例和形式具有创新性，既方便读者阅读，也方便读者记忆和运用；和《学哲学　用哲学》相比，内容更凝练，语言更生动活泼，通俗易懂，行文风格更贴近群众生活，因而更具亲和力，一定会产生广泛影响。加上我们已经有了发行《学哲学　用哲学》的成功经验，这本书我们争取发行超过《学哲学　用哲学》。瑞环同志相当满意，并对我们在对书稿编辑方面提出的意见建议和编辑们的认真负责表示了肯定。

此后，我们就内容修改、增删，封面设计，版式安排等又做了几次汇报。在汇报过程中，我们充分感受到瑞环同志的亲切和蔼、平易近人。特别是瑞环同志这几次都是谈兴大发，上至决策层的逸事，下至百姓的疾苦，娓娓道来；自己一些名言警句的由来，难以尽言的背景资料，省略掉的上下文，等等，如数家珍。其睿智、机敏和超强的记忆力，给我们留下了极为深刻的印象。而体现于其中的为国为民说实话做实事的高尚品德，更使我们深受教益。

二、关于书名

本书原拟定名为《李瑞环随谈辩证法》。所谓"随谈"，即随时、随地、随事、随兴而谈，触景生情，有感而发，不拘形式。当时的考虑是，书名当中突出了瑞环同志的名字，有利于一下子抓住读者，也便于宣传和扩大影响。此外，书中可以不要署名了，可以将本书理解为别人编选的。这可能是出于某种考虑。但是跟随瑞环同志多年的方放同志，认为"随谈辩证法"表述上不是很通，还需再议。我在汇报时也附和了方老的意见。后来经过反复考量，瑞环同志最终选择了《辩证法随谈》这一名称。这也是作者以前公开出版过的两本著作即《城市建设随谈》（天津社会科学院出版社，1989 年版）和《为人民办实事随谈》（百花文艺出版社，1990 年版）的体例名称。这样一来，倘若今后再出版有关著作，还可以沿用这一体例名称。

三、关于内容

本书分为六编三十六个专题，交稿时共有 1 292 条段子。在我们第一次汇报时瑞环同志表示，本次编选不能说很全面，自己感觉还有些比较精彩的论述未能选入，希望我们能够安排人力再做一轮编选，特别是涉及方法论的内容。按照这一指示，我们又从瑞环同志的大量文稿中挑出几百条富有辩证意蕴的精彩段子，在瑞环同志的主持下从这几百条中又精选出 100 多条，增加到本书中，从而使本书的内容增加到现在的 1 412 条。据瑞环同志的身边工作人员说，在本书的编辑过程中，瑞环同志本人空闲时经常翻阅自己过去的文稿和著作，从中挑选新段子。像"头疼要吃头疼片，脚气要抹脚气灵，老抹脚气灵是治不了头疼病的"（第 1 148 条），"要善于吸纳意见，多听意见，听各种意见特别是听和自己不同的意见，择善而从之"（第 1 097 条），"讲政治人民至上，求真理实践第一"（第 1 365 条）等段子，是瑞环同志本人后来提出加进本书的。

在汇报中我们发现，瑞环同志对自己的这部著作高度重视，其关注之情甚至超过了《学哲学 用哲学》。我们在编辑中在不改变作者行文和语言风格的前提下，也是精益求精，字斟句酌，力求使本书质量臻于完美。从 2006 年 11 月份交稿到 2007 年 4 月上旬出版期间，我们完成了征求意见本和向中央送审本的编辑印制工作。在这中间，不断地增添新内容、删减个别内容，定稿、修改、动版、再定稿，不断反复，每一遍清样都不能出现差错。这对我们的编辑工作提出了更高的要求，但瑞环同志在本书中总结的思想方法和工作方法给了我们很大的启发，我们边学习、边工作，并发扬人大出版社员工精益求精的传统，终于使本书按时高质量地出版。

书中的有些修改是与作者本人多次商量，才确认的。如："不应该把别人的缺点拿来和自己的优点比。乌鸦和凤凰比屁股，都是那么脏，为什么不比翅膀，看谁好看？"（第 1 213 条），"咱们过去来回争是非，争得没完没了，到底哪个真的是，哪个真的非？争来争去，结果往往是两败俱伤，怄了一肚子气，弄了一身病，谁也没成为英雄"（第 559 条）等段子，是经过多次修改才最终定稿的。

四、关于封面、体例和版式

本书的封面、体例和版式是我们与作者方面反复协商，才最后定下的。

关于封面，前后设计了十几种，有的装饰了具有浮雕感的头像，有的有其他装饰，有的用法书题字，等等。经过几轮送审，瑞环同志都不满意。后来在汇报中，瑞环同志谈到"随谈"的含义，说：随谈就是没有核心内容的漫谈，想到哪儿就说到哪儿，天南地北，海阔天空。是否就从海阔天空这方面考虑？现在的封面就是出自瑞环同志的创意。

关于体例。最初计划在书中插入部分漫画，以增强可读性和趣味性，更为重要的目的是，消除本书的"语录"色彩。对此，瑞环同志是同意的。于是，我们安排人力从丁聪、黄永玉、华君武等漫画大家的大量漫画作品中，挑选出一部分相对适合本书内容的漫画，以便安插在本书中。后来，由于考虑到插入漫画会因图伤文，喧宾夺主，影响读者对文意的理解，经与作者商量后决定不配漫画。

关于版式。作者提交的初稿，各段子的序号就是阿拉伯数码，在编辑制作送审本时，为了清晰醒目起见，改为加上黑方括号的形式。在考虑出正式版时，瑞环同志提出，每段之前有序号，乃是本书特色，现在这样子，序号在肩膀上扛着，不好看。能不能变变形式？后来我们制作了几种序号样本，并且设计了多种标题、页眉，最后瑞环同志选中了现在这样既有些灵动、活泼，又不失庄重、严肃的样式。

现在呈现在我们面前的《辩证法随谈》一书，从装帧设计，到内文体例，给人以简洁大方、清新自然之感，与书的内容实现了比较完美的统一。在这精美的图书之中，包含着编辑和设计人员细致的工作，也凝结着瑞环同志的创意构思和审美。

中国企业 E-Learning 市场的分析与对策

·安 卫·

一、企业 E-Learning 市场的发展状况

在美国，通过网络进行学习的人数正以每年 300％的速度增长，并且有 60％的企业通过网络通信和计算机等数字化手段对员工进行培训。美国培训与发展协会在其发布的一份研究报告中称，2010 年员工人数超过 500 人的大中型公司将有 90％以上都将员工培训任务倚重于 E-Learning。这主要是由于这种新的学习培训模式确实能够大幅降低培训的成本，提高培训的效益，从而在大中型企业中得到广泛的应用。

中国的企业 E-Learning 产业自 1999 年左右开始萌芽，并随时间的推移不断发展，已经基本形成了网络教育产业的一个独立分支。

2004 年前中国企业 E-Learning 的绝大多数客户限于电信、保险、银行、IT企业等少数大企业，也有一部分教育部门和政府机构。但自 2004 年以后，中国企业 E-Learning 市场加速启动。

1. 中国企业 E-Learning 的巨大潜在市场

（1）中国目前中小企业总数在 100 万以上，如果按照 10％的比例来建设企业内部在线学习系统，平均每个企业投入 10 万元，那么整个国内企业 E-Learning市场规模将在 100 亿元以上。

（2）从现有的企业 E-Learning 客户分析，主要集中在大中型企业，尤其是大型企业，另外有部分知识密集度高的中小企业也存在对 E-Learning 的需求。

资料显示，中国现有大型企业（一般指年收入在 3 000 万～5 000 万元以上、员工人数在 300～500 人以上，视不同的行业而定）的企业数量约为 5 万家。以发达国家目前 20％的 E-Learning 普及率计算，则有 1 万家的大型企业会实施 E-Learning。目前每个企业在 E-Learning 上的投入从数万元至上百万元不等（其中

不包括基础设施建设）。那么中国大陆企业 E-Learning 的市场潜量约在 10～20 亿元人民币之间，在 3～5 年左右的时间内会达到 8 亿～10 亿元的规模。由于我国企业与市场规模的急速发展，相信在未来 5～10 年间，E-Learning 在企业培训中的应用将追上美国现有的水平。

2. 目前中国企业 E-Learning 的产业特点

（1）产业规模和发展速度低于预期。产生这种现象的主要原因并不是企业 E-Learning 产业本身没有发展前景，而是因为企业 E-Learning 与电子商务的泡沫经济时代同时而生，不可避免地受到电子商务时代的狂热影响。业界过高估计了中国企业 E-Learning 产业发展的规模和速度。我们的预期比照了美国等发达国家的企业 E-Learning 产业发展规模及速度，而没有考虑中国企业的规模、基础设施平台建设、对 E-Learning 的接受程度、对培训的投入、人员素质等诸方面的原因，因此过高估计了中国企业 E-Learning 产业的发展速度。

（2）基本上处于 E-Training 阶段。中国企业 E-Learning 的特点是基本上处于 E-Training（电子化培训）阶段。以美国为代表的发达国家用"E-Learning"（电子化学习）这个词汇，除了历来有更强调"教学"中的"学"这一传统之外，还表明学习型组织已经在企业中被广为接受和建立。而多数中国的企业还没有建立完善的培训体系，建立学习型组织的观念虽然被广为接受，但是还没有得到有效实施。因此，企业 E-Learning 在中国更多的是"E-Training"，即用信息化手段代替或部分代替传统的面授培训。

（3）区域市场差异大。按地区分布，可以把企业 E-Learning 市场分为一级市场（北京、上海、深圳、广州等大型城市）、二级市场（沈阳、武汉、青岛、大连、成都等中型城市）、三级市场（各省、地区的小城市）。当前企业 E-Learning 约 85%～90% 的市场份额由一级市场占有，二级市场份额只有 10%～15% 左右，三级市场份额几乎是零。企业 E-Learning 区域市场主要集中于大城市的原因在于实施 E-Learning 的企业绝大部分是大型企业，这些企业分布于大城市。当然有些实施了 E-Learning 的企业是分布于中小城市的，比如保险、银行，但其 E-Learning 平台的部署和内容的发布也多集中在大型城市。

（4）行业差异大。IT/通信/电子类、金融/财经类、教育/培训类、政府/机构类企业占实施 E-Learning 客户的比例较高，而餐饮/零售/商贸类、交通/建筑类、能源/化学类这些企业的比例则很小。究其原因，实施 E-Learning 较多的企业在信息技术设施、信息技术技能、运用信息技术的观念等方面要优于其他企业，这说明企业 E-Learning 要受这些因素的制约。

3. 目前中国大陆地区的企业 E-Learning 实施的瓶颈

目前许多企业都认同 E-Learning 所能带来的巨大效益，都认识到通过计算机网络进行培训学习是大势所趋，但在多数大公司的实际效果不是特别理想。原因主要在三个方面：

（1）国内很多企业在传统的培训体制上都不是很完善，培训意识在各层干部中不是很强，这造成了对 E-Learning 的轻视态度。

（2）企业员工使用计算机和网络的水平参差不齐，导致培训质量参差不齐。

（3）缺乏 E-Learning 培训经验，既没有良好的教学资源、课件、师资力量来吸引员工学习，又没有良好的监督激励体制来鼓励员工认真使用 E-Learning。

在传统培训体制都还不完善的情况下，E-Learning 的优点可能成为缺点。比如说 E-Learning 节省培训成本，那是建立在 E-Learning 的培训效果和传统培训一样的前提之下。如果企业员工对 E-Learning 接受度很低的话，那么 E-Learning 不但没有节省培训成本，反而白白浪费了培训经费。

另外，如果企业没有建立完善的考核监督措施，过分信任员工自我培训的自觉性，或者学习内容安排不足、不合理甚至是只有形式没有实质的 E-Learning，这些都会造成 E-Learning 的失败。

二、制定 E-Learning 战略

中国要采用 E-Learning 的企业已经开始成熟地思考。E-Learning 的实施需要一个清晰的 E-Learning 战略。笔者认为该战略包括两方面的内容：一个是战略目标，即愿景；另一个是战略实施框架，即具体计划。

1. 愿景

就是要描述组织未来的学习将是什么形式。愿景不应该仅仅局限于利用新的科技手段让传统的培训成本更低、效果更好。更重要的是如何充分发挥技术的"使能"作用，使我们用一种前所未有的方式，来推进组织学习。如康柏公司："让一个新手能够像专家一样工作"，这个回答是它们实施 E-Learning 真正的驱动力。

一个非常有说服力的愿景应该具有一定的前瞻性，同时又具有可操作性，最重要的是要针对解决组织的实际问题。发现一个良好的愿景，并在组织内得到大

家的认同，这是 E-Learning 长期成功最重要的基石。

2. E-Learning 战略的实施框架

应该遵循四个方面的指导原则：

（1）在商业需求方面，需要考虑：

● E-Learning 在组织架构中的位置，向谁汇报：培训部、人力资源部、电子商务部还是 IT 部？

● 资金来源：公司统一预算，还是各业务部门自筹，或者两者结合？

外包模式：是完全自己实施、全部外包或者部分外包？

● 成功量度：确定评价 E-Learning 实施效果的指标，这些指标应该是量化的。

（2）在技术方面，需要考虑：

● 组织的网络情况能否支持系统的实施？是否需要租用外部平台？

● 职员电脑的配置环境：E-Learning 是否要与 ERP、E-HR 等系统集成在一起？

● 系统是否要支持移动学习？

（3）在内容方面，需要考虑：

● 来源：购买还是自建？哪些内容购买，哪些内容自建？

● 学习对象：是否需要支持学习对象，以便内容的重用？

● 标准：课件和平台工具是否都需要遵循国际标准？

● 课件开发技术及工具：选用开放式的标准还是基于某个特定公司的技术？

（4）在文化方面，分析文化对系统实施的影响，并制定应对策略，下面是一些常见的障碍：

● 员工认为到总部学习是一种奖励，不愿意通过网络学习。

● 员工认为面授培训是建立人际关系的重要渠道。

● 职能部门的经理不愿意让部门里最优秀的员工投入精力开发课件。

（5）变革策略：识别所有的利益相关者，分析他们接受电子化学习的动机或障碍，确定变革策略：

● 变革模式：全面铺开，还是先试点？

● 怎样转变培训部门？

● 怎样发展和业务部门的关系？

● 怎样推进员工采用新的培训模式？

三、我们的实践与思考

中国人民大学出版社哈佛项目组销售 E-Learning 的时间在美国之后，但也可以从我们的实践中总结出对中国的 E-Learning 富有启迪的经验与模式。

1. 中国人民大学出版社的 E-Learning 优势

这主要体现在六个方面：

（1）渠道优势。中国人民大学出版社具有覆盖全国且颇具规模的专业化销售队伍以及成熟的渠道运作模式。

（2）领域优势。作为中国人民大学下属的出版社，我们在教育领域具有广泛和十分重要的影响力与号召力，与中国各高校、商学院、培训机构都保持着良好的关系。

（3）成本优势。中国人民大学出版社在图书、教材领域盈利稳定，实力强大，有能力组织全方位的市场推广活动，设计特色的产品。

（4）经验优势。中国人民大学出版社长期致力于在教育、培训领域销售相关产品，积累了丰富的经营管理经验。

（5）品牌优势。中国人民大学出版社是新中国建立的第一家大学出版社，有良好的信誉与品牌形象。

（6）实践优势。中国人民大学出版社哈佛项目组从中国人民大学出版社与哈佛商学院出版公司正式签订在中国大陆推广哈佛商学院网络课程合作协议起开始建立。在中国大陆专门销售哈佛商学院出版公司一家的 E-Learning 产品，已经有 5 年的实践经验，做了大量的工作，取得了一些成果，在中国 E-Learning 市场上占有重要地位。

2. 销售模式

我们根据客户的特点，确定了主要客户群及其需求重点。

客户类别		需求重点
企业		（1）以 E-Learning 的培训方式克服传统培训方式的不足，扩大培训范围，降低培训成本。 （2）引进哈佛先进的管理理论，提高管理者的管理素质和技能。 （3）借助哈佛的品牌效应，提升企业层次。
高校	商学院	作为 MBA 或管理专业的选修课，扩展学生的知识。
	网络学院	作为公共选修课，完善课程结构，填补淘汰的过时课程的空缺。
个人		自我提高。

针对细分的客户群，我们实行了两种课程服务方式，如下所示。

服务方式	适用范围	详细做法
平台安装	大型企业或高校、网校	按照要求将课程安装到客户平台上
课程卡	零散的个人客户	购买学习卡，登录在线网站学习

3. 战略的实施

我们组织翻译了上万字的哈佛英文宣传资料，并在此基础上编辑制作了弓形架、宣传册、宣传单、演示光盘等多种宣传工具和宣传品。同时，根据不同客户的需求重点，我们还分别编写了针对企业客户、高校客户和个人客户的电子宣传资料。我们还选择有效的宣传渠道，并根据各渠道的特点采取不同的宣传策略。如：

（1）网络宣传。我们通过资源整合获得大量潜在客户相关负责人的联系方式，以打电话、发传真、邮寄宣传品或 E-mail 电子宣传资料等形式直接向几千家团体客户介绍课程。我们不仅凭借自己的专门网站，还与新浪、卓越、中国企业人才网等几十个社会知名网站建立了宣传合作关系，通过在网页上互加链接进行联合宣传。我们经常访问各类管理专业网站和火爆时尚网站，以在 BBS 上发帖的形式介绍、推广哈佛商学院出版公司的网络课程。

（2）展会宣传。我们利用一切机会参加各种展会，努力创造和潜在客户直接接触的机会，以更有效地宣传我们的产品。

（3）地铁上的宣传。在地铁车厢扶手上进行平面广告宣传。

（4）其他宣传。我们充分利用出版社丰富的资源，借助分社的渠道网络宣传哈佛商学院出版公司的网络课程。

（5）服务支持。我们还提供了强大的销售服务支持。主要表现在：E-Learning 实施方案的制定、E-Learning 实施经验的介绍、E-Learning 课程技术问题的排除，等等。

4. 存在的问题与解决

（1）产品问题。老产品的升级。从目前中国的客户需求来看，客户对现有哈佛商学院出版公司的课程比较感兴趣的是《哈佛管理导师》、《走进管理》、《领导力变革》、《卓越管理》。但这些课程 SCORM 标准太低（其中《卓越管理》不符合 SCORM 标准，有些声频视频无法读取），缺乏跟踪功能，也无书签功能，企业人力资源部门或培训部门无法监测到学员的学习情况。

另外，哈佛商学院出版公司的课程存在一些技术问题尚未解决，比如新产品的生产与产品汉化。中国大陆企业对高质量的 E-Learning 产品还是有很大需求。我们所销售的只有哈佛商学院出版公司的 8 门汉化课程，其中《哈佛管理导师》、《走进管理》、《领导力变革》是 2006 年年末翻译的，其他 5 门汉化课程《卓越管理》、《什么是领导者》、《管理直接下属》、《管理虚拟团队》、《指导员工》都是老版本。而国内计算机水平发展很快，其他网络培训课件厂商每年甚至每半年就推出新形式、新内容的产品，甚至达到英文版和中文版同步销售的境界，因此哈佛产品与其他同类产品的竞争局面是非常严峻的。产品老化不但影响了产品的市场表现，更影响了哈佛品牌的声誉。

哈佛商学院出版公司应该有连续的产品出现并及时汉化。新产品与汉化产品在形式上、技术上要照顾到中国大陆企业的情况。如，形式活泼，有声频视频，有书签功能，可以在 SCORM 标准平台上记录学习进度等。

（2）联合宣传问题。E-Learning 产品的推广不能缺乏有力的宣传。要让中国企业对我们的 E-Learning 有一个清晰的认识，这需要通过各种媒介大力宣传。前几年哈佛商学院出版公司在上海东方卫视上作过宣传，很有成效。

（3）应该加强对销售人员进行定期培训。中国 E-Learning 的起步和中国人民大学出版社销售 E-Learning 的时间都在美国之后。我们需要尽快培养出懂得 E-Learning，并帮助企业实施 E-Learning 的专业销售人才，这是推广 E-Learning 最为基础的工作。

（4）我们提供给客户完善的售后服务，建立世界范围的 E-Learning 会员制。

（5）面授辅导。将在中国学习过我们网络课程的学员带到哈佛当地进行面授学习。将网络学习与面授学习结合起来，这是促销的一个重要手段。

（6）必须建立自己本土的网络课程销售顾问团。

我们相信，只要解决好产品和市场模式的问题，中国企业 E-Learning 产品的市场推广一定能在新的时代浪潮中迈上新的台阶。

关于独立学院基本情况的调研报告

· 唐 奇 ·

一、独立学院简介

根据教育部 2006 年 5 月 26 日公布的最新独立学院名单，独立学院在全国除西藏外的 26 个省或自治区及 4 个直辖市内广泛分布（不包括港澳台地区）。全国共有独立学院 313 所，其中北京 4 所，天津 10 所，河北 17 所，山西 8 所，辽宁 23 所，吉林 11 所，黑龙江 5 所，上海 4 所，江苏 26 所，浙江 20 所，安徽 10 所，福建 9 所，江西 13 所，山东 12 所，河南 10 所，湖北 31 所，湖南 15 所，广东 17 所，广西 9 所，海南 1 所，重庆 7 所，四川 12 所，贵州 8 所，云南 7 所，陕西 12 所，甘肃 5 所，宁夏 1 所，青海 1 所，新疆 5 所。

独立学院是由普通本科高校（申请者）与社会力量（合作者，包括企业、事业单位、社会团体或个人和其他有合作能力的机构）合作举办的进行本科层次教育的高等教育机构。国家规定，申请者要对独立学院的教学和管理负责，并保证办学质量；合作者要负责提供独立学院办学所需的各项条件和设施，参与学院的管理、监督和领导。独立学院应具有独立法人资格，独立的校园校舍，独立进行教学和财产管理、招生和颁发毕业证书。由于独立学院属于本科层次，所以由教育部负责审批。凡未经教育部审批的，国家均不承认其学历。教育部审批的独立学院名单都在教育部网站上予以公布。

独立学院有三大特征：一是一律采用民办机制，所需经费投入及其他相关支出，均由合作方承担或以民办机制共同筹措，学生收费标准也按国家有关民办高校招生收费政策制定。二是实行新的办学模式。重点是突出一个"独"字。独立学院应具有独立的校园和基本办学设施，实施相对独立的教学组织和管理，独立进行招生，独立颁发学历证书，独立进行财务核算，应具有独立法人资格，能独立承担民事责任。三是实行新的管理体制。独立学院的管理制度和办法由申请者和合作者共同商定。

独立学院实施本科层次学历教育，招生时，独立学院通常要列入高校年度招生计划，并适当降低录取分数线，在本科三批中进行录取。由于独立学院采用民办机制，因此收费由所在地省级人民政府根据国家有关民办高校招生收费政策制定，学费标准一般略高于其他普通高校，一般每年学费在 10 000 元以上。

教育部要求，独立学院的专业设置应主要面向地方和区域社会、经济发展的需要，特别是要创造条件加快发展社会和人力资源市场急需的短线专业。独立学院的招生计划，是由所在地省级人民政府在国家下达的普通本科招生计划总数内统筹安排的。独立学院的招生标准，一般不得低于当地本科最低录取控制线，具体招生录取批次、办法及对户籍管理与毕业生就业等相关政策，由所在地省级人民政府按照国家有关法律和规定制定。

目前独立学院只能颁发独立学院毕业文凭，不能颁发校本部毕业证书。其发放的本、专科毕业证书上均须署名独立学院学校全称，例如××大学××学院（分校）毕业证书上的署名即为"××大学××学院（分校）"。独立学院的学位证书按照国家有关规定颁发。独立学院的专科学生可在毕业学年按有关政策和规定的比例参加省统一组织的专升本考试，择优升入本科专业继续学习。

二、独立学院招生规模

"按照中央的意见，独立学院利用重点院校先进教育理念、优质教育资源加上独立学院新的办学机制和模式，已经成为我国高等教育改革突破口的同时，迅速扩大优质本科教育规模。7 年来（到 2005 年），全国在校生已达到 80 万人，年招生人数达到 30 万人。"到 2006 年在校生人数达 140 万人。据不完全统计，全国独立学院 2006 年共招生 47 万余人。招生较多的省份如浙江省，独立学院在校生人数为本科在校生总数的三分之一，本科招生计划的 40% 为独立学院，而河南省约招收 2 万人。

2006 年独立学院每校平均招生约 1 520 人，如：浙江城市学院的商学院招生 900 人，现有在校生 4 000 人。大部分专业招收人数在 100 人左右，个别专业会达到 200 人以上，少的在 50 人左右。

对现有的 280 所独立学院中招收文科类专业的院校进行统计，其招生规模最多的十所依次是：

（1）北京师范大学珠海分校（3 125 人）；

（2）河北大学工商学院（3 100 人）；

（3）华南师范大学增诚学院（2 360 人）；

（4）山西大学商务学院（2 226 人）；

（5）四川外语学院成都学院（2 137 人）；

（6）四川外语学院重庆南方翻译学院（2 076 人）；

（7）浙江工商大学杭州商学院（2 054 人）；

（8）云南大学旅游文化学院（1 981 人）；

（9）河北经贸大学经济管理学院（1 920 人）；

（10）渤海大学文理学院（1 910 人）。

三、独立学院的专业设置

独立学院多为多科性院校，专业设置不全面，每校一般为十个左右，并且依据公办方院校的教学优势，表现出明显的专业设置方面的偏向性。一般来说，可以划分为社科类、理工类、农医类及艺术类。在专业设置方面，所设置的专业主要是为适应地方和区域社会、经济发展的需要，特别是要创造条件加快发展社会和人力资源市场急需的短线专业。所以设置的专业多为应用型、就业渠道明朗并发展趋势良好的专业，以及国家相关人才较为紧俏的专业。分类如下：

经济类专业：国际经济与贸易、经济学、金融学、金融管理等；

管理类专业：工商管理、市场营销、财务管理、会计学、物流管理、旅游管理、人力资源管理、广告学、电子商务、公共事业管理、行政管理等；

语言文学类：新闻学、汉语言文学、英语、日语、法语、德语、韩语等（其中英语和国际商务、涉外秘书等结合设立）；

法律类：法学（有民商法、经济法、宪法等方向）；

理工类：电子信息工程、机械制造工程与自动化、土木工程、电气工程与自动化等；

信息管理类：计算机科学与技术、信息科学与技术、信息工程、软件工程、信息管理与信息系统等；

医学类：临床医学、护理学、生物工程、药学等；

艺术类：工业设计、艺术设计、播音与主持艺术、表演、声乐、舞蹈等。

（1）各专业设置及 2006 年招生人数比较分析。由图 1 和图 2 可见，从专业设置来看，理工、农医类专业略高于文科类（含体育艺术类），文科类占 46％，理工、农医类占 54％；但是从各专业的招生人数来看，文科类专业远高于理工、农医类专业，文科类占 57％，理工、农医类占 43％。

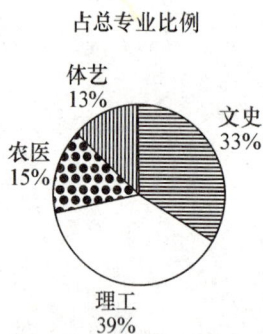

图1　各院校专业设置比例　　　　图2　各专业招生人数比例

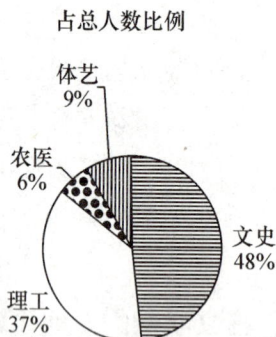

（2）年招生人数在万人以上的专业如图 3 所示。

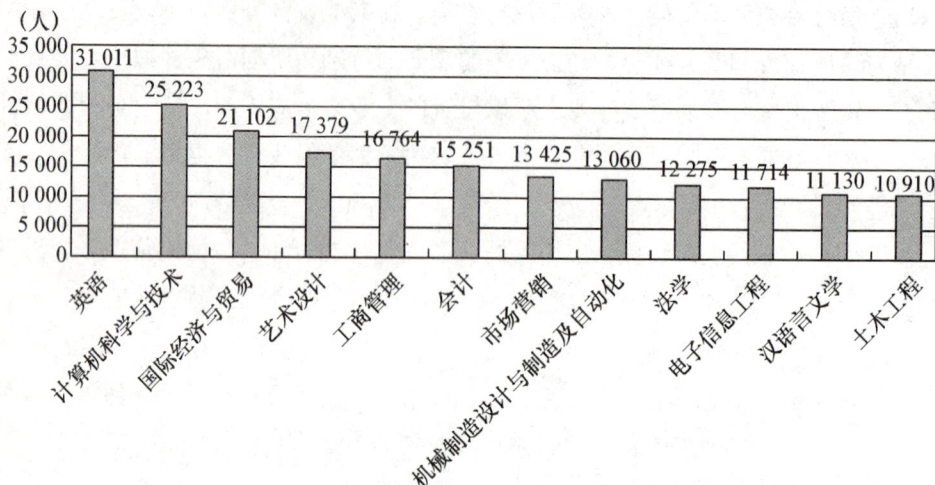

图3　年招生人数在万人以上的专业

（3）文科类专业设置情况如图 4 所示。社科类院校开设社科类专业招生人数最多的 11 种专业依次是：英语（31 011 人）；国际经济与贸易（21 102 人）；艺术设计（17 379）；工商管理（16 764 人）；会计学（15 251 人）；市场营销（13 425 人）；法学（12 275 人）；汉语言文学（11 130 人）；财务管理（8 219 人）；金融学（7 917 人）（含金融工程 455 人、金融管理 170 人）；旅游管理（7 684 人）。

（人）

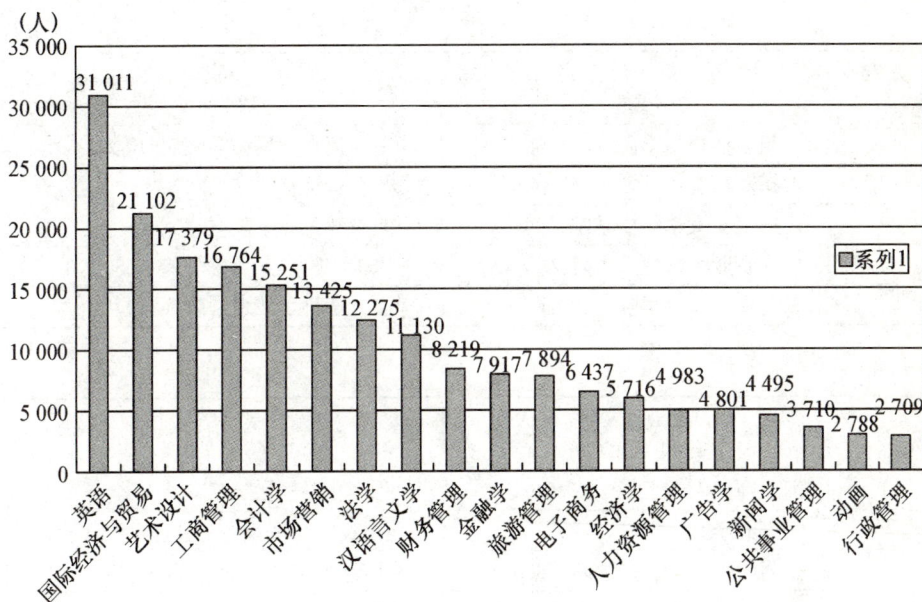

图4　文科类专业招生人数

（4）在招生人数排名前十的文科专业中，招生人数排名在前5位的院校参见表1～表5。

表1

名次 \ 专业	英语 （31 011人）*	国际经济与贸易 （21 102人）
1	四川外语学院成都学院（1 867人）**	云南大学旅游文化学院（280人）
2	四川外语学院重庆南方翻译学院（1 572人）	山东经济学院燕山学院（280人）
3	哈尔滨师范大学恒星学院（760人）	昆明理工大学津桥学院（260人）
4	长春工业大学人文信息学院（380人）	长春税务学院信息经济学院（250人）
5	渤海大学文理学院（350人）	中原工学院信息商务学院（250人）

* 括号内为该专业280所独立学院2006年总招生人数。

** 括号内为该院校该专业2006年招生人数。

表2

名次 \ 专业	工商管理 （16 764人）	会计学 （15 251人）
1	河北大学工商学院（680人）	长春税务学院信息经济学院（450人）
2	中山大学南方学院（580人）	江西财经大学现代经济管理学院（365人）
3	浙江师范学院行知学院（460人）	华南师范大学增诚学院（320人）
4	浙江工商大学杭州商学院（440人）	山西大学商务学院（300人）
5	长春大学光华学院（403人）	山东经济学院燕山学院（300人）

表3

专业 名次	市场营销 （13 425 人）	法学 （12 275 人）
1	广州大学松田学院（283 人）	华南师范大学增诚学院（640 人）
2	广东商学院华商学院（280 人）	温州大学瓯江学院（300 人）
3	广东工业大学华立学院（261 人）	河北大学工商学院（280 人）
4	华中农业大学楚天学院（245 人）	中原工学院信息商务学院（250 人）
5	云南大学滇池学院（196 人）	宁波大学科学技术学院（240 人）

表4

专业 名次	汉语言文学 （11 130 人）	财务管理 （8 219 人）
1	河北师范大学汇华学院（400 人）	山西大学商务学院（250 人）
2	渤海大学文理学院（370 人）	江西财经大学现代经济管理学院（215 人）
3	贵州师范大学求是学院（350 人）	广东海洋大学寸金学院（200 人）
4	河北大学工商学院（300 人）	南京审计学院金审学院（195 人）
5	北京师范大学珠海分校（280 人）	东北财经大学津桥商学院（180 人）

表5

专业 名次	旅游管理 （7 684 人）	金融学 （7 292 人）
1	云南大学旅游文化学院（645 人）	北京师范大学珠海分校（440 人）
2	海南大学三亚学院（404 人）	长春税务学院信息经济学院（350 人）
3	成都信息工程学院银杏酒店管理学院（205 人）	重庆工商大学融智学院（250 人）
4	北京航空航天大学北海学院（200 人）	云南大学滇池学院（228 人）
5	上海师范大学天华学院（185 人）	山东财政大学东方学院（200 人）

（5）理工类专业设置情况统计。招生人数最多的 5 个理工类专业依次为：

- 计算机科学与技术（25 223 人）；
- 机械制造工程与自动化（13 060 人）；
- 电子信息工程（11 714 人）；
- 土木工程（10 910 人）；
- 自动化（7 716 人）。

280 所独立院校中理工类专业招收人数最多的 5 所院校依次为：

- 燕山大学里仁学院（2 526 人）；
- 河北工业大学城市学院（2 465 人）；

- 河北科技大学理工学院（2 320 人）；
- 河北理工大学轻工学院（2 256 人）；
- 西安建筑科技大学华清学院（1 900 人）。

四、独立学院教材使用情况

通过个别电话访谈了解到以下情况：独立学院所使用的教材一般由教师选择，不同于校本部使用的教材。目前没有成体系的教材，没有自编教材，也没有固定教材订购渠道。有关具体情况需要进一步了解。

五、其他

在关于独立学院的探讨中，有人提到，到 2008 年高考生源相对减少，到时对独立学院的竞争能力是一个考验。这也是进行教材开发需要考虑的问题。

（本文写于 2006 年）

社会工作的发展及专业化过程

——兼谈社会工作专业教材的开发

· 潘　宇 ·

一、社会工作专业的源起与发展

社会工作是一种助人的活动。其目的是帮助那些在社会生活中遇到各种困难和问题的人，创造和谐的成长环境，以提高其生活质量。其主要领域包括儿童社会工作、青少年社会工作、老年社会工作、妇女社会工作、家庭社会工作、学校社会工作、医疗社会工作、工业社会工作、矫治社会工作等等。同时，社会工作也是一门专业，它是适应西方社会工业化、都市化、社会转型的需要，在 19 世纪末 20 世纪初产生和发展起来的。社会工作专业主要培养和训练帮助人们解决心理、行为和社会关系等方面问题的专门人才。在西方发达国家以及中国的香港、台湾地区，社会工作者活跃在政府、社会福利、各类社会团体与组织、学校、医院、社区、法庭、监狱等机构，并有许多社会工作师开办的私人诊所。随着吸毒、同性恋、艾滋病、自杀、家庭暴力等社会问题的日益严重，社会工作也越来越重要，因而发达国家与地区的学生报考社会工作专业的比例逐年增加，社会工作专业已经成为国际社会高等教育的热门专业。

回顾社会工作专业的发展历史，英美两国的社会工作实践对专业化社会工作产生了直接而重要的影响。

英国是世界上最早进行产业革命的国家，贫穷对社会的威胁也较深，因而其济贫事业也最发达。从 1601 年的《伊丽莎白济贫法》开始，一系列标志性事件构筑了社会工作发展历史上的里程碑。

第一，1869 年在伦敦成立了第一个慈善组织会社。该会社的基本观点是：个人应对其贫穷负责，接受救济会损害贫民的自尊心、进取心及道德意识，致使他们依赖救济为生。因此，该会社主张贫民应竭尽全力维持自己的生活，外来力量只在必要时才介入救济。这种"慈善组织会社"发轫于英国、活跃于欧美，被视为专业社会工作的起源。

第二，1912年，伦敦大学开办社会行政专科，训练社会工作员；1961年，成立英国社会工作训练研究所，负责审定有关社会工作专业教育的课程、研究等；至1969年，英国社会工作员协会正式成立。

美国社会工作专业的发展要比英国早半个世纪。1917年，芮奇蒙德（Mary Richmond）出版了《社会诊断》一书，其基本宗旨是促使社会工作的方法成为一门独立的知识体系。该书的出版，是社会工作专业发展史上的一个里程碑。1919年，"美国社会工作者协会"正式成立，1955年美国将原有的7个比较专门的社会工作社团合并，成立"美国全国社会工作员协会"，成为追求社会工作专业化发展的主流。目前，仅美国就有上千所高校开设这一专业，培养专门人才，以此强化社会福利政策和增强社会服务的成效，满足社会的广泛需求。

我国台湾和香港地区的社会工作同欧美国家一样，源于早期的公共救济事业，并在第二次世界大战后设立了社会工作专业。1950年以后台湾地区设立社会福利工作系，并开设有关社会工作课程的大专院校有台湾大学、东海大学、辅仁大学、中国文化大学、中兴大学、东吴大学、台湾师范大学等等；在香港则有香港大学、香港中文大学、香港理工大学、香港城市大学、香港浸会大学、香港树仁学院等院校设有社会工作系及开设不同程度的专业社会工作课程。而且，港台两地相继实行了专业社工注册制度和社会工作员制度。

台湾和香港早期的社会工作专业教育的课程设置及选用的教材，不管是理论还是实务，均源自欧美，全盘引进西方的社会工作价值观、社会福利理论以及工作模式，很少有本土化的教材和研究性著作。自20世纪70年代中期以后，在港台从事社会工作教育的学者，开始有目的地整理本地的案例材料，并且根据相关的社会政策文件加以分析，作为社会工作教育的专业教材。到20世纪90年代初，有关港台社会政策、社会工作理论与实务的教材和著作的出版已经具有了一定的规模，探讨的范围包括福利发展史，政策分析，个人、小组及社区工作模式，也有老人服务、青少年工作、社区发展、康复工作等等。上述书籍的出版，使台湾和香港的社会工作逐步走上了专业化和本土化的道路。

二、社会工作专业在我国的迅猛发展

我国的社会工作在新中国成立之前已经有所开展，但新中国成立不久随社会学一起在院系调整时被取消。改革开放以后，随着中国社会的加速转型和市场经济体制的逐步确立，出现了不少社会问题，而且很多问题无法依靠原有的方法加以解决，这种社会需要促进了社会工作教育在中国的恢复和发展。1979 年，社会学在中国得以恢复重建后，有关的社会工作课程开始作为社会学系的必修或选修课程。1987 年，当时的国家教委批准在中国人民大学、北京大学、吉林大学、厦门大学等校设立社会工作与管理专业。其中，北京大学于 1989 年招收了该专业的首届本科生，中国人民大学也于 20 世纪 90 年代初以"社会工作与管理（社会保障）"的名义招收本科生。

从 90 年代开始迄今，社会工作专业教育在我国得到了迅猛发展，开办社会工作专业与开设社会工作课程和专业训练的院校日益增加。这其中既包括普通高等院校，也包括民政、工会、妇联、共青团等所属院校在本科、大专、中专等不同层次上开展的社会工作专业教育或专业培训。据国家教育部和中国社会工作教育协会的不完全统计，截至 2008 年 12 月国内（不包括港台地区）共有 211 所普通高校设立了社会工作本科专业。此外，社会工作的研究生教育也从无到有。2003 年，中国人民大学社会学系率先建立了社会工作专业的硕士点，其他著名高校社会工作专业的硕士点也先后积极申办、筹建起来。

根据国务院学位委员会办公室《关于开展社会工作硕士专业学位教育试点工作的通知》（学位办［2009］44 号）精神，全国首批开展社会工作硕士专业学位教育试点工作的研究生培养单位一共有 33 所，其中部委属院校 18 所、地方高校 15 所。社会工作硕士（master of social work，MSW）是国家新增设的一种专业学位，培养具有"以人为本、助人自助、公平公正"的专业价值观，掌握社会工作的理论和方法，熟悉我国社会政策，具备较强的社会服务策划、执行、督导、评估和研究能力，胜任针对不同人群及领域的社会服务与社会管理的应用型高级专业人才。

三、社会工作专业教材的出版及开发方向

应当看到，社会工作专业毕竟是从西方引进的一个专业。同美国、英国、德国、挪威、瑞典等国家和我国台湾、香港地区的社会工作发展状况相比，我国大陆社会工作专业教育起步晚，基础差，社会工作教育特有的理念差距大，设施设备技术含量低，实习范围狭窄，特别是缺少阐释有中国特色的社会工作理论与方

法，适合社会工作专业教学的需要，既系统又规范的本土化教材。进入 21 世纪以后，已有出版社开始出版由国内学者编写的社会工作方面的书籍，但客观地说，这些书籍仍然以介绍国外社会工作理念、理论、方法和技巧为主要内容，而且规模较小，覆盖面不大，远远不能满足社会工作专业教育实际发展的需要。

为此，国家教育部高教司专门制定了社会工作专业主干课程及教学基本要求，用以规范社会工作专业的学科建设和教材建设。一些相关的著名综合性出版社，如中国人民大学出版社、高等教育出版社已经依据高教司制定的社会工作专业主干课程及教学基本要求，组织策划了"社会工作系列教材"，并且已经陆续出版。中国人民大学出版社编辑出版的"21 世纪社会工作系列教材"（7 种，其中有 3 门课程与社会学专业重合——社会学概论、社会心理学、社会调查研究方法）具有以下特点：

（1）本套教材具有系统性。教材结构合理，与国家教育部高教司所制定的社会工作专业主干课程及教学基本要求一致，适合我国社会工作专业教学发展的需要。

（2）作者队伍阵容强大，既有社会工作专业留学回国的学者，也有国内公认的最具实力的学者。他们全部为高等院校社会工作专业第一线的教师，有的还具有专业社工师的资质，有丰富的教学和社会工作实务经验。

（3）本套教材注重中国的本土特点。国外社会工作专业历史很长，教材多以国外为背景，不一定适合我国社会工作教学的需要。本教材根据中国的国情与社会工作专业学生的特点，全面、准确地介绍和阐释了社会工作的基本理论和实务。

（4）本教材吸收了国外经典社会工作教材编写的优点，既重视社会工作理论的探讨和梳理，又重视培养学生的实务技巧，为此教材中提供了丰富的案例，每章章后附有"本章要点"、"基本概念"、"复习思考题"及"推荐阅读书目"，便于学生了解和掌握各章的重点，进一步深入地学习与教材相关的内容。

在编辑出版"21 世纪社会工作系列教材"的同时，中国人民大学出版社全面引进介绍国外社会工作的同类教材及有关的最新研究成果，不仅适应市场的需要，而且符合人大社的出版理念，其社会效益也是不言而喻的。有两个系列——"社会工作经典译丛"（14 种）、"社会工作实务译丛"（11 种），这两套书在社工界影响很大，成为各高校首选的教学参考书。

但是，应当指出，我国社会工作专业教育经过二十多年的发展，尽管教育理念、专业设置及培养模式已经具有中国自己的特色，但其教授、介绍的社会工作理念、理论、方法和技巧仍然没有脱离西方，主要是英美的社会工作理论与工作模式的窠臼，本土化的教材和研究性的著作还很不成熟，因此有目的地、系统地搜集、整理本土的案例材料，并且依据社会工作理论和相关的社会政策加以分析，作为社会工作专业教育的教材、读本，应当是社会工作专业教材的出版及开发方向。

推进人大社教材出版工作的一点思考

·李学伟·

改革开放以来，随着高等教育的繁荣发展，我国的高校教材出版得到了广阔的发展空间，出版的品种、规模日渐扩大，出版的层次、水平也日益提高，呈现出一片欣欣向荣之势。不过在高校教材市场繁荣的背后是各个出版社日趋激烈的角逐，在这种环境下，如何推进人大社的教材出版工作，保持原有的优势，值得我们认真思考与探究。笔者根据调查研究并结合自身的学习体会，从以下几方面提出一点思考，希望可以为人大社的教材建设有所帮助。

一、作者方面

首先，应把握住已有的明星作者资源，加强与他们的日常联系，确保其不会流失。

要做到这一点，一方面要当好作者的参谋，编辑要充分发挥参谋的作用，帮助作者完善创作计划，提出有参考价值的意见，坚定创作信心，选择最佳创作方案。这样的做法可以激发作者的灵感，引发作者的创作欲望，也可避免作者的思路与选题策划的思路偏差太远。对于作者拟出的提纲和撰写的样稿，编辑应认真审读，并及时与作者商量、讨论，提出修改意见，以使未来的作品更加完善，免得质量上不能达到出版要求。另一方面，要做好作者的服务工作。对于作者，编辑在做好稿件创作的参谋的同时，还应辅以真诚、热情的服务。例如，作者缺少资料，编辑要尽可能提供帮助；甚至还要对作者的日常生活给予一定的关心与照顾。通过这样的工作，编辑与作者可以成为很好的朋友，已有的作者资源自然可以牢牢把握住，甚至可以发展更多的作者资源。

其次，要培育新的作者资源，挖掘有潜力的青年作者。

明星级的作者毕竟是有限的，必然会成为各个出版单位争抢的对象。编辑在维护好已有的作者资源的同时，必须注意发掘潜在的有发展前途的青年作者。明星级作者属于稀缺资源，同时其写作的时间又不能完全保证，因此培育新的有潜力的作者十分有必要。要做到这一点，编辑要有好的态度，对待作者要一视同仁，不能对于大牌作者毕恭毕敬，对于来投稿的普通作者等爱答不理，应树立为作者服务的理念，在普通作者中发掘其中有潜力者，找到其优点，发挥其长处，培育成作者资源。并且，编辑要关注学界的动态，了解学界业界有哪些新兴的人才，研究其感兴趣的学术领域与方向，选择其中合适的人培育成为自己的作者。

二、编辑方面

教材的质量与编辑的专业水平有关，因为选题策划包括与作者的沟通都要求编辑自己具有良好的专业知识，编辑应该是相应学科领域的半个专家。教材编辑水平与素质的高低在很大程度上可以影响到教材质量的高低。好的编辑可以通过与作者就教材的编写体例、结构、形式等方面的沟通影响到教材的质量。教材的作者应该是其所编写的教材领域的专家，但一方面其在编写的规范与形式方面未必精通，而好的编辑在这一方面往往是驾轻就熟，可以为作者提供很好的帮助，另一方面，作者囿于自己的研究范围有时可能在思路与框架等方面难以创新，但资深图书编辑必然不会只涉及一两个研究方向，其由于工作的原因会接触多方面的选题、不同风格的作者，虽然在精通与专业方面不及教材的作者，但其却往往能在选题的方向与思路等方面给予作者良好的影响，可以为作者提供更多的选择。因此，要提高教材的质量，没有好的专业的编辑是不行的。

三、教材内容方面

1. 出版精品教材

针对市场上同质化现象严重、低水平重复的教材泛滥的情况，应加强教材的精品化建设，多出精品。粗制滥造、低水平重复出版的教材是经不起市场考验的，往往只能在个别学校使用，而且很可能短时期内就会被淘汰。只有通过系统的研发，针对不同学科、不同层次、不同特点编写出适合学生使用的优质教材，才能受到学生的欢迎，在市场上立住脚。近几年，一些教材之所以能够拥有较大的市场占有率，就是因为出版社和作者运用创新思维开发和改造教材，针对不同学历层次、不同类别学校、不同教学要求开发出不同版本、不同层次、特色鲜明的教材，因而受到学生的欢迎。

2. 出版特色教材

出版特色教材是避免出版社之间恶性竞争的有效手段。一些热点教材、畅销教材必然成为各个出版社争抢的对象，在很多出版社把主要精力放在这些教材的出版上时，抓住一些不是很热点的、但是又有教材需求的专业，出版适合于这些专业的教材，可以很快地占有这一领域的教材市场并长期处于领导地位，获得的收益也会相当不错。我社档案学类的教材即属于这种情况，档案学不属于热门学科，在全国高校中的专业点也不是很多，但是由于我社很早发现了这一市场空缺，为这一专业配备了比较齐全和系统的教材，因此占据了这一教材市场的大部分份额，也避免了与其他出版社的惨烈竞争。我社有关编辑出版学的教材出版也属于这种情况，虽然市场已经有了一些这一专业的教材，但是由于这一专业领域人员较少，市场需求量不大，所以现有教材的更新情况很不理想且编写质量与水平不高，我们认准这一市场机会，着力打造了一套适合现阶段编辑出版学专业学生使用的高质量的本科生教材，市场反响很好。

四、形式层面

教材的出版应注重立体化与多媒体教材的开发。目前，越来越多的出版社抓住了多媒体教材与立体化教材的大好时机，加紧开发网络教材。而不少学科的特点决定了在该领域内开发多媒体教材与立体化教材十分适合且很有发展前途。例如，新闻传播学科中涉及的广播、电视、网络传播等内容十分适合多媒体与立体化的开发，同时这样一些应用性与操作性要求很高的学科内容客观上也需要多媒体的、灵活多样的教材形式。出版社应该以精品教材为主体，加强立体化网络教材的开发以及教学资源库的建设，形成多功能、立体化、多媒体的教学包，为各学科的教育提供全方位的服务。人大出版社在这一方面已经做出了一些尝试，如建立了出版社的教学服务网站，各学科教学资源库初具规模，等等。但是随着网络技术的进一步发展，这一方面的工作仍需大力提倡与推进，以更好地适应学科的发展，为高等教育服务。

五、营销方面

目前教材的销售早已不是20世纪八九十年代的那种"皇帝的女儿不愁嫁"

的状态了，现今其发行市场上竞争之惨烈是很多以前从事编辑工作的人无法想象的。为什么会出现这样一种情况，很重要的一个原因是目前高校的教材科对于教材版本选择的话语权与影响力越来越小，任课教师与领导逐渐起到主导作用。因此，必须转变观念，更新思想，以市场需求为导向，以为读者服务为宗旨，加强教材的营销宣传工作。

加强教材营销工作应主要从以下几个方面着手：

1. 渠道的维护与管理

所谓渠道，在这里是指出版物的发行渠道，即出版物从出版单位向消费者转移时所需经历的途径。[1]它是教材产品、资金、信息的必经之途，做好教材的营销工作，必须重视渠道的维护与管理。

首先，维护好原有渠道。人大社图书以往的发行主要是依靠全国的新华书店系统。现今，新华书店系统的发行力量早已不如原先那般强势，且其服务态度、服务理念等方面的缺点一直为用户所诉病，但是由于其网点遍布全国各地，铺货能力不可小觑，加上近几年各地新华书店高调喊出要夺回失去的市场，教材的生产商在教材发行的时候依然必须重视新华书店系统的力量，同时，通过聘用驻店代表等方式尽力改善其在服务态度等方面的不足，发挥其优势。

其次，拓展新的渠道。新华书店系统虽有其自身长年积累下来的网点优势，但同时由于其体制等一些原因，也存在着一些弊端，我们在努力克服其弊端的同时，必须开拓新的渠道，寻找新的出路。人大社在这一方面已做出了一些尝试。如在一些重要的省份和地区设立发行分公司，自办发行，如江苏分公司、上海分公司等。开办人大社自己的网上书店，并与当当网、卓越网等网上书店建立合作关系，开拓网络直销市场。这样一些新的渠道在目前人大社的教材发行中并不占据主要地位，但已成为主要渠道的一个很好的补充。

2. 加强与终端用户信息的沟通

前文已提及，目前高校教师及领导对于教材选择的影响越来越大，因此必须加强与高校教师的信息沟通。笔者在与教师们座谈时了解到，很多教师十分需要某一方面的书，但却找不到，而当笔者告诉他们人大出版社在这一方面的书有很多时，他们表示欣喜而同时又很惊讶，因为他们根本不知道。出现这样的情况，不是教师的原因，很大程度上是出版社与自己的终端用户信息沟通不畅所致。

做好信息的沟通，首先要求出版社将自己完整、准确的产品信息准备好。要实现信息的有效沟通，这是必须的前提，如果出版社连自己的产品信息，都没有一个完整、准确、统一的版本，那就根本谈不上信息的沟通，教材的营销工作肯定会大受影响。

接下来，有了完整、准确的产品信息，必须保证这些信息可以及时地、有针对性地通过各种渠道传递到教材的终端用户那里。这仅仅通过新华书店系统是远远不够的。

最后，必须重视信息的反馈。信息的沟通不仅是指出版社向自己的终端用户传递产品信息，也包括高校师生等对教材使用后的一些反馈信息，甚至一些不错的书稿等也是从这些反馈信息中发现的。因此，出版社必须重视每一条用户的反馈信息，遇有关于产品的意见，应仔细分析，及时改进，遇有投稿信息等，要认真研究，适合出版者积极沟通，考虑下一步的出版事宜，不适合的也应及时给予回应，维护好与用户的关系。

以上是笔者对进一步加强我社教材出版工作的一点拙见，欢迎批评指正。

【注释】

[1]《出版专业基础》，282 页，上海，上海辞书出版社，2007。

大学语文课呼唤创新型教材

·徐晓梅·

《国家"十一五"时期文化发展规划纲要》指出，高等学校要创造条件，面向全体大学生开设中国语文课。教育部高教司也下发了《关于转发〈高等院校大学语文教学改革研讨会纪要〉的通知》，倡议高校重开大学语文课。在相关政策的引领下，越来越多的高校已开设或拟开设大学语文课程。由此，大学语文课程被赋予了崇高的地位。

一、大学语文教材市场的基本格局

（1）竞争对手林立。20世纪八九十年代以后，大学语文教材已达上千个版本，市场已被初步瓜分。

（2）虽然版本众多，但编写套路大同小异。即作品选读为大学语文的主打内容，出版载体以纸质为主，有的配有光盘、学习卡和有限的网上资源。这就是所谓的传统型教材，这种教材几十年一贯制，学生普遍没有兴趣学，教师也不爱教这门课。

（3）市场外延有扩大的趋势，舆论导向鼓励各高校开设大学语文课，但给这门课赋予了太多的目标和任务，能为其挤出的课时和师资却十分有限。

（4）大学语文教材市场集中度还不是很高。虽有几大品牌占据较高的市场份额，但没有形成垄断的局面。所以新进入者还在不断跟进。

二、新进入者的出路

进入大学语文教材市场，有两种模式可选：

一是编写传统型教材。这样开发时间短，面世快；但很难再编出特色，产品也缺少卖点。在销售方面，已有的市场很难再换版本；新开课的学校，多数会选择已成熟的几大版本。有名的专家和作者基本都有了自己的版本和使用领地。二三类学校也选择知名度较高的版本。如果按这个思路开发，新进入者只能在夹缝中寻求出路。

二是开发从内容到形式都不同于以往版本的大学语文教材，即创新型教材。这种教材要跳出大学语文几十年的编写模式，舍弃作品选读这一主打内容，从大学生的实际需求出发设计出能提高大学生汉语应用能力的课程体系和教材。在出版形式上，选择立体化的教材出版模式。作为开设面广、需求复杂的公共课，"大学语文"教材单靠纸质教材一种出版媒体，远远满足不了市场需求，也很难参与市场竞争。所以立体化、数字化教材的开发，全方位配套服务的跟进是必需的。在这方面，谁做得到位，谁就拥有市场主动权。

所以说，内容创新和真正意义上的立体化出版是大学语文教材成功的两个决定性因素。当然，作为后进入者，在产品品牌、实力、策划团队、作者团队、开发制作团队、渠道等方面，都要更胜一筹才行。

三、内容创新的深层背景是课程目标之争

问题和分歧是创新的起点，而大学语文教学从产生之日起分歧就没有间断过。究其根源，主要体现在目标之争上。

教育部倡议重开大学语文必修课的初衷，是考虑到由于应试教育的限制，这一代大学生读的书较少，基本的母语素养都没有准备好，以至于出现博士毕业后竟然写不了基本的调研报告、论证方案之类的现象，"强调大学语文是高等教育层面上的母语教育，要针对当前部分大学生不能准确精练地表达自己的思想、书面写作能力比较欠缺、不能适应社会发展需要等现象，在学校课程建设中重视大学语文教育，注重提高大学生汉语综合应用能力，增强学生的民族文化自豪感"。[1]注重"工具性"，是教育部倾向性的意见。

然而来自知识界的另一种观点则认为，语文作为工具的教学应该在中小学阶段完成，大学语文课更应注重"人文性"，通过历史上优秀作品的阅读鉴赏，将中华文化的人文主义内涵呈现出来，使学生在一个立体的文化氛围中成长，起到文化传承、人格培养、审美提升的作用。

同时，也有人反对把"大学语文课"上成"大学人文课"，认为让大学语文过多地承担思想、文化教育的重负只会使其外延被无限扩大，内涵模糊不清，应

该以鉴赏审美为核心，高扬"文学性"。

当然，理想的大学语文课应该达到的目标是，既提高了学生语言文字的运用能力，又通过优秀作品的阅读提升了审美趣味，同时又获得情感教育和人文熏陶。与之对应，理想的大学语文教材也应该是兼顾工具性、人文性和审美价值的。但实际上，由于学时所限，大学语文很难面面俱到，大学语文教材的设计因此也各有侧重。本科层次高校的传统大学语文教材以文学性为主，重在作品赏析，有的兼顾工具性而加入了实用文写作训练部分。纯写作训练的教材则多为高职高专类学校所用。目前市场上影响较大、比较受学生欢迎的还是设计上凸显人文性的教材。

四、大学语文教材如何创新

1. 敢于颠覆以往的编写模式，开创大学语文教育的新理念

大学语文教材几十年来很少跳出一个圈子：以古今中外的作品选读统领教材。不同版本的区别就是所选作品的角度不同和线索不同。目前能够体现局部创新的有：根据不同的专题来设计文选；或将文选同汉语知识、写作知识等一并编写成一本教材。但基本都是文选占主要内容，写作部分主要是不同格式的应用文讲解。

大学语文在内容和体系设计上，应颠覆传统教材的编写模式，不把文学作品选读作为教材内容；而是把教材内容确定为：大学生必备的现代汉语知识及其在交际和写作中的应用。

这种设计和内容安排，也符合教育部对开设大学语文课的指导思想和教学目标的需要。大学语文的教学目标就是针对大学生存在的问题，着力提高大学生的母语运用能力。至于作品鉴赏、学生素质的培养等目标，不是单靠一门2学分的课程就能够解决的。

2. 强调从问题出发，以实用为主

大学语文教材应针对大学生对母语的掌握现状和存在的问题来设计，增加案例教学和语言错误的矫正，使学生在有限的时间内掌握基本的语言规则，提高自己的汉语能力，在交际和书面表达中能说、能写得体的汉语。

为了能和学生的就业相衔接，教材编写过程中应参考国家职业汉语能力测试（ZHC）的考试标准，使学生有实实在在的收获。

3. 能挑战编写难度

任何一步大胆的创新都是艰难的，大学语文教材的创新更不可能一蹴而就，其难度体现在诸多方面：

一是大学语文和中学语文教学的界限不好区分，容易把大学语文编成"高四语文"。

二是要在三十几个学时内解决九年义务教育都没有解决好的汉语能力问题。

三是要区分专业教学和非专业教学的不同特点。

四是汉语基本知识和实际应用两大部分在体系设计和内容安排上的重合和交叉难题。

4. 不应过分迷信专家

大学语文是普及性、通识性教育，目标是为了提高大学生应用母语的能力。专家的意见当然要听，也需要专家把关，但是更应多听听学生和一线教师的声音，了解他们的需求。有的大学语文课堂就吸引了学生，收到了效果。也许智慧就在"民间"。

5. 教材表现手段多样

教材研发的核心目标就是便于学生和教师使用。对学生来说，要解决学生爱学、学了有用的问题。对教师来说，要解决教师容易备课、容易教的问题。创新型教材应始终瞄准这一目标来做工作，这样的教材才有生命力。比如，教材中应多增加案例教学的内容。在立体化开发和数字化出版方面下工夫，也是另一个基本定位和卖点。应建立大学语文的数字化平台。这个平台不仅是教学资源库的充实，更重要的是解决互动的问题。其中最基本的功能模块应包括：

（1）教师互动平台（下设语料库、案例库、习题库、教学成果交流、教师培训等）。

（2）学生互动平台（下设教材链接、练习及答疑、试卷自测、扩展阅读、职业汉语测试等）。

（3）产品展示平台（教材的展示、宣传、活动等内容）。

（4）友情链接。

·············

由于课时和定价的限制，纸制教材不应超过 30 万字。许多内容可以放入光盘和教学资源库。

总之，现在的不少大学生，英语水平越来越高，而汉语水平却越来越不理想。九年义务教育都没有培养好的母语能力，几十个课时何以能点石成金？大学语文教育任务光荣而艰臣。作为教材开发者来说，是挑战，也是机遇。

【注释】

［1］教育部高教司副司长杨志坚在 2006 高等学校大学语文教学改革研讨会上的讲话。

《牛津当代百科大辞典》策划方案

·司马兰·

一、《牛津当代百科大辞典》概况

《牛津当代百科大辞典》是世界上最权威的英英、英汉百科双解大辞典。1928 年出版发行的《牛津大辞典》（12 卷）是世界公认的人类有史以来最伟大的英文字典，赢得了"字典中的圣经"的美誉。《牛津当代百科大辞典》是根据《牛津大辞典》原典编纂而成的，是牛津大学出版部为纪念牛津大学建立 500 周年，特别编著的又一部伟大巨著。

《牛津当代百科大辞典》共 2 100 余页，收录了 12 万词条、5 000 多幅彩图，65 克轻涂纸全彩色印刷。本书的最大特点是图文并茂，融会了大量的百科知识，又保留了《牛津大辞典》的许多优点，也赋予了更多的新意。尤其搭配了 5 000 多幅精美彩图，兼具语言辞典与百科全书的双重功能。大量汇集百科专业词条，创造活泼版面，编排精致亮丽，至今没有一部字典可以与之媲美。

本书国际中文版首创何氏速查系统，有电脑般的快速查检功能。

在欧洲，百科辞典是一家人生活沟通的中心，百科辞典成为每一个家庭生活的必需品。一本尽善尽美的百科辞典工具书，更能成为一家人一辈子的朋友。今后，当求知欲很强的孩子问您问题的时候，请让他自己查辞典，并且让他自己把查到的答案说给您听。通过这个过程所得到的知识，肯定会成为孩子的血与肉，不但容易记忆，而且能够活学活用。孩子的说明可能还会引起新的问题，使得孩子与您或是孩子与孩子之间以此为话题，展开一场辩论，也可能通过这类的沟通您会给孩子的兴趣导出一个新的方向。另外，如果能够培养孩子从"迫不得已"的查辞典转变为自动自发的"读辞典"，随时翻一翻，阅读辞典中的几个条目，对丰富孩子的英文词汇将产生意想不到的效果。尤其《牛津当代百科大辞典》，全书彩色印刷，装帧精美，一卷在手，极为赏心悦目，并且在英汉两种释义的基础上又有大量百科知识和精美图解，除了增进英文语汇能力，更能在不知不觉中得到许多西方文化的知识，反过来又对英文的深入学习有很大的帮助。

二、关于《牛津当代百科大辞典》的国际中文版

本书中文版 1990 年被台湾旺文出版社股份有限公司购买，对英文版进行了翻译及改编，使之既保留了英文版的原有优异品质，又切实适合中国人学习英语的特点。并在百科词条方面，大量补充了许多新的内容，如：1990 年两德统一；1991 年苏联解体，东西方冷战结束；等等。这都使得所有的老地图、有关国家的国旗都全部改变，本书亦全部做了更新。

据称，该书在台湾出版当年即销售 2 万余册，现已在台销售 10 年，销售总数达 10 万余册。台湾版定价 4 500 新台币（约合人民币 1 300 元），获利颇丰。据旺文社称，该社以 2 800 万新台币向牛津购买了本书的繁体字版权，以 700 万新台币购买了简体字版权。我们购买的是 2000 年出的最新版，定价在 980 元。

旺文出版公司驻京办事处以每本 1 200 元的价格购进了此书 10 本，由 2 人负责直销，一个星期全部卖出。销售对象主要是外企的员工。根据北京外企服务总公司的统计，它们及其他两个外企服务公司的在册人员共有 4 万～5 万人（北京地区）。

市场同类书比较：《阶梯少儿百科全书》420 多页，定价 350 元，已销售 20 余万册。《21 世纪少儿百科全书》200 多页，定价 180 元。我社的《牛津当代百科大辞典》2 160 页，定价 980 元。

三、读者对象

（1）各公共图书馆和学校图书馆、学校各系资料室、国内所有的涉外机构（如外贸公司、旅行社等）。全国公共图书馆（县以上）约 3 000 家；高等院校图书馆约 2 000 家；外国企业常驻中国代表机构约 7 000 家。另外，还有各机关部委、各大贸易公司等。

（2）外企常驻国内的代表机构、企业总裁、外企白领雇员、各大高校英语教师等。

（3）学英语及专业与国际有关的大学生、望子成龙的中学生及小学生的家长

为孩子购买（首先以贵族学校和私立学校为重点）。

先做北京地区的市场，开发北京市场后，再开发天津、上海、广州。

四、营销方案

1. 整体营销

（1）以读者对象为主体的营销方案。

A 类人为第一批的重点销售对象。首先寄订单进行征订（亦可委托进行）。

B 类人为第二批的重点销售对象。可进行直销。

（2）以销售方式为主体的营销方案。

A. 以渠道销售和直销两种方案同时进行。首先进行图书征订，现在即可开始，首先是各大图书馆和学校资料室。先利用电话同客户联系，确定正确的联系地址和电话。再邮寄宣传品及订单，回订单的人即寄送小礼品。

B. 直销。尝试专门组织一个直销队伍，专门进行此书的销售工作。其中设业务助理一名。直销人员首先进行业务培训，对市场定位、辞典情况、产品知识、销售技巧等进行培训。人员采取底薪加提成制（销售出一本书即可拿到底薪）。

根据《牛津当代百科大辞典》本身的特点及目标受众的特点，借鉴其他出版社对辞典类、百科全书类图书的营销方法，本营销方案分为集中营销和日常营销两部分。

2. 集中营销

本书印制精美，品位较高，内容厚重，定价较高，适合作为礼品馈赠亲朋、孩子以及商业客户。因此在几个重要的节日比如儿童节、教师节、中秋和国庆节、元旦和春节，可以做集中营销活动。目前的任务是做好儿童节期间的营销。

（1）儿童节营销。

A. "牛津大百科求知 DIY"活动。

"牛津大百科求知 DIY"活动分两大部分：

a. 查找十大问题答案。提出十个关于大辞典和大辞典中可以找到的问题，让孩子开动脑筋，从书中找出答案。

b. 征文活动。孩子在"牛津大百科求知 DIY"中遇到了哪些挫折？有什么酸甜苦辣的感受？他们是否愿意将自己的发现与身边的人分享？他们对《牛津当代百科大辞典》有什么意见？他们最希望读到什么样的书？请孩子把自己真实的感受记录下来，参加"我与《牛津当代百科大辞典》"征文活动，体裁不限，题目自拟，以1 800字以内为宜。

以上活动的两部分内容独立进行，孩子们可以选择一项参加，也可以都参加；本次活动鼓励学校组织学生集体参赛，奖品分团体奖和个人奖两项。

B. 与之配合的广告活动。

a. 广告目标。以六一儿童节为契机，宣传大辞典的特色与优点，突出大辞典适合给自己的孩子做礼物的特征，以期说服父母作为送给孩子六一的礼物。

b. 广告内容。以软广告为主，给各个大城市发行量比较大的地方报纸提供带有新闻性质的文字稿，介绍有关大辞典的优点、特色，以及"牛津大百科求知DIY"活动。

c. 其他促销手段。请记者就大辞典的各个方面采访专家学者，写成一篇比较长的文章，发表在《中华读书报》、《中国文化报》等媒体上。

（2）其他节日营销。

将根据各个节日的特点作进一步详细策划。目前确定的计划主要是大型广告和公关公司的年底回报活动。

通过了解并把握公关公司和广告公司赠送客户高档礼品的需求，向其进行电话营销，推荐大辞典，并通过这些公司的其他渠道进行推广。

3. 日常营销

（1）在新闻媒体上作宣传。

在报纸、杂志、电视、网络等媒体上作宣传。包括请名人写书评、发连载文章、做软广告、设立读者调查栏目等。在更深的层次上扩大知名度。

（2）直销工作。

A. 鼓励各种人员利用自己的人际关系向外推销，在折扣上给予一定的优惠。

B. 做好向图书馆、资料室以及外企和高校这样的单位的直销工作。

C. 与小红马和北京青年报社合作，在投递报纸的时候，夹带我们的宣传单页。（在节日期间可与集中营销活动配合。）

五、广告方案

（1）硬广告。媒体选择本着既有公共媒体又有专业媒体的原则，先在北京、广州、上海选择媒体进行广告宣传。先在专业媒体上做广告。

（2）软广告。媒体上发消息，请专家教授及白领人士谈其优点和性能等。与有关报纸举办"百科全书"的故事的专题。

（3）宣传品的制作。

- 招贴画
- 宣传小册子
- 宣传光盘
- 网站宣传内容

（4）与网站的联合与合作。如著名的图书销售网上广告及售书。

《郑成思版权文集》编辑记

· 郭 虹 ·

郑成思（1944—2006）教授是在中国乃至世界知识产权法学界享有卓越声誉的法学家，对中国知识产权法律制度的建立和发展作出了不可磨灭的贡献，其经典著作和人格魅力对几代中国知识产权法的实践者和研究者都产生了深远的影响。受国家新闻出版总署和中国版权协会的委托，中国人民大学出版社承担了编辑出版《郑成思版权文集》的任务，而我作为责编，有幸参与了文集编撰的整个过程，也由此有了更多的走近大师、学习领悟的机会。

出版社高度重视该文集的编辑出版工作，为了实现文集编撰的科学性和权威性，在编辑过程中，我们多次与中国版权协会的专家协商，并多次向总署的领导作了汇报。

第一步，是编撰内容的搜集工作。郑老师有大量文章存世，但其家中只有少量收藏。为了尽可能全面展现郑成思教授的学术研究历程和版权思想发展，我们尽可能地从多种途径全面搜集郑老师的著作和文章，包括国家图书馆、北京大学图书馆、中国人民大学图书馆、中国期刊全文数据库、人大报刊复印资料基藏库以及中国法学网。另外，郑老师早期有部分文章刊载在新闻出版署和版权局的内部刊物——《版权法资料》、《国外出版动态》和《著作权》上，我们也一并进行了搜集整理。经过搜集、复印、下载、整理，共获得郑老师关于版权法的著作8本（其中两本案例分析是编著作品），文章267篇（版权类文章94篇，综合类论文173篇）。

第二步，编撰内容的筛选工作。经过比对，我们发现《版权法》（修订版）、《版权国际惯例》、《版权公约、版权保护与版权贸易》、《版权国际公约概论》这4本书是郑老师在不同时期的作品，体现了郑老师学术思想的发展进路，存在前后继承和替代的问题。2本《著名版权案例评析》中1997年版本是1990年版本的修订版，《版权法》（修订版）第三编"版权案例与评析"已全面收录了这本书的内容。《版权法》（修订版）是郑老师集大成的作品，吸收了其他 4 本书的主要内容。考虑到这种情况，编委会讨论后决定在著作部分收录《版权法》（修订版）（1997 年版）、《计算机、软件与数据的法律保护》（1987 年版）、《信息、新型技术与知识产权》（1986 年版）3 本书。

在处理著作与论文的关系方面，学界有三点共识：其一，好的学术论文是作者观点的精华部分，其价值往往大于著作；其二，同一作者的论文与著作很难避免内容的重复，因为学者们多是在自己成熟论文的基础上形成著作；其三，论文因为年代、发表刊物比较分散，搜集难度要大于著作，因而对于一般读者来讲，学者的论文集有时价值要大于专著。基于这三点认识，我们建议在选编郑老师文集时，论文尽可能多选择一些。

在论文的编选过程中，我们遇到以下一些问题：一是内容有所重复的文章的审核。一篇文章是另一篇文章的发展，即体现了作者观点的后期发展，对于这种情况，后来我们建议选编作者后期发表的文章。二是一些文章价值的审核。部分实务类文章，比如"法条十讲"，理论价值较小，这类文章是否收录？三是郑老师有部分文章后面写着"未定稿"，有的有出处，有的没有出处。这类文章如何处理？四是对于总体论述知识产权类的文章，选择多少为宜？选择什么样的类型？

第三步，文集的编排、设计工作。应该如何分卷和编排也是困扰我们的一个问题。因为文集内收录的既有著作又有论文，而各部分体量并不均衡。我们统计了各部分的字数，分卷的最初设想是四卷本，也考虑过两卷本，最后综合编目、体量等各种因素，设计了现在呈现在大家面前的三卷本。因为著作和论文会同时出现在第二卷，内文中我们增加了"著作部分"、"论文部分"的插页，目录中也作了相应的设计。（这是刘志老师的智慧，我从中也学到了很多。）

论文的编排顺序涉及的问题是：基础理论类和版权类两类论文谁先谁后，是否按照时间顺序进行编排？英文论文是否收录？

最后经过专家论证和主编建议，文集共选入两类、68 篇论文，分别按照时间排序，包括了郑老师于 1981 年发表的第一篇论文《英国修订版权法的绿皮书评介》和 2006 年郑老师公开发表的最后一篇论文《国际知识产权保护和我国面临的挑战》，从而比较全面、系统地展示了郑老师的学术思想发展脉络。

第四步，书稿封面版式设计、开本选择。作为新闻出版总署的重点书，我们社对封面设计非常重视，请不同的工作室设计了十多稿，出版社从中选择了 3 稿，报总署领导审阅。然后我们根据总署的相关意见，进行了多次调整和修改。

在像页和手稿页的搜集上，我们也下了不少功夫。另外，精装本还设计了盒套。在材料选择、形式设计上，出版科的各位同事做了很多努力。

第五步，书稿审读。出版社组织了优秀的编辑队伍，对书稿进行了严格的三审三校。因为最初的文集出版周期计划是 4 个月，中间还隔着农历新年，各环节都加班加点认真工作，放弃了假期休息。我印象深刻的是因为开本、字号调整，春节假期里去排版厂调整版式样时的情景。

第六步，人民大会堂的新书发布会。经过各环节的共同努力，文集终于面世了。

斯人已逝，文章常存，捧着沉甸甸的三卷著作，编辑出版《郑成思版权文集》的情景历历在目。读着先生的每一篇文章，或如春风拂面，令人耳目一新；或如春雨飘洒，润物无声；或如春雷轰鸣，令人清醒觉悟。看着照片中先生或笑意盈盈，饱含期许，或慷慨激昂，挥斥方遒，再结合郑先生于文稿中流淌的熠熠学术思想和拳拳爱国之心，睹物思人，我们感到与郑老师的心也贴得更近了一些。遥想当年郑老师在陋室之中默默耕耘，在知识产权荒野中披荆斩棘，让人感慨很多。

版权文集三卷本的出版不仅是对郑成思教授的深切纪念，更是树立了中国知识产权研究的一座丰碑。我们有理由期待，文集的出版能够激励同仁秉承先生的精神和遗志，继续努力，为我国现代版权制度的完善发挥重要作用。

大学数学立体化教材建设

· 潘旭燕 ·

一、大学数学立体化教材建设背景

大学数学是自然科学的基本语言，是应用模式探索现实世界物质运动机理的主要手段。对于非数学专业的大学生而言，大学数学的教育，其意义远不仅仅是学习一种专业的工具而已。中外大量的教育实践充分显示了：优秀的数学教育，是一种人的理性的思维品格和思辨能力的培育，是聪明智慧的启迪，是潜在的能动性与创造力的开发，其价值是远非一般的专业技术教育所能相提并论的。

我国高等教育自 1999 年开始迅速扩大招生规模，至 2008 年的短短九年间，我国高等教育实现了从精英教育到大众化教育的过渡，走完了其他国家需要三五十年甚至更长时间才能走完的道路。教育规模的迅速扩张，给我国的高等教育带来了一系列的变化、问题与挑战，如大众化教育阶段入学群体的多样化问题、学生规模扩张带来的大班和多班教学问题、由于院校合并导致的"一校多区"及由此产生的教学管理不科学以及师生间交互缺乏等问题，这些都是在过去"精英教育"阶段没有遇到的。

进入大众化教育阶段，大学数学的教育问题首当其冲受到影响。过去大学数学教育是面向少数精英的教育，由于学科的特点，数学教育呈现几十年、甚至上百年的一贯制，仍处于经典状态。当前大学数学课程的教学效果不尽如人意，概括起来主要表现在以下两方面：一是教材建设仍然停留在传统模式上，未能适应新的社会需求。传统的大学数学教材过分追求逻辑的严密性和理论体系的完整性，重理论而轻实践，剥离了概念、原理和范例的几何背景与现实意义，导致教学内容过于抽象，也不利于与其他课程及学生自身专业的衔接，进而造成了学生"学不会，用不了"的尴尬局面。二是在计算机技术迅猛发展的今天，信息化技术本应给数学教育提供空前广阔的天地，但遗憾的是，在数学教育领域，信息化技术的使用远没有在其他领域活跃。正如我国著名数学家张景中院士所指出的，计算机进入数学教育在国内还只是刚刚起步，究其原因主要有两方面：一是没有充分考虑把信息化技术和数学教学的学科特点结合起来；二是在强调教育技术的同时没有充分发挥教师的作用，这样就难以把信息化技术和数学教学完美地结合起来。

大学数学立体化教材的开发与建设旨在利用优质教学资源和网络信息资源，把现代信息技术作为提高教学质量的重要手段，不断推进教学资源的共建共享，扩大受益面。

针对我国高等教育快速进入大众化教育阶段后大学数学教育所面临的种种问题，我们将计算机信息技术与数学的教学内容、教师的课堂教学、学生的课后学习和数学的学科特点进行了有机的整合，形成了全新的大学数学教育理念，构筑了全新的大学数学教育模式，将大学数学教育的信息化建设延伸和拓展到教、学、考各个环节中，为大学数学的教与学双方建立了课堂教学信息化系统、课后学习辅导信息化平台、师生互动信息化平台以及试题库系统等。

二、大学数学立体化教材的组成

大学数学立体化教材主要由纸质主教材（《高等数学》、《线性代数》和《概率论与数理统计》）和相关的教学资源（含多媒体教学系统、多媒体学习系统、教学服务网站、题库和精品课程网站等）组成，是教育技术与信息技术相结合的产物，它在教学资源的多元化、教学方式的现代化、知识结构的立体化等方面具有突出的特点。教材的建设包括教、学、考三个方面，教学改革的内涵包括教材内容的建设、教学系统软件、试题库系统的建设、精品课程网站的建设等。教材的使用将在提高教学效率、增强教学效果、加大教学信息量、加强学生的课后学习辅导、培养学生的数学应用能力、全方位提升学习的综合素质和创新能力等方面起到积极的作用。

1. 纸质主教材

在纸质教材内容建设方面，与传统的数学教材相比，本教材融入了数学建模的思想和方法。作者特别精选了只涉及较为初等的数学知识、能体现数学建模精神、能吸引学生并且以后又可能碰到的应用范例和数学建模问题，如函数模型的建立及其应用，作为变化率的导数在几何学、物理学、经济学和医药学中的应用，对抛射体运动的数学建模及其应用，最优化方法及其在工程、经济、农业、医药领域中的应用，逻辑斯谛模型及其在人口预测、新产品的推广模型与经济增长预测方面的应用，网络流模型及其应用，人口迁移模型及其应用，常用概率模型及其应用等。并为所有应用范例配备了相应的应用习题，这些实际应用范例既为学生理解数学的抽象概念提供了认识基础，也有助于加强与后续专业课程的联系，使学生学有所用。

此外，还对部分教学内容设计和章节引言作了改进，如数列极限的概念，先从其描述性定义来引入，然后以定量分析的观点进一步给出数列极限的严格定义，这样的安排既符合数学发展的本源，又利于学生更好地理解极限的概念。又如"线性化"观点是用数学解决实际问题的一种重要思想方法，教材中很好地引入并发展了这种观点，既利于学生更加直观地理解相应的数学概念，又利于培养学生的数学建模能力。此外，还增加了章节的引言，如数学建模——函数关系建立的引言、函数连续性的引言、数学建模——最优化的引言、矩阵的引言、线性方程组的引言等，这些引言对于学生理解即将学习的数学内容的实质能起到重要的作用。关于习题，除前面提到的补充了不少应用习题外，还从难度梯度角度对习题进行了调整，尤其是增加了部分计算比较简单又利于加强概念理解的习题。值得一提的还有，在《高等数学》与《微积分》中插入了历史上对数学尤其是近代数学有杰出贡献的八位伟大数学家的简介，从他们的身上既能管窥近代数学发展的基本过程，又能领略数学家坚忍不拔地追求真理的人格魅力和科学精神。

2. 多媒体教学系统

多媒体教学系统是专为教师开发的，是一个大型的集成性、交互式和信息资源立体化的教学软件，它采用 Macromedia Flash 等多媒体开发软件研制而成，内容上与相应的教材配套。其主要功能模块包括：多媒体教案、习题详解、数学实验、综合训练、考研提高以及数学家简介等。其中按动态仿真教学方式设计了大量的多媒体教学动画（采用 Flash 软件设计的），为提高教学效率、突破教学难点、增强教学效果等奠定了良好的基础。教学系统内设计的系统导航、系统扩展端口、文件缩放功能与手写笔功能、教学备课系统与实验案例库等为教师的课堂教学个性化带来了极大的便利，充分实现了现代教学优势与传统教学优势的融合。

特别是多媒体教案，既有采用 Flash 软件设计的多媒体教学动画演示功能，生动形象，又有采用 PowerPoint 编写的 PPT 课件，操作简便，易于修改。

3. 多媒体学习系统

多媒体学习系统是专为学生开发的，旨在帮助学生学好大学数学课程。该学习系统是一套大型的集成性、交互式和教学资源多元化的学习软件，其中设计了多媒体教案、习题详解、综合训练、实验教学等功能模块。在多媒体教案模块中，我们按动态仿真教学方式设计了大量的教学动画，直击数学思想本质，便于学生突破学习中的重点和难点，同时可以大大减少课堂教学中的笔记工作量；在习题详解模块中，以多媒体动画的形式给出了习题的求解过程和相关方法，便于学生课后学习；在综合训练模块中，有总结每章的教学知识点，并在每章末通过精选的总习题进一步揭示解题的一般规律和技巧，利于学习综合提高。在系统的教育与集成方面，利用多媒体开发软件的网页特性，为系统中的每个文件提供了丰富的知识点交互与导航，便于学生高效率地学习。

4. 题库系统

"大学数学试题库系统"包含高等数学、线性代数、概率论与数理统计三大模块，试题总量 25 000 余道，可满足理工、经管、农林、医药等普通本科院校和高职高专院校试题组卷的要求。该系统具有试题类型丰富、组卷功能强大以及成卷快速等特点，在试题的查询预览、成卷后试卷的人工调整以及试卷和试题的编辑修改方面，提供了强大的二次开发功能。

5. 教学服务网站

建立教学服务网站的目的是为广大读者提供一个交流的平台，该网站的栏目有动态信息、视频频道、名家论谈、莘莘学子、就业留学等教育资讯栏目，数学建模、数学应用、数学考研、数学史话、数学欣赏、数学名著等数学资讯栏目，数学实验、习题辅导、复习提高、题型分析、综合练习、考研真题等原创学习辅导栏目，教材建设、教学文件、教辅建设、教学系统、题库系统、在线测试、作业系统、考试中心、交流平台、公式编辑等原创教学资源栏目。此外，以实名制注册的面向全国同行的"教师空间"将为广大教师提供教学资源下载、教学研究交流、网上在线讨论以及博客论坛等服务，而正在建设中的面向学生的在线学习系统、训练系统、测试系统以及答疑系统将为广大学生提供更进一步的服务。

6. 精品课程网站

精品课程网站包含数学教育资讯、课程建设和师生互动三大模块，它们分别承载着搭建学生的课后学习辅导平台、课程建设平台与师生互动交流平台三项任务。为了方便师生在网站交流互动，需要解决基于 Web 的可视化数学公式编辑器和基于 Web 的图形编辑器。

三、大学数学立体化教材建设体会

大学数学立体化教材的建设，坚持以职业能力培养为目标，体现以学生为主体、以教师为主导的教学理念，改革教学内容、教学方法与教学手段，建立丰富的立体化教学资源，改善教学效果，提高教学质量。正如美国《托马斯微积分》的作者 G. B. 托马斯（G. B. Thomas）教授精辟指出的，"一套教材不能构成一门课；教师和学生在一起才能构成一门课"，教材只是支持这门课程的信息资源。教材是死的，课程是活的，课程是教师和学生共同组成的一个相互作用的整体，只有真正做到以学生为中心，处处为学生着想，并充分发挥教师的核心指导作用，才能使之成为富有成效的课程。大学数学立体化教材及其配套的教学资源建设将为教学双方提供支持其课程的充分的信息资源，帮助教师在教学过程中发挥其才华，并利于学生富有成效地学习。

"大学计算机基础与应用立体化教材"策划方案

· 潘旭燕 ·

一、策划背景

随着我国计算机教育的普及和发展，中学信息技术教育也逐步普及。同时随着 Internet 的普及，人类进入信息化社会，基于计算机和信息网络的新应用层出不穷。高等院校中面向非计算机专业的计算机基础教育起点逐步提高，原来只上一门计算机公共课的情况已经不能适应现在信息社会对计算机应用的需要。

高校中非计算机专业类别繁多，涉及面广，学生毕业后从事的工作各不相同。高校非计算机专业的计算机基础教育与计算机专业教育不同，它的任务不是培养计算机专家或专门从事计算机理论研究的科研人员，而是培养既掌握各专业领域知识，又能熟练使用计算机的复合型人才，即各行各业中的计算机应用人才。因此，21 世纪大学生的计算机教育应理解为信息技术应用的教育，而不应局限于狭义的计算机技术教育。不仅包括计算机公共基础教育，也包括与专业相结合的计算机应用教育。二者不应相互分割，而应统一规划、互相结合，根据各专业对计算机应用的需求来规划课程。

"大学计算机应用与基础立体化系列教材"丛书正是针对这种情况和形势策划出台的。本丛书结合当前大学计算机基础与应用课程改革，将大学非计算机专业的大学计算机基础教育划分为三个层次：第一层次为基础知识与技能，第二层次为典型应用，第三层次为新技术与新应用。

第一层次"基础知识与技能"主要面对大学一年级新生，课程名可以是"信息技术基础"、"计算机应用基础"或"大学计算机应用基础"，为公共基础必修课。3 学分或 4 学分，72 课时，每周授课 4 课时、上机实验 2 课时。内容包括信息技术基础知识、操作系统与 Windows、Internet 基础应用、Word 文档编辑、

PowerPoint 演示文稿、Excel 电子表格、数据库基础与 Access、多媒体技术基础、程序设计基础九大模块。配套教材为《大学计算机应用基础》。通过这门课程的学习，学生可以基本了解信息技术的相关概念和基本组成，掌握常用计算机软件，学会将 Internet 这个信息技术利器用于学习、工作、生活和娱乐，培养其信息技术素养。

第二层次"典型应用"将分类设置多门课程，以适应不同专业、类别的学生学习需要。一般在大学二年级或三年级开设，为必选课，每门课程 2 学分，36 课时，每周授课 2 课时、上机实验 2 课时。根据不同的院系和专业，学生可以只选择一门课程进行学习，也可以在 2 个学期分别选择不同的课程进行学习。这个层次目前规划的课程包括：

- Internet 应用（配套教材：《Internet 应用教程》）
- 数据库应用技术（配套教材：《数据库技术与应用》）
- 多媒体技术及应用（配套教材：《多媒体技术与应用》）
- 网站设计与编程（配套教材：《网站设计与开发》）
- 多媒体与网页设计（教材使用前述《多媒体技术与应用》、《网站设计与开发》）
- VB 程序设计（配套教材：《VB 程序设计教程》）
- JAVA 程序设计（配套教材：《JAVA 程序设计教程》）
- C 语言程序设计（配套教材：《C 程序设计教程》）
- 统计分析软件 SPSS（配套教材：《SPSS 应用教程》）
- 统计分析软件 SAS（配套教材：《SAS 应用教程》）
- Excel 在经济管理中的应用（配套教材：《Excel 在经济管理中的应用》）
- 电子商务基础与应用（配套教材：《电子商务基础与应用》）
- 管理信息系统（配套教材：《管理信息系统》）
- 项目管理（配套教材：《项目管理》）

通过这个层次的学习，学生可以掌握一至两门专门的应用技术，为其今后的专业学习打下良好的信息技术基础。

第三层次"新技术与新应用"是主要面向三、四年级学生开设的任选课程，内容包括信息技术的新发展和新应用，也包括信息技术与专业相关的交叉应用。通过这个层次的学习，学生可以了解信息技术的最新发展情况，了解信息技术在本专业、本学科的应用情况，掌握与所学专业相关的软件的使用方法，从而能够顺利走向工作岗位。这个层次的课程设置一般也是每门课程 2 学分，36 课时，每周授课 2 课时、上机实验 2 课时。

信息技术的学习是面向应用的学习，动手实践与练习是必不可少的环节，因此，每门课程除了主教材之外，我们还将建设配套的实验指导与习题集。为了帮助教师备课和教学、作业、考试，我们还将建设配套的电子教案、题库、实验库、卷库、作业系统、考试系统、网上答疑系统（二期规划建设教学视频库），提供立体化的教学辅助资源，从根本上解决教师改作业和判卷工作强度大、标准不统一等问题，使教师将精力集中到备课和上好课上。

二、教材清单

- 《大学计算机应用基础》
  - ◆《大学计算机应用基础习题与实验指导》
- 《Internet 基础与应用》
  - ◆《Internet 基础与应用习题与实验指导》
- 《数据库技术与应用》
  - ◆《数据库技术与应用习题与实验指导》
- 《多媒体技术与应用》
  - ◆《多媒体技术与应用习题与实验指导》
- 《网站设计与开发》
  - ◆《网站设计与开发习题与实验指导》
- 《VB 程序设计教程》
  - ◆《VB 程序设计教程习题与实验指导》
- 《C 程序设计教程》
  - ◆《C 程序设计教程习题与实验指导》
- 《JAVA 程序设计教程》
  - ◆《JAVA 程序设计教程习题与实验指导》
- 《SPSS 应用教程》
  - ◆《SPSS 应用教程习题与实验指导》
- 《Excel 在经济管理中的应用》
  - ◆《Excel 在经济管理中的应用习题与实验指导》

- 《SAS 应用教程》
  - ◆《SAS 应用教程习题与实验指导》
- 《电子商务基础与应用》
  - ◆《电子商务基础与应用习题与实验指导》
- 《管理信息系统》
  - ◆《管理信息系统习题与实验指导》
- 《项目管理》
  - ◆《项目管理习题与实验指导》

三、立体化教学资源

本套教材不同于以往的普通教材，除了传统的纸质教材，还包含以下立体化教学资源：

- 习题与实验指导
- 电子教案
- 题库
- 实验库
- 试卷库
- 作业系统
- 考试系统
- 网上答疑系统
- 教学视频库

应该如何编写远程教育教材

·段向民·

在远程教育系统中，教材是与远程学习者最为密切的一个要素。近年来，随着现代远程教育工程试点工作的展开，作为资源建设的一个重要组成部分，远程教育教材的研发也越来越为办学机构所重视。

一、远程教育教材存在的问题

对于远程教育的教材而言，"远程特色"是一个至关重要的问题，教材是否具有远程特色，适合远程学习者的学习，直接关系到学习者的学习成效，关系到远程教育的质量。但正如与业内专家所指出的，从第一代远程教育——函授教育起，缺乏远程特色就是我国远程教材的一个缺陷。这种"先天不足"一直延续至今。而且，与西方一些大学的情形不同，我们的多数大学教师对网络课程、网络教材还很陌生，对网络教学还不熟悉，不善于运用网络来开展教学工作。多种因素导致了我国当前的远程教育教材普遍缺乏远程特色，无论是内容的选择、组织，还是编排的体例，都与传统校园教育所用的教材没有太大差异。

远程教材应如何编写才更能体现"远程特色"呢？为此，我们特邀中国人民大学网络教育学院的五位任课教师就这一主题进行了座谈。虽然教材编写者的学术水平较高，但毕竟缺乏成人与网络远程教育的教学经验，从教材体系的规划上看，仍以编写者或教师为中心，对学生在开放教育环境中的个性化学习需求重视不够，内容与体系上较少体现远程教育的特色，依然停留在普通高校传统校园教育的教材框架中。主要表现在：

（1）文字冗长。现在发给学生的教材越来越厚，内容越来越庞杂。

（2）重点不突出。这一点恐怕也是因文字冗长而起。面面俱到就很难做到重点突出。学生很难从这样的教科书中抓住重点，精力花费了不少，但却不能重点突破，收效很不理想。

（3）一味地求新而忽略了学习者的认知规律。一些教材程度不同地避开传统，另起炉灶。这也许是编写者为了立一家之言而致吧，但是，却忘记了是在编写教材，要注重学习者的认知规律。

（4）实践性教学内容设计滞后。我们强调素质教育，我们又要求自主学习，这些，都在很大程度上要求现代远程教育的教材应该特别突出实践性教学的内容。随着学习过程的推进，学生技术应用能力不断提高，他们对技术的要求也在发生着变化。但是，我们在对媒体的使用中，往往没有考虑到这种阶段性的使用策略问题。

教材是给学生使用的，因此我们要先研究学生需要什么，不需要什么。从目前现实来看，学生主要有三个方面的需要：第一，学生需要好老师，或者说，通过老师介绍好资源。第二，学生需要时间。参加远程教育的学生需要花很多工夫自学，因此，他需要有学习的时间，尤其是对于成人，需要有更多的时间，或者说能省时间。第三，学生需要好成绩。

与此相对应，学生不需要什么呢？第一，学生不需要把好老师原汁原味的东西通过技术手段给掰裂了。所以，我虽然反对黑板搬家、反对大头像，但是，我同时认为，应该把老师这些原汁原味的东西通过技术手段比较完整地呈现给学生。第二，学生不需要教材过于花里胡哨，不需要拐很多弯、花费很多时间才能进入相关内容的学习。现在有些课件，设计了很多学生本来不需要、但又必须花时间的东西，比如，设计了一个小鸡小鸭之类的图标，学生需要在那儿折腾半天才能进去；或者设置一些音乐，学生必须把这些音乐全部听一遍，等等。事实上，学生特别不需要这些乱七八糟的东西，他们希望能直接进入相关内容的学习。第三，就目前而言，学生不需要被一大堆参考资料所包围，他只需要那些与获得好成绩直接相关的、具有很强针对性、简洁性的材料，而且希望对这些拓展性资料有自主选择权。为此，教材中应该设置一些超链接，赋予学生这种选择权。

二、探寻教材强化远程特色的实现途径

就单本远程教育教材而言，在设计、建设时应坚持适应性、可选择性、可扩展性。首先，远程教育教材应具有对对象的适应性。虽然很多人都知道在教材建

设时要考虑学习者的特征与需求，但说的多做的少，在设计时真正从学习者的角度考虑得还很少。而学生到底需要什么、不需要什么，对教材建设而言无疑又是非常重要的。对于学生需要什么，我们现在能从理论上说出很多，但对学生不需要什么现在还没有调研。其次，远程教育教材应具有可选择性。电大早在1995年就提出，远程教育本身就具有大区域大教育的特点，各地的实际情况都不一样，对媒体的需求也不一样。这就要求远程教育教材必须满足这种多样化的需求，甚至可以说，对媒体的不同选择决定了对不同教学模式的选择。最后，远程教育教材应具有可扩展性。随着各学科的发展、变化，及学生需求的不断变化，远程教育教材应该具有一定的可扩展性，才能在面对各种变化时具有一定的应变性。同时，远程教育教材在技术上的可扩展性也很重要，要考虑如何在技术上实现这种可扩展性。

就整体而言，远程教育教材建设应实现专门化、一体化、系列化、本土化。首先，远程教育教材一定要专门化。虽然知识体系或者知识内容可以是相承的关系，但是教材一定要专门化。其次，远程教育教材一定要在媒体建设上实现一体化。另外，远程教育教材在教育上要形成系列化。系列化的教材能够给学生一个整体的感觉，有助于激发学生的学习动机，培养学生的自豪感。最后，在对外来资源引进的过程中，一定要注意本土化、本校化的问题，这包括案例的选择、教材所体现的一些思维的结构、内容的调配等等。同时，由于各个远程教育机构所用的模式不一样，所以，要研究如何使教材在媒体设计、内容选择等等方面适合本校的模式。各个机构的模式虽然不一样，但经验可以共享。

教材编写者必须是学科专家和教学专家。由于教材与教学是紧密结合的关系，这就要求教材编写者首先必须具备对学科的准确把握能力，能够将教材建设与学科前沿的发展相结合。同时，还需要编写者有丰富的教学经验。编写教材的核心是建立内容、方法和形式三者之间的有效关联。因此，我们需要特别关注教材与教学环境的配合问题。随着教学形式的不断发展变化，教材形式也越来越丰富，这就要求我们对不同媒体进行有效的整合。

要进行多种媒体的有效整合，首先就需要从整体上进行设计，然后还要对其可行性进行探讨，在此基础上，才可能找到一种有效的整合办法。也就是说，我们在对教材进行整体设计之后，还必须分析它的可行性。由于制作教材的人不是用教材进行教学的人，所以，为了解教材是否具有实际应用价值，还需要进行一些调查，如简单的问卷调查。当然，还需要多站在用户的角度考虑问题，最好能进行一些研究。

在教材建设时进行整体性的策划。教材建设问题其实也是一个策划问题。策划的时候可能需要应用教学设计的思想，需要进行一些整体性的考虑。教材策划更多的还是对内容的分块，就是说哪个课程应该包括哪些内容。特别是在推出系列教材的时候，应该多花点时间进行策划，如做一些统一性的考虑。这种统一的面貌（如统一的风格、统一的封面，等等）是非常重要的，对学生具有很强的心理暗示作用。

在进行一体化多媒体教材建设时，必须综合考虑培养目标、学习者特点、课程特点、教学模式等各方面因素。首先，编制一体化多媒体教材时，要考虑培养目标。具体到课程上，要考虑学生通过这门课程的学习，在能力、素质、知识、水平上能达到一个什么样的要求，这是一个前提，否则，教材编得再好，也是没用的。其次，要充分考虑远程学习者的特点。一般而言，参加远程教育的都是在职成人，都是利用业余时间学习的，而且由于没有经过严格的入学考试，他们的学习背景差异比较大。要使这些人达到一个共同的教学目标，要使编写的教材适合他们，不是简单地穿靴戴帽（比如，在教材前面放上目标要求，后面列些习题的简单做法）就能解决的，而是需要考虑内容、体系、结构、思路、方法的指导、及时的检测、测评等等很多方面。另外，还要考虑不同课程的特点。对于不同的课程，需要有不同的教材编写方法。比如，有些课程的理论性较强，有些课程的实用性较强，我们在编写教材时，就需要考虑这些不同课程的不同特点，采用不同的编写方法。最后，还要考虑本校开展网络教育采用的教学模式。当前，各高校开展网络教育，主要采用的教学模式有三类：虚拟课堂教学、基于资源的自主学习、协作学习。不同的教学模式，对教材有着不同的要求。

进行教材的一体化建设，还必须处理好不同媒体的关系。首先应该明确的是，远程教育中的多种媒体是有主次之分的，其中，文字教材是主体，是基础，是纽带。文字教材具有其他媒体不能替代的作用，学生可以通过文字教材知道其他媒体怎么用或者怎么相互配合。其次，音像教材、多媒体课件、网上资源等不同媒体，各有优势，也各有劣势。现在虽然有了互联网，但在我国，卫星电视不仅没有过时，而且还起着相当大的作用，它在为边远贫困地区提供信息和媒体资源方面能发挥很大的作用，而且范围很广。另外，在制作多媒体课件时，必须要有明确的教学目标，课件必须是为教学服务的，不能为课件而课件，单纯追求这种形式化的东西是没有意义的。对于教学而言，我认为网络最有效的东西就是信息、动态资源、交互。如果这几方面的作用发挥好了，网络的作用也就发挥出来了。最后应明确的是，各媒体之间，不是重复、脱节、各干各的，而是相互配合的关系，要充分发挥每种媒体各自的优势。

采用多种教材开发模式，进行教材的一体化设计和开发。远程教材的开发模式有多种，应根据实际情况灵活选用。如，一种是改造模式，即在传统教育中已有这种教材，我们就可以对这种传统教材进行改造，使之适合远程教育；一种是组合模式，即在原有的一部分资源的基础上再加上新编的一些资源，如学习指导书；一种是新创作开发一些资源。在教材的开发中，可采用课程组的创作模式。这种模式的特点是成本较高、制作周期较长，但通常质量较高、效果较好。采用这种模式，需要创造一个单元教材原型，并对此原型进行试用和形成性评估。

远程教育教材建设的一个核心，是进行教材的一体化设计和开发。在一体化设计和开发当中，特别要研究解决一个问题，就是在理论上有没有、在实践上要不要明确一种主流技术和主流媒体。我个人认为，在今天还是需要明确回答这一问题的。当然，对每个特定的历史时期，每个特定的技术发展阶段，每个特定的院校，每个特定的专业课程，并不需要统一。另外，还应注重对多种媒体的选择和组合，注重对教材的分工和一体化设计和开发，保证各种媒体教材充分发挥自己的特长和优势，避免各自独立和自成体系，出现简单重复或相互脱节甚至冲突。

研究教与学的关系问题。虽然教与学的关系问题（如"以教师为主导"、"以学生为主体"、"以学生的学习为中心"等等问题）在我们做报告的过程中、在培训过程中、在网上辅导过程中，可能部分或相当程度地解决了，但目前还没有从根本上解决，特别是落实到教材上还没有根本性地解决，如怎样真正做到以学生为中心。

研究媒体、技术的真正功用。比如，CAI课件、流媒体到底应该解决什么样的问题？教学设计专家、媒体设计专家并没有对此给出一个很好的样板。电大对此的做法是，要求每类教材都要拿出几个模板，这样可以在媒体的应用上避免更多的或然性。

研究教学技术与学习技术的关系问题。在实践中常可以看到这样的现象：只要有了新技术就一定要用，为用技术而用技术，开发了很多的教学技术让学生跟着走，而不考虑学生的实际需要，也很少去收集有关的反馈信息。事实上，对于学生而言，更关心的是技术能为我所用的程度、能解决我什么样的问题。

为了全面提高编写质量，奉献一流远程教材，教材科研部门应建立以提高教材质量为中心的目标管理责任制，建立健全教材质量保障体系。其主要措施：一是分级管理，以精品教材带动一般教材；二是分段把关，实施全程质量管理，重点把好教材策划关、遴选教材主编关、制定编写大纲关、组织编写关、交稿质量关、落实出版关；三是环节制约，形成有效的图书质量监督机制，如成立教材编审委员会、教材审校委员会，直接对教材的编写工作进行论证和指导，对编写完成的书稿进行预审把关。

三、理想的远程教育教材应体现的特点

（1）首先要标注本章要点或自学提示，便于学生自学。

（2）内容编写要突出实践性、案例性、操作性、自学性，要体现成人教育的特点，编写语言上希望能增加亲和力和可读性。

（3）内容设计要考虑到对学生的发散思维的培养，所给的案例不要仅仅局限于约定俗成的说法，还要有社会上流行的别的说法。

（4）最好能图文并茂，行间距大些，留白宽些，便于学生做笔记，同时更利于成人学习；可参见中国人民大学出版社 2002 年 3 月第一版的《毛泽东思想概论》。

（5）篇幅虽然要因课程而异，但最好控制在 15 万～20 万字。

（6）思考题的设计最好能与考试题相结合，很多课后题在考试时根本都用不到，很多成人上学都是为了顺利通过考试而拿到学历证书的。思考题要有配套的 PPT 文稿，模拟试题。

（7）编校一定要严把质量关，错别字太多容易误导学生。

（8）同一系列的教材在设计时最好能统一色调，而且最好能设计得轻松活泼些，希望能从以往教材严肃死板的窠臼中走出来。

高职教材选题开发小议

·牛晋芳·

近几年来，我国的高等职业教育发展迅速，以满足社会对技术应用型人才的需求为培养目标的职业教育体系正在形成。在课程设置上，以职业为导向、以能力为本位、以实践为主线的课程体系日臻完善，教学理论及教材系统构建的研究也在不断地深入。在高职教材已经解决了"有无"的今天，如何使高职教材进一步提升质量，形成品牌，突出特色，乃当务之急。这也对高职教材的选题开发提出了更新和更高的要求，本文拟从高职教材存在的问题入手，对高职教材选题开发的相关问题进行探讨。

一、高职教材存在的问题

高职高专教材作为体现高职高专教育特色的知识载体和教学的基本工具，直接关系到高职高专教育能否为一线岗位培养符合要求的高技术性人才。教育部也把教材建设作为衡量高职高专院校深化教育教学改革、检验各高职院校人才培养工作的质量与力度的重要指标。近年来，一批质量较高的高职高专精品教材得以编写和出版，但仍然远远满足不了高等职业教育的需要，而且当前高职教材也存在着许多问题，主要表现在以下几个方面。

1. 符合高职高专教育特色的教材严重不足

目前，我国高职教育教材的来源，一是借用本科教材，其内容偏多、理论偏深、实践性内容严重不足，给教学带来一定的困难，严重影响了教学质量。二是沿用专科、原成人高校和中专教材，其基本是"本科压缩型"，在以"应用"为主旨和特征构建课程与教学内容体系上存在严重不足，难以达到高职教学的基本要求。三是自编讲义，存在转抄内容居多、编写质量不高、加工不细和印刷质量低劣等问题，影响了教材质量。

2. 现行教材版本偏老、内容陈旧

这主要表现为：教材不能及时反映新理论、新技术、新工艺、新装备、新材料，而且不少教材不符合新规范、新规程、新标准，与高等技术应用型人才的培养目标不相适应。有的教材虽然冠以"高职高专规划教材"的名义，但内容其实是原专科或成人高校教材的翻版，更缺少相应配套的实训类教材。

3. 实践性教材严重不足

目前，市场上的高职教材主要是供教师授课使用的。而实践性教学一般占高等职业教育总学时数的三分之一到二分之一，是高等职业教育中的重要环节。实践性教材的不足已成为制约高职人才培养的瓶颈。

4. 教材内容与职业资格证书缺乏衔接

"双证制"是高等职业教育的特色所在，但目前高职教材的内容与劳动部门和行业管理部门颁发的职业资格证书或职业技能证书缺乏有效衔接。

之所以出现上述问题，原因是多方面的，作为教材内容生产和内容提供者的出版社，未能十分准确地把握高职教材选题开发的重点是原因之一，再具体到策划编辑这一层面，也应在选题开发过程中做好相关工作。

二、出版社在高职教材选题开发中的重点工作

1. 立足特色定位，完善专业系列

高等职业教育的发展既与地方的经济发展和社会进步相协调、相适应，为社会培养面向生产、建设、管理、服务第一线的应用型人才，又依赖于地方经济发展和社会进步提供的条件和动力。高职院校的分布和专业设置，大多与当地社会经济发展特点相适应，地方性、本土化特征较为突出，因此在高职教材开发上不能企求像本科那样，一部教材可以通行全国。实行区域内高职院校相关专业教材联合开发，突出地方性、本土化特点，是高职教材开发中应予以重视的问题。出版社应以搭建教研平台的方式，联合本地区主要高职院校相关专业，共同探讨适合区域经济发展的专业设置及教学特点。

在把握学科优势、突出地方特色的基础上，出版社应有针对性地构建某一类专业教材的完整系列，有目的地进行系列开发，这有利于集中关注其专业发展趋势，深度介入课程与教学改革的研究，用理论指导教材建设。出版社仅仅将注意力集中到公共课和专业基础课上是远远不够的，还应关注读者有限的专业课、选

修课、技能课和实践课教材，形成完整的专业教材系列，将专业优势与教材系列建设紧密结合，克服急功近利的思想，立足长期积累，则相对完整的、专业特点突出的系列教材的品牌特质必将呈现出来。

2. 开发课程资源，实现立体化构建

课程资源是教材建设的重要组成部分，包括教学方案、教学资料、教学条件和高效的运行系统，简单地说就是课程实施的条件，其内容庞杂，涉及面广。围绕教材建设的课程资源开发主要是指教学资料部分，即教学参考资料、多媒体课件、网络教学平台、图书资料等。

教材是课程资源的重要载体，也是课程资源开发的源头。围绕课程目标，在教学实施过程中需要对教材内容进行优化重组、拓展延伸，对呈现方式、编排结构进行调整和改变，这是教材的教学重建过程。与课程实施具体相关的内容主要包括技能操作指导书、实验实习指导书、习题练习与解答、专业技能等级考试指导书、阅读参考资料、影像资料、计算机辅助教学软件等。开发多元立体的教学资源，实现教材的立体化构建，也是高职教材选题开发中不可忽视的要素。

信息技术的发展、信息网络资源的开发与利用已经赋予课程教学资源立体构建新的含义。借助于多媒体化、交互性的信息技术，可以将静态的观察变为动态的参与，将封闭的有限独占变为开放的资源共享。通过网络实现教师与学生的互动和利用虚拟教学软件进行技能训练，突破了时间和空间的限制，其可重复性、资源的丰富性和容易获取性，可以极大地提高教师的教学效果，形成教学特色，也有利于激发学生的学习兴趣，进行自主性学习和研究性学习。在策划高职教材的同时，注重相关的课程教学资源的科学开发，是提升教材质量和品牌特性的重要内容。

3. 优化知识结构，培养创新型作者队伍

高素质的作者队伍是构建高职教材品牌的基础。在作者队伍的培养问题上，出版社应有严谨的思路、科学的做法和长远的计划。首先，在结构上应以教学与研究兼备型的教师为主，这些教师能够在教学与研究相长中积累经验，形成新的思维，不断将新的教育思想与教学理念融入教材内容之中。

其次，"双师型"作者队伍构建是培养高职教材作者队伍的最佳选择。重点院校或优势学科的专家学者与高职院校一线教师共同组成作者队伍，既使教材内容的理论性、系统性和完整性达到一定的水准，又突出了高职教材的应用性和实

践性特点，避免了高职教材要么是本科教材的"压缩饼干"，要么是中专教材的"膨化食品"的不足。

最后，青年教师应成为高职教材作者队伍的重要组成部分。受过严格学术训练的青年教师正在成为高职院校一线教师的主体，他们对社会文化与经济发展的变化与趋势有着较为敏锐的观察力，对新观念新思想接受快，对新技术新手段适应性强，更容易将自我价值的提升与社会发展融为一体。特别是对当代信息技术的独到理解与娴熟运用，使之更容易将新的理念、新的技术手段运用于教学以及教材建设之中，有利于高职教材建设不断突破传统，不断进行理论与实践的创新。

三、策划编辑在高职教材选题开发中的重点工作

1. 抓好选题开发前的市场调研

选题确定之前的市场调研工作和教学需求分析无疑是至关重要的。首先，策划编辑要对选题的市场状况有清晰的了解，同类选题的教材市场上是否存在，市场占有情况怎样，市场运作的独特之处在哪里，读者反馈意见如何，市场还有什么发展空间，还有什么新的选题等。其次，策划编辑要通过参加各种教学会议，调查了解教学、教学改革、教学实践和科研情况，掌握课程设计和课程改革动态，为教材的选题提供依据。对于修订教材，一定要广泛听取教材使用者的意见和建议，策划编辑将其整理后反馈给作者，以供教材修订时参考。另外，策划编辑还要善于从调研中创新思路，挖掘新题材，要充分利用新技术和新的表现手法，在此基础上与作者进行有效的探讨，从而实现教材的体系创新、内容创新、体裁创新和载体创新。创新是教材策划的灵魂。只有新的创意，才能避免内容的同质化，使教材在市场选择中脱颖而出。

2. 精心培养和遴选优秀作者

在高职教材作者队伍的培养上，策划编辑具有不可替代的作用。由于出版业的无序竞争，急功近利、粗制滥造、不求甚解的浮躁之风已经侵蚀到作者队伍，电脑写作的普遍使用使很多人误以为著书立说已是轻而易举的事情。因此，策划编辑应注重不断塑造和提升自己，在选题运作中以完美的人格魅力感染作者，以精益求精、严谨求实的工作作风影响作者。策划编辑首先要深入研究高职教育规律，特别是有针对性地研究高职院校的课程设置、教学特点、师资队伍的结构以

及相关教材的质量水准，拥有专业理论与实践的话语权，用先进的教育理念指导选题开发。在选题开发的具体过程中，策划编辑应深层次地介入选题运作的每个环节，如策划过程中组织作者深入研讨，形成完整的写作计划，细化编写要求，不断调整、优化编写方案；成书过程中坚持审校到位、书稿退改和作者清样通读；教材出版后注重读者跟踪和信息反馈。

策划编辑在选题运作过程中应该形成严谨而独特的风格，并在与作者的不断互动中得到相互认同。作者队伍的培养，品牌选题的构建，编辑素质的提升，这三者是相辅相成、三位一体的，是同步成长的过程，也是高职教材品牌诞生与成长的过程。

3. 重视教材出版之后的教师培训

良好的服务措施是稳定和扩大高职教材市场份额的保障。教材出版后，为了扩大教材的影响范围，教师培训必不可少。策划编辑不仅要重视教材出版之后的教师培训工作，还要充分认识到，教师培训应该从教材相应的课程入手，而不应单刀直入地直接宣讲教材。聘请专家教授，是做好教师培训的关键。培训内容应该包括精品课程建设情况、教学改革情况、教学基本要求、实验实习、与其他课程的衔接以及本门课程在一些学校的开设情况等方面，然后过渡到教材内容及其相配套的教学资源上。在教师培训中，作者讲解教材的编写过程和体会及其使用效果是十分重要的。此外，策划编辑还可以邀请教师结合自身学校的情况谈一谈如何使用教材来授课以及教学心得等。教师培训不仅仅是对教材的推广，关键是要使教师学习到与本课程相关的一些扩展知识，教师会觉得受益匪浅，从而增强对教材的认同感。

高职教材选题开发是一个复杂的系统工程，在此过程中，出版社将品牌意识贯穿在教材建设的每一个环节是形成教材品牌的关键，策划编辑在选题开发中的宏观思考与缜密规划设计，以及在成书过程中的细致运作与市场营销中的读者追踪与信息反馈，是构成极具特色和优质精良的高职教材的重要因素。

高职高专商贸类"工学结合"系列教材选题策划报告

· 牛晋芳 ·

纵观我分社已有的高职高专教材，除法律系列、数学系列、公共课系列和德育课系列之外，都属于经管类教材，这些教材占据了我分社所有高职高专教材规模和码洋的 80％以上，这一方面是由于我社在经管类教材出版和发行上存在相当的品牌影响，另一方面是由于社会和市场对经管类专业的人才需求持续旺盛，从而导致相关教材的出版兴盛不衰。

随着高职高专院校新一轮教学改革和课程改革浪潮的兴起，以及由此引发的新一轮高职高专教材出版的高潮，我分社原有的经管类教材大到专业开发设计、作者队伍的选择、书目设置，小到单本教材的编写体例、编写内容、编写风格和字数，都将过时。经过这次改革浪潮的洗礼，可能出现的情况是，一部分教材将会被自然淘汰，只有质量精良、内容实用的教材会继续热销。

我们可以在此基础上"去粗取精"，好的教材继续修订完善，纳入新的系列之中，不断与时俱进，打造成为真正常销的好书。原有教材被自然淘汰之后遗留下来的空白，将由新的商贸类"工学结合"系列教材和按专业开发的经管类实训教材所填补。

一、总体开发思路

2006 年年底教育部颁发的《关于全面提高高等职业教育教学质量的若干意见》（简称 16 号文件）指出，在高职高专院校中应推广"工学结合"的教学模式，强调"能力本位"的教学思想，更加注重培养学生的应用能力。作为出版方，我们必须紧跟教学改革的步伐。教育部又确定了 100 所示范性职业技术学院，同时要在"十一五"期间建立 2 000 个职业院校实训实习场所，学校的培养目标进一步确定为以就业为准绳，面向市场培养学生的实际动手能力。所以，出版社的教材规划与编写思路也需要进行相应的改变，努力编写出进一步适应教学需要的教材。

在高职高专课程建设与改革的进程中，课程建设是提高教学质量的核心，也是教学改革的重点和难点。16 号文件要求，"高等职业院校要积极与行业企业合作开发课程，根据技术领域和职业岗位（群）的任职要求，参照相关的职业资格标准，改革课程体系和教学内容。建立突出职业能力培养的课程标准，规范课程教学的基本要求，提高课程教学质量"。这意味着打破原有的教学课程体系，在短期内建立起新的教材体系，以适应学校的教学需要。要想彻底打破原有的学科体系，从实际情况来看，是需要一个过程的。教师的教学模式需要相应彻底转变，这也需要经历一个较长的培训过程。

在现阶段，在原有的学校教师队伍的组织结构下，还无法做到课程体系的彻底改革，但可以进行课程内容和教学模式的改革。也就是对每一门课程进行以能力培养为本位、基于工作过程、项目驱动、任务导向的工学结合教学模式的改革，落实理论和实训一体化的教学方式。因此，我分社出版的教材既需要符合教育部的改革精神，又需要符合教师的实际情况。遵循教材开发应紧跟高等教育改革发展方向及以实际需求为出发点的运作思路，开发以"工学结合"为特色的高职高专教材。

二、规模

从高职高专院校商贸类专业开设课程的实际情况来看，属于通用基础课的课程大致有 15 门左右，鉴于不同地区、不同院校的不同情况，商贸类"工学结合"教材的开发规模暂定 30 门至 40 门，这之中，大课，如"经济学基础"、"管理学原理"、"电子商务概论"、"会计学基础"和"市场营销"等可以视不同情况重复开发，以满足高职高专院校教学实际的需要。

三、编写思路

在当前新一轮课程改革中，工作过程系统化课程已经在高职课程改革中占到主导地位，以工作过程为导向课程的开发应该以从业中实际应用的经验和技能为主，以适度够用的概念和原理的理解为辅，追求的是职业工作过程的系统化，而不是学科知识的系统化。课程开发的基本步骤如图 1 所示：

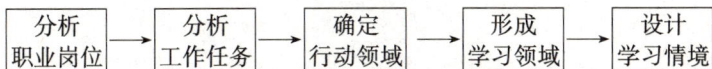

图 1　课程开发的基本步骤

与此相对应，教材的编写体例也应打破原来以讲授理论知识为主的模式，按照图 2 所示的思路设计：

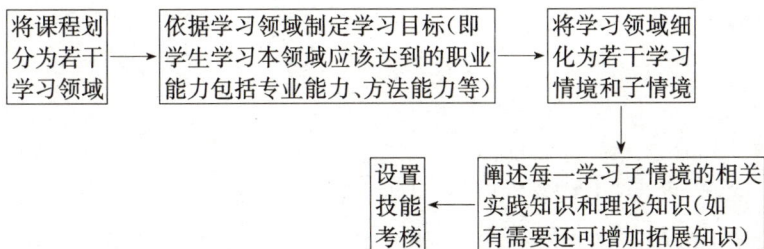

图 2　教材编写体例的设计思路

四、作者资源

我分社进入高职高专教材领域稍晚，一直未能长足发展，其中一个重要的原因就是作者资源的匮乏。原有教材的作者之中，真正来自高职高专院校一线的并不多。为了打破这种局面，开发并涵养更多的优秀作者，使商贸类"工学结合"教材真正成为我社叫得响的品牌教材，应该从以下几个方面进行作者资源的积累和开拓：

（1）积极参会跟会，及时补充和更新作者资源。

（2）结合教育部 100 所示范性高职院校的建设情况和国家级、省级精品课程的评选情况，发现新的作者资源。

（3）结合我社相关的自主营销推广活动，不断积累作者资源。

（4）对既有的优秀作者资源进行深度开发和挖掘，发挥并利用其辐射作用。

应该看到，由于高职高专的教学改革本身还处于探索阶段，这就使我们面临的不确定因素增多。同时，一些传统专业方向更新较为缓慢，不能很好地结合新技术，也不能满足新的市场经济形势的需求。为此，我们需要进行更加积极主动的工作。要针对学校特点、专业要求以及职业院校学生的接受能力和学习特点，编写一套真正好用实用的商贸类"工学结合"教材，并通过广泛的、有针对性的宣传推广，引导学校采用。

新时期大学英语：转型与创新的愿景

· 鞠方安 ·

一、大学英语的回顾：成绩与困惑

我国的大学英语伴随我国的改革开放政策而产生，是从英语专业中剥离出来的，又与英语专业如影随形、相辅相成，是改革开放的产物。1978 年 8 月，教育部在北京召开全国外语教育座谈会，决定把大学公共外语和中小学公共外语教育提到日程上来，是为大学英语之发轫。其后逐渐明确大学公共外语的首选语言是英语，并由教育部确定为 "College English"，即 "大学英语"。之后，"大学英语" 就专指大学公共英语，我国汉语言词库中又增加了一个新的专有名词。

1. 大学英语教学和研究取得了巨大的成就

第一，人与人、民族与民族、国家与国家的沟通主要依靠语言，语言是沟通的媒介，语言就是力量，语言改变世界。西方有谚语 "The word is mightier than sword"（语言强于利剑）。大学英语课程的设立体现了国家意志，是我国改革开放、文明开化的标志之一；也是中国走向世界，逐渐融入世界的标志之一。

第二，我国的大学英语近 30 多年来在教学大纲、教材建设、教学方法改革、教育手段的创新以及测试评估方面基本形成一个有机的体系。

迄今为止共制定并执行了三个教学大纲，即 1986 年的《大学英语教学大纲》、1999 年修订的《大学英语教学大纲》和 2004 年的《大学英语课程教学要求》。1986 年和 1999 年的教学大纲强调阅读能力和语言基本能力的培养，2004 年的课程教学要求则强调英语的综合应用能力和文化素质的培养，突出听说技能。

在教材建设方面，大学英语教材的编写体例和结构基本沿袭英语专业本科教材，分为精读、泛读、听力（近几年变为视听说）、快速阅读等。很多大学英语教材的版本设计比英语专业教材更加精细，印刷更加精美。

在教学方法方面，除传统教学方法的应用，大学英语界在新媒体、新技术的推动下，不断探索行之有效的理论和方法，有关大学英语教改的论文数量和质量不断提高。

在大学英语的测试评估方面，成功设计和实施了大学英语四六级考试（1987年开始），并逐渐使之成为一种标准化考试，大学英语教学有了独立的考评体系。

第三，出现了相对独立的大学英语教学群体。随着大学英语课程的开设，许多院校在外语学院或者独立于外语学院设立大学英语教学部、大学英语教研室或者大学英语教育学院，这标志着大学英语教师群体的产生，或者大学英语教学界的产生。

第四，大学英语在人才培养方面功不可没。随着大学英语课程的设置，以及我国改革开放的不断深入，我国的大学英语成为世界上最大的公共课程，其学习者也是世界上最大的学习者群体。这一群体是将来国家建设的主体，也必然是各行各业的骨干、栋梁，因此，大学英语在人才培养方面功不可没。同时，大学英语还在一定程度上成为在语言、文化、政治、经济等方面与世界沟通的桥梁，是文明与文化的传播者，是语言与文化的"普罗米修斯"。我国大学英语界应当为此感到自豪。

2. 大学英语界也面临许多困惑，甚至质疑

第一，大学英语课程的设置有待创新。我国大学英语课程基本沿用英语专业本科课程的设置模式，包括精读、泛读、听说（或视听说）、快速阅读等。大学英语的授课内容从难度、广度而言与中学有较大区别；授课的模式，除基于计算机技术的网络平台模式，与英语专业的授课模式无本质的区别，甚至与中学的授课模式也无太大的区别。如条件允许，合格的高中毕业生在高中毕业时接着参加大学英语的四级考试，很多人会顺利通过。这就无疑会使人困惑：（1）在大学阶段，至少对于部分学生而言，还有必要学习大学英语课程吗？大学英语课程有必要开设两年吗？（2）为何有些院校硬性规定大一学生第一学期必须学习大学英语？（3）目前的大学英语课程设置有无调整的必要？

第二，对于大学英语教学的效能存在争议。对于大学英语教学的效能，时断时续地会有各种声音出来，如"费时低效"、"哑巴英语"等等，不一而足。对于这些负面评价，大学英语界既不必义愤填膺，也无须妄自菲薄。应当立足我国的基本国情，具体分析"费时低效"和"哑巴英语"等现象产生的原因，据此对症下药。

第三，大学英语教师的群体归属比较模糊。大学英语教师基本形成了一个群体，这一领域也泛称大学英语界。大学英语教师这一群体的整体学术水平、社会认可度显然不如专业英语教师。许多大学英语教师感觉从事大学英语教学之后，似乎迷失了方向，没有了归属感，逐渐成为只上课的"机器人"。究其原因，在于大学英语还没有形成一个独立的学科，既然不是一个学科，它就缺乏甚至没有学术凝聚力；同时，头脑清醒的部分大学英语教师对于大学英语有很强的危机感，他们对于大学英语未来何去何从深感忧虑，这是大学英语界感到失落的根本原因。

二、大学英语的未来：转型与创新

可以这样认为，大学英语界是一个较为独特的领域，其存在的依据和生命力基本上由国家的政治环境和教育政策所决定。我们有充分的理由和坚定的信心相信，中国改革开放的大门不会再度关闭，而只会以更加宽广的胸怀和更加博大的胸襟去迎接、吸收和消化世界各种文化和文明，实现中华民族的伟大复兴。在这一过程中，大学英语界大有可为。大有可为的前提首先是正视挑战，寻找应对的策略。

大学英语界面临的挑战主要有三个方面：课程、学时和教学内容的问题，费时低效问题，以及群体归属问题。

1. 关于课程设置问题

应当充分认识到，在我国，尤其是经济文化发达地区，英语学习者的年龄在明显下移，许多地方从学前班、幼儿园、小学就开始学习英语，到高中毕业时，这些学生学习英语已经有 10 年以上的历史。如果到了大学还让这些学生继续学习内容和模式与中学英语无较大区别的英语，必然导致学生兴趣的下降、效能的降低。可以设想，如果没有大学英语四六级考试的压力，一部分学生很可能会放弃大学英语的学习。

应对上述挑战的策略在于大学英语课程的适时调整和教师素质的提高。

首先，大学英语课程与中学英语课程相比较应有明显的区别，应当有不同的培养目标和解决不同问题的指向。

应当承认，相当一部分大一学生已经无须再从英语的基础——听说读写译学起，他们或者需要查漏补缺，或者可以直接进入与专业相关的课程学习。也就是说，大学英语课程至少可以细化为以下三类：

第一类是基础的阅读、写作、翻译（包括口译和笔译）、听说（视听说）等专项技能提高课程，这些课程由学校在教学计划中列出，由学生自由选择。

第二类是以文化、人文素质提高为目的的课程，如英美报刊选读、英美概况、跨文化交际等。

第三类课程是以专业＋基础英语为指向的英语课程。这类课程依然是公共英语课，但已不是传统意义上的大学英语课程，而是与各学科和专业紧密结合的课程，至少是与大类的专业相结合的课程（即 English for General Purpose ＋ English for Special Purpose）。学生通过这类课程的学习，既可以提高英语的基本技能，又可以学习和巩固专业基础知识 。

从理论上讲，上述三类课程既可以有效提高学生的兴趣，又可以有效提高大学英语的学习效能。

其次，课程的调整必然带来教师角色的调整。基于上述课程的设想，大学英语教师必然努力提高自己的素质和业务水平，扩充自己的知识面，否则无法驾驭新课程，也不能开设出新课程。这实际上就是大学英语教师的转型。一旦转型成功，大学英语教师即实现了凤凰涅槃般的新生。

2. 关于英语学习的费时低效问题

费时低效只能在具体的环境下进行考察。在中国，英语是作为母语之外的第一外语被学习和使用。语言的第一属性是工具性，其延伸的功能则有文化传播和教化等。语言习得之后的生命力在于应用。如果没有经常性的应用，习得的语言会逐渐"磨蚀"，即我们平常所说的又"还给"了老师。

关于外语磨蚀的研究，结合国内和国外的成果，可概括如下：外语正式培训结束后，如果外语的使用减少或者停止，外语磨蚀随即发生，其过程呈现"前快—中慢—后快"的发展趋势。即在外语培训正式结束后的前期（前 5 年）磨蚀非常严重，中期（其后 20 年）不明显或无磨蚀，后期（其后 25 年）磨蚀又加快。由此看来，凭借一次性的外语教育评价结果（如大学英语时代的英语四六级成绩）来检验人们终生的外语成绩和水平，显然不符合语言习得规律。外语教育的评价应当保持一定的连续性。显然，外语学习不是经过一次性学习（或者一个阶段）、一次终结性评价就能够解决的问题。外语的一次性学习和评价结束后，若无后续的延伸性培训、时常的温故而知新，则前期的学习成果终会被"磨蚀"掉。如果在每一次外语学习或培训结束后都没有适当的"学而时习之"，则每一次的学习成果又会重新被"磨蚀"掉。在中国，这种外语学习的"学而时习之"并没有制度化和常态化。这就是英语学习费时低效的深层原因。

因此，中国外语学习的费时低效问题，有其产生的合理性和必然性。解决这一问题的途径并不复杂：首先，对于经常使用外语的人群，应当使其经常"浸泡"在外语的环境中，并设立经常性的考核机制；其次，对于不经常但有时会使用外语的人群，设立非经常性的外语培训机制即可，事实已经证明，对于具有一定外语基础的人群而言（比如高中毕业生），外语完全可以"速成"；最后，对于那些未来不使用或者基本不使用外语的人群，则不必硬性规定大学阶段学习外语，可代之以由学生自由裁量、自主选择。

3. 关于大学英语界的群体归属问题

大学英语是公共课程，相对于专业英语而言，大学英语教师的大部分时间都用于教学和作业批改，而用于科研、参加学术活动的时间和精力相对较少。长此以往，大学英语教师的学术成果就会较少，他们在职称评定、社会认可度等方面都没有了优势。同专业教师相比，他们渐渐失去了群体归属感，许多教师感叹自己成为仅仅上课的"工具"。

笔者认为，解决大学英语教师群体归属感的途径，至少可以有以下几个方面：首先，大学英语教师是矛盾的主体。大学英语教师不应由于从事公共英语教学就放松对自己的要求，而应自觉地追求学术、从事科研，把科研放在适当的位置。其次，从组织结构而言，公共英语和专业英语可以尝试打通，实行一体化。即在外语学院或者外语系中，专业英语与公共英语教师不再细化，全部教师必须同时教授专业英语和公共英语课程，考核也实行一个标准，在此方面浙江大学外语学院已经进行了有益的尝试。最后，在公共英语与专业英语还没有打通之前，对于公共英语教师和专业英语教师的考核，应当实行不同的标准，区别对待。比如对于专业英语教师而言，可以按照研究教学型教师的考核标准对待；对于公共英语教师而言，可以按照纯教学型教师的考核标准对待。

综上所述，大学英语界面临的实质问题在于转型，核心问题在于创新。转型的含义是教师角色的转换、教学能力和科研能力的提升；创新是指以角色转换和教学以及科研能力为基础的复合型课程的开设。

三、新一代大学英语教材的研发：基础与专业

转型与创新的大学英语教学呼唤转型与创新的大学英语教材，需要新教材的

支持。教材是教育理论、教育理念、教育目标、教学内容和教学手段的综合载体，是教书育人的直接载体，是国家教育意志和教育政策的集中体现。教材的优劣在很大程度上决定着教学的成败、教育的成败，因而教材的研发十分重要，应当得到各方的足够重视。把教材的研发与教师和相关各方的业务和学术考核紧密结合，由大家、名家、大师、名师领衔，调动各方积极性，打造经典和精品，杜绝粗制和滥造，以防误人子弟，如此则有益国家民族，造福莘莘学子。就教材的版本和种类而言，不应当搞一刀切、一言堂，而应实行一纲多套、一纲多本，以适应我国不同地区、不同层次和水平学生的实际需要。

与以往传统的大学英语教材相比，新一代大学英语教材应当从内容和形式上都充分体现转型和创新的要求。

（1）就新一代大学英语教材的理论支持而言，它应当综合并吸收传统和最新的语言学理论研究成果，而不应只局限于一家之言。这些理论应当包括：建构主义（任务型学习）、认知主义（认知心理学、理论语言学、语言信息处理）、交际交互法（以学生为中心的交际活动）、行为主义（语言模仿和操练）、体验哲学（语言知识和语言能力）等。

（2）就新一代大学英语教材的结构而言，它应当是一个有机的体系，分为基础课程板块和高级课程（或称选修课程）板块两大部分：

1）基础课程板块不再分册编写传统的精读、泛读、听力（视听说）和快速阅读等，而将读写译合为一体来编写，或者将听说读写译放在一本教材里编写，成为真正意义上的综合教程。这是教材形式上的创新。教材内容的创新则充分体现在英语基本技能加专业英语的特色上。课文的选材不是传统教材的素材，而是与学生各专业紧密相关的课文，但又不是很深奥的课文，学生完全可以学习，而且愿意学。

2）高级课程板块分为两部分：第一，专项技能教材，也可以称为通识课教材，例如单项的写作、翻译（口译、笔译）、英语视听说等；第二，专业英语教材，如经济学专业英语、法学专业英语、人文学科专业英语、管理学专业英语、MPA专业英语、MBA专业英语等，这类课程需根据各校学生的需要来设计。

根据上述设计，新一代大学英语教材分为精干的基础课程和丰富的高级课程（或称选修）两部分，是各取所需、"自助餐"式的有机课程体系。

（3）就新一代大学英语教材的教学支持体系而言，除纸质教材，还应当适应信息化新媒体时代的要求，根据各地区各学校的不同要求，配套助学教学PPT、多媒体光盘或网络学习平台。

（4）就新一代大学英语教材的评价体系而言，除继续使用大学英语的四六级考评，各学校完全可以设计自主化、个性化的大学英语效能考评体系。而且，随着高级课程的开设，建立自主化和个性化的考评体系势在必行。

参考文献

1. 蔡基刚. 大学英语教学：回顾、反思和研究. 上海：复旦大学出版社，2006

2. 黄必康. "吃透"《教学要求》，明确教学理念——对大学英语教材建设的思考（一）. 教材周刊，2005a（87）

3. 黄必康. 以教学为实际基础，以听说活动为先导——关于大学英语教材建设的思考（一）. 教材周刊，2005b（88）

4. 庄智象. 我国外语专业建设与发展的若干问题思考. 外语界，2010（1）

5. 李霄翔等. 体验哲学与英语教材研发. 外语与外语教学，2009（2）

6. 何其莘等. 近三十年来我国高校英语专业教学回顾与展望. 外语教学与研究，2008（11）

7. 胡文仲. 新中国六十年外语教育的成就与缺失. 外语教学与研究，2009（5）

8. 袁平华等. 以内容为依托的大学外语教学模式研究. 外语教学与研究，2008（1）

9. 倪传斌等. 基于外语"磨蚀"的教育学反思. 外语与外语教学，2008（3）

10. 罗毅等. 论大学英语与专业英语教学的衔接. 外语界，2008（1）

把考试书当精品来做

·张玉梅·

在以出版学术精品为主导的大型教育类出版社，考试书的地位是很尴尬的。从它的功用性来说，它应该归属于教育类图书，但又绝非教育的主流。从本质上说，考试书是一种工具书，这决定了它的辅助性，相对于主流教育来说的从属性。正是由于这一点，在出版社它只能处于边缘地位。同时，对于单品考试书来说，其生命很是短暂，多则一年左右，少则两三个月，等相关的考试结束了，本年度考试书的使命也就完成了。考试书的这种特性，让人很难把它与"精品"联系起来。然而，在中国人民大学出版社有这么一群人，是把考试书当精品来做的。对于编辑来说，每一部经手的书都是精品，一部书稿从进入编辑流程到面世，责任编辑对它所持的态度、为它所付出的努力不会因为它不是重点图书、寿命短暂而稍有懈怠。正是由于这种态度、这种精神，在变化多端、竞争残酷的考试书市场上，"人大考研"这块牌子依然闪亮，并且还亮出了"人大司考"、"人大雅思"等新的招牌。

本人是文字编辑，多年来与同事一起在考试书出版领域摸爬滚打、浮沉升降，对于考试书的编辑有些许体会与感悟，在此与大家分享讨论。

一、考试书的特点

考试书的第一个显著特点是与市场联系密切。考试书不具有相对固定的发行渠道，而直接接受市场的检验，市场是否认可，考生是否买账，决定着考试书的生与死。从本质上说，一部考试书能否在市场上立足，当然首先取决于它的质量，但另外一个重要条件也是不可忽视的，那就是时间，在某些情况下，出书时间甚至决定着一部考试书的生死存亡。有时候，书稿付印时间推迟一天，市场效果就会大不一样。"时间就是生命"这句话，用在考试书这儿再贴切不过了。影响考试书命运的因素还有很多，如市场的多变、政策的调整等都会给考试书的发展带来或大或小甚至是致命的影响，这更进一步证明了考试书对市场的依赖性。

一部辅导书能否得到考生认可，关键要看它是否有用，所以我认为实用性应该是它的第二个特点。从某种程度上，实用性甚至可以说是考试书的灵魂。有需要才会有产品，考试书存在的依据就是考生的需要。能满足考生需求，能为考生提供切实帮助的，就是好的考试书。内容上的条理清楚、重点突出当然是其本质要求，而栏目的创新设置、知识点的合理再现，则是表现本质要求不可或缺的外在形式。考生一册在手，能对考点内容一览无余，对重点把握一步到位，那么这部考试书就算是发挥了它应有的功能，它就是一部好的辅导书。从这方面来说，一部考试书要想在同类辅导书中脱颖而出，起决定作用的不一定是图书内容（因为基本内容都大体一致），而是表达这些内容的方式。内容和形式互为表里，直观、实用、新颖的体例格式与考点内容的完美结合，是打造优秀考试书的必由之路。因此，体例格式上的创新意义重大。

二、考试书编辑的思考与探索

对于文字编辑来说，编辑考试书与编辑精品学术专著，在工作态度和加工方法上没有什么不同，责任编辑会把他手中的每一部书稿都当做精品来对待。只是由于考试书自身的特点，编辑在编辑考试书时有不同的关注点和面临的问题。我认为，要做好考试书，尤其应处理好以下几方面关系。

1. 质量与速度的关系

质量与速度这对矛盾在编辑加工过程中是普遍存在的，只是在考试书编辑过程中显得尤其突出与尖锐而已。高质量需要合理的时间作保证，而市场则要求出书速度越快越好。孰轻孰重？这对编辑而言是一个无法取舍的两难选择，不能为了质量而不求速度，更不能为了速度而牺牲质量。为了在保证质量的前提下按时出书，考试分社的编辑尝试了很多办法，其中最主要的有以下几种：

一是，不同岗位的人员明确责任，彼此分工协作，保证出书流程顺畅无阻。具体包括：策划编辑、文字编辑、校对人员之间的分工合作；三审之间的合作；分社与排版厂之间的协调沟通等。不同岗位的人员各负其责，工作到位，上下环节之间紧密配合，保证了生产的有序进行。例如，责编退改稿子之前会预先和校对人员沟通，以有计划地安排下一环节的校对工作；书稿付印之前及时通知策划编辑制作封面，使责任编辑能够在书稿付印之前看到封面小样，以便与扉页、版权页核对，从而可有效避免封、扉、版不一致情况的发生。

二是，合理利用外编。对于外编利用上的得与失，一直是困扰广大文编的问题。客观地说，一般情况下，外编远不能达到内编的工作水平，工作上或多或少总有做得不到位的地方，这是因为我们很难有效地对他们进行约束。正因为此，有的编辑宁可不用外编。然而事情有它的两面性，外编的作用也是显而易见的。每个编辑都有盲点，一部书稿先由成熟的外编通读一遍，虽然不能解决所有问题，但外编看出的问题也许正是复审编辑的盲点，这对于保证图书质量来说有利而无害。我的观点是：我们不能不用外编，但也不能完全依靠外编。外编的工作不能代替复审内编的工作，但可以使复审工作更完善、更快捷。而且，在考试分社，对于内编不熟悉的专业，还需要借助外编的专业知识来把关。所以说，在质量和速度双重要求面前，仅靠内编自身的力量难以两全，合理使用外编不失为解决问题的一种方法，当然，外编必须是有责任心且成熟的。

三是，对于特急的稿子，由几个编辑分工合作。此时须编辑之间密切配合，保证书稿内容上的连贯，体例格式的统一。此虽属无奈之举，但也是提高效率的有效方法，一般只在编辑加工个别特急稿件时使用。

作为考试书编辑，我们无法在质量与速度之间做出选择，只能借助上述方法缓解二者之间的矛盾。但这些方法不一定具有普遍性，有待于进一步探讨。

2. 变与不变的关系

考试书的存在依托于考试的存在，考试年年举办，考纲年年变化，于是考试书就年年修订。受制于一年一度的考试周期，考试书的寿命一般最长不会超过一年。那么，有没有一些东西可以编成相对长效一些的考试书呢？回答是肯定的。就书的内容来说，无论考试形式如何变化，考试大纲怎么调整，基本内容大体就那么多，有些重要的知识点年年都会考，只是出题方式千变万化而已。这就为出版长效考试书提供了前提和基础。事实上，这种考试书也是存在的，如考研英语中的词汇书，考研政治中的常考知识点类的书等。只是这类书的品种太少，对缓解文编工作压力无法起到实质性的作用。是否能够开发更多一些的长效书，是一个值得探讨的问题。

对考试书来说，变是王道。形势在变，社会在变，热门话题在变，考生的需要也在变，所以说，变是主题，随社会变化而变化是考试书的生命力。考试书年年修订正体现了这种变化。可以这么说，考试书修订越频繁，变化越大，就越能很好地贴近考试实际和考生需要，也就越具有实用性和科学性。然而这种多变对文字编辑来说最直接的影响就是工作量加大。一次考试结束了，相关辅导书的生命也就终结了，编著者会对原书进行修订，把新的试题和解析内容加进去，同时更新相关知识点。乍一看这很简单啊，编辑只要看了新加的内容不就完了？然而对责任编辑来说远非这么简单。就拿司法考试辅导书来说吧，一年来国家法律法规立改废的内容，刑法罪名的变化等都应该在修订书中体现出来，负责任的作者会做得好一些，不负责任的作者则只做表面功夫，具体表现为：只在新加内容中运用新法规，对原有的内容则不作修改或只改标题或只改相关的部分。而实际上这种变化渗透到了内容的方方面面（如在对知识点的叙述中，在对往年试题的解析中等），对责任编辑来说，必须要找出这点点滴滴的变化，而这需要做大量细致繁琐的工作。我们不难想象，新出的考试书中引用了旧法规，或使用了已废的罪名，考生会有什么样的反应！此外，政策变化、重大事件对考研政治的影响也是一样的。所以说，正确处理书稿中变与不变的关系，使时代变化在书稿中及时得到体现，是保证考试书在市场上立于不败之地的必然要求，也是编辑素质的体现。

3. 编辑知识博与专的关系

编辑是一门学问。技能的习得有赖于实践的历练，而知识的扩充则依靠编辑的自主学习。每个编辑都有自己的专业，这是他（她）赖以完成本职工作的基础。然而仅仅依靠现有的知识很难把工作做得尽善尽美。形势在变化，社会在发展，新技术、新知识层出不穷，编辑应该随时接受新知识，掌握新技能，把握时代脉搏，做起工作来才能得心应手、游刃有余。所以，编辑的自主学习，这是一个常讲常新的话题，对年轻编辑是这样，对老编辑依然如此。

编辑学习途径是多种多样的，如，听广播、看新闻，关注国内外大事，把握政策变化，领会会议精神；多读书、多思考，掌握与中外文化有关的文史常识，更新自己的专业知识；多查多问，充分利用互联网为我们提供的便利条件，养成随时随地查工具书的好习惯等。在编辑的辞典里，没有"好像是"、"大概其"这样的词语。问题处理上的专而精，知识储备上的博而全，都是编辑应具备的素质。

对于编辑来说，"把考试书当精品来做"绝非一句哗众取宠的虚语，而是职责所在，编辑是这样想的，也是这样做的。可以毫不夸张地说，在考试书市场上，人大社考试书的编校质量是一流的，这是我们的优势。通过我们的努力，在竞争惨烈的考试书市场上能拥有自己的一方立足之地，惟愿足矣。

海外考试类图书策划的"点"与"面"

·何冬梅·

1981年，托福考试进入中国，国内开始有了海外考试的概念。如今，中国学生已经接触到了越来越多的海外考试，而海外考试也不再仅仅是指出国留学类的考试，从广义上说，包含了所有由海外考试机构研发、主考、评卷和出成绩，中国公民能够报名参加的考试。相应的，各类海外考试备考图书也应运而生，成为出版领域中不可或缺的一部分。

如果对如今国内可见的海外考试作一个梳理的话，就不难发现，如今国内可见的海外考试主要是由两大阵营构成：一个是美系，以美国ETS（美国考试服务中心）研发和命题的托福、托业、GRE、SAT等考试为代表；一个是英系，以英国Cambridge ESOL（剑桥大学外语考试部）研发和命题的雅思、BEC、剑桥通用英语五级证书考试、剑桥金融英语证书考试等为代表。此外就是一些小语种的考试，如日语水平等级证书考试、韩语水平等级证书考试、德福考试、法福考试等。这些海外考试每年报考的人数少则几万，多则数十万，并且每年的考量都十分稳定，有的考量还在迅猛增长，因此也成为了许多出版社竞相争夺的焦点。

表面上看，海外考试众多，机会也多。的确，对于一些考量大的海外考试，随便做一本备考书，卖个三千五千册，不是什么难事。然而要想在销量上有所突破，并做出自己的品牌来，就相当不容易了。首先，对于一些考量大的海外考试，先进入者已经占据了绝对优势。比如，在托福备考书领域，新东方大愚文化就凭借着新东方每年数十万的培训人数，始终处于垄断地位。而在雅思备考书领域，以目前国内知名的雅思培训老师为代表，分属众多的出版社和策划人，处于群雄混战的局面。其次，一些有影响的考试，先进入者或者已获得官方指南或教材的授权，或者凭借已有的成熟的系列产品获得了市场的口碑，后来者已很难超越。而一些考量较小的海外考试，就算投入再大，也难以获得相应的回报，必须谨慎介入。因此，在海外考试类图书的策划上，一定要选对"点"。

一、海外考试类图书策划的"点"

所谓海外考试类图书策划的"点"，指的是选题策划时要选对考试和进入的时机。首先，越热门的考试，竞争越激烈；而不太热门的考试，则要有一定的考量做保证。其次，进入的时机一定要选对。如果进入太早，考试还缺乏影响，考量还不大时，就有可能从"先驱"变为"先烈"；可是如果总在观望，一旦考试影响面大了，考量提升了，而别的出版社已先期进入，占据优势之后，就只能是"事后诸葛"，痛失良机了。实践证明，对于一些已进入中国多年，但知名度有限，又试图通过机构改革和对考试形式进行一定改革而有所突破的考试，如果这时能够及时跟进，则是把握住了最好的时机。

以我社"新托业备考丛书"为例。托业考试也是由美国 ETS 研发的面向母语非英语国家的英语水平考试，主要是对商务、职场环境中的英语交流能力进行测评，被称为"商业托福"，然而与托福相比，托业的知名度要低很多，考量更是不可同日而语。自 2002 年进入中国以来，托业考试的人数从几千人起，始终没有太大的增长，到了 2006 年，也仅达到了将近 3 万人。2007 年，ETS 决定在北京设立 ETS 北京分公司，专门负责托业在中国的运营，并且计划于 2007 年 11 月在中国推出题型上有所改变的新托业考试。

2007 年 3 月，我社与筹建中的 ETS 北京分公司有了第一次接触。ETS 北京分公司肩负着推广新托业考试，在考量上实现翻番的任务，而当时国内还没有任何针对新托业考试的备考书，因此希望我社推出一套新托业备考书，并推荐了韩国 YBM 公司出版的图书。实际上，我们在 2004 年的一次书展上就曾经了解过 YBM 公司的书，他们也曾经向我们推荐过托业备考书。然而当时国内托业考量不足万人，并且外研社和机工社都已出版了相关的备考书。因此，经过利弊权衡，我社还是选择了暂时不进入该领域。如今，时过境迁，在新托业改革之际，针对旧托业的备考书已然过时的情况，最先跟进的出版社必将抢占先机。于是，2007 年 4 月，我社与韩国 YBM 公司正式商谈了版权引进计划。之所以要从韩国引进，不仅是考虑到 ETS 北京分公司的推荐，还因为韩国是世界上报考托业人数最多的国家，每年的报考人数都超过 300 万，占托业全部报考人数的一半以上。YBM 公司则是托业在韩国的主考机构，韩国最大的托业培训机构和出版机构。新托业备考书的作者们每年都会参加数次托业考试，可以说是对托业考试了如指掌，并有着深入的研究。

正是基于对于托业考试前景的分析和对韩国 YBM 公司深入的了解，我社下决心引进了新托业备考系列图书，并且一举引进了八本。就这样，从商谈合作、挑选图书、签订合同到翻译、编辑加工、出版，在短短四个多月的时间里，国内第一本新托业备考书《新托业最新指南》就面世了，很好地配合了 ETS 北京分公司在国内对新托业考试的推广。之后，其余七本书也陆续出版，实现了与新托业的推出完全同步。当时，由于对新托业的考试人数有所担心，因此首印量只定在了 5 000 册，没想到的是，投放市场之后，竟然就像一滴水珠投进了大海，瞬间就被吸收了，其中有三本书上市仅一周就不得不立即加印。至 2010 年 4 月，"新托业备考丛书"已扩展到 12 个品种，总码洋已达到 1 017 万，总销量为205 090 册，平均销量为 17 090 册。其中，《新托业全真模拟试题集》已加印 10次，总码洋达到了 202 万，自出版以来一直排在当当网新托业图书排行榜的首位。的确，选准了进入的"点"，使我们抢占了先机，然而真正实现销量上的突破，还在于"面"的工作。

二、海外考试类图书策划的"面"

所谓海外考试类图书策划的"面"，指的是如何与主考方合作扩大"影响面"以及如何通过资源整合扩大"使用面"。海外考试的特点，在于主考方都是国外的机构或组织，要想在中国国内推广他们的考试，就必须依靠国内的机构或组织。而作为出版相应备考书的出版社，就应该义不容辞地担当起推广和宣传该项考试的责任。并且，在与主考方共同组织举办活动的过程中，当出版社以主考方合作伙伴的形象出现时，所出版的备考书在考生心目中的影响力和权威性也会大大提升。同时，还可以通过出版社的口碑和推广外语教材的渠道，通过在各省的英语教学研究会或英语教学指导委员会做工作，使更多的省市能够了解托业考试、使用托业考试。如果对于自己所出版的备考书的质量有足够自信的话，那么我们有理由相信一项考试考量的增加带来的必然是我们备考书使用量的增加。

仍以我社的"新托业备考丛书"为例。在接受了 ETS 北京分公司的推荐，与韩国 YBM 公司签订了版权引进合同之后，我社就在 ETS 北京分公司宣传和推广新托业考试的整个过程中，与其开展了广泛和深入的合作。在我社的备考书还没出版的情况下，我社就与 ETS 北京分公司联合于两周内在京津地区的八所高校进行了新托业考试的宣传和推广。虽然当时参加讲座的学生人数并不多，但所有的海报，所有的宣传彩页都已覆盖了八所学校，达到了告知的目的，对于"新托业备考丛书"的预热也起到了一定的作用。之后，又配合 ETS 北京分公司在全国 100 多所学校组织了新托业模拟考试。并且，还在网上制作了新托业网上模拟考试，供考生体验和练习。在整个合作推广的过程中，我社付出了大量的人力、物力，承担了大部分宣传品的设计和印刷工作，而回报是在 ETS 北京分公司几乎所有宣传新托业考试的印刷品上都有我社"新托业备考丛书"的介绍，在新托业官方网站的备考书推荐中，我社的这套书也排在首位，相信由此所产生的在考生心目的影响一定也是深远的。

2009 年，ETS 将托业在中国的运营全部交给了 ATA 公司。2010 年，我社的大学英语教材推出，这套教材的参编老师很多都是各省大学英语教学研究会的会长，因此营销活动也围绕着这些省份展开，同时也为新托业考试的宣传提供了很好的机会。2 月，海南省组织了英语教学研究会年会，在会上，我们向海南全部 17 所高校的老师介绍了新托业考试，引起了老师们强烈的兴趣。当时，正值国家批准海南建立"国际旅游岛"之际，海南岛上涉外的企业特别是酒店越来越多，提高海南高校学生职业英语交流的水平已成为当务之急。于是，4 月，我社又专门邀请了一位多年从事托业培训和教学的老师一同前往海南，为 17 所学校分管英语教学的"一把手"们详细介绍了托业和如何进行托业考前培训。在我社的努力下，ATA 公司负责校园运营的人员也赶到海南，确定了在海南设立托业报名点和考点。接下来，将由海南英语教学研究会牵头，成立海南托业培训考试中心，并在海南各高校建立托业培训网，推广托业国际交流英语选修课。同时，海南英语教学研究会将和我社联合推出适合选修课和企业培训使用的教材，填补这方面的空白。

从 2007 年至今，一直从事海外考试类图书策划的我深深地体会到，在这个领域，的确是挑战与机遇并存。图书策划是一门艺术，如果能够真正掌握了图书策划的"点"与"面"，那么，你必将能够体会到作为一名策划人的骄傲，并乐在其中。

教育百科类音像出版策划研究

· 黄　颖 ·

选题策划是编辑人员根据编辑方针、市场需求和受众需要，分析工作目标和内容设计最佳工作方案的过程。是编辑开发出版资源设计选题的创造性活动，从本质上看它是一种文化创造，是整个出版工作的核心生产力。

教育百科类音像出版有其自身的特点和规律，与传统的图书出版有很多不同。要想做好教育百科类音像出版选题策划工作，首先要了解音像出版的特点，进而分析教育百科类音像出版的特点，然后才能有针对性地做好教育百科类音像出版选题策划的分析和研究。

一、音像出版业的现状及特点分析

音像业是文化产业的一个重要组成部分，它的盛衰关系到传媒业乃至文化产业的发展。但是中国音像业的发展存在着很多尚未解决的矛盾，面临很不乐观的局面，需要我们正视问题，寻求突破。

我国有 13 亿人口，其中城市人口占三分之一，消费群体庞大，但目前我国正版音像业规模仅约 20 亿元，人均年消费音像制品不到 2 元，与我们国民经济快速增长和人民文化素质显著提高的现状不符。之所以出现这种状况，原因如下：

一是知识产权保护力度不够，盗版猖狂。20 世纪 90 年代以来，音像市场呈现出迅猛发展之势，广州成为音像出版的集散地。但与之相伴的是盗版的如影随形，无论是常态的音像盗版，还是 HDVD 的突然闯入，最终的结果是盗版已经成为中国音像业的切肤之痛。据估计，我国音像业实际规模为 150 亿～200 亿元，我国音像市场的正版音像制品占有率仅为 10％左右，绝大多数市场和利润为非法音像制品吞噬。盗版在分走正版利润的同时，更深层次的危害是误导消费习惯，浪费消费资源，逼迫正版价格跳水，产业规模得不到扩大，缺乏资金投入做内容。

二是音像制品相对图书出版而言投入大、见效慢、销量低。声音和图像这两种传媒形式的实现和美化，是有多少钱都可以投入进去的，但是音像制品的销量同等条件下一般是图书销量的五分之一。一方面部分音像制品重复投资、重复出版问题严重，选题雷同、内容相近、封面抄袭，导致恶性竞争，不得不采取低价策略，陷入恶性循环。另一方面一些节目内容单调、种类贫乏，甚至是出版单位自己在反复"炒剩饭"，无法满足社会经济迅猛发展带来的文化生活新需要。缺乏足够的资金投入进行原创开发，是当今优秀音像制品越来越少的重要原因。

三是新兴产业对音像业的影响难以估量，比如网络音视频下载、手机看电影、手机音乐下载、电话声讯业及 MP3/MP4 等音画载体等，不仅影响现有音像载体的盛衰，而且改变未来音像业的产业面貌。现在磁带这种载体已经逐渐退出音像市场，光盘这种载体形式还会存在多久，是否能像图书那样经得住电子书的考验，都属未知。数字电视、网络出版、手机媒体、广播视频化以及它们的合作联网，会给音像业带来多大的打击？其中是否还有机遇？面对以上问题，消极逃避不是良策，正视问题、积极应对、顺势把握才是正确的选择。关键是音像出版业者要适应新技术的发展，掌握内容增值核心，适应市场需求。

二、教育百科类音像出版的特点分析

教育百科类音像出版相对电影和唱片等传统音像出版品种一般销量小，但选题面宽，运作灵活，有时候有意想不到的亮点和效应。

一是选题范围广泛，核心是要符合社会和市场需要。可以是讲述历史文化的讲座类，如《中华文明大讲堂》；也可以是教生活小窍门的《快乐生活一点通》或教农民经营的《致富经》。只要是社会需要的，有卖点，适合以音像形式展示的就可以。

二是形式灵活多样，投入成本可高可低，可充分利用电视或网络等社会资源。可以是一人全程讲的单机拍的讲座，也可以是很多人多道具多场景的复杂拍摄和制作，还可以是全部电脑制作的 Flash 或三维动画。产出与物质投入不一定成正比，关键要抓住社会热点，懂经营会运作。

三是必须兼顾经济效益和社会效益，坚持正确的政治方向，具有教育或服务意义，承担主流文化产业的社会道德责任。

三、教育百科类音像出版选题策划要点分析

分析以上教育百科类音像出版的特点，有机遇有挑战，必须审时度势，顺势而上，善于借力，决定了此类选题的策划编辑人员必须抓住以下几点：

一是音像编辑要善于捕捉社会热点，提炼卖点，制造亮点。

这首先要求策划编辑有敏锐的嗅觉、过硬的信息素质。信息素质是策划编辑素质的重要组成部分。信息素质包括信息意识、信息获取能力、信息利用与开发能力等。具体来讲，策划编辑的信息意识主要表现为两个方面，一是对信息的敏感性，二是对信息获取、分析、评价、利用的自觉性。信息的敏感性强，策划的选题往往可以抢占市场先机。具有对信息获取、分析、评价、利用的自觉性，选题策划会左右逢源，出奇制胜。

其次音像策划编辑要善于提炼卖点。策划编辑从发展着的社会生活中捕捉人们生产方式、生活方式和思维方式发生的变化，以及这些变化将要引发的人的精神文化需求的变化，并将这一趋势与市场现有制品相对照，再经过仔细的研究、分析，发现哪些题材还有市场空间，哪些是已经饱和或趋于饱和的，从而果断策划出相应内容的适合音像表现的制品，取得市场的主动权。

最后音像策划编辑还要会制造亮点，同样的选题不同的做法效果就会相差很远。音像百科类选题策划不能靠简单的模仿、跟风，应该在充分市场调研的基础上，敢于提前半步引领市场。在装帧设计、内容制作、技术实现、宣传营销等等环节体现人性化关怀，有时可能一个小的细节就能定胜败。

二是音像策划编辑相对图书策划编辑更要有卓越的成本控制能力和灵活的经营运作思维。教育百科类音像制品的投入可大可小，但与利润不一定成正比，策划编辑要审时度势、打开眼界、灵活运作。及时掌握新的媒体动向，综合利用各种社会资源，如向电视台购买版权、与网络音视频合作等形式整合资源，多赢经营。

教育百科类音像制品要求主讲人不光有专业知识，而且要形象气质好、语言表达能力强。策划编辑在平时要广泛关注，积累人脉，善于筛选好的作者资源。要有良好的沟通谈判能力，善于平衡和协调出版社和作者之间的关系。在节目拍摄制作过程中，还要会把控全局，有效调整主讲人的情绪、讲座的节奏、整个现

场布置等等。拍摄后制作过程，也要和主讲人及时沟通，更好地补充资料，统筹设计制作节目。

同时，音像策划编辑虽然不具体负责技术制作，但是必须懂技术，了解新技术手段的发展，只有这样才能有效控制成本，节约和整合资源，切实实现策划意图。

三是音像策划编辑要具有更强的包装、宣传和营销能力。编辑选题策划是一项系统性工程，是策划主体的出版理念、经营思路和对市场判断的综合体现。选题策划是全程策划，不仅是策划选题，还包含着装帧策划、宣传策划、销售策划等。教育百科类音像制品的包装形式多样，比图书更立体、更多元、更丰富，要承载的制品信息更多。此类制品的宣传也要巧妙运用新媒体形式，以小博大，以尽可能小的投入换取尽可能多的宣传效果。在营销上也比传统出版物更灵活，因为音像出版物的流通比图书更商品化，加上与其他新媒体形式的广泛融合，创造花样翻新出其不意的营销新途径很有潜质。策划编辑要始终在这些工作中处于主导地位，把握全局。利用尽量多的媒体平台免费互动宣传，吸引眼球，效益最大化。

编辑策划选题不仅要统筹考虑市场的各种因素，还要在选题列选后到出版前这段时间内，密切跟踪市场，随时掌握市场信息的变化，依据市场变化对选题进行形式和内容上的及时调整。这样，才能最大限度地贴近读者的要求，更好地实现选题的社会效益和经济效益。

总之，教育百科类音像制品的出版是一个系统工程，各个出版环节必须环环相扣，有机结合，形成良性互动，才能创造出经济效益和社会效益。策划是其中的龙头和核心，必须充分考虑此类制品的特点和优势，紧密跟踪社会热点发展，把握社会文化流行趋势，切实为读者打算，有在常销中创畅销的胆识，才能为出版物获得极佳市场表现创造优秀的选题策划基础。

戒除网瘾系列制品选题策划报告

·黄　颖·

一、概述

随着科技进步和人们生活水平的不断提高，电脑和网络已经成为现代人生活中不可缺少的一部分，如同现今社会流行的一句话："21世纪不会电脑，不会开车，不会外语，就不是合格的现代人。"更让我们看出电脑和网络的重要性。然而面对这件大好事的时候，一个新的严重的社会问题——"网瘾少年"大量出现了。

"网瘾少年"喜欢接受新事物且好奇心强，每日沉迷于网络游戏、虚拟交友、网络色情，荒废学业、荒废时光，引起广泛的社会关注。

几年前，学校、家庭、社会还分别提出了一些解决的办法，如：以政府的名义发布青少年行为规范；呼吁"中小学生要远离网吧、游戏厅等不良场所"；规定网吧在非节假日不得接待中小学生；整治非法网吧，壮大合法连锁经营网吧；学校附近不得开办网吧；家长、学校联动死守；家长辞职陪读；加强人生观、世界观教育等等。

但令人遗憾的是，这些做法最终都被证明了成效甚微。

那么什么是"网瘾"？它究竟有怎样的危害？为何一定要戒除？

谁来拯救我们的孩子呢？

基于以上所想，特策划戒除网瘾系列出版物，它将为您解答您想要了解的相关问题。

二、网瘾的危害

"网瘾"——当这个新名词刚入耳时，许多人还不知它为何物。可当一个个真实的血的个案摆在我们面前时，我们却不得不警醒！

案例一：高中生，网龄两年。因为在网络游戏中"英勇无比"，所以误以为自己在现实中也是无所不能的英雄。一次在和网吧中的"战友"发生口角之后，与人大打出手，可惜网络和现实有着本质的区别，这位英雄终于倒了下去。可是这并不影响这位大侠对网络的痴迷程度，"网络中，我依旧是英雄……"

案例二：初中生，网龄一年。他活在虚拟的世界中，真实的生活反而像虚幻。从早到晚，除了吃饭和睡觉，做任何事情都是多余的，和任何人交流也是无谓的。父母为了拯救自己的孩子曾经试图关掉电脑，但是立刻遭到了儿子以死相逼的威胁。

案例三：29岁，网龄两年。虽然早已成年，但是在网络强大的诱惑面前，他仍然软弱得像个孩子。不上班、不吃不喝、到处向人借钱，都是为了上网游戏。父母对于这个不争气的孩子大打出手，但即使当时被打得不能动弹，只要稍微见好，这位重症网痴又立刻一瘸一拐奔向网吧了。

案例四：16岁，高二学生，网龄两年。为了上网，他自动退学了。白天睡觉，晚上在网吧"叱咤沙场"，已经完全代替了看书学习的生活。为了唤醒儿子，一把年纪的父亲曾经给自己的儿子跪下，但是除了换到儿子冷冷的一眼之外，一无所获。

案例五：13岁少年从24楼飞向"网游世界"。2004年，13岁的天津男孩张潇艺在网吧连续上网36小时后，在一栋24层高楼上跳下自杀。当时他双臂平伸，双脚交叉成飞天姿势，纵身跃起朝着东南方向的大海"飞"去，去追寻网络游戏中的那些英雄朋友：大第安、泰兰德、复仇天神以及守望者……

一个个真实的案例，一个个血的教训，许多家长为阻止子女去网吧，向孩子下跪，给孩子转学，将孩子锁在家里，体罚孩子，有的打"110"报警，家庭感情遭到严重伤害，正常家庭关系受到影响。

"网瘾少年"究竟谁之过？网络真的就那么可怕，一旦沾上就如"海洛因"那么难以控制和戒除？

我国青少年网络中心对此相关的数据调查表明：2005年，中国网民已达到9 400万，其中18岁以下的网民占18.8%，也就是说，我国上网的未成年人接近1 800万。在城市中，有56%的高中生上网，目前城市上网的高中生已经达到56%。同时研究也表明，其中网络成瘾的青少年网民高达10%～15%。在校学生中，因上网成瘾导致走上犯罪道路的状况也时有发生。青少年网络成瘾已成为日益突出的社会问题，而在这些档案里，有来自全国各地家长们的求助。

但今天引起我们注意的是这近 1 800 万未成年人中的 14.8％，也就是 262 万，他们不仅爱上网，而且着了迷，上了瘾。按照国际上标准的说法，这叫"互联网成瘾综合征"（英文简称 IAD）。它的基本"症状"，就是上网时间失控，欲罢不能，难以自拔，可以不吃饭不睡觉，但是不能不上网，他们即使意识到问题的严重性，却仍会继续。常表现为情绪低落、头昏眼花、双手颤抖、疲乏无力、食欲不振等等。

那孩子们都上网干什么呢？一项对北京市 6 个城区、53 所不同类型中学的 3 000 名中学生上网状况进行的调查显示，主要用于聊天者占 34％，主要用于玩游戏者占 28％，主要用于查资料者占 30％，其他占 8％。如此看来，62％的未成年人在网上从事与学习无关的活动。调查还显示，这些孩子们每天上网的有 84％，而每天上网 4 小时以上的有 12％，1～2 小时的有 39％，还有昼夜连续玩网络游戏 20 小时以上的占到了 7％。

青少年迷失在电脑和网络织就的"虚拟世界"，这在中国的城市已屡见不鲜，但现在它有向农村蔓延的趋势，网络游戏、网络交友、网上聊天等的泛滥正改变着一代人的生活。

更有资料显示在北京发生的青少年犯罪案件中，90％的犯罪与网瘾有密切关系！我们诧异，我们心痛，难道这种情况还不严重吗？

认识"网瘾"！认识"网瘾"带来的的危害吧！让我们更多的人来挽救这些"网瘾少年"，帮助他们尽快摆脱"网魔"的吞噬，这是一个重要的现实课题！

三、讲师的选择

《戒除网瘾》讲师初定：陶宏开教授。

选择理由：

陶宏开教授背景：著名社会学家、教育学家。

陶宏开，60 岁，美籍华人，著名社会学家、教育学家，素质教育的积极倡导者，华中师范大学特聘教授，共青团中央聘请的全国首位"网络文明爱心大使"。

陶宏开教授积极倡导对青少年的整体素质教育，提出加强家庭、社会、学校和青少年的自我教育，其中学生自我教育最为重要，不断提高学习自觉性和自学能力。他把素质教育学归纳为"三做",即做人、做学问和做事业,其中以做人最重要。

2004 年 5 月,陶宏开主动帮助网瘾少女戒除网瘾,从而在社会上引发了一场声势浩大的"挽救上网成瘾者行动",全国反响强烈。之后他先后巡回全国 25 个省市作了近两百场报告,成功转化了 300 多名上网成瘾的青少年,并培训了上万名志愿者。

想想看,一个年近花甲的老人,四处奔走,分文不收地帮助上网成瘾者,让我们敬佩之余更加感动。他是在用心帮助孩子们,因为只有用心的行动才能说服一个个看似前途渺茫、无药可救的孩子们。

陶宏开的行为打动了许多人,但是单凭他个人的力量,难以完成对全国这么多网瘾少年的解救工作,我们该做些什么呢?

就是责无旁贷地担负起宣传的责任!

四、节目整体策划方案

1. 节目题目（拟订）

- 《拒绝沉迷　健康上网——陶宏开教授帮助您的孩子戒除网瘾》。
- 《素质教育与心灵沟通——戒除网瘾的"秘诀"》。

2. 节目定位

《戒》（简称）节目定位主要是通过陶宏开教授成功挽救"网瘾孩子"的实例讲座,分析说明目前社会、家庭、学校教育所存在的教育问题来讲解"网瘾"的形成以及如何引导大家正确地认识"网瘾"、戒除"网瘾",呼吁社会上更多的人来关注、帮助这些"网瘾少年"。

3. 节目目标消费群

- "网瘾孩子"的家长。
- 学校（教育系统）。
- 全社会有责任心、有爱心的人都是我们节目的目标消费群体。

4. 节目讲师

著名社会学家、教育学家陶宏开先生。

5. 节目大纲（暂定）

节目共分六讲九集:

（1）正确认识"网瘾"（一讲）。1）什么是"网瘾"。2）"网瘾"的症状。

（2）"网瘾"的成因（上、下）。1）青少年好奇心的驱使。2）家庭的因素。3）学校的因素。4）社会的因素。

（3）"网瘾"的危害（上、下）。通过个案分析，讲解"网瘾"的危害：危害健康、危害精神、危害家庭、危害社会。

（4）如何正确帮助孩子"戒除网瘾"（上、下）。1）陶宏开教授的十大戒网观点。2）"三心四步"帮助患者戒除网瘾。3）正确地与"网瘾孩子"沟通。

（5）"网瘾"——我国现行法律的无奈（一讲）。面对"网瘾"的危害，我国现行法律对"网游产业"是如何规定的、网游公司是否该承担责任等一系列问题。

（6）正确引导你的孩子认识网络（一讲）。呼吁全社会共同来关注"网瘾少年"。

6. 节目时长

60 分钟。

7. 节目拍摄制作

（1）节目拍摄。暂定演播室内（要与讲师沟通商定）。

（2）讲座形式。讲师主讲或与家长交谈（甚至找相关的"网瘾少年"坐客演播室，现身说法，增强讲座的真实性）。整个节目将采用面对面的交谈方式，提前设置好问题，让观众与讲师形成一种交流，这样节目制作出来有说服力，生动真实可靠。

（3）制作表现流程。1）人大出版社的片头。2）节目片头 20 秒。3）"网瘾少年"背景资料 1 分钟。片头后接一组醒目的"网瘾少年"数据报告，并用鲜明的图片配合来阐述节目的意图，如可能还可加入家长与"网瘾少年"的采访，这样可直导主题，令节目更具可看性，发人深思。4）陶教授个人专题 2 分钟。陶教授的个人简历将以拍摄专题形式表现，让大家更为生动地来认识陶教授，信赖陶教授。5）节目内容。节目内容中会插入大量的关于陶教授"挽救网瘾少年"的视频图像与图片资料。6）节目片花 15 秒。片花由我们自己制作，片花中插入陶教授的经典采访话语，起到节目点睛的作用。7）片尾。片尾选用陶教授自己制作演唱的歌曲作背景音乐（待定），画面配外景。

8. 节目卖点

（1）可看性。1）《戒》系列节目是当前社会关注的焦点话题。2）节目的期望值高，讲师是专业的"戒网瘾专家"：一是陶宏开教授本人热心青少年工作，曾从事过 10 年的中学教育，对青少年的学习和成长的特点有深入了解；二是陶宏开从提高学生的综合素质这一根本点来抓戒除网瘾，正是对症下药；三是他熟悉现代信息技术，有丰富的社会生活经验，理解中国和外国的文化精粹，精通英语；四是他有艺术等特长，具有了这些特长，帮助青少年的效果就更明显。

（2）可育性。节目的制作与发行最终目的是呼吁更多的人来挽救"网瘾少年"，节目虽不可能要求所有家长和老师都具有陶宏开这样的教育背景和个人优势，但希望他们能理解我们出版发行的意图，吃透节目的意义，进而督促每个人都能学习提高自己教育水平，提高自己的综合素质，改进自己的教育方式和方法。

（3）可盈利性。因为《戒除网瘾》节目自身定位准确，又是现今社会的热点话题，更是老师头痛、家长束手无策的难题，而陶宏开教授正巧又是"网瘾孩子"的救星，他的背景、声望、名气，都将会给节目的制作发行带来意想不到的收益。加上以上对节目制作发行的可行性分析，盈利性不言而喻，且该节目具有很深的教育意义，销售渠道还可选择教育系统，市场发行看好。

畅销书二三谈

· 张继清 ·

一、认识畅销书

1. 畅销书的定义和特点

关于畅销书，目前比较规范的定义是："在特定时间段和特定空间范围内根据图书内容，针对不同市场细分和定位，在目标读者中销售出大额数量的图书。"在形形色色的关于畅销书的定义中，人们着重强调的主要是时间和数量两个方面：我国畅销书的时间段通常以 3～6 个月为期限；在美国，每周销量 4 万册以上的书为畅销书，在我国，月销量在 1.5 万册以上的书就可以称为畅销书。

畅销书的四大特点：（1）视角新、奇、特。畅销书的视角与众不同，新、奇、特是它的制胜法宝。任何一本畅销书，一定有它独特的闪光点——一个闪光点或一连串闪光点，而且这些闪光点一般是同类书中不具备的，甚至是独创的，如《第五项修炼》、《湖南人凭什么》、《六顶思考帽》、《世界上最伟大的推销员》等等，都无一不是有独特的亮点和声音。也有一些畅销书内容一般，但书名及封面、目录做得成功，体现了新、奇、特三个字，加上广告大力推动，也能走俏市场。（2）生命周期短。畅销书市场竞争十分激烈，来得快、去得也快。在美国，一本书从上市到畅销到下排行榜一般周期为 3 个月。在我国，畅销书生命周期一般为 3～6 个月。当然，也有一些书会在榜上持续半年、一年左右才下榜。（3）卖点有分量。一本畅销书能畅销，主要有如下四个常规卖点：其一，卖名人；其二卖权威；其三，卖经验；其四，卖隐情。（4）包装上档次。一本畅销书的包装一般比普通书下的工夫更多，投入的成本更大，个性更独特。从封面到随处的广告带入，都一定会更到位一些。尤其是选题名称和书中关键亮点一定会外化到封面上来。首先，一本畅销书通常会有一个富有魅力的书名。据调查，书名是影响读者购买图书的重要因素之一，仅排在作者知名度之后列第二位。畅销书的书名除了凸显图书内容这个常规的功能外，吸引眼球是关键，好的书名是一本书的点睛之笔，要恰当表达文本内容，能够切中读者心理期待，新鲜、有吸引力，不能呆板、不能媚俗，或者有趣，或者有文化底蕴，至少有一个能够吸引读者驻足的卖点。其次，畅销书还要有具有吸引力的宣传语。宣传语是图书以自身为载体所做的广告。宣传语要显示、突出卖点，以吸引读者。畅销书非常注重在封面、封底、前后勒口、书腰上对图书的各个卖点做充分的宣传，在最短的时间内抓住读者的注意力，引起读者阅读、购买的愿望。再次，畅销书的前言（或序言）和目录也是经过精心设计的。前言（或序言）和目录是使读者在短时间内了解图书内容，决定是否购买的重要因素。据调查，图书正文前的简介是影响读者购买图书的重要因素之一，排在影响读者购书主要因素的第四位。现在很多出版社都喜欢请与该书相关的权威人士作序，以增强读者的兴趣和信任度。最后，畅销书的装帧设计与内容完美统一。图书的封面设计、插图、开本、用纸、印制工艺等装帧形式是图书内容的凸显和延伸，对刺激读者购买欲望起着十分重要的作用。

2. 畅销书的内容特质

畅销书是读者掏钱投票选举的结果，在它的海量销售数据背后反映的是一个时代的社会心态和大众心理，综合体现着某一时期政治、经济、文化、时尚、趣味方面的变化。作为"表明公众阅读兴趣和评价的一种指标"，畅销书在特定时间段内的更替，代表的其实就是某种"流行转换"的过程，它们的一致性在于"对应着大众的一些基本需求"，不同的只是"排列的方式有所差别"。财富的梦想，健康的渴望，情感的需求，猎奇的心态，成功的希望，等等，寻找到了契合这些心理需求的适当表达方式，也就寻找到了一本书成为畅销书的起点。例如公认的成功励志类畅销书对应着市场经济条件下职业社会形成阶段大环境下人们的心理需求，而名人传记，满足的其实是人们对名人生活的一种窥探和好奇。所以，研究畅销书就是研究这个时代的社会风气、社会精神、群众思想和审美趋向等等，捕捉特定阶段人们的心理需求，并通过恰当的方式予以释放。目前，畅销书主要集中在教育、管理、写作、财经、心理重塑、健康、娱乐等少数热门领域。不过，随着社会经济的发展，热门领域也在不断发生变化，今天的冷门也许就是明天的热门。对出版商来说，预测未来的热门领域，选准图书介入的适当时机，就能在图书市场占得一个制高点。

3. 畅销书产生于制作

畅销书产生于一般图书，它是一般图书中具有畅销潜质的图书，是出版者用心"制作"出来的。畅销书是出版社有目的地进行较大市场投入的结果。"酒香也怕巷子深",在竞争激烈、图书品种浩如烟海的图书市场上,一本书要想浮出"海"面,吸引更多购买者的目光,除了在市场调研、选题策划等方面需要作更大投入以外,出版者还必须在后期的包装制作、营销宣传方面比其他一般图书投入更多的人力财力。而且从某种意义上讲,畅销书是出版者有意识引导读者的阅读趋向、逐渐培育市场、不断为市场"加温"到一定程度的总"爆发"。在具体实践中,由于出版社在资金、人力等方面毕竟有限,不可能对每一种图书平均用力,因此有必要对具有畅销书潜质的图书在投入上进行适当倾斜,努力使其成长为畅销书。

二、朗朗的畅销书模式

通常,以加工、制作图书为核心业务的图书公司的工作模式是:去书店看书,关注焦点,了解市场,讨论所得,产生火花,拟定选题;然后寻找名人创作,甚至自己制作,寻找名人文章进行编著;最后找出版社出版图书。图书公司的这种生存方式及其工作模式都决定了它们的出版题材必定是努力接近畅销书的,同时又带有各自的个性色彩。有人说,朗朗书房的书最适合装饰高年级大学文科生的书架,这种说法在一定程度上显示了朗朗的读者定位:受过高等教育的,具有较高文化修养和阅读品位的读书人和社会白领阶层。

通过对朗朗产品的分析,我们可以看出其基本策划思路,那就是:坚持一定的学术品位,同时努力向畅销书题材靠拢。具体说来,朗朗的书主要有以下几类(这些类中有些书是重合的,我主要是想说明朗朗的策划路径):

(1)再版书。这类书主要是对以往长销书的再版,这类书可以说是朗朗卖得最好的书。长销书中既包括一些人们口碑相传的传统经典,也有一些是当代名人的名作,例如王小波、赵汀阳、唐师曾、房龙、亨利·米勒的书等等,这些人的书几乎都是当年大学生人手一册的热门书籍,有些书别的出版社也出,但是朗朗再出版后依然有不错的销售业绩。

(2)追求名人效应的书。朗朗追求的主要是学术界的名人,如季羡林、冯友兰、梁漱溟、吴建民,等等。这是典型的畅销+学术组合。

(3)追求畅销题材的书。如人生励志类、教育类、魔幻类、经济管理类、绘本类,等等。

（4）小众图书。这类书是朗朗近两年出版的重点，包括电影、书画、音乐、宗教、国学等等，适应的是白领中间有一定文艺爱好的小资群体的阅读口味。

按照社会上通常的对于畅销书销售数量（1.5万册/月）和销售周期（3～6个月）的规定，朗朗的书更严格说来并不是畅销书，而是长销书，并且是在一定程度上追逐社会热点、焦点、亮点话题和人物的，侧重人文学术的长销书。

畅销书是人人追求的，但是人们又经常感叹畅销书是可遇而不可求的。经过图书市场多年的发育和积累，一些在畅销书领域做得较好的出版社和出版人已经积累起了一套围绕市场进行选题策划、组稿、包装制作、宣传营销等的成熟模式。但是，一本按照这种模式制作出来的书在面世之后究竟能否畅销是一个无法确定的问题，真正意义上的畅销书属于图书出版中的神来之笔，人们只能事后分析它为什么畅销，而且这种分析大都停留在形式层面，例如卖名人、卖隐私，适应了当前中国社会人们的某方面需要，等等。这种分析对于我们策划三级（发行5万～10万册）、四级（发行3万～5万册）畅销书有一定的指导意义，大多数的书商也是用这种方式做书并生存下来的，但是无法指导我们策划制作出特级（发行50万册以上）、一级（发行20万～50万册）和二级（发行10万～20万册）畅销书。我们知道很多按照畅销书模式制作出来的图书并没有走俏市场，而且因为畅销书的制作需要前期大量的投入，投资风险较大，因而不赚反赔。所以，朗朗的畅销书模式是一种比较取巧的方式，既降低了经营风险，又获得了一定的品牌影响。

三、我们的可能选择

中国的书业已经进入畅销书时代。国内出版社，一般图书开印5 000册左右是个普遍的做法，但畅销书一般销量都在10万册以上，有的甚至上百万册。开卷公司对全国百家零售书店的销售统计数据显示，目前占中国图书品种6.7%的畅销书，却创造了图书市场68.9%的利润。

畅销书是伴随着图书市场化步伐逐渐进入出版者的视野的。随着图书市场竞争的日趋激烈，一般图书出版开始面临越来越严峻的形势。在出版社一般图书经营步履维艰之时，二渠道却正在对一般图书市场进行大规模蚕食分割。有调查显示，在我国的一般图书中，已有约50%不是由出版社操作的，畅销书中，更有高达80%是由二渠道操作的。一些二渠道的年生产经营额已不亚于一家小型出版社。与此同时，随着其他行业被允许参与出版，以及中国加入 WTO 后，人才、资金、管理等方面均占优势的域外出版集团的逐步渗入，出版社的生存环境将趋于恶化。

1. 出版社不利于做畅销书的因素

一是出版界生存压力不大，危机感不强，畅销书意识淡薄。改革开放 30 多年来我国出版业发展迅速，但是相对于其他行业，图书市场化程度仍然比较低。由于有国家的行业政策保护，国有出版单位处于垄断地位，也因此成为一个环境相对优裕、令人羡慕的行业。尽管大家都已清醒地认识到，国家必将在加强宏观管理的同时，进一步开放图书市场，同时随着我国加入 WTO 后，境外跨国出版集团的渗入，以及已成气候的二渠道更多地参与出版发行，图书市场的竞争将更加严酷，但是，感受到"狼来了"威胁的出版界毕竟少有切肤之痛。生存环境的相对优裕使出版社存在一定的经营惰性，墨守成规，操作畅销书（包括一般图书）的意识比较淡薄，或者即便有这种意识，也未能及时有效地落实到实际经营活动中。

二是风险意识与激励机制缺乏。畅销书需要较高的投入，而这种投入不一定就能达到投资预期，因此有一定风险性，需要决策者具有一定的胆略与魄力。而在生存相对"安逸"的出版界，许多人仍存有"不求有功，但求无过"的思想，不愿承担风险与责任。而且出版社在分配上仍然存在着较强的平均色彩，未能完全体现"按劳分配"的原则，也不能有效地调动有关人员运作畅销书的积极性。风险激励机制的缺乏，使出版社往往失去了抓住畅销书的良好机遇。

三是现行的出版发行管理体制不太利于畅销书的操作。畅销书具有较强的时效性特征，也是一项协作性较强的系统性工程，涉及出版社内编、排、校、印、发等各个环节，并要求这些部门围绕同一个市场目标，最大程度地提高工作效率，有时甚至不得不打破正常的作息时间，在短时期内超负荷工作。但这一点在定位为"事业单位"的出版社很难做到。出版社的某些本为生产经营管理性质的环节和部门，习惯于按部就班地工作，而且这种观念深入人心。在正常情况下，这种相互联系、相互制约并构成图书生产经营有机整体的模式，有利于保证图书出版质量，而在面对时间要求高的畅销书时，却显得捉襟见肘，行动迟缓，很难形成高效的合力。由于调度失灵，导致畅销变滞销的教训，在出版社并不乏其例。

畅销书的另一个"瓶颈"来自发行渠道不畅。作为出版社发行主要依靠对象的新华书店主渠道，同样存在严重依赖教材、教辅，一般图书经营积极性不高或经营不善，市场反应迟钝等问题，由此影响到畅销书迅速占领市场的时间及市场覆盖率，使销售不"畅"，迫使出版社在畅销书发行上不得不转而主要依赖二渠道。

这些不利于畅销书成长的因素，其实也是制约出版社整个一般图书生产与经营的不利因素，只是这些问题与矛盾，在操作畅销书的过程中，显得更为集中与突出罢了。

2. 可能的畅销书模式

首先，朗朗的畅销书模式是我们能够而且应该可以继续沿用的做书模式，也就是在关注畅销题材（流行文化热点）的基础上与学术接轨，制作或翻版长销书。

其次，发挥我社在经管类图书方面的出版优势，针对企业培训制作经管类畅销书，这方面的书目前有很大的市场需求。机工社在这方面已经有成功的案例。机械工业出版社经管分社紧跟市场形势，贯彻畅销书战略，重点挖掘畅销书选题，全力打造"企业职业文化培训"第一品牌。截至目前已出版的第一品牌图书20余种，其中销量在10万册以上的有：《你在为谁工作》、《方法总比问题多》、《忠诚胜于能力》等，形成了职业发展类畅销书群。

再次，根据时代精神的变化，针对特定阶段人们的社会心理需要制作大众化图书、生活化图书。这种说法比较玄，不仅不规范，而且也没有具体的操作路径，似乎说了一句废话。但我是这么想的，读书的动机和吃穿这些人必须面对的生理需要不同，要人们掏钱买书必须是这本书能够解决人在现实生存中面临的一些问题，尤其是在中国这样一个有着实用主义传统的国家，中国人不仅崇尚实用，而且大部分人没有阅读习惯，不像一些西方国家，一些人会为了追求思维本身的乐趣和读书本身所带来的愉悦而读书（也因为如此，短期内我不看好小众图书）。一本书之所以流行决不会是没有理由的，它一定在某一方面契合了人的需要，这种需要要么是相对短期的，要么源于人性本身面临的困境，那种说畅销书媚俗、低级的观点是极端不负责任的，因为它把数量不菲的大众一杆子打入了白痴行列。据我自己阅读畅销书的经验（包括那些被人们广为诟病的美女作家所谓"身体写作"的畅销书），我感觉目前国内畅销书的内容都有这样一个冲动："释放压力，寻找出路"，这里的"压力"和"出路"是形形色色的，不局限于一般意义上人们对它们的理解。既有社会的、时代的、生活的、工作的，也有情感的、心理的、人性的；既有形而上的，也有形而下的；既有外在显露的，也有潜伏在人们心理底层还没有为大众所意识到的（适应这一类心理需要的畅销书就属于那种畅销书中的幸运儿——"神来之笔"）。当前中国人生活在一个剧烈变动的时代，中国正从农业社会向工业社会乃至新工业社会、信息社会过渡，从一个有着浓郁封建集权传统的国家向现代民主国家过渡，从以往所有人都有人负责教化并能够被教化到今天主流价值观失范，倡导文化多元化，倡导个性独立，以致虚无主义盛行，等等。还有中国刚从一个积贫积弱的国家过渡到相对富裕的国家，人们开始有了更高的精神文化需求，同时对贫穷的恐惧还如影随形，更不要说形形色色的各种具体社会问题。激烈的变动，极端的不稳定状态产生的压力和焦虑是这个时代人的共同特点，现实的、心理的、精神的压力产生的释放冲动和寻找出路的冲动是人们选择阅读的直接原因，也是流动在畅销书底层的暗流，一旦一本图书的内容和这个暗流中的一点或几点相契合，这股暗流就可以变成泉涌，让这本书一飞冲天——畅销了。目前市面上的畅销书，探险、励志、魔幻、爱情、教育、文艺类图书，等等，都可以用"释放压力、寻找出路"来解释，只是具体表现方式不同。

有人说畅销书都是炒作出来的，的确，畅销书必须依靠一套熟练的市场行为套路来炒作，但是为什么有的人炒热了你就炒不热呢？所以畅销书一定还是有规律可循的，我认为以上就是畅销书制作的最高指导原则。这一个最高原则离具体制作一本畅销书十万八千里，但是我觉得有了它就大体有了一个方向。

创意北京

——设在城市大学里的讲堂

· 杜俊红 ·

"大学之道，在明明德，在亲民，在止于至善。格物致知，方能修身、齐家、治国、平天下。"（《大学》）本文副标题中"大学"二字，取的就是《大学》中这个大学的意思，它讲的是大人之学。

北京是中国的政治、经济、文化中心，因而注定了居住在这里的人的生活将会丰富多彩。北京近年来越来越热闹的各式各样讲坛、讲堂、沙龙性质的讲座，为身在北京的有求知欲的人们提供了一个很好的场所。这些讲座，可能是高校组织的，也可能是书店推出的，还可能是社会机构开展的。从它的对象看，真正做到了讲述大人之学，参加讲座的人各色各样，远远超出了大学生群体。从形式上看，它的基础都是现场实地的面对面讲座，在这个基础上，又衍生出讲座图书、讲座视频，可谓内容丰富、形式多样。本文下面分讲座（现场）、出版、视频三个部分，概述一下在北京这座没有围墙的"大学"里开讲的丰富多彩的课堂。相信这样一种调查，不但有助于我们了解一些北京的文化前沿，而且对于推动我们发展文化创意产业，特别是出版产业有一定的参考价值。

一、讲座（现场）

现场讲座是最直接的知识传播和交流平台，通过面对面的讲解和交流，能够让听众有最切身的感悟和收获。在北京，由各种机构举办的现场讲座，情况不一，有的收费，比如三味书屋会收取一点茶水费；有的免费，高校里的讲座基本上都是免费对外开放的。下面选取了几个系列讲座，搜集了相关信息，并整理出了讲座内容、次数上的基本情况。主要介绍由国家图书馆主办的"国图学术讲座"的一些具体数据，以及第三极通识讲座、三味书屋讲座以及一些大学主办的讲座。

1. 国图学术讲座

内容涉及北京乡土、文化艺术、健康养生、美容美发、热点话题等，涉猎较广。由国家图书馆组织开展的几个系列讲座，规模大、参加人较多，内容也很丰富，其中很多都是和大家文化生活紧密相关的，比如四季饮食与女性健康的讲座、讲述北京乡土文化的系列讲座以及 2010 年年初最新的关于阿凡达的讲座，等等。

从数量和影响上看，国图学术讲座是比较多的，影响也较大，一些讲座请到的专家本身也有较大的影响力和较高的学术水平。这与国家图书馆自身的地位与定位分不开，它囊括了图书馆优势、地理优势、名气优势，因而取得了比较好的效果。

国图学术讲座分为五个系列，具体数据参见表 1。近四年来，乡土课堂系列讲座，共 135 次；首图健康课堂，共 108 次；特别策划，共 17 次；文化艺术系列讲座，共 10 次；上品课堂系列讲座，共 35 次。从各年讲座活动次数分布看，2008 年最多，2009 年次之，然后是 2007 年。到 2010 年 2 月底，安排了 15 次。

表 1

	2007 年	2008 年	2009 年	2010 年	合计
乡土课堂系列讲座	41	49	38	7	135
首图健康课堂	44	39	22	3	108
特别策划		5	11	1	17
文化艺术系列讲座			7	3	10
上品课堂系列讲座		19	15	1	35
合计	85	112	93	15	305

2. 第三极通识讲座

第三极通识讲座，是由"全国最大的民营书店"第三极书局组织的系列讲座，与图书销售、通识教育结合在一起，已经办到 110 期。不过第三极书局已于 2010 年 1 月 20 日停业。下面的三味书屋讲座，也是由书店办的讲座，和这个性质类似，不过内容上更加有特色一些。

3. 三味书屋讲座

由三味书屋书店主办，邀请讲座人员很多，讲座数量也很多，笔者曾参加过他们的讲座，发现去听讲座的人为数不少。他们采取收茶水费的形式，这在一定程度上保证了他们系列讲座的持续开展。由于三味书屋的主营业务是经营书店和销售图书，因此他们的很多讲座都是由某本书的作者来讲的，并配合签名售书的活动。该书店主要销售一些中国传统文化以及哲学、政治、历史、文学等领域的图书，因此所开展的讲座也是围绕这些方面的。他们在销售图书时会保留顾客联系方式，让其加入成为会员，这样就将讲座信息及时发送给了会员，保证了信息的有效、快速传达。此外，他们会定期在博客上更新讲座信息，并把已经办过的讲座内容整理后在博客上做简单介绍。应该说，三味书屋从书店经营到讲座的安排都带有一定的特色，这也是它吸引听众过去听讲座的原因之一。

4. 高校讲座

北京高校众多，尤其是重点高校很多。各大高校在正常的课程教育之外，都会由各院系组织展开诸多讲座活动，丰富学生们的知识，加强学术交流。其中，以北京大学、清华大学、中国人民大学等几所重点综合性大学的讲座尤为丰富多彩。

高校讲座一般都是对全校和全社会开放，并且可免费参加，其邀请的讲座人基本上都是在某一领域有所成就的人，因此这些讲座的质量一般比较高，并且学术性略强一些，因此它的参加者主要还是高校学生。当然也有一些感兴趣的以及相关研究人员参加。

北京以其大学优势，在这些讲座方面可说是特别丰富和活跃，这也为北京这座城市增添了文化上的含金量。

二、出版

在出版领域，已经有几家北京的出版社将很多讲座出版成图书，有些在全国还取得了不错的销售成绩。主要是高校出版社在做这个事情。这些图书的内容是由专家学者就某一题目展开的或细致深入或生动活泼的讲座，这些专家学者以高校教师为主，也有一些研究机构等单位的专家。他们一般长于某一领域，能够在某一题目上做生动而独到的讲解。这些讲座及其所衍生出来的图书所面对的主要是高校学生，所涉及领域也以通识类课程为主。北京高校集中，因此这些图书中有很大一部分的市场在北京。从出版社和读者的角度看，这类图书的出版都可以说是具有北京特色的，而在北京出版和宣传这种图书确实也存在便利条件。

对于依托电视节目，如百家讲坛等做的配套图书，是电视节目的附属产品，从最初节目传播和其后出版发行的选择上看，没有地域性的特点，不在这里讨论。

在几家高校出版社中，品种做得最多、影响相对较大的是北大出版社。下面概述一下北大出版社出版的讲座类图书情况，从中了解出版界围绕讲座出版的图书。

从目前来看，北京大学出版社已有至少五个此类定位的系列，其中最成规模、影响最大的，是其最早规划的"名家通识讲座书系"。这五个系列包括：

● 名家通识讲座书系。
● 大学素质教育通识课系列教材。
● 北大大课堂。
● 培文书系·大学之旅。
● 名师大讲堂。

1. 名家通识讲座书系

2000 年开始运作，规划上百种，查到已出版 57 种，是目前国内同类书中影响较大的系列。该系列采取"十五讲"的形式统一起来，其中部分销量较好，但很多早期规划的都未出版，有些则被市场淘汰。

以文史哲类为主体，涉及宗教、文化、心理学、医学乃至物理等众多学科。

当时北大校长（许智宏）牵头，精选名校名牌课程，选取的作者来自全国多所重点大学及科研单位，有的为学校推荐的长期担任通识课教学的老师。

定位为学科普及读物，读者对象为社会人士、大学生，是一套面向素质教育的丛书。

2. 大学素质教育通识课系列教材

有相当一部分为"名家通识讲座书系"的重复开发，品种数也不少，也是采取"十五讲"的形式。

3. 北大大课堂

2007—2008 年推出的系列，共出版 10 本，基本上为曾任教北大的名人，如金克木、张岱年、朱光潜、俞平伯、翦伯赞等，很多已有其他版本，重新整理成系列出版。侧重国学。

4. 培文书系·大学之旅

规划 10 本，是引进版的学科普及读物，均命名为"×××的邀请"。所涉学科比较广泛，影响较好。

5. 名师大讲堂

北京大学出版社《中国经济专题》（林毅夫），反响较好，备受认可，但目前未成系列，2008 年出版，系列后续情况未知。

此外，《中西文化比较导论》（辜正坤）也是根据通识课开发的图书，2007年出版，但定位为教材。口碑非常好。

从北大出版社出版的几个系列图书来看，该社已经出版了品种非常丰富的讲座类图书，有的直接就是依托通识类课程做出的。可以看出，这类图书的选题范围十分广泛，因为高校中此种课程和讲座很多，讲得好的老师也有很多。这类图书出版后也很受欢迎，这一点从不断出版的图书及其加印情况就可以看出来。作为图书形式的讲座，避免了现场讲座的诸多限制，虽然不比现场讲座的直观，但是方便了观众（读者）的视听（阅读），因而扩大了讲座的受众面积，为知识和文化的传播起到了十分积极的作用。现场讲座与图书出版的相互搭配，可相互促进，共生共荣。

三、网络视频

感谢科学技术的发展，使得很多事情不需要出门，轻轻点击一下鼠标就可以做到。为了满足各方面人士观看讲座的需要，许多网站开设了讲座视频，有的需要注册，有的则目前可以免费在线观看甚至下载。其中目前做得最好、最系统的，就是超星数字图书馆的"超星学术视频"（现已改名"尔雅学术视频"）。

超星学术视频由于其制作单位在北京，而且拍摄的视频中大多都是北京的讲座，它在一定程度上凝聚了北京所具有的技术优势、专家优势和高校优势，因此我们把它归入了创意北京的范围。

该视频的制作对象，是国内（目前北京为主）众多知名专家学者、学术权威的讲座、课堂，将他们多年的学术研究成果制作成视频。他们提倡"学术泰斗引领读者解读文学，探寻历史、感悟艺术、走近科学、博识百家"。目前已拍摄800 位名师30 000小时的讲座或讲课视频，拍摄完成 15 000 集，正式发布 10 000集，其余正在编辑制作中。这些视频全部由该公司自主拍摄，并取得讲课专家的独家授权。在使用上，以数据库形式服务，采用包库访问和本地镜像两种方式，通过 IP 地址限定在用户单位内部网上使用。

从技术上看，超星学术视频以数字高清（1 440×1 080）格式制作，画面显示比例 16：9，观看比较舒适。通过视频这样一种直观的阅读方式，提供给观众更广泛的阅读资源，带给读者不同于普通读物的阅读效果。

从产品定位上看，超星学术视频是为高校量身定做的视频数据库，把自身定位成"一个高品质的知识宝库，蕴藏了国内外众多知名学者多年的学术精华"。能够让学生与知名专家学者零距离接触，为学生提供动态、直观的教学新途径。视频包括课程、专题、讲座和访谈等形式，全部内容为超星公司自主规划、拍摄。目前以文史哲讲座为特色，全面覆盖哲学、文学、经济学、历史学、法学、工学、理学、医学等学科门类。从模块的划分上，包括：大师风采、治学方法、哲学、文学、经济学、历史学、法学、工学、理学、医学。

从内容形态上看，超星学术视频数据库是用视频的技术手段进行学术传播的新的学术和教育数据库，受到习惯看电视的 80 后、90 后学生的欢迎，是学术传播的全新形式。在各大高校试用和使用期间，学生反应热烈。

四、总结

现场、图书、视频，北京形形色色的讲座正在以各种可能的方式发展起来，形成多媒体、立体化开发的局面，为今后北京这座城市大学的讲座的未来发展打下了良好的基础。这是知识活跃的地带，是创意层出不穷的空间，是思想碰撞的区域，是厚积薄发的沉淀。在这个领域，北京具有着无与伦比的优势，高校、教师、专家、机构、技术团队、创意、需求等等方面，无不为北京各色讲座活动的蓬勃发展提供了便利条件。这些讲座反过来又为提高大众文化水平和素养、扩大知识面作出了贡献，并在各个方面转化为文化的或者经济的产值。

抛开经济方面的考虑不提，单就讲座这一知识传播形式而言，它的社会意义也是巨大的。生活在北京这样一个文化生活丰富、多元的环境中，我们每个人都有很多机会，可以充实自己的知识，拓展自己的视野。在这些讲座中，处处是创意，点点皆文化，流淌的是最生动、最前沿的知识与思想，它们已经融入北京这座城市大学之中，并将为这座大学不断输送新鲜内容。

在北京这所没有围墙的大学中，随着文化与经济的不断发展，预期会有更多、更全面、更有知识含量的讲座举办，有更多的人会参加进来。这样一种传播知识的形式，能够成为我们在有限生命中，一览无限知识的窗口和便捷路径。

　　生命是漫长的，我们每一天都在长大，每一天都明白更多的道理。活着的每一天，我们都应该向知识敞开怀抱，向智慧顶礼膜拜。知识永远不会成为负担，它只会让我们的思想更加轻盈，从而能够走得更远。专业化学习让我们立足于世，成为有用之人。对广泛知识的涉猎则能丰富我们的人生，充盈我们的心灵，反过来让我们工作上更有后劲，生活中更加愉悦。

　　生命也是短暂的，面对浩瀚如海的知识，我们穷尽一生，亦难遍览。这些讲座能够部分弥补这样一种缺憾。它们既是面向大学生的讲堂，也是人生大学的讲堂，对我们每一个人都有用。

　　讲座本身都是现场的，只有在当地才可以看到。不过借助于图书、网络视频的方式，它们可以传播到各个角落，从而发挥出更大的价值来。就目前文化活跃的情况看，北京的各色讲座还会有更大发展，我们也期待着这样一种充满活力和魅力的知识传播、交流方式，以丰富多彩的方式，得到越来越多的组织和人群的推广和接受。更希望依托这样一种积极、充满活力的知识传播、交流方式，能够为北京文化创意产业的发展、为图书出版行业的繁荣，作出有益的探索。

大学出版社数字出版战略发展分析

· 孟旭浩 ·

如今，数字技术的发展可以说是日新月异，并已迅速渗透到社会生活的各个方面。我国的数字出版产业在近几年也取得了长足的发展，数字出版的理念更加深入人心，数字出版的形式也更加丰富。对此我们可以做一简单回顾加以比照，即可感知数字出版发展之迅速以及传统出版所面临的严峻挑战。

五年前，出版界还在热衷于讨论电子出版、网络出版、数字出版等概念的界定，仅仅停留在理论的研讨上，数字出版也难见成熟的产业形态。五年后，出版界依然未见有大动作，只有为数不多的出版单位开展了数字出版业务，"试水"心态依然。但北大方正、万方数据等数字出版运营商已开始从数字出版产业盈利，并形成了比较成熟的产业链。

五年前，出版界还在讨论电子阅读与纸质阅读的习惯差异和孰优孰劣，而今天这已经不是问题。一方面，电子书技术手段的进步完全可以实现与纸质图书一样的阅读感受；另一方面，电子化阅读已为大众广泛接受，手机阅读、网络阅读随处可见。据中国出版科学研究所 2008 年 4 月发布的第五次全国国民阅读调查报告显示，互联网阅读率为 36.5%，排第三位，比 2005 年的 27.8% 提高了8.7%。图书阅读率为 34.7%，比 2005 年的 48.7% 降低了 14%。网络阅读首次超过图书阅读。我们可以这样设想，或许不久的将来，电子书甚至不必再"屈尊"迁就纸质图书读者的阅读习惯，因为新一代人接受的就是数字化的阅读方式，他们才是未来阅读和文化消费的主体。

五年或者十年的时间，或许可以对我国出版业的发展或者一家出版社的发展做出一定的规划和展望。然而五年或十年的时间，我们却很难对数字技术的发展以及数字出版的产品形式和产业模式做出准确的预判。我们可以确定的是，技术进步的脚步是不会停息的，前进的速度也是惊人的，数字出版是大势所趋、不可阻挡的。数字出版将给传统出版业带来划时代的变革。这种影响和改变正在发生，我们出版界必须做到未雨绸缪。

一、大学出版社数字出版产业 SWOT 分析

大学出版社是我国出版界中不可或缺的一支出版力量，在出版产业中占有重要的地位。近年来，我国的大学出版社通过深化出版改革取得了长足的进步。作为出版界一支异军突起的生力军，大学出版社同样应当积极面对数字出版浪潮带来的机遇与挑战。

作为一种特色化的出版机构，大学出版社在出版产业中的优势和劣势同样明显，在面对数字出版时也同样如此。因此，要研究大学出版社的数字出版发展战略，首先要做好的就是科学分析、合理定位。

SWOT 分析是一种对企业的优势（strengths）、劣势（weaknesses）、机会（opportunities）、风险（threats）等进行综合分析的方法。我们用此方法对当前我国数字出版产业中的几种具有代表性的产业类型加以分析、比较，为大学出版社的数字出版战略规划提供参考。

1. 数字出版运营商

代表：北大方正、万方数据、超星等。

优势（S）：技术优势、资本优势、人才优势、效率优势。

劣势（W）：知识内容匮乏。

机会（O）：通过强大的技术优势，先占市场，通过多种渠道和合作方式获取内容资源，实现由技术提供商到内容提供商的转型。

威胁（T）：版权风险。

综述：数字出版商的优势显而易见，但其劣势也同样明显。在这个内容为王的时代，知识内容的获取是数字出版商面临的首要问题，合作模式和管理疏漏所可能产生的版权纠纷将带来巨大的风险。近日，有媒体报道，清华、北大等著名高校的 500 余名博士和硕士联名起诉北京万方数据公司，认为该公司引用他们的论文构成侵权，并要求赔偿，索赔金额高达 1 000 万余元，海淀法院已接受起诉书并进入审理阶段。这例个案不论结果如何，都会对我国当前的数字出版领域的版权保护问题起到重要的示范作用。

不过，数字出版运营商不仅拥有强大的技术优势、资本优势和人才优势，更重要的是其所拥有的现代企业的运行管理体系和机制所产生的效率优势。在现代

社会，效率可以解决很多问题，而这种效率优势恰恰是出版业一时所难以企及的。

2. 网络作品开发者

代表：老徐的博客，盗墓笔记等网络作品发布网站。

优势（S）：开放性的平台、开放性的作者资源。

劣势（W）：无出版资质。

机会（O）：与出版互动所带来的点击率的上升、未来可能获得出版权。

威胁（T）：开放性所带来的内容风险。

综述：这类网站同样也具有技术、资本、人才等优势。开放性的平台带来的开放性的作品、作者资源是其最大的优势。但开放性的平台也同样带来了作品内容可能产生的风险等劣势。没有出版权，无法独立开展出版业务是其目前发展的最大瓶颈。

3. 已进入数字出版领域的出版社

代表：商务印书馆、知识产权出版社等。

优势（S）：出版者身份、内容资源。

劣势（W）：技术、资金、人才、效率。

机会（O）：出版界数字出版意识的觉醒、政策支持。

威胁（T）：数字出版运营商对市场的先占。

综述：拥有出版者身份无疑是出版社开展数字出版业务的最大优势，意识的觉醒和政策方面的支持也为出版社数字出版提供了良好的发展环境，但同时技术、资金、人才、效率等因素则恰恰成为出版社的软肋。数字出版运营商以其技术、效率优势对市场的先占将严重挤压出版社数字出版业务的空间。如不思求变，出版社很有可能沦为数字出版运营商的内容提供者，丧失主导地位，错失发展机遇。

4. 大学出版社数字出版 SWOT 分析

大学出版社数字出版的 SWOT 分析，既是针对数字出版运营商，也是针对出版界的先行者，他们都是未来可能的竞争对手。

（1）优势。1）学术出版及高校教材出版品牌。2）既有内容资源。3）教研销售与服务网络。

（2）劣势。1）技术力量薄弱。2）资金有限、暂无融资渠道。3）专业人才匮乏。4）机制相对陈旧。

（3）机会。1）政府鼓励、政策支持。2）出版界尚无成熟业态。

（4）威胁。1）数字出版运营商发展迅速，势头迅猛。2）已有出版社介入数字出版业务，端倪初现。

综述：出版者身份和出版资源是大学出版社与其他出版单位同样具有的天然优势。值得强调的是，大学出版社的学术出版和高校教材出版特色优势，不仅是数字出版商所遥不可及的，即使在出版界同行看来也是令人艳羡的金字招牌。笔者认为，这两个领域恰恰正是当前条件下我国出版社介入数字出版的两个最佳入口，甚至可以说，这为大学出版社开展数字出版提供了绝好的历史发展机遇。

二、大学出版社数字出版盈利模式分析

数字出版的盈利模式无疑是当前我国出版社投身数字出版所面临的最为突出的问题。技术实现手段与销售渠道可以说是搭建数字出版盈利模式的最基本的两个要素。对于新兴的数字出版产业来说，销售渠道往往依赖于技术实现手段。因此技术实现手段成为数字出版盈利模式中的重中之重。而技术上的劣势所带来的技术鸿沟与技术畏惧使得传统出版单位很难透过技术壁垒去探索盈利模式。因此要考察盈利模式就有必要对数字出版的技术特点加以明晰。

数字出版，从广义来讲，只要是用二进制的技术手段开展的出版活动都可以算是数字出版。曾经广泛讨论的电子出版、网络出版等都可以纳入数字出版的范畴。因此，作为新生事物的数字出版的产品形式包罗万象，而且具有很大的变化性、交叉性和融合性。这从很大程度上增加了对数字出版产业做出判断和分析的难度，会让人感到迷乱纷杂，难以找到头绪。因此，我们分析考察数字出版的首要问题就是要理清思路，找到分析问题的着眼点，只有这样才能做到不为技术迷雾所困扰，透过现象看本质。

1. 数字出版盈利模式分析要点

笔者认为，在分析数字出版产品的盈利模式时应当着重考察三个关键词——功能、目的、价值，即结合所开发数字出版产品的功能，明确开发此产品的目的，进而明晰这一产品的价值所在，最终找到盈利点，并由此搭建起相应的盈利模式。

（1）功能：相比传统出版，数字出版可实现的功能优势是多种多样的，如即时性、交互性、多媒体性、可检索性等等。不同的产品形式就具有不同的功能特

点。出版社开展数字出版，首先就要深入分析了解不同产品形式的特点和功能，由此才可能明确产品开发所需要的技术手段，找到与自身条件优势匹配的最佳结合点。

（2）目的：从一般的市场规律来讲，产品生产者开发销售产品都是以盈利为直接目的。但由于数字出版尚处于初期阶段，盈利模式具有许多可能性，且可能是跨行业的盈利模式，因此产品开发的目的值得考察。就出版社来说，明确产品的开发目的，才能确定产品的研发方向和支持力度，才能对投入和产出做出预算。

（3）价值：也即盈利点，就是在明确产品功能和自身目的基础上开发产品的市场需求，有需求即产生价值，也就找到了产品的盈利点。

从当前产业形势和行业态势来看，数字出版运营商和网络作品的运作模式都值得我们借鉴，其盈利模式的搭建对我们具有重要的参考意义。

2. 数字出版运营商盈利模式分析

功能：数据检索、整合、发布。

目的：以提供数据库的检索查询服务获取相应收益。

价值（盈利点）：日益增长的专业化的查询检索需求。

盈利模式分析：早期的技术提供商是以提供技术服务作为利润来源，但随着技术平台的成熟以及合作伙伴的增加，收录内容大大增加，并通过分类整合逐步形成专业化趋势。而当前人们对于专业化的内容查询检索日益增长的需求，就构成了其新的也是最具增长潜力的利润来源。

发展前景：凭借庞大的检索数据库以及垄断性、专业化的内容，数字出版运营商可能成为集技术与内容为一体的权威收录、发布和检索平台的综合性实体。数字出版运营商需要的是时间来发展，需要的是政策的支持和认可。虽然它们的"第一桶金"可能存在诸多问题，然而，如前所述，效率可以解决很多问题。如果在一段时间内，出版界在此领域仍无大发展而被数字出版商形成不可替代之势，相信政策对它们的认可只是时间问题。

3. 网络作品盈利模式分析

功能：作品上传、阅读浏览。

目的：作为文化栏目用以提高阅读量和点击率。

价值（盈利点）：优秀的人气作品产生了转化为纸质出版物的市场空间。

盈利模式分析：虽然类似网络媒体主要依靠点击率获取相应的广告收益，正式出版并非其最初目的，但开放性的网络平台建起了最为高效的作品创作、发布以及阅读反馈链条，可以直接遴选出最具人气的作品，转化为出版物即成为畅销书，这就构成了其利润来源。作品来源的开放性、信息反馈的即时行和准确性、出版流程的高效性是其利润源之根本。

发展前景：如今，网络阅读已成燎原之势，这为网络作品的发展提供了广阔的发展空间。目前已出现专业从事网络作品出版业务的网站，建立起了相当完善的出版链条和环节。相信更具实力的诸多门户网站也不会放过这块大蛋糕，必将凭借其雄厚的优势去开发此项业务。

4. 大学出版社数字出版盈利模式分析及实施设想

上述两种盈利模式对于大学出版社的数字出版都有着重要的借鉴意义。学习、借鉴、模仿、超越，应当成为我们对待数字出版运营商的态度与策略。取长补短，因地制宜，则应当成为出版社数字出版开展与实施的基本原则。这就要求我们认真思考数字出版业务中哪些是大学社可以实现和实施的，哪些既有资源和优势是可以为我所用的，并最终找到切合大学出版社实际的数字出版产品形式和开发运营模式。

高校教材和学术出版是大学出版社的传统优势，因此，大学出版社的数字出版也必然应以教材出版和学术出版这两个领域作为数字出版的突破口及主攻方向。可以说，教材出版和学术出版正是当下我国大学出版社进入数字出版领域的两个最佳入口。

（1）教材数字出版。大学出版社的教材数字出版将以实现教材出版的增值服务为主要目的，同时为今后真正意义上的教材数字出版打好基础、做好准备。当前，许多大学出版社和教育出版社都开展了教学资源库的建设，然而具体的实施策略和理念却千差万别。

由网络作品的运营模式可以看到，作者资源的开放性和信息反馈的即时性，可以极大地提升资源空间和信息反馈效率，可以融合巨大的作者和作品资源。因此，我们在建设教育教学资源库的时候也应形成资源库的大概念，以新的理念全面推进网络教学资源库的建设。具体来说就是，教学资源库不仅是教育、教学内容资源的数据库，同时也应是作者资源数据库、读者资源数据库、编读互动反馈的信息库，在做好教育教学资源的分类和整合的同时，要做好畅通的信息收集与反馈平台，进一步完善教材建设的多媒体化、立体化需求，增强市场竞争力，并为未来数字化教材的全面实施打下基础。

（2）学术数字出版。相比较而言，数字出版运营商的盈利模式与大学出版社更为接近，也为大学出版社数字出版的发展指明了方向。大学出版社学术数字出版的基本构想是，利用现有出版资源，以构建收录、发布和检索平台，打造权威性与盈利性兼备的数字出版平台为主要目标开发独立的数字出版业务。

由于出版社普遍缺乏相应的技术力量，因此寻求技术的支持和拓展是当务之急。大学出版社可以组建自己的技术队伍，也可与数字出版技术提供商展开合作，两种方式各有利弊。从发展性来说，组建自己的技术力量有利于培育自己的技术队伍以及对技术平台的控制力，缺点是投入大，风险大，需要摸着石头过河。从可行性上来说，与数字出版技术提供商进行合作开发可能更为稳妥，但从长期的发展来看，出版社依然没有自主的技术力量和技术平台，对技术的依赖性依旧，不利于数字出版产业做大做强的远景目标的实现，且合作这种形式本身也存在系统性风险。

总而言之，大学出版社数字出版的实施是个系统工程，采取何种发展模式要根据大学出版社自身的特点和条件科学论证、合理选择，要做到因地制宜，量力而行。

出版社数字出版发展建议

· 马小莉 ·

一、数字出版的概念

什么是数字出版？这是我们从事数字出版活动首先要厘清的问题。

从数字出版活动主体看，数字出版活动的主体不再只是传统的出版社、报社、杂志社、音像社，其他传统传播媒体如电视公司、电影公司、广播公司，新兴媒体如技术公司、软件公司、网络公司、移动通信公司等等都已经或正在成为数字出版活动的主体。

从数字出版产品来看，新兴的数字出版产品远远突破了书、报、刊、盘的局限，网站、动漫、游戏、数据库、移动网络等形式多样。

数字出版和我们所理解的"出版"渐行渐远，范围扩大到信息服务业的各个角落。它使原本有明确界限的四大产业——出版传媒、IT厂商、互联网、无线移动互相之间没有了明确的边界，四大产业都在数字出版的旗帜下向其他三个产业扩张。数字出版已经成为一种跨产业的行为，它囊括了多个产业，牵涉到人们获取信息的方方面面。

国际上知名的出版商进行的数字出版也与传统的出版概念大相径庭，如麦格劳-希尔集团旗下的标准普尔指数（Standard Poor），完全就是金融标准服务商；爱思唯尔所属的律商联讯（Lexis Nexis），也主要提供法律咨询、商业信息服务。

由此可见，数字出版就像一面旗帜、一个符号、一个目标，号召大家到这个领域攻城掠地，数字出版是个活的概念，它囊括了一切我们所能想到的模式，可能还有更多人们毫无体验的形式。真正要给它下个确切的定义，反而会禁锢人们的思想，束缚人们的手脚。因为它不只是一个行业技术改造问题，它包含了更多的人类文化的内涵；它所涉及的也不只是出版媒体形式的变更，还在酝酿着更多新兴领域的兴起。对于出版社来说，以开阔的视野从出版行业的角度来梳理可以发展的数字出版业务，在实践中探索求得发展更具有实际意义。

二、我社可进行的数字出版业务

在数字出版大的概念下，出版社可涉足的领域很广，国内数字出版模式有多种，如电子书、数字图书馆、在线工具书、手机书、文献数据库等等，但传统出版社在资源拥有上千差万别，并不存在可以完全照搬的数字出版模式，必须根据自身的特点与读者需求设计适用的数字出版模式。笔者拟从我社拥有的资源情况出发，对我社可以进行的数字出版业务进行分析和探讨。

我社是教育类出版社，"出学术教材精品，育人文社科英才"的出版理念说到底就是进行知识服务，在数字出版时代，我们要继续秉持"知识服务"的理念来开发数字出版业务。具体来说，我认为可以从以下几个方面来进行。

1. 进行源数据的整理，建立图书内容数据库

数字出版本质上是内容信息以非传统形式表现，出版社的资源相对于现在众多的数据库、门户网站来说基本上是沧海一粟，但是图书内容信息有一定的深度，适宜深度阅读。因此我社需要对 1 万多种图书资源进行数字化，这是进行数字出版的基础和前提。

类型	内容	深度	创作投入
书	长	深	大
刊	中	中	中
报	短	浅	小

资源数字化后，需要进行深度加工，分类管理。深度加工包括对内容结构进行分拆，对各个单元的元数据标注，对属性进行标注，建立学科语料库，学科案例库，实现以知识点或主题串联图书的内容，相同或相似主题的不同图书之间更容易关联、参引。

对于新书，需要从编辑环节开始，编辑不再是单纯地编辑图书，而应该是"协同做库"，即编辑的同时进行数据标引、标注，将图书内容纳入内容数据库。该内容数据库内容丰富，书与书横向关联，知识与知识纵向关联。

2. 教学资源库建设

教材是我社立社之本，教学资源库建设的必要性和重要性已不需再论证，但建设思路上需要进一步清晰。

目前我社有1 000多种教材基本都配了PPT，部分做得好的，内容比较丰富，教学模块、题库模块、素材模块等都已基本配齐，数字中心也将这些内容做成了网站形式，但整体上效果不明显。这些比较系统的资源在网站上的位置不突出，比较难找，从表面上看显示不出跟其他仅有PPT资源的图书的区别。

与我社合作开发大数教材的团队建立了一个教学资源的网站——数苑网（www.math168.com），笔者觉得这是一个开发得比较好的课程网站，网站集成一些数学教学与学习的资源，作为教材甚至课程的配套网站很实用。但是问题是网站建设主体不是我们出版社，一旦网站成熟，影响力增强，实行数字化出版，著作权人可以撇开出版社，独立运作，这将对出版社造成极大的损失。所以出版社对配套教材、课程、专业网站的自主建设力度要加大，否则在将来的数字化市场中会失去主导权。

3. 加强图书与网络的结合

我们每年出版1 000多种新书，哪怕只有平均2 000册的销量，总共也有200万用户，何况我们还有很多图书的销量达到了几十万册。在图书中设置一些与网站的关联点，通过网站来补充阅读、延伸阅读、阅读交流，对纸版图书的营销和培养数字出版消费者队伍效用显著。

(1) 网站可以弥补版面限制，提供增值服务。网站内容可以是海量信息，突破传统出版物版面、字数的局限，提供延伸阅读、阅读提示、疑难解答等增值服务。可以把与主题有关的最新资料，多媒体文本传递给用户，出版行业的人对资讯有专业的审视能力，通过他们筛选、加工的资讯比通过大众搜索引擎得来的资讯更有价值。

(2) 可以让我们获得大量读者资源。图书和网络结合可以让我们拥有庞大的读者资源，拥有了用户，拥有了可以吸引人眼球的内容，就可以进行更多的运作。在传统出版中，我们的书卖出去后，我们不知道卖给了谁，与网络结合后我们能获得部分读者资源，可以对读者进行行为分析、需求分析、辅助市场营销活动、同类别图书的延伸销售等等开拓性的活动。

(3) 有利于为读者服务。我社图书以教材为主，同一本教材的使用人数都不少，建立图书的读者圈，给他们提供一个平台让他们一起学，一起研究，同时我们可以找作者或相关人员进行一定的读者服务，实现互动。就像娱乐界一样，一个明星有大量的粉丝，粉丝圈把他们凝聚起来。图书也一样，尤其是特别畅销的图书需要一个这样的圈子供大家交流、探讨，使他们最终参与到产品的生产过程中，比如图书内容改版、图书条目式数据库的建设、新产品的研发等。

（4）提升出版社网站的广告价值。报纸、网站的盈利模式之一就是广告，用户数是广告价值的依据，把用户都吸引到网站上来，提升网站流量，网站的广告价值无疑会有很大的提升。

4. 学术论文数据库

依托中国高校人文社科信息网，可以立即着手建设基地期刊数据库、教育部项目成果数据库，完成之后可以争取建立省部级成果数据库、高校人文社科成果数据库。

社科网本来就是教育部成果数据的数字出版中心，现在需要和纸质中心协调，将现有成果的全部纸质信息数字化，建立数据库。

2008年2月，中华医学会以3年2400万的价格将旗下近200种期刊的电子版权集中授权给万方数据，联手打造中国的医学在线出版业务。在此之前，这些期刊每年的授权费只有区区60万。这是数据库经营的一个很好的例子，我们的基地期刊数据库和成果数据库也需要整合，打造自己的品牌影响力。

5. 人文社科研究资源学术搜索引擎

社科网是我国高校人文社科信息的前沿阵地。在2000年规划时就有建设类似知网、万方等数据库一样的哲学社会科学电子资源的计划，但在2003年起步后，发现知网等数据库已经产生一定的影响力，错失良机。目前，专业的哲学社会科学学术搜索引擎在我国还是空白，这为我社在哲学社会科学学术搜索引擎上的突破提供了良好的机遇 。

目前我国可公开使用或有偿使用的、具有一定规模和影响力的哲学社会科学研究电子资源数据库提供者主要有：中国知网、维普资讯、万方数据、人大复印报刊资料全文数据、新华社专供数据、人民日报数据、中国年鉴资源全文数据库。除此之外，还有各级社科系统、各类协会、研究机构、高校等机构内部使用的电子资源数据库。这些数据库多个入口、资源割据、各自为政，收录有偏重，内容有交叉，不利于使用者使用，也不利于保护版权所有人的权益。建立哲学社会科学电子资源学术搜索引擎是解决这一问题的有效途径。建立一个社科学术资源搜索引擎，并进行文献服务，直接与各数据库经营商和版权所有人分享收益，可以成为社科网和我社共同开发的一个项目。

除了国内数据库外，我们还可与国外的几家重点社科数据库如sage、wiley、taylor等数据库进行合作。前段时间，社科网与wiley、sage的中国区负责人谈过此事，他们对社科网这个平台很感兴趣，也愿意合作，但由于国外单个资源的费用高，学校用户有获得资源的渠道，外面的用户付不起费用，可能无法发生经营行为，但是英文的论文文摘信息也能给一般用户提供一定的参考，丰富搜索资源。

把社科网的信息服务升级到学术资料搜索引擎统一入口的高度，是对社科网品牌价值的深度开发，最终实现以哲学社会科学专业学术搜索引擎为统一入口，以各种哲学社会科学整合资源为支撑的哲学社会科学电子资源共享体系。

纸质与数字的一体化

——当前形势下教材与教辅产品的形式创新

·李国庆·

　　教材与教辅图书一直是很多教育类出版社的主体产品及利润的来源。近年来，随着我国基础教育改革的推进和高等教育的进一步发展，再加上书业竞争的加剧，越来越多的出版社将人力和财力投入到教材与教辅产品的开发与维护上来了。不管是中小学教材、教辅，还是高校教材、教辅，新旧品种数不胜数，上架产品琳琅满目，营销手段层出不穷。要想在激烈的出版市场竞争中取得优势地位，就必须在产品、宣传、销售等各个方面做到最好，而其中最为关键的仍然是产品。教材、教辅产品有无特色、有无胜人之处，是决定其销量的最基本要素。随着社会的发展，教学方式、学习方式在发生着或快或慢、或多或少的改变，教材、教辅产品的形式也只有主动适应这些改变，才能有自己的生存空间。

一、当前教材与教辅产品形式的滞后现状

1. 数字增值服务，难履重任

　　在当前形势下，尤其是师生的学习、生活已经完全离不开"数字"的情况下，单纯的传统纸质产品已经完全不能适应新的教学需求了。作为教材、教辅开发的出版单位，基本上都认识到了这一点。于是，各类教材基本上都配备了供教学使用的 PPT、教学资源库，相应的教学科研网站也纷纷建立；各种教辅图书也开通了网上辅导课堂、在线答疑、在线模拟练习等。但是，这些还仅仅停留在数字资源为纸质图书提供增值服务的层面上，数字资源所提供的只是一种附加值，纸质图书和数字资源是一主一副两张皮。从教材上来说，一方面，纸质教材限于教学进度的要求或者需遵循系统、简明的编写原则，不能过于深入；另一方面，与教材配套的 PPT 过于简单或者完全就是纸质教材的翻版，教学资源库又过于

庞杂，需花费很多精力去精挑细选或者根本找不到所需信息。从教辅产品上来说，配套的数字资源与所学知识要么关联性不大，要么普遍相关联，无限延展，学生感觉无所适从，只好放弃使用。

2. 转型数字出版，操之过急

与此同时，有的出版单位已尝试数字出版。比如在高校教材出版方面，高等教育出版社从 2002 年开始调整产品策略，将"以教材为中心"的出版模式调整为"以课程为中心"的资源提供模式。但发展至今，其数字出版的规模与其传统纸质教材的规模相比，仍然有太大的差距。在教辅出版领域，也有一些传统出版单位进行了数字出版的探索，如华东师大社与香港某家公司合资成立的上海意智成网络科技有限公司，开发了在线游戏学习网站"一课一练"，在上海市第四届优秀网站评比中获评"优秀教育网站"。我们很难否认数字出版是未来趋势，但是在目前情况下，我们也很难说数字产品能完全取代纸质图书。我们只能说，由于硬件环境和其他环境的制约，大规模数字出版的时机还没有成熟。

数字资源为纸质教材提供增值服务，效果并不是特别的理想，而将传统出版转型为数字出版，又为时过早。那么在当前形势下，有没有更好的方式来提升教材与教辅产品的竞争力呢？可能还是要回到产品形式创新这条道路上来。

二、寻找纸质与数字结合的最佳途径

1. 教材与教辅的特点：使用的经常性与学习的交互性

教材与教辅有一个明显的特点，就是使用的经常性。这也是教材与教辅不同于其他产品的地方。教材是课堂教学的必备工具，教辅是学生学习的辅助性工具。二者都是师生经常使用的工具性用书，一般要随身携带，随时翻阅。教材使用得最多的地方是在课堂上，主要是用于师生之间教授学习；教辅使用得最多的地方是在课堂之外，往往用于学生自修。同时，二者还有一个最大的共同点，就是使用者需要及时了解学习的动态。学习效果好不好？是不是每个学生都理解了所学知识？学生的理解程度有无差异？对于老师来说，能够最及时获得学生的反馈，是解决教学疑难的最佳途径；对于学生而言，疑难问题能够得到及时讨论或最快释疑，无疑是实现较好学习效果的方式。所以，学习的交互性也是教材和教辅的一个特点。

2. 产品创新：纸质与数字的一体化

教材与教辅使用的经常性特点，决定了在当前状况下纸质产品的优势，它不限于硬件条件的制约，可随身携带，使用方便；而其学习的动态性特点，又暴露了纸质产品的缺陷，即与数字产品相比，在教学、学习的交互性方面，在动态反映学习的效果方面要逊色得多。所以，如果能够将纸质与数字进行相适宜的结合，发挥各自的优势，相互取长补短，实现你中有我、我中有你，创造出一种既能满足传统教学、学习要求，又能适应新的多媒体、数字化教学、学习环境的多功能产品，无疑将会获得广大师生的喜爱。

这种产品应该不同于数字只是为纸质提供增值服务的产品，在设计之初，就要考虑到数字方面在产品结构中的位置，数字与纸质的结合性非常紧密，可以说，这是一种纸质与数字的一体化方案。这种产品除了一般传统教材、教辅所具有的知识负载功能以外，还应该实现如下功能：

第一，教学、学习主体之间的交互功能。不管是叫教材还是教辅，在教学或学习的过程中，都应该为使用者创造一种交互的数字平台，以方便信息交流与学习效果反馈。需要强调的是，这个平台不同于一般的日常交流的网络平台，这个平台一定是与知识编排同步的，不管是在课堂上，还是在课堂外，都能够进行及时交流，让疑难问题能够得到及时讨论，让困惑能够得到解答。交互功能应该是这类产品最重要的功能，是其最重要的特点所在。互动方式可以是在线即时讨论、线下答疑等各种方式。当然，这种交互的方式应该避免与面对面互动形成冲突，是在面对面互动达不到理想效果的情况下，而采取的全新形式。

第二，知识的同步辅助理解与延展功能。即通过数字手段，实现纸本知识的生动展示和深度讲解。数字能够以各种富于变化的动态形式，形象化地描述知识，比如在纸本知识讲解过程中穿插图形、图像或者真人讲座等等，这是纸本难以实现的。同时，数字能够经济地提供大量的背景知识，为更加深入理解纸本知识提供了方便。

第三，其他附加功能。比如为教师和学生提供试题库、智能化组卷、自动批改试卷、评分等服务。

纸质与数字的一体化，是教材与教辅产品开发适应当前教学和学习环境的要求，其反映的是教学、学习方式的改变。它既能弥补纸质产品的不足，又能吸取数字出版的长处。当然，不同的教材、教辅类型，具体开发方式可能会不一样。我们期待能有这样的作品出现。

浅谈运用数字音频工作站制作节目的体会

·魏　群·

我从 1996 年开始在出版社音像部工作，由于所学专业和个人兴趣的原因，我一直从事录音录像编辑制作的工作。1997 年底，随着新的出版大楼落成，我们期盼已久的音像部演播室也终于建成了，当时设想建造一个性价比高、比较先进的综合演播室，这就要好好地选择设备。通过互联网和向其他业内人士咨询，我了解到了国外先进的录音技术与录音设备，选中了一款性价比颇高的数字音频工作站——德国 Creamware 公司的 TripleDAT 数字音频工作站（美国 1997 年 167 家专业录音棚一致推选的最佳数字音频工作站），这套工作站可以同时进行 32 轨的录音混音编辑工作，还包括一套专业的实时 DSP 音频处理软件，能胜任一切语言、音乐、影视产品的录音、编辑制作工作，在当时来说算是比较先进的。我社当时是全国第一家引入数字音频工作站的大学出版社，此举在全国高校音像出版界内开创先河，当时我负责从设备的咨询、引进，到安装调试工作，随着工作学习中经验的不断积累，我熟练掌握了全套数字音频录音技术，我社的演播室也经常接受来自其他大学出版社同仁的参观、咨询。我作为录音技术支持，根据其他大学出版社的不同要求，也为他们设计了多个录音棚建棚方案，为他们量身定制了各类录音系统设备，并为他们调试录音系统设备、培训录音人员。比如：北京大学出版社、南开大学出版社、华东师大出版社、广州外语出版社、人大新闻学院等。下面，我向大家简单介绍一下在实际工作中运用数字音频工作站的心得体会。

自从 19 世纪美国发明家爱迪生制造出人类历史上第一台能够记录和重放声音的机器——留声机以来，人们一直探索如何把原始声音如实地记录，并把记录下来的声音如实地重放的问题，随着科技的发展，这项技术不断地提高。

录音环节包括记录与重放两个过程，也就是把声音信号转换为电信号，再把电信号还原为声音信号的过程。

以前录音是用模拟信号把原始信号以物理方式记录到磁带上，然后加工、剪接、修改，最后录制到磁带等音频载体上。但由于其录制过程中信号损失太多，编辑加工过程极其复杂、繁重，相对于数码录音的高音质逊色不少，更不能实现高保真。随着数字音频技术和计算机技术的应用，录音编辑制作的方法和手段发生了很大的变化，最重要的就是音频信号的记录重放方式从以前的模拟信号转变为数字信号。音频工作站就是数字音频技术和计算机技术结合的产物，它的引入和应用实现了节目制作的音频信号波形（WAVE）可视化和编辑制作的无损化。以前以磁带录音机为主构成的模拟录音制作系统已被数字音频工作站（digital audio workstation，简称 DAWS）所替代，音频信号存储媒介也由磁带转向硬盘光盘等。

一、基本概念

首先，谈谈模拟信号和数字信号的区别。

模拟信号：模拟信号是指用连续变化的物理量表示的信息，其信号的幅度，或频率，或相位随时间作连续线性变化。

数字信号：数字信号是指用断续变化的物理量表示的信息，其信号的幅度，或频率，或相位随时间作断续非线性变化。

模拟信号的缺点：

（1）在记录、编辑、重放过程中进来的杂音不能与有用信号分开、容易损害原始信号。

（2）由于记录媒质——磁带本身的物理特性所限，磁带的信噪比代替了原始信号的信噪比。即不管原始信号的动态范围有多大，记录以后，信号的动态范围再也超不过磁带本身的动态范围。

（3）旋转系统、驱动系统等机械机构的动作如果不稳定，就会使原信号产生抖晃失真。

数字信号记录是将本来是模拟量的声音信号借助采样（sampling）、量化（quantization）和编码（coding）操作变换成离散的二进制码进行记录，这种码仅由 0 和 1 组成，因而在重放时只须识别出 0 还是 1 就可以了，因而抗杂音干扰的能力特别强。

数字信号的优点：

（1）记录格式（采样频率、量化位数）确定了，指标的极限就确定了。数字记录指标的重现性是可靠的，而在模拟记录中，指标的重现性是不稳定、不可靠的。

（2）因为记录形式是二进制码，在重放过程中的任务只是判断 0 和 1，只需判断码的有或无，因此，记录媒质的信噪比和重放信号的信噪比没有直接关系。

（3）因重放系统中时基校正电路的作用，旋转系统、驱动系统的不稳定不会引起抖晃。

（4）与模拟记录相比，数字记录系统的适应性强。因为所记录的信号是二进制码，故各种处理都可以作为数值运算来进行，并可以不改变设备（硬件），而用软件进行各种操作。

（5）容易使用。44.1KHz，16bit/96KHz，24Bit 量化，且大都具有平坦的频率特性和很好的失真度、信噪比。由于是经过无损数字化操作，在多次复制中原始信号无任何损失。可以说，技术性能指标明显优于传统的模拟记录。

综上所述，数字记录能够以不高的代价可靠地避免伴随模拟波形直接记录和重放时而发生的种种不稳定因素，最终获得稳定的高质量的声音重放。

二、实际应用

数字录音系统是由 DAWS、电脑、调音台、CD、麦克风以及监听等设备组合构成的。音频工作站是集计算机、多媒体、计算机网络及大型数据库技术为一体的系统。下面以制作一简单的节目为例谈谈音频工作站在实际中的应用。

节目的制作是按照节目的要求进行的。节目所包含的原始素材有节目解说、背景音乐和动态效果，对于需要精心制作的节目，我们前期的准备工作就是把这些选择好的原始素材，分别录入音频工作站或以文件的形式拷贝到电脑中相应的工作文件夹中，再利用音频工作站进行细致的调整、修饰，比如：降噪、电平调整、相位、音色修饰等，将解说和其他素材按照节目要求移动到相应的位置。接下来就是精心调整了，在这个过程中我们利用工作站的剪辑、删除、粘贴、复制、移动等功能对各素材部分进行精确定位，然后使用电平调整和淡入淡出（crossfade）功能对各个素材的声音比例及衔接部分进行调整，以期达到节目的整体平衡及节目各素材之间衔接的自然。经过试听，如果我们觉得满意了，再经过音频工作站对最终节目的缩混、母带处理，就可合成为一个完美的节目；如果合成后我们仍感到对节目的某个部分不满意，这时，我们可先对所需要的原始素材进行修改、合成，然后替换掉已合成节目中不满意的部分，实现对节目的局部修改。

通过对音频工作站的实际应用，我认为音频工作站有如下几个主要特点：

1. 非线性编辑

音频工作站的一大特点就是可实现非线性编辑功能。它改变了以往的按时间顺序进行编辑的录音模式，即线性工作方式。举例说明：在编辑一个节目时，用磁带录音所带来的问题就是我们必须按照节目内容的要求按时间轴顺序依次编辑，我们常遇到的是：如果在编辑过程中有一个素材没准备好，或者已编辑好的内容有错误，或者是在已录制好的节目中要插入一个音响素材，这样就对我们最终录制好这个节目造成很大的不便，我们就可能要停止正在进行的录音来处理这些问题。传统的做法是通过磁带之间的转换，重新剪接、复制，此时，必须从错误的地方剪断磁带，重新开始编辑，编辑完毕后，再把断开的磁带粘贴上，重新录制，然后才能继续编辑后面的内容，此方法需要的时间太长，而且有损耗，传统的磁带复制大家都很了解，复制一次信号就会损失很多，音质无法保证。有时，还有"飞带"的危险。音频工作站的使用，彻底改变了这种状态，它所实现的是非线性的编辑，也即我们可以先不按照节目内容顺序来编辑一个节目，然后再根据节目内容进行调整、补充、修改，最终完成这个节目的编辑。音频工作站在非线性编辑方面所提供的编辑功能有插入录音、节目调入及粘贴复制等方式，这些操作方式对节目音质来说，都是无任何损失的，这些方式对制作好一个节目是很有用的。这种编辑方式，是音频工作站非线性编辑功能的体现，这个功能的实现，无疑增加了节目编辑的灵活性，也提高了节目制作的效率。

2. 多轨可视化编辑

以前声音的编辑一直是利用听觉来寻找和确定编辑的切入点，在磁带上标记后，再剪断磁带进行编辑，而且是多机操作，作为一名制作人员，要完成一个节目的制作，既要靠听觉，也要凭经验，但对于有些音响的剪接则是很困难的，如一句话中我们要除去其中的某一个字，或者使某一句不完整的话经修改后变得完整。像这样的一些剪接用过去的方式完成是很困难的，有时几个音连得很近，就不能随意剪接了，有时一个音剪下来后有明显的人为痕迹，还有时找不准剪接点，甚至还会把已剪好的带子破坏。目前我们使用音频工作站能够很好地解决传统剪辑方式所遇到的一些问题，而且改变了过去那种多机同步操作的方式，今日的编辑剪接在一个音频工作站里就可完成（见图1）。对于一个正在音频工作站里编辑的节目，我们既可以听到声音还可以看到声音的波形和位置，可以通过眼观耳听来选择一个编辑点，用眼睛看声音波形选择编辑点，精确度能达到 1/1 000s，这样制作人员在一句话里剪掉一个字或粘贴一个字就变得很方便了（见图 2）。我们在剪接一段语言录音时，常常遇到的就是一个剪接点前后的声音不

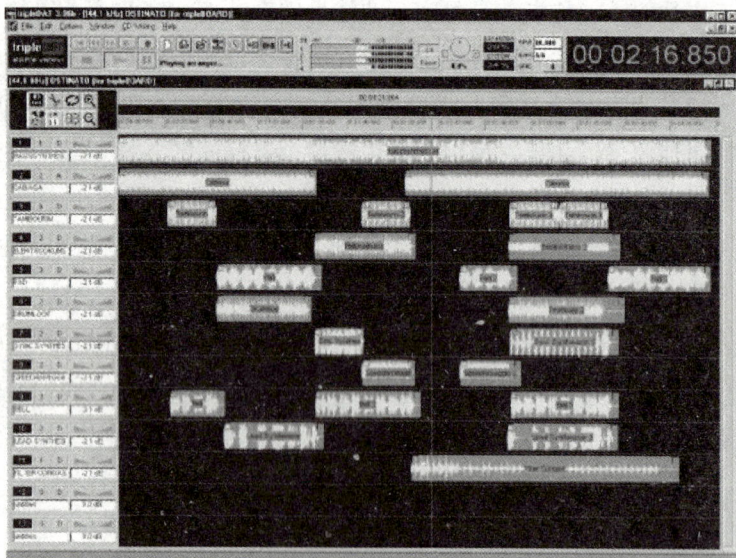

图 1

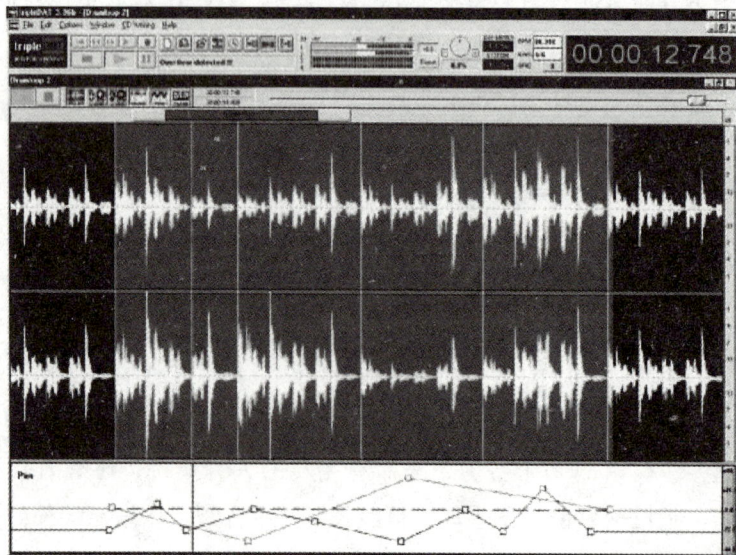

图 2

一致，听感上不是一句话说出来的，这样就可以对这个编辑点前后的信号进行适量的电平调整和淡入淡出处理，处理后的效果一般都是很理想的。对于一段需要剪接的音乐，比如说此段音乐按旋律分成 A、B、C 三段，我们需要的只是 A、C 两段，这个工作运用音频工作站的各种编辑功能，把不需要的 B 部分剪裁掉，将 A、C 部分连接起来，仍然能获得满意的效果。音乐剪接较之于语言难度很大，因为音乐信号是连续的，而且某一个点前后的音是相互关联的，剪接音乐要根据这段音乐的特点、旋律、节奏和衔接点前后声音的相关性、融合度来进行。音乐的剪接，最重要的就是编辑点的选择，而音频工作站的波形可视化和 1/1 000s 的编辑精度，就为我们提供了很多的选择编辑点的手段，选择好编辑点，如果衔接前后音的相关性很好，我们就可以直接剪去不需要的部分，让两段音乐连接在一起，只要剪接后不出现错拍现象，像这样的音乐剪接我们就听不出剪接的痕迹。但对于相关性不是很好的衔接部分，我们常用的就是利用上、下两轨交叉淡入淡出（crossfade）的方法来处理两段音乐的衔接部分，这样处理，仍然能获得很好的效果。我们运用音频工作站对语言、对音乐的处理，就是计算机技术在音频领域中运用的典范，它的强大功能为编辑制作人员提供了更为广阔的创作空间。

3. 资源共享

现在通过成熟的电脑网络技术建立一套视频音频网络系统，能实现整个节目素材资源的共享，利用电脑网络功能，在制作节目时想使用某些音视频资料且网络素材库中该资料已存在，则不需要重新录制，而只需用"调入音频"直接调入即可。这样一来，形成一个制作小组，大家有各自的分工，各自完成后汇总到一起，这就给我们编辑制作工作效率的提高带来了很大的帮助。

4. 技术指标的提高

我们所使用的音频工作站大多采用采样频率为 44.1KHz，16bit/96KHz，24Bit 量化，现在已经达到 192KHz，48Bit 量化，且大都具有平坦的频响特性和很好的失真度、信噪比。由于是经过无损数字化操作，在多次复制中原始信号无任何损失。可以说，音频工作站的技术性能指标明显优于传统的模拟录音设备。随着科学技术的不断发展，软件将不断完善，音频工作站的功能会不断加强，音频质量会日臻完美，性能将更加稳定。

大力发展社科网在线论文期刊平台的设想

· 马小莉 ·

传统的学术期刊出版模式在服务科研人员、服务学术交流和科学研究等方面遭遇瓶颈，计算机技术与互联网的飞速发展为实现科研成果网络发布开辟了途径，研究成果得以低成本在全球快速传播。有人预测五年内全世界科技领域的重要期刊将全部发行网络版，电子期刊将取代印刷版。

社科网作为中国人文社科信息门户网站，已经进行了一些学术论文期刊在线出版的有益尝试，进一步规划和建设在线论文期刊平台是立足社科网长期发展战略的重要举措，也是出版社进行学术在线出版的重要尝试。笔者拟从对现实和未来趋势的分析，立足社科网实践，深入探讨社科网在线论文期刊平台建设的思路。

一、目前学术期刊面临的问题

在目前的中国出版界和学术界，学术期刊的困境已经成了一个热门话题。

从科研成果创作者方面看，在学术期刊上发表论文是作者评定职称等必需的硬件条件，全国数以万计的科研人员和众多的大学生、研究生都在排队发论文，学术期刊资源版面有限，论文发表难，支付高额版面费已经成为"潜规则"。在版权保护方面，作者又处于弱势地位，一旦投稿发表，作品的数字化权碍于期刊社的强势被动转移给期刊社（一般期刊社会有一个声明："凡投本刊的稿件，如无特别说明则视为同意将其作品数字化并在网上发表"），即使作者想免费授权给别的媒体复制传播使用，也因涉及数字"版权问题"需要得到期刊社的许可，这对创作人的权益保护有失偏颇。

从作为作品传播人的期刊方面来看，出版发表周期长，论文发表周期平均为6个月，这种缓慢的资源更新速度严重制约了学术成果的时效性。每个期刊的版面有限，能容纳的信息量小，期刊发行量低又直接影响了传播范围。在期刊全文数据库发展起来以后，各期刊的传播范围随着数据库发行范围的增加而提高，而其中带来的问题是，学术期刊的销量进一步下滑，被淹没在数据海洋里，学术期刊之间的品牌差异变小，经济上没有保障，期刊可持续发展受到威胁。另外学术期刊在稿件使用上也面临论文质量同质化严重、缺乏高水平论文的问题，还缺少国际知名影响、因子较高的品牌学术期刊。

从使用者方面看，各期刊数据库在全国高校的营销推广使高校科研人员能够方便快速地获得资源，但对于游离在科研机构之外有兴趣进行学术研究和探索的读者来说，使用数据的成本高，纸质版本主要通过邮政系统订阅发行，在市场上基本看不到。但是学术期刊的使命一方面是反映时代精神，记录文明成果，为文明史册积累我们这个时代文化成果的"素材"，一方面是要为经济建设服务，要研究经济发展中的重大理论问题，为决策层充当"智囊团"和"思想库"。这要求期刊要在更广大的人民群众中传播，让人民群众更多地享受到社科研究的成果，并将这些理论研究成果转化为现实的生产力。如果对普通读者来说获取有难度，那么我们这么多年来取得的社科研究成果的社会效益会大打折扣。

二、学术期刊发展趋势

随着网络技术与互联网的飞速发展，实现科研成果网络共享在技术上已无障碍可言，期刊上网向网络期刊转化是大势所趋。以目前的情况看，网络上学术期刊的出版情况大致可以分为两种：

一种是以印刷版期刊为母本，将印刷版期刊的全部数据数字化后送至网上，从而实现期刊网络化的目的。这种出版方式完全再现了印刷版学术期刊的原貌，可以称之为学术期刊上网。学术期刊集成上网就形成了诸多的数据库，这些由技术商主导的数据库其实质是提供电子期刊的各种托管服务，工作重点是印刷期刊的全文电子化。这种数据库平台的服务水平高低不齐，对数据的处理深度和服务深度不一。国外比较著名的案例是斯坦福大学图书馆的分支机构 High Wire Press 的期刊平台，国内以知网、万方数据库、维普数据库为代表。

另一种期刊则由部分研究机构或个人直接创办，完全以计算机技术、通信技术和网络技术为依托，有固定网址，其编辑出版之初即以网络为载体。这一类学术期刊即是所谓网络学术期刊。网络学术期刊则实现了载体的革命，代表未来的发展方向，对以后的学术研究与交流将产生深远的影响。这种网络学术期刊平台的经营模式是从作者那里收集文章，并以开放存取（Open Access，简称 OA 模式）的方式提供研究成果，但有免费上传、下载或者收费上传（收取文章处理费）、免费下载两种形式。国外比较著名的案例是社会科学研究网（Social Science Research Network，简称 SSRN）、英国伦敦生物医学中心（BioMed Central，简称 BMC）、公共医学信息中心（PubMed Central，简称 PMC）。在国内已经建设得比较好的有奇迹文库、中国科技论文在线，这两个 OA 期刊收录的文章均以科技类论文为主，也收录了少量的社科类论文。

但是单纯的 OA 模式意味着版权的极度弱化，作者只拥有署名权、保护作品完整权等"道德权利"。使用者被允许复制、传播、演绎已经发表的研究成果。而现实中，并非任何研究人员、科研机构都能按照 OA 的模式放弃其版权，因为这可能使其投入科学创造的各种成本无法回收，所以商业化的出版模式作为版权制度的一种体现有其合理性，不会消失。在学术出版领域，OA 出版模式与商业化出版模式将呈现并存发展的格局。

三、社科网在线论文期刊的构想

1. 体系框架

基于以上问题和形势的分析以及社科网在线论文期刊方面的实践，笔者以为，社科网应该采取辅助期刊上网与网上期刊相结合的经营模式，以服务和促进学术交流与传播为宗旨来运营社科网的期刊论文平台。

社科网期刊论文平台的基本框架如下图所示：

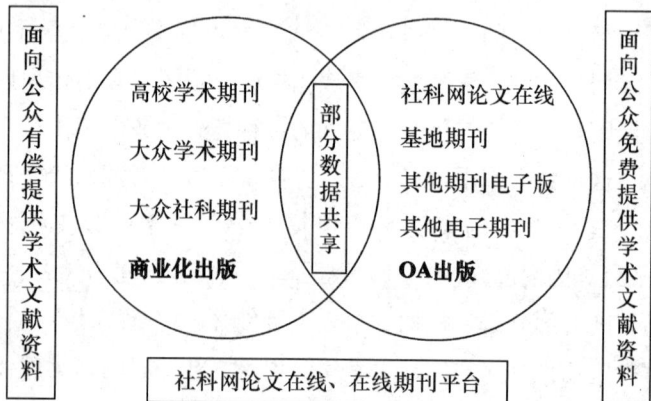

在以上所示框架下，OA 期刊和传统学术期刊电子化商业出版共同发展，部

分数据交叉共享，数据面向不同的用户群体，功能面向不同的媒体经营需求。两种模式优势互补，相互促进，兼顾学术传播各方参与者的利益。同时，这一模式还能满足社科网社会效益与经济效益双效并举、持续发展的客观需求。

商业化出版的期刊，是为期刊和用户提供有偿服务。主要包括高校学术期刊、大众学术期刊、大众社科期刊，这三种期刊的读者对象由专到广。高校学术期刊主要包括高校的各种专业期刊、学报等。大众学术期刊是指服务于大众、面向市场的学术期刊，承担着学术普及和思想启蒙的功能，更多地从社会文化角度来剖析新的学术理论，强调文本的可读性和大众化，如《读书》、《万象》等刊物。大众社科期刊是指非学术类社科期刊。

OA出版期刊是以免费提供给广大用户的形式呈现，主要以社科网论文在线和基地期刊为基础，发展吸收一些愿意做OA尝试的学会期刊、院系期刊，同时鼓励有志于开发和建设学术期刊的组织和个人按照科学规范的标准建立特色的电子期刊。

2. 必要性

从服务学术期刊上网方面来说，首先，这是学术期刊发展的需要。在我们和各学校科研处交流的过程中，他们都提到自己学校的学术期刊有将投稿、审稿、出版、发行等所有流程进行网络化管理的需求。

其次，学术期刊质量高，内容价值有保障，能提升整个期刊平台的内在价值。如果只是作OA期刊，在目前的评估体系下，OA期刊上发表的论文不能算正式成果，难以吸引到优质的学术成果，学术论文质量难以保障。如果有正式期刊的加入，在学术上能更有吸引力。

再次，部分数据成为OA数据，适应权利人多种版权授权需求，也利于学术期刊的推广。学术期刊选择免费试用、过刊免费、部分文章免费等措施，能提高期刊的普及率、引用率，促进学术交流与传播。

最后，学术期刊的商业化出版意味着学术期刊可以单独进行网络发行，而不是以现在的数据库形式整体打包出售。这样一方面可以不断扩大网络学术期刊的社会服务范围，另一方面也可以解决办刊的经费问题，有利于网络学术期刊长期的规范化发展。我们应为各期刊提供全流程的数字化平台服务，为创办网络学术期刊提供便利。可以设想，如果创办网络学术期刊成为一项无利可图甚至只是赔本的公益活动，那么对目前办刊经费本不丰裕的各学术期刊编辑部来说将是毫无吸引力的。

另一种OA模式则代表了国际学术发展的方向，已经越来越受到学术界的欢迎和关注，而且社科网已经进行了初步的尝试，我们要进行学术服务，必定要进入到这一领域。

3. 可行性

商业化学术期刊出版主要为学术期刊上网进行全程托管服务，既能避免各个期刊单打独斗，实现资源整合，又能保留各个期刊的品牌优势。早在 2002 年 9 月，现任教育部部长袁贵仁就提出：倡导高校学报走整合之路，创办代表我国高校哲学社会科学学术水平的专业性学报；鼓励若干高校社科学报进行合作或联合，走联合之路，把刊物做大做强。在这一意见指引下，社科网有望得到教育部的相关支持。

就 OA 模式来说，研究人员发表成果的目的大多不是为了经济报酬（特别是在我国"收取版面费"的制度下，根本没有经济利益可言），而是希望在尽可能大的范围内传播研究成果，取得同行的认可和提高自己的学术地位。在 OA 模式下，学术成果能够以最低的成本、最快的速度在全球传播。

另外，学术研究成果的社会公益性决定了"开放存取"将会成为可能。目前，国际学术界普遍认为，政府每年要投入数以亿计的科研经费，其成果应该完全对公众和所有研究者开放。OA 平台有利于促进学术交流和学术成果转化，尤其是公共财政和一些基金资助的公益性项目成果转化，服务于人民群众和社会经济建设。

在此，社科网已在在线论文期刊方面进行了初步的探索并有了一定的基础，目前在线电子期刊 61 种，共 588 期，学术论文近 5 000 篇，全部以 OA 模式免费提供给注册用户使用。其中经济管理类期刊 21 种，哲学类期刊 4 种，语言文学类期刊 11 种，社会学类期刊 12 种，其他各类期刊 13 种。

这些期刊和文章在社会上已经开始受到关注。可以设想，在设立清晰的运营模式之后，再适度地进行营销，通过主题征文、有奖征文等活动，逐步提高社科网在线期刊论文的知名度和影响力，就能达到建设规划目标。

四、论文期刊平台建设要做的几项重要工作

1. 完善在线论文期刊平台

如前所述，论文期刊平台的建设是筑巢引凤的工程。我们正在建设中的在线论文和在线期刊要达到规范化的管理和质量要求，也需要在流程和平台上进行改

造。同时将改造的成果进行推广，吸引部分意识先进的期刊社来使用我们的期刊管理系统。解决单个期刊社经费少、技术支撑薄弱的问题，以我们的力量帮助千家期刊社编印发上网。

2. 争取政策支持

同属教育部管理的科技论文在线经过 6 年多的运作，现在已经有两个期刊号，教育部对于 OA 模式和建立新的评价体系的探索比较支持，所以社科网需要争取社科司和新闻出版总署的政策支持，获得刊号资源。刊号资源是在现有评估体系下确保 OA 期刊能吸引到优质稿源的一个硬件，有利于提高论文在线的吸引力和号召力。

在得不到刊号或暂时未批期刊号的情况下，应争取社科司的政策支持，对在线论文中发表的文章，通过同行评议评级达到三星的论文等同于一般期刊发表的成果，被评为五星的论文等同于核心期刊发表的成果。

3. 市场营销

在高校期刊及其他期刊中进行市场营销，推广投稿审稿系统平台，并为各期刊提供网站建设服务、电子期刊建设服务、电子期刊及文章的售卖服务，帮助学术期刊经营，帮助电子期刊发挥集群优势。据统计，每年高校学术期刊的排版印制费用就达 2 亿～3 亿元，对学术期刊来说，节约下来的资金就变成了收益。

4. 建立电子期刊建设标准

建立与纸质期刊相类似的电子期刊建设标准，确保部分电子期刊达到与纸质期刊相同的质量水平，并探索出一条此类高水平电子期刊被认可为正式成果的道路，这是社科网在线论文期刊自主创新的重点内容。

简析市场调研和需求预测在选题策划工作中的作用

——以高职高专模具设计与制造专业系列教材的选题为例

·龙明明·

市场调研和需求预测作为选题策划的工作内容之一，对选题策划的成功与否往往起着决定性作用，需要编辑在选题策划的前期花大量的时间和精力进行谋划。

一、市场调研和需求预测有助于找准选题切入点

在开发高职高专模具设计与制造专业系列教材的选题前，我们对这一专业对口的行业前景做了充分的市场调研。目前，电子、汽车、电机、仪器、仪表、家电、通信和军工等产品中，60%～80%的零部件都要依靠模具成型。用模具成型的制件所表现出来的高精度、高复杂性、高一致性、高生产率和低消耗，是其他加工制造方法所无法比拟的。模具在很大程度上决定着产品的质量、效益和开发能力。可见，模具标准件的应用将日渐广泛，模具标准化及模具标准件的应用会极大地影响模具制造周期。使用模具标准件不但能缩短模具制造周期，而且能提高模具质量和降低模具制造成本。

据国家统计局发布的人才需求信息，2008 年 1—11 月中国的高级模具设计与制造人才的需求量呈较高的增长态势。仅深圳的机械制造企业就有近 1 000 家，塑胶和五金模具生产占了 650 家之多；同时，与模具设计与制造专业密切相关的电器机械、电工器材制造、计算机、仪器仪表、计量器具等制造企业也有 600 多家。从目前情况来看，这些企业都有良好的发展势头。浙江、福建、上海等地的模具设计与制造也呈突飞猛进之势，均向高起点、高标准、大规模的方向发展，基本抛弃普通机床，普遍使用 CAD/CAM 技术（即计算机辅助设计和制造机械

产品，也就是把计算机作为主要技术手段，处理各种数字信息与图形信息，辅助完成机械产品设计和制造中的各项活动），而且有的企业在技术上达到了国际先进水平，如先科机电、南方模具厂、中康玻璃等。由于市场竞争激烈，这些企业不得不引进高新技术，从而带来对专业人才的大量需求。据统计，深圳市 2 000 多家相关企事业单位中，每年都要吸纳数以千计的技术人员，尤其是既能利用计算机进行模具等机械产品的设计，又能应用数控技术生产机械产品的人才，最受用人单位的欢迎。

以上经调研得到的信息使我们了解到模具设计与制造行业的前景十分广阔，所需人才缺口很大，可以预测高职院校将针对人才缺口进行大规模的人才培养，我们介入模具设计与制造专业的教材建设是有市场作为支撑的。

二、市场调研和需求预测有助于把握选题的市场容量

在确定选题前，我们还需了解高职院校在模具设计与制造方面的专业设置，以把握能够涵养选题的市场容量。通过市场调研我们了解到，全国高职院校中，有四分之一的学校开设了此专业，招生规模每年近 20 万人，并且呈增长趋势。以湖南省为例，60 多所高职院校中有 20 多所开设了模具设计与制造专业，每年培养模具设计人才 5 000 人左右，虽然社会上开设的模具设计培训班较多，但中高级模具设计人才仍远远不能满足社会的需求。从就业方面的调研结果来看，模具设计与制造专业的毕业生就业范围广，主要去向有：（1）模具设计与制造企业、机械加工企业（约占 65%）；（2）塑胶行业（约占 20%）；（3）各种电子产品及其他制造行业（约占 10%）；（4）其他（约占 5%）。该专业学生毕业后可以从事以下岗位工作：（1）产品设计与开发、模具设计工作；（2）机床设备技术改造工作；（3）数控机床及其他计算机控制设备的操作、维护及检修工作；（4）车间班组及其他基层部门的管理工作。毕业生的就业前景良好，对高职院校持续开设这一专业，甚至扩大这一专业的培养规模，是一大动力。据调查结果我们预测，今后几年高职院校对模具设计与制造专业的招生将会持续扩大。

通过调研我们还得知，模具设计与制造专业的专业课程设置分锻压模具方向和冷冲压与塑料模具方向，这两个方向均开设机械制图、机械基础、数控机床及编程、模具制造工艺学、锻压成型工艺与模具设计等专业基础课程。我们在策划高职高专模具设计与制造专业教材时应优先开发这些课程的教材，以确保教材的

市场空间。

三、市场调研和需求预测有助于确定选题的特色

我社在进入高职高专教材市场后，为打造教材精品不遗余力，在依托教育部高等职业教育专家指导的基础上，还组织全国多所高职院校的院系领导及骨干教师召开了多次教材建设研讨会。在与一线教师的沟通中我们了解到，目前所使用的大部分教材，由于受传统教材编写观的影响，仍局限于对理论知识的整理，缺乏对操作性内容的深度开发，而高职教育的特点决定了高职教材的内容除了理论知识外，还应包括工艺流程、技术标准、操作规范、安全须知、实习指导等，并且在教材的呈现形式上也应是"立体"的。此外，"双证制"是高职教育的特色所在，它的实施要求学生不仅要获得学历证书，而且要取得相应的专业技术技能等级证书。但目前高职教材的编写与劳动部门颁发的职业资格证书或技能鉴定标准缺乏有效衔接。

面对以上需求，根据高职高专应用型人才的培养目标，我们在规划本套选题时强调既具有高等教育的知识内涵，又具有职业教育的职业能力内涵，力求策划的教材能够体现以下特色：

（1）以综合素质为基础，以能力为本位。本套教材将把提高学生的能力放在突出的位置，在符合教育部对本专业的教学基本要求和人才培养目标的基础上，注重创新能力和综合素质的培养。

（2）以社会需求为基本依据，以就业为导向。本套教材将以企业的工作需求为依据，探索和建立根据企业用人"订单"进行教育与培训的机制，明确职业岗位对核心能力和一般专业能力的要求，重点培养学生的技术运用能力和岗位工作能力。

（3）反映模具设计与制造领域的新知识、新技术、新工艺、新方法。本套教材将克服以往专业教材中存在的内容陈旧、更新缓慢的弊端，选择目前最新的操作系统为典型实例，采用最新的国家标准及相关技术标准。

（4）贯彻学历教育与职业资格证、技能证考试相结合的精神。本套教材将把职业资格证、技能证考证的知识点与教材内容相结合，将实践教学体系与国家职业技能鉴定标准实行对接，使学生在校学习的同时也能较容易地获得职业资格证书。

（5）实现教材体系立体化。为了方便教师教学和学生学习，本套教材将提供电子课件、电子教案、教学指导、题库、案例素材等教学资源，并将配备相应的教学支持服务平台。

综上所述，市场调研和需求预测为我们策划高职高专模具设计与制造专业系列教材的选题提供了基础和方向，它还在分析市场同类教材情况、明确教材定位与编写思路、选择编写队伍等方面发挥了作用，在此不一一列举。

工商分社读者数据库的
建立、维护及意义

·钟 馨·

读者数据库是以读者信息为元数据的数据库管理系统，对于以教材为主要产品的工商分社来说，建立详细、准确的读者数据库，就能深入到信息的微观程度，加强读者区分的统计技术，计算每位读者的盈利率，培养本部门极具潜力的消费者，进而扩大产品的市场份额。

一、工商分社读者数据库的建立

高校教师是读者数据库建设的重点。我们希望可以不完全依赖于传统发行渠道收集客户信息，并维护这些终端客户的忠诚度。目前利用传统的发行渠道，只能掌握学校名称、数量等简单数据。以终端客户为目标进行的数据库建设，不是传统发行渠道的模糊数据建设，而是精确的消费者数据建设。

1. 工商分社的读者对象

（1）高校一线教师及培训讲师（约占 80%）。

（2）学习者（高校学生、普通读者）。

（3）工商分社产品经销商及驻外营销人员。基于此类人员的特殊意义，也被视为分社读者对象。

2. 工商分社读者数据库建立的渠道

（1）分社网站注册会员（约占 70%）。

（2）教研网会员（约占 25%）。

（3）我社网上书店会员（约占 5%）。

（4）工商分社参与市场活动及行业会议发展的会员（占新增会员的 50%）。

（5）绝大部分作者也同时是读者。因此，策划编辑在做选题的同时，也可对作者信息的有效数据进行采集，将其纳入到读者数据库，方便后续的管理。

3. 读者会员的特点

（1）学科方向均为工商管理或财会，与分社产品吻合度较高。

（2）80％已用过我社教材。

（3）约 60％持续 2 年以上使用我社教材。

（4）个人的真实姓名及联系方式均记录于分社网站后台数据库。

4. 工商分社读者数据库的主要信息

（1）真实姓名及注册用户名。

（2）详细的联系方式。

（3）教学信息（课程、使用教材、教学层次、科研方向、学时、学生人数等）。

（4）参与我社营销活动信息（参与培训、讲座、赠样书活动，与我社直接联系人姓名及联络简要信息等）。

（5）选题信息（曾经的出版信息及近期出版教材计划）。

5. 建立读者数据库遇到的难点

（1）依赖教学资源下载发展会员虽有效，但无法在短时间内积累较大数量的会员。

（2）通过市场活动获取的会员资料录入工作量较大，目前数据口后台缺少手动录入功能，因此无法通过手动录入整合到分社会员的数据库系统中。

（3）数据库后台管理没有整合选题信息及销售信息。

（4）我社后台管理在技术上不能实现自动分学科、分资源等组合检索功能，只能通过网站技术人员单独处理。

（5）无法对营销活动或赠样书记录实现网络平台的管理。

（6）缺少数据分析统计功能，如通过《管理学》的教学层次和近几年的销量来制定修订方案或衍生产品开发方案，这种工作较为缺乏。

（7）缺少读者反馈系统。

6. 设想

基于我社目前网络基础的读者数据库模式如图 1 所示。

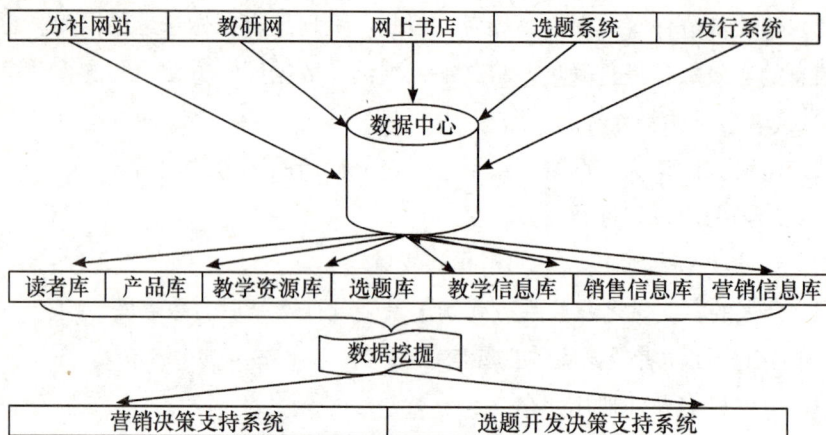

图1　读者数据库模式

二、工商分社读者数据库的维护

基于营销的工商分社读者信息挖掘的程式如图2所示。

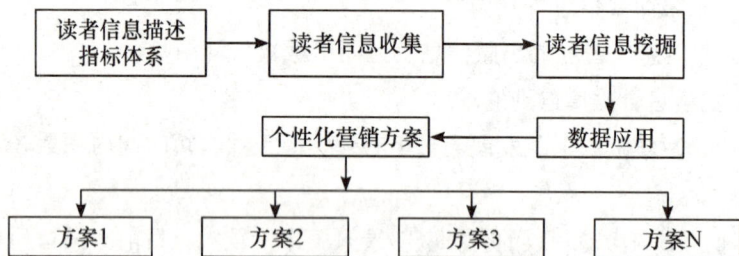

图2　读者信息资源挖掘的程式

通过读者信息挖掘，构建读者数据库，可获取读者需求及潜在需求。目前我们为读者主要提供以下服务：

（1）教学资源下载权限开通。

（2）根据教师填写的教学信息，邮寄图书目录。

（3）根据教师教学信息，发市场活动的邀请函。

（4）根据教师教学信息，做新书寄送的营销工作。

（5）每当有相关学科的新书及新教学资源发布时，均会通知对应的教师。

（6）有合适的选题时，联系对应学科的教师。

我们将从以上服务中获得：

（1）不断增加的会员数量。

（2）教师教学信息及联系方式。

（3）有针对性地发布新产品信息，开展营销活动。

（4）发布新活动信息并邀请对应学科教师参与。

（5）结合我社发行系统统计使用教材品种、销量、地区销售情况，为营销活动决策提供科学依据。

（6）通过数据分析可以获取目标读者群的产品选择习惯与消费动态，及时调整选题方向。

（7）利用网络平台第一时间征集选题。

（8）获得与读者持续联系的信息：每次与读者沟通时均可调出前几次联络记录，方便与读者持续沟通，赢得读者信任。如此前这位教师曾经向我们索取过样书，那么我们可以在约见或电话联系的时候询问他对样书的意见，是否选用，教辅是否已经获得等。通过让教师享受个性化的服务，维护客户忠诚度。

三、建立工商分社读者数据库的意义

1. 通过数据库精确锁定目标读者，改进现有产品，寻找开发衍生产品的商机

通过对读者数据库的日常维护保证分社掌握稳定的读者群，促使读者成为长期、忠诚的用户。在此基础上，通过分析研究目标读者群的教材选择习惯与选择动态，按照读者需求形态来设计与制造产品，开展有针对性的一对一服务，并根据读者意见不断加以改进，从而使分社提供的产品与服务更能符合读者要求，进而增加目标读者的满意感，进一步强化读者对产品的忠诚度。

同时，数据库精确锁定目标读者，也将为开发衍生产品提供准确信息。例如针对"管理学"课程可开发案例教材，针对"会计"课程开发试题库及教学资源库。

2. 精准营销，降低市场费用

结合我社发行系统，通过对应用教材的数量及区域销量的分析，可以量化考评出哪一类别甚至某本教材在某区域销量的上升及下降，深入挖掘原因，采取相应的营销手段，保证区域销量或弥补换版教材的缺口。与大规模全国性的推广活动相比，既有学科针对性，保证直接读者享受对应服务，又可大大降低营销成本。

3. 精细分类数据库将成为新的利润增长点

从提供解决咨询方案的角度看，我们还可以对读者数据进行深加工，针对高

校特定院系的特定需求进行商业性的信息服务。进一步说，如果统一对高校的教师会员进行研究，可以根据其教学层次、开课信息来为院系提供全部核心课、专业课对应教材推荐、对应教学资源打包提供的整体解决方案，形成出版社专业化的整合信息服务能力。这对我社新产品的营销以及未来电子出版物的营销都有非常重要的意义。

　　毋庸置疑，数据库建设、网络平台的建设、3G 移动平台的建设将成为传统媒体数字化的发展趋势，未来的出版物及出版物管理也必然依托于此。当教材市场向分众营销转型时，产品和市场即被重新细分与定义，通过读者数据库管理客户关系，为零售终端的客户提供个性化服务，将会最大限度地维护客户忠诚度，同时也是降低分社管理成本、市场营销成本，提高营销效率的有力手段。

一种计算机考试系统中试卷分析
方法及装置设计

· 潘旭燕 ·

一、背景技术

随着计算机应用技术和网络技术的不断发展，计算机考试系统已经成为广为使用的一种考试系统，并逐渐取代传统的考试模式。计算机考试系统具有随机组卷、考试时间控制规范、系统自动评分、有效防止舞弊的优点，由此使得考务工作自动化，也保证了出卷、考试和考生管理各阶段的正常和有序，使考试更趋于客观、合理和公正。

与传统考试模式一样，在计算机考试系统的应用中，对于测试者所完成的试卷进行分析也是在考试完成后所需要进行的，由此来获取测试者在考试过程中的整体答题情况以及对知识点的掌控情况。但是现有技术中对于试卷分析通常只包括：本次考试中整份试卷各个分数段的测试者人数、相对频率、最高分、最低分、平均分以及及格率。可见，该试卷分析仅仅使考核方获取了对一次考试中测试者分数分布情况的概况，而对于试卷的试题合理性分布以及试题难度的选定并没有给出任何有指导意义的或者提示性的建议。

二、分析方法

我们要解决的技术问题是提供一种计算机考试系统中试卷分析的方法及装置，使得试卷分析过程中考核者可以直观地了解测试者对试题的解答情况。

为解决上述技术问题，我们考虑使用一种计算机考试系统中试卷分析的方法，包括以下步骤：

（1）采集待分析试卷中选定试题的测试分值。

（2）根据所采集的判分分值及待分析试卷的数量，确定各个试题的预设判分分值统计区间内测试分值比例值。包括：

1）按照预先设定的各个试题的判分分值统计区间，确定在待判分试卷中各个判分分值统计区间内的试卷数量；

2）确定各个判分分值区间内试卷数量在待分析试卷总数量中的比例值，并以该比例值作为测试分值比例值。

（3）显示各个试题的预设判分分值统计区间内测试分值比例值。

（4）当测试分值比例值与对应判分分值统计区间的预定分值比例值之间的差值结果大于预定比例差值范围时，显示该试题信息。

三、装置设计

在具体设计开发计算机考试系统中试卷分析的装置时，该装置应包括：

（1）设置模块，用于设置和存储每道试题的预设判分分值统计区间值。

（2）采集模块，用于采集待分析试卷中选定试题的测试分值，并确定所采集试卷的数量。

（3）处理模块，用于根据所采集的判分分值及待分析试卷的数量，确定各个试题的预设判分分值统计区间内测试分值比例值。该处理模块包括：

1）计数单元，用于根据所采集的判分分值，确定在待判分试卷中各个判分分值统计区间内的试卷数量；

2）计算单元，用于计算各个判分分值区间内试卷数量在待分析试卷总数量中的测试分值比例值。

（4）显示模块，用于显示各个试题的预设判分分值统计区间内测试分值比例值。

（5）比较模块，用于计算测试分值比例值与对应判分分值统计区间的预定分值比例值之间的差值，当所述的差值范围不在所述预定分值比例值的预定比例差值范围内时，指示显示模块对该测试分值比例值所对应的试题信息进行显示；此时，所述设置模块，还用于存储所述预定分值比例值的预定比例差值范围值。

（6）外部选定模块，用于接收外部输入的试卷信息，并根据该试卷信息确定符合条件的待分析试卷；和/或，用于接收外部输入的试题信息，并根据该试题信息确定符合条件的待分析试题。

四、所具优点

与现有技术相比，我们这里所提出的方法和装置具有如下显著优点：

（1）在试卷分析过程中，采集的是每个试题的判分分值，及每个试题预定判分分值统计区间内的测试分值比例值，由此便于直观地了解测试者对试题的解答情况。

（2）在试卷分析过程中，每个试题的测试分值比例值均与预定分值比例值进行比较，且显示比较结果，由此能够直观地获知出题的目的与实际测试结果的吻合度。

（3）在试卷分析过程中，在测试分值比例值与对应判分分值统计区间的预定分值比例值之间的差值结果超出预定比例差值范围时，显示该试题信息，由此不仅可以直观表明考核者出题时预定的难度系数与测试者所认为的难度系数不同，进而可以为考核者在组题时试题难度系数的设定提供参考，使得考核者在下次出题时对该试题的难度系数进行调整，而且还可以提示考核者对于标准答案进行再次核查。

五、具体实施

以下结合图 1、图 2 和具体实例对本分析方法及装置作进一步的详细介绍。

在一次计算机考试完成后，根据各份试卷中已经解答的试题解答信息进行试卷分析，包括以下步骤：

步骤 101：采集并记录每份试卷中各个试题的判分分值；所述的判分分值为判阅试卷时，对于试题解答的实际判分。

步骤 102：按照预先设定的各个试题的判分分值统计区间，确定在所统计的试卷中各个区间内的测试者数量，对于该步骤的具体实现过程可以下例进行说明：

某次考试过程中试题 X 的满分值为：10，预先设定该试题 X 的判分分值统计区间为：0～5，6～8 以及 9～10，分别确定在上述三个判分分值统计区间内的测试者数量。

步骤 103：根据各个判分分值统计区间内测试者的数量确定各个判分分值

统计区间内测试者数量在总测试者数量中的比例值，该值即为测试分值比例值。

步骤 104：将确定出的各个判分分值统计区间内的测试分值比例值与该区间内预定的分值比例值进行比较，并显示比较的结果；该结果可以直观地提供给考核者每道试题的考核效果，为后续考试的试题调整及组题难度提供直接的参考。

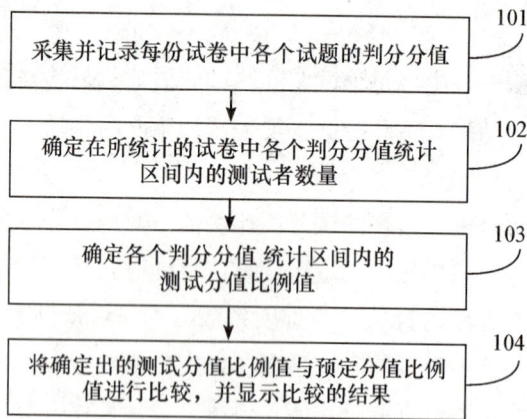

图1　计算机考试系统中试卷分析方法流程图

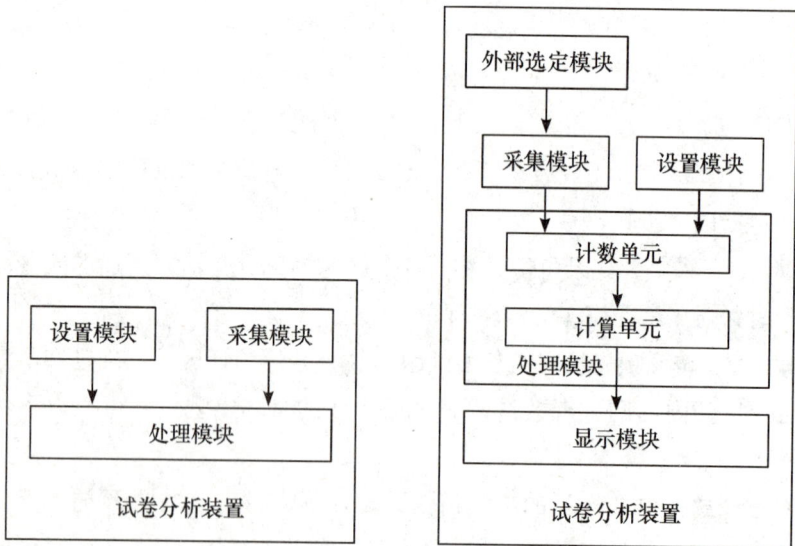

图2　两种计算机考试系统中试卷分析装置的原理框图

对于本实例上述步骤的具体实现过程及作用以下述实例进一步地说详细说明：

某次考试中包括试题 X、Y、Z，各个试题预先设定的满分值、判分分值统计区间以及各个区间的预定分值比例值以表 1 中的内容所示，其中根据考核者的出题意图，试题 X、Y、Z 分别为难度系数低、中和高。

表 1   预定分值比例值分布

试题	满分值	判分分值统计区间	分值比例值（％）
X	10	0～5	5
		6～8	15
		9～10	80
Y	10	0～5	10
		6～8	80
		9～10	10
Z	10	0～5	80
		6～8	15
		9～10	5
...	...	...	...

而对于进行试卷分析的试卷中所有测试者测试分值比例值的分布如表 2 所示。

通过表 2 中的测试分值比例值与表 1 中对应试题对应区间的预定分值比例值之间的比较，可以看出：

（1）对于试题 X，其测试分值比例值与对应的预定分值比例值完全相同，这表明该试题 X 的设定达到了考核目的。

（2）对于试题 Y，其测试分值比例值与对应的预定分值比例值不完全相同，但是两个比例值之间的差值在预定的比例差值范围内（假定本实例中预先设定区间的比例差值范围为±5％），这表明该试题 Y 的设定也基本达到了考核目的。

（3）对于试题 Z，其测试分值比例值与对应的预定分值比例值在各个判分分值统计区间相差均很大，这表明该试题 Z 的考核未达到考核者的设定目的，此时，可以以加粗、高亮、加大字号等特殊方式显示试题 Z 的分析结果。因为从上述表 1 和表 2 的数据对比中可以看出，试题 Z 对于测试者而言，并非属于难度系数为高的试题，考核者在下次组题时可以对该题的难度系数进行相应调整。

表 2 测试分值比例值的分布

试题	满分值	判分分值统计区间	测试分值比例值（%）
X	10	0～5	5
		6～8	15
		9～10	80
Y	10	0～5	12
		6～8	81
		9～10	7
Z	10	0～5	30
		6～8	55
		9～10	15
...	...	...	...

此外，在上述的步骤 104 中，如果所显示的比较结果中，对于预先设置的某道难度系数为低的试题，其测试分值比例值远低于预定分值比例值，这时，不仅存在难度系数对于测试者而言可能与预期不同的情况，也有可能存在判卷用的标准答案存在问题的情况，以此指示考核者对于标准答案进行再次核查。

在另一个进一步的实例中，在上述步骤 101 之前，可以对需要进行分析的试卷进行样本选择，而非对所有的试卷进行分析，例如：对某一个班级的试卷样本进行分析，对某一个测试时间的试卷样本进行分析等等；该步骤的实现过程可以是通过接收外部输入的试卷信息来确定，所述的试卷信息可以为：测试时间，测试号，批量试卷数等，由此，可以对具有特定需求的样本进行选择。

此外，除了对试卷样本进行选择外，也可以是对选定试卷的试题样本按要求进行选定，而非对所有试题的答卷情况进行分析，例如：对一份试卷中的题号为 5～10 的试题进行分析。该步骤的实现过程可以是通过接受外部输入的题号信息来确定。由此，可以在进行试卷分析时仅仅对选定试题样本进行分析，由此直接获得需要获知的试题分析结论。

我们在本文中仅描述了一种优选实施方式，在不脱离其基本原理的前提下，还可以作出若干改进和润饰。

强化素质 与时俱进
为他人做好"嫁衣裳"
——对"学习型编辑"的几点思考

·郭晓明 余 盛·

编辑，顾名思义，是指用物质文明设施和手段，组织、采录、收集、整理、纂修、审定各类精神产品，使之传播、展示于社会公众的工作和从事这项工作的人员。在现代社会，随着科技的发展和社会的进步，编辑工作的内涵和外延不断扩大。编辑的素质决定着编辑工作的优劣，直接影响着出版物的质量和水平。作为新时期的现代编辑，直接肩负着传递、交流知识信息，促进学术繁荣，开展文化、科技、教育和宣传的社会责任。

党和政府向来十分关心和重视编辑出版工作。《中共中央、国务院关于加强出版工作的决定》指出："编辑工作是整个出版工作的中心环节，是政治性、思想性、科学性、专业性很强的工作，又是艰苦、细致的创造性劳动。编辑人员的政治思想水平、知识水平和业务能力的高低，直接影响着出版物的质量。"中央明确要求各新闻出版单位要"着力提高出版物质量，多出好作品，不出坏作品"。这是在社会主义市场经济新形势下，党和政府对出版工作者，也是对每一名编辑提出的明确要求。为了适应这一新要求，跟上时代发展的步伐，编辑们必须不断学习，不断成长，不断提高自身的各方面素质。

近年来，我国的编辑队伍有了很大的发展，编辑人员的素质也不断提高，大批优秀出版物的问世离不开广大编辑们的辛勤劳动。但是，我们也应该清醒地认识到，目前不少图书的编校质量令人担忧，少数图书粗制滥造，尤其是社会上存在的浮躁心态和精神文化快餐化现象，导致大量质量低劣的出版物堂而皇之地出现在书店的大雅之堂，影响了出版市场的健康发展，甚至对读者产生了一定的误导作用。这一方面是由于少数出版单位急功近利，为追求利益而在一定程度上忽视了出版物的质量；另一方面也说明，出版物的质量与编辑的素质密切相关。由此可见，编辑素质的培养和提高是一个迫切的值得探讨的课题。编辑人员只有不断强化自身的素质，提高各方面的素养，才能编辑出版高质量的图书。

新的时代和编辑特定的职业角色，对编辑们提出了一项重要而紧迫的任务，即充分认识新的历史条件下编辑工作的新特点、新内涵，要主动学习、善于学习、终身学习，实现角色的迅速转变和自身素质的全面提升。这就要求新时代的编辑们强化素质、与时俱进、顺时应变，树立正确的学习观念，采用先进的学习手段，将学习内化为自身的本质要求，成长为学习型的编辑，为他人做好"嫁衣裳"。

一、什么是学习型编辑？

什么是学习型编辑？学习型编辑需要具备哪些素质？笔者认为，学习型编辑是指在具备较高的马克思主义理论素养和编辑工作能力的基础上，能够与时俱进，不断提高政治觉悟和业务能力，善于学习与编辑工作相关的新知识，具备精品意识、创新意识和服务意识的编辑。从总体上讲，学习型编辑应具备的素质包括：具有坚定正确的政治方向和优秀的政治思想品质，讲政治、讲学习、讲团结；热爱编辑工作，兢兢业业，一丝不苟，无私奉献；具有渊博的知识，较高的学术造诣，一专多能；具有全面的编辑业务能力，能够熟练运用现代编辑手段与技术，熟悉出版发行业务。

具体来说，在新的时代和新的历史条件下，一名学习型编辑至少应具备以下素质：

第一，要有党性意识、大局意识、阵地意识，以及敏锐的政治鉴别力。编辑工作者的政治素质是最重要的素质，即编辑人员要讲政治，这是前提和根本。2002 年开始实施的《出版管理条例》规定：出版事业必须坚持为人民服务、为社会主义服务。由此可见，我国的出版事业是在中国共产党领导下的人民的事业，是以马列主义、毛泽东思想、邓小平理论、"三个代表"重要思想和科学发展观为指导的事业，出版物必须坚持正确的政治方向。因此，编辑必须牢牢把握社会主义出版方向，坚持历史唯物主义和实事求是的原则，坚持正确的民族和宗教政策，坚持先进文化的前进方向，弘扬主旋律；必须严格把握书稿的政治基调和理论导向，优先出版那些贴近社会主义建设与发展的实际，反映中国特色社会主义建设事业的研究成果；必须坚决抵制那些以学术研究为名、充斥错误思想和政治观点的书稿，尤其是对那些涉及民族、宗教问题和港澳台问题的书稿，要严把政治关，避免造成不良的社会影响和政治影响；必须善于运用科学的思维方式，对文化领域不断涌现的形形色色、是是非非的新问题，能够给予正确的分析、判断、甄别、筛选和整理。

中国人民大学出版社作为党和国家出版事业的一个组成部分，是全国高校文科教材出版中心，是中国高校教材、学术著作出版最重要的基地之一，除具有一般出版社的共性外，还具有政治导向性、政策敏感性、学术人文性和学科综合性等特点。这就要求人大社的编辑必须具有敏锐的政治鉴别能力，要善于区分真善美和假恶丑，这样才不至于迷失方向；必须具有高度的政策把握能力，尤其在对待一些敏感问题上，要善于把握"度"，帮忙而不添乱，努力维护社会稳定。在编辑工作中，要牢牢把好思想政治关，生产出符合党的出版方针、符合时代特征、符合中国特色社会主义理论体系的作品。

第二，具备良好的职业道德和较强的学习能力。职业道德应包括以下几点：一要热爱编辑工作，忠于职守，爱岗敬业，甘为他人做嫁衣；二要坚持质量第一原则，一丝不苟，精益求精，认真编稿；三要团结协作，正确处理与作者、读者和其他编辑之间的关系。

第三，要具有渊博的知识、较高的学术素养以及合理的知识结构。学习型编辑不仅要对某一专业、学科较为熟悉，而且应具有较为广博的知识，同时还要善于学习和更新知识，这样才能迅速、准确地判断出书稿的科学性、创造性、实用性、新颖性，才能编辑出高水平的出版物来。具体而言，一是要具备一定水平的外语、古汉语、工具书使用及计算机和网络应用等方面的知识；二是要掌握文、史、哲、经、管、教等多学科的基本常识；三是要了解时事，及时地、正确地领会党和政府的方针、政策；四是必须具备图书编辑出版知识。

此外，学习型编辑还必须具备较高的学术素养，对人类文明的新知识、新成果、新发现持有虚心的态度和浓厚的兴趣，对本专业及相关学科的最新动态、学术成果能够及时知晓和深化，愿意不断地学习新的知识，了解新的动向，将学习贯穿在自己的工作过程之中。

二、如何成长为一名学习型编辑？

如何成为一名学习型编辑？或者说怎样做才能符合学习型编辑的要求？对此，笔者认为，应着手从以下几个方面努力：

首先，努力提高思想政治素质和政治理论水平。

《中共中央、国务院关于加强出版工作的决定》指出："我国的出版事业，与资本主义国家的出版事业根本不同，是党领导的社会主义事业的一个组成部分，必须坚持为人民服务、为社会主义服务的根本方针，宣传马克思列宁主义、毛泽东思想，传播一切有益于经济和社会发展的科学技术和文化知识，丰富人民的精神文化生活。"我们的任何出版物，政治上不能出一丁点儿问题。政治无小事，事事是大事。凡是政治问题都是大问题。因此，编辑务必增强政治意识。政治意识的强弱，是衡量一名编辑是否合格的首要标准，也是学习型编辑必须具备的最重要的素质。

为了增强政治意识，提高马克思主义理论水平，编辑必须深入学习中国特色社会主义理论体系，努力学习和掌握马克思主义立场观点方法，这样才能从根本上不断提高自己的思想理论水平和辨别是非的能力，增强把握书稿政治倾向和政治水平的能力；才能全面、准确地理解和贯彻党的基本理论、基本路线、基本纲领、基本经验和各项方针政策，坚定不移地继续解放思想、坚持改革开放、推动科学发展、促进社会和谐，为夺取全面建设小康社会新胜利而奋斗；也才能不断改进工作作风和工作方法，增强工作的原则性、系统性、预见性、创造性，克服和避免摇摆性、片面性、盲目性，把自己的工作做得更好。

其次，养成学习的习惯，提高学习的能力。

学习型编辑既要博学多识，又要精通专业知识，同时要不断更新和补充新知识，因此，必须不断学习，不断探索，不断提高，树立终身学习观念。要练好基本功，不断获取新信息；要广泛涉猎各主要学科知识，了解边缘学科知识及前沿动向，养成勤奋学习的习惯，培养学习兴趣。由于科技的迅猛发展，学科之间相互渗透，派生出许多边缘学科、交叉学科等，而这些学科往往是创新成果的多发地带。为此，编辑也要相应地拓宽自己的知识范围，更多地掌握本学科、相邻学科甚至跨学科的知识，将人文学科与自然科学知识兼收并蓄，使自身具有丰富的知识底蕴和良好的学术背景。此外，语言文字作为信息和知识的载体，是进行编辑工作最基本的手段和工具。编辑应多学语言文学知识，增强自己的文字功底，不仅要具有过硬的语言文字基本功，而且要有娴熟运用语言文字传递信息的能力。

在实际工作中，编辑工作者要培养自己不断学习、热爱学习的职业习惯，学习能力等于竞争力，应把善于学习看做是与自身修养、能力培养、学识提高等方面密切相关的性格特征之一，并能自觉将其内化到编辑工作的各个环节和整个过程中去，自觉参与学习型社会的创建。

最后，要树立精品意识、创新意识和服务意识。

一是精品意识。精品即精良之物品、上乘之佳作。精品图书应该是原创性极强的文化精品。编辑的精品意识，是指编辑在编辑工作中表现的以提高图书质量为中心的一种自觉的、积极的进取意向。编辑要立足本校的学科优势和地域优势，精心策划选题，树立图书的品牌个性，努力做到"人无我有，人有我优，人优我新，人新我精"。

二是创新意识。编辑的创新意识，首先体现在思想解放、思维活跃，善于发现新事物、新理论、新观点，能够迅速捕捉社会热点信息和学科发展趋势；其次体现在能够用新的信息引导作者对所研究课题的未来趋势及其规律进行科学的分析和预测；还体现在善于发现和发掘书稿中的创新点或闪光点，从而使其得到鲜明突出的展现。

三是服务意识。有人说，编辑工作是"为他人做嫁衣裳"。这种观点表面上似乎在赞扬编辑为作者的"默默"奉献，实质上抹杀了编辑工作的创造性，忽视了编辑的创造性劳动成果。编辑的劳动成果仅仅是"嫁衣"吗？当然不是。图书的出版既是作者的劳动成果，也是书稿编辑的劳动成果，只是对这同样的成果，他们拥有它的角度有所不同而已。编辑的劳动成果建立在作者劳动成果的基础上，而作者的劳动成果则依赖于编辑的劳动而得以最终形成。从这个意义上讲，编辑工作本身就具有为作者服务的性质，从编辑优化书稿角度为作者服务，是编辑工作的基本任务。因此，编辑要树立良好的服务意识，不能以"文责自负"为借口，只管书稿的形式，而不管文稿的内容。

综上所述，在建设学习型政党和创建学习型社会的背景下，我们应当充分认识学习对编辑出版事业的重要性。编辑只有重视学习、加强学习、勤奋学习，随时接受最新的教育，活到老、学到老，成长为学习型的编辑，才能掌握和运用最新的知识，不断提升竞争力、增强创造力，才能跟上时代的发展、应对时代的挑战，才能编辑出版高品位的一流出版物，更好地为党和人民的出版事业服务。

策划图书，策划人生

·丁 一·

佛教用语中常见"般若"一词，即"大智慧"，是指悟道、修证、超凡入圣的那般智慧。般若包含五种，即实相般若、境界般若、文字般若、方便般若、眷属般若[1]，乃佛教修道之人的追求。就图书策划而言，借用概念，不妨认为也有"策划般若"。诚然，无论以上哪种般若，都只有少许人最终修得其道。但即便如此，也无法阻挡一些人毕生朝着这一目标努力。

记得电影《锦衣卫》的最后一句台词是"有希望是幸福的"，此话对我颇有触动。生命之开始和结束世人无异，妙在其过程，生命中一直伴随着希望和追求，会让人倍感人生之意义。对于我们所从事的图书策划工作，何尝不也是如此。追求"策划般若"之境界，体会策划工作之价值，纵然一生修不到正果，亦不必太在意，追求目标之过程已然让人生变得绚丽多彩。

一、策划工作的"而立"和"不惑"

"而立"和"不惑"乃人生至关重要的两个阶段。从生理上说，这两个阶段是恒定的；而从思维、阅历上说，这两个阶段却因人而异。有人年龄上未到"不惑"之年，思维、阅历上却已达"不惑"之境界；有人则相反。当然，我绝对无意贬低那些想要简简单单过一生的人，那也是一种境界。但若你对自己的人生和事业有要求，就要认真管理好过程。

有老师在向学生解释何谓"知识"和"经验"时，形象地比喻道："知识"好比知道"开水会烫手"这一常识；"经验"好比"手伸入开水被烫"这一过程。许多事情必须经历后才能"不惑"。在开始图书策划工作之前，我们会通过员工课堂、培训讲座等获得很多"知识"，随后进入工作的"而立"阶段，我们将在独立策划图书的过程中不断验证"知识"，并逐步形成自己更为深刻的认识。达到"不惑"的境界可能需要许多年甚至十几年的历练。

在策划工作的"而立"之年，不应害怕"被开水烫"，只要不冒太大的风险，我们都要大胆去尝试和体验。跌倒或走了弯路并不可怕，可怕的是连迈出脚步的勇气都没有。记得我接手第一个策划项目"沃顿商学院图书"时，也曾却步过，但还是承担了下来，并坚持了很长时间，虽然回想起来，当时很多做法、说法和想法十分幼稚，却让我得到了极大的历练。风物长宜放眼量，不必太在意暂时的挫折和失败，只要你不至于笨到在同一个问题上跌倒三次、四次，就会不断地进步，就能换来长久的成功和"不惑"。

如果你觉得以上只是空谈，那么我推荐你看曹仁超的两本书——《论势》和《论战》。老曹对人生几个关键阶段作了精妙的诠释，可以让你找到一面绝佳的镜子。虽然他从事的行当与我们不同，然大道无疆，就看你从中感悟了什么，又采取了什么行动。

二、知识就是力量，学习永无止境

用了个很"俗"的标题，但我觉得它"俗"得至真、至理。书读得越多越好，担心学而无用是完全多余的。学过的知识在我们的大脑中是混沌一片的，处于游离态，就像一个个离子。随着个人阅历和知识的增长，知识与知识之间，知识与阅历之间，会逐步发生物理作用；阅历就像一个个核子，将相关的知识（离子）吸附其上，形成新的结构，直至发生质变；新的物质则会进一步产生化学反应，一旦受到催化就会迸发巨大能量。

那么该学些什么呢？作为策划编辑，仅局限于自己所涉及的专业领域知识和策划知识的学习，是远远不够的，且单一的知识结构常常遮挡我们的视野，让我们局限在自己的领域无法跳出去看问题。我们需要更广泛地学习，特别是补齐知识结构中的短板。每个人的短板各不相同。就我而言，最期望补齐的知识短板是：历史、哲学、统计学。因为在我看来，这些知识十分有用且有其密切的内在联系，却在传统教育中被严重忽视了。

此外，在学习中应该用心培养自己独特的思维和视野。比如，从中国历史中，我发现朝代的兴衰与民风和乐律之间存在着某种联系。河南、陕西和北京的民间乐律较为铿锵有力，能鼓舞斗志和进取心，联想起来，大多数历时较长的朝代，如两周、两汉、唐、宋、元、明、清，其都城均建在河南、陕西以及北京；

而南京虽然号称六朝古都，却仅留下三国魏晋南北朝时期东吴、东晋和宋、齐、梁、陈（另外还有南唐、明初、太平天国、中华民国等政权在南京建都立国）短暂的足迹，是否与东南地区哀怨幽婉的乐律风格有关呢？这些话你不必较真，我只想表达，我们在学习中应培养思考、总结和联想的习惯，只要能自圆其说，又何必在意别人怎么认为呢。开个玩笑，哪天你到陕西或河南的学校拜访老师，在交流中表达了自己对历史的独到看法，赢得了老师的认可，或许会因此签下一个好选题或说服老师使用你推荐的教材。

三、"科学方法"并非空洞的论调

请允许我再谈一个"俗"的话题——"科学方法"。它"俗"到现在许多人只要提及它就满脸不屑。可能是因为长期以来我们一直喊得多，做得少，许多人并不理解其内涵和思想真谛。但我最近在读过一本书后，却对"科学方法"中蕴含的思想有了进一步的理解，深受启发，如获珍宝。但要参透其真谛，可能还需要一个很长的过程，一旦豁然开朗，那绝对是人生的一大幸事。

这里我又要推荐一本书：《海龟交易特训班》。该书主角丹尼斯将一群从未接触过期货交易的人招至麾下，把他们都培养成为期货交易的高手，个个身家百万美元。丹尼斯之所以能做到这一点，是因为其期货交易理念遵循了"科学方法"的思想，从而指导他制定了一套科学的期货研究方法，使其在期货市场中常常先知先觉，出奇制胜。

何谓"科学方法"？《海龟交易特训班》中将其解释为七个步骤：（1）确定你要研究的问题；（2）收集各种可用的信息和资源；（3）形成你的假设；（4）执行必要的实验，收集相关数据；（5）对数据进行分析；（6）理解数据中隐藏的含义，并得出一些结论，以此作为形成新假设的基础；（7）公布研究结果。[2]

这些步骤对于从事研究工作的人再熟悉不过了，但我相信大多数人缺乏这方面的历练和思维。当然，我们不必遇事都采取这些步骤按部就班地去做，而应将其看做我们未来工作和生活的指导思想。丹尼斯将"科学方法"的思想完美地移植到他的期货交易理念中，指导自己做出许多正确的、超前的决策。我们同样也能将这一思想应用到我们的工作中，让我们不时走在别人的前面，掌握大多数人无法感知的先机。

前面也提到，我的三块知识短板之间有着内在的联系，或许这个联系就存在于"科学方法"中。历史好比要研究的问题和所需的信息来源；哲学提供了"科学方法"的思想逻辑；统计学则是"科学方法"不可或缺的分析工具。万物皆有联系，只要你用心思考，就能找到。

四、好习惯拓宽眼界

只要你坚持一段时间，学习和思考就能成为我们的习惯，并能帮助我们跳出自己的领域看问题，看得更真实、更全面。以我社"工商管理经典译丛"为例，这套教材近两年持续高增长，固然有新教材的出版以及 MBA 院校不断增加的因素，但也不应忽略另外一些因素，如其他一些硕士专业学位的开设以及学校规模的扩大，也给这套教材带来了增长，诸如公共管理硕士、工程硕士以及即将开设的旅游管理硕士等，它们都可能开设经济管理核心课程，需要一些高端的、国际化的经济管理教材与其教学要求相适应。

跳出专业视野，我们还可能提前捕捉一些长期趋势，从而掌握先机。目前我国硕士专业学位已经有 19 个之多，并且还有 19 个硕士专业学位在审批中，诸如即将获批的旅游管理硕士专业学位等。认识到高等教育的这一发展趋势，能为我们未来的出版和营销指明方向，制定诸如进一步开发外版教材、翻译加改编的中国版教材、双语教材的未来出版战略。同时，在这一趋势下，许多高等院校未来逐步削减诸如工商管理、旅游管理等专业本科生的招生规模是可预期的。当危机与机遇并存，只有顺势而为，提前布局和做强有潜力的领域，才能在别人醒悟时令其望而却步，在未来市场中分享最大的一块蛋糕，获得超额利润。

修为悟道是一个孤独漫长的过程，需要我们做出不懈的努力，并敢于面对大量的挫折甚至冷眼。但这也是一个痛并快乐的过程，哪怕一生无法达到期望的境界也无妨。当来日蓦然回首，发现自己的人生原来如此丰富多彩，岂不乐乎。

【注释】

[1] 参见南怀瑾：《金刚经说什么》，2 页，上海，复旦大学出版社，2009。

[2] 参见 [美] 迈克尔·柯弗：《海龟交易特训班》，65 页，北京，中国人民大学出版社，2009。

提高策划编辑领导力 加强图书的市场化运作

——大学版协高级策划编辑培训综述

·王 磊·

2005年5月22日至25日，中国大学出版社协会邀请英国尹泰乐联合有限公司三名资深培训师在外研社北京大兴国际会议中心举办高级策划编辑培训，并组织了国内主要大学出版社的相关编辑人员参加。在培训中，尹泰乐联合有限公司的培训师们详细介绍了国外出版企业中策划编辑的作用、职能和经验，希冀通过此次培训开拓受训编辑的国际视野，提高受训人员的市场意识和领导力，培养卓越的出版商和优秀的策划人。本次培训主要从明确策划编辑的组织地位、策划编辑对新选题的自主开发以及加强对在售图书的管理三个方面展开。

一、强化策划编辑在出版企业中的组织地位，提高策划编辑领导力

策划编辑属于出版企业的核心人力资本，是图书出版的主要负责人，负责掌控主要的出版流程。尹泰乐的培训师们引入了出版价值链的概念，指出出版价值链上的每一个环节（如图1）都可以不同程度地创造出版价值。例如，"设计与生产"环节，可以通过选择设计商和生产商节省成本；选择最优的发行商可以拓展销售渠道，增进销量，直接创造利润；使用先进的IT技术改进管理流程可以节省大量管理成本等。但和其他各个环节相比，策划处于整个价值链的上游，是出版选题产生的源头，其对市场知识的掌握、确立的市场战略及领导能力直接影响着出版投资转化为利润的结果。

在尹泰乐培训师们的观念中，"策划编辑"已经远远超出了选题策划人、组稿人这样的概念，而是一个选题从前期调研、组稿、编辑加工、设计生产到发行

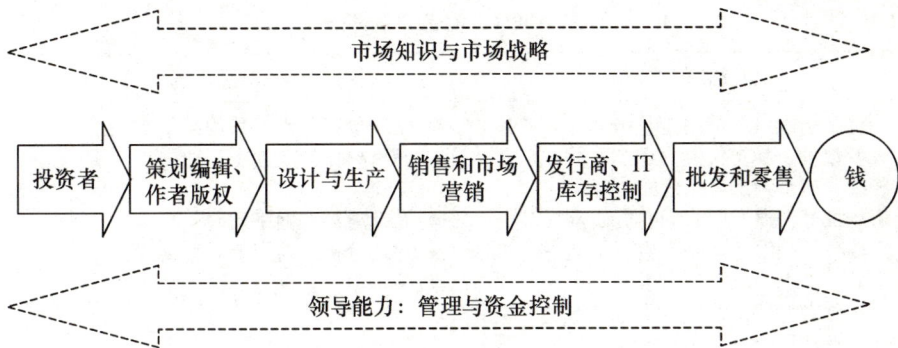

图 1 出版价值链

销售整个流程的综合管理者和负责人。他要负责制定选题目标（经济指标）和实施计划，要负责实现利润并承担相应的责任。作为领导者，策划编辑要有统筹全局的能力，这些能力包括：第一，要有较强的管理能力和组织能力；第二，要考虑长期的发展规划和公司的品牌；第三，要有创新精神；第四，要与市场建立密切联系；第五，要有良好的沟通技能；第六，要了解财务和商业知识。

因此，出版企业及策划编辑自身是否了解价值链上各个环节的作用，能否在组织和机制上明确策划编辑的地位，能否切实提高其领导能力，决定着企业的市场运营状况。

二、以科学的方法规范管理流程，提高新开发选题的市场竞争力

尽管在现实中，稿件的来源、选题的策划有不同的途径，但本次培训更加关注提升策划编辑的自主策划能力。因此，尹泰乐的培训师们在总结国外出版商经验的基础上，提出要以市场为导向，以科学的调研报告和问卷调查规范策划编辑的工作流程，提高其自主开发新选题的能力。按照国外出版同行的做法，选题在送交生产部门前一般要经过如下四个环节，每一环节中都伴有大量的调研和分析总结报告。

1. 充分的市场调研阶段

自主开发的选题，要经过细致的市场判断，通过问卷调查（可采取抽样调查和网络问卷调查等形式）、对比研究、实地走访、参加会议等科学的方法开展调研和分析。根据不同类型产品的特点，制定调研计划。以大学出版商为例，针对教材和学术产品的不同市场特点，需要做如下调研（见表1）：

表1 教材和学术产品市场调研

教材市场调研	学术产品市场调研
● 判定市场规模：采用定量分析，调查潜在读者数量、其支付能力的初步评估，二者相乘，初步判定市场规模。 ● 市场细分：通过网络问卷调研分析。 ● 定性分析：设计调查问卷，调查读者对现有同类图书有怎样的需求。 ● 目标读者调研：设计问卷抽样调查，对结果进行数据分析。	● 学术价值判断：采用编辑走访的方法，访问目标作者及读者，加强与学者的沟通和交流。 ● 有针对性的网络调研。 ● 对比分析：同类产品市场调研。 ● 参加学术会议。

"凡事预则立，不预则废"，只有进行充分的市场调研，才能为产品的市场销售打下坚实的基础。

2. 寻找作者、签约交稿阶段

图书产品以内容为王，寻找合适的作者和在正确的时机出版是保证图书市场价值的关键。尹泰乐的培训师们指出，在此阶段要做两方面的调研：第一是精选作者；第二是交稿后的作者和书稿情况调研。

（1）如何定义好作者。培训师们有自己的一套标准。以大学教材的写作为例，"好"作者主要有如下标准：第一，写作能力要强；第二，要有足够的写作时间；第三，诚信度高，可按时交稿；第四，与学术权威或大学院系关系良好；第五，能够参与图书营销。前三个特点能够保证稿件的质量和出版时间，对所有图书具有普适性；而后两个特点主要针对教材写作而言，教材具有专业性和特殊性，作者有自己熟悉的圈子，而这个熟人圈是最可能的潜在用户，因此作者自身对教材的推广将是营销工作的重要组成部分。

（2）作者和书稿情况调研。在作者交稿时，策划编辑要向其发放调研问卷，内容包括：作者信息，包括姓名、住址、联系方式、国籍、出生日期、学术生涯简介、已经发表的作品、自我介绍、作者的朋友圈及所知道的学术机构等；图书信息，包括书名、简介、书中的卖点、版本、市场上的同类竞争产品情况、是否需要进一步改进、该书是否适合做教材、是否适合国外市场等。这份问卷既有利于策划编辑在最短的时间内了解书稿，也有利于及早对该作品进行营销宣传。

3. 书稿送"同行审读"

同行审读也是一种市场调研手段，不同于我们国内的专家审读。审读人的选择一般都是匿名的，而且名气也不一定比作者大。一般同行审读都是站在比较客观的角度上进行的，要付给审读人一定的报酬。同行审读意见表的内容包括：作品是否值得出版？能否达到作者的预期目标？如何改进这本书？作为专家，你怎样看这本书的目标市场？这本书面临哪几方面的威胁？等等。

4. 召开选题报告会

选题报告会是策划编辑对交稿选题的一个综合汇报会，即向公司高层、生产设计及营销部门汇报、说明选题相关情况，提出市场预期和营销规划，指出需要哪些配合和支持。策划编辑要在会前撰写详细的选题论证报告，报告的内容包括：作者建议的评估（根据作者问卷）；市场需求的变化；同行审读的建议；与市场人员沟通，制定营销规划；市场预期；需要的配合和支持等。

综上所述，在稿件交付生产之前，策划编辑需要直接或间接填写 8～10 份或更多的规范化文件，包括调查问卷、调研报告、意见表、分析报告等。出版企业可以针对不同类型选题的特点制作相应的规范化文件，提供给策划使用，每个策划编辑可以在实际操作中有针对性地进行修正。这一系列文件的填写，既保证了选题开发的科学性和流程管理的规范化，也以较为全面的调研和分析保证了新开发选题的市场前景。

三、加强策划编辑项目管理，提升在售产品的市场价值

在尹泰乐的培训师们看来，策划编辑的真正角色是项目管理者，每一个选题都是一个独立的项目，背后连着一个团队，库存尚未售完，策划编辑的工作就未结束。开完选题报告会并将书稿交付生产设计部门之后，策划编辑要及时邀请助理编辑、生产设计部门、营销部门召开编辑会议，建立编辑与生产设计人员、营销人员之间的有效沟通渠道，讨论生产流程和预算，讨论图书的市场情况及营销计划，提早制定营销计划细则，并建立市场反馈机制，及时了解库存和销售情况，保证销售预期目标的实现。

通常，每个编辑手中都有若干图书同时在生产和销售，因此需要加强策划编辑的项目综合管理能力。策划编辑对手中项目进行管理的方式主要有：

（1）整合现有资源，提高经济效益。第一，要通过价格调研，在市场承受的极限内尽量提高定价；第二，要通过有效的库存管理降低成本；第三，要充分地挖掘再版书的潜力，重新整合现有图书资源；第四，在生产、编辑、营销各个环节尽量削减支出。

（2）开发市场营销技能。第一，要建立与终端用户的关系，以大学教材开发

为例，策划编辑要与相关的大学院系教师建立直接联系，积累并建立相关院校教师数据库；第二，与终端客户建立长期联系后，要根据顾客兴趣，定期提供相应的服务资料；第三，要适时增加出口市场，努力"走出去"；第四，要积极参与营销人员的活动，与他们一起去了解市场；第五，要兼顾不同的市场推广模式。

（3）开发和利用手中的书单。优秀的策划编辑要善于管理和维护自己手中的书单，要实时对自己策划的书单进行分类和管理，识别主要的利润来源，掌握详细的销售额和利润额，保证主要图书在印；要了解自己图书的库存，设计理想的库存结构；要为每年的图书销售做一个年度销售计划，并随时监控，看看每个月是否实现了计划中的目标；要养成年度观察和对比的习惯，比较不同年份的销售情况。

（4）促进员工的发展。作为一个项目团队的管理者，策划编辑要开发有吸引力的项目来吸引员工；要对助手加强培训；要培养员工创业精神和承担风险的精神；要鼓励员工创新；要提高团队合作意识。

（5）实现办公电子化。要善于开发数字能力，熟练使用电子化办公设备；要建立数字化的资源库；要开发电子订购的新模式。

尹泰乐的培训师们口中的"editor"尚不能完全和国内出版企业的"策划编辑"画等号，但名称虽异，其理咸同。培训中提倡的市场化导向的选题运作、科学规范的工作流程设计、"全程策划"式的管理理念、项目负责制与国内很多出版企业改进"策划编辑"功能和职责的目标是一致的。国外编辑的工作经验，对于提升国内"策划编辑"的领导力，提高选题的市场竞争力有很强的借鉴意义。

大众图书出版中心接力出版社
北京公司考察调研报告

· 曹沁颖 ·

根据我校制定的《中国人民大学开展深入学习实践科学发展观活动实施方案》，为了努力实现"明确发展思路"、"创新体制机制"、"促进科学发展"等目标，大众图书出版中心开始了一系列的考察调研活动，继 3 月 31 日到广西师范大学北京贝贝特公司调研之后，又于 2009 年 4 月 2 日到接力出版社北京公司进行了调研。本次调研在"创新管理机制"方面尤其有收获，现将学习调研结果汇报如下。

一、接力出版社北京公司概况及管理机制

接力出版社北京公司是一家专业从事青少年读物的出版机构，在儿童和青少年出版领域成绩斐然。该社成本控制在 43%～45%（版税 10%、印制费用 21%、间接费 12%），利润率保持在 15% 以上，退货率控制在 10% 左右，回款率为 80%～90%，折扣一般为 60 折，网络销售收入占到总销售额的 19% 左右。成立的第一年——2002 年，码洋为 5 400 万元。各年度码洋数见表 1。

表 1

年份	码洋（万元）
2002	5 400
2003	8 000
2004	10 200
2005	14 970
2006*	12 000
2007*	12 000
2008	15 300
2009（前三个月）	7 690

说明：2006 年和 2007 年分别在人员、机制、部门等方面进行调整，因此码洋有所降低。

接力出版社北京公司共有员工 61 人，各个部门人员数如表 2 所示。

表 2

部门	人数	部门	人数
编辑部	16＋8（新）	发行部	11
国际合作部	4	推广部	4
财务部	3	办公室	2
出版部	3	设计部	4
仓储部	6		

接力出版社北京公司有 3 个编辑室，根据读者对象的年龄划分：针对 0～6 岁的婴幼儿编辑室、针对 7～17 岁的少年儿童编辑室、针对 18～25 岁的青年编辑室。图书内容上分为 4 个大版块：青少年文学、低幼启蒙、生活百科、卡通动漫。在这些领域的精耕细作打造出了小读者们热爱的超级畅销书如：《淘气包马小跳》系列，20 多个品种，累计销售 80 万套，合 1 600 万册，《鸡皮疙瘩系列丛书》销售也突破百万册。2009 年，在世界经济陷入危机、国内经济整体不景气、出版行业发展堪忧的背景下，接力出版社的一般图书却实现了 16 个大卖场 1 月份销售增长 90％，2 月份销售增长 80％的傲人战绩。这些成绩是一系列具有创新性的管理机制作用下的结果。

接力出版社白冰总编辑向我们详细介绍了该社三级两次选题论证制、选题竞标制、项目主管制、生产流程制、奖励制约制等一系列管理机制。具体如下：

1. 三级两次选题论证制

三级是指：第一级——编辑自己对选题的选择、比较、筛选、论证；第二级——编辑部对选题的讨论和论证；第三级——由出版社审读部门、设计部门、发行部门、财务部门、生产部门等共同参与的社一级选题论证。

两次是指：第一次——与作者或者版权公司签约前的论证，决定选题做还是不做；第二次——印制前对于版式、工艺、定价、上市时间、推广宣传方案等的最终讨论和确认。

在这样严格的选题论证制度下，最终只有 6％～8％的选题能够通过，但也正是这样严格的选题论证，使得接力出版社的单品种平均首印数达到 2.6 万册，重印品种大大超过新书品种（新书 145 种，重印书 356 种）。

2. 项目主管制

在接力出版社，责任编辑成为"项目主管"，这不是称谓上的改变，而是制度上的改变。项目主管对自己的项目从"生"到"死"负有责任——从选题论证到产品终结；不仅提成利润，而且承担风险。出版社向项目主管充分授权，项目主管享有以下主要权力：

（1）财权。项目主管享有项目总码洋的 2% 的费用支出权。

（2）跨编辑部组合人员权。项目主管可以跨编辑部组合自己需要的团队成员共同完成项目编校、宣传等。

（3）成本监控权。项目主管可以对纸张、印刷等成本进行监控，可以要求生产部门组织印刷厂家进行竞标，从而控制自己项目的成本。

（4）奖金分配权。项目主管可以根据团队成员在项目中的角色和作用分配奖金，社领导一般不进行干预。

（5）沟通协调权。项目主管可以与各部门沟通，自己咬合发行等各个环节。

3. 选题竞标制

在接力出版社，编辑自己组的稿如果选题论证通过，是不需要竞标的。选题竞标制主要针对社领导和国际合作部门提供的选题。这种选题会在社内网站公开，感兴趣的编辑如果超过一个人，就要进行三个步骤的公开竞标：第一步——陈述演讲。由编辑详细阐述对选题的市场调研、竞争分析、工艺设计、定价策略、宣传方案等。第二步——质询与答疑。由与会的领导和其他编辑对这个竞标方案提问，竞标者回答。第三步——无记名投票。

实行选题竞标制，在出版社营造了公开、公平、公正的氛围，例如，在无记名投标环节，每个参与选题论证的成员都拥有且只有 1 票，白冰总编辑也不例外。他只有在涉及出版社战略的选题上"独断专行"，或者当其他人争执不下时"拍板"，其他情况下与大家投出平等的 1 票。

选题竞标制实践了"让好书遇到好编辑"的想法，同时，使社里选题从"往下压"变成了"往上争"，有利于激励编辑发挥主观能动性——"让好编辑做好书"。

实行公开的选题竞标制还有一大优势——资源共享。参加竞标的编辑不管有没有竞标成功，对选题都有一些有价值的想法。竞标成功的编辑可以借鉴同事们竞标时的好点子，好想法，把事情做得更好。这种方式让年轻编辑得到了快速的成长，成为员工培训的良好方式。

每过三年，对于一些出版社的重点选题——如《淘气包马小跳》系列，还要开展"重新竞标"，如果参与竞标的编辑能够拿出比原有编辑更好的方案，就要由竞标成功的编辑来做。这种机制要求编辑不断进取，不能躺在原来的功劳簿上吃老本，同时强化了一种认识：优秀的作者、作品等资源是出版社的而非个人的。

4. 生产流程制

与传统的组稿——审读——编校——发排——清样——封面设计——印制——发行——宣传等生产流程不同，在接力出版社，从选题论证通过的那一刻起，全部流程都在不同部门开始了：根据丰富的论证信息，美编开始设计封面；排版厂开始设计版式；营销部门开始准备广告和宣传材料……第一时间共同行动使得传统的生产流程大大缩短，由此，接力出版社将传统的 6～12 个月的生产周期缩短到 2～3 个月，从而在市场的风浪中为自己争取到了主动。

5. 奖励制约制

在接力出版社，人员收入这一块费用占到出版社利润的 40％ 以上。对于不同的岗位制定了不同的奖励和约束机制。

（1）编辑。

奖励——对于自主策划的选题，编辑提成税前利润的 11％，对于社内选题，编辑提成税前利润的 6％。

约束——编辑的考核指标是码洋（发货码洋－退货码洋）。一个编辑第一年 200 万元码洋、第二年 300 万元码洋、第三年 500 万元码洋是需要完成的最低线。

每个产品三年以后"清盘"，此时所有的库存都必须冲减利润，如果发生损失，编辑个人、管理团队、出版社中间部门（美编、生产、发行）共同承担，各占 33.33％。

在以上奖励约束机制下，产生了年销售码洋达到 2 000 万元的明星编辑，其最高年收入达到 76 万元。当然，业绩不佳者还欠出版社钱，这笔钱需从该编辑以后工作的利润中冲减。

（2）发行人员。

奖励——发行人员提成为回款额的 2％。接力出版社的平均回款率超过 80％。

约束——对于发行人员的发货率与退货率均有考核，其中，退货率不能超过 10％，超过 10％ 需从提成额中做相应扣减。

（3）辅助部门的员工。

奖励——以一线员工的奖金作为基数，乘以一定的百分比。

约束——既进行业务考核，又进行民意测评。业务考核即日常的工作计分，占 70%（如美编室每设计一个封面计几分，全年累计得多少分）；民意测评占 30%，由一线部门就其团队意识、企业忠诚度、创新意识，遵守规章制度等打分。

另外，接力出版社北京公司还设有战略选题编辑。战略选题编辑承担的是出版社的战略选题——虽然利润率不高，甚至有可能赔钱，但为了品牌发展和长期利益必须作的选题。对于这类选题，风险由出版社承担，如果赚钱，战略选题编辑也获得相应的提成。

为了便于考核，使奖励约束机制及时发挥最大效用，接力出版社北京公司把出版年度定为：头年的 11 月 1 日到次年的 10 月 31 日。9 月、10 月的发货不计入当年的考核，8 月 31 日以前的发货计入当年。因为按照市场规律，年底出的书销售实现一般都在第二年，如果成本在本年扣减，就会让编辑觉得有所不公。出版年度与会计年度的错开，也减轻了财务部门年底的负担。更重要的是，能够在新年伊始给予员工奖励，并明确下一年度的任务，力求使及时的奖励发挥其最大激励作用。

二、给我们的启示

接力出版社的经验给予我们的启示是非常丰富的，总结起来，有如下几点。

1. 明确定位，强化特色

当我们提到接力出版社的竞争对手时，白冰总编辑表现出很强的信心。这种信心来源于出版社自身鲜明的特色和这种特色所带来的品牌优势。白冰总编辑自己就是知名的儿童作家，接力本身也是出版儿童类读物的出版社，他们从自身作者资源、渠道资源等出发，向上延伸到青春读物，向下延伸到低幼读物，不断强化这个链条。即使涉猎生活百科类，也以家长、孩子作为读者对象做文章。经济管理等其他领域则基本不涉及。

对于我社刚成立的大众图书出版中心而言，如何明确自身定位、挖掘自身优势、强化自身特色是我们在成立之初就应该不断思考的问题。虽然接力社的特色是儿童读物，但他们的特色化之路却是我们可以借鉴的。

2. 培养员工，打造团队

白冰总编辑在与我们的交流中多次提到对员工的培养，总结起来有如下几点。

（1）让员工在自己感兴趣的岗位工作——在刚入社的时候，由新编辑自己报名感兴趣的编辑室，在培训过程中，出版社会分析新员工的长处，最后在尊重个人志愿的基础上确定编室。每一年，出版社的员工与部门之间还会进行双向选择，为愿意调换岗位的员工提供机会。

（2）高标准严要求，但也允许犯错——白总编对于编辑的要求是严格的，要求他们做到一流，但对于渴望尝试的年轻人，又是宽容的。这才有了年轻编辑在不成功的尝试后，在《暮光之城》这样的畅销书上的成功。

（3）单兵作战打不了胜仗——团队才是制胜的法宝。不断打造团队，培养员工的协作精神，也是接力社成功的重要经验。

我社大众图书出版中心是一个新的团队，面临着机会、期望、压力和挑战。只有形成一个具有高度凝聚力的团队，才能彼此协作，资源共享，齐心协力，共同开拓一片天地。因此，大众图书出版中心也要力争打造出一个"特别团结、特别能战斗"的团队。

3. 注重细节，勇于创新

据白总编介绍，每一本书，从内容提要到作者简介，从版式设计到封面设计，从工艺到定价……每一个环节都要讨论修改很多次。对细节的关注虽不是成功的充分条件，却是必要条件。

接力出版社重视网络宣传和销售，网络销售占到全部销售总额的19%左右。而且还购入国外优秀动画片的电视版权，通过与电视台的合作进一步宣传图书。

4. 引导市场，坚持原则

当我们问到接力社对于读者是迎合还是引导时，白总编指出："不迎合读者没有市场，不引导读者没有品位。"在适应市场、引导读者的过程中，接力出版社坚守着自己的道德底线。由于读者是小朋友和年轻人，因此白总编要求编辑选择书稿时以"能给家里人看"为基本底线，否则无论销量多大也不予考虑。

对于人大出版社来说，坚持正确的出版方向，坚持为读者出好书应该是我们不懈的追求。大众图书出版中心也不仅要迎合市场，更要引导市场，为读者们奉献更多有益、有趣的书。

书籍之美和美的书籍

· 谢一鸣 ·

在这个电子阅读越来越廉价、越来越普及的时代，书籍装帧艺术的重要性也越来越得到进一步的凸显，原因非常简单：读者愿意多花几倍的价钱买一本纸质的图书，而不是选择便宜易得的下载阅读，一个很重要的原因肯定是受到了书籍装帧设计艺术的感染和吸引。书籍装帧艺术的最大特点就是具有强烈的表现力与诱读力。图书的封面设计、版式设计、插图、开本、用纸、印制工艺等装帧形式，是图书内容的凸显和延伸，对刺激读者的购买欲望起着十分重要的作用。美观合体的装帧设计不仅为书籍提升了艺术分量，而且提升了商业价值。所以我们可以预见，在未来的图书出版中，强调艺术性和商品性相结合的装帧艺术将会得到越来越多的重视。"一个好的策划编辑必须是半个装帧设计家"的观点也将日益成为出版界的共识。

我们欣喜地看到，经过多年的积累和发展，我国的图书装帧艺术超越了以往图书装帧设计就是封面设计的局限，升华为对书籍装帧美感的全方位的、更加深刻的理解。装帧艺术正在向着既是市场的，又是艺术的，既是商品的，又是文化的，既是现代的，又是民族的方向健康发展，书籍装帧美感的魅力，也从封面表层的美感，深入到书脊、封底、正文版式设计的整个统一的美感的全方位营造。今天的图书装帧设计，已经成为一个立体的、多侧面的、多层次的、多因素的系统工程。这体现为：

首先，在书籍的装帧设计活动中，美术编辑不仅要了解所要设计图书的选题背景，还要了解所要设计图书的受众需求，考虑图书的内容特质，在充分和深刻地理解设计对象的文化背景的基础上，用高度凝练的、艺术的、独特的方式展示设计对象的文化意蕴，如此才能达到"内容阐释形式，形式为内容增色"的效果。

其次，在书籍的设计中，美术编辑必须注意各方面设计元素形成整体的和谐，要做通盘的整体性设计。一本书，究竟应该采用单扉还是环扉，书脊的设计，勒口、色彩、开本等等，这些都要和图书内容和谐统一。此外，一些边饰、页眉、过渡页、工艺选用等，也要和图书内容高度一致，力争用更多的象征和简约的方式，合理而艺术地展现图书内容。除了艺术性的要求，经济性也是设计者必须充分考虑的因素。书籍设计固然要体现匠心独具，但也不是越复杂、越豪华就越好。中国传统书籍设计艺术讲究的是古雅方正、简约质朴，例如明代的孙从添在《藏书纪要》中就曾论述说："装订书籍，不在华美饰观，而要护帙有道，款式古雅，厚薄得宜，精致端正，方为第一。"这是中国历来的书籍装帧原则。在如今图书市场竞争越来越激烈的情况下，从降低成本和定价的角度对图书进行合理的装帧设计，实现艺术性与商业性的更好结合，这是我们不得不面对的一个挑战。

最后，书籍是文化的载体，其设计应该体现更多的文化感。如何充满文化感地体现图书之美，彰显图书文化，这是书籍设计者的一个重要任务。目前市面上充斥着一些书籍，喜欢用强烈的色彩和夸张的宣传语来吸引人的眼球，不仅未体现书籍之美，还极大地降低了图书应有的文化品位。书籍是文化的物质形式，一册在手，带给人们的应该是一种清凉的心情和高雅的精神享受，而不是快餐盒饭式的简易和粗陋。相对于别的书籍设计元素，字体在传达文化感方面有着得天独厚的优势。字体具有造型元素的特性，运用不同的字体造型具有不同的独立品格，给人带来不同的视觉感受。在这方面鲁迅先生是一位伟大的实践者，他在装帧设计上追求图案和中文字体变化结合，成为当时中国书刊设计探索的一种新形式和方法，为我们开辟了现代书籍装帧设计的新道路。例如他的《域外小说集》的封面设计，是一个希腊妇女的侧面胸像，在迎接初升的太阳，靠近书籍的下边，用圆润秀丽的篆书加以装饰，风格雅洁而简练。还有他最为人们称叹的1922年出版的《呐喊》，封面为深红色的底色，书的偏上位置在深灰色的方框内用隶书写了呐喊两字，书名像利刃镌刻一般充满力量，大块面的红色深沉有力，召唤着斗争和光明。这个设计稳重朴雅，显示了独特的构思和深沉的力量。对文化内涵的关注，是装帧艺术的精神飞跃，它使图书装帧脱离了实用性的局限，犹如音乐的序曲，成为把读者带入图书内容的向导。

当前，中国的图书装帧艺术已经逐步形成了既是现代的，又是民族的设计风格，开始很好地将民族文化精神融入到现代书籍设计之中，这种传统的回归反映了随着我国经济发展，给我们的国民心理带来的空前的自信。书籍设计作为一种艺术手段，它能更好地同书籍其他部分形成良好互动，将书籍内容进行素质表达，而作为一种民族文化符号，它蕴涵和表达了我们民族的文化创造力和影响力。图书装帧所创造和表达的书籍之美和美的书籍，必将成为我们民族文化走向世界的前导，让我们为此而不懈努力吧！

2010 年国际关系选题热点问题思考

·刘蔚然·

根据编辑部选题策划会专家学者们的意见建议，以及对学术界研究动向的考察，2010 年，围绕国际关系研究领域的理论与现实问题，大概有以下几类值得我们编辑关注。

一、国际关系理论研究

1. 国外国际关系理论思潮动向研究

在美国的主流国际关系理论研究相对趋于降温的背景下，学界更多地关注各种主流理论的综合，以及批判理论和美国之外的国际关系理论，如英国学派、全球治理等。

长期以来，美国的国际关系理论处于主导地位，美国理论在发展过程中围绕着的一个核心问题就是为美国的霸权提供理论支持，围绕这个核心问题，产生了现实主义理论、自由主义理论、建构主义理论等重大理论。但 21 世纪以来，美国霸权行径越来越不得人心，对美国霸权行为的批判不断，但美国国际关系理论却没有新的突破。

而英国国际关系理论的核心问题是国际社会的形成和发展，并且围绕这个问题形成了独具英国特色的"国际社会理论"学派。从国际体系、国际社会到世界社会，英国学派的演进也形成了一个很清晰的发展轨迹。这是因为英国在战后的霸权逐渐被美国所取代，英国所要解决的问题是如何面对一个国际社会，以欧洲国际社会的形成和发展为问题的核心，向世界其他地方推广欧洲的价值观念和社会体制。

世界的多样性和国际关系民主化正在推动国际关系理论的多元化发展。国际关系理论的价值观基础将开始真正意义上突破西方文明一统天下的进程，中华文明、伊斯兰文明、印度文明、拉美文明等将对国际关系理论的价值观基础带来变革。对西方之外不同地区各种理论的介绍和评论将可能是我们选题的亮点之一。

2. 中国国际关系理论的建设

从 1987 年中国首次召开国际关系理论研讨会开始，中国国际关系研究前 20 多年时间基本完成了译介、引进和吸收西方国际关系理论成果的初级阶段。当前，中国国际关系研究已经进入了转型期，寻找中国主体性和理论自觉性已成为学术共同体的历史使命。围绕是否需要中国学派，以及如何构建中国学派，学界继续展开争论。但是，西方学术界尤其是美国仍然掌握着话语权，他们的思维从来都是从西方向外看的，因而长期以来对中国存在严重的误解和偏见。由于学科建设时间太短等原因，中国的国际关系理论研究基本上仍处于吸收和消化外来理论的阶段，所谓国际关系理论的"中国学派"还处于探索阶段，目前中国还没有出现具有世界影响的理论学说。要使中国在世界国际关系理论研究中占有重要一席，尚需长时期的不懈努力。中国成长是当代国际体系的一个重要特征，中国国际关系研究以中国为本，围绕中国和平崛起、中国模式、中国外交、中国超越西方范式，探索国际关系研究的"中国化"之路。

二、国际格局变化、全球性问题增加

随着金融危机的爆发，国际格局正在发生重要的变化，党的十七大报告中关于国际形势的两个重要判断："当今世界正处于大变革大调整当中"、"当代中国与世界的关系发生了历史性变化"，在金融危机后得到更明显的体现。国际关系力量格局处于高度不确定和急剧变动的状态中。后危机时代，国际格局的变化到底如何？如何总结和看待中国在这场格局变化中的作用与影响？如何看待新兴经济体的兴起及其对国际体系转换的影响？这都是需要学者们研究探索的新课题。

推动当前国际体系加快演变的根源是多极化、全球化与信息化的交织与深化。国际体系的无政府本质虽然不变，但其组织性、规范性与有序性却在不断增强。国际体系正处于深刻复杂的演变进程中。在世界政治经济发展不平衡规律的作用下，老牌大国与新兴大国各方权力、利益与地位面临重组，相关调整与改变势必遭到既得利益一方的抵制与抗拒，国际体系在各方的博弈中不断调整变化。同时，随着全球化向纵深发展，全球性与跨国问题日益突出，国际关系的内涵与本质也在发生变化，即以民族主权国家为本位的传统的"国际政治"受到削弱，致力于人类共同利益、强调通过多边合作以实现"全球治理"的"世界政治"不断增强。当前国际体系正在向超国家体系（即全球共治和主权汇集）演变。从主权国家范式向超主权国家范式的转移，标志着国际关系的变革和新国际关系的产生。因此，当前国际关系范式转型给我们提出了新议程和新使命，需要我们进行全面的重新审视。

全球公共问题的兴起对国际关系性质的改变，全球治理问题、非传统安全问题、气候问题等日益凸显。气候变化已成为当今最受关注的全球性问题之一，在大国外交和国内政治议程中的地位正在不断上升。国际社会已经形成了一个全球气候变化治理体系，在这个体系中，大国（主要是中美欧三边关系）扮演着至关重要的角色。目前，围绕气候变化问题的各种类型的对话已成为大国博弈的重要舞台。

三、中国外交面临的新课题

中国与世界的关系发生了深刻的变化，促使研究者们对这一变化及其世界性影响展开深入研究。围绕中国的快速崛起，产生了一系列问题：中国的责任问题、中国的威胁问题、中国的贡献问题等。

随着中国经济的高速发展，中国改革的成功经验被许多发展中国家借鉴，这一成功经验被称为"中国模式"或"北京共识"或"中国道路"。"中国模式"所包括的价值、理念、方法，正在成为当代国际政治思潮不可缺少的一部分。新中国成立 60 年来特别是改革开放 30 年来，中国的成功来自于政治、经济、社会及外交等领域的诸多制度创新，需要学者进行研究总结。

随着中国对外开放度的提高，参与国际事务的增加，中国外交在 21 世纪尤其是在后金融危机时代进入了一个新时期，中国外交的研究也由此迎来了一个新机遇。面对当今错综复杂跌宕起伏的国际形势，面对国内国际两个大局日益紧密互动和层出不穷的全球性挑战，中国外交如何更好地把握"韬光养晦"与"有所作为"的平衡，兼顾稳健从容与积极进取，成为国内外关注的焦点。

新时期，随着中国角色的变化，中国外交也面临转型。中国外交面临着多方面的挑战：

（1）中国面对的一系列的双边关系问题。中美关系总体很好，但经贸摩擦不断，围绕中美关系的讨论一直是学界研究的重点之一。中日关系，可从两国内政对中日关系的影响，以及美国因素、历史问题、领海问题、东亚共同体等角度继续探讨。中俄关系则总体比较平稳，两国合作的扩展和深化可成为讨论的焦点之一。中欧关系在逐渐恢复，但总体落后于其他双边关系。中非关系近年来的发展进入高潮，20世纪90年代初冷战结束后，与西方国家悲观看待非洲不同，中国在努力与非洲国家保持传统友谊的同时，开始把扩大与非洲的经贸合作设立为对非战略调整目标，形成了一种援助与经贸结合、以援助带动经贸合作的对非新政策。这一政策取得了明显成效，中非合作关系获得了快速的推进提升。从1995年起，中国加快了援非改革步伐，增加了经济技术合作内容，鼓励中国企业投资非洲。随着中国援非方式的改革，中非合作领域不断拓展。2000年，中国建立了中非合作论坛机制，中非关系由单纯的援助向全方位的合作转变。

（2）中国需要处理好日益多样的主权纠纷问题。中国拥有14个陆地邻国，近30个非接壤邻国，如何处理好与邻国的领土领海领空主权问题需要研究。

（3）新时期中国的海外利益保护问题。全球化时代，全球每个角落几乎都有中国人，中国的海外经济利益也遍布世界各地，如何保护中国人以及中国的利益给我们的外交工作提出了巨大挑战，也是我们需要研究的新课题。

三、书稿审读

浅谈逻辑思维能力在编辑工作中的运用

· 沈小农 ·

逻辑思维是人脑对客观事物间接概括的反映，它凭借科学的抽象揭示事物的本质，具有自觉性、过程性、间接性和必然性的特点。逻辑思维的基本形式是概念、判断、推理。逻辑思维方法主要有归纳和演绎、分析和综合以及从抽象上升到具体等。

我们每个人都具有进行逻辑思维的能力，但水平高低颇有差异。一个人的逻辑思维能力越强，对知识的理解越透，掌握得就越牢固，运用就越灵活。因此，培养和提高逻辑思维能力，有助于我们自觉地运用逻辑形式进行思维活动，这对我们在繁杂的编辑工作中灵动机变，反应快速，敏锐地发现并纠正书稿中的错误，具有很重要的意义。

一、逻辑能力是我们发现不熟悉专业领域中的问题的有力武器

由于工作需要，我们经常会面对并非自己本专业的书稿，书稿中涉及的内容方方面面，是我们从未涉猎过的；而且，限于我们庞大的工作任务量和有时近乎严苛的出书进度安排，我们无暇事先研读该专业的入门书籍，也做不到每当遇到知识点时都能仔细核查。另一方面，我们所面对的书稿由于多方面的原因会存在各种各样的错误和疏漏，需要我们去纠正和弥补。"压力大，原稿差"是所有文字编辑普遍面对的。

在这样的环境下，如何尽可能保质保量地完成工作任务，我的体会之一是一定要有意识地训练并强化自身的逻辑思维能力。

请看例 [1]：

尧舜生朱均[1]，瞽鲧生舜禹[2]。

注：①朱均，传说中舜之子，极不肖，故舜传位于禹。

②鲧，传说中禹之父，受命治水，九年未平，被舜处死。

该例出自《退溪书节要》（该书是古朝鲜儒学大家李退溪著作的精彩片段及注释）原稿，注释见 329 页。该例句在多年的编辑培训中都曾作为例题出给新编辑作答。尽管尧舜禹是参加培训者人所共知的，仍几乎没人能在比较快的时间内找到症结所在。而倘若运用逻辑思维，当可迅速发现问题。

比如运用反证法：假定朱均确是一个人，则据原文"尧舜生朱均"所云，即尧和舜共同生了朱均，而两个男人共生一子是不合事理的，故"朱均，传说中舜之子"的注释有误，朱均应是两个人。后句，假如瞽鲧指一个人，则鲧必须满足"瞽"（目盲）这一条件，注释未提，且瞽者不会被安排治水重任；此外，还要满足舜和禹为亲兄弟这一条件，才符合"瞽鲧生舜禹"所云，而这与事实不符。如果逻辑思维训练有素的话，以上判断和推理当可在很短时间内作出。

经向作者提出，作者查证后修改为："朱，传说中尧之子，名朱，因居丹水，名为丹朱。傲慢荒淫，尧乃传位于舜。均，商均，舜之子。相传舜以商均不肖，乃使禹即位。""瞽，瞽瞍，舜父之别名，《尚书·尧典》孔安国《传》：'舜父有目不能分别好恶，故时人谓之瞽，配字曰瞍。'鲧，传说中禹之父，号崇伯。奉尧命治水，用筑堤防水之法，九年未平，被舜杀死在羽山。"

通过上例可知，在无涯的知识海洋面前，无论多么博学的人，其所熟悉的领域也会是非常狭小的，例中涉及的专业领域，即便是中哲史专业背景的也未必能了解，何况其他。对于编辑工作者而言，博览群书，不断拓宽自己的知识面固然很有必要，但仅靠我们拥有的知识，去完成把好书稿质量关的任务，特别是涉及非专业领域，还是时常会感到心余力绌。与此同时，培训自己的逻辑思维能力，养成从逻辑的视角看问题的习惯，往往能讯速发现书稿当中的问题。即使我们不具备妥善解决这些问题的条件，也丝毫不影响我们敏锐发现这些问题的重要作用。

二、逻辑能力是我们发现逻辑矛盾和逻辑瑕疵的有力武器

我们面对的书稿，会由于各种原因存在诸多疏漏，比如表述错误，翻译错误，打字录入错误，修改粘贴剪切错误，使用的源文件（包括译稿的原书）错

误，等等。限于我们的学识和时间精力，或者由于原稿质量偏差等，我们不可能将书稿中的错误全部发现，这一点毋庸讳言。但是，实践中发现很多编辑往往只是纠缠于语言文字和体例格式，满足于一般性的文句润色和字词的调整，而对于原本显而易见的逻辑矛盾和逻辑瑕疵（姑妄称之），却往往视而不见。我认为，这并非工作不认真所致，实乃工作不得法所致。

请看例［2］：

邓小平分析当时派性有两种情况，一种是被派性迷了心窍的人……要对他们进行教育。教育过来，既往不咎，再不转变，严肃处理。另外一种是少数坏人……他们利用派性浑水摸鱼……对这样的人，不处理不行，只等他一个月，等到三个月，如果再不转变，顽固地和无产阶级对立，那样性质就变了，要把闹派性的人从原单位调开。

该例出自《共和国建设的高级工程师——袁宝华》122 页的原稿。粗看起来，文从字顺，但定睛一看，"只等他一个月"却是和"等到三个月"相矛盾的。如果等三个月不转变才处理，那么前面说的只等一个月就难以自圆其说。经查《邓小平文选》原文，此处应该是"等到三月份"，此话是邓小平在该年二月说的，故"等一个月"之后正是三月份。此乃作者打字疏失所致，初复审时由于并非带引号的直接引语而未核查原文，故未能发现。由此可以看出，作者的疏漏导致的原稿错谬，形式上多种多样，有时从字面上确实不易察觉，但如果逻辑思维能力得到强化，处处用逻辑的眼光看问题，很多错误便无所遁形了。

此外，书稿中常常会出现数字的数量级方面的错误，也需要我们运用逻辑的眼光去辨识。下面举一个最为明显的例子。

请看［例3］：

假设每个活动只允许有两种可能性，并且只有 10 个活动，那么 P 包含 $2^{10}=1\,024$ 种不同的组合。假设每个活动只能用两个成本—时间变量来计划，但是活动的数目与现实很接近，比如说 400 个，变量的数目就是 2^{400}，大约等于 10 120。在已知的宇宙中的原子数估计有 1 096 个。

此例出自《国际工商管理百科全书》第二卷 1 056 页的原稿。本人没有太多的数学知识，但当时马上就发现 10 120 和 1 096 这两个数字有误——因为数量级明显不对，这两个数字不合常理。我翻看了英文原书，数字无误。经找数学好的同事帮忙，很快确定了 10 120 应该是 10^{120}，而 1 096 应该是 10^{96}。上标误为平排，何止谬以千里！但就因为原书如此，译者、校者、初审、复审四道环节均未发现。亦可见，我社关于译稿的数字、公式应与原书核对无误的规定，不可不遵守，亦不可机械地遵守，要通过自己的逻辑思维来判别。

译稿中常会出现大量的人名，我社通常的做法是，众所周知的人名，直接给出译名，不附原名；可能不为人们所熟知的，在译名后附上原名。编辑需要核对译名的翻译是否符合常规，原名是否与原书相符。但履行完了上述程序并不能说明工作就做好了。

请看［例4］：

　　……正如历史上的亚里士多德、卡普尼库斯（Copernicus）、牛顿、爱因斯坦……

按照常规做法，经查 Copernicus 和原书相符，又拼读一下原名可以翻译为卡普尼库斯，似乎功德圆满了。但是，逻辑的思维要求我们停下目光，再端详一下：一个名不见经传的"卡普尼库斯"，为什么会和其他几位堪称伟人者并列呢？带着这样的怀疑，不难查出，"Copernicus"其人，历来被翻译为"哥白尼"。哥白尼当然能够和其他几人并列。由此可见，并列，通常也是有逻辑可循的，不能类比的就不宜并列陈述。具体到本例，可以这么说：只有伟人才能和伟人并列。

书稿中的问题五花八门，不胜枚举，也不是我们通过扩大知识面、增强敬业心等就能够解决的。但是，我体会到，通过强化逻辑训练，增进逻辑思维能力，将会更多地发现问题，更好地解决问题，特别是面对那些本专业以外的，往往"隐藏"得比较深的问题时，应能收到事半功倍之效。

图书质量问题分析

· 岳凤翔 ·

图书质量既关系图书自身的合格与否，也关系到作为图书产品生产者的出版社的声誉和发展。在我国出版业飞速发展、图书出版数量快速增长、行业竞争激烈的今天，图书质量更加显得重要。笔者近年来参与了数次全国高校出版社优秀图书的评奖工作，在审读中发现了不少图书质量问题，现就普遍而带有共性的问题作出分析，并提出自己在提高图书编校质量方面的浅见，以引起同行的重视，避免类似的问题再次发生。

一、图书质量带有普遍性的问题

1. 图书内容方面的问题

内容上的问题，主要是指政治性、政策性、知识性差错，或内容、用语陈旧。

（1）政治概念上的差错。如一本党务手册，里面在讲"'三个代表'重要思想"时，提法都是"江泽民'三个代表'重要思想"，与党的"十六大"精神、修订后的党章和宪法不相符合。有一本书在附表中把香港、澳门、台湾与世界各国列在一起，却未注明它们是中国的"地区"或"省"；在中国示意图上，没有我国的南海地区。还有一本书在提到清朝的时候，仍然使用"满清王朝"说法，不符合民族政策。

（2）引用经典上的差错。近些年来，本着实事求是的精神，党和国家组织了对马列经典著作的重新翻译，新译本对过去的译本做了修订，有的如列宁《哲学笔记》改动还非常大，这一点作者和专业编辑应该是非常清楚的。但仍发现不少思想政治方面的教材、学术著作在引用这些经典著作时，往往还是使用旧版本，这样传授给学生、读者的思想就难说准确了。

（3）观点及其表述上的问题。一本书里这样写道："少年恩格斯具有虔诚主义和人文主义两重性。""虔诚主义"内涵是什么？"人文主义"可以成为人的禀性？一本青年心理健康教育的书里说："'物竞天择'，'优胜劣汰'，竞争推动人类社会不断前进。"人类社会的竞争与"物竞天择"的法则不同，"进化论"怎能这样用于社会？一本世界史的书，在谈到当前世界格局时，竟提出"世界一体化"。

（4）内容陈旧。有一本讲现代物流管理的书，出版时已是 2002 年，里面还在说我国"入世步伐在加快"。一本关于写作的书，里边仍在反复地使用"社会斗争"、"工农兵大众"等词汇和例子，观念陈旧，用语过时。

（5）知识性、常识性的差错。比如，一本写作教材中，把"铭诔尚实"的"诔"字误排作"来"，不知道"诔"是古代的一种文体。一本军事教材，在卫星方面的术语中，把"推进系统"、"陀螺平台"、"传输速率"，分别误写为"动力系统"、"旋转平台"、"传输质量"。还如"凭轩涕泪（泗）流"、"骆驿（络绎）不绝"、"白云苍驹（狗）"［括号里为正字，下同］，等等。

2. 图书印制规范方面的问题

图书印制规范，包括书名页、扉页、版本记录页（俗称"版权页"）、封底、版式等，国家颁布有统一的标准。按照国家标准印制图书，应是对出版单位和出版物的起码要求。但有相当一部分图书没能完全按照国家标准来做。

书名页包括封面和扉页，国家标准规定应含有书名（含副题）、作者名、出版者（出版单位）名，出版者名不能显示其所在地的还要注上地名。问题比较普遍的是应加出版单位所在地的却多未加；书名、作者名看似不是问题，但也确有图书封面无作者名，书名的问题是有的书正副题因"艺术化"而难分伯仲。国家标准规定扉页应与封面内容一致，但不少图书都是"封扉不一"。

版权页按规定应"提供图书的版权说明、图书在版编目数据和版本记录，位于主书名页（扉页）的背面，即双数页码面"，并具体规定了排列方式。但有的书是整体位置放置不对，把版权页放在了全书正文的后面；有的是排列格式不对，如"图书在版编目（CIP）数据"的三个成分之间应空半行，回行应突出一个字，有些书没空行或突出一个字，还有的采取了居中排的方式。标注书的开本尺寸，应在数字后都注明"毫米"字样，有的书却只注在后面一个数上，或者干脆一个不注。还有一些书的版权页缺少必要成分，如缺少图书在版编目（CIP）数据、出版或印刷月份。翻译出版的外版书，按照规定应有版权登记号，否则不具备销售资格，但有的书还真没有或漏印，说重一些这就成了非法出版物。

特别要说一说版权页的"新登字"号。"新登字"新闻出版总署 1997 年就已发文取消，但在审阅参评图书时偶尔还能够与它谋面。

书中的页码编排，正文页码应该一贯到底。有家出版社的一本关于共青团的书分两大部分，第二部分的页码竟又从"1"开始排。这也是不符合规定和规矩的。

3. 装帧和排版的问题

图书的封面设计很重要，但不能喧宾夺主、因美害意。有一本书，书名前还有两句口号式的话语作为引题，设计在封面和书脊上，引题的字号与书名字号相差无几，让人分不出主次、看不出书名来。

在排版和版式上，有的不符合规定，如：眉题有的章节有、有的章节没有；文中注码、逗号、句号、后引号等放在了行首，而前引号却放在了行尾；一本书中的字号、字体、注码不统一，等等。还有一本历史书，有 6 行的漏文空白；一本给中小学生看的教辅书，用的是小五号字，不利于保护学生视力。

4. 图书文字方面的差错

（1）错别字。

有的是不符合国家语言文字工作委员会颁布的现代汉语现行用字规范。如"像""象"、"帐""账"、"做""作"、"的""地""得"不分；"制定""制订"、"他们""它们"、"交代""交待"、"备感""倍感"混用；"成份（分）"〔括号里为正字，下同〕、"座（坐）落"、"勾（沟）通"、"互连（联）网"的误用。

有的显然是粗心大意造成的，如"装祯（帧）"、"淹（腌）制"、"外藉（籍）"、"掂（踮）着脚"，"论（领）域"、"婚烟（姻）"、"领士（土）"、"倾注了大量经历（精力）"、"他山之后（石），可以攻玉"、"对越滋味（自卫）反击战"。后面几处错得让人好笑，也让书显得不够严肃。

也许有人觉得几个错别字不影响大局，但下面这些错别字也许就"影响大局"了："返老不（还）童"，又要返老、又不还童，自相矛盾；"实事求实（是）"，这是一个专用名词，用字应该准确；有本医药书在讲得一种病期间要"避免急躁情绪"时，却丢掉了"避免"二字，病人照此去做，病情只能加重。

（2）语法错误。

语法错误也称"病句"，常见的情况有用词搭配不当、成分残缺或赘余、逻辑结构混乱等。

用词搭配不当，如"积极性少（小）"、"减小（少）人数"。搭配不当中有一些是因为用词不当造成的，如"看到同学有了苟同的意思"，"苟同"显然用得不对，应当改为"赞同"；再如一本关于散文的书里的句子："写文章的人这么多，每个人都走得多写得少，但集约在一起就非常可观了。""集约"指的是一种科学的经营方式，没有"集中"、"集合"的意思。

成分残缺或赘余，如一本教材的"前言"的第一句话："由于前辈们的努力倡导和身体力行，自 80 年代开设大学语文课程以来，成绩巨大……"谁"开设大学语文课程以来，成绩巨大"？缺少了主语。成分赘余的，像一本专门讲语言的教材，同一页中有这样两句话："用还是不用手"，"不要还是要凭借"，读起来很拗口。把它们精简为"用不用手"、"要不要凭借"，就简洁明白了。也有"简洁"的句子，一本有关服装的书中这样表述："中国是一个衣冠之国。"难道其他国家就不是"衣冠之国"？应该在"衣冠"前加上"讲究"或"注重"字样。

逻辑结构混乱，如，一个小孩养的一只小鸡死了，她"把小鸡的篮子拿到屋后的空地上，在爸爸的帮助下挖了一个坑，埋葬了"。这句话因为语序不当，容易让人产生"把盛小鸡的篮子埋掉"的误解，改成"……挖了一个坑，把小鸡埋葬了"就对了。还有语序不当的，如："以上只是论及的心理咨询的一般方法。"读起来别扭，应将"只是"与"论及的"调换一下位置，改为："以上论及的只是心理咨询的一般方法。"

（3）标点符号差错。

主要的问题是误用错用，如："单就自然景观而言旅游意义不大。但某些地区的土林也有观赏价值。"这是一个转折句，不是两个句子，因此第一个句号应改成逗号。书名号和引号之间的错用比较多，如："《工业造型设计》专业指导小组成立于 1987 年 10 月。"这里的"工业造型设计"不是书、文名，不能用书名号，应该用引号。

标点符号的误用也常常会影响到意思的表达，甚至"害意"。在审读参评图书时发现的普遍问题，一是在译名中该加间隔号而未加，如"比尔盖茨"，应为"比尔·盖茨"。二是书名号、引号混用，如："《七一》讲话"、"作者在他的'美学导论'中写道"，应作"'七一'讲话"、"作者在他的《美学导论》中写道"。三是有些特定词语应该加引号却没有加，如"文化大革命"。四是漏用标点，如一本医学教材中的一句话："……可引起高血压，胃十二指肠溃疡。"漏用了"胃"与"十二指肠"之间的顿号，会让不熟悉的人以为"胃里有十二指肠"。

（4）名词、术语差错。

名词、术语，包括成语、人名、地名，用字应该准确、规范。但经常发现的问题，除粗心造成的"实事求实（是）"、"他山之后（石），可以攻玉"这样的错误外，还有常识性的错误，如"血管梗塞（死）"、"形单只影（影只）"、"洪仁轩（玕）"、"亚马孙（逊）河"。在一本教育学教材里，一个"哥斯达黎加"竟又衍生出"哥斯达利加"、"哥斯达里加"，是无知，还是随意？

（5）数字、计量单位用法差错。

按照规定，一般图书在表达年代、时间、岁数、质量等时要用阿拉伯数字，可书中仍有不少"十二点"、"十八岁"、"二十世纪"、"二〇〇九年"、"十五美元"、"六十七千克"的汉字用法。质量单位"千克"，一些书里仍在写作"公斤"。科技书里单位应该用字母符号的，有的却用文字表示，像把"t"写作"吨"、"kw"写作"千瓦"。

约数的表达方法也有一些用得不妥，如"大约十天左右"，"大约"和"左右"意思重复，有一个就够了；"60％～70％左右"，"60％～70％"与"左右"相矛盾，不能同时用。

二、提高图书质量的对策

图书作为精神产品，党和国家、广大人民群众理应对它的质量有更高的要求。解决图书质量问题，说到底还是要从思想认识和制度管理上下工夫。

造成图书质量不如人意的原因可以说出许多，但最根本的还在于思想认识。所以解决问题的办法，首先，还是我们出版者一定要深刻认识图书质量的重要性，牢固树立质量第一的思想。虽然出版体制改革的深化、图书市场竞争的加剧，的确给出版社带来了前所未有的经营和管理压力，经济效益成为出版社生存、发展的重要课题，但经济效益的压力不能成为不顾社会效益、放松质量管理的理由。我们一方面应该严格按照党和国家的要求，以高度的党性原则和对社会负责的精神，坚持把图书的社会效益和质量放在首位；另一方面也应该深刻理解质量对图书品牌建设、对出版社竞争力及持续发展的重要意义。改革开放初期，我国的工厂企业率先喊出了"以质量求生存，以特色求发展"，可以说，这句话对我们出版社具有非常重要的现实意义。

其次，要建全制度，加强管理。对于图书质量，国家颁布有《出版管理条例》、《图书质量管理规定》、《图书质量保障体系》，还有明文的国家标准，要求是明确的；出版界有多年来形成的一系列出版管理制度，如书稿的"三审制"、校对的"三校一读"等；据笔者所知，不少出版社设立有专门的质检部（室、科），或安排专人负责质检工作，制订了一整套质量检查制度。标准和机构、制度，是质量工作的基础和条件，但能否做好，关键还在于管理。"管理出效益"。有了严格、科学的管理，才能保证制度落实、人员尽职尽责。这样有制度、章法可依，编辑、校对、出版、终审层层把关，图书质量就形成了一个立体化的保障体系。

除此之外，还要努力提高员工业务素质和责任心。现在不少出版社编辑工作量大，有些编辑还去编非自己所学或熟悉专业的书；一些出版社取消了专业校对人员，往往是编辑自校、互校，或请业余外校，这就很难把好图书的质量关。新闻出版署 1997 年发布的《图书质量保障体系》指出："专业校对是出版流程中不可缺少的环节，直接影响图书的质量。"此后，中国出版工作者协会据此又发出《关于加强校对工作实施〈图书质量保障体系〉的建议》，提出"建立和健全校对机构，是现代出版生产的客观需要"。为保证图书质量，出版社设立校对科、室，有自己的专业校对人员是非常必要的。出版社还要从制度上保证专业图书由专业编辑来审稿加工；还应针对现代计算机排版带来的新情况，不断组织编辑、校对人员学习、培训，提高编辑、校对、出版人员的事业心、责任感和业务水平。

通过多年的全国高校出版社优秀图书奖评选活动，笔者感受到了高校出版社图书出版取得的巨大成绩和进步，也发现了一些问题和不足。相信通过总结经验、克服缺点，我们一定会奉献给社会更多图书精品。

几种易犯的编校错误案例

·王鹤杰·

案例一：名称不一

在以往出现的编校差错中，涉及名称方面的可不少。其中多是人名、地名、组织名、文件名或书名在文中前后不一致的低级错误。例如：一本教材中前面交代的人物是"克利盖"，后面将其写成"克列盖"；另一本教材前面出现的是"弗兰克"，随后又将其写成"弗拉克"；其他书中则出现"吴小莉"与"吴晓莉"、"艾萨德"与"伊萨德"、"伊利诺伊州"与"伊利诺斯州"、"联合国教科文组织"与"联合国科教文组织"、《信托契约法》与《信托条款法》等名称前后（后者为误）不一致的情况。

在书稿中，通常涉及大量的人名、地名、组织名、文件名或书名等，而且往往有相当多的此类名称在文中多次重复出现。对于书稿中大量这类名称，仅凭人脑记忆是靠不住的。为了避免上述这类名称不一致的差错，有一个最可靠的方法，就是在编辑加工时做专项记录。其具体操作要领是：审读稿件时按名称类别（人名、地名、组织名、文件名等）分别用笔记录下来，并且每个记录都要记下其所在页码，以备查找和核对。此方法看似麻烦一些，其实是最可靠和省时省力的一种方法。有句俗话说："好记性不如烂笔头。"我们的编辑应养成这种做记录的习惯。有人说在电子版上搜索和核对此类名称更快捷简便，此方法当然很好，但若没有做专项笔记，搜索目标就很难做到"完全彻底"，因而也就不那么可靠了。

案例二：语病种种

语病，即语言运用中措词不当的毛病。主要包括语序不当、词语搭配不当、句式杂糅、不合逻辑、表意不明、成分残缺或余赘等。

消除文稿中的语病是对编辑加工工作的基本要求之一。在实际工作中，特别是在时间紧任务重的情况下，语病问题往往易被忽视。

下面，我们将通读检查中发现的一些语病列出，以资借鉴。

（1）统计学院的老前辈、非参数统计的倡导者吴喜之先生，在本书的写作过程中，给予我无尽的鼓励和支持……

提示：语序不当、词语搭配不当。拟改为：

我在本书的写作过程中，得到统计学院的老前辈、非参数统计的倡导者吴喜之先生给予我的极大的鼓励和支持……

（2）1885 年前很长时期一段内……

提示：语序不当。拟改为：

1885 年前很长一段时期内……

（3）这主要在于中国宇宙的基本元素，天地阴阳不是斗争性而与合性相关……

提示：成分残缺、句式杂糅、表意不明。拟改为：

这主要在于，在中国人的观念中，宇宙的基本元素——天地阴阳——不是斗争性的，而是与合性相关的……

（4）不得变相进行违反……

提示：成分余赘。拟改为：

不得变相违反……

(5) 理想信念缺位、价值观念扭曲……

提示：词语搭配不当。拟改为：

理想信念缺失、价值观念扭曲……

(6) 加强和改进大学思想政治教育，提高他们的思想道德素质……

提示：成分残缺。拟改为：

加强和改进大学生思想政治教育，提高他们的思想道德素质……

(7) 资产的哪些形式资产的变动会造成竞争者市场战略的薄弱环节？

提示：成分余赘。拟改为：

资产的哪些形式的变动会造成竞争者市场战略的薄弱环节？

(8) 在不牺牲治疗质量的前提下……

提示：词语搭配不当。拟改为：

在不降低治疗质量的前提下……

(9) 中国是 APEC 2001 年轮值主席，该年 11 月，APEC 领导人第九次非正式会议将在上海召开。

提示：不合逻辑（本书为 2005 年第二版）。拟改为：

中国是 APEC 2001 年轮值主席，该年 11 月，APEC 领导人第九次非正式会议在上海召开。

（10）依照该外国同中国签订的协议……

提示：成分余赘。拟改为：

依照该国同中国签订的协议……

（11）低温为摄氏 4℃。

提示：成分余赘。拟改为：

低温为 4℃。或改为：低温为 4 摄氏度。

（12）我是三（2）班级的家长……

提示：成分残缺。拟改为：

我是三（2）班级学生的家长……

（13）现在世界上主要的区域经济一体化组织主要包括……

提示：成分余赘。拟改为：

现在世界上主要的区域经济一体化组织包括……

（14）……看见演出之后再处理。

提示：词语搭配不当。拟改为：

……看完演出之后再处理。

（15）对于这一点，我们是要认真对待。

提示：成分余赘或残缺。拟改为：

对于这一点，我们要认真对待。或改为：对于这一点，我们是要认真对待的。

（16）这是两种重要的两种战略……

提示：成分余赘。拟改为：

这是两种重要的战略……

案例三：文字重复

在书稿的编校差错中，文字重复的现象时而得见。文字重复大致有两种情况，第一种是字词或语句重复：例如将"有利的局面"错排成"有利的的局面"，或错排成"有利有利的局面"，或错排为"有利的局面有利的局面"。此种文字重复的现象较多见。第二种就是整个段落重复：例如有一本再版教材，在第61页出现一大段文字（200多个字）与第59页第一段重复的现象，无独有偶，在第62页又出现了这种差错（与第59页的另一段文字重复）。在这么相近的页码范围内连续两次出现段落重复的差错，着实令该书责任编辑汗颜。此种段落重复的现象虽少见，但错误严重。

现在作者多用个人电脑编写书稿，他们写作时常使用计算机操作系统中的"复制"和"粘贴"功能。尤其是书稿的修订版，作者在修订过程中对其文字和内容进行调整、编排时，"复制"过来"粘贴"过去的情况不少，在交稿的原件中很可能会留下不应有的重复文字，我们在对这类稿件进行审读加工时，尤其要注意这一点。

案例四：用错成语

成语在语言表达中有生动简洁、形象鲜明的作用。若用得恰当，能使文句的意思表达准确而含义深刻。但如果用得不恰当甚或用错了成语，则适得其反。请看：

> 对于新翻译的文本，我们采取了先译者互校然后专家专校的双重方式，以尽可能保证译文的质量。然则，即便如此，新译文本中仍然存在诸多差强人意的地方……

> 文体的良莠是一部传世著作必要的条件和门面，过去大都放任给作者或由编辑把口，尤其在当今编辑文字水平下降的情况下，往往差强人意……

以上两段文字分别摘自 2004 年版的两部图书，其中都把"差强人意"这一成语用错了。"差强人意"是表示"大体上还能使人满意"（《现代汉语词典》）、"尚能使人满意"（《辞海》）、"大体上还能让人满意"（《学生成语词典》）的意思。这与该两段文字所要表达的意思满拧。将两处"差强人意"都改为"不尽如人意"才符合其文意。

再请看：

> 提到"无边界组织"、"学习型组织"等概念，相信你肯定不陌生，而这些概念的始作俑者，如彼得·圣吉、吉姆·柯林斯等都从本书中吸取了理论的养分。

这段文字摘自 2009 年版的一本译著，其中"始作俑者"这一成语被用错了。因为该成语乃地地道道的贬义词。据《孟子·梁惠王上》记载：孔子反对用俑殉葬，曾愤言道："始作俑者，其无后乎！"意思是最早发明用俑殉葬的人，大概断后了吧。后用"始作俑者"来比喻恶劣先例的开创者。有人（包括有的工具书）在褒义或中性意义上使用或解释此成语，用以指第一个做某事、开风气之先者，显然是不妥的。

汉语成语有很多都是由典故演化而来的，有其特定的含义。因此，我们在书稿审读中若碰到自己不太熟悉的成语，一定要查一下，弄明白它的确切含义，而决不能嫌麻烦或望文生义。否则，就很可能出错，甚至弄出笑话来。

案例五：数字荒谬

我们的编辑经常要和书稿中的数字打交道。所以，在数字方面也难免会出差错。若此类差错错得太离谱，就属于常识性错误了。请看下面几个实例：

据联合国统计，世界实物贸易于 1996 年首次突破 5 万亿美元，服务贸易也创下 1.2 亿美元的新记录。

点评：文中的"服务贸易"数额不及"实物贸易"数额的四万分之一，明显不成比例。"1.2 亿美元"似应为"1.2 万亿美元"之误。

从 1970 年到 1980 年，美国 GNP 增长了 37.7%，国民收入达到 21 214 万亿美元。

点评：据比较可靠的估计，2008 年的世界经济总量也不过 65 万亿美元左右，而文中竟说美国 1980 年的 GNP "达到 21 214 万亿美元"。如此算来，美国 1980 年的 GNP 是 2008 年世界经济总量的 300 多倍！"21 214 万亿美元"似应为"21 214 亿美元"之误。

据有关方面估计，我国城镇职工实际失业率已达 9% 左右，农村就业不足的人数在 1.2 人～1.6 亿人之间。

点评：这里的量单位是"亿人"，而非"人"。文中的"1.2 人"成了笑柄。

据不完全统计，目前我国每年订立的合同有 40 亿份左右，合同涉及的金额达 140 亿元。

点评：不细琢磨，难以看出此句话里有什么毛病。但只要把文中的数字联系起来算一下，问题就出来了：平均每份合同涉及的金额仅有区区 3 元 5 角！文中的"140 亿元"似应为"140 万亿元"之误。

中国陆地面积 960 万平方公里，占亚洲大陆土地面积的 22.1％，占全世界陆地面积的 64％。

点评：这个例子也很典型，因为即使你不知道中国陆地面积到底占全世界陆地面积的百分比是多少，总该晓得全世界陆地面积比亚洲的大吧！经核实，文中的"64％"为"6.4％"之误。

上述几个例子中的数字不是漏掉"万"或"亿"字，就是多了"万"字，再就是少了个小数点，从而酿成大错。有鉴于此，我们在审读书稿时，对于数字（尤其是那些带计量单位和小数点的数字）应当更敏感些，对于相互之间有关联的重要数据有必要计算一下，以避免因数字纰漏而造成的常识性错误。

案例六：张冠李戴

在书稿加工过程中，稍不留神就可能弄错对象，犯"张冠李戴"式的逻辑错误。请看下面两例：

电脑公司与曹某签订了一份电脑购销合同，由电脑公司向曹某出售 20 台电脑，合同约定由曹某自行提货负责运输。在提货过程中，由于电脑公司装运工的疏忽，实际装运了 21 台电脑。在运输过程中，与违章的大货车相撞，车被撞翻，货物灭失。此时电脑公司发现装货有误，遂通知王某返还。

提示：上段文中的"王某"让人读不明白，看来是将"曹某"错成"王某"了。

周某因为 2000 年实施入室盗窃行为被抓获，在被采取强制措施期间，供述了公安机关还没有掌握的自己 1997 年伙同田某实施的入室盗窃杀人行为。表面上，似乎构成了余罪自首。然而，根据我国刑法规定，犯罪嫌疑人在自首过程中，为了逃避罪责，有意编造、隐瞒情节，作虚假交代的，不能构成自首。本案中，犯罪嫌疑人田某为了使自己 2000 年入室盗窃行为的判决结果有利于自己……

提示：文中最后一句显然把"周某"错写成"田某"了。

上面两例分别摘自"以案说法"系列的两本书，其中都把人"张冠李戴"了。而下一例则是把国家弄错了对象，请看：

2003 年，欧元区包括 12 个国家：澳大利亚、比利时……

欧盟包括澳大利亚、比利时、丹麦、芬兰、法国……

这两行文字摘自 2004 年版的一本译著，书中两次将澳大利亚列入欧盟或欧元区。经核对原版书，原来是译者错将 Austria（奥地利）译成澳大利亚了，这样低级的知识性差错，译者没意识到，而责任编辑竟也未看出来，这就太成问题了。

还出现过这样的低级错误：在一本书的封面和扉页上，作者的国籍为"［英］"，而在该书的版权页上，作者的国籍却是"［美］"。

为了不再犯或少犯上述"张冠李戴"式的低级错误，我们在审读书稿时尤其要注意前后照应；并强调：在付印时，务必仔细核对封面、扉页和版权页上的各项内容。

案例七：书眉之错

在近些年出版的新书品种中，有不少都设计了书眉。书眉具有提示和装饰作用，能方便读者阅读并使图书版式更加美观。然而，图书是否添加书眉应考虑实际需要和多种因素，并不是所有图书都适合设计书眉。而且，有了书眉不但增加编校的工作量，还平添了其出错的可能性。尤其要提及的是，书眉一旦出错，往往涉及多页。

在以往编校质量检查中，发现书眉出现差错的就有多起，有的甚至造成了质量事故。如《州县官的银两》一书，其第一章每单页书眉的章题"不稳定财政的根源"全都错排为第六章的章题"改革的障碍"，造成该书第一章（20 多页）报废重制的损失。又如《土地科学导论》一书，其第 49 页至第 75 页每单页书眉的"第 3 章"均错排为"第 2 章"，又造成这部分书页报废重制的损失。再如《决胜全球市场》一书，其第 13 章（多页）书眉的章题"国际洽谈与沟通"全都错写成了"国际洽淡与沟通"；《走向市场的中国就业》一书，其第 401 页、403 页书眉将"参考资料"错写为"参考文献";《心灵的再发现》一书,其第 221 页书眉将"主题索引"错排为"参考书目";《硕士专业学位研究生入学资格考试(GCT)复习指南　逻辑》一书,其第 229 页书眉将"第十一章　加强"错排为"第十二章　前提"。

书眉上的差错类似在封面、目录或内文标题上出的差错,也属于图书的脸面性差错,必须杜绝!为此特提示:责任编辑在书稿付印前,一定要把书眉单独作为一项来校核,认真把住这一关。

十组高频易混词语辨析

· 王鹤杰 ·

在编校差错中，有许多是由于把某些同音（或近似同音）的词语给混淆了。下面列出的十组，便是部分此类使用频率较高的易混词语。

一、暴发/爆发

错例：

"墨西哥、美国等多国接连爆发（应为暴发）甲型 H1N1 型流感。""用手腕的暴发（应为爆发）力击球。"

辨析：

"暴发"和"爆发"都是动词，其读音相同、词形相近，词义中也都有"突然而猛烈地发生、发作"的意思。怎样区分和把握它们呢？

"暴发"与"爆发"的侧重点和适用对象有差异："暴发"侧重于突发性，多用于洪水、传染病等；"爆发"侧重于猛烈性，多用于火山、重大事件等。此外，"暴发"有"突然发财或得势"之义，而"爆发"则没有这个义项。

二、备受/倍受

提示：

有不少文字编辑对如何使用这两个词感到疑惑。他们觉得，在某句话里使用它们中的哪一个似乎都读得通。其实不然，因为这两个词的词义是不同的，用得不当，就会弄错要表达的意思。

辨析：

"备"表"都"或"完全"，"备受"就是"受尽"、"尝尽"的意思。而"倍"

则表"更加"或"格外","倍受"就是"更加受到"、"格外受到"的意思。例如"备受关注"就是"受到普遍关注"的意思（范围广），而"倍受关注"则是"格外受到关注"的意思（程度深），如此等等。

三、必须/必需

错例：

"你必需（应为必须）在家多休息几天才好。""发展市场经济，是建设有中国特色的社会主义所必须（应为必需）的。"

辨析：

"必须"是副词，侧重于"一定要"，不这样做不行（表示事理上和情理上的必要；或加强命令语气）。而"必需"是动词，侧重于"一定要有"，没有这种或这些东西不行（强调不可缺少）。

四、不止/不只

错例：

"我不只（应为不止）去过一次颐和园，至少去过五六次了吧。""他不止（应为不只）去过颐和园，还去过故宫、八达岭长城、香山、十三陵等景点。"

辨析：

"不止"是动词，它有两个义项，一个是"不停止"，在这个义项上，大家不会搞错；另一个是"超出某个数量或范围（指同一件事的不同程度）"。"不只"是连词，它也有两个义项，一个是"不但"，在这个义项上，大家也不会搞错；另一个是"超出某个数量或范围（指的是不同事物）"。看来容易混淆的都是它们的第二个义项，我们只要掌握其是指"同一件事"还是"不同事物"，就不会混淆这两个词了。

五、不假思索/不加思索

提示：

有编辑在加工稿件时，把"不加思索"一律改为"不假思索"，以为"不加思索"的"加"是"不假思索"的"假"的别字（其根据是，《现代汉语词典》

只收录了"不假思索"，而没有"不加思索"这一词条）；或将它们看作一组异形词，"不假思索"为首选词形。

辨析：

其实，"不假思索"和"不加思索"都是规范用词，而且是词义不同的两个词。《现代汉语规范词典》就一并收录了这两个词，请看其解释："不假思索"即"用不着经过思考（就作出反应）"，"形容说话做事反应敏捷"。"不加思索"即"不经思考"（就作出反应），"形容言行随便"。我们只要把握一个形容"反应敏捷"，一个形容"言行随便"，使用这两个词中的哪一个就容易判断了。

六、不孚众望/不负众望

错例：

"中国女足不孚众望（应为不负众望），以 2 比 1 战胜了瑞典队。"

辨析：

"不孚众望"的意思是："未能达到大家所期望的那样；不能令大家信服。"而"不负众望"的意思则是："没辜负大家的期望。"这两个成语的意义恰相反。

七、仓促/仓猝

辨析：

在《现代汉语词典》（第 5 版）中，这两个词被视为一组异形词，"仓促"也作"仓猝"，形容"匆忙"。而《现代汉语规范词典》则把"仓促"和"仓猝"视为词义略有不同的两个词："仓促"形容"匆忙"、"急促"，而"仓猝"则形容"匆忙"、"急遽"。并指出"仓猝"侧重于事情的突发性，而"仓促"侧重于时间紧迫。看来，在形容"匆忙"的义项上，这两个词是一组异形词（"仓促"为首选）。而在形容"事情的突发性"意义上，应用"仓猝"，而不宜用"仓促"。

八、订金/定金

提示：

在各以"订"和"定"字组词的词汇中，有不少属于异形词。如"订单"也作"定单"，"订户"也作"定户"，"订婚"也作"定婚"，"订货"也作"定货"，

"订阅"也作"定阅"。于是，有编辑以为"定金"和"订金"也是如此，在编辑加工稿件时便将这两个词统改为一个，而此一改很可能就弄错了。

辨析：

"订金"和"定金"是词义不同的两个词："订金"即"预付款"，是指订购商品等预付的款项，它有某种承诺的意思，但在法律上不具有担保合同履行的作用。"定金"即"保证金"，是指一方当事人为保证履行合同而先行付给对方的款项，具有法律效力。这两个词的重要区别就在于"定金"具有法律效力，而"订金"则不具有法律效力。

九、工夫/功夫

错例：

"他从七岁起就开始练工夫（应为功夫）了。"

辨析：

"工夫"和"功夫"都是名词，在指"时间"或"时候"的义项上，它们是一组异形词（即"功夫"可与"工夫"通用）；但"功夫"还有"本领"、"造诣"、"武术"的义项，而"工夫"则无此等义项。在异形词的选择上，"工夫"为首选。

十、前赴后继/前仆后继

错例：

"上百万知青前仆后继（应为前赴后继），掀起了上山下乡的热潮。"

"新中国是无数革命先烈前赴后继（应为前仆后继），英勇奋斗，用鲜血和生命换来的。"

辨析：

这是两个常用的成语。由于它们的读音相近，往往有人将两者相混（或只认知其中之一）而导致误用。按照《现代汉语规范词典》等工具书的解释，"前赴后继"是说前面的人冲上去了，后面的人也紧跟着上去。形容奋勇向前，连续不断。而"前仆后继"则是说前面的人倒下，后面的人紧跟上来。形容不怕牺牲，英勇奋战。可见，这两个成语的意思是不同的，也是比较容易辨别的。

由李瑞环著作中使用的一个词形想到的

——关于异形词问题的思考

· 王鹤杰 ·

　　李瑞环《务实求理》一书，近日由中国人民大学出版社出版，并向全国发行。全书收入了李瑞环同志自上世纪 80 年代以来在天津和中央期间的讲话和文章 117 篇，约 74 万字，分上下两册，是作者继《学哲学　用哲学》、《辩证法随谈》之后又一部重要论著。

　　据说，在出版这部著作过程中，出版社的编辑曾把作者原稿一篇谈话中说的"掏大粪"的"掏"（读 táo）字改为"淘"，理由是根据《现代汉语词典》的解释，在"从深的地方舀出污水、泥沙、粪便等"的义项上，"掏"为"淘"的异体字，所以"掏"应规范为"淘"；况且，在先前已出版的著作《学哲学　用哲学》中也曾做过相同的改动。没承想，作者在听了出版社的编辑加工汇报并经斟酌后，执意不再将"掏"改为"淘"了：因为"掏大粪"得用手嘛！此处用提手旁的"掏"比较形象。遵照作者这个很有说服力的意见，出版社在《务实求理》最后付印时保留了原稿中的这个"掏"字。这则可传为佳话的小插曲，使我们出版工作者感受颇深：我们不但要认真学习李瑞环同志这几部富有哲学思想、理论指导和实践经验的重要著作，还应该学习他这种一丝不苟和不唯书、只唯实的文风。

　　笔者特意查了一下"掏大粪"或"淘大粪"、"掏粪工"或"淘粪工"这几个词语，发现在《现代汉语词典》、《现代汉语规范词典》、《汉语大词典》和《辞海》等工具书中，只有《现代汉语词典》在"从深的地方舀出污水、泥沙、粪便等"的义项上把"掏"字作为异体字附在"淘"字的条目解释中，在此义项上"掏"才读"táo"，而其他工具书的"掏"字只有"tāo"而无"táo"的读音。此外，翻遍这些工具书，全都找不见"掏大粪"（或"淘大粪"）、"掏粪工"（或

"淘粪工")等词条。从这点上来说，把"掏大粪"的"掏"字规范为"淘"，似乎是理所当然的了。可是，当你查一下这几个词语的实际使用情况，便会发现：绝大多数人都习惯写"掏大粪"而非"淘大粪"；写"掏粪工"而非"淘粪工"。可见，在这几个词语里，"掏"的实际使用频率要远远高于"淘"。由此就会得出相反的结论：把"淘大粪"的"淘"字规范为"掏"，更切合实际。这么看来，现有工具书对"掏"（读 táo）字的处理就有些不妥了。本着通用性（即从俗从众）原则，笔者认为，如果可能的话，在《现代汉语词典》等工具书中修改和补充相应的词条，也许是最好的办法。比如：在词典中将"掏"（读 táo）字作为规范字来处理；补充"掏厕所"、"掏粪工"（即以清理、装运粪便的工作为职业的人）等词条，并把"掏厕所"与"淘厕所"、"掏粪工"与"淘粪工"各作为一组异形词（"掏厕所"、"掏粪工"为首选词形）来处理，等等。如果不顾实际使用情况，硬要按现有工具书的解释把"掏"等字词规范为"淘"等字词，不就削足适履了么？

作为出版（或文字）工作者，我们在日常工作中经常要遇到字形或词形的选择问题。尤其是对异形词的处理问题，往往是大家感到很费心的一件事情。因为从编校的质量要求来说，在同一书稿或文章中，所使用的某一词的词形应当一致。例如，在某部书稿里有两处使用"车把式"一词，另有两处则使用了"车把势"；其前言中使用"斧正"一词，其后记里却出现了"斧政"。这显然是不妥的，应当将它们规范一致才行。此外，汉语书面语中的异形词不仅量多，而且其规范、选择和使用情况也是比较复杂的。

什么是异形词

所谓"异形词"，也叫"异体词"，是指语言中音、义相同而书写形式不同的词（这里说的"书写形式不同"，是指不同的汉字）。其主要特点是"同词异形"，或者叫"一词多形"。教育部、国家语言文字工作委员会于 2001 年 12 月发布的《第一批异形词整理表》"术语"项对异形词的定义是：普通话书面语中并存并用的同音（指声母、韵母、声调完全相同）、同义（指理性意义、色彩意义和语法意义完全相同）而书写形式不同的词语。依此来看，"普通话书面语"是异形词的范围限定，而"同音"和"同义"则是异形词的两个基本条件或要素。可是，《第一批异形词整理表》中就有不属于"普通话书面语"的词语，如"自个儿一自各儿"。在"同音"这个条件上，该《整理表》所收录的也有读音不是"完全相同"的词语，如"直截了当—直捷了当、直接了当"这一组，其中"截"和"捷"读 jié，而"接"只有一个读音 jiē。而类似这种声调有所不同的词语，该《整理表》中未收录的还可以列出很多对（组）。如：报道—报导；打保票—打包票；大马哈鱼—大麻哈鱼；抵挡—抵当；俄而—俄尔；肤浅—浮浅；寒毛—汗毛；黑灯瞎火—黑灯下火；等等。那么，如何看待《第一批异形词整理表》中所给的定义呢？笔者的理解是：它是从严格或狭义的层面上所下的定义。然而，汉语中的异形词十分庞杂，不仅是在"同音"这个要素上还有许多对（组）"声调不相同的"异形词，而且在"同义"这个要素上也还有许多对（组）"限定义项的"异形词（如"掉转"和"调转"这对词，在"转到与原来相反的方向"的义项上，它们是一对异形词；但"调转"还有"调动转换工作等"的意思，而"掉转"却没有这个义项）。据此，我们可以把异形词分为两层：一层是严格意义（即狭义）上的；另一层是非严格意义（即广义）上的。后一层是前一层基础上的外延。这个外延部分还可分为上述"限定义项的"、"声调不相同的"，乃至"声母或韵母近似的"（如"按扣儿—摁扣儿"），甚至"声母、韵母和声调都不相同的"（如"比如—譬如"、"冰激凌—冰淇淋"）等若干种。而从史学等领域的角度，还可包括"古汉语的"。

异形词知多少

汉字的特点就是一个音有很多字、不同的写法与之相对应，这是异形词产生的根源。因此，汉语书面语中的异形词现象相当普遍。那么异形词究竟能有多少呢？这个问题很难给出确切的答案。因为（如前所述）异形词有狭义和广义之分，据笔者查阅和搜集的资料来估算，狭义上的异形词至少有 3 500 对（组）；而广义上的异形词则有可能在狭义的基数上翻番。况且，在实际生活中汉语语言还在发展，新的词语将不断涌现，还会产生某些新的异形词。从已发布或发表的有关文献来看，《第一批异形词整理表》收录的异形词有 338 对（组），另外它还附了含有非规范字的异形词 44 对（组）。2003 年初，由著名语言学家李行健主编的《现代汉语异形词规范词典》出版，这部工具书收录了《第一批异形词整理表》之外的 1 200 多对（组）异形词。同年 8 月，中国版协校对研究委员会、中国语文报刊协会、国家语委异形词研究课题组、《咬文嚼字》编委会联合发布了

《264 组异形词整理表（草案）》。而该草案中收录的异形词已基本上包含在《现代汉语异形词规范词典》中。如此算来，已被上述文献"整理"出来的异形词约有 1 600 对（组），而未被"整理"的异形词（若只从狭义上讲）还有一大半儿呢！对异形词的研究和整理工作可谓任重道远。

异形词的规范问题

从一般意义上说，异形词跟异体字一样，也是汉语书面语的赘疣。所以，要加强词语规范化就必须对大量存在的异形词进行整理，淘汰那些多余的成分，减少汉语中词语书写形式的分歧，以利于人们的学习和使用。

然而，整理、规范异形词是一件十分复杂和困难的事情。如《第一批异形词整理表》和《现代汉语异形词规范词典》等，就是许多有关专家和学者历经多年的艰辛才取得的学术研究成果，且还是推荐性（非强制性）、局部性（即只收录了最常见的部分）的。如果说，对于这些已被整理出来（即有了推荐性标准）的异形词，我们在使用和选择时还可以有参照的话，那么，对于那些还未被整理出来的异形词以及工具书推选不一致的异形词，我们应如何处理呢？如"烦琐"和"繁琐"这对异形词，《现代汉语词典》将"烦琐"作为主条，把"繁琐"作为副条解释说"同'烦琐'"，显然是将"烦琐"作为首选；而《现代汉语规范词典》则将"繁琐"作为主条，把"烦琐"作为副条解释说"现在一般写作'繁琐'"，显然是将"繁琐"作为首选。这种对某对（组）异形词推选不一致的情况，在这两部词典中还可以找出多处来，而在其他工具书里这种情况也不少。到底怎么办呢？笔者认为，应遵循《第一批异形词整理表》中提出的三个原则来处理。

第一，通用性原则。把通用性原则作为异形词选择的首要原则，这是由语言约定俗成的社会属性所决定的。在互联网和搜索引擎十分发达的今天，我们对某对（组）异形词的词频统计和社会调查是很容易和方便的事情（而这样的统计和调查结果大体上也符合实际情况）。所以，通用性原则比较容易运用和把握。而且，绝大多数异形词的选择都能用这一方法解决。

第二，理据性原则。在通用性原则不适用的情况下（如某些异形词较少使用；某些异形词的词频无显著差异，难以确定取舍），可从词语发展的理据性角度来选择。如"夹克—茄克"，它们都是英语 jacket 的音译。本来对于选用什么字来翻译是无所谓的，只要读音相同相近即可。但是，选择"夹克"才符合理据。因为："夹"字本来就有里外两层的意义，生活中又有"夹袄"、"夹衣"一类词语，和 jacket 的原义（短上衣）也是吻合的。

第三，系统性原则。对某些属于同语素系列词的异形词，要考虑用字的一致性。如"忿懑—愤懑"、"愤愤—忿忿"、"气愤—气忿"等，权衡使用频率，"愤"字占有明显的优势，故整个系列都以含"愤"的词形为首选词形。

最后，应当注意的是，还有一些有争议的"异形词"，如"仓促"和"仓猝"，《现代汉语词典》是将它们作为一对异形词来处理的；而《现代汉语规范词典》则将它们看成是词义有所不同的两个词，并解释说："'仓促'侧重于时间紧迫"，"'仓猝'强调事情的突发性"（同时还收录了"仓猝—仓卒"这对异形词）。笔者认为，对于此类有争议的"异形词"，姑且不作异形词来处理，但在相同意义上应当使用一致。

编辑管理之我见

· 邢伯春 ·

改革开放以来，中国的各项事业取得举世瞩目的伟大成就。作为推动文化发展软实力的"航母"——出版业，在保障人民的基本文化权益，推动社会主义文化大发展大繁荣，为实现中华民族的伟大复兴建功立业方面做出了巨大的贡献。但与此同时，出版业也存在一些亟待解决的问题。如何有效地进行管理就是其中之一。

出版社需要加强管理，这种管理包括对人、财、物、编、印、发的管理。从"出版社应以编辑工作为中心"和"生产力中最活跃的是人"的论点出发，对编辑工作的管理和对人的管理便是出版社当下工作中最重要和最棘手的事了。

管理，就是制定、执行、检查和改进，是协调人力、物力、财力以达到组织的目标。管理者只有熟练地运用管理的技巧才能进行有效的管理，使工作达到事半功倍的效果。

现代管理者应重点掌握三个方面的管理技巧，即对人、对事、对时间的管理技巧。

一、对人的管理技巧

（1）用人之长。终审既要对策划编辑交来的稿件有大致的把握，又要对文编的特点心中有数，尽量做到书稿与文编的匹配。每个文编都有自己的专业，各有所长。终审在接到书稿之后，要根据文编的专业特长派发书稿，这样才能使书稿尽快编辑完成。另一方面，为了培养年轻编辑，还要注重文编的全面发展，在不影响出书计划的前提下让每个文编接触不同专业的稿件，提高文编驾驭各种书稿的综合能力。

（2）互相尊重。每个年轻的文编都有各自成长的过程，因此要赋予他们足够的机会和时间去学习与提高、充实与磨炼。在这个过程中，每个人都要怀着一颗宽容与理解的心彼此对待、互帮互助、共同进步。在长期的工作中发现，每个文编都有自己的特点，编辑风格各异，只要符合编辑出版规范，就应允许差异存在，不强求一致。

（3）严于律己。"金无足赤，人无完人"，每个人都有各自的长处与短处。作为一个终审，严于律己更是格外重要，首先要起到表率作用，自己要有扎实的基本功，并不断学习，与时俱进，时刻带着学习之心投入工作，不断努力进取，充实自己，完善工作。与此同时，要虚心接受他人的意见和建议，与大家和谐共处。

编辑作为企业中的一员，必然要受制于企业的各项管理。近些年来，世界上最为流行的是"以人为中心"的管理思想，也就是要理解人、关心人、尊重人、爱护人，以发挥人的聪明才智，充分调动人的积极性与创造性为管理者的任务。

现在有一些单位，很多硬件都齐备了，制度也有，效果却不明显。原因是管理者的思想还处在初级管理思想阶段，仅仅把被管理者当作物来单纯管控起来。单纯的管控带来的后果是编辑不关心自己的出版社，不愿意为企业多贡献自己的力量。编辑作为一种特殊职业，是具有相当的文化水准的人构成的群体，其对尊严及价值的渴求尤为强烈。假若管理者一味地从自己初级的管理思想来思考问题，管理的结果是会出现管理者最不愿意看到的局面。

在日常工作上，作为基层的管理者要团结员工，对工作的安排要合理，要会处理事情，对每位成员要公平、公正，只有这样，才能使企业的员工心情舒畅，极大地调动员工的积极性。

综上所述，作为一个管理者，对人的管理技巧，关键是：对下级主要在于调动他们的积极性和主动性；对同级要争取得到他们的配合和默契；对上级主要是取得他们的领导和支持。只要处理好这"一线三点"的关系，就能使员工齐心协力，拧成一股绳，朝着一个目标努力。这种齐心协力即团队精神，可以使员工产生共同的使命感、归属感和认同感，产生一种强大的凝聚力。

二、对事的管理技巧

编辑的首要任务在选择稿件，稿件确定后，就是体会到稿件的"亮点"，然后，通过全篇改动的形式（即编辑加工），把亮点贯彻到整部书稿。这个过程也就是消灭瑕疵的过程。遇到"硬伤"，要和作者协同改善。比如大段文字的删改，增加某些重要段落，减少重复段落，章节的重新编排等等。对于"非硬伤"的内容，则要尽量保留作者的语言风格，尊重作者的写作习惯。

在工作中，要提高沟通的技巧，包括文编与策划、与作者或其他部门的沟通。在沟通中，时刻提醒自己既要坚持原则，又要善于变通，灵活应对各种可能出现的问题。同时，要在尊重与理解的基础上进行沟通，只有这样才能使沟通有效和顺畅。比如，遇到个性比较强的作者，要委婉耐心地阐明出版的相关规定和书稿加工规范，使沟通在一种和谐的氛围中进行，只有这样，才能有利于双方各自工作的开展，使工作变得高效。

三、对时间的管理技巧

管理者对时间的运用，在于如何分割、集中、巧于应对。将最恰当的知识在最恰当的时间传递给最恰当的人。

在出版过程中，突发事件不可避免。时常会出现赶时间和急于上市的稿件。这时，就需要整个部门的每个人、每个环节的配合，发挥团队的作用，争取在适当的时间让书稿及时进入下一个环节，不能因为文编加工进度慢影响整个出书进程。比如，为了使教材赶在征订季前出版，可能要多位编辑齐上阵，加班加点，运用倒计时的方式编辑加工。在应对这类事件时，更是需要每位成员能密切配合，时刻怀着奉献精神。

任何一个组织，为了顺利达到目标，获得最大利益，发挥团队优势应该是有效的保障措施之一，再加上管理有序得当，我们才能将编辑工作做得极为到位。一个出版社拥有这样的高素质的编辑群体，便是出版社能得以发展、腾飞的保证。

编辑职业道德的基本内涵

职业道德是人们在职业生活实践中形成的比较稳定的道德观念和行为规范，是社会道德的重要组成部分。各行各业都有自己的职业道德。所谓编辑职业道德，就是编辑从业人员在职业实践中应该遵循的道德观念和行为规范。这些道德观念和行为规范将社会道德要求和编辑职业的具体实践相结合，从编辑活动的实际出发，反映了社会对于编辑人员的责任要求与角色期待。

改革开放以来，我国新闻出版事业快速发展，出版物市场竞争日趋激烈，出版编辑人员激增，在文化传播和积累中的作用越来越重要，这也对编辑人员的素质提出了越来越高的要求。本文拟对新时期编辑职业道德的内涵作些探讨，并求教于各位同仁。

一、具有高度的社会责任感，为读者提供优质的精神产品

职业分工是职业道德产生和存在的基础和前提。对于从事不同职业的劳动者，社会对他们不仅有职业和技术上的特殊要求，而且有道德上的特殊要求。编辑在整个社会文化生产和传播过程中具有重要地位，西方传播学理论将编辑视为重要的"守门人"或"把关人"。所谓"把关"或"守门"，实际上是指编辑所履行的选择职责。只有编辑，才能履行对文稿的选择、挑剔、淘汰的职能。早在1983年，《中共中央、国务院关于加强出版工作的决定》就明确指出："编辑工作是整个出版工作的中心环节，是政治性、思想性、科学性、专业性很强的工作，又是艰苦、细致的创造性劳动。编辑人员的政治思想水平、知识水平和业务能力的高低，直接影响着出版物的质量。编辑人员对于提供有益的精神养料、防止精神污染，负有重大的社会责任。"编辑是通过各种出版物及传播工具来向社会提供精神文化产品的，其在文化传播过程中发挥着总串联、总合成、总把关的

作用，因而对社会、对读者负有重要的责任。作为精神产品生产的把关人，编辑在编辑活动中要心中有读者，时刻为读者着想，为读者选择和编辑优秀的精神文化产品，这是编辑的神圣职责。

常言道："编辑工作无小事。"编辑从事的是白纸黑字的工作，文稿一旦变成铅字，便意味着其具有了难以变动的稳定性和广泛深远的影响性。这就要求编辑树立高标准、严要求的质量观念，以认真负责、一丝不苟的工作态度，为社会提供高质量的出版物。

二、爱岗敬业，甘为他人做嫁衣

爱岗敬业是社会道德对所有从业人员的最基本的要求，是所有职业对各自的从业者设定的普遍性要求，也是其他职业道德规范的基础和前提。一方面，在精神产品的社会化生产过程中，编辑处在把关人的重要位置，作者的书稿、论文等只有被编辑发现、认可最终得以出版，才能得到社会的承认并产生社会影响，编辑为此付出了非常艰辛、复杂的脑力劳动；另一方面，文章发表了，图书出版了，作者出名了，却鲜有人会将精品力作与编辑的名字联系在一起，很少有人意识到编辑的奉献和付出。现实生活中，许多人对编辑工作的价值和意义缺乏必要的了解，认为编辑从事的仅仅是改正字句、规范体例版式的简单劳动，对编辑人员缺乏应有的尊重。

毋庸讳言，编辑工作既是一项政治性、思想性、科学性、专业性很强的再创造工作，又是一项繁杂、辛苦、默默无闻的工作，所以，"甘为他人做嫁衣"、"优秀作品的助产士"等，既是人们对编辑工作特点的形象概括，又是对编辑人员甘当幕后英雄、甘为人梯的奉献精神的赞美。在当今社会转型期，新旧体制的交替，东西文化的撞击，市场经济负面影响等等，使不少编辑的价值观、思维方式受到了严重冲击，从而动摇了职业立场。有的编辑"身在曹营心在汉"，对待本职工作漫不经心，出工不出力，得过且过，已经严重损害了编辑的职业形象，影响了出版物的质量。编辑必须具有乐于奉献、淡薄名利、兢兢业业、任劳任怨的敬业精神，发扬"甘为他人做嫁衣"的编辑传统美德，把自己的聪明才智奉献给广大读者。

三、尊重作者，坚持质量面前人人平等

所谓编辑，其主要的工作就是对作者文稿的处理，离开了作者的文稿，也就

无所谓"编"和"辑"。因此，编辑的主要职责不是自己动手写稿，而是策划组织和审读修改作者的文稿。编辑的工作对象是各种各样的文稿，而文稿是作者的劳动成果，是作者心血的结晶。编辑应该尊重作者的劳动，体谅作者的辛苦，认真对待每一篇来稿。一方面，编辑有责任对作者的文稿进行加工、使之完善，这是编辑的权利；另一方面，编辑也应尊重我国著作权法赋予作者的各种权利，尊重作者的学术观点和写作风格，不能擅自改动作者的文稿，把自己的意见强加于作者。

权力关系是人类社会中普遍存在的一种社会关系。按照福柯的理解，权力是一种否定机制，只要有支配或者审查，就可以构成权力。应该承认，在对文稿的处理上，编辑是握有生杀予夺大权的。近些年来，在急功近利的学术评价体系主导下，各级学术单位在学术评价和职称评定过程中，都把在一定级别的学术期刊上发表一定数量的论文作为一种硬性的、制度性的规定加以强调。与此有关，学术期刊的编辑们也跃升为学术舞台上的活跃角色，学术编辑的学术权力获得了空前的膨胀，从"为他人做嫁衣裳"的"幕后英雄"成为号令"学界诸侯"的"无冕之王"。有的编辑滥用手中的权力发关系稿、人情稿，把刊物变成了权钱交易的场所，严重违背了编辑职业道德。编辑的权力是一种公权力。编辑是一个社会角色，他们代表国家、阶级等利益对精神产品进行鉴审、择优，必须受到相关法律和职业道德的规范。编辑应当不徇私情，不搞门派，一视同仁，坚持质量面前人人平等的原则，运用手中的权力来为作者服务、为读者提供优质精神产品。

四、充当伯乐，发现和培养人才

古往今来，许多伟大的科学家、文学家正是由于得到了编辑的发现和扶持，才在人类文化史上闪耀出不灭的光辉。《物理学学报》的编辑普朗克发现了爱因斯坦及其相对论，宗白华在上海编辑《实事新报》副刊《学灯》时发现了郭沫若，叶圣陶早年编《小说月报》时发现了巴金、丁玲等人……

报刊、出版社是发现和培养人才的重要场所。编辑长年累月地处理各种文稿，很自然地要对它们进行分析、比较，因而比较容易发现作者的学识和创造潜力，在发现和培养人才方面具有得天独厚的优势。编辑要充分发挥这一优势，自觉承担起发现和培养人才的责任，尤其是对那些虽然尚显稚嫩、但却很有潜力的未来人才，要给予大力扶持。善于发现和热心扶持富于智慧和创造力的学界新秀，既要求编辑具有深厚的知识素养和敏锐的辨别力，更要求编辑有沙里淘金的耐心和热心，不吝啬自己的时间和精力，为他们的成长架桥铺路，使他们成长为明天的大家、名家。

当前，出版业的竞争日益激烈，期刊、出版社要想在激烈的竞争中取胜，必须建立一支业务能力强、爱岗敬业、具有良好的职业道德的编辑队伍。

关于学术类译著编辑加工的几点思考
——在第一届全国翻译编辑工作研讨会上的发言

· 杨宗元 ·

中国人民大学出版社以"出教材学术精品，育人文社科英才"为出版理念，在我们所出的学术精品中有相当一部分是学术译著。中国人民大学出版社学术出版中心就陆续推出了"当代世界学术名著·哲学系列"、"宗教学译丛"、"布莱克威尔哲学指导丛书"、"国外经典哲学教材译丛"以及《亚里士多德全集》十卷本、《蒯因著作集》六卷本、《康德著作集》九卷本、《劳特利奇哲学史》十卷本等学术类翻译作品。我们在编辑出版这些作品的过程中，总体的感觉是战战兢兢、如履薄冰，在这里和各位编辑老师一起交流一下我们的想法，以便我们在以后的编辑工作中能够走得更稳一些。

之所以战战兢兢、如履薄冰，主要有以下几方面的原因：

首先是好的译者难找。现在国内各出版社都引进了大量的外文书籍，这就需要有一支庞大的翻译队伍。由于学术翻译涉及艰深的专业知识，所以通常由专业学者来承担翻译工作。但在我国的学术考评体系中，翻译作品通常不能算做与专著有同等分量的学术成果。翻译工作本身是一种再创作，需要付出巨大的劳动，而且要求译者有扎实的学术功底。翻译难度大，耗时费力，但又不被认可，这就大大影响了学者从事翻译工作的积极性。所以很多译者把从事翻译作为进入学术界的敲门砖，一旦登堂入室，往往就自己著书立说，很少从事学术翻译工作。这样，高水平的译者往往很难找到。

其次是出版流程加快，编辑的工作量很大，很难做到对照校订。逐字逐句对照原文修改译文，这样做虽然有助于保证译稿质量，但在目前出版周期缩短，出版流程加快，编辑工作量极大的情况下确实难以实行。现在编辑加工译稿时通常主要是通读译文，在有必要和有疑问时才去核查原文，在很大程度上将翻译稿当作原创中文稿件来处理。而这样做，势必存在放过漏译甚至错译的风险。

最后，学科分化越来越细，书稿的专业性越来越强，但编辑却难以做到只审读自己熟悉的专业领域的稿件。熟话说，隔行如隔山，同是哲学学科，美学的专业编辑审读逻辑学的译稿时，可能对逻辑学的定理、演绎根本就不知所云，而中哲史的编辑对西方哲学的术语、表达方式也不是很熟悉，这样就很可能难以发现对专业的研究者来说是常识性问题的错误。但对出版社来说，又很难做到每一个细小的专业门类都配备相应专业的编辑，也难以做到完全按专业来分配稿件。

上述这些状况只要存在，书稿的质量问题就如同达摩克利斯之剑悬在我们头顶，让我们经常感到非常忧虑，所以也很希望和其他出版社交流，共同探讨应对之策。我这里先抛砖引玉，谈谈我们的做法。

一、把住源头，提高译稿的交稿质量

译稿的交稿质量对书稿的最终质量的影响是至关重要的，如果译稿交稿时质量就比较好，书稿的整体质量在很大程度上就有了保证。在提高译稿的交稿质量方面，我们主要是这样做的。

首先，在译者的选择上，社里重要的项目必须找有资深的专业翻译经验的专家学者承担。甚至可以说是译者决定项目，如果没有合适的译者，这样的项目就难以立项。由于这类项目本身学术性极强，为学术界所关注，无论是出版社还是译者本人都会非常重视，所以经过我们的努力，一些资深的专家还是愿意承担的。比如《康德著作集》是由中国人民大学哲学院李秋零教授承担的，从 2000 年开始，到 2010 年出齐，十年磨一剑，他为这个项目倾注了大量心血，把它作为其学术生涯的重要组成部分。因此，相对而言，这类重要项目还是容易找到高水平的译者的。

其次，尽量由资深学者担任系列丛书的主编，对全套丛书的译稿质量负责。给每一本译著都找一位资深的译者是困难的，但给一个系列找资深学者担任主编相对说来要容易一些。丛书的主编能够起到寻找译者，解决译者在个别疑难翻译问题上的疑问，对译文的质量进行把关的作用，从而为我们在译稿进入编辑流程之前把了一道关。比如，《劳特利奇哲学史》十卷本的中译总主编是冯俊教授，就现在已出的五卷来看，在每一卷中他都承担一章书稿的翻译，同时对全书进行译校，保证了这套书的质量。当然，有时丛书主编也不可能对整个系列的所有图书进行译校，但当编辑在发现译稿在总体质量上有问题时，丛书主编就会承担起责任来，对译稿的质量负责。比如，《马克思主义研究译丛》中有一本书就是这样，责编发现译稿有较多的误译现象，退译者修改后感到译稿的总体质量并没有提高，于是就向丛书主编说明了情况，请丛书主编校译。经过丛书主编校译，书稿质量有了较大的提高。

再次，在给单本译著找译者时，首选专业好、中文好的译者。也有很多英语专业的译者或者在国外学习生活很多年的译者愿意从事书稿翻译，但如果他们没有扎实的专业背景和良好的中文表达，这样的译者译出来的书稿往往难以卒读，甚至会隐藏着一些不可容忍的常识性错误，如果书稿的总体质量不行，编辑也很可能会顾此失彼，难以把所有的错误都消灭。而有着扎实的专业基本功和中文的文字基础的译者在专业知识方面留下的错误会相对较少，文字也会相对通顺。

最后，在出版社内由策划编辑对译稿的交稿质量进行把关。一方面，策划编辑审读译稿的样章。特别是从未合作过的译者，必须由译者先译样章，经策划编辑审读译稿的质量以后再签订翻译合同。有时会同时请两三位译者同译一本书的同一章，在比较中选择译者。另一方面，译稿交稿时策划编辑要对译稿进行初审，对不合格的译稿要退译者修改，或者商译者另外约请校译。此外，在译稿进入编辑流程以后，由负责的文字编辑对译稿质量进行打分，从而督促策划编辑把好译稿的交稿质量关。

二、设计合理的编辑流程，提高书稿质量

我们严格实行三审三校制，初审由社外编辑担任，复审和终审由社内的编辑担任，校对的一校和二校由校对公司承担，核红主要由社内的校对承担。社内的复审编辑也被我们称为责任编辑，负责监督整个书稿流程，同时对书稿的文字质量负责，终审一方面监督检查书稿的文字质量，另一方面负责书稿的政治质量和学术质量。由于责任编辑管理整个书稿流程，因此责编的工作是提高译稿质量的关键环节。在责编的书稿流程管理方面我们有一些特别的做法。

首先，作为初审的外编与作为复审的责编在专业上要形成互补。社内的编辑总是有限的，而社外编辑可选择的余地要大得多，在书稿的专业方向与责编的专

业方向不一致时，就一定要请专业与书稿专业方向相同的社外编辑。比如，我是《康德著作集》的责任编辑，我的专业方向是伦理学原理或西方伦理思想史，我了解康德的伦理思想，编辑《实践理性批判》得心应手，但对康德总体思想和学术风格的把握就不如西方哲学专业的编辑，所以我在找外编时，就请一位西方哲学博士、三联书店的编辑为我担任外编，这就有力地保证了书稿的质量。该书的译者李秋零教授对这种编辑专业的组合非常满意，他说："一个相对专业的编辑，一个相对外行的编辑都从各自的角度通读过我的译稿，我就更放心了。"

其次，在对书稿的编辑加工过程中要注意几个关键环节。

（1）判断漏译。我们采用以段为单位进行比对的方法来判断漏译。我们通过对照段落的首句和尾句，对照英文和中文的篇幅比例，查找关键词（如大写英文字母表示的名称、机构简称，阿拉伯数字，注释的内容等）等，来核对译稿同原著的篇幅和关键内容是否相符，检查是否漏译。

（2）审读索引，检查重要的名词术语、人名、地名是否有误译的情况。在编辑无法对照原文逐字逐句修改译文的情况下，对照原文检查索引就显得十分重要。译稿中经常出现的一类错误就是译名的差错，而索引中则集中了全书中重要的专业术语和人名、地名，而且索引通常是中英文对照的，对索引进行细致的比对、检查就能够发现一些重要的错误，而且也能够在某种程度上看出译者的水平，从而在编辑加工过程中提高警惕。

（3）通读全书，提出疑问。书稿是否存在误译，往往是能够通过上下文是否符合逻辑、是否符合常识来判断的。遇到个别有疑问的地方时，应对照原著，做出记号。问题简单时编辑自己解决，如果属于专业问题，可请译者集中核实，这样既可保证质量又提高了效率。

（4）修改文字，使之符合中文习惯。在译稿中经常会出现英文式的句子，以至于整个译稿生涩难懂。所以，我们就要求编辑对不合中文习惯的被动句、过长的定语以及动宾搭配不当等译稿中经常出现的问题提高敏感性，在编辑加工的过程中加以修改。

（5）提高政治敏感性，就相关问题提请终审编辑关注。政治问题在译稿中是经常出现的，有的比较明显，有的只是个别字词不当，但一旦出现政治问题就是极为严重的错误，因此，虽然书稿的政治质量由终审负责，但责编在编辑加工的过程中对政治问题也要高度关注。

三、注意编辑技巧，丰富编辑经验，提高译稿质量

提高译稿质量，对编辑而言就是找出译稿中的错误，如果编辑能够把主要的精力用在找错上，而不是用在技术规范上，就有助于提高质量。

（1）策划在约稿时和译者有效沟通，包括告知译者我们社的规范以及先译索引以保持译名统一的事项，从而减少编辑的工作量。在用字的规范统一问题上，我们在书稿打印之前就用统改的方式进行处理。

（2）在个别的细节上采取简化的方式处理，从而节约时间，以便编辑把主要精力放在书稿的学术质量上。比如，我们对注释中的出版社名称、地名都不要求翻译，全部照录原书。这一方面减小编辑核对这些专名的工作量，另一方面也便于真正使用这些信息的读者看到原始信息。在索引的加工方面，我们在中文版本的版心旁边标注原著的页码，索引中的页码还继续保持原著页码，这样做也避免了编辑一一查找索引词在中文版本所在页码的麻烦，减少了工作量。

（3）关注易错点，设置编辑底线。我们对编辑的要求是，无论是什么专业的书稿，编辑必须能读懂。如果编辑读不懂，那普通的读者也必定读不懂。如果编辑对某个句子或某个段落完全不知所云，要么是因为专业差异，要么是因为译稿出现了错误。如果是前一种情况，编辑搞懂这个句子就是在学习相关的专业知识，为以后的编辑工作打下基础。如果是后一种情况，我们就减少了出现错误的机会。最容易出现错误并很可能贻笑大方的是有关中国名人、名著的翻译，因为几经转译，如果译者译错了，很可能已经面目全非，编辑不对照原文、查找资料很难猜测出译者译错了。所以，如果编辑对译著中提到的中国的人名、著作名、历史事件、名言一无所知，就必须核对原文。通常说来，国外学者谈到的有关中国的内容是相对著名的，生僻的内容较少，如果出现了我们编辑对书稿中提到的有关中国的内容一无所知的情况，出现差错的可能性就比较大。像门修斯（孟子）、常凯申（蒋介石）这类译名，如果编辑抱着"外国人讲到的中国人，我怎么会竟然不知道"的想法去核查一下，就可以避免了。

（4）选用适合的工具书，甚至编辑自己整理常用的编辑工具。我们通常以《辞海》和商务印书馆出版的译名手册为参考书，但有很多国外人名或术语，通行译法与词典并不一致，有些词语可能尚未形成一致的译法，所以有几种通行的译法，而有时译者会坚持自己的译法；此外，我们在译稿中除了关注译名外，有时也要标注英文原名和生卒年。为了方便，我们有些编辑就自己总结在自己的专

业领域中经常用到的人名、地名、专有名词以及相关信息，查找时非常方便，既有助于书稿的统一，也节约了查找大部头工具书的时间。

以上就是我们的做法，这些方法对提高书稿质量有一定作用，但真正确保翻译书稿质量的关键，还在于有良好的学术管理机制，建立高水平的翻译队伍，这才是治本之策。

出版编辑工作之我见

·梁　颖·

时光荏苒，不知不觉我已步入了中年，从事出版工作也已十年有余。以前从没有好好去回想这十几年的工作之路，这次恰逢五一节日，可以细细地梳理一下这些年的工作经历、心得。

面对国内出版业日益激烈的竞争，面对加入 WTO 后国际出版业巨头带来的更大竞争，作为出版战的前沿阵地——出版社，作为出版社诸环节中的排头兵——编辑，究竟应该怎样尽快适应这种新形势，究竟应该怎样审时度势、开拓创新、与时俱进，成为一个十分紧迫的问题。

出版业很需要杂家和通才，因为要出版的东西是不确定的，覆盖多个领域。从业者不仅要了解出版物的内容，还要讲究经营之道，熟悉市场。所以这是一个综合性很强的行业，也就决定了对人才的要求是多方面、多层次的。

出版社作为一个经营实体，是多工种协同配合运营的整体，就每个环节来说，都有学可研，都需要专门人才，就整体层面上说，又需要宏观管理人才。出版人才既要有管理方面的知识，又要有专业方面的知识，当然这两种知识是不同的，前者是要统筹规划，要宏观管理，后者是要做编辑加工，注意的是内容校对、版式设计等微观问题。

就编辑工作而言，核心内容之一，也是最能体现编辑工作价值的一面，就是对选题的策划和文稿内容的加工。如果一个编辑对某一学科知识没有基本的了解、对学科的发展脉搏不能有所把握，那这个编辑很难策划出到位的选题，即使只是做文字编辑，也无法判断出书稿的优劣和提出具体的加工意见。编辑加工工作，不应只是限于一般技术层面，如标点、错别字的订正，版式的设计等，更重要的是订正内容的纰漏。

一、坚持正确的出书方向，是编辑工作的头等要务

坚持正确的出书方向，决不是什么新鲜话题。对我们每一个编辑人员来说，永远都是最重要的问题。因为，要想在市场经济的激烈竞争及商业功利的诱惑面前保持一份冷静和清醒，要想自觉地以自己的文化良知来抵制泛商业化对人们精神世界的负面影响，要想为社会、为大众提供更多健康有益的精神食粮，使出版工作更加有效地服务于社会主义的两个文明建设，离开了正确的出书方向，是不可能做到的。确实，对于出版业来说，坚持正确的出版方向绝对是个大事，是任何时候都不能掉以轻心更不能偏离的。坚持正确的出书方向，是党和国家对每一个出版工作者的基本要求，也是每个编辑人员义不容辞的社会责任。因为，出版社出版的任何一种图书，都首先要经过编辑之手，它究竟以什么模样进入社会与读者见面，内在质量是优是劣，品位格调是高是低，不但有出版方向问题，更有编辑的素质和责任感在内。一些有问题的图书之所以能够流入市场、危害社会，说到底是出版社把关不严、出书方向有误所致，而这和在出版社一线工作的编辑更是有着最直接的关系。

怎样才能坚持正确的出书方向呢？从编辑的角度说，需要不断地加强理论学习，提高自己的政治素养及分辨是非的能力，而表现在业务上，就是要为社会主义两个文明建设多出好书，不出坏书，少出平庸书。我们的编辑出版工作，只有坚持以邓小平同志建设有中国特色社会主义理论为指导，认真落实江泽民同志"三个代表"重要思想，按照"以科学的理论武装人，以正确的舆论引导人，以高尚的精神塑造人，以优秀的作品鼓舞人"的要求，从本职工作的实际出发，创造性地开展工作，才能保证我们的出版沿着正确的方向健康发展、永远向前。

二、努力提高图书质量，是编辑工作的不懈追求

一本图书的出版，包含多个环节，其中每一道工序都要保证质量（外在与内在）。而其中心的环节，是选题的优化和书稿的审读把关。优化选题是全部编辑业务中最基础的工作，但它同时又是最重要的工作。因为选题不仅体现着出书方向的正确与否，更直接关系到图书内在质量的优劣，决定着它能否被读者接受。

优化了选题并不等于就大功告成了，要向社会、向读者提供一本高质量的图书，还必须在后续的工作中继续努力：认真物色作者，对书稿进行严格的编辑加工。只有从严掌握和控制好这一中心环节，认真负责、一丝不苟，才能打好图书

质量的基础，为其他环节的工作创造方便有利的条件。尤其是现在，出书周期越来越短，为了尽快抢占图书市场，以免给他人造成可乘之机，往往一个好的选题从策划到成书只需很短的时间，这就更为图书质量的保证提出了难题。有些出版社和编辑认为，好的选题就是效益，只要抢先占领了市场，质量差一些没有关系。这恰恰进入了一个认识误区，因为最终，质量才是市场，才是效益。在中国的图书市场和中国的消费者日益成熟的今天，在读者的购书行为更自觉、更理性的今天，如果没有质量做保证，要想在图书市场上分一杯羹，恐怕只是出版社和编辑一厢情愿。所以，即使在图书的出版许多都已进入了短平快的情况下，质量也应该是编辑工作的重中之重。追求质量，保证质量，将质量视为出版社的生命、编辑的生命，应该是每一个编辑清醒的认识和不懈的追求。

编辑的工作主要包括以下内容：确定编辑计划，根据工作需要策划选题；组织和预约相关稿件；对来稿或资料进行整理、修改和润色；负责文稿或资料的校对及审核工作；安排文稿的版式；与作者建立良好的合作关系，并培养自己的作者队伍；阅读读者来信，收集读者的意见和建议。

如果说坚持正确的出书方向是编辑工作的头等要务，优化图书选题、保证图书质量是编辑工作的不懈追求的话，那么，多出好书，以优秀的产品奉献社会，为人类文明的传承与发展做出贡献，则应是编辑工作的永恒主题。

要保证编辑多出好书或只出好书，除了自身能力、水平的提高以外，最主要的，就是要处理好两个效益的关系，在坚持两个效益的统一方面多下工夫。

当然，优秀的图书还有许多特定的内涵和指标，决不是单纯地强调某一点就能够达到的。它需要编辑使出浑身解数，需要出版社调动全部力量去精心打造。

以上是我的一点想法，但细想起来，自己从事出版编辑工作十余年，却并没有真正把这些问题都想好。所以，重新谈起这些，只为与广大同仁共勉。

浅谈编辑的素养

· 毛润琳 ·

编辑的古义，是顺其次第，编列简策而成书。编辑二字，即从收集编连简策而来，虽然后来书写材料发生了很大的变化，但这一说法沿用至今未改。[1]在《现代汉语词典》（第5版）中，编辑一词有两种解释，一是"对资料或现成的作品进行整理、加工"；二是"做编辑工作的人"。

有位前辈说："编辑事业是立言、存史、资政、育人的事业。"[2]作为一名年轻的编辑，这让我由衷地感到一种神圣感、责任感和使命感。要做一名好编辑，为读者挑选和呈现优秀的精神食粮，需要具备诸多方面的良好素养。在这里谈谈我对编辑素养的一点认识。

一、政治素养

编辑是精神文化产品的加工者和传播者，参与精神产品的设计、生产、传播、积累、贮存等环节，是精神文化建设中非常关键的力量。因此，与其他一般的职业相比，编辑的政治素养显得尤其重要。

编辑当然不是政治家，但在政治上必须成熟，因为编辑特殊的社会责任和使命，要求编辑必须有辨别大是大非的能力。在坚持先进文化的前进方向的实践中，编辑要讲政治，这是前提和根本。编辑工作的实质就是通过编辑出版的具体实践，贯彻党在社会主义市场经济条件下的一系列方针和政策，为新时期的社会主义精神文明建设提供精神食粮，因而具有很强的宣传和导向作用。由于这一工作的特殊性，要求编辑工作者必须了解国家的方针、政策和相关法规，增强政治敏感性，遵守政治纪律和编辑纪律。

具体到编辑的实际工作中，从选题策划到编辑加工，都要关注书稿的政治性问题。这主要体现在三个方面：一是书稿中涉及的政治观点的正确性；二是书稿所体现的政治倾向性；三是书稿的内容必须符合党和国家的政策法令。也就是说，在编辑工作中，坚持出版物的政治性、政治导向，严格执行党和国家的政策，是非常重要的内容。对书稿的政治性问题能否做出正确的判断，取决于一个编辑的政治素养。

那么，如何提高政治素养呢？

第一，要重视，思想上要保持对读者、对国家高度的责任感，审稿时要关注书稿涉及的政治问题。

第二，要不断学习，全面掌握党和国家的方针、政策，学习重要文件，领会重要会议的精神。

第三，要注意形势的发展变化。一本书稿，从作者交稿到正式出版，往往周期很长，有些大部头甚至要经历几年、几十年的出版周期。在这个过程中，形势可能会发生变化，政策也可能会有变化。这就要求编辑在发稿时要再次关注涉及政策的地方，重印书时也要注意这一点。

二、职业道德素养

编辑职业道德是指编辑工作者在出版物编辑出版过程中应遵循的道德。它是职业道德要求与编辑职业的具体实践相结合的产物，既符合社会主义道德的普遍要求，又具有编辑职业的特征。它是编辑应具备的生活、工作准则以及行为规范。

第一，编辑职业道德的核心是为人民服务。

为人民服务是社会主义道德的核心，当然，也是社会主义编辑职业道德的核心。为人民服务作为编辑职业道德的核心，就是要求我们编辑工作者热爱人民，对人民负责。对于编辑来说，为人民服务就体现在为读者服务。编辑要了解读者需要，提供读者需要的读物。编辑应具有高度的社会责任感，选择对人们的精神世界产生积极健康影响、对人类物质文明建设起推动作用的资源作为工作对象。

作者有随意表达自己观点的自由，只要不公开发表、不传播，没有人能够干涉。但是一旦书稿交到编辑手中，编辑就要从读者的利益出发，把好文字关、把好政治关。不适宜出版的，要堵住；有缺点的，要请作者修改；好的作品要用好的形式送到读者手中。这就是编辑的职业要求，也是编辑为人民服务的表现。

第二，编辑职业道德集中体现为无私奉献的精神、敬业的精神和精益求精的精神。

编辑的工作就是为作者"做嫁衣"，将作者的作品以最好的面貌呈现给读者。要做好这个工作，就需要编辑工作者具有甘愿奉献的精神和思想境界。许多编辑经过自己的努力使名不见经传的作者成为非常有影响的人物，使其作品成为家喻户晓的作品，而这些编辑在其荣誉的背后默守着编辑谦虚谨慎的操行。如果一篇文章、一本书受到读者的诟病，编辑也免不了承担责任。所以一个没有奉献精神的人，是不可能安心长期从事这项工作的。

出版前辈邹韬奋先生曾说过："我不愿一字一句我所不懂或不称心就随便付印。""看校样时聚精会神，就和写作时一样，因为我的目的是不让它有一个错字。"这就是编辑的敬业精神的体现。我们周围有不少平凡的编辑具有这种不平凡的精神。编辑的功能除了选择性，就是加工性。对稿件进行编辑加工，要对其思想内容、语言文字诸方面高度负责。如果粗制滥造，错误百出，错别字连篇，就会误人子弟，就违背了编辑职业的本质功能，是不道德的。另外，职业道德也是行业道德，是与行业竞争联系在一起的，高质量的读物在市场上才有竞争力。编辑要编出高质量的读物，就必须有敬业之心。

出版前辈、原人民出版社的总编辑张惠卿说："编辑担负着把意识形态领域内，也包括科技文化各方面的成果进行组织、汇集、整理、公布的责任。编辑工作者既是书稿的规划者，又是书稿的组织者；既是书稿的鉴定者，又是书稿的加工者。"这段话不仅概括了编辑的任务，而且也道出了编辑的责任是重大的。每一名编辑都应该在思想上明确自身的社会定位和社会价值，明确自身的政治责任和社会责任，并且在工作中自觉强化奉献意识，对待工作精益求精，一丝不苟，认真负责，在市场经济的大潮中坚持文化的纯洁性，把提高出版物的质量作为自己的神圣职责。

三、文化素养

编辑工作是建立在作者劳动成果的基础上的，是一种再创造性劳动，它需要编辑具有与其工作相适应的知识结构，既要博学多识，同时又要不断更新和补充知识。正如出版前辈罗竹风先生曾在《杂家》一文中所说："一个好编辑，应是一位'杂家'。学识广泛，谓之'杂'……杂家不好当，十八般武器，上手了都得耍几招，还得像模像样。"

编辑的文化素养决定着编辑活动的质量，决定着文化产品的质量。编辑的文化素养主要体现在以下几个方面：

第一，语言文字能力。

语言文字是一切编辑工作的基础。扎实的语言文字功底，如字、词、句、篇章、语法、逻辑、修辞等语言文字知识，是编辑的基本功。我国著名的语言学家陈原对编辑的语言文字修养进行了总结，提出六点：一是驾驭语言文字；二是时刻记住规范化三个字；三是学会用字、写字和认字；四是必须经常请教字典（辞书）这个老师；五是千万不要强加于人；六是要会做文字宣传工作。[3] 这几点要求对我们编辑工作者提高语言文字修养指明了方向。对于编辑来说，不管遇到什么样的稿件，都需要利用自己扎实的语言文字功底，对稿件进行加工和润色，使其符合公开发表的要求。

林语堂曾经在强调学者和作家的见识能力和创造能力时，认为他们的作品中最主要的是要有新鲜的、属于自己的见解，"只要他的立意精辟，文法上略有不妥之处也是不妨的，这种小小的错误，自有那出版者的编校人员会替他改正的。"尽管这个说法本身未必恰当，但是也确实指出了我们编辑不能不做的工作。纠正一本书或者一篇稿子在文法上的不妥之处，改正错别字，按照出版规范进行规范化处理，的确是编辑的责任。当然，水平低的稿子，我们可以退稿；文字错漏太多的，可以退作者修改，但这都是经过编辑阅读并做出判断之后的处理，这也说明把好稿子的质量关的确是我们工作的一部分。要把好这个质量关，为读者提供优质的读物，就需要编辑具有良好的语言文字能力。

第二，审读鉴赏能力。

人类创造的文化，向来都是精华与糟粕并存，先进与落后混杂。编辑的职责就是要审读、鉴定、取舍，筛选出最好的读物呈现给读者。审读鉴赏能力贯穿于编辑的全过程。从挑选作者、挑选作品到审读书稿，以及确定书稿的版式、封面等诸多方面都需要编辑具有较高的审读鉴赏能力。

第三，学习知识的能力。

在这个知识更新迅猛的时代，各学科专门化程度日益精微而且相互交叉渗透，开始向综合化、整体化的趋势发展，要求编辑必须不断地吸收各方面的"营养"，具有广博、精深、常新、多层的知识储备。一般说来，知识储备越丰富，可供调用的知识越多，运用起来就可能越灵活，产生新的思想的可能性就越大，能力就越大。学习知识的目的是增强解决问题的能力。对于编辑而言，面对的大多是不同学科、不同类型的书稿或稿件，只有储备一定的知识，才能具有敏锐的判断力，才能对稿件或书稿进行正确的加工。如果没有基本的专业储备，很可能会作出不恰当的改动，甚至会闹出笑话，例如，将法律书稿中的"英美法系国家"改为"英、美、法等国"。此外，编辑还应具备相当的职业敏感性、预见性，能够迅速捕捉到新近的信息，把最新的社会动态、科研成果反映到出版物中。

第四，外语阅读能力。

编辑的文化素养还包括外语阅读能力。邹韬奋在谈到编辑应具备的基本条件时，指出应"至少精通一种外国文"。邹先生当时是从主持评论的人多看国外的报刊以储蓄思想这一点来谈的，用今天的话来说，是可以通过及时阅读外文书报以掌握最新信息作为自己工作的借鉴。[4]面对全球化和互联网飞速发展的形势，至少精通一门外语已经成为编辑们的共识。即使是不从事翻译书稿出版的编辑，也有很多需要外语的地方。例如，上互联网查阅国外的资料。近年来版权贸易获得了较大的发展，我国出版业积极实施"走出去"战略，抢占国外市场，这对编辑的外语能力提出了更高的要求。

四、创新素养

邹韬奋先生曾说过："最重要的是要有创造的精神。尾巴主义是成功的仇敌。"[5]新世纪的我国出版业，面临着转制的考验和国外出版业的冲击。这既是挑战，更是机遇。在这个关键时刻，创新素养对于从事出版工作的每一个人特别是编辑就显得尤为重要。编辑必须与时俱进，准确把握时代精神和社会发展方向，在挖掘和继承历史的优秀文化成果，吸纳世界各国的先进科学技术和优秀文化的基础上，立足于中国社会主义文化的创新和发展，不断地运用新角度，更新形式，改造内容，为读者带来更多更优秀的具有创新价值的文化产品。

具体而言，编辑的创新素养主要指以下三种能力：

第一，与时俱进的能力。

社会在发展，人类在进步，知识、信息日新月异。在出版物市场竞争日趋激烈的今天，编辑能否与时俱进直接关系到出版单位的前途和命运，可以说与时俱进是编辑活动的实质。编辑创造性地开展工作源于观念的转变和创新。如今，出版单位已作为独立的市场主体进入激烈的市场竞争中，必须要按市场经济规律运作，为读者提供质量好、深受其欢迎的读物，这就是与时俱进意识的体现。

编辑工作是文化工作，编辑劳动是精神劳动，不具备一定的学识不能胜任。与时俱进意味着编辑不仅要具备渊博的学识，更要在原有基础上不断学习，有所突破，不断超越自我，跟上时代发展的步伐。编辑只有不断提高、充实自己，才能架起与作者、读者沟通的桥梁。否则，就会犯一些低级错误。

第二，选题策划的前瞻能力。

选题策划是做好编辑工作的关键，编辑人员在选题策划中体现出的前瞻能力则是关键中的关键。具体而言，这种前瞻能力主要表现在三个方面：一是围绕出版方向推陈出新的能力。这就要求我们在选题策划时，不能急功近利、盲目跟风，而应首先考虑选题的方向与持续效应，即与出版单位定位的吻合程度及在出版物市场上的生命力。二是独立思考与科学分析能力。在选题策划过程中，编辑要有独立思考的精神，坚持科学分析的态度。三是内容创新与形式创新能力。在出版工作中，编辑作为创新主体贯彻选题策划活动始终的是内容的创新与形式的创新，并使其完美统一。要从读者的需求出发，以读者最能接受的形式，为广大读者提供优质的文化产品。

第三，编辑业务现代化的能力。

随着计算机和网络技术的发展，传统的纸笔办公正在走向编辑业务的现代化，即应用计算机来管理和处理编辑工作中的日常事务和各种信息，运用网络技术实现传播方式的电子化和网络化。新时期的编辑不仅要提高自己运用现代化办公设备的能力，还需要进一步培养以下能力：运用网络进行市场调研，及时调整选题方向的能力；通过网络开展编辑信息共享、在线检索、在线校对等业务活动的能力；网络数据库的及时集成、重大课题论文报道的连续追踪能力等。[6]

五、沟通能力

编辑以书稿和出版物为纽带，一头连着作者，一头连着读者，成为他们沟通的桥梁。编辑在工作过程中，要与各种各样的人沟通。调研时要与读者、市场人员沟通；组稿、约稿、审稿时要与作者沟通；发稿时要与本单位的领导、负责出版的同事沟通；宣传、发行时要与营销人员、发行商沟通。这就要求编辑具有良好的沟通能力。

例如，很多作者都是写自己熟悉的东西，不一定了解市场、了解读者需求，编辑就要根据自己的调研情况，与作者沟通，帮助作者修改、完善稿件，要起协调和搭桥作用。

除上述几个方面，在市场经济条件下，编辑还应当具有市场意识。也就是说，编辑在策划选题、编辑书稿时，要着眼于市场，关注读者的需求。有需求才会有购买行为，才能实现出版物的经济效益。

在知识经济时代，编辑作为特殊的文化工作者，只有不断创新、不断提高自身素质，才能为读者奉献优质的出版物，丰富读者的文化生活，进而推动社会主义精神文明的建设。

【注释】

[1] 参见 http://baike. baidu. com/view/28525. htm? fr=ala0_1_1。

[2] 杨牧之：《编辑的素养》，3 页，郑州，大象出版社，2009。

[3] 参见雷群明等：《编辑修养十日谈》，192 页，上海，上海科技教育出版社，2002。

[4] 参见上书，208 页。

[5] 转引自上书，49 页。

[6] 黎松岿：《出版创新：发展先进文化的必然要求》，载《新华文摘》，2002 (3)。

如何做好编辑加工工作

·梁　硕·

一本好书的出版离不开一个好编辑的加工，如何做好编辑加工工作，通过十几年的实践，我认为主要有以下三点。

一、要充分认识编辑加工的重要性，才能在思想上重视起来，行动中体现出来

目前，出版界有人认为，作者是一传手，编辑是二传手，而图书营销人员才是主攻手，直接决定出版的成败。也有人说，编辑加工是简单劳动，改改错别字而已，微不足道，不屑一顾。在这样的认识下，编辑加工的工作地位自然是次中之次了。但是，我坚持认为，一部书的炒作，虽可以炒出轰动效应，却炒不出真正的优秀图书来，炒不出图书的高质量来。不可否认，图书在流通过程中是以商品形式进行市场交换的，不能完全排除商品营销手段的应用，但决定出版的成败的，无论直接或间接因素，都不是商业营销，而是图书本身的质量。因为图书的本质是精神产品，其成败决定于图书自身的社会效果。

因此，一本好书的出版，就好比作者的写作水平是红花，编辑的加工就是绿叶，红花离不开绿叶的陪衬。我们知道，写书容易改书难，编辑加工绝不是雕虫小技，它比其他任何工作都更紧密地与知识结合在一起。编辑工作虽然是为他人做嫁衣裳，但是，经过他们编辑的书的出版和使用，是社会对他们工作的最大肯定。概括起来说，有以下三点：

1. 编辑加工是完成从书稿到书籍这一转换的关键工序

只有经过编辑加工，才能使原稿成熟、定型和规范化，达到出版要求，确保图书质量。道理很简单，一般书稿都有不够成熟或不够完善的地方，再高明的作者也有疏忽的时候，正所谓"智者千虑，必有一失"。跟作者接触时，经常听到

一些学术上造诣很高的教授这样说："这部书稿的专业水平、科学性可能不会有什么大问题，可是文字水平、体例层次就很难说了，全靠编辑同志修饰润色了。"这话说得也实在。因为作者大多是专家，由于精力的着重点不同，对于编辑出版的要求不可能了解太深，如果编辑不注意加工，即使学术价值很高的著作，也会因语句不通、错别字连篇而大为失色，甚至错漏百出不堪一读，引起学术界的不满。

2. 编辑加工是一种复杂的创作性劳动

编辑加工不仅要兼顾政治性、思想性、科学性、伦理性等方面的书稿内在素质，还要考虑书稿的社会适应性、市场适应性、出书系统适应性等的外在适应性，以决定取舍。除了这些大的方面外，审稿工作还有其微观方面，包括字、词、标点、语法等的正确使用问题，数码、纪元、计量单位、符号等符合国家标准并前后统一，注文格式的规范化与统一，辅文如索引等与正文相对应，这些简直难以列举俱全的方方面面，在审稿中无一不须照顾到。所以审稿工作，仅是眼观六路，心想八方都还不够，而要眼观十六路，心想十八方，稍一疏忽，就没有不出错的。编辑加工的复杂性，不能不说是编辑加工往往难如人意的客观原因。

3. 编辑加工是编辑的基本功之一

可以说，一个编辑如果不会编辑加工，就不可能做好最起码的本职工作，编辑加工是衡量编辑多方面素质的集中体现，也是检验编辑在思想上、知识上和文字上水平如何的一把尺子。这就要求编辑要把每一份书稿都当成一件作品来做，善于在编辑加工实践中学习，不断地提高自己的编辑加工水平。

二、对稿件审读必须要有责任心

做一个好编辑，使审稿质量有保障，加强责任心，这是根本的一条。责任心强，才能对稿件处处留意，处处动脑子，才会专心致志，神凝稿中，既对稿件内容有整体把握，又能兼顾遣词造句细小之处的准确，做到滴水不漏。

虽然要做到滴水不漏客观上存在一定的难度，这是不容否定的，但正如上所说，关键还在于有无高度的责任心，在于能否发挥主观能动性。主观上责任心不强，客观困难就会成为不可逾越的天堑，编辑加工就难以做好，图书质量就不能提高。

编辑的责任心是和社会责任感紧密相关的。很难想象，一个缺乏社会责任感，对工作没有热情的编辑会编出好书来。因此，编辑应对自己从事的工作充满热情和强烈的社会责任感，具有严谨的工作作风和奉献精神，这样才会在工作中有积极向上的动力，才会将编辑工作作为自己的一项事业去追求。只有成为一个负责任的文字编辑，才能在书稿编辑加工过程中更加仔细，更加认真，其中存在的错误和问题才不会被轻易放过。

三、好的方法也是做好编辑加工的重要条件

1. 善学习，磨刀不误砍柴工

编辑加工的质量，主要取决于编辑的水平。这里没有别的窍门，主要是善于学习和积累。比如，围绕要加工的稿件的有关内容，查阅和学习有关的书籍和资料，这就是增长知识、扩大视野的极好机会。当然，这种学习不仅始于加工之日，而且在于平日积累。作为一个编辑，一定要养成多看书、浏览新闻的习惯，不仅要多看本职工作所需要的书，也要读自己有兴趣和爱好的书，知识面应该广一些。在阅读书籍和报刊时，要养成做笔记或文摘的习惯，把自己所需要的内容摘录下来，以备查阅，需要时便得心应手，这叫做"踏破铁鞋无觅处，得来全不费工夫"。积累多了，就为编辑加工提供了可供查阅的资料。

2. 勤查问，不主观武断

在编辑加工中，如果自以为是，主观武断，必然出问题，甚至闹出笑话。因此，一定要知之为知之，不知为不知。不认识的字，不知道的词，不熟悉的内容，就去查字典和资料，或者求教于他人。要少相信自己的记忆和印象，多相信可靠的词典和可靠的资料。要勤于研究和考证，这是一个编辑必须养成的习惯。千万不要偷懒或者怕麻烦，要做到三勤，即勤思，勤查，勤问。勤思考，才能发现问题和提出问题；勤查问，才能弄清问题和解决问题，从而提高编辑加工的水平。在加工过程中，对于稿件读不通或不理解的地方，不要轻易放过，要打上个问号。通过查问，如果原稿是正确的，自己便增长了知识，积累了经验；若原稿错了，便纠正过来，起到了把关的作用。

3. 增其色，不伤其筋骨

这就是说，对于作者的稿件，绝不能随心所欲，任意大砍大杀；更不能越俎代庖，随便改变作者稿件的风格和原貌。这是因为稿件是作者辛勤劳动的成果，

对待稿件严肃认真，就是对作者的尊重。因此，编辑加工必须在作者原稿的基础上下工夫，补偏救弊，修饰润色；决不可丢开这个基础，而把原稿改得面目全非。应在加工中坚持这样几条原则：可改可不改者，不改；可删可不删者，不删；必须修改时，一定要改得准确、合理，而且使上下文连贯，让作者心悦诚服；改动较大的书稿，尽可能送作者复阅一遍。

关于文编工作的若干体会

·王　昱·

文编工作辛苦烦琐、劳心劳力，编辑质量良好的书稿会有成就感，编辑质量粗糙的书稿也会引起倦怠感。但不论面对何种情况，都应明确自己的岗位意识，兢兢业业地对待自己的工作，认真对待书稿、作者、读者，良性互动，保证工作质量和效率。以下就是我对文编工作的一些体会。

一、做一个负责的文编

虽然文编面对的是一份份书稿，解决的是一处处知识或理论错误，但实际上，文编不仅是对眼前的具体文字和表达方式负责，更是对作者负责、对读者负责、对自己的工作负责。有这样的意识，以认真、负责的态度对待工作，以客观、公正的态度对待作者、书稿，以体谅、周到的心情考虑潜在的读者，才能让忙碌的工作形成良性循环。

二、尊重作者的劳动成果，多与作者沟通

书稿是作者的心血结晶，有其创造和教学的考虑，擅自改动可能就会破坏或打乱作者的构思和布局，影响其预想效果。所以，能不改的就尽量不改，必须改动之处，也要注意配合全文的风格、水平。

不迷信作者所写。作者是各学科领域的行家，但并不都擅长表达叙述，时常存在行文不够严谨、前后不能呼应等方面的问题，涉及自身不熟悉的知识时，也会有疏漏或错误。所以，文编应该对所看文稿时时保持"怀疑"、带着"挑剔"。例如，在某篇文章的译文中，提到美国 20 世纪 60 年代的"黑人大暴动"。以当时的年份来讲，如果真有这样的大暴动，那肯定是会在后来经常被提及的一个事

件，但是以文编的记忆却是一点印象也没有。检查原文，是英文单词 blackout，
应为"断电"、"灯火管制"之意。再通过网络查找那个年代的美国历史，可以确
定是当时发生了前所未有的大面积停电。再例如，在某篇译文中提到"公司在加
拿大新不伦瑞克省和美国新泽西州总部，以及相距不远的英国萨默塞特郡办事处
开设了儿童看护中心"，这在地理上是很明显的错误。经查，New Brunswick 可
指加拿大的某省，也可指美国新泽西州的某市，而 Somerset 指美国新泽西州的
萨默塞特市，而非英国的萨默塞特郡（Somersetshire）。所以这句话最终的译文
为"公司在美国新泽西州新布仑兹维克的总部以及相距不远的萨默塞特办事处开
设了儿童看护中心"。

不迷信作者所用引文。作者在文中常常引用经典著作或他人相关著述，并给
出具体的参考书目。但是即使这样，也要尽量找到原始文献核对检查，确保引文
完整无误。若是无法找到某些原始材料，文编也应根据上下文和自己的知识细读
琢磨，有疑问的地方与作者讨论，请作者确认。例如，在某份稿件中引用了胡适
的文章，其中有一句是，"前天看见一部侦探小说《圆室案》中，写一位侦探穿
的是不是康桥大学的广袖制服？"这句话乍看之下似乎通顺，然后仔细一想，上
下文叙述"乱译"的问题，而此句似未能说明如何乱译。经查找权威原文，原来
此句中间漏了关键的一部分："'勃然大怒，拂袖而起'。不知道这位侦探"。这样
补齐之后，全句为："前天看见一部侦探小说《圆室案》中，写一位侦探'勃然
大怒，拂袖而起'。不知道这位侦探穿的是不是康桥大学的广袖制服？"这样语句
才真正通顺且与上下文所述相互呼应。

与作者交流互动，很重要的两点是：（1）大的改动要通知作者；有疑问却无
法解决的，应通知作者，提出自己怀疑的根据，请作者及时修改或给出解释。
（2）与作者之间的讨论应保留记录以便查对。

三、巩固本专业知识，积极扩大知识面，了解多学科发展

文编工作往往是针对本学科的由本学科专家学者创作的书稿，要对这样的稿
件做出适宜的处理，就需要文编对本学科知识有足够的掌握。不然改对为错，或
改动的水平不及原稿，都会影响书稿质量，并给作者和读者留下不好的印象。

另外，每一份书稿往往涉及很多学科的知识，即使连作者本人也可能对此存
在知识不足。文编不能要求作者对其所述内容完全确认，因此就得扩大自己的知

识面，提高辨别能力，从而为稿件的质量增加一层保障。

要做到以上两点，就需要文编一方面在工作中学习，以编辑促学习；一方面充分利用各种学习、观摩的机会，勤于积累，不断丰富自身的知识储备，更新自身的知识结构。这样坚持不懈，必将大大提高文编处理书稿的质量和效率。

四、善于利用外力

目前文编的工作量十分繁重，单纯依靠自身力量完成这么多的书稿编辑加工工作是不可能的。这就需要文编善用外力。在编辑加工环节，培养外编，利用外编的专业知识对书稿进行初步的整理加工；充分依赖排版、校对等环节人员的合作与支持，排版和校对人员经手的稿子数量和种类繁多，经验丰富，经常能给编辑提供很好的建议。在与作者交流环节，应充分利用计算机和网络的便利，及时与作者进行交流、解决问题。

五、勤查、多查，不放松每一环节

很多时候，文编对稿件的某个问题有疑问，却因为侥幸心理或时间紧张放过去，这很可能就放过了一个错误。所以，文编应该充分利用手边的资源，如词典、网络、资料书籍等，或请教同事、作者等，确认排除每一处疑问。这是烦琐而耗时的工作，要做到"不厌其烦"，需要文编的坚持与负责之心。

检查外编改动。外编有较好的专业知识，但是缺乏编辑意识和编辑经验，经常会在不经意间放过某些在文编看来是明显的错误，有时也会根据自己的见解改动某些叙述或句法结构，而实际上却是改对为错。例如，曾有外编将 British Columbia 译为英国的哥伦比亚，而实际上这是加拿大的哥伦比亚省。

核对改后稿件。排版人员和校对人员与文编一样，也会因为经验不足或工作忙碌而有所疏忽，如原稿中未做改动标志的地方，因为机器故障、操作失误或个人判断偏差错改，做了改动要求的地方少改、漏改，等等。

付印前把各项要点再查一下。文编会有一些盲点，这在稿子繁多、时间紧张的时候尤其会发生。所以，在付印前沉下心来，将稿子认真地翻一遍，注意常错的地方，还是很有作用的。

六、配合各环节，通盘考虑

文编不仅要加工书稿内容，还要从作者、读者、策划、销售、宣传诸方面的角度关注书稿的编排。比如一道练习题空间的安排，就要考虑到作者的出题意图、读者答题的方便以及整本书成本方面的限制。整本书稿的章节体例也要与作者多作讨论，以达到方便使用、吸引读者的效果。

浅论书稿的适度加工

· 龙明明 ·

编辑加工是书稿出版前必经的过程，也是责任编辑的日常工作。如何对原稿进行编辑加工，在编辑学界一直是见仁见智、迄无定论的学术话题。综合各家意见主张，大致可提炼出两层意思：一是要尊重作者的创作原意，文责自负，责任编辑不能随意改动作品的观点；二是责任编辑有权且有责任对文稿的错误进行修改。这两层意思体现在实际工作中，即要求编辑加工要"适度"。

在编辑工作实践中，就来稿整体而言，只有极少数书稿达到或接近成品的质量标准，大部分到编辑手中的书稿都还不能称为成品，只能算做一件毛坯，或多或少地存在这样那样的错漏，即使是出自名家的手笔，也难免存在笔误或不符合出版规范之处。这些错漏中，有些可能是实质性问题，如政治观点偏误、结构安排不当、内容阐述缺漏、知识点谬误等，也有些可能是技术性问题，如公式的写法、各种数量的表示、参考文献及脚注的写法等不规范，还有些可能是文字性问题，如错字、别字、掉字、多字以及语法句法错误等。对这些问题的修改，是编辑应尽的责任，编辑应充分运用自己的学识，凭借自己的文字修养，依照出版规范的要求对书稿认真审视，通览全文，前后关照，仔细分析，妥善处理。以上工作即是对书稿做适度加工，它是打造精品图书、保证图书质量的关键所在。适度加工既能够最大限度地保留书稿的原貌风格、观点见解，又消灭了书稿中的政治错误、知识错误、技术错误、文字错误，使之从毛坯成长为一件艺术品，其重要性不言而喻。如何在实际工作中实现"适度"，下面几方面的讨论可作为探索。

一、要实现适度加工，须分清"文责自负"与编辑把关责任

在编辑加工中，我们常常提到"文责自负"，这指的是作者对书稿的观点和材料的真实性、原创性、科学性负责。作者用什么方式阐释自己的见解、表

述自己的学术观点，都由其自己负责，这是作者的权利，是作者的自由，是受我国著作权法保护的。我们通常形容的编辑工作是"为人做嫁衣裳"，就是从这个角度来讲的。编辑就如同裁缝，"嫁衣裳"的"料子"是作者提供的，"嫁衣裳"怎么做、做好之后怎么穿，都是由作者来决定，编辑只是完成做的过程。尽管编辑会对"嫁衣裳"怎么做以及"料子"如何等提出自己的见解，但最终对编辑的意见是否采纳，决定权在作者手中。编辑千万不可无视作者的权利，全凭一己胸臆，不与作者商量便对书稿大删大改，致使文稿面目全非，这种过度加工就是对作者权利的侵犯，看似花了大工夫，其实是对作者的不尊重。

在认可作者的权利的同时，编辑应承担把关责任。编辑把关的内容有哪些？简而言之，是要把住五道关口，即政治关、法律关、知识关、文字关及排版关。第一，把住政治关。这是编辑作为"把关人"的首要责任。图书不仅仅是传播信息和提供科学文化知识的工具，还是承载着思想意识塑造重任的精神产品。一本图书如果忽视了政治性，会造成导向错误，不管其角度多新，文字多美，也只能是一件废品，甚至是毒品。例如，在画中国地图时漏掉了台湾岛，在提及"十大进出口贸易国"时把香港地区列入其中，这类政治性差错便是编辑应重点把关的内容，对之绝不能视而不见、轻松放过。第二，把好法律关，不能出版不符合法律法规的内容。例如，对涉及国家安全与机密的内容，特别是一些不能公开的数据和资料，要特别留心；对宗教和民族方面的问题也须给予必要的关注，未经查证不可随意认可；对作者大段引用别人的著述而不加注明的，也应提醒作者注意是否存在侵权的问题。第三，把好知识关。图书内容包罗万象，其质量的高低与编辑人员文化素质的高低有直接的关系。要成为一名出色的编辑，除了应该精通编辑业务之外，还应懂得经济、教育、文化、科技等方面的知识，尽可能朝着"博学"、"多识"的方向努力。第四，把好文字关，注意纠正文理不通、词语搭配不当等语法方面的错误。第五，把好排版关。高质量的出版物必然是赏心悦目的，也就是说，它必定是形式和内容和谐美的统一体。如果形式策划不当，纵然有好的内容，也会难以发挥应有的效果，难以成为一件高质量的精神产品。为此编辑应对排版方面的因素予以把关，例如文稿的版式，图片、表格的排法，文中哪些部分应该做特殊的排版处理，哪些部分要用斜体或其他特殊的字体，哪些部分应该有特殊的记号（如重点符号），哪些地方要缩格或使用与正文不同的字体字号，等等。

由上可见，在整个编辑流程中，编辑与作者角色不同，职责各异，编辑必须分清自己与作者的不同责任，才能更好地履行自身岗位职责，并与作者之间建立起一种互相尊重、乐于交流的默契合作的良好氛围，共同将书稿从毛坯打造成为精品。

二、要实现适度加工，须遵循"两不"原则

一是不盲目相信作者。一般而言，作者对书稿的编写质量较有把握了才会将书稿交给编辑，并且在组稿前我们也对作者队伍进行过细致的筛选，但由于各种原因，到达编辑手中的书稿仍会存在各种毛病，无法达到成品的要求。例如，有的书稿尤其是教材，由于编写者众多，各章节知识点之间有交叉、有重复，或风格不一，有的部分用词晦涩拗口，有的部分口语化严重，如同课堂讲义；有的书稿标新立异有余，严谨周密不足；有的书稿由于作者不善运用电脑，录入错误严重；有的书稿中采用了大量图表，却无法做到图文完全对应……即使是名气很大的学术权威，有时也难免因为时间紧、任务重而导致书稿中存在一些差错。"文章是改出来的"，这句话不仅适用于作者，也适用于编辑。要成就精品图书，就要抱着对书稿负责的精神，不可被作者的名气大所慑，不可因作者之前的书稿质量好而放松警惕，而应充分发挥自己知识"广博"的特长，对书稿大胆存疑，遇到读不通、拿不准、前后对不上、与自己掌握的知识不符的，勤于向作者查证。只有这样，才能完美实现"把关"职责，避免加工不到位。

二是不自负。自信心有助于我们质疑作者、把关书稿，但自负就会导致失误和犯错。之前提到的不尊重作者、代行作者的权利，究其原因在于编辑的自负心理，过于相信自己的学识水平和能力。例如，由于自负，我们可能大刀阔斧地修改书稿中自认为不妥的地方，结果却是对的改错了，错的反而没有改正；又如，我们掌握的知识随着时间的流逝可能已经过时，特别是金融方面、计算机方面、管理学方面的新知识、新名词更新换代特别快，而这时如果出于自负，用过去的知识、经验判断书稿内容，就会发生误差，导致误改；再如，有时编辑任务紧急，我们可能并未理解作者阐述的层层含义，却按自己一目十行的理解修改文句、梳理层次，结果改变了作者的原意，造成内容不衔接、逻辑不清楚。可见，在书稿加工过程中养成虚心请教、随手翻查工具书及有关资料的好习惯，是我们实现适度加工的最佳选择。

三、要想实现适度加工，尤其要加强学习意识

当今社会是一个信息高度发达的社会，自然科学、社会科学、交叉学科、边缘学科不断有新的研究成果问世，学科门类不断地细分，知识更新越来越快。作为编辑，只有不断学习，充实自己的学识，才能准确高效地完成书稿的加工。在工作实践中，我们要加强学习意识，充分利用以下途径进行自身知识的更新：一是利用信息检索。信息检索是人们打开知识宝库的钥匙，是更新知识、继承和借鉴前人成果及经验的最方便、最迅速和最有效的途径。编辑应了解和掌握系统的信息检索知识，学会使用一些重要的检索工具，尤其是网络检索工具，这对于编辑更新知识、随时了解国内外相关学科的最新发展、新动向、新成果有很大的帮助。二是不断接受继续教育，通过各种在职或脱产的系统进修、参加各种学术与专业会议、学术讲座以及短期培训等多种形式的学习，来更新和优化自身的知识结构，从而快捷而有效地获取信息和扩大知识面，使自身的理论知识水平、编辑技能和业务素质得到全面的提高。三是加强沟通。加强与作者的沟通、与同事的沟通，有助于我们在编辑工作中及时弥补自己的知识缺漏，避免出现因知识盲点而放过书稿中的错误。

英国科学家培根曾打过一个比喻：书籍犹如船一样，穿过时间的河流，把精神食粮运给一代又一代。编辑作为人类精神食粮的传播者，其肩上的责任不言而喻。在编辑工作实际当中，我们要遵照出版规范适度加工书稿，力求为人们输送高品质的精神食粮。

参考文献

1. 杨钢. 编辑加工的"一三三八作业法". 出版发行研究，2009（3）：35～37

2. 陈灿华. 编辑加工中应注意的几个问题. 吉首大学学报（自然科学版），2006（1）：126～128

3. 林凤萍. 稿件编辑加工与责编素质的思考. 辽宁师范大学学报（社会科学版），2004（6）：126～128

4. 仲敏. 书稿加工编辑的加工原则. 出版参考，2005（12）：25～26

5. 梁涛，彭宁，曾令维. 责任编辑的责任. 中国出版，2004（4）：53～54

6. 吴成福. 论学习型编辑的塑造及其文化责任. 河南工业大学学报（社会科学版），2007（3）：42～45

浅谈编辑的主要职责——审稿

·陈　丹·

从事编辑出版工作的人，尤其是一名书稿编辑，最主要的工作就是审稿。没有审稿，编辑工作就无法进行，书稿就不能出版。审稿，也称审读，是编辑人员以作者创作的文字、图像等材料，即原稿为对象所进行的判断、鉴定和评价工作，它由审读、写审读报告两部分组成。

一、审稿

审稿是编辑人员的基本职责。编辑在审稿过程中应注意两个问题：一是编辑应具备的素质；二是编辑怎样审稿。

1. 编辑应具备的素质

"审"字，在《辞海》中的解释有：详知、明悉；详查、细究；慎重；果真、确实。在《汉语大词典》中的解释为：详细、仔细；详究、细查；慎重；察知、知道；真实；明白、清楚；审问、审讯；审查、审核；确实、果真；等等。"审"字古文写作"宷"。我国古代语言学家、文学家徐铉对"宷"字的解释为"能包覆而深别之"，意即既全面掌握又深入分析，这正是审稿的基本要求。我们审读一部书稿，就是要对其全面掌握和深入分析，从而做出准确的判断和评价。因此，审稿是编辑工作的中心，是图书成败的关键。作为一名审稿者，也就是责任编辑，应该具备什么样的素质呢？

（1）必须有高度的事业心和责任感。我国的出版事业充满希望与活力，从事出版事业的工作者，特别是书稿编辑，首先必须热爱这一事业，并有高度的热情和献身精神，具有深沉的时代感，懂得我们的时代真正需要什么，怎样才能真正有利于祖国的社会主义文化事业的发展。编辑应该关心时事并具有政治敏感，能够迅速理解国内外正在发生的大事。这样，审稿时才不会就稿论稿，才能使书稿更符合时代的需要和广大读者的需要。对各种政策的学习、理论精神的掌握，是编辑审稿必须具有的素养，也是做一名编辑的起码条件。

（2）必须具有高尚的道德品质。编辑作为一名出版工作者，肩负着传播科学技术和文化知识、介绍国外先进科学技术、丰富人民群众的精神文化生活的重任，严格按照规章制度和工作程序办事是必不可少的。因此，编辑应该遵守法纪，坚持原则，铁面无私，公平、客观地判断、评价书稿。

（3）必须具有良好的专业素养。我国古代的思想者在论述学习的问题时，一方面讲博学、审问、慎思、明辨、笃行，另一方面又讲立志、有恒、好学、乐学、虚心、勤奋。作为编辑，应该爱学习，会学习，有一定的文化科学素养，这样才能审读专业稿件。否则，眼光只局限于书稿所述范围，思考只局限于专业以内，是很难进行多方位、多角度、多层次思考的，更深度的分析和综合也难以有效地进行。这对于正确评价和判断书稿，对书稿提出建设性修改意见都是非常不利的。因此，仅有广博的知识还不够，还要有深厚的理论去条理它。在当前，尤其要学好、掌握好马克思列宁主义、毛泽东思想、邓小平理论、"三个代表"重要思想和科学发展观。有了较高的理论水平，就能抓住关键，做出正确评价。

这些基本素质，只是编辑审稿应该具备的条件。要把这些条件变成审稿能力还需要千锤百炼。审稿中分析综合能力的增强和识别能力的提高，除了需要基本素质之外，还必须通过编辑工作实践。只有在编辑工作中自觉地磨炼，才能把这些基本素质变为审稿能力。

2. 编辑怎样审稿

"审"的意义是详查、细究、慎重。编辑审书稿，就是要对书稿慎重地详查、细究。一个选题的制定，体现出版社的方针、方向、性质和风格，而选题能否实现，或能在多大程度上实现，取决于审稿。组稿得当与否，能否实现选题意图和图书的成败，都要通过审稿得出结论。审稿，决定书稿的取舍，决定书稿的基本面貌。如果判断正确，处理得当，选题策划就算成功；反之，图书质量就不能保证或曰策划失败。那么，审稿应从哪几个方面入手呢？

（1）政治方面。政治的特点是方面多，变化大。稿子中什么算政治问题，以及怎样处理才妥当，都随着形势的变化而变化，较难把握。比如国界、国名问题，民族关系问题，宗教问题，都是一些焦点、敏感问题，反映了一定时期国际国内政治、经济、文化等方面的发展和变化。编辑不掌握这些领域的动态，就无法对书稿作出正确判断，造成不良后果，这方面的教训我们应该汲取。编辑在审稿时不仅应注意避免政治性、政策性错误，还应该考虑国家利益、民族利益等大局利益。如学术著作怎样更好地体现"百花齐放，百家争鸣"的方针；大学教材是否吸收、反映最新科研成果；哪些古籍读物的选编有利于中国传统文化的积淀和积累；等等。这些广义的政治思考，要求编辑平时养成良好的学习习惯，留心时政，并具有政治敏感度。编辑在审稿中，要勤思考，多探讨，全面而慎重地解决书稿中的政治问题。

（2）学术方面。编辑审稿，应该十分重视稿子中的新创造。看一部书稿是否具有学术价值，就要看它有无最新科研成果，这也是决定书稿取舍的重要依据。创新是可贵的，但是分辨什么是新，准确看出有多少新成果，却不那么容易。有的似新实旧；有的只用了新术语，但内容并无新意。编辑在审稿时遇到这种情况不仅要有较高的鉴别能力，还要有缜密的思维能力，慎重处理并解决问题的能力。除此之外，编辑还要对有价值的新成果进行分析、评价，看其论证是否充分、表达是否准确。如发现新创见有学术价值，但尚不成熟，不够完善，就要向作者提出建设性的修改意见，使书稿尽善尽美。另外，书稿中出现的知识性差错，编辑也应该帮助作者改正。一部书稿所涉及的知识领域是非常广阔的，作者在某一方面是专家，但对其他学科的研究可能不多，为了全面阐述某一个问题，经常会引用其他学科的术语或数据，这时候编辑要善于识别、仔细审核、纠正错误，以保证书稿的质量。

（3）文字、逻辑方面。一部书稿的文字是否通顺、言简意赅，逻辑体系是否严谨，是编辑审稿应该注意的。说话、写文章必须符合逻辑。文章的严谨就在于逻辑性。虽然符合逻辑的说法未必正确，但是违背逻辑的说法必然错误。任何科学的论述都离不开逻辑，概念模糊、推理错误、条理不清和前后矛盾等问题，通过逻辑分析是可以发现的。编辑站在编者和读者的角度，对书稿中表述不清、逻辑混乱、首尾不一、立论根据不足、资料不详等问题，都要向作者提出修改、补充意见，使书稿更加完善。

（4）综合方面。作为书稿的第一读者，编辑除了在以上三个方面下工夫外，还要把各方面分析的结果放在一起做综合思考。所谓综合思考，不是把分析的结果简单相加，而是把各方面联系起来，反复权衡，比较得失。要注意全面和统一。全面，是从各方面、各角度、各层次的综合考虑。政治、学术方面要综合。一部书稿，不能只看到它学术上的成果，而不考虑其政治上可能存在的问题；反之亦然。即使是政治或学术方面，也可能由于角度不同、层次不同而呈现复杂情况，也要加以综合分析。一个论点，从一个角度看，政治上是正确的，但从另一个角度看，就不一定正确或完善。一种学术观点，从一个角度看是没有问题的，但从另一个角度看就不一定能站得住脚。每一部书稿都有自己的具体情况，要根据其特点作全面的综合分析，才能得出正确的评价；而不是以偏概全，作出不准确的评价。统一，是把有关方面统一起来考虑，不使它们矛盾，如政治性和科学性，从根本上说是一致的，但在某种情况下，也会表现为某种程度的矛盾；长远利益与当前利益，一般说来应该是一致的，但在某种情况下也可能不一致，这就需要把它们统一起来。另外，稿子中的一些提法，也要做到全书稿一致，不能前面这样说，后面那样说，要前后一致，上下一致。

在对一部书稿审读之后，编辑应该掌握稿子的观点、论据、脉络，以及它们之间的关系，最终掌握整个书稿的体系。不仅知其然，还要知其所以然；既要了解稿子的局部，也要掌握稿子的全貌。只有这样，才能对书稿有更深刻的理解和认识。

二、写好审读报告

编辑审完书稿之后，要经过慎重和综合考虑，恰如其分地写出中肯的书面意见，即审读报告。

（1）对稿子的取舍必须有明确的意见，并说明理由。审稿的目的之一，是决定稿子是否采用。因此，审读报告要围绕这个问题来写。要明确表达处理意见——采用/退改/退稿，不能模棱两可。然后深入阐述作出上述判断的理由，只判断而无论据，或论据不足，缺乏说服力，是不符合要求的。要对稿子提出建设性意见。决定采用的稿子，多数还存在这样那样的问题，需要做修改，因此，建设性意见是必不可少的，它主要包括：结构上的调整、章节的增删、理论问题的探讨、资料使用的考虑，以及某些提法还需再斟酌等等。建设性意见分为两类：一类是政治性问题或比较重大的问题，这需要作者修改；另一类是一般性的或学术性问题，这类问题是编辑提出供作者参考修改的。

（2）介绍书稿作者及稿子的主要内容和优缺点。作为一名编辑，在书稿审读过程中，要始终牢记"责任"二字，帮助作者处理、解决好稿子中的各种问题，出版有益于人民身心健康，对社会主义事业有利的书籍。

人文类图书中定量研究内容的
审读和难点辨析

·徐晓梅·

随着学科发展的日益融合，以及各个学科自身研究的不断深入，社会科学不管是历时性研究还是共时性研究，定量研究方法越来越广泛地被学者们所采用，因此出版物中定量研究的内容也越来越常见。即使是人文类的图书，涉及定量分析的内容也不在少数。就拿人大出版社人文分社的图书构成来说，每年这类图书平均不低于 30％，多集中在心理学和社会学等学科，例如：

《STATA 软件》；

《行为科学统计概要》；

《结构方程模型与应用》；

《心理与教育统计学》；

《心理测量与测验》；

《社会调查研究方法》；

《传媒经济学教程》……

但是，由于文字编辑在专业知识等方面的限制，在书稿中遇到此类内容，普遍存在畏难情绪和无从下手的情况，书稿加工后遗留的错误也比较多。以下针对定量研究的概念、表现形式、难点辨析等问题展开初步的探讨和分析。

一、定量研究及其在书稿中的主要表现形式

定量研究，也叫量化研究，简单地说，是指利用以数量形式表示的信息，对研究对象（数据）进行量化处理、检验和分析，从而获得研究结论的过程。定量的意思直白地说，就是"用数字来说话"，这样可以增加研究过程的严谨性、研

究结论的可信度和说服力。

与定量研究相对应的概念是定性研究。定性研究，也叫质性研究，通常是依据一定的理论、经验和事实，抓住事物特征的主要方面，从事物和现象的内在规定性来描述、阐释所研究的事物。

定量研究和定性研究各有优势和不足，在社会科学的研究中究竟使用其中哪一种方法，学界的争论也比较多，但这并不是我们所关注的问题。现在普遍被接受的是定性研究与定量研究相结合的研究方法，赞同此方法的学者不在少数，而且已成为发展趋势。反映在研究者的研究成果上，即在出版物中，定性研究和定量研究相结合的内容呈现出增多的趋势。这也是与我们的工作密切相关的问题。编辑一方面要熟练掌握这方面的编辑加工规范，另一方面要增加这方面的知识储备。

定量研究的内容在人文类书稿中主要有以下几种表现形式：

（1）社会科学研究中所涉及的社会变量的确定、筛选、数据收集和分析等方面的内容，有的要涉及数学公式与计算。

（2）研究过程和结果经常会以各种图表的形式来体现。图表在书稿中的应用越来越常见，这成为文字编辑不得不掌握的常规加工内容。

（3）其他形式，比如使用各种应用软件来进行数据分析，利用网络资源来辅助研究等。这些都会在书稿中大量使用量化内容，给编辑工作增加了难度。

在这些表现形式中，最常见的、也是编辑必须掌握的内容还是关于图表、公式和计算等方面的，这些也是下面重点介绍的。

二、关于图表的难点辨析和审读

在图和表的加工中会经常碰到以下难点：

（1）是图还是表难以分清。在这种情况下，要视其具体情况和前后关系而定。实在不好判断的，一般应算做图。

（2）图表的来源日趋多元，准确性难以分辨。同样一个图或表，作者自己画的是一种形式，用某种软件来制作，又会是另一种形式；有的是平面的，有的是立体的；有的文字是横排的，有的是竖排的。另外，引用网上或其他地方的，又会有不同的格式或面貌。编辑不能只看表面，应对其各个细节认真辨析。

（3）图表的辅文和正文的辅文相互混淆。比如，图表的注文、资料来源、说明文字等，不能标注在正文的页下。

（4）辅文中的图表和正文中的图表处理原则是否相同。辅文分为文前、文中、文后三种。文中辅文中的图表一般应和正文中的图表一起排序号；其他两种辅文中的图表，一般另行处理。

（5）计算机拷屏图（表）的处理原则。计算机拷屏图应算做图，这个不难理解；但拷屏表一般也应作为图来处理，理由在此不展开。

（6）彩色或双色印刷图用于黑白印刷出版物时会出现的问题。这种图如果不注意审读，往往会出现错误。因为用色彩所标注的变量，在黑白印刷中体现不出来。如果原图必须保留，则应配以文字描述，或修改原图。

（7）图表本身的审读及其与全书内容的照应关系。这是经常出错的地方。编辑不能停留在先文后图（表）这一点上，要前后左右甚至跨章节地照应审读，只要是有关联的，都要照应到。

（8）翻译稿中图表处理的注意事项。比如图表题目很长、有彩色图需要转换、图和表合并排序等等特殊情况，需要根据具体情况统一规则，但原则上应按照国内出版物的出版规范执行。

（9）地图、政治问题等敏感性问题在图表中的常见形式和审读加工。在涉及港台、西藏等地的资料和提法，以及敏感国家的数据时，表述上经常会出现差错，编辑应提高警惕。

关于图表的其他问题和难点，篇幅所限，不能一一展开。

三、关于公式以及外文正、斜、黑体问题

这也是人文编辑最头疼的工作内容之一。这方面要领和规范的掌握并不难，查查国家标准和社里的规范即可找到，但关键的问题还是知识性的辨析。比如，知道矢量应该用黑斜体，但多数编辑不知道什么是矢量。又比如，知道变量应该用白斜体，但到底什么是变量，有的编辑也分不出来。所以成品书中经常可以看到这种违规的情况：整本书中将所有变量和非变量、所有矢量和非矢量等统一成一个面孔。

关于公式问题以及外文正、斜、黑体问题，编辑所遇到的难点主要有以下方面：

（1）对公式对错的判断。

（2）对数学计算过程和结果的对错判断。

（3）多处计算相互衔接时的相互印证和错误辨析。

（4）什么是变量、增量、矢量、特殊的量等等，及其对应的白斜体、正体、黑斜体、花体等规范的分辨和落实。

（5）外文大小写区别不清楚。

（6）不懂外文平排与下角的区别。

（7）希文和英文的混用错误等等。

对以上问题的解决，应视难度情况循序渐进。编辑之所以感到困难，主要是两个方面的原因，其一是行业标准和编辑规范的掌握，这可以通过查阅相关规定以及培训等手段逐步提高编辑的辨析能力。其二是知识性的缺乏，这恐怕是一时难以解决的。所以，编辑应掌握基本的高等数学和统计学知识。其实这类知识并没有编辑想象的那么难，只是没有实用性强和针对性强的教材。编辑在这方面应必备的知识，将另文归纳和梳理，原则是由浅入深，够用即可。

四、关于内容的审读加工

书稿中遇到定量分析的内容，文字编辑往往只顾及到形式上或格式上的问题，而不顾或顾不上内容本身的错误辨析和审读。殊不知定量分析也只是研究方法和工具而已，说到底它还是为内容服务的。所以内容的审读永远是第一位的。

比如，某个变量的提高会引起另一个变量的相应提高。这方面的内容从字面上审读往往没有问题，但是两个变量究竟是正相关（一个变量的提高引起另一个变量的提高）还是负相关（一个变量的提高引起另一个变量的下降），则是比文字审读更重要的审读内容。

又比如，下面的图1是责任编辑审过的一个图，其文前的对应文字为："从图1的年龄歧视量表得分分布图可以看出，量表得分基本上呈一条直线分布，其中得分最高为3.91分，最低为2.00分。所有人平均分的均值为2.706分。"

该图责任编辑审读通过，但终审时没有通过，最后已建议作者删去，而且此类图不止删去一幅。之所以如此，是因为该图本身的品质不高，另外与所述内容吻合得不好。所以审读时绝不能只看字面，而忽略内容本身的逻辑关系。

这里强调的内容审读，还有几点应特别注意。

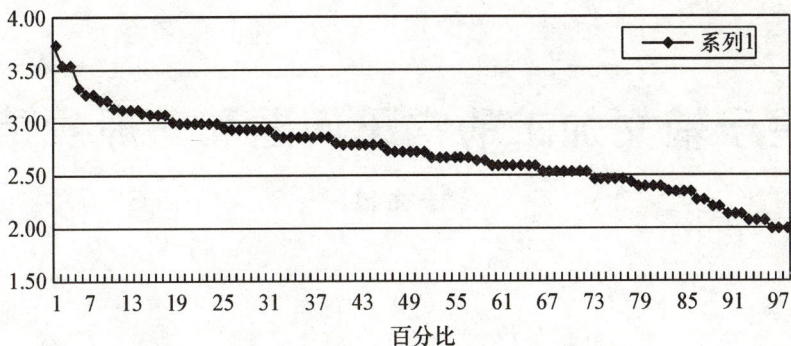

图1　年龄歧视量表得分分布图

（1）不要迷信权威，"多存疑"应贯穿始终。即使是权威作者，其知识结构和成稿过程也往往不是很理想，况且，在社会科学领域的大多数学科中，学者的高等数学知识和统计学知识的储备是不够的，而为了给自己的研究成果增色，也由于学术上的严谨性要求，学者们千方百计地将定性研究和定量研究的素材"混搭"在一起，但呈现在我们面前的作品却未必尽如人意。实际上，错误和瑕疵相当普遍。

（2）定量研究的结论是定性的，即数字是会说话的。正因为如此，此类内容的编辑加工，同样包括对书稿政治性、科学性、事实性、史实性等方面的把关；否则，一样会出大的差错。

关于辅文加工的常见问题和一般规范

·徐晓梅·

辅文的内容和加工要求比较繁杂，业务不熟悉的编辑，尤其是新编辑，对辅文的理解往往比较模糊，对编辑加工规范也不是太清楚，编辑加工后遗留的问题较多，所以有必要对辅文加工的知识点进行专门的梳理。

图书的辅文又称附件，一般是指正文以外的辅助性内容。根据辅文在图书中的位置，又可将其分为文前辅文、文中辅文、文后辅文。下面分别介绍这三种辅文及其常见问题和一般加工规范。

一、文前辅文

文前辅文是指正文前面的所有辅文，但是有个特例，即封面、封底、折口等，就不一定都在正文的前面，但又不宜把这些项目分开，所以还是习惯上将其划为文前辅文，这里暂且叫做"装帧辅文"。

1. 封面等"装帧辅文"

这是文前辅文中最重要的一项，也是最繁杂、最容易出错、最不能出错的地方。

（1）"装帧辅文"有封面、封底、扉页、书脊、前折口、后折口、前环衬、后环衬、书腰、护封、像页、彩插、书签等等。一本书里包括其中哪些项目，视策划方案而定。

图书必须包含的项目有封面、封底、扉页、书脊。

前、后折口现在也比较常见。

（2）对"装帧辅文"，不仅要审读加工文字，而且要审工艺及整个设计方案，审套书的统一性。设计上往往会出现重大错误但却被编辑忽视，比如：有政治问题和敏感问题的图片和资料；地图错误；背景图中重要事实史实错误、拼写错误等；封面设计与书的内容严重不吻合……

（3）设计方案一定要得到策划编辑的审核认可；重要文字内容如题上项等最好请策划编辑帮助核准，尤其是套书的第一本。

（4）由于装帧设计最终体现在一本书的脸面上，不能出错，所以文字的审核要更严格，并且与全书内容相互照应，务求各方面相统一。仅有封、扉、版的统一是不够的。比如一个英文作者的英文名字，既会出现在封面、扉页、书脊、中文版权页上，也可能出现在英文版权页、译者序、原作者简介、原书前言等辅文中，还可能出现在正文中。这些地方都要核到，以保证没有瑕疵。

2. 扉页

（1）扉页设计有两种情况，即单制和不单制。

扉页不单制：是指扉页随正文一起设计，由版式设计负责。现在一般的图书版式设计由排版厂承担。

这种情况下，编辑应注意，扉页和版权页将来要与封面一起核对，务求一致。

扉页单制：是指扉页和封面等一起设计，由装帧设计人员负责。一般由美编室设计或聘请其他人承担。

在这种情况下，扉页就被归入上面所说的封面等的设计中。不过编辑应注意，付印前在写"排版顺序"时，应写明"扉页单制"。

（2）审读扉页上的文字时还应注意：

第一，扉页和封面可以不一致的地方一般只有两处。一处是扉页上多了出版地；另一处是作者项，即作者较多时，封面一般只上主要作者，而扉页上可以再加上其他作者（如撰稿人）。

第二，除了上一条的两种情况外，其他项目的文字应少于或等于封面和中文版权页。

第三，封面有可能比扉页和中文版权页多的文字一般只有宣传性文字。

第四，中文版权页比封面和扉页多的文字有书名的汉语拼音等。

第五，封、扉、版上重合的文字内容，即题上项、书名、版次、副书名、作者项、出版单位等，必须严格一致。

3. 版权页

（1）中文版权页。有的出版社将其排在书的前面，有的排在后面。我们权且把它归入文前辅文。

中文版权页上半部为图书在版编目（CIP）数据，下半部为版本记录。别看只有一张纸，但其信息量很大，容易遗漏和出错的地方比较多，也是质检必查的项目。审读时应和封面、扉页等一起核对。

修订版图书，应在中文版权页上注明第一版的出版年月。

（2）原文版权页。只有译稿才有，一般排在中文版权页前。不同语种、不同的原出版单位，其外文版权页格式有所不同。文字编辑所依据的文本是由策划编辑从对外合作室取得的，对其中的原文信息、中文信息、拼写等，编辑要认真通读，达到准确无误。

4. 编委会名单、编写分工等

丛书或大部头的书里常见。这里有两点应特别注意：

第一，人名千万不要搞错。

第二，如果按姓氏笔画排序，应注明，并要逐个核实。

5. 题词、致谢、照片、作者简历、彩色插页等等

照片和简历等有时会放在折口等处。文字审读方面不再重复。

6. 出版说明、编辑说明、图例、凡例等

不是太常见，这里从略。

7. 他序

即非本书作者为本书写的序，又叫序言、推荐序等。译稿中的译者序也属于他序。一本书可以请两人或多人写序，所以他序可以不止一个。

8. 自序

即作者为自己的书写的序，通常叫前言，有的也叫序、序言等等。

修订的图书，其自序（或他序）应不止一个。其排版顺序，一般时间越晚越往前排。

在审读翻译书，尤其是教材的自序时，应注意内容上的审读。比如前言中有该书配套资源（光盘、教师用资源等）的介绍，但书中没有，应请示策划编辑，做适当删除。

9. 目录

目录一般是图书必有的文前辅文，但目录的层级有所不同。教材目录一般只有章和节两级，个别图书上了三级标题，编辑可以建议作者删去。

翻译图书一般将"专栏"、"应用案例"、"本章小结"等特殊栏目也排入目录，这是可以的，但应该用特殊字体，以示区别。

现在有的图书还加了简缩目录、图目录、表目录、公式目录等，如有必要，也是可以的，但增加了核对工作量。在改版、倒版的情况下，要注意核对页码。如无必要，应建议作者或译者删去。

10. 其他文前辅文

比如内容简介和作者简介，现在也几乎是必有的辅文了，它们类似于扉页，有的随正文，有的放在封面、封底或折口上。其审读加工也有自己的要求。

有些辅文比较特殊，甚至不好归类。比如有的精装书，在其封二（封面背面）、封三（封底里面）上还排有内容，有的就是摘自书里的一个图、一段话等，更复杂的是正文里还要经常提到它。这时就要做特殊处理，此处不再展开。

文前辅文的排列顺序问题是一个难点，新编辑一般摸不着头脑，这又是不能搞错的问题，需要结合具体图书进行规范的介绍。

二、文中辅文

文中辅文是指在正文内的不同位置出现的各种辅文。在人文类图书中一般量比较大，分布比较广泛，审读起来也比较困难。

1. 书眉

是指每页正文之上的文字，也是版式设计的重要项目。

书眉的文字双、单页各有不同，分别排书名和章名（篇名）。书名后有版次的原则上应该上书眉；副标题一般不上。

2. 引文注释

这是最常见的文中辅文，人文类图书几乎每本书中都能碰到，而且量很大。文字编辑很重要的一个工作内容，就是对引文注释的加工处理。这项工作比较专业、细致，查证过程中也需要较宽的知识面，有时为一个问题的出处，需要到图书馆或网上反复求证。

关于引文注释，国家有比较严格的标准，人大出版社《编辑加工基本规范》列举得也很详细，重要的是执行。这里不再赘述。

3. 图注、表注

是指在图和表下的说明文字。一般有说明、资料来源、注文等。

这里应注意的是：

第一，图注、表注同正文的注文不要混淆，是图表的注就应该放在图表下面。

第二，图表的注所用符号不同于正文，一般用星号。

第三，在原稿加工时，图表中的注文应该用铅笔标出，提醒排版人员换字体字号。

4. 其他文中辅文

如章后附录等，但有的书也将其作为正文处理。

三、文后辅文

文后辅文是指排在正文之后的辅文。

1. 参考文献

编辑应严格按照文后参考文献著录规则的国家标准进行编辑加工。格式上的规范是比较容易掌握的，但作者所提供文本的准确性的核查却是最费周折的。编辑应逐个核实，一条文献的每个项目都有可能出错，如作者名字、国籍、文献名、出版地、出版时间、版本等；还有可能出现网址错误。最重要的一点是，编辑通过核查引文和正文知识性问题，应能发现作者是否有不该有的学术行为，尤其是网络资源的利用线索。

翻译图书的参考文献有的很长，编辑一定要通读，并注意在完整音节处转行。

2. 附录

这里是指书后附录，不包括章后附录。书后附录内容广泛，常见的有统计分布表、习题答案、相关法律条文等等。

3. 索引

现在索引一般出现在翻译图书中，有词汇索引、人名索引等。如果篇幅过多，必要性又不强，文字编辑应建议策划编辑将其放在该书的资源库中，不在纸制版中出版；如果不行，编辑应在认真通读的同时，对照正文进行编辑加工，必要时可借助校对软件的搜索功能进行核对。有多个译者的情况下，更应加强其统一性核查。

4. 跋、后记、编后语等

这不是必须包含的辅文，但是如果一本书没有他序和自序，又没有后记等，应建议作者补写。

5. 校勘记、勘误表等

这类辅文现在一般没有。编辑如果发现或者被发现成书中的错误，应及时填写"改型单"，交出版科。

6. 其他文后辅文

有的图书最后放有教师反馈表、丛书总目录等插页，严格说这不算辅文，也不允许放，但实际操作中却不少见。编辑对其文字同样要做认真的编辑加工。

以上只是对辅文加工中的常见问题和一般规范做了简单的梳理，实际操作过程中，不同的编辑会有自己的灵活运用和把握，也会有新的问题和规范方面的补充。

离高质量出版物有多远

——从插图联想到的[1]

· 袁雪英 ·

中国文化源远流长，五千多年灿烂辉煌的华夏文明是我们丰富的宝藏。如何承载这厚重的文明史，如何传承下去，看似简单，说起来很容易，做起来却很难。

作为图书出版工作者，责任是重大的，担子也是繁重的。

翻开我们的图书，确实可以说是百花齐放，丰富多彩，满足了人们不同层次的需求。"百年大计，质量第一"也是到处可见。如何将其落实到我们日常的工作中，落实到眼下加工的稿件上，却不是一件人人想得到也做得到的事。

偶然翻看我们的图书，出现了这样的情景，在"石上的艺术生命"一章中的"第一节　敦煌莫高窟"里出现了一幅彩色佛像插图（见图1右下方插图），介绍的是莫高窟石刻。

文中描述了"敦煌莫高窟"的大致情况，并附上图片，可谓图文并茂。

当翻到同一章的"第三节　龙门石窟"时，也附有图片（见图2左下方插图）。仔细端详眼前这尊佛像，再看看文字说明，让我不由得想起了十几年前参观龙门石窟时解说员的讲解，她是这样描述武则天时期开凿的石窟的特点的：佛像形态圆满，神态亲切。嘴角微翘，呈微笑状，头部稍低，略作俯视态，令人敬而不惧。这是龙门石窟最大的佛像卢舍那佛坐像；也有人说她是武则天的化身，展现了那个时期的石刻生动而又纯朴自然的写实作风，达到了佛雕艺术的顶峰……

经过细致查看，我确定这是"龙门石窟"的佛像。再翻回"第一节　敦煌莫高窟"比照一下，问题也就出来了。因为任何艺术都会受不同朝代，不同的社会政治、经济背景的影响，石刻艺术也是有其鲜明的年代感的。不会千篇一律，应是千姿百态。

图 1　敦煌石刻[2]

图 2　龙门佛像[3]

你会发现眼前这两幅图片是同一尊佛像，这是巧合还是另有原因？这么知名的文化遗产，到了我们的书中怎么就会如此这般？到底是哪里出了差错？先分析一下原因：

一、作者

（1）我们知道原稿水平的高低至关重要。首先要看作者是否在本专业有较高的学术造诣，这一点不可小视。

（2）作者是否有责任感，对自己的作品是否做了缜密编排。

二、编校环节

（1）编辑是否认真加工原稿，仔细通读清样了？这是"清源"工作。

（2）校对是否按规程操作了？这是"净后"工作。

（3）核红是否做到位了？这是最后一道防线。

（4）编辑样书检查工作是否及时仔细做了？这是大批量发行前的唯一机会。

三、版式设计

（1）原稿插图的设计编排是否都认真核对过了？

（2）付印前有没有仔细地统版？这也是消灭差错的重要一环。

以上几个环节都是堵住问题发生的防线，为什么错误会冲破道道防线，存留在书中呢？我想仅就编校环节来讲，"三审制"的落实是第一步，"三校一通读"是第二步，而通读付印样和付印前的核红是非常重要的。如果把不住最后这道关，就可能前功尽弃。教训是沉痛的，代价是巨大的。会有人这样说：重印时改过来就是了，的确，应该改，也必须改，以弥补造成更大范围的传播。如果不再印，眼前的书怎么办，错误将永远地流传下去，给读者尤其是青少年读者一个完全错误的概念，岂不是误人子弟吗？这是其一。其二，是我们做出版工作的各类人员应明确自己的业务规范，如果不按工作流程，会出现各种大大小小的问题，甚至是无法弥补的错误。就会把文明的文化史搞得一塌糊涂，五千年光辉灿烂的文化遗产也就只有遗憾了。

图书出版、"办报和办别的事一样，都要认真地办，才能办好，才能有生气。……例如，报上常有错字，就是因为没有把消灭错字认真地当做一件事情来办。如果……讲清楚错误的情况，发生错误的原因，消灭错误的办法，要大家认真注意，这样讲上三次五次，一定能使错误得到纠正。小事如此，大事也是如此"[4]。错字如此，图、表、公式也不例外。只要我们按照《图书质量保障体系》的规定程序操作，就可以少走弯路，少出问题，甚至不出问题。这需要我们全体人员齐心协力，因为出版工作是一个集体项目，而非某一个人就能办好的。因此各环节的协调合作是非常重要的。大家知道出版物质量是由原稿质量、编校质量和印制质量三者构成的。出版工作者只有认真工作，为提高出版物质量而不辞辛劳，对每一道工序、每一个细节（包括印刷与装订）重重把关，才能保证出版物的质量。

下面就编校人员在付印核红环节应注意的相关事项做些归纳，仅供参考。

编辑的付印样经过排版厂改版后，又打一份样子送出版社交由编校人员核对（核红）。付印之前的核对（核红），是校对过程的最后一道工序。它是根据编辑签字的付印样检查排版人员改得对不对；检查由于改版而造成的其他错误，所以这一工作，必须十分重视，不可草率从事。核红时的要求和主要事项如下：

（1）是否因版面移动而影响页码和脚注。页码或版面如有变动，则必须同时检查目录、索引和正文中提到的页码以及脚注等。

（2）改正的字及其位置是否换对，改动处的附近有无因改动版面而造成新的错误。

（3）根据改动的影响大小，扩大一定的范围逐字逐句地仔细重校，并注意前后上下行地位是否有错。

（4）注意版口两边有无因改版而使版面松动，造成字（符号）颠倒或标点、数字、外文字母及上下角码等较小字身的变动。

（5）遇有比原来地位增大或缩小的改动时，要根据情况核对到与付印样的改动完全一致为止。

（6）对增排的句、段应特别注意认真核对，注意"造字"字形的完整，对大量增加补排的部分要逐字校对，至少校对两遍。

（7）对版面捅动者，须注意前后上下衔接处。

（8）版面捅动后，对于原有或新出现的外文移行情况，应注意其是否符合移行规则，看看有没有应去或应加的连字符（-）；专名线或着重点的字句捅行时，应注意是否随着文字而移动。

（9）注意表线、图是否移动，版口是否平齐。

（10）如果有重制图版，须仔细辨别是否为新图版。

（11）对于书眉的核对（双单页码）。第一，看是否是本书或本节的（尤其是套书的时候应特别注意）；第二，双单页码的内容是否符合要求，页码的位置是否正确，色标位置是否准确（切口）。

（12）对于没有改动的校样页，也须检查校样的四周，以防因操作不慎造成版面变动，出现丢、多字、行、段等意外情况，使得上下文衔接不上。

（13）机校把关。当一部书稿经过最后一道工序核红后，应该说结束了全部的编校工作，但是，由于种种原因，为了最后把好质量关，最好用电脑"严格校对"功能再校一遍，可以弥补眼力遗漏的有关点滴，减少遗憾。

上述工作完成后，还要做以下几项：

（1）清点辅文是否完整，正文页码是否连续。

（2）暗码是否标注得准确。

（3）全书应有的内容是否齐全，印装顺序是否正确。

以上全部核准后才可以签字付印。

把住原稿质量、编校质量和印制质量，我们只有从日常的工作做起、做好，我们的出版物才能承担起传承华夏文化的重任，才能称得上高水平、高质量。

我想，我们的出版物距高水平、高质量存在着怎样的距离，这是客观现实。我们应在今后的实践中不断总结提高，奉献给读者更多的传世之作。

【注释】

[1] 原书还有其他问题，本文只谈其一。

[2] 图 1 由马英力拍摄于原书 174～175 页。

[3] 图 2 由马英力拍摄于原书 196～197 页。

[4]《毛泽东选集》，2 版，第 4 卷，1319 页，北京，人民出版社，1991。

社外编辑的选聘与培养

·梁　硕·

随着图书出版竞争的日益激烈，多出书，出好书，成为出版社生存、发展的必由之路。在此形势下，出版社编辑力量不足的矛盾凸显。在不增加人员编制的前提下，充分利用社会人力资源，聘请社外编辑进行书稿文字加工已成为出版社普遍采用的一种做法。

编辑加工的社会化，不但有利于出版社多出书，出好书，不断加强出版社的核心竞争力，而且有利于发挥社外高素质专业人才在专业技术知识方面的优势，进一步提高图书编辑加工质量。因此，建立和培养社外编辑队伍，使其发挥最大的潜能，成为目前出版社编辑加工领域充分重视和认真研究的一个问题。

一、注重社外编辑的选聘

建设高素质的社外编辑队伍，首先应当抓好聘任这一关。选拔社外编辑要对所选择的人员进行考核，考核内容应该包括责任心考核、专业知识考核和语言文字水平考核。编辑加工工作以责任心最为重要，但是对于责任心的考核往往比较困难，只能通过具体的编辑加工工作来检验。在上岗前组织编辑业务培训时要特别强调责任心的重要性，强化和提高社外编辑在这方面的意识。专业知识和语言文字知识的考核相对更直观一些，可以通过有针对性地设置考题进行考试。考核后，与被录用的社外编辑签订合约，增强社外编辑的归属感和荣誉感，对稳定社外编辑队伍有较好的作用。

二、加强社外编辑的培养

培养一个合格的专业社外编辑是一个相对漫长的过程，不可能在短时间内速成，只有通过形式多样的培训，在具体实践中逐步积累和提高。

1. 结合稿件讲解

对于社外编辑来说，他们不懂出版规范以及出版流程，也不知道该做哪些方面的修改。因此，不仅要让社外编辑了解编辑过程的主要环节，而且要使他们知道编辑加工的难点是解决稿件的标准化和规范化问题，包括专业术语的规范使用，数字和规范文字的使用，计量单位和外文字符的正确使用等常见问题，此外，还应当就同一稿件中出现的体例不统一，术语不规范，语言文字错误等多方面问题综合分析和讲解。

2. 明确工作要求

给社外编辑分配书稿编辑加工任务前，可通过面谈或电话、电子邮件沟通的形式，根据稿件涉及的专业和加工时间对社外编辑提出具体要求，以及需要注意的重点和难点问题，除此之外，还应该对具体书稿提出针对性的加工要求。另外，如果社外编辑在加工时有不确定的事情应及时与社内编辑沟通，在学术上有争议的问题应及时反馈给社内编辑，以便与作者及时沟通。

3. 以传帮带来培养和提高社外编辑能力

在社外编辑完成加工后，社内编辑要进行复审和终审，并将复终审后的原稿与汇总发现的疏漏反馈给社外编辑，尤其是对社外编辑在加工中提出的各种问题详细分析，指出哪些是其可以直接处理的，并传授处理技巧，哪些是需要请作者和责任编辑处理的，这些问题要及时请示。要尽量避免社外编辑只会提问题但不会处理问题，从而增加责任编辑工作负担的情况。

4. 注意收集反馈意见

社内编辑应该注意收集作者在清样上发现的问题并及时反馈给社外编辑，让他们能够充分利用"实战"机会，不断提高编辑加工水平。

5. 建立激励与淘汰机制

对社外编辑实行有效的分配激励机制。当社外编辑完成一本书稿的编辑加工后，管理该书稿的社内编辑应及时反馈修改意见，并将相应工作质量及评价及时记录归档，根据编辑加工质量的高低分配外编费。对于质量不合格但具有潜力者应加强培养，提高其质量；两次或两次以上不合格者，予以解聘。

浅议图片摄影的几项技巧

·王 艺·

在我负责的日常工作中，图片摄影占了很大一块比重，不管是出版社日常的大小活动，还是为各分社的产品（图书）拍摄照片，都需要进行认真的研究和准备，这些年来，我在图片摄影的技巧上有一些体会，下面就简要谈一下。

我主要接触三类图片摄影：

一、室内会议闪光摄影

随着出版社做大做强战略的实施，营销推广活动异常活跃，各种发布会、研讨会越来越多，同时，出版社越来越重视这类活动的影像资料的记录工作，对我们的要求也越来越高，拍好各种会议是我必须做好的工作之一（见图1）。

图1　我社贺耀敏社长向天津滨海开发区领导赠书（王艺摄）

　　我在拍摄时，把相机的模式定成 A（光圈优先自动），这样，在拍摄当中，为取得较大的景深，适当缩小光圈，相机就会自动找到合适的速度，再加上闪光灯的帮助，就能获得曝光合适的照片。但开始时，我对相机和闪光灯的配合还不够熟练，把灯设成自动，但遇到一些转瞬即逝需要连拍的场面时，往往出现这样的尴尬场景：相机连拍速度够快而闪光灯的回电速度跟不上，造成头一两张正常，后面的却是黑板一块。所以，我就把闪光灯设成手动（M），而且只让它发出 1/2 或 1/4 的光，这样，闪光灯的回电时间缩短，就能和相机配合连拍连闪，不错失良机了。像领导视察及颁奖大会等活动就是检验我们这种抓拍功夫的重要场合，不能关键时刻"掉链子"（见图 2）。

图 2　我社徐莉副总编在首届傅雷翻译出版奖颁奖大会上领奖（王艺摄）

二、室内图书产品摄影（静物）

　　这些年来，为了配合各分社对图书产品的宣传，做各种平面广告及印刷品，我拍摄了不少图书产品的照片，也积累了一些经验：首先，图书的造型不同于其他商品，只是简单的六面体，没有像其他商品如化妆品的包装瓶那样优美的曲线，所以，单靠个体造型，很难有什么出彩的变化，只能靠多本书摆出一些造型

（见图 3）。而且，越是厚本的精装书，越好摆出优美的造型，反之，薄本的书就很难立住，为此，我平时积攒了不少各种规格的小盒、书档等物品来摆造型用。其次灯光的摆放和布置也很有讲究，因为图书作为拍摄对象很特别，有时需拍一两本，有时又需拍几十本，所以，我经常布置的就是漫散射光，这样，不论数量多少都能适应。

图 3　我社获国家图书奖和中国图书奖的部分奖杯及证书（王艺摄）

　　图书拍摄的难度还不大，一些如奖杯、奖牌类的物品拍摄起来更不容易。主要是一些铜制奖牌有抛光的镜面，反光强烈，而一些水晶玻璃类的奖杯又是完全透明的，所以，我在拍摄时反复实验，基本能达到令人满意的效果（见图 4）。

图4　新闻出版总署颁发给我社的部分奖牌及奖杯（王艺摄）

三、户外摄影（为参加各类运动会的员工摄影）

谈到这个问题，自然就与我们出版社的工会工作分不开。我们出版社的工会工作，一直开展得丰富多彩，新老员工都积极参加工会组织的各项文体活动。尤其是在春意盎然的四月，出版社每年都组队参加学校的运动会，并举办出版社的"人人运动会"，我自然承担了拍摄照片的任务。由于天气条件很好，阳光很强，所以照片色彩对比强烈，因为运动会多是拍摄动体，所以当时把相机的拍摄模式定成 S（速度优先自动），这样，根据实际情况改变速度，相机就会自动设定光圈。为了拍摄像迎面接力等体现速度的照片，我就站在跑道边上对准跑过来的"对象"进行"追随"拍摄，速度定在 1/100 秒左右，这样拍出的照片就有强烈的动感，人"实"而背景"虚"。当然，这种技巧也得灵活运用，速度定得慢了，主体容易"虚"，而速度定得快了，背景又太"实"，失去了动感。所以这就是一个对运动摄影时间掌握的问题，需要拿捏得恰到好处。

"追随法"的应用，并不是什么新鲜事，各类摄影的教科书上均有论述，只是各人拍摄的习惯不同，有人为追求更强的动感效果，甚至使用 1/30 以下的快门速度，但那样主体也很容易因失焦而发虚，所以我感觉为保险起见，还是速度别定得太慢，以主体尽量能清晰为准。

拍摄这类快速运动（如短跑）的题材，最好运用连拍模式，这样可从中选出效果最满意的照片（见图5）。

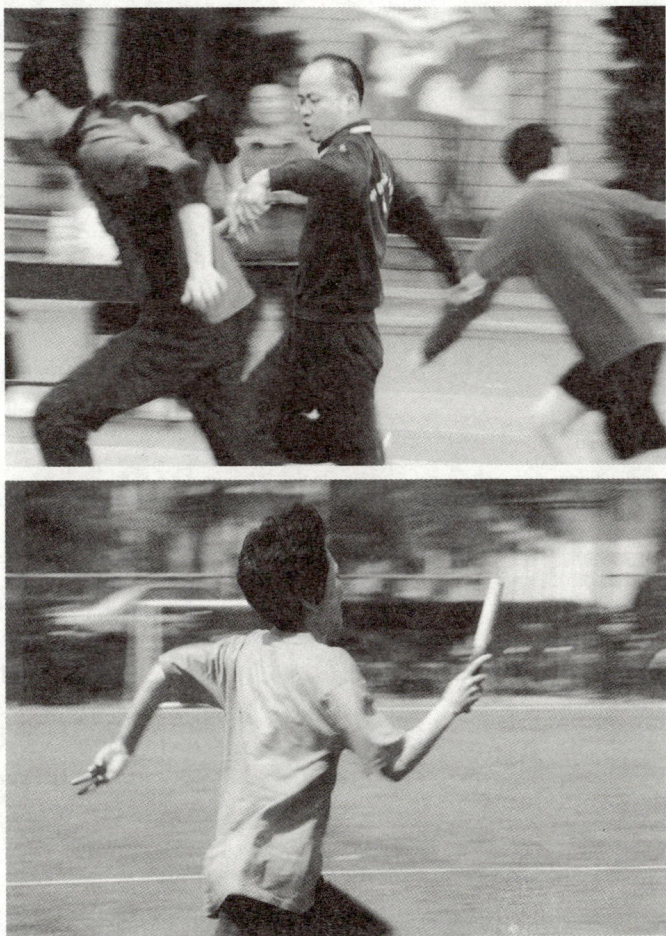

图5　我社的年轻员工在运动场上的身影（王艺摄）

以上只是简单把我平时进行的摄影工作做了一点总结，当然摄影的技巧和窍门还不止这些，还需我们在实践当中去摸索和探讨。摄影是一项辛苦又有意思的工作，只要我们既动手又动脑，就能不断拍出好的作品来，就能用我们的相机记录幸福的昨天、描绘美好的明天。

四、发行营销

论社办发行的现代转型

· 赵东晓 ·

上世纪 80 年代中期，随着出版社从单纯的生产型向生产经营型转变，社办发行应运而生。其后的 20 多年里，社办发行业务从无到有、从弱到强，随着出版事业的快速发展而蓬勃发展。社办发行的产生和发展客观反映了出版社在从事业单位向企业经营的转换进程，对出版社在市场经济环境中寻找定位、适应竞争、树立品牌和积累资金起到了巨大的推动作用。然而，随着国家文化产业政策的调整，随着出版发行体制改革的进一步深化，出版发行的市场形势发生了翻天巨变，社办发行的内涵也已悄悄地发生了质的变化，日趋激烈的市场竞争对社办发行提出了新的更高的要求。新的市场环境下社办发行该如何定位，现阶段发展的瓶颈和面临的挑战有哪些，社办发行该往何处去，这需要我们每一个出版从业人员深入思考并以实际工作给出答案。

一、社办发行的历史定位与作用

1986 年 7 月，原国家出版局《关于推行图书多种购销形式的试行方案》的出台，标志着中国图书发行新华书店独家经营时代的结束，同时也标志着社办发行的诞生。其后，在经历图书市场从卖方市场到买方市场这一历史性转变的过程中，社办发行充分满足了人们购买和阅读图书的需求，有效保障了出版社物流的畅通和资金流的安全，极大地提升了单体出版社的品牌影响力和市场知名度。

作为出版社工作大循环的最后一个环节，社办发行由最初从弥补新华书店主渠道不足起步，进而成为出版图书的主要发行方式，在出版社品牌的树立和维护、资金链的安全回笼和核心市场竞争力的提升等诸多方面发挥着无可替代的作用。社办发行近 30 年的发展历史证明，社办发行已经成为出版社不可或缺的职能部门。凡是经济效益和社会效益好、市场知名度和品牌影响力高、出版社持续健康发展的出版社，其背后无不有一个具有强大市场竞争力的社办发行做支撑，今天强大的外研社正是当年重视发行、推动发行改革的结果。社办发行的水平正是上世纪末出版社事业单位、企业化经营能力高低的缩影。

二、新形势下社办发行面临的困境与挑战

进入 21 世纪，中国的新闻出版业呈现出前所未有的新形势、新局面。特别是十七大之后，国家进一步明确了提升文化软实力的战略指导思想，确立了全新的文化产业政策，给出版发行产业的升级转型提出了明晰的发展方向，使得我国的出版行业面临了前所未有的机遇与挑战。在这样的大背景、大形势下，社办发行和所在的出版社一起面临全新的考验与挑战，尤其对于发行来讲这将是一次生死蜕变、凤凰涅槃的过程。从当前的出版业发展现状来看，相当的社办发行出现了不同程度的不适应，陷入失去发展方向的困境。

（一）现阶段社办发行面临的困境与挑战

1. 竞争环境下的市场优势不明显

首先，社办发行具有先天的缺陷。社办发行是"服务于某一特定出版社的出版事业"，是某一特定出版社的职能部门，这大大局限了社办发行部门经营活动的灵活性。其次，发行部门对图书选题的不参与使其经营活动所需要的主动性丧失殆尽。社办发行只能被动地接受既成的选题与产品，图书选题的决定权归属编辑部门，社办发行只能被动地卖书，并必须接受销售指标的考核。再次，出版社设置发行部门的初衷是在图书产品与市场之间架起一座桥梁，但由于为发行部门规定的职能仅仅是将图书推向市场，使得发行部门贴近市场的优势得不到充分利用，出版社继续与市场处于隔离状态。

2. 改制背景下的主体地位不明晰

出版行业转企改制的目标是重塑市场主体，打造具有市场竞争力和经营活力的出版发行企业，建立自主经营、自负盈亏、自我发展和自我约束的现代企业制度，这与之前行政化的事业单位有着质的差别。在转企改制这一国家政策推动的产业背景下，社办发行作为离市场前沿最近的部门，本该成为出版转企改制过程中的急先锋，但社办发行由于其自身体制和机制的束缚，停滞于行政化的事业单位管理模式，不能迅速地根据市场形势的变化及时调整经营理念、组织结构和业务团队，某种程度上严重落后于出版产业整体改革的步伐。

3. 粗放的业务流程和营销管理水平需提升

尽管在其他行业中实施市场细分和深度营销已是企业生存和发展的必然，但是对于以内容营销为核心的图书业来说，发行做的最多和最熟悉的业务流程依然是从改革开放初期继承下来的签客户、打单发货、对账回款等简单劳动，业务员个人人脉的强弱实际上凌驾在流程之上。虽然这几年社办发行已有很大进步，有的在局部方面还做到了营销的前沿，但这丝毫未改变原有现状，也未产生成熟固化的新业务流程，这也是整个出版发行业在长期的国家垄断性政策保护下缺乏自生意识的结果。市场化的经营管理新理念和新的业务流程在现有体制和机制的束缚下很难深化。

4. 从业人员的职业素养亟须提高

社办发行一个重要的瓶颈就是从业人员专业化知识的缺乏，虽然现在很少那种"编辑不成就干发行"的笑话了，而且很多专业毕业的本科以上学生也充实到了发行队伍，但发行人才的积贫积弱非短期可改，年龄结构老化、缺乏专业背景仍然是发行界的普遍现象。这一方面是业态传统老化的必然，另一角度也反映了国内根深蒂固的轻商观念，在西方发达成熟的出版企业里，市场人员不仅待遇较好，其较高的社会和企业地位也吸引着优秀人才的不断加盟，而在我国，编辑和市场发行人员的平起平坐还有待时日，这严重影响了发行的团队建设，更为重要的是，这样的环境会加剧从业人员的自卑与不自信，从而导致发行队伍的建设恶性循环，使发行工作成为出版社投入市场竞争的瓶颈。

（二）社办发行的相关观念辨误

在当前的发展形势下，社办发行出现这样的困境与挑战尽在情理之中，究其原因，一部分是改革发展过程中不可避免的阵痛与调整，还有一部分是出版从业人员尤其是管理人员长期固守的对发行的偏见造成的。在此不妨略举一二辨误。

1. "产品为王"

一些人认为，出版产业应该以产品为导向，出版的核心是出好产品。因此，社办发行在出版社内的地位往往为从属。而实际上，出版社不仅要出好书而且要做好企业。市场营销学已经明确告诉我们，一切产品应该以市场为导向，以终端需求为导向，通过研发适销对路的产品来满足消费者的需求。就出版业而言，社办发行和编辑均应以市场为导向，产品应从市场中来、到市场中去，双方作为出版社的研发与营销同样举足轻重，不可替代，应该成为出版企业腾飞的"双引擎"。

2."发行就是物流"

持此种观点的人对市场经济和出版产业缺乏基本的常识性了解。任何东西要实现从物品到商品的转换必须要经过"惊险的一跳",图书产品也不例外。即使是作为内容产业的图书,只有进入市场进行销售才真正实现了其价值,而物流只是其中很小的一个环节。在当前出版市场竞争背景下,"酒香不怕巷子深"早已不复存在,大量同质化产品的存在需要发行人员通过卓有成效的营销工作去实现和扩大图书的市场价值。

3."做不好编辑做发行"

由于历史形成的种种原因,很多人认为发行就是简单的仓储、制单、分拣、打包、发运、收货等业务环节,编辑做不好就去做发行。而实际上真正要做好发行工作对一个人的综合素质要求是极高的,需要统筹运用他们所掌握的市场营销知识、消费心理学知识、沟通协调能力、学科专业知识等,积极地拓展市场、挖掘终端乃至创造市场。某种意义上说,一个优秀的营销人员其综合素质应在以专业见长的编辑之上。这些年来,中国人民大学出版社的发行工作很有自己的独到之处,究其原因,一个重要的因素就是其专业发行人员的学历、能力、职业素养等综合素质均达到了较高的水准。

三、社办发行的未来走向与现代转型

(一)对社办发行未来走向的基本判断

出版社自办发行从产生到现在已有 20 多年的历史。就我国的基本国情来看,就目前的出版发行市场情况看,出版发行市场的初期阶段将长期存在,社办发行在今后一个相当长的时间内将会继续存在并发展壮大,在发行舞台上大展拳脚,这是我们对社办发行未来走向的一个基本判断。做出这样的判断主要基于以下两点原因:首先,中国缺少能一统市场的强力中盘。就目前图书市场的发展来看,传统的发行企业地域分散,大而不强,而出版社自己也无能力建立起如日本、西欧一些国家那样强大的中盘,即使从现在开始有足够的资金营造中盘,主办者没有相当长的时间操练和磨合、参加者没有相当长的时间观望和探讨,它都难以到位。其次,我国的出版企业肩负双重责任与使命,企业数量与质量的发展也严重滞后,而且目前国内图书市场法制建设还不够健全,商业诚信严重缺失,社办发行保证了出版社自身资金流的安全。这是出版社在相当长时间内绝不会裁撤社办发行的最直接、最现实的原因。

（二）社办发行的发展趋势与现代转型

面对目前潜力巨大、竞争激烈的图书格局，审视社办发行市场定位的尴尬，有必要认真总结社办发行 20 多年发展的经验与教训，要让社办发行进一步明确自身的定位与使命，承担起更为重要的职责，把传统的社办发行引领到现代的市场营销高度，使出版企业真正走向市场化，同时积极主动地把握出版市场的规律和脉搏，实现社办发行自身的现代转型。

1. 从以产品为导向向以市场为导向的全程营销模式转换

所谓以产品为导向是指传统的社办发行由于在出版企业内部的供应链中处于下游环节，在基本不参与上游选题、生产印制等环节的前提下，其功能和作用的发挥始终以既定的产品为核心和导向，所有发行工作以既成的产品为指挥棒来开展，缺乏市场的敏锐度并无法真正满足终端客户的需求。所谓以市场为导向是指在市场经济背景下，市场需求应成为出版企业一切经营活动的灵魂与准绳，社办发行乃至整个出版社的工作应以满足终端客户需求为出发点和归宿，选题策划、生产印制、定价开本、营销服务等各个环节的工作始终围绕终端需求来开展，"编、印、发"工作的根本的指挥棒是市场这只无形的手。传统社办发行想要在新的竞争态势下走得更远、更积极主动，就必须要开动以市场为导向的营销引擎，一方面积极对外即深入市场，一方面对内主动联合编辑部门开展从选题开始就实施的全程营销模式，主动承担带领全社人员深化市场意识，熟悉市场规律的职业责任，这将是社办发行自身安身立命同时又能有效提高企业核心竞争力的必然选择。

2. 从传统单一的销售功能向现代营销复合体转型

现阶段社办发行的职能定位依然自觉不自觉地困守在如何把货发出去、如何把款收回来。在新的市场形势下，社办发行需扩展以下功能：（1）市场调研功能。社办发行除了传统发货、回款业务外，应具备市场调研、终端需求反馈的功能，从而使企业能够准确地把握终端读者的需求，提高出版社经营水平。（2）终端增值服务功能。社办发行要大胆借鉴相关行业的先进营销理念和营销方式，并充分利用先进的网络技术，在保持"为读者找书"的销售功能外，在品牌营销和服务营销等深度营销理念的指导下，深入一线市场，采用多元立体的服务方式努力"为书找读者"，拓展出版社的品牌影响力和市场占有率。（3）市场化的选题开发功能。社办发行人员除了通过常规的发货和回款等工作积极占领市场外，还应通过有意识发现市场乃至创造市场。对于具有一定市场需求量的市场化选题，发行人员要有竞争和拓展意识，配合出版上游提供有针对性和时效性的选题。从市场中来、到市场中去的真正市场化的选题，将产生极大的经济效益和区域品牌影响力。

3. 从单向凌乱的信息反馈向成为出版经营辅助决策的智囊转型

发行部门工作人员长期工作于市场一线，具有先天的信息优势。在市场意识不强、市场化程度不高的发展阶段，社办发行所掌握的市场信息是通过零散、无计划的、不规范的途径发挥作用的。但随着出版市场竞争的加剧，出版社要占据市场的制高点，提高研发和营销的准确性，就需要通过动态化、系统化、专业化的市场信息反馈体系进行市场信息的收集、加工和整理，通过产品与市场分析、竞争对手监控、市场环境变化、自身即时运营等形式为研发、为营销、为经营决策献计献策。如中国人民大学出版社就在市场部和销售部下联合设有专门的团队负责，力图建立一套自成体系的市场信息反馈体系，通过整套规范的市场信息搜集、信息分析、市场预测手段，减少经营的随意性，使发行部门贴近市场的优势及其桥梁的双向流动作用得以充分发挥。

4. 从定位不高、缺乏自信的传统发行团队向高素质的职业化、专业化的精英团队转型

市场竞争，说到底是人才的竞争。图书市场的竞争，无论是图书质量还是经营策略都是人的行为的结果。从某种意义上说，社办发行人才队伍的严重不足是制约当前社办发行长足发展的关键。现阶段的社办发行人员无论是在数量上，还是在知识结构上都存在着很大不足，整体素质亟待提高。图书发行活动具有很强的实践性，应建立培训制度，不断从理论上和实践上充实发行人员。作为发行人员应当自信自强，增强信息观念，努力学习和掌握新知识、新技术。社办发行人员不仅要能为编辑部门提供最新的图书发行信息、社会评价信息、市场需求信息，还要切实做到对图书发行单位的状况、其他出版社新书上市情况、市场对本版书的需求情况了如指掌，随时反映给编辑部门，使其选题策划与修订再版更具针对性，更符合读者需求。从这种意义上说，图书发行人员的素质应该比编辑的要求更高。他既要进行图书的推销、市场的调查分析，还应有信息的反馈、出书的思考，乃至选题的产生，这是对图书发行工作者的

最高要求。国外图书发行行业是集推销、市场调查、选题策划甚至组稿于一身的行业，其人员在出版社中的比例高达 70％以上。因此，要做好社办发行必须优化和调整现有的人力资源，吸引更多有思想、有抱负、有干劲的人才加入进来，努力促进社办发行团队由低水平的从业人员向高素质的职业化、专业化的精英团队转变。

新型主发配送模式探析

·苏　洸　田国华　王　强　李宏祥·

一、主发的意义

20 世纪 80 年代，随着我国计划经济的逐步退潮和市场经济的渐渐兴起，各出版社都面临着将自己的新书尽快推入市场以求在最短的时间内与读者见面的难题；各书店针对出版社的传统的征订包销的业务模式不但业务周期长，经营风险也大。而出版社针对书店或经销商的主发寄销模式则大大降低了书店的经营风险，因为书店可以将销不动的书退回出版社。于是出版社与书店之间一拍即合，新书主发模式也很快风靡全国。虽然时至今日新书主发模式由于各方面的原因而日趋式微，但是新书主发对于一个有品牌、有特色、有一定社会影响力的大的、综合性的出版社来说仍具有不可低估的现实价值和意义。

首先，主发能力在一定程度上折射出一个出版社的渠道管理能力和社会影响力。主发能力——主发的绝对量和相对量——越大，一方面反映出其渠道的广度、畅通性和市场占有率；另一方面，渠道的广度、畅通性和市场占有率的高低又可以反映出一个出版社在社会上的影响力大小，越是渠道畅通、市场占有率高的出版社其社会影响力也必然不可小觑。

其次，一个出版社主发能力的高低可以直接反映出其对市场的攻击能力的强弱。主发速度越快、量越大，对市场的铺货率越高就越显现出一个出版社对市场的占有能力。新书入库后面临的最急迫的问题就是尽快走向市场与读者见面，接受读者的检验，在最短的时间内实现销售，特别是一些时效性比较强的图书对销售时间就更为敏感。能够做好主发工作——保证一定的发货量，并确保全国市场的铺货率，就有利于最快、最大限度地实现销售。对于比较热销的书则有利于拉长热销期，从而大大增加销售量；对于销售前景不太明朗的书则可以通过尽快冲入市场，借市场的反馈来及时制定或调整相应的销售策略，从而确保一些销售前景不是很看好的图书的销售量。

最后，新书主发是出版社进行新书宣传和品牌形象展示的一个重要平台和窗口。品牌和形象是一个出版社多年经营积累下来的无形资产，也是一个出版社能够在市场中立足的巨大的无形支撑。虽然在出版社转企改制日益深入的今天，能否确保出版社产品的强有力的销售是出版社能否在市场化环境中立足的基石和关键，但在品牌和形象日益深入人心的今天，如果没有过硬的品牌和形象做后盾，一个出版社也很难在市场中占有一席之地。相反，如果有了鲜明的特色和自己专业的品牌形象，则就相对比较容易获得读者的信任和青睐，出版社也就更容易在竞争日趋激烈的市场中站稳脚跟。

二、竞争对手主发模式分析

目前各出版社基本上都还保留着主发模式并且也都一贯比较重视主发问题。通过近期与化工社、科学社、北师大社、中信社等出版社相关人员的沟通，了解到对方的一些主发操作模式，在此仅作简要分析以期对我社的主发模式有所借鉴。

1. 竞争对手主发模式简述

（1）科学出版社：科学出版社的图书以科技类为主，鉴于其品种的原因，其首印数比较低，一般在 2 000 册左右，一般的主发比例在 30%～40%，重点书会提前与客户沟通，主发比例也会随之有些提高。

（2）化工出版社：化工社目前科技类图书、生活类图书都有涉猎，但长期以来还是以科技类为主，近几年开始进入生活类图书市场，自开市场，自拓渠道，增长速度比较快。目前化工社科技类图书的首印数一般在 4 000 册左右，主发比例约为 1/3～1/4；生活类图书首印数一般为 5 000～8 000 册，比较畅销的首印数一般都过万册，主发比例一般为 60%，主要是依靠多开渠道来支撑高比例主发。

（3）中国财政经济出版社：主要针对各个省、市的大客户主发，在北京的如北京市店、当当、卓越等网店。对一般客户都是及时传递新书信息，然后再跟踪客户进行主添。专业书、学术书主发比例一般是在 30%以下，重点的一些书主发比例可能要高一些，但是需要提前和客户沟通；大众类的图书主发比例一般是高于 30%，但也要根据书的内容、类别、市场需求等多方面因素做具体调整。

（4）北大社：新书主发的比例一般为 30%左右，印数在 3 000 册的主发为

1 000 册左右，印数为 5 000 册的主发为 2 000 册左右，遇有重点书则会提前与客户深入沟通、预订，并会制定相应的配套销售政策。就渠道来讲主要是依靠主渠道，民营渠道数量很少。另外，需要注意的则是针对新华系统的主发一般都是在上半年的时候可以适当加大主发量，但下半年新华系统基于库存及动销的压力可能会相对控制出版社对其主发的比例与绝对量。

（5）北师大社：北师大社有一个特色或强项，即其教辅类图书在市场上的相对强势地位。目前北师大社教辅类图书的码洋一年有 9 亿左右。对于教材方面，北师大社一般都是在出书前就与作者联系好，基本都是先确定销路，然后再确定印数；在渠道方面一般都是提前沟通，让渠道预报订数，从而尽可能地减少经营风险，不做亏本的买卖。

（6）清华社：清华社的新书主发有两个路径，一个就是主配，这个是真正意义上的主发；一个就是及时向客户传递新书信息，跟踪、推介客户进行积极主添。这两种方式所占的比例大概是 1∶1。当然，具体的操作肯定会根据书的类别、内容、市场需求等信息进行相应的变通。

（7）机工社：机工社的特点是管理分工比较细致。对外，新华系统的客户与民营客户的管理是分开的，分由不同的人负责，同时，在内部，对于教材客户和一般图书客户也是分开管理的。具体的操作上可能会基于地域、市场等考虑，二者的管理会有所交叉和重合。

（8）中信社：中信社立足于做大众畅销书，每年出书的品种相对单一，数量也比较少，从卖场销售排行看，中信社图书的销售总码洋并不是十分靠前，但如果是单书销售排行的话中信社则往往是名列前茅。中信社主发比例比较高，基本上是要确保一次主发到位，能够做到这一点很大程度上依赖于中信社长期以来对自身特色——做畅销书——的大力宣传，使得各卖场至少从感性上接受了中信社与畅销书之间的关联。当然，中信社每年都会力推有限几个品种的图书的畅销，并借此进一步强化自身的形象定位。高比例主发带来的问题则是有时候图书的退货率或退货量会比较大，但鉴于中信社每年确实能有销量比较大的畅销书做基石，所以高比例主发所来的弊端也就由此受到一定程度上的遏制和克服。

2. 竞争对手主发模式分析

（1）总体分析。

就目前情况来看，各社对于主发工作都相当重视，特别是对于重点书的主发一般都会提前和重要的大客户进行深入沟通，并制定配套的销售政策来保证重点图书的推行，同时也会积极与客户联系，做好新书上架、回添等后续工作，可以感觉到各社的营销工作都在逐步走向系统化、程序化和精细化，社内各部门之间分工明确又密切配合。

各社对于主发一般都会有一个相对稳定的主发比例，但鉴于出书品种、经营策略等的不同可能会有所差异，一般都是在 30% 以上，遇有重点书或者比较畅销的书主发比例就会随之提高，有时可能会达到 60% 以上甚至更高。在各社内部，一般都有自己的图书分级分类体系，在主发时一般都会把它做个参照，但是怎么将它做得更加科学系统则是各社共同面对的难题。就目前的情况来看，一般都是要做好与之相对应的三个方面的工作，即产品、市场与客户。简要来说就是首先要熟悉自己的产品，知道自己产品的大体内容与卖点，从而可以有效地向客户或卖场进行新书推介；其次就是要了解市场需求的趋势，及时反馈市场信息，大力推介与当前市场需求相适应的相关产品；最后就是要分析客户，根据客户历年的经营状况分析客户适合销售的图书层级。

（2）借鉴意义。

各出版社之间由于产品线或发行战略的差异而导致主发工作各有特点，也各有利弊，如何将主发工作做到科学化是各社共同面临的难题，但它们的有些做法却值得我们学习和借鉴。

首先，就是各社根据图书的层级对主发有一个相对稳定的主发比例，这样的管理便于主发的具体操作，特别产品类别多、品种数大的时候则更为实用，因为不可能对每一个新品种图书都单独地讨论主发问题，各社都没有足够的时间和精力来这么操作。这一做法也是目前我社正在使用的，需要我社继续坚持；所要注意的就是要强化对产品的分级分类工作，根据我社既往的主发数据积累和主发经验以及对产品、市场、客户等信息的综合反馈建立一套相对科学、容易操作的主发模式。这一主发模式大体包含两个方面的内容，第一就是图书的分层分级体系，可以根据图书的作者、内容、篇幅、装帧设计、有无著名专家学者推荐等方面对图书做出程序化的层级界定；第二，建立客户层级体系，根据客户的经营销售能力与偏好做出层级界定，从而可以对客户"量体裁衣"，按能主配。

其次，鉴于目前主发所面临的难题，以及各书店或经销商对主发的控制，主发有渐趋式微的迹象，想要借一次主发来完成基本的备货、销售越来越不太现实。这就需要在确保能够主发的情况下要进一步做好后续的销售服务——要及时跟踪图书的动销、库存情况，提请客户及时回添；同时还要根据市场反映情况及时制定配套的销售政策，从而尽可能地拉长产品的上架时间、促进销售量的提升。因此，借一次主发来抢滩市场、借多次回添来实现销售量的提升将是以后图书销售的主要路径，这就要求出版社主发后的后续工作越来越细致。

最后，市场或读者是图书销售的最终的检验者，无论主发工作本身的科学化程度有多高，实现图书的理想销售才是出版社的终极目的。这就要求各出版社反过来要牢牢把握市场动向，了解国家、社会方方面面的动态，提升对市场需求的敏感度及作出迅速反应的能力，随着图书市场竞争的日趋深入和激烈，"时间就是金钱"的法则将会得到更深的体现。出版社要掌控市场、与市场"零距离"接触，很有必要建立完善的市场信息反馈机制，及时推出适应甚至是引导市场需求的产品，从长远看，这将是一个出版社是否可以在市场环境中立足并做大、做强的基石和关键。

三、目前主发工作所面临的市场环境分析

1. 零售市场增长迟缓，区域销售差异明显

近年来，图书零售市场一方面受到多样化媒体的影响，读者在进一步分流；另一方面，由于全民阅读氛围仍然不浓，读书人的阅读时间也在减少。面对出版规模大、品种多的现状，图书市场呈相对饱和态势。2009 年受到经济没有完全回暖的影响，加之强势畅销书的不足，导致图书零售市场仍然处于缓慢发展期。据开卷信息统计，就畅销书而言，2008 年、2009 年上半年的畅销书销售量级都远远不及增速达 14.23％的 2007 年上半年。2009 年上半年全国图书零售较 2008 年上半年同比增长率为 5.43％，略低于 2008 年同期的 6.26％市场增长水平。于此同时，全国图书零售市场也呈现明显的地区差异。今年上半年与去年同期相比，除东北地区同比下降 1.17％以外，其余四大地区均表现为同比上升，其中西部地区上升幅度最大，同比上涨了 21.95％；华北地区次之，涨幅为 8.89％；华东和中南地区的同比增幅分别为 5.19％和 3.31％。

在上述全国的大背景下，今年我社图书零售卖场销售也呈现增长减缓态势。地区性销售排名也有很大的差异，其中北部排名 9，中东部排名 29，中西部排名 24，南部排名 27，说明我社卖场销售工作面临很艰巨的任务。

2. 同质现象加重，渠道创新不足

目前出版竞争激烈程度在各个层次上都在加剧，但是书业内的各大集团和出版社不仅在战略上有着共同的追求，在战术与策略上的套路也基本相近。出于降

低风险，减少宣传成本的考虑，许多出版机构在出书方向、出书品种等方面选择的相近，使得目前书业中的同质化现象越来越严重。大量的雷同书使得图书的可替代性越来越强，图书内容对读者带来的新鲜感已经丧失，读者在选择时考虑更多的是价格因素，这也是目前书业价格战屡禁不止、一直停滞在低水平竞争的关键原因。2008 年全国新华书店系统、出版社自办发行单位年末库存 51.1 亿（册张份盒）、672.78 亿元，与上年相比数量增长 14.11%，金额增长 18.89%，这一数据也从侧面反映出市场同质化程度在加剧。

此外，销售渠道建设创新不足同样加剧了书业的竞争。上游大规模的品种投入为销售渠道带来了直接的压力，跑马圈地式的推广铺货手段使得渠道负担非常大。在开卷信息监控的 100 多家大型书店中，有 50% 以上的在架图书在一个月内并没有发生动销。大量的库存积压对于出版社和书店而言都是巨大的压力。

3. 主添客户增多，对主发工作提出新挑战

随着新华书店精细化管理的加强，许多以前能够主发的卖场最近新书只允许主添。由于社店信息还不能实现共享，新书信息的传递目前还只停留在基础阶段，新华书店采购人员的主添多半凭自己的主观经验，导致重点书数量和新书品种在卖场难以得到保证。如何在适应卖场主添的前提下保证我社新书的数量和品种，也是新时期的工作重点。目前我社在全国有主发客户 70 家，主添客户 21 家，主添客户的比例仍有上升趋势。

4. 有限的卖场资源争夺激烈

2008 年全国共出版图书 274 123 种，其中新版图书 148 978 种，重版、重印图书 125 145 种。与上年相比图书品种增长 10.41%，新版图书品种增长 9.36%，重版、重印图书品种增长 11.68%。与此相比的是，2008 年零售网点 105 563 处，与上年相比减少 8.18%。一方面是品种增加，另一方面是卖场减少，供给和需求矛盾越来越突出。同时，新华书店和大的民营卖场出于风险和利润考虑，在卖场中多元化经营已经非常普遍，也就是说能真正留给图书展销的空间愈发减少了。这又进一步导致有效的卖场资源越来越有限。面对稀缺的卖场空间，社店博弈的天平也愈发向卖场倾斜。出版社为了抢占卖场黄金位置，高价设置专架、专台，聘用驻店人员，营销成本也迅速增加。

我社在全国一些主要省份的重点卖场都设有专架，已经有 11 省设置了驻点营销人员，后续卖场营销人员还需要大量补充。

5. 读者的品牌忠诚度有待提高

随着产业竞争的加剧，提升自身的核心出版优势是出版企业经营的必备思路。拥有忠实的读者群是强势出版社的重要优势。当前，新媒体挑战下的年轻读者忠诚度培育尤为重要，因为他是出版企业可持续发展的忠诚客户源泉。伴随新型出版和销售业态的深入发展，线上和线下出版品牌建设具有同等重要的位置。近些年，我社的品牌知名度在深度和广度上都取得了丰硕的成果，相对而言，线上的品牌知名度还有待进一步提升。利用时下的网上书店渠道，聚集属于我社的读者会员是当下提升我社线上知名度的重要途径。

四、目前我社主发配送模式的不足

我社的新书主发主要有两种方式：一是按照发行系统里的主发分级分类表自动匹配，然后由业务经理依据掌握的书店经营情况和地区特色进行手工修改；另一种是出版社先传真新书通知单，由书店业务人员进行报订（见图1）。

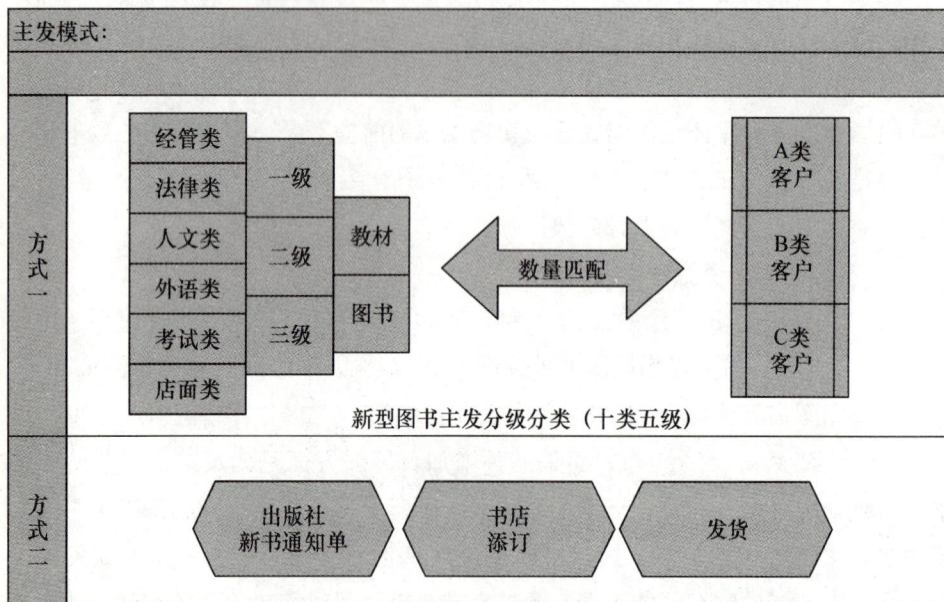

图1

由于主发数量表制定时间较早，随着书店情况和市场变化多次修改，甚至有部分书店数量已经为0，但仍然存留在系统里，不能如实反映制定该图表时的初衷和目的。而客户的情况多年来也发生了变化，但系统原始的分级很少改动，不能客观反映书店规模和经营特色。

图书分级分类是按照当时的事业部设置分成五大类三级，共十二个等级，后来随着我社大众图书的增多，又加设店面类，共六大类十五个等级，但在目前市场环境下仍显单一。

1. 图书分级不够科学准确

图书分级的主要依据是首印数，重点图书按照出版社和分社要求进行分级。大致标准是 3 000 册以下定为三级，3 000 册至 5 000 册为二级，5 000 册以上为一级，6 000 册以上的图书按照类别和内容划分到店面类相应等级。

这种分级模式易于操作，但忽视了我社学术类图书的特性，许多有学术品位和读者群体的图书在主发数量上不能达到预期的铺货量，导致首印数少，主发量少的循环，不利于一些专业或学术图书的"大众"化销售，在相应店面铺货量少。

我社大部分图书的首印数集中在 3 000～5 000 册之间，这一区间的图书种类繁多，特性各异，各类图书在读者对象和销售潜力上的表现也各不相同。但二级的统一分类使它们的主发数量和通过主发数量传达给书店的信息相同，无法区分重点图书、学术图书等。

同时，图书的分级没有和编辑的沟通，对各分社重点图书的数量缺少比例约定，对一级图书的筛选缺乏市场数据支持和编辑的论证，不能反映编辑的策划思路、选题定位，容易出现偏差。

2. 图书分类比较单一

目前的六类图书分类比较粗糙，对我社图书只进行了大类区分，往上不能和各分社对接，往下不能适应当前书店图书分类细化的趋势。

各分社的专业化区分更加明显，分社内部也开始实行项目制管理，对图书种类的划分更细致。但六类图书的划分不能反映分社特色，无法和各项目组的划分相衔接。

在图书卖场分类日趋个性化和精细化的今天，书店分类也越来越和读者视角相接近，如生活类、励志类、青春读物类、股票类、企业传记类等已经成为卖场的分类标准，但这些在我社的主发分类中均无法体现。这种分类方法对书店的意义只限于业务区分、楼层或柜组指导，无法进一步起到指引图书分类上架的作用。

3. 首发数量较少

随着图书品种的迅猛增长和书店管理的完善，书店对新书主发的要求也更加严格，纷纷压缩主发数量，甚至取消出版社主配，改为书店添订，对主发量大的图书必须提前沟通，大大减少了我社新书的主发数量。

书店业务人员一般将我社定位于中高端，认为我社图书学术品牌好、有影响力。这一定位在强化我社品牌形象的同时，也影响了我社图书的主发添订。近年来，我社虽出版了一批畅销图书，在书店和市场中形成了一定的影响，一般图书的种类也越来越多，读者更趋大众化，但书店对我社新书数量的要求仍然维持在以前的认识状态，大大影响了首发数量。

从表1可以看出，我社主发数量偏少：教材主发基本在1 000 册以下，市场覆盖和客户分销能力令人担忧。而主发数量最多的店面类一级图书，客户平均主发数量也只有36.8 本。这一情况出现的重要原因是我社新书品种众多，大部分书店尤其是大卖场，一方面需要我社全品种，另一方面又必须考虑库存。以我社一年1 300 种新书计算，平均单价35 元，如果书店平均每种20 本，全年新书码洋就达到90 多万。

表1

		经管		法律		人文		外语		考试		店面	
		客户数	主发数	客户数	主发数	客户数	主发数	客户数	主发数	客户数	主发数	客户数	主发数
图书	一级	105	1 756	109	1 634	100	1 589	98	1 517	141	7 916	106	3 897
	二级	107	1 286	95	1 183	99	1 198	97	1 113	140	4 340	102	2 772
	三级	101	908	90	978	96	889	80	779	141	2 953	100	1 819
教材	一级	76	983	104	1 060	86	887	86	909				
	二级	73	864	87	907	85	700	85	758				
	三级	71	706	96	700	80	601	82	569				

说明：1. 以上数据来自发行系统主发数量维护表。
　　　2. 客户数包含主发数量为0的客户。

4. 产品与渠道的匹配度不高

经过我社对客户渠道进行不断的考核和淘汰，逐步形成了一批有分销能力、信誉好的客户群体，他们有各自的特色和经营方向，在区域市场相互补充，协调发展。但随着市场的变化和我社出书品种、范围的扩张，缺少相应渠道进行补充和完善，在新的图书种类出现后，易出现没有相应渠道分销的情况。

同时，新书主发主要依靠大卖场全品种主发，掩盖了一些问题。大卖场对图书需求以品种取胜，无论学术书还是大众图书，数量上没有太大的区分，导致重点图书不突出，卖场库存结构不合理，给后期的销售、补添、退货造成不好影响。

而许多学术图书、专业图书又没有进入到相应的专业渠道流通，无法到达目标读者群体的购买地点，出现了传统的"卖书难，买书难"问题。一批有销售潜力的大众图书没能进入图书批发市场，无法形成社会热点和市场覆盖面，不能促进图书销售。

5. 渠道的广度及深度有待加强

新书主发的书店中，新华系统主渠道占很大比重。在主发的 177 家客户中，新华书店 58 家，占 32.7%。如果考虑主发客户中存在许多数量为 0 的书店，比重会更高一些。

即使是主渠道，新书的主发对象也是省店和省会城市市店，这一现象固然大部分是由于新华系统大连锁造成的，但书店对我社的图书定位也有一定影响。出版社无法掌握书店的图书分配流向，二线城市和部分有销售潜力的县市店看不到我社图书。

五、构建新型主发体系

（一）明确产品定位

1. 制定科学合理的产品分级体系，完善产品的分类标准

（1）一般图书产品。

鉴于我社目前的主发模式中产品分类已经不完全适合现在图书市场的细分，并且各分社也有更细化的要求，拟将我社一般图书产品大体按分社为主划分为以下 10 个大类：

1）工商；2）经济；3）公管；4）人文；5）外语；6）法律；7）大众畅销（大众、商文、天窗、蜜蜂等归入此类）；8）法律考试（因市场情况比较特殊）；9）其他考试（因市场情况比较特殊）；10）特殊产品。

其中，考试类品种由于特点鲜明，且我社相关渠道建立已久，故仍按目前的三级设置，但将其区分为法律考试和其他考试两类，以方便各法律专业店的需求。亦可避免因人工操作的原因造成司法考试、法硕等书主发时一些法律专业店的漏发、迟发情况，以期延长其生命周期，扩大销售量。

其余的每一类产品均由目前的三级，更加细化地分为五个级别：

一级：畅销产品。主发时要求重点大卖场码堆；普通卖场上平台；所有经营一般图书且有店面的经销商至少有 2～3 本上架；省级批发市场至少有一家经营此产品批发的经销商备货 100～200 本。此级别产品要求上架速度快，备货充足，总铺货量要求达到 6 000～10 000 册（依据首印数量确定）以上。这一级别产品由于铺货量大，一旦销售不理想，必将造成大面积退货和浪费，也会对后续产品铺货造成不良影响，不利于树立我社畅销书品牌形象。所以此类产品在没有畅销把握的情况下不宜过多，必须经过提前半个月以上进行市场征订，待征订情况比较理想时才能确定。此级别产品占一般图书品种的 5％左右。

二级：重点产品。主发时要求尽量争取重点大卖场码堆，至少上平台；普通卖场争取上平台，至少要求有 2～5 本上架；大部分经营一般图书且有店面的经销商有上架；省级批发市场至少有一家经营此产品批发的经销商备货 20～50 本。这一级别产品以大众阅读和我社常销产品为主，总铺货量达到 3 000～6 000 册（具体根据首印数确定）。此级别产品占一般图书品种的 15％左右。

三级：全面上架产品。主发时要求争取重点大卖场上平台，有条件的可以码堆；普通卖场尽量上架；经营一般图书且有店面的经销商协商上架；省级批发市场至少有一家经营一般图书的经销商有 5～10 本备货。这一级别产品以大众阅读和常销书为主，总铺货量达到 2 000 册。此级别产品占一般图书品种的 30％左右。

四级：一般产品。主发时要求所有重点卖场必须有 3～5 本上架；普通卖场争取上架；所有经营相关一般图书业务的经销商争取上架；其余经销商不强制。这一级别产品以学术书为主，总铺货量达到 1 300～1 500 册。此级别产品占一般图书品种的 40％左右。

五级：专业产品。主发时要求重点卖场有 1～5 本上架；相关专业书店（如法律专业店、专业馆配商等）有 1～5 本上架；其他经销商协商上架，不强制要求。这一级别产品以高端学术书、适合馆配的大码洋套书、包销书剩余库存为主，总铺货量 1 000 册以下，具体主发量随首印数或可供发货数调整。此级别产品占一般图书品种的 10％左右。

（2）教材产品。

教材产品分为六个大类，分别为：1）工商；2）经济；3）公管；4）人文；5）外语；6）法律。每类分别对应"一级：重点教材"、"二级：一般教材"两个级别。

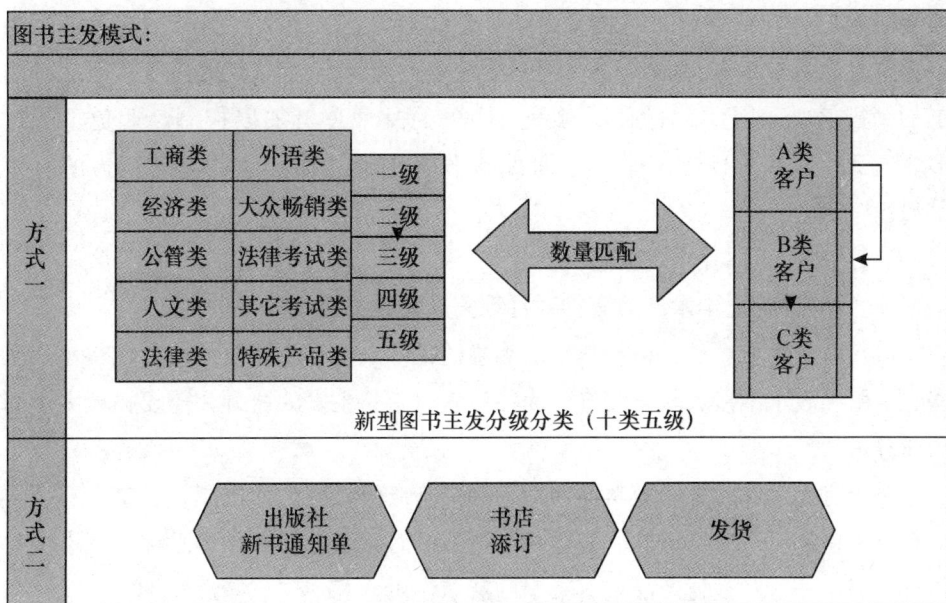

图书主发模式：

方式一	工商类	外语类	一级		数量匹配		A类客户
	经济类	大众畅销类	二级				
	公管类	法律考试类	三级				B类客户
	人文类	其它考试类	四级				
	法律类	特殊产品类	五级				C类客户
	新型图书主发分级分类（十类五级）						
方式二	出版社新书通知单		书店添订		发货		

图 2

重点教材的新书主发量保证在 1 500～2 000 册。其划分依据主要是看：首先，如果是新版，则其预期年销售量或征订量在 5 万册以上；其次，上一版本年销售量在 5 万册以上。一般教材的新书主发量保证在 1 000 册左右。

教材产品的客户级别仍维持目前的 A、B、C 三级，分别反映各客户不同的渠道配送能力、铺货能力，以及店面数量（见图 3）。客户分级需与当前零售市场的景气度挂钩，面对不允许主发的客户，需要耐心做好新书信息传递和推荐工作。

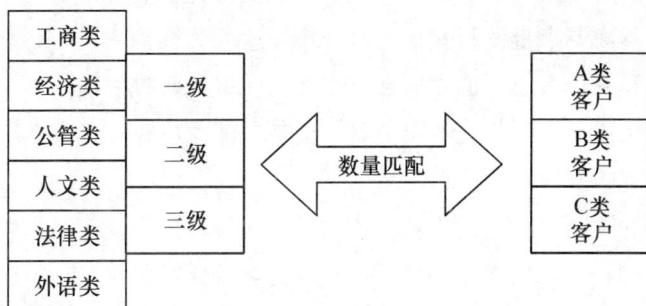

工商类			数量匹配	A类客户
经济类	一级			
公管类	二级			B类客户
人文类				
法律类	三级			C类客户
外语类				

图 3

2. 突出重点，兼顾全面

当前的图书市场畅销书的拉动作用明显。突出重点图书在卖场的位置，以及相应的广告资料宣传，对提升出版社总体形象至关重要。另外，重点图书的销售好坏，影响着从店面营业员到采购业务对我社后续重点品种及其他品种图书的销售信心。因此，有必要对重点图书的品种总量加以控制，避免重点过多、过泛。提高总体上架率，亦即提高书店在销品种，也是提升销售的有效手段。

（二）搭建立体化主发渠道

1. 针对教材、学术产品有针对性地拓展大学书店

（1）对于教材产品，以新华书店为主的很多大型书店接收的主发量很小，有些甚至明确表示不接收教材主发。为突破教材新品主发的瓶颈，需要拓展大学书店业务。

对于有经常性业务的教材经销商，如果其店面靠近大学校园，必定会有一定的教材零售量。双方可以经协商后，挑选适销对路的教材产品多品种少复本主发给这些书店。这对教材产品也有一定的展示作用。

（2）对于学术产品，高校及周边地区的书店是拓展学术图书销售的有效渠道，应当给予充分重视。这些书店有一些固定的以高校师生为主的读者群体，对学术专著的销售情有独钟。

但是对于新开拓的大学书店，也必须严格审核其信誉资质，控制其发货量，尽可能降到最低点。

2. 开拓新兴渠道，加大一般图书铺货量

扩大一般图书铺货量的另一个方式是，开拓我社较少涉足的新渠道，如机场、超市等。这两种渠道的特点鲜明：品种方面以经管、家庭、养生、文艺、少儿为主；对供货商要求批发折扣低；对经市场检验为畅销书的书比较感兴趣；不直接与出版社联系，有自己的供应商（主要为一些民营批发店）。

针对它的特点，在开拓这类渠道时，铺货应注意以重点产品为主，贵精而不贵多，辅以一定的发行政策支持。

可能遇到的问题，一是退货量大，二是账期难以控制，三是风险加大。

3. 充分挖掘新华书店主渠道的网络优势，全面提升我社市场覆盖率

新华书店作为图书发行的主渠道，其相较民营书店的最大优势在于其庞大的资产规模，网点星罗棋布，且门店地理位置得天独厚。充分利用新华书店的网络优势，是全面提升我社一般图书产品市场覆盖率的关键。

目前全国大部分新华书店都已实现连锁化集团化，各省新华书店集团连锁模式和紧密程度各有差别。主要是两种：第一种是省店全面控制基层店财务权、人事权，基层店完全无独立采购结算的权利，配送主要是以基层店要求的基本数字主配；第二种是省店无法全面控制基层店，基层店仍有一定独立采购结算的权利，配送时主要是基层店根据省店每年分解下达的采购任务从省店采购，超出任务部分有自主权。

出版社加大主发力度的诉求与省级新华书店采购人员控制库存的任务要求时常是一对矛盾。在此情况下，多加强与基层店采购员的联系沟通，重点畅销书的征订可以由下而上地进行。先对基层店征订，然后将征订汇总给省一级采购人员，有了基层店的确切订数，省级采购人员也不会再因为对较大的征订数拿不准而头痛。

（三）加强信息反馈，回添及时准确

建立健全产品信息收集制度，对主发过程实施全程跟踪。

为避免在书店在接到大量主发后提出质疑时再苦苦解释，畅销产品和重点产品必须提前做好信息沟通。各分社必须提前将重点书信息以新书快递或征订单方式传递给销售部，避免书已经发货而新书信息还未传达，甚至完全没有新书信息的情况。销售部在接到新书信息后，有义务将信息迅速传递给接收主发的书店业务，以形成报订单或其对主发数量的心理预期。

主发图书发走后，信息跟踪过程不能停止，在预期货物到达对方库房后，需要敦促书店尽快将新书配送、上架。在各基层店上架后，及时联络店面销售人员、采购人员，以及我社的驻店代表，定期取得主发图书的销售情况。数字汇总后以利分析销售是否理想，是否需要加印等情况。在重点书销售情况稳定之后，及时将重点卖场的销售数据进行加工，并传递给其他有待发展的卖场，以供其参考。

销售数据分析出来后敦促书店对有销售的图书回添。对于销售量大的图书做到扩大配送面，提高上架复本量，保障合理库存。对于销售情况一般的图书，要求书店配合做到不断货，不缩短上架期。在部分地区销售不理想的书，及时调货给能销售的地区。

（四）重点产品"预算化"管理

1. 每年年初结合分社全年选题计划确定 10% 的重点产品

对重点书出版提前形成年度预算。每年全社各分社和各公司重点产品及次重点产品约占全部一般图书品种的 20%。去除著译者交稿及后期加工等工序影响，

至少应有一半的重点书品种在年初确定选题，提前与销售部沟通其内容、目标读者、首印计划、出版日期等信息。

重点书的出版尽量形成"履带式布局"。意即以大型展会期为轴，以稳定的出版周期为支点，带动一般图书出版的链条，形成我社图书出版的整体周期布局。也就是以一定的重点书出版规律为支点，带动其他非重点书和学术书稳定地占领市场促进销售。不让重点书扎堆出版，也不长时间没有重点书出版，全年形成重点书的稳定出版周期。

对北京订货会、全国书市、大学会等大型展会的宣传效应不容忽视。厦门大学会会前自办馆配会的成功经验值得再次尝试推广。

2. 运用社内资源，全方位宣传

在我社正常广告投入的前提下，全面发动社内资源，对重点产品全方位宣传。对于提出能够高效率低成本地宣传我社产品方式的员工，有必要加以奖励。发动广大员工的积极性，利用员工广泛的社会资源，扩大产品宣传面，将产品宣传引入更广泛的领域，以期扩大读者面，实现为好书找读者。

3. 创新营销模式，采取灵活多样的营销方式

借鉴其他产业的营销模式，创新我们自己的营销模式，如将单纯依赖卖场的传统营销转向卖场与其他行业营销相结合的方式，跨行业、跨媒体营销，引入战略投资者等方式，当然也不排斥学习其他出版社优秀的营销方式。

（五）调整绩效考评体系，主发与绩效挂钩

将原有的考评体系进一步细化。将主发纳入绩效考评体系，将主发的执行情况、主发后的信息反馈、回添、新渠道的开发等纳入考评体系。

（六）发挥分公司及驻店代表、院校代表的作用，扩大地区销售量

派设驻店代表是我社监控卖场销售情况，采取卖场销售数据的最直接方式。在情况允许时，考虑赋予驻店代表更多的职责，以充分发挥其靠近终端的优势。

各分公司应改变过去偏重教材市场的运作模式，应安排分公司的驻店代表对零售卖场更频繁地巡店，避免经常借调驻店代表跑教材工作。对于在卖场的大型营销活动，分公司应发挥优势，给予更多的人力支持。分公司做卖场工作的另一个优势是，可以派属下的驻店代表前往驻在城市以外的重要城市卖场，以促进整个地区的销售。

院校代表一直以来的工作是走访一线教师、院系主管教师，推广教材产品。

今后，可以要求院校代表在推广教材的同时，多方面探知教师在教材之外安排给学生的课外读物，并在可能的情况下向教师推荐我社相关一般图书作为学生课外读物。在初期，推荐的一般图书应该由出版社指定，而不能由院校代表自己选定，避免折扣政策等混乱。

我国引进版经管类图书
营销现状及策略分析

·于 波·

引进版图书自 20 世纪 90 年代以后开始成规模引入我国，2000 年后整个市场初具规模，2003 年发展至最高峰，当年引进量达到 12 516 种，虽然 2004 年后略有回落，降为 10 040 种[1]，但引进版图书的整体规模仍受到了图书出版行业的广泛关注。其中经管类图书在大众图书出版、学术图书出版以及教育图书出版领域均不断推出重要产品，成为图书市场增长最快、最为吸引读者眼球的一个领域。

最初，国内主要运作引进版经管类图书的出版社的做法存在一定的盲目性，尤其是教育类图书出版领域，对一本书内容、作者、出版时间关注不够，虽引入了非常好的一批经管类图书，如斯蒂格利茨的《经济学》、曼昆的《经济学原理》等，但也出版了大量内容不适宜、版本陈旧的图书。另外，由于运作的规范性弱，导致国内出版社和国外出版商的代理机构或者办事处在版权授权中的问题不断出现。近年来，随着优势版权资源的减少，国外出版商为增加短期效益而无序增加部分图书的衍生版权导致国内出版社同类引版进新书品种增加，整体来看，造成了整个行业出版资源的极大浪费，也增加了读者的选书成本。

国内主要运作引进版经管类图书的出版社，如人大社、北大社、清华社、机工社华章公司等，也在不断总结自身的经验教训，在同目前在国内设立办事处的国外最大的几家出版商（包括培生教育集团（Pearson）、麦格劳-希尔公司（McGraw-Hill）、威立公司（Wiley）以及圣智集团（Cengage）等）的合作中，摸索和探讨一种共赢的合作模式，从而引导引进版经管类图书良性的市场规范体系的形成。

一、图书营销环境变化分析

出版社应努力建立好的营销环境。从广义来讲，科特勒认为，营销环境（marketing environment）是指影响营销管理层与目标消费者建立和保持成功关系的能力的因素和力量。营销环境带来机会和威胁。营销环境由微观环境和宏观环境组成，微观环境指的是与公司密切相关的因素，包括公司自身、供应商、中间商、消费者、竞争对手和公众。宏观环境指的是影响微观环境的更大的社会力量，包括人口统计、经济、自然、技术、政治和文化力量。[2]

出版企业要持续关注和适应变化的营销环境，包括宏观环境和微观环境。

1. 宏观环境

首先是政策法律环境。作为出版大国，在图书出版业快速发展的今天，我国陆续出台了一系列法律法规，用以规范图书市场，引导图书产业的良性发展。1990 年 9 月，我国正式颁布实施《中华人民共和国著作权法》；2002 年 8 月，通过《中华人民共和国著作权法实施条例》；2001 年 12 月，国务院发布《出版管理条例》等一系列法规。这一系列法规条例的颁布，保证了图书产业的健康发展。1992 年，我国加入了《世界版权公约》，也逐步加快与国际接轨速度。

其次是经济环境。自改革开放以来，我国人民生活发生了巨大的变化，广大人民的受教育程度、国民素质也整体加强，新的图书营销模式如电子媒介在国内迅速推广，一些新型的图书营销渠道得以产生并发展。

再次是技术因素的影响。新技术对出版行业的发展影响巨大，互联网进入人们的生活，使得阅读和购书的模式都发生了变化。储存量极大的电子书对于传统纸质书的影响也在凸显。适应新技术变化的企业会获得更大的发展潜力和市场份额。

最后，出版行业的发展还受到社会文化因素如出版行业人员构成比例及出版企业文化等的影响。

2. 微观环境

企业的微观环境也指行业环境。行业是指由一组生产非常接近、可以相互替代的产品组成的企业。与宏观环境相比，企业的微观环境对企业的战略竞争力和利润获取影响更直接。根据迈克尔·波特的竞争五力模型，行业的竞争强度和利润潜力可以由五个方面的竞争力量共同决定：新进入者威胁、供方力量、买方力量、替代品以及现有竞争对手之间竞争的激烈程度。[3]

（1）新进入者威胁。在引进版图书领域，新进入者的威胁不大。相对来说，图书版本具有一定的垄断性，已获取的版本通常不易失去，除非出版社自身销量非常差，国外出版商要求更换出版社，否则新进入者通常拿到的版权大多是初版新书。初版新书的市场培育时间较长，至少需要 2～3 年。目前，经管类引进版图书的优势版本已基本为各家出版社所分割，完全未进入国内市场的优势版本基本没有。

（2）供方力量。目前引进版图书市场还是由国外出版商主导，其政策变化、战略措施决定了市场的发展方向。如英文原文版权对我国开放的权限要求，一些重点书要在半年以后才能引入，以避免反销国外冲击其市场。这样，国内读者很难与国际同步获得最新的图书，这一限制对一些时效性强的学科，如电子商务领域的使用影响较大。另外，版税高低、是否授权、版权的忠实性也由国外出版商主导。在引进版图书领域，国内出版社基本处于谈判劣势地位，供方讨价还价的能力非常强。

（3）买方力量。相对来说，在引进版类图书市场，买方的讨价还价能力较弱，一些引进版出版大社相对来说占有一定优势。

（4）替代品。目前，在引进版经管类图书领域，替代品的威胁并不大，可以说几乎没有。纸质图书销售的威胁多来自同类电子图书，但后者的推广运作模式尚不成规模，目前的替代威胁不大。随着技术进一步发展，产权保护法的进一步完善，未来的威胁会比较大。

（5）现有竞争对手间竞争的激烈程度。国内出版社在引进版图书领域的竞争远弱于在国内原创本版图书间的竞争，且竞争集中在少数几家出版社。各家出版社由于掌握的资源和各自的能力不同，相互间的特点明显，目前的竞争主要集中在价格、售后服务和营销创新上。

通过对五种竞争力量进行分析，可以初步了解引进版图书的市场状况。总的来说，经过多年的摸索和经验积累，出版行业的管理模式发生了较大的变化，行业管理渐趋规范，市场化程度逐步提高，在我国以垄断为特征的出版业也在不断调整，可以看到，出版业正逐步加大企业化改制步伐，以适应市场化运作模式。对于出版社来讲，加快市场化改革，提高自身的竞争力，强化图书发行能力和营销能力是适应发展的必要举措。随着我国经济的发展，国力的增强，出版社的消费群体的整体素质也在大大加强，阅读需要明显增加，阅读视野也更加广阔。

近年来，出版行业的宏观环境和微观环境都在发生着变化，如引进版图书在

20世纪90年代是完全的卖方市场，几乎是全品种引进，国内各家出版社无理性地拼抢外版资源。在人大社，本社各相关分社之间，其与合作的公司之间，都发生过争抢引进版图书资源的情况。而近几年来，这种情况发生了非常大的变化，由于读者对图书的选择更加理性，出版社也在市场的引导下不得不加强了对引进版图书的选择，所选图书更适合国内读者阅读，在引进版权时也更加谨慎，同时增强了售后服务，如提供一些图书的免费网络资源等。目前版权的竞争很大程度取决于策划编辑对市场的把握及对图书的熟悉上。

另外，我们也看到，发行渠道近几年翻天覆地的变化、新华书店系统连锁化都弱化了国内出版社相对于销售渠道的讨价还价能力，进一步挤压了出版社的利润和资金占用，新的渠道配送系统增加了出版社库存的压力。总之，出版社只有适应环境变化，才能求得更好的生存和发展。

二、我国引进版图书营销策略

前面分析了引进版图书的营销现状，一方面，国内各家运作引进版图书的出版社的营销活动要在认清现状的情况下，以满足读者需求为中心设计产品和提供服务；另一方面，在适宜的产品和服务策略下，出版社要理性设计产品、价格、促销和渠道策略，优化营销组合策略设计，以更好地满足市场，获得更大的收益。

1. 产品策略

引进版经管图书的设定主要基于国内管理领域的发展落后于西方，诸多方面要向其学习，最初阶段是简单模仿，之后过渡到形成自身有特色的管理模式，更高阶段是试图创新理论。管理领域各方面的引进版图书，如人力资源管理、领导力、市场营销、物流管理，近年来的管理研究方法类图书，都是首先从引进国外版权图书开始。

引进版经管类图书的大量推广的前提是国内经济快速发展，企业管理的需要，以及高校学习者要求了解最新的管理发展前沿知识和大师们的管理理论体系。产品设计及内容区别于国内原创的同类产品，目前，大多原创的同类产品借鉴了引进版图书的体系或内容。这也是管理领域少有图书获得出版行业大奖，如中华优秀出版物奖或者政府图书奖的原因。人大社曾入围此类奖项的图书包括方立天的《中国佛教哲学要义》、王利明的《民法总则研究》等，而在管理领域获过此类奖项的是美国学者加里·德斯勒（Gary Dessler）的《人力资源管理》（*Human Resource Management*）和成思危主编的"管理科学文库"。通过人大社获行业内图书大奖的情况也可以看出国内原创管理类图书的发展状况。

出版行业引进版经管类图书的推出更多是一种完全区别于国内原创图书的定位。产品设计也有不同，通常受容量较大的限制，多采用大开本设计（16 开本），平均页码在 500 页左右，总页码通常在 600～700 页的居多。封面设计、内文版式受国外出版商的要求所限也会好于本版原创图书的设计。更重要的是，引进版经管类图书中针对高教市场的品种，都有一个庞大的教学辅助软件包。主要是其在国外销售价格非常高，可以支撑出版商开发丰富的教学辅助资源。而翻译过来的中文图书仅就成本本身定价，读者的购买价中不含对教辅资源的购买。但是，为了争夺中国市场，近几年，国外各大出版商已开始谨慎向国内教师开放部分资源，除了一些视频资源外，教师手册、习题库、PPT、案例库等资源在不同图书产品上都有使用。

引进版图书产品区别于国内原创图书的另一个重要方面是其作者资源的唯一性。在国外，一个作者通常只签约一家出版商，也有同时签约两家出版商的，但决不允许其出版书名、内容、定位相似的图书，整个图书市场品种良性，来自写作者的恶性竞争较少。而在国内，虽然根据合同要求作者不能在两家社出版 30% 以上内容相近的作品，但遵循者较少，尤其是高教教材市场，受利益驱动，一些知名作者一书多做的情况非常普遍，甚至同一作者同一书名的书在不同社出版，还能同时申报成功"教育部'十一五'规划教材"，行业主管机构的监管力度之弱可见一斑。而出版社由于担心诉诸法律反而会对自己未来获得作者资源有损伤，故通常都处于默认状态，甚至为了抢出版资源有的出版社还怂恿写作者抄袭自己在其他出版社的作品。

综合来看，引进版经管类图书产品有其自身的优越性。

2. 价格策略

通常来讲，我国翻译引进的经管类图书采取成本导向定价策略。由于同时要支付国外出版商版税和翻译者翻译稿酬，相比原创图书，版税成本更高一些，故其定价也明显高于同类原创图书。但即使同样都采用偏高定价，国内出版社在定价方面的做法也明显不同，主要可分为三类：

（1）高中偏高定价。一种是图书运作高端精品，制作精良，版式装帧与引进版原版书相近，如人民邮电出版社新曲线公司的大部分图书采取此种定价，比较有名的如《心理学与我们》、《心理学与生活》等。另一种是设计上与国内大部分图书相近，但基于选取版本的差别定价较高，以人大社湛庐文化公司的大部分图书为代表，如《麦克沙恩组织行为学》，印张定价为 2.5～3 元，远高于同类产品。

（2）高中取中定价。版式、装帧和用纸规格区别于原创教材，内文容量适中，以人大社、北大社为代表，印张定价在 1.8～2 元。

（3）高中取低定价。以机工社华章公司为代表，版式设计容量大、字号小且排版密，不大适宜长时间阅读，但价格偏低，其引进版经管类图书的翻译版本大多采用此模式，印张定价在 1.5～1.8 元。

引进版经管类图书的价格相对较稳定，渠道销售的折扣幅度变化也不大。各家出版社通常会按各自的定价策略定价，部分同质图书会参考竞争者的产品定价。如菲利普·科特勒的《营销管理》，人大社的版本双色印刷定价 75 元，上海人民出版社的版本单色印刷但内容更多一些定价 78 元。

3. 渠道策略

近年来，各出版社越来越重视加强营销队伍的建设，注重营销宣传，出版行业已培养了一支有经验、懂图书的营销队伍，营销人员的整体素质有了极大的提高。相比 20 世纪 90 年代，各出版社的主动营销意识得到了加强。从最初坐等订单，到开始组织一些零散的面向终端用户的有针对性的活动，到现在许多出版社已形成了有影响的、每年定期举办的营销活动。

随着出版产业改革的深入，一些大规模出版集团出现，国内出现了双百亿出版集团，如中国出版集团、凤凰传媒出版集团等。相应地，从销售渠道方面，目前已有多家发行集团，其中较大的如四川新华发行集团、浙江新华发行集团等，为了进一步提升发行集团的竞争力，跨行业、跨地区的连锁经营、物流配送也有了较快发展，网络书店的销售也占据了越来越大的份额。以人大社为例，2006—2009 年在网络书店实现的销量每年以百分之一百以上的速度在增长，其中在网店销售的增长中，引进版图书的增长占到 80% 的比例。

具体到国内引进版图书的营销，可以说同传统图书一样，主要有三个渠道：新华书店、民营书店和网络书店，分别占据 30%、40% 和 30% 的份额。

（1）新华书店。自新中国成立后，新华书店在图书销售渠道中就占据着主要的地位，其后发展虽有弱化，但始终占据最大的份额。《出版商务周报》上的一篇报道称，网上书店每增加 1 亿元的销售额，就相当于抹杀了 100 家中小书店的生存空间。[4]即使这样，新华书店仍有非常强势的竞争力，其许多卖场规模非常大，图书品种齐全，购书环境也越来越好，仍吸引了一大批忠实的购买者。

（2）民营书店。随着20世纪90年代末高校大规模扩招，民营书店开始进入主要教材销售渠道，并与新华书店和高校教材代办站展开了激烈的竞争，在引进版图书市场，民营书店灵活的运作模式使其抢占了相当的市场份额，但由于民营书店进入门槛较低，从业人员素质不一，无序竞争和价格战很快使其自身经营出现困境，众所周知的第三极书局倒闭事件就是一个实例。

由于民营书店自身品牌建设的逐步加强，其在图书市场上的影响力也在增大，对引进版图书分销的作用越来越明显。

（3）网络书店。网络书店是近十年来兴起的一种图书销售渠道形式，随着网络书店的发展，其已成为非常重要的图书销售渠道。网络书店在我国图书零售市场虽仅占据了约10％的份额，但却占据了书业零售的大幅增量。在北京、上海等城市，网络书店已成为主流购书模式，并向其他城市渗透，这导致市场图书消费向网上书店转移。网络书店基本竞争格局已经形成，当当、卓越亚马逊两家企业凭借先发优势，目前已经占据整个网上书店市场份额的80％。

2009年，当当网的销售收入超过了20亿，在北京、上海、广州、成都、武汉主要城市库房面积达12万平方米，库存图书60万种，规模扩张迅猛。网络书店的主要优势是：1）价格低，折扣大。相对于实体书店，网上书店的低折扣使其具有较大的价格优势。2）图书品种多，查询方便。3）送货上门，不必像在实体书店中购买要自己随身携带。一些劣势如：不能看到图书实物，送货的图书经常损坏，送货不及时，送货需要交一定的费用等。几家大的网上书店都在采取措施消除劣势，总的来讲，网上书店的发展空间还是非常大的。

但是，网上书店的存在也产生了一系列问题，由其兴起的一轮价格战威胁着实体书店尤其是中小规模书店的生存，并进一步挤压上游出版社的利润。行业有句戏语叫"店大欺社"，随着网络书店的规模扩大，特别是2005年以来网店的发展迅猛，其讨价还价能力增强，对出版社的折扣和回款打压明显，网店的结算折扣也是连年下调，备受业界责难。当当和卓越的议价名目相当繁多，有年终的回款奖励、重点产品的优惠折扣、参加促销活动的返点支持，让出版社应接不暇，一些出版社即使进入了网店销售系统也苦不堪言。网店用低价、低折扣来抢市场，可以说结果是伤敌一万自损三千，当当和卓越两家网店即使已经有了数十亿的销售份额，仍没有实现盈利或仅有少量盈利。而低折扣下许多出版社在网络书店的图书销售方面实际上仅赚得了销售码洋的增长，利润增长不大。但是，由于网络书店的留货周期较长，一般为半年至一年，相比实体书店优势明显，尤其适宜小销量的图书或者读者群体分散的图书销售，这一点对于出版社来讲也是非常有吸引力的。所以，我们应辩证地看待出版社和网店的业务合作，一方面出版社要充分利用网店的优势；另一方面，也不能对网店来势凶猛的降价要求一味妥协。

4. 促销策略

现代图书业市场营销不仅要求出版企业创新并生产适销对路的图书产品，制定有竞争力的价格，拓展产品销售渠道，还要求其积极宣传自身在市场上的形象，宣传其产品的内容、定位、读者阅读点等方面的信息。同其他行业一样，出版行业也必须重视同读者、销售渠道各环节的沟通，要善于利用网络等媒体形式，创造良好的市场条件，促进销量的增加，获得好的销售业绩。

在国内引进版经管类图书领域，促销策略更多采用的还是广告和销售促进手段。

在促销投入方面，各家社都没有规定明确的比例，而是根据每年的情况相机投入。

引进版经管教材是有明显生命周期特征的，通常3~4年一周期，进入期第一年销量增长不明显，但投入营销宣传是最多的，多采用大量投放样书、组织展示会、专家研讨会的形式，经过1~2个教材季，尤其是秋季教材季，通常销量会有明显增长，进入成长期。在成长期，出版社多以加大售后服务的形式进一步加强宣传推广力度，以稳固并伺机扩大市场份额。第三年会进入产品成熟期，此阶段促销多以教材进校园活动为主。或者，增加相关品种产品，或者对已有图书品种进行封面、版式等改造，加大教辅环节投入，加大培训和讲座投入。第四年，销量普遍会下降，通常国外出版商会在第三年推出修订版本，第四年翻译完成并以新的版本形式重新开始生命周期。在各阶段，都会辅以行业内杂志报纸等的宣传，随着媒体本身的变化，直接图书信息的宣传广告（即硬广告）已越来越少，而书评、使用者就使用某种书后的体会写成的文章（即软广告）越来越多。

目前，国内引进版经管类图书的主要出版企业的图书宣传营销，多采用拉式策略，即利用校园代表以及设在各地的图书代办站的营销力量，加大对直接使用者的宣传，促成其向各图书批销中心或者新华书店等零售商定购，再由后者向出版社定购。

三、我国引进版图书营销存在的问题分析

国内引进版图书曾经历过盲目引进阶段，尤其是在高教教材类图书市场，曾经出现只要有版本，只要是作者还算知名，一概先引进再说的现象。我国是世界出版大国，但图书出版行业的运作却是极度无序和混乱，一些粗制滥造的图书屡禁不止，引进版图书的假书现象也屡禁不止，机工版的《没有任何借口》和哈尔滨版的《管理就这么简单》是典型代表，给广大读者造成了极大的选书机会成本。出书品种无限制增长，无效图书造成的库存、滞销等导致了整个社会资源的大量浪费。相比来讲，引进版图书由于整体品种有限，其销量始终处于增长态势，同时，因其价格通常高于国内同类图书，其对出版社码洋增长的贡献作用还是不小，故其销售状况还是非常受出版社重视的。

引进版图书的营销是一个包括图书选题、书稿编辑加工、图书出版、发行和销售全过程的重要环节，是一项系统工程，对于图书内容更加同质化的今天，图书营销对于实现出版社的销售目标非常重要。可以说，目前引进版图书的营销仍处于较低的发展水平，对于部分引进版图书占有相当比重的出版社，如人大社、清华社、机工社、人邮社，如果说其尚有一些营销措施的话，那么大部分引进规模较小的出版社对此类图书的营销基本处于放任发展状态。整个出版行业还没有形成一个完善、高层次的引进版图书市场营销体系，没有可以在较大范围推广的相对成熟的营销模式。

虽然引进版图书发展迅速，但其最主要的问题就是内容的水土不服，以及受翻译质量、定价等制约导致的大规模使用的推广难度。经过了几年的高速增长后，部分国外图书出版商开始注意到了其更大发展的瓶颈，他们开始关注国内高教市场和高等教育的课程改革，并对图书内容进行调整以适应国内教育特点，部分图书出现了亚洲版、中国版，这使其相对于国内同类自编教材质量普遍不高的状况，反而有较强竞争力。同时，他们也开始有意识选择对翻译质量要求严格、编辑水平较强的出版社，这对于国内的读者是非常有益的进步。

目前引进版图书营销中普遍存在的问题表现在如下几个方面：

（1）部分学科引进版图书内容与国内使用不接轨导致的营销难度加大。在理工类、统计学科、经济管理等领域，引进版图书推广较顺利，国内国际状况差别

不明显，当然也有一些例外学科，如会计学，但随着国际会计准则在国内的推广，企业会计制度改革的推进，差异已越来越小。但在法律、人文等领域，内容的差异使得引进版的大量使用受到了限制。

（2）部分引进版图书价格偏高难以更广泛进入国内市场。由于部分国内出版社在引进版图书领域的无序竞争，致使引进版图书的版税普遍高于前几年，部分社达到了10％～20％，一些免费提供的电子版书稿也开始收取费用，不能按合同规定出版或者变更版本的图书要收取较高的违约罚金。根据我们的测算，正常的定价下，引进版税为10％的图书，盈亏平衡点是5 000～8 000册。引进版经管类图书大多起印量是5 000册，如果不能实现加印，很多书实际是不盈利的。这也是2008年清华社大幅减少引进版图书数量的一个主要原因。2010年始，北大社也面临着同样的问题。人大社的经验是，用数年的时间培育市场，当引进版图书实现第一次加印即销量超过5 000册后，开始盈利，第二印之后，效益明显。不过，培育市场阶段很艰难，最初版税成本加大的结果就是价格提高，价格提高的结果是大幅推广更难，所以很多出版社无法快速通过市场培育这个阶段。

（3）翻译质量良莠不齐，内容的不准确对读者造成误导。对于引进版教材，这是近年来比较突出的问题。由于出书周期的缩短，对翻译者的遴选不严，许多翻译图书受到了读者的严厉批评，一些用做高校教材的图书更是不断受到质疑，这也是一些学校不愿选用翻译图书做教材的原因。

（4）出版社自身的组织结构设置导致了营销职能的分割。国内出版社在组织结构设置上，基本上都是出版、发行和行政三大块，其中认为出版和发行是生命线，是业务一线。出版界有个人人皆知的现象，那就是出版和发行之间永恒的矛盾。出版人员永远认为书销售不好是发行人员的销售工作不到位，发行人员永远认为是图书品质、内容有问题。从国内引进版图书的营销来看，出版社部门间各自为政，对图书市场、对读者群体缺乏通盘考虑，出版社出版职能和发行职能分割，对营销整体环节缺少协调和监督，出版人员不了解发行人员的销售环节，发行人员少有人清楚图书内容的定位和目标市场，仅以宣传文字为准进行销售，不能将图书送达有效的读者市场。

（5）引进版图书版本的重复造成的混乱对营销的影响。这一点可以归因于出版行业主管单位管理不到位，也可以归因于引进版图书的法规不健全。通常情况下，出版商为了加大其销售量，会将同一个作者在国外公开发行的一个版本图书，以略有不同的授权销售给国内不同的出版社，如圣智集团（原汤姆森公司）

的迈克尔·希特（Michael Hitt）的《战略管理》同时授权给人大社和机工社华章公司，两个版本仅有几个案例不同，主体内容完全一样，双方委托的翻译者也相同。该书内容的不同主要是编辑加工不同而已。双方各使用一个书号，都支付了翻译费，编辑加工流程也都一点不少，造成资源极大浪费。

尽快消除以上问题对大规模推广使用引进版图书带来的不利影响，对于引进版图书在国内市场的进一步发展至关重要。

【注释】

[1] 参见新闻出版总署图书出版管理司：《中国图书出版产业报告》（2005—2006），北京，中国人民大学出版社，2008。

[2] 参见［美］菲利普·科特勒、阿姆斯特朗：《市场营销导论》，北京，中国人民大学出版社，2007。

[3] 参见［美］迈克尔·A·波特：《战略管理：概念与案例》（第8版），北京，中国人民大学出版社，2009。

[4] 参见李星星：《2008年出版业基本情况解读》，载《出版商务周报》，2009-08-02。

教研服务网络营销模式简析

· 赵志刚 ·

教研服务网络是人大出版社于 2001 年 4 月自主建立的，以品牌营销和服务营销理念为指导，集信息服务、销售服务和学术服务于一身，致力于打造人大版教材的整体市场冲击力和市场占有率的整合营销平台。从 2001 年开始建立至今已经有九个年头，教研服务网络在高校教师和出版业内的影响力与日俱增。

一、教研服务网络的由来

教研服务网络的建立是在教育变革刺激出版产业市场发展的大环境下，以网络信息技术发展为前提，是在人大出版社提升整体核心竞争力、强化营销力的战略改革的基础之上完成的，是人大出版社基于终端客户实施品牌营销和服务营销理念的实践载体。

1. 教研服务网络是新形势下人大社自身战略发展的需要

人大出版社是一家以出版人文社科类教材和图书为主的大学出版社，是我国教育产业的一个有机组成部分。教育的发展、现代科技的应用都会对教材出版产业产生巨大的影响。2001 年前后，中国高等教育领域发生了巨大的变革，新的教育思想、教育理念的产生带动整个教材市场的变动；在此前后，网络技术迅猛发展并渗透到人们生产和生活的方方面面，新技术的应用改变了人们的生活习惯，也促使传统的出版、营销方式发生变革；此外，教材市场竞争日趋激烈，彻底从卖方市场转变为买方市场，终端用户需求的变化使得出版者在注重产品质量的同时更加关注如何寻找并赢得终端用户。以上教材市场的外部环境的巨大变化，促使人大出版社对整体战略进行重新的规划，以服务终端一线客户为主要目标的教研服务网络应运而生。

2. 教研服务网络是应对出版市场激烈竞争的需要。

我国高校从 1999 年至 2001 年连续三年大幅度扩大招生规模，使我国高等教育的规模发生了历史性变化。到 2001 年，全国各类高等学校共招生 550 万人，从宏观方面而言，持续不断的扩招及高等教育大众化的实现，为我国的出版业创造了良好的经济和文化大环境。高校招生持续的扩招，对高校教材出版产生了两个至关重要的影响，一是为高校教材和教辅出版提供了广阔的市场，加之高校教材教辅出版没有太多的政策限制，利润空间大，因此高校扩招无疑是给出版业注入了一剂"强心针"。二是高利润必然带来高竞争。不仅大学出版社看好高校教材教辅这块持续增长的大蛋糕，而且非大学出版社也希望插足其间分一杯羹，围绕高校教材教辅出版和营销展开的竞争愈演愈烈，这种竞争使得高校教材教辅市场一时间呈现出欣欣向荣的景象。市场竞争也使得出版社越来越关注营销环节，如何建立隶属于自身的特色营销平台是品牌出版社面临的重要课题。

3. 教研服务网络的建立是应对出版产业供应链变化的需要

（1）终端市场的变化。长久以来，高校教材销售的终端固定在教材科、高校图书代办站等旧有的高校行政机构。而随着教育体制的改革，现有高等教材销售渠道也面临着深刻的变革，原有的教材科退出教材发行，这对高等学校教材的竞争产生了深远影响。对于拥有教材选用权的高校教师，出版社越来越青眼有加，谁能给高校教师带来最大的便利和益处谁就能把握住竞争的主动权。（2）教材已经全面呈现买方市场，教材市场供应链发生深刻变化。一方面，教材产品的同质化使得少数品牌出版社更加关注开发产品的附加价值及服务，从而能够从众多的竞争者中脱颖而出。另一方面，从 90 年代中期开始，以贝塔斯曼、席殊等为代表的会员制图书俱乐部，以当当、卓越、亚马逊为代表的网上书店彻底搅动了旧有的图书发行渠道。我们在大喊"狼来了"的同时也开始关注零售市场对上游的冲击，这使得出版领域不断进行反思，进而吸收其中新型的营销理念加入到自身工作之中。其中，最突出的三点是：以直接服务终端为目标的会员制、网络技术的利用以及客户服务意识的建立，这是教研服务网络建立的产业经济依据。

4. 教研服务网络的建立是人大出版社营销管理思想转变的体现

现代出版市场产品的同质化趋势越来越明显，通过产品差异来细分市场从而创造企业的竞争力也就变得越来越困难。面对不断变化的市场，出版社需要对自身经营管理进行调整，在继续加强生产环节之外，也应更加重视营销筹划。出版产业的核心竞争力就是出版产业在从事内容的制作、复制和传播的过程中，通过整合和协调其内部各种知识性的技术性资源形成持续稳定的竞争优势，是一种独特的、不易模仿的综合文化传播能力。因此，创新是出版产业的核心竞争力。但事实上当我们审视不同企业的营销手段时会发现，雷同是一个普遍的主题。当我们绞尽脑汁去开发一种新的营销形式后，很快就会发现它已经被我们的竞争对手所模仿。在经历了一次又一次营销大战后，我们发现创新不应该仅仅是形式，只有真正掌握终端市场，进行有效的 CRM 管理，在了解客户需求的基础上进行创新服务，才能够实现出版社的营销目标。

二、教研服务网络的服务内容

1. 宗旨：服务高等教育事业，服务一线任课教师

诞生于 2001 年的教研服务网络正处于中国教育大发展和出版产业大变革的时代，教研服务网络在这种背景下自然而然地把"服务高等教育事业，服务一线任课教师"作为自己的发展理念与服务宗旨。它作为人大出版社教材营销的平台，将品牌营销和服务营销理念注入到出版营销中，通过会员制形式发展和壮大自身，通过"三位一体"的综合性服务、多元立体的服务团队和丰富多彩的营销活动服务于全国广大一线任课教师。

教研服务网络包括：一个网站，即教研服务网（www.ttrnet.com）；一本刊物，即教研服务网络专门针对会员做的有关读书心得和观点争鸣的会刊；8 大产品经理，由人大出版社市场部的市场经理担任，同时以各个出版分社的产品和编辑作为支撑；7 家销售分公司和几十名院校代表，作为本土化的营销团队，承接教研服务网络在各地区的服务落地事宜；46 家增值服务商，作为教材产品的增值渠道，能够保证物流、信息流和资金流在当地的畅通无阻；4 万多名一线任课教师，他们是教研服务网络最为宝贵的资源，是教研服务网络得以生存和发展的基础。这些共同构成了人大出版社教研服务网络的服务体系。同时，正在筹建中的辽宁、陕西、湖南、山东、安徽等地的教研服务网络地区分会，将是教研服务网络服务于会员的又一坚实的本土化机构和力量。

2. 内容：信息服务、销售服务、学术服务

教研服务网络服务内容主要包括三个方面：学术服务、销售服务和信息服务。

（1）学术服务是教研服务网络的核心和龙头，是教研服务网络之所以立足并

引领国内教材营销潮流的主要途径。主要内容包括：邀请知名的专家学者进行教材内容的讲解和进行观摩示范课，结合学科热点、难点深入各学校做学术报告；举办师资进修培训班，帮助会员提高教学科研水平；搭建年会平台，促进教学同行之间的教学资源共享和教学经验交流等。

（2）信息服务是教研服务网络的基础和出发点。主要包括通过教研服务网站平台、会员专刊、样书申领等传递学科动态、出版动态、教学资源等，会员凭借网站平台和实体活动进行信息的互动和反馈，同时同行之间可以借助教研服务网络进行心得和经验的交流和共享。

（3）销售服务是教研服务网络的目的和归宿。主要包括会员服务店和网上书店购书的优惠、教材订单的渠道锁定和院校代表的一对一服务等内容。信息、销售和学术服务共同构成了教研服务网络"三位一体"的服务内容。

依据实体经济和网络经济的分类，教研服务网络实际上也是沿着实体营销和网络营销两条路在走。一方面，教研服务网络依托各地的销售分公司、教材增值服务商举办了多种形式的学术互动营销、教学观摩示范课、会员年会等。另一方面，借助三八节、五一、十一、教师节、元旦等节日开展多种形式的网络营销活动。教研服务网自2007年12月改版完成，截至2010年1月1日点击次数超过了122万人次，网络人气在不断地攀升。网络营销有实体营销无可比拟的优越性，一方面可以克服教材营销只能在上半年3~5月份、下半年10~12月份这种季节性营销的时空制约；另一方面由于网络的便利性可以达到事半功倍的效果，而且大大节省营销成本。

3. 分级服务

从会员的分级分类管理来看，教研服务网络现有会员超过44 000人（截至2010年4月30日），其中教材科会员368人，图书馆会员212人，一线任课教师会员43 731人。在日常管理与维护中，教研服务网络把43 731名一线任课教师会员进行分级管理，其中A级重点会员918人，B级重点会员1 514人，C级普通会员39 442人，D级临时会员1 857人。根据会员的不同级别，教研服务网络提供不同层次的服务。例如针对A级重点会员（A级重点会员是指具有一定的职务、职称，如副教授以上、副院长以上级别的，与人大出版社保持多年的良好合作关系，积极协助教研服务网络的各项营销工作的会员），教研服务网络根据其贡献大小提供诸如免费培训进修机会、一定额度的样书奖励、免费提供电子教案和课件等多项优惠的服务。相应的B级、C级、D级会员都享有不同层次的服务。

三、教研服务网络的营销发展

教研服务网络在发展的 8 年间，不断吸收新的营销管理理念，结合人大出版社自身实际，历经数次变革，期间有成功也有曲折。但教研服务网络"服务高等教育事业、服务一线任课教师"的宗旨、品牌营销和服务营销的营销理念以及信息服务、销售服务和学术服务的服务内容随着市场形势的变化而日新。

1. 数据库营销时期

教研服务网络是会员制的信息服务平台，建立之初的首要任务是建立终端用户的数据库，收集教师信息，并与教师进行单独交流，帮助出版社利用客户关系创造利润，实现销售目标。在这一阶段主要利用的渠道包括电子邮件、手机短信息、直接邮递、电话及网络互动营销。通过数据库营销，教研服务网络初步建立了会员服务资源库、高校信息资源库，利用数据库资源向不同的会员提供差异化的信息服务，通过会员组织实地推广活动，开展专业会员培训会议等等。通过对数据的筛选与甄别，对会员进行了初步的分级分类，同时向不同级别会员提供不同层次的服务。

2. 客户关系管理时期

与数据库管理不同的是，客户关系管理是以顾客为中心的。虽然它的最终目的仍然是为了增加出版社的利润，但是为了实现这一目的，需要更多地关心顾客的利益而不是销售本身。顾客关系管理不是一种短期的营销行为，其目的在于建立一种长期的获取利润的机制。通过长期的沟通和服务，我们发现一个营销体系最重要的工作是要以对每个顾客有意义的方式表达对顾客的关心，要站在顾客的立场上与他们保持联络。在成功的会员营销案例中我们意识到，现在面临的真正挑战是通过长期地引导会员的消费行为、强化出版社与会员的联系，建立与管理顾客关系，并从会员利益和出版社利润两个方面实现这种关系对于会员老师和出版社的价值最大化。顾客关系管理不容易被竞争者模仿，因为顾客与出版社的关系是建立在事先与公司的对话交流之上的，对于顾客而言，这种关系是独一无二的，充满个性化色彩。例如，我们与会员进行积极交流，每年都会在大型节日特别是教师节时会赠送给会员精美的礼物。我们经常会主动询问会员意见或邀请他们参与活动，并以适当的方式反馈信息，并且向那些提供信息的会员赠送他们感兴趣的赠书或者纪念性礼品。顾客关系管理活动还包括老会员推荐新会员的内容，这样就带来了大批新成员，并为顾客关系管理活动带来了效益。

3. 全员营销与全程营销的整合营销阶段

教研服务网络是人大出版社营销管理的战略平台，它的服务内容、服务理念以及服务对象涉及到出版社的各个环节。作为出版社发展战略的一部分，出版社必须使顾客关系管理成为出版社品牌真实的组成部分。在教研服务网络体系中，出版社各个部门都在其中，通过教研服务网络平台发布信息、实施服务，也通过教研服务网络体系获取信息、了解需求。从事研发的编辑部门从终端用户处获得其产品的使用反馈信息，为新教材研发和教材换版提供依据；通过对市场的把握开发新的选题，优化选题结构；在会员中寻找优秀作者，开发新的增长点。销售部门通过对会员购买行为的分析以及会员对书店卖场的意见反馈，优化渠道管理，特别是在教材科的作用日益弱化的今天，会员的意见和需求对于渠道优化具有直接的影响。因此，教研服务网络是人大出版社全员营销和全程营销的整合营销平台，出版社围绕教研服务网络制定营销、销售以及服务等整体战略。

承办发行主发工作管窥

·郭 毅·

发行和编辑是出版社的双动力引擎。发行早已不是简简单单地发货、回款、退货等粗放式工作，真正成为现代发行人也就成就了自身的经营、管理、谈判等全才。于是，我只能选择发行中的几个方面来尝试，姑且从主发与渠道两个方面管中窥豹吧！

发行环节中的主发与渠道工作都是一脉相承并有机统一的，本来是不能割裂开来探讨的，仅仅在此，还是分开探讨为便。

一、主发

（一）主发引发多方矛盾的根源探究

多年来主发已经成了发行员甚至包括各出版社编辑同仁耳熟能详的专业词语。为什么作为发行工作的一个基本环节，主发工作牵动了这么多人的心呢？仔细想想，在主发实施得顺风顺水的时候，没有太多人关注主发，实际上是在主发遇到了渠道等各层面的阻力，主发规模和主发效益与出版社整体发展要求、各相关部门发展要求产生激烈矛盾的时候，主发这个词眼才仿佛一夜之间晓遍大江南北。正可谓"成也萧何，败也萧何"，很多解决问题的出路和症结全部都集中到了主发。我们先放弃在主发环节上纠缠，一起探究矛盾的根源可能更有好处。

主发是出版社上游给渠道进行主动配送产品的发行模式，主要是适用于新书产品。在出版业整体增长发展的岁月，渠道商吃货实际是吃不饱的，因为出版社生产力有限，生产的产品喂不饱渠道商，其实最终是喂不饱终端读者的需求。这种不均衡的态势保持了很长一段时间，这些年出版社加强了主发的力度与规模，加强了新产品的品种规模建设，有力地填补了缺口，同时伴随着渠道商的渠道网络发展升级，渠道平台大力扩张，吃货分销能力不断强化，不均衡的态势正在趋向平衡，形成了一种动态平衡；由于渠道商的传统渠道平台扩张也是有止境的，但是出版社上游的生产惯性和市场反应来不及有效减缓或者充分调整，于是出现了渠道商为了保卫自己的空间效益，开始反逼出版社降低主发甚至取消主发。

从主发格局演变能看出来，其实就是一个市场供需矛盾，就是由此形成的供需双方主动被动转换的局面，还有品种爆炸产品同质化产生可替代性增强的被动局面。当市场初级阶段，市场需求非常广阔，出版社生产力不足，产品品种和规模不能强力匹配，就连渠道商都不能供足，当然就不能满足终端读者的需求，于是出现了一边倒的供小于求的失衡状态，出现了渠道商只要有货就吃的局面。想当年主发也是一种特别发行政策，只有够资质的渠道商才能享有。渠道商是需要大力依靠供货商的，供货商占据主动位置。当市场进入发展阶段，供求方面不论在品种还是规模还是市场化方面都精进不少，相应渠道商通过多年出版社的支持也发展起来了，这个时候渠道商再也不为找不到货品与货源头疼，渠道商的话语权越来越强，更多开始参与到与出版社主发的管理中，开始限制主发、减量主发、停止主发等等，供需双方开始进入往复博弈阶段即动态平衡；但是这个平衡状态也不会持续太久，如果出版社还不及时调整策略，必将出现更严重的供大于求（该求是有效需求），即将进入另一个失衡极端，那个时候主发必然灰飞烟灭，成为历史。

（二）主发的前世今生与来世

出版业一路走来，主发可以分为三个阶段，第一阶段是狂放生长，顺风顺水；第二阶段是艰苦上下，博弈连连；第三阶段是名存实亡，成为历史。

以上三个阶段即是主发的前世今生与来世的写照。在第一阶段，出版社与渠道商伴随着主发的推进强力扩张，可以很轻松地实现资本与市场积累，在主发品种和主发量上几乎未遇到任何反向抵抗，全体沉浸在狂欢乱舞中，那个时候出版社更像大爷，给予渠道商主发资质也是可以随意选择的，话语权几乎全部掌握在出版社手中。在第二阶段，出版社与渠道商开始不断制衡，形成动态平衡，话语权也重新进行了分配，渠道商开始试探对出版社的选择性反抗，于是出现了出版社不适应主发遇到的障碍与阻力，开始与渠道商周旋博弈，第一次感觉到主发不能顺心顺意了。在第三阶段，主发的恶梦才真正开始，在进入渠道与产品为王，读者说了算的市场化阶段，主发就只剩下唯一出路了，那就是和平演变，变成渠道商与出版社之间的信息沟通与产品选品订货，主发也许就名存实亡了。这也并非危言耸听，凡事都是有可能的。

（三）主发危机的应对

把握市场发展趋势，深刻理解市场游戏，顺势而为也许才能转危为安。死守着主发带给出版社的美好回忆与幻想也只是徒劳的，反而会贻误时机贻害整体。需要在观念和执行方面深刻思考。

1. 改变观念

该放就放吧！守着主发的断壁残垣是没有多少指望的，因为渠道商不答应，未来市场发展趋势不答应，未来的市场是交给渠道、交给电子商务、交给纸质出版、数字出版等等平台与介质的。最根本的是交给未来的读者的，未来的读者可选择性更复杂更丰富，有时更理性。主发等业务所能赢得的效益是边际锐减的。也需要看清楚渠道商不会再轻易地围绕出版社打转了，更多时候是需要出版社放下身段，转变思维惯性，去围绕渠道商打转。真正把出版社变成市场中的个体，既不高贵也不低劣而已。非得守着主发，那也必须进行主发的演变，坚定地与渠道商形成信息对接，事无巨细地促成产品宣传与添订才能减缓主发失去的市场。

2. 强力执行

沟通添订跟踪不仅是口号更是执行，只有强力的执行力才能确保产品的分销不会因为主发的削弱而止步不前。

二、渠道

1. 渠道为王？产品为王？谁主沉浮？

多年来，出版社一直在争论到底是渠道为王还是产品为王。其实这两个论点放在不同的发展阶段都是正确的。在市场初级阶段，渠道网络单薄，分销力严重不足，读者文化需求巨大，出版社只要有产品能流通到市面上就不愁销售，这个阶段可以说是渠道为王为主，产品为王为辅。在市场发展阶段，渠道扩张渐趋相对饱和，产品爆炸同质化严重，读者需求回归理性，产品本身竞争成为核心竞争，如何才能在众多产品中脱颖而出，靠渠道可以，但是不稳定，还是只能靠产品自己，这个阶段可以说是产品为王为主，渠道为王为辅。在市场进一步提升阶段，可以预见渠道与产品就像出版社的两条腿，缺一不可，不能偏废，只有二者并重才能真正做到王者天下。

2. 渠道与产品的市场配置意识至关重要

发行人员及早树立市场意识，充分认识到渠道与产品的资源配置力更有助于自身业务的促进提高。渠道根据自身经销特点与出版社合作特色可以分为多种类型，包括全品种类型的实体书城与网上书店、批销类型的教材书店与一般图书书店、特定渠道类型的机场、超市、社区等。要及时把握新品特点，在发行上市的时候做到适销对路，即是要找到适合该新品的有效渠道；同样，对于渠道，也要差异化对待，针对不同渠道选择提供相应品种来实现有效销售。只有这样才能降低无效发货与在途风险，降低经营成本。

3. 渠道无定式更无止境

现在回过头来看看市场初级阶段的发行所等分销中盘，感觉过于单一单调，再结合目前的渠道发展现状，真所谓日新月异。可以说渠道无定式更无止境。只要有市场需求，就有可能出现一种与之配套的渠道形式。这一切都是由市场配置追求高效高收益决定的。渠道发展渐趋饱和的状况下，还会有层出不穷的渠道形式出现。这还是只能表明现有渠道所覆盖和服务的市场群体还不完全，或者现有渠道的效率不能令所有市场群体满意，于是出现了满足这部分市场需求的渠道，并且不论在运作机制还是市场意识方面均表现出了强大的竞争力。这种趋势我们不能忽视更不能轻视，需要的是正视，在不伤及大体的前提下与之共舞。

4. 渠道格局演变及趋势

渠道的格局变迁也客观反映了出版业市场化的不断发展，是一种进步的标志。从单一的线下渠道演变到线上、线下渠道；从渠道的粗放式经营演变到精细化专业化经营。

当年的新华发行所一统天下在市场初级阶段为整个出版业的发展做出了贡献，随着市场不断发展，这种寡头式的分销模式在效益和市场力方面受到了越来越多的诟病，不能再引领整体市场的发展，反而开始拖后腿了，于是随着民营经销如雨后春笋般野蛮生长，各地国营系统积极参战，形成了国有民营并存的格局，零售、批销、教材经销等也蓬勃开展，当然这个时候不论是国有还是民营都是一种粗放式的发展阶段。由于国有系统牢牢掌握着成本、资源等优势，民营又回到了求生存的阶段，开始在经营方面要效益，加强精细化与专业化运作，走在了国有系统的前面。迫于改制等压力，国有系统开始向效益转型，于是出现了地标书城、进军教材市场等局面。随着读者阅读习惯与传媒变革，电子商务为主的网上书店开始出现，并对现有渠道格局形成了强力冲击，一些渠道商在这场渠道变革中纷纷倒下，但是经营优良的渠道商与时俱进，进行了积极转型，快速进入了线上业务，可以说凭借先天实体基础及物流配送优势，优秀的传统渠道商实现了成功转型，形成了线上线下两条腿走路的市场战略。于是，现如今，我们需要理性地看待线上线下渠道格局，大呼"狼来了"的时代已经过去，传统线下渠道当自强者已自强，出版社出于保护传统线下渠道而过度限制线上渠道的思路与做法已不足取，还有可能砸着我们自己的脚。可以预见，不久的将来，实力强劲的新华中盘会形成线上线下互补，民营中盘在求新求变中同样线上线下互补，当当、卓越、九九等网上书店继续获取部分新增市场。

5. 真正尊重读者和终端市场，为读者着想地设计工作，无论对编辑还是发行至关重要

我们需要委下身来，倾听市场的声音，真心尊重读者和终端市场，知道读者的需求，认真地做好适合他们的产品，并且找到好的渠道分销通路，才能真正抓住读者，抓住市场。

6. 正视市场细分与差异化，并果敢行动起来抓住趋势的尾巴

市场化不断发展，呈现出了个性化需求。读者的阅读习惯与购书习惯伴随着社会的发展而变化，可以预见，未来一代又一代年轻读者成为阅读主力的时候，他们的选择对渠道和市场的分化是关键一击。由于读者群体分为不同年龄层次，个体读者的阅读习惯与购书习惯发生了变化，由此带来的是我们对渠道功能的重新界定，对读者的覆盖方式的重塑。实体书店的读者主要集中在喜欢读书经常逛书店的群体，网络书店的读者主要集中在新潮善于运用网络进行购买体验的群体，机场书店的读者主要集中在商旅人群，这些人群一般只有在机场逗留期间才会有购书行为，超市书店的读者主要集中在习惯于超市购物人群，社区书店的读者主要是社区读者。读者群体不是一成不变的，是在不断变化的，对读者的变化趋势也需要有一些直觉与把握。随着社会不同年龄层次的群体进入社会主流的时候，不同渠道会出现不同的匹配度。试想想，当80、90后乃至后面的群体进入主流消费的时候，也许网络购物、电子阅读等才是主流才是趋势，如果我们还死守着传统模式不放，又能有多大空间发展，也许只能坐吃山空。从目前的发展来看，这几种渠道类型匹配的读者群体叠加性不大，应该更可能的是各个群体的相互补充形成了一个完整的大市场。此消彼长的影响会有，但是随着时间推移，读者变化，这种此消彼长会越来越微乎其微了，不能再过度地杞人忧天了。有时候要把眼光放远一点，国外的市场变化也会是我们需要借鉴参考的。比如说在目前国外市场，机场书店、超市书店和网络书店具有了最强势的地位，实体书店已经没有了王者之气。我们的市场在不久的将来出现这个状态也不是没有可能的。

当前国内图书消费市场现状浅析

· 陈玲玲 ·

近几年来，随着我国图书消费市场由卖方市场向买方市场转变，市场化不断深化，图书行业的竞争越来越激烈。[1]一方面，出版社纷纷推陈出新，不仅在内容上力推各种"补白"，而且更加注重外观设计，同时紧紧依靠媒体打造自己的品牌，希望能够做出更多的畅销书。另一方面，改革开放以来，读者思想解放的程度与日俱增，可选择的余地大大增强，需求层次复杂化，生理需要、安全需要、归属感和爱的需要、自尊需要和自我实现需要皆必须兼顾，这造成了读者的品味越来越多元化，商家需要更加准确地定位自己的客户群方可在残酷的图书消费市场中占有一席之地，因此，图书分类越来越细，比如以前可以用"健康"为书目关键词，现在则需要更进一步划分为"排毒"、"美体"、"瘦身"等分支，笼统的词语已经很难俘获读者的心，原先那种大一统的新华书店独占鳌头的局面已经被肢解。

唱片市场与粉丝的小团体意识是紧密相联的，比如有些人成了周杰伦的歌迷，他们就会很愿意买周杰伦的唱片，甚至买与周杰伦相关的产品，比如他做广告代言的优乐美奶茶之类的。图书市场也是如此，很多读者现在也开始有了小团体的意识，比如在台湾管理学界，一开始是余世维占据了中国大陆市场，他在江苏移动公司所做的演讲风靡大陆，因此他的图书比如《赢在执行》（北京出版社）、《有效沟通》、《中层危机》（北京大学出版社）等至今都是热卖的经管类书籍，配合他演讲的 DVD 也风行热销。后来，更为著名的华人三大管理学家之一曾仕强教授也进军中国大陆市场，他的"中国式管理"理念更是掀起了一阵热潮，他的《中国式管理》（中国社会科学出版社）、《曾仕强说胡雪岩》（工人出版社）等著作也引起了广泛的关注。相比而言，余世维比较注重管理的实用技术，实用主义味道浓厚，而曾仕强则注重传统文化的深层挖掘，思想具有体系特点，因此两人的市场有所不同，余世维的观点更能引起中层的共鸣，而曾仕强的市场主要在高层，因此出版社在选择出版之时就要充分考虑到这些问题，不能张冠李戴，同时他们也会通过标语等形式在定位自己读者群的前提下尽量扩大读者群的范围，让更多的人加入到这个小团体中。

这样的例子在当今图书消费市场不胜枚举，出版社应该考虑到读者的小团体意识这个方面，因为这是我们传统文化的"亲亲"、"内外有别"等思维方式的一种体现，而这种思维方式在计划经济时代被认为是封建主义的。如今，图书消费市场化带来的正是类似于封建割据的局面，出版社需要的是培养读者的忠诚度。从目前出版界的舆论造势看，已经有一些出版社开始着重于这方面的建设，只不过这种建设还相对比较表层，比如江苏文艺出版社因推出《不生病的智慧》而赚了很多钱，于是开始出版《不生病的智慧 2》、《不生病的智慧 3》、《不生病的智慧 4》和《不生病的智慧 5》，内容十分类似，从积极方面讲，他们是想以此留住自己的客户；从消极方面讲，这也是为了在最短时间内守住自己的地盘不让其他出版社跟风以混淆视听，把自己口袋里的钱捞走，同时损害自己的名声，欺骗消费者[2]。这是一个开始，但过于简单，只是把防止别人跟风变成了跟自己的风。从深层次讲，培养读者的忠诚度不仅仅体现在标题和学科门类上，更重要的是体现在品质上，比如要做傻瓜系列的，就必须把语言说得清楚明了，一看就懂，一懂就能上手的那种；而要做思想性的，则需要把语言讲得生动，同时注意个别地方留白以使读者有思考的空间。特色不能含糊，最好做到极端，就像很多老学者批评易中天、于丹等学术界"超男"、"超女"一样，就是因为这些新新学者把经典讲得很极端很市场化，但同时这就是他们的卖点，我们既需要尊重原有经典的严肃性，也要宽容经典也有被市场化的空间。总之，品质应该体现为一种特色，而这种特色就是与门类细分、读者小团体意识相适应的极端化。

大的出版社从品质着手提升自己的图书质量，而小的没有竞争力的出版社只能通过跟风、篡改标题等搭便车形式分一杯羹，因此对于大的出版社而言，这是一个自由市场所带来的严峻挑战，因为利润总不会被一家垄断，因此推陈出新的策划活动显得非常重要。这一方面，"译林名著精选"就是一个非常好的典范，为了击败那些跟风者，稳固自己的地位，该丛书的策划者抛弃了常见的书海战术，而是利用品牌优势，对外国名著进行百里挑一的选择，依靠扎实的内容和精心的营销策略成功地推出了《爱的教育》、《圣经故事》、《麦田里的守望者》等20 本书，一炮打响。[3]

近年来出版机构也经常通过调查问卷等方式研究读者的偏好和心理，以此来作为自己出书决策的参考，这是十分良好的开始，也就是说，出版机构开始考虑到以舆论引导大众和以大众利益为导向之间的张力，但这也由此引发了有些学者对畅销书的担忧，认为商业至上的消费时代背景下畅销书存在着一些不容忽视的问题，比如过分依赖于媒体造势，一个例子是百家讲坛系列的图书就是靠中央电视台的广泛号召力而成为卖点的；还有无厘头式的泛娱乐化，其特色是紧密结合网络语言和社会流行话语；最后是"新瓶装旧酒"的同质化，如上文所说的搭便车行为[4]，这方面教辅参考书市场存在的问题较为严重。[5] 可以看出，对畅销书现象的批评固然有一定的道理，但其基本的理论立足点还停留在法兰克福学派的文化工业理论上，以一种精英主义态势对大众文化持否定态度。

学者的忧思固然是值得鼓励的，但这类学者假设了消费者的无知与无能，如果我们从出版者的角度就会发现，消费者并不容易对付，要满足读者的需求让他们掏钱并不容易，还是必须紧跟时代，看准社会流行的思潮。比如 2001 年我们获得了 2008 年奥运会的申办权，这时候国家就开始有计划地出版一些有关奥林匹克的书籍，如《人文奥运》（东方出版社）、《奥林匹克运动》（人民体育出版社）、《百年中国奥运之路》（华文出版社）等，以及一些国学书籍，如《和合学：21 世纪文化战略的构想》（中国人民大学出版社）等，期望能够将两种文化融为一体，而随着奥运会的临近，更大范围的相关图书开始出版，尤其以中国传统文化为主题，其趋势是从学术性和教育性图书向大众图书转移，休闲运动类和体育文化类图书的市场比重呈现出不同程度的上升，其最终的立足点，就是以中国传统文化为载体宣传奥利匹克积极健康的生活方式，提倡健身。[6] 而这一思潮与当今社会的都市文化又有了新的交接点，因为都市中高层人群普遍感觉到环境污染，生活压力大，城市空间狭小，人际交往困难，诱惑无处不在等问题，希望能够借助一些知识改善自己的生活，因而通俗化之后的中医、养生、食谱、美容美体、时尚健身等生活书成了很多白领的选择，其普及面越来越广，比较热卖的有《习惯是最好的医生》、《无病一身轻》、《24 小时健康保养书》以及《把吃出来的病再吃回去》等[7]。由于专业人士的加入，像北京中医药大学曲黎敏教授等人将中医养生知识与中华文化、传统哲学结合起来，深入浅出地讲解，健康观念更是深入人心，其《从头到脚说健康》等书也因此赢得了广泛的市场。[8]

正如前文所讲，很多出版契机实际上来自国外或者我国港澳台地区，比如上面的排毒、时尚等主题，不可否认，在这方面中国的消费者还是多少有些崇外的，毕竟外面的世界更精彩，观点更前卫，尤其是通过港澳台地区和日韩、新加坡的路径返回的原本是我们传出去的传统文化，更是容易俘获中国内地读者的心，因此近几年我们仍然不断引进相关的书籍，且比例越来越高，比如台湾哲学家傅佩荣的《哲学与人生》（上海三联书店）、《国学的天空》（陕西师范大学出版社）等书就备受大学生等人群的喜爱。引进的同时国内出版界也更加注重提升自己的自主创新能力，比如建筑类的书籍就有很大的突破而且开始以多种语言向世界进军，开始了中国图书"走出去"的历程，比较成功的有多语种的《世界创意建筑》。由于艺术类的图书没有太多语言文化和意识形态的困扰，它在走世界主义的道路上更顺利一些。相比而言，经管类的书就更多地来自国外尤其是美国，比如《执行》、《蓝海战略》和《世界是平的》等书，仍然有不少的粉丝，但随着时代的发展，人们越来越认识到文化土壤和文化语境的差异性，很多美国式的东西到了中国之后会走样，科学的东西可以留下来，人文的东西可以返回去，因此这一块在大众心里的地位会越来越低，尤其当中国人的自卑心理越来越少，越来越扬眉吐气，世界华人越来越向往祖国大陆之后，传统文化的市场越来越大。[9]

对于传统文化类书籍而言，它要解决的问题是揭示、辨析那些我们日常行为中知其然不知其所以然的道理，使我们生活得更明白，更有智慧，因此它的实用性非常重要，懂道理的人不一定能够说清楚，只有那些深入浅出的文化书才有市场。几年前非常流行成功学类书籍，比如卡耐基的书，近年来虽然成功学类书籍仍然十分畅销而且花样越来越多，但大家也普遍感受到它们的不实用的地方，比如在为人处世方面，总是一味鼓励人们要勇敢，要敢于尝试，要百折不饶，追异性朋友时要敢说"我爱你"，这些道理的适用性主要还是在人际交往比较直接的西方社会，用这些方法在中国现实社会只能处处碰壁，因此成功学类书籍的引进也越来越值得人们反思。在中国社会成功有很多潜规则，而且这些潜规则并不都是负面的，它对现实社会有一定的价值，比如风水，以前总被认为是封建迷信，等到雷铎先生提出风水即是中国的生态学之后，风水学类的书也总算荣登大雅之堂，摆脱了落魄的处境。

中国读者还有一个特点，就是希望图书的叙事方式能够是讲故事的，典型的一个例子就是央视《百家讲坛》本来真的是百家在讲，后来变得只有讲历史才有人听，因为我们希望听故事而不是听逻辑，道理必须寓于故事之中才具有启发性，当图书面对的是儿童时更是这样。如今的图书给人的感觉故事性越来越强，改革开放初期很多外国名著包括学术著作的中译本都呈现出一种追求词与词之间的对应关系而采用直译的方式，读起来外国味十足，像是一个普通话说得不太流利的香港人在写书，如今的图书则更为注重汉语的语境，重新回到严复先生所提倡的"信、达、雅"的翻译理念中来。成功学书籍之所以能够风靡一时，着实跟它的讲故事说理的方式有关，而能在中国走红的小说、连环画之类则更是如此。与日本相比，我国目前的动漫图书主要还只能满足幼童和小学生，远远满足不了青少年的需求，青少年漫画市场仍然集中在集英社、小学馆和讲谈社这三大日本漫画社的引进版漫画中。[10]不同年龄阶段的人有不同的特点，青少年经历着青春期叛逆，很难听得进那些相对简单而独断的道理，因此我们还得更开放些，以更为曲折的方式和更为艺术化的方式向青少年传达健康向上的理念。比较而言，在相对幼龄的读者中，《神兵小将》、《虹猫仗剑走天涯》、《喜羊羊与灰太狼》等动画片和相关音像图书则较为成功地占据着市场，《奥运福娃漫游记》也因奥运之风曾一度风靡全国。[11]而低幼图书市场的发展近年来更是迅猛，其产品更加贴近幼儿生活，多家出版社顺应了私家车普及的大潮流推出的各种供幼儿识别名车的图书更是受到普遍欢迎。[12]这些趋势在青少年娱乐和教育方面给了我们很多的思考，但中国动漫如何力拼日本动漫的问题还远远不是出版业的问题，其涉及整体的国家文化软实力，最重要的就是它的艺术性和思想性等创意元素。

　　综上所述，国内图书消费市场正发生着一些变化，出版社和图书越来越多，消费者的品味越来越高，眼光越来越挑剔，因此对出版者提出了一些新的要求：其一，语言应尽量贴近生活，这要求作者和编辑有良好的汉语言文学功底，要学会以讲故事的方式面对读者，设想他们的反应，与他们进行互动，告别自说自话、自吹自擂的作者中心主义；其二，大出版社应多出精品，多出一些有特色有辨识度的书，而国家的出版监管机构也要进一步控制同质化图书的泛滥，避免资源浪费；其三，应紧跟时代步伐，对国内外社会思潮和大众文化导向有更深层次而非表面的理解，把握新主题出版好书；其四，要更进一步利用好媒体尤其是网络的力量，合理利用广告而不是砸钱做广告。这些要求总结为一句话，就是出版者要充分尊重读者，服务读者，但尊重读者的前提是自重。

【注释】

　　[1] 参见王咏梅等：《当前国内一般图书消费市场的现状与发展趋势》，载《中国图书评论》，2007（3）。

　　[2] 参见赵世瑾等：《中国内地畅销书现状的调查、分析和对国人近三十年来阅读习惯变化的反思》，载《黑龙江科技信息》，2010（3）。

［3］参见姚燚：《"译林名著精选"：将营销理念注入产品的每一个步骤》，载《出版参考》，2009（8）上。

［4］参见方文：《消费时代畅销书的出版现状与反思——以北京图书市场调查为分析对象》，载《安徽文学》，2009（6）。

［5］参见李云龙等：《教辅读物：商业属性的放大与文化属性的缺失》，载《出版参考》，2009（1）上。

［6］参见王英峰：《体育类图书市场动态与发展趋势》，载《出版参考》，2009（4）上。

［7］参见孙珏等：《2007年度专业出版趋势评点》，载《中国图书商报》，2008-01-01。

［8］参见缪立平：《健康类图书的现状与未来》，载《出版参考》，2010（4）下。

［9］参见李娜：《2008上半年引进版图书市场观察》，载《出版参考》，2008（9）上。

［10］参见石伟：《漫画图书畅销的几大因素》，载《出版参考》，2009（10）下。

［11］参见赵英：《揭开动漫图书销售真相》，载《出版参考》，2009（6）上。

［12］参见柯南：《低幼图书新的成长期》，载《出版参考》，2010（2）上。

出版业产品经理角色定位

· 胡延万 ·

随着图书出版行业在市场营销中逐步引入产品管理的理论和方法，很多出版单位都设置了产品经理的岗位。本文从产品经理的概念入手，阐述了出版业产品经理的主要职责和产品经理在出版各个环节中的作用，并探讨了其在出版社内部的角色定位。

一、产品经理的概念和职责范围

1. 产品经理的概念

产品经理，又称品牌经理（brand manager），是企业中负责对产品进行管理及营销推广的中层经理。1927 年，美国宝洁公司（P&G）出现了历史上第一名产品经理（product manager）。自此，产品管理（product management）制度逐渐在越来越多的行业得到应用和推广，并取得了广泛的成功。产品经理制度既是一套完善的营销运作制度，更是博大精深的营销操作行为，举凡产品从创意到上市，所有相关的研发、调研、生产、预算、投放、营销等等，都涉及到产品经理的工作职责。但是，目前我们所理解的产品经理的概念和职业要求都是从国外引进而来，并没有根据国内行业和企业的实际情况而有所发展，随着新行业的不断产生，产品经理也出现了职责不尽相同的情况。图书出版行业的产品经理概念应该如何定义，其职责范围又包括哪些，其在企业内部的角色如何定位，这是非常值得深思和探讨的话题。

2. 图书出版业产品经理的主要工作职责

首先，出版行业的产品为出版物，即图书、报纸、期刊、音像制品或电子图书等；其次，产品生产部门为编辑部门，编辑即为生产人员；再次，市场营销和销售部门为发行部门，发行人员即为产品推广人员和销售人员。出版社产品经理的工作职责就是要针对图书产品进行"产品管理"，为图书产品的销售盈利提供一个良好的环境，配合销售部门实现销售目标，其职责涉及前期的选题策划、中期的编辑加工和印制、后期的营销推广等，具体而言主要有以下几点：

（1）在发行环节，专注于选题领域的发现并提出建议；

（2）对于新书的印数和定价提出参考意见；

（3）开展市场调研并对调研进行分析；

（4）组织策划对内和对外的培训；

（5）策划并参与会议会展营销；

（6）重点图书营销活动，如会员年会等；

（7）企业品牌推广。

二、产品经理在图书策划中的作用

1. 市场需求：选题策划的基本方向

市场需求是选题策划的基本方向，只有充分了解它，才能策划出好的选题，并对选题进行准确评估。今天的出版行业，竞争越来越激烈，要想在竞争中立于不败之地，就要求编辑人员具有强烈的市场意识和敏锐的市场触觉，策划出符合读者需求的图书产品。但在现实中，选题论证缺乏市场调研或者调研欠充分的情形仍然时有发生，导致选题在初期策划就潜藏着巨大的风险。

发行人员经常来往于各大书店，跟各类经销商的交往密切，市场信息来源较为准确而全面，使得他们能够充分了解市场的现状及发展动态。因此，编辑若能充分利用发行人员接收的市场信息，并科学合理地加以分析利用，对于及时调整选题思路和选题策略是非常有效的。

在出版社内部，产品经理的设置为编辑和发行人员搭建了一座沟通的桥梁。产品经理处于市场营销的中心，能够及时获取来自一线发行人员搜集的市场信息，并亲自参与调研和信息的采集。同时，产品经理设置中的按产品类别（即专业）进行的分工，使得市场信息能更有针对性地传递给编辑，从而真正做到"对症下药"。反过来，编辑也可以找到相应产品类别的产品经理，及时沟通，了解市场需求，这样就避免了信息收集的无序性和盲目性。

2. 选题论证各环节中的产品经理

（1）选题策划前期：产品经理定期或不定期向编辑提供相应类别产品的发

货、退货和卖场销售数据，还可以通过参考图书市场公共数据，为编辑提供其他出版社的同类或近类产品的市场数据。对于重点产品，产品经理可以组织全国各地的院校代表和驻店代表开展市场调研，并对调研数据进行统计和分析，将调研结果提交给编辑作为选题策划的依据。

（2）选题申报阶段：产品经理整合来自市场部和销售部的意见和建议并传送给编辑人员。策划编辑利用以上信息，结合自身对图书的了解，进行周密思考，对选题进行可行性调整。同时，这些信息也为下一阶段分社社长和选题决策机构进行选题决策提供了参考。

（3）选题立项后期：图书从选题策划到约稿、组稿、装帧设计，最后加工成型，需要较长的一段时间，而市场是千变万化的。诸多偶发因素的产生，会使得原本适合市场的书稿出现偏离市场需求的情况。这个时候，产品经理就可根据来自发行一线的即时信息，发现并掌握市场的变化，及时告知编辑并协助编辑制定应变措施，调整策略，使目标选题最大可能地符合市场需求，降低甚至克服偶发因素对图书和销售业绩的影响。

三、产品经理在出版社的角色定位

产品经理直接对产品负责，同时又要协助负责产品的编辑加工、印制发行。如果出版社是一条项链，那么，出版社中各部门是这条项链上的珍珠，而产品经理则是贯穿这些珍珠的中心线。贯穿始终的产品经理不仅需要把握好各部门工作的特点，而且还要善于在各种角色之间进行转换。

具体言之，产品经理的主要角色有以下几种：

（1）相对意义上的图书编辑：作为编辑和发行之间沟通的桥梁，产品经理能够将晦涩的编辑术语用通俗易懂的语言传达给一线发行人员。

（2）相对意义上的发行人员：相对于编辑而言，产品经理又是发行业务员，掌握着市场的现状和动态。产品经理与编辑的无障碍沟通能引导编辑策划好的选题。

（3）出色的宣传策划人员：产品经理需要组织一线发行人员和编辑做好图书宣传推广策划工作，并身体力行，做为对产品的宣传营销。

（4）优秀的培训师：产品经理对自己负责的产品应该了如指掌，并能跟客户沟通产品，能为经销商和书店销售人员提供产品的全面培训，帮助更多发行人员熟悉并推广自己的产品。

（5）专业的市场分析人员：产品经理应对市场信息进行及时的科学的统计、整理和分析。

（6）坚决的执行者：对于领导布置的任务一定高质量按时完成。

（7）友善的合作者：积极地与出版社各种部门合作，最大限度地集中全社力量做好发行工作。

四、产品经理应具备的基本素质

产品经理最重要的工作内容就是沟通，需要面对和处理各种复杂的关系。要想做一名合格的产品经理，就应该具备一些必要的素质。

（1）产品相关专业知识：产品经理不仅要掌握所负责专业领域内基本的专业知识，还要熟悉出版业各个环节的工作流程。

（2）良好的协调沟通能力：产品经理对内要面对出版社的销售部、各分社和驻外发行单位，事务琐碎，关系复杂，只有具有良好的沟通能力，才能成功协调各个职能部门。对外，产品经理则需要灵活处理好与经销商的关系、与一线任课教师的关系和与高校领导的关系。所以，一名优秀的产品经理必然是一个善于并能够成功与他人沟通的人。

（3）对事务优先级的控制力：产品经理的工作是相当琐碎的，要处理各种各样的关系和进度，所以如何分清事情的轻重缓急和保持高效率就显得尤为重要。

（4）工作的主动性和独立性：产品经理需要怀着热情和激情积极主动地开展各项工作，同时要具备独立解决问题的能力。

（5）良好的学习能力：产品经理只有具备良好的学习能力，才能吸收先进的营销思想和营销知识，改革营销方式，不断探索新的推广模式。

（6）团结协作精神：图书的创作、编辑、印刷、推广和销售各环节涉及很多人员，这就需要产品经理充分发挥优秀的团队合作精神，做好图书的发行工作。

综上所述，图书出版业产品经理的工作非常重要，其设置保证了编辑、印刷和发行各个职能部门之间的有效沟通。要想成为一名优秀的产品经理，需要坚持不懈地虚心学习，总结经验，不断积累，并保持与同行进行交流沟通，从而更好地服务于发行工作。

参考文献

1. 孙珏. 出版社产品经理是否瓜熟蒂落. 中国图书商报，2008-02-01

2. 宁可. 让"选题论证"更贴近市场前沿. 中国图书商报，2007-09-21

3. 周建兰. 编辑与营销人员在图书出版中的协作. 中国编辑，2005（5）

4. 张海存. 论编辑在选题策划中的市场意识. 文化艺术报，2006-11-29

产品经理在图书营销中应具备的六种意识

·戈 巨·

在产品营销的过程中，产品经理占据主导地位，是产品品牌塑造者，更是营销骨干，肩负着对所负责产品的市场调研，跟踪并研究相关产品用户需求，收集和分析竞争对手信息，研究其发展动态和和行业动态，并提出市场研究成果报告的主要使命。那么，一个优秀的产品经理应具备什么样的意识？本文试图对此问题进行探讨。

一、产品意识

产品意识就是要熟知我们自己的产品。只有熟知产品，产品经理才能在产品推广过程中对自己的图书充满信心，才能在当今激烈的图书市场上，把自己的产品宣传推广到位，为自己的出版社争得一席之地，这也是当好一名产品经理的必备的心理素质。因为产品经理与产品之间的关系是密不可分、缺一不可的。

熟知产品是每一个产品经理必须做到的最基本的工作。一个产品经理对一本书不仅要知道书名、作者，而且也应该了解它的大体内容，最好还能知道它的特点以及它与市场上同类产品的区别，这样才会有利于在图书品种繁多、同类选题重复的情况下更容易把自己的图书推销出去。

如果一个产品经理在熟知本版图书有几大类、哪一类或是几类是重点图书、新书的出版日期、图书的质量以及一些重要的内容的前提下，又熟悉与自己出版社同类的图书情况，同时熟悉本社重点图书在市场上的态势和方向，能为书店和客户提供周到详尽的服务，必然会赢得客户的信任，也容易打开图书营销的局面。

二、沟通意识

1. 产品经理与编辑的沟通

要想让自己的产品在市场上立于不败之地，产品经理与编辑的沟通就显得尤为重要。产品经理应该参加编辑的选题论证会。每次编辑的选题论证会产品经理可以旁听，了解出版社最近要出版哪些新书，这些书适用什么样的人群，让产品经理做到心中有数，产品经理对于一些销路并不看好的图书可以提出自己的看法，以便出版的图书有好的销路。

产品经理应该主动向编辑了解新书的出版动态，每本图书出版后或者出版前一段时间，编辑也应该口头或者书面形式让产品经理了解图书的信息，这样有利于产品经理充分做好产品营销推广工作。

产品经理每次出差回来可以把最新的信息反馈给编辑。每次出差，产品经理对市场都会有新的信息、认识和体会，把这些信息整理加工后就可以反馈给编辑，从而有助于编辑作出选题决策。

2. 产品经理与客户的沟通

做市场，其实就是与人沟通，究其本质就是为读者服务。在为读者提供高质量的信息服务的过程中，我们必然要和读者交流，这样很容易会和读者建立起联系。

在教材推广和学术培训过程中，产品经理都应该真诚对待每一位教师，尽最大的努力把每一位教师都发展成我们的客户，尽己所能，解决教师们需要你帮助解决的问题，多多加强与教师们的联系，加深感情交流，老朋友是助你成功营销产品的一个坚实基础，这也就是我们所说的关系营销。

三、营销意识

1. 一对一营销

营销不仅是一门艺术，而且是一门综合各种知识的艺术。在一对一的营销过程中，产品经理应该：

（1）要对自己的产品充满信心，相信自己的图书是优秀的、有特色的、受教师欢迎的。

（2）要对自己充满信心，相信自己对业务的精通、自己的交际能力是完全能够胜任这个营销工作的。

（3）要有较强的时间观念，信守承诺，有责任心。与客户事先约定时间的拜访，不要迟到，一定要提前十分钟到场。因为没有任何一个客户会对一个不遵守时间的人有好感。

（4）要有幽默感，争取给教师留下美好的印象。

2. 随时营销

随时营销是一种非常奇妙的营销方式，将它应用在一些非正式商谈业务的场合，也许会有意想不到的效果。一对一正式的场合推销容易造成被推销者的接受压力，如果推销方式不得当，被推销者很容易有排斥心理而不接受你的推销。而非正式场合的随时营销能够让你在很轻松的时候，比如在与老师吃饭的饭桌上，在与老师闲聊过程中，适当地根据不同的时间、地点和对象的心理需求来介绍自己的产品，往往命中率会很高的。

四、服务意识

怎么样满足不同层次、不同年龄客户的购书需求，提供完善、快捷的服务，这是产品经理应该反复琢磨的问题。

产品经理应该对客户群体进行分级分类管理，也就是对市场进行细致的研究，进行细划、细分。通过图书市场细分，可以选择符合自己需要的目标市场，集中资金和人力，以争取局部市场的优势。图书市场细分有利于沟通出版社、书店和客户三者之间的关系，能较好的解决"卖书难"、"买书难"的问题。通过细分客户对象更加明确，出版社可以直接与之联络，沟通信息。图书市场细分也有利于更好地为客户服务。出版社通过市场细分，便于了解自己的客户和读者，并与他们保持密切联系，建立长期稳定的业务关系；客户也可以根据自己的需要购买自己所需的图书。图书市场的细分，可以提高出版社的社会效益和经济效益。客户意识也是一种"亲情化服务"意识，要想赢得客户的信赖，产品经理必须通过细致入微的服务拉近与客户的距离，加大感情投资，培育和营造图书市场。

五、信息意识

1. 信息的反馈

市场是千变万化、动态发展的。产品经理要做到心里想着读者、眼睛盯着市场、促成本版图书更适合读者的需求。产品经理一般比编辑更熟悉和了解图书市场，我们要主动把收集上来的信息及时反馈给编辑部门，以帮助他们去开发更有竞争力的选题。

2. 充分的调研

"没有差异就没有战略，没有信息就没有决策"。要想得到更多确切的信息是离不开调研的，所以一次会议的成功与否是和会议前期调研密切相关的。

每一次进校园的拜访，产品经理都应该制定科学的、详细的拜访计划，使市调研具有计划性和科学性，尽可能达到挖掘所有信息的目的。

产品经理在与客户交流过程中不要总强调自己有什么，应该多问问客户需要什么样帮助，或者说我们能给客户什么，在拜访客户的过程中，最重要的是了解客户的需求，目的就是为他们提供相关的产品信息，如果他对目前产品不是很满意，那就为他提供更适合他的产品来满足他的需求。了解客户需求，满足客户需求，最后才能引导客户需求。

对使用我们产品的客户，一定要做好后续的跟踪、回访工作，避免客户因其他原因改换版本，所以调研结束后，我们还应该定期回访，了解客户使用产品的情况，使我们的调研工作有始有终。

六、品牌意识

图书与其他商品一样，随着竞争的加剧，其品牌的效力也愈加明显。从某种意义上说，当今图书市场的竞争，不单纯是图书质量的竞争，在图书呈现趋同化、图书质量差不多的前提下，出版社之间的竞争更大程度上是品牌的竞争。

好的品牌是出版社整体策划的结果，凝聚着全社员工的智慧和汗水，品牌就是资源。产品经理要重视出版社的品牌形象，注意利用品牌来占领和扩大图书市场。

产品经理本身就代表着出版社的可靠信誉和品牌形象，一言一行都关系着塑造本社的企业文化形象问题。增强品牌意识，就是要求产品经理提高自身文化素养，利用本社的品牌优势，为读者提供多层次、多形式的服务，从而树立起出版社的整体形象。

产品经理是出版行业中非常重要的角色，关系着一个产品是否能成功打入市场，并产生销售效益。产品经理的六种意识，是六种能力和六道关口，也是考验一个产品经理的能力、魅力、魄力的重要指标，更是检验一个产品经理是否合格的重要指标。在出版行业竞争日益激烈的情况下，如果产品经理不加强学习，提高水平、提升营销理念，迟早会被市场淘汰。所以，我们一定要有紧迫感、危机感，时不我待，尽快成长为营销英才，占领制高点，冲破惊涛骇浪，勇往直前。

对当下图书网络营销的瓶颈
思考与可行性方案探讨

·刘　渝·

今天，数字化和互联网技术正在引领人类进入一个"数字化生存"的时代。数字和网络技术已在全球出版领域内全方位展开，以网络技术为核心的数字化信息技术，将是未来出版业转型的必由之路。新技术和新媒体的迅猛发展已经为现代出版产业的转型酝酿好了一个基本环境，重视数字化出版，重视电子商务在出版流通领域的影响，是每个现代出版企业生存和发展的必然要求。

数字出版，不仅是生产方式和理念的变革，也是营销渠道和手段的革新。在我国，数字出版的读者群迅速壮大。我国网民数量巨大，个人电子阅读终端已经超过了1.5亿，四分之一的读者阅读数字出版产品，而且以每年30％的速度在上升。网民中18～30岁的年轻人所占比例高达53％，学生在网民中达到三分之一强（36.7％），全国学生中的互联网普及率达到27.5％。网络学习和数字化信息检索，已经成为现代大众的学习和科研习惯。同时，随着电子商务的普及，作为这一新型消费模式的主要参与群体，因其具备的相对较高学历和较高素质，他们对电子和网络技术产品的接受程度也相应较高。而这些群体与教育产品出版商的目标客户重合性很高。因此，数量广泛且潜力惊人的受众群体，为教育类数字出版物的消费创造了基本条件，也为出版业的网络营销模式构建了平台。本文将主要从营销模式入手，探讨现代商业环境下，传统图书在网络营销方式中遭遇的瓶颈，以及在目前市场环境中和技术条件下，一些可能的解决方案。

一、当下出版业网络营销的背景梳理

就现代出版业的发展形态而言，2010年一定会成为一个至关重要的年份。这一年发生的两件事对于全球出版业来说具有重大的变革意义：

　　第一件大事，是 1 月 27 日苹果公司发布了苹果的平板电脑 iPad，从此浏览网站、图书阅读、音乐、照片、电子邮件、文档编辑等一系列功能，以一个极其华丽的形式被整合到了一个只有 10 英寸大小但电池续航时间却长达 10 个小时的便携移动终端中，我们甚至可以想象将来 iPad 的持有者在线阅读一本体育类图书的时候，出版商的计算机网络系统在移动运营商的协助下，不断向读者推送诸如姚明代言的运动鞋、刘翔代言的 VISA 卡等与被阅读图书内容关联度极高的广告。这个简单的事例不能不令人联想到苹果与谷歌在经营策略上的高下之分：谷歌的图书搜索（google books）通过打擦边球的方式非法复制了图书的内容，通过在线控制图书内容的方式来获得未来图书销售的返点利润和广告收入。[1]这一模式面临的是无休止的版权诉讼的瑕疵，但更为关键的问题是，谷歌图书仅仅控制了互联网上的在线资源，当读者不知道或不习惯在线阅读的时候，其推销的图书和由阅读产生的广告利润也就不存在了。而苹果 iPad 的营销策略更高一筹之处在于，用户喜欢 iPad 并不仅仅是因为 iPad 提供的图书阅读功能，iPad 软件甚至是操作 iPad 的感觉都可以不断地吸引用户，但用户一旦用 iPad 上的图书阅读软件，就必须接受由此带来的一系列阅读收费、广告推送。因此，苹果以 iPad 这一价格低廉的平板电脑实际上打通的，是图书的生产商和终端消费者之间的联系，这一全新整合的产业链，带出了长尾效应，数量激增的终端消费者和生产商产生的长尾效应足以让广告业者为此买单。

　　第二件大事是，大量应用电子墨水（E-ink）[2]（一种以显示介质化学变化来显示文字的技术）来模仿纸质阅读的电子阅读器逐步走上了低成本、规模化拓展的道路，汉王电纸书最新版本已经能够支持 doc、ppt、pdf、txt 等主流文档编辑格式文件的阅读[3]，同时销售价格已经开始逼近千元的心理关口。这一现象意味着人们阅读习惯的重大变化，对纸质图书阅读的依赖正在呈现出显著下降的趋势，不习惯液晶显示屏阅读的消费者也完全可以选择介于 LED 屏和纸媒之间的第三种方式。当亚马逊、索尼、艾利和、汉王纷纷推出各自和 3G 网络、WIFI 网络结合的更好的电子阅读器的时候，当这些电子阅读器在以与手机相仿的速度普及的时候，相当多快餐阅读式的纸质图书可能很快就会失去市场。而在中国如此恶劣的反盗版环境之下，这类图书退出纸媒或者说不完全依赖纸媒的速度可能会比国外更快。

　　由此可见，电子书阅读器的大行其道带来的是实际上销售模式的变化：一方面，电子书阅读器及其网络运营商代替了传统纸质图书的各种经销商，另一方面，电子书阅读器的运营商还可通过出售被推送广告展位和整合电子商务流程的方式来获利，而这是纸质图书经销商所不具备的。

或许从产业链的角度看，问题演变得更为清晰和直接。出版业的产业链可以用三个层面来概括：其一，图书的生产者——出版社（在一定意义上也包括作者）；其二，经销渠道；其三，终端读者。在纸质图书的网络经销商出现之前，信息的流动是单向的——从生产者向终端读者流动，且生产者对于读者的需求所知甚少；在纸质图书的网络经销商出现之后，信息的流动基本上还是单向的，但整个经销商对于销售渠道的控制没有变弱，反而更强了；在图书完全实现电子化销售之后，电子书阅读器的生产商和网络运营商越来越多的替代了纸质图书经销商的地位，同时我们发现这一类型的经销商掌握了强大的武器：其一，直接向终端读者推送信息的能力和向图书生产者反馈信息的能力，信息单向流动变为信息双向互动；其二，从营销、成交再到完成支付，时间滞后性被明显缩短，大大提高了交易效率，与纸质书相比取得了时间成本的优势；其三，广告位的控制，图书交易以外的利润。

二、当下出版社网络营销遭遇的瓶颈

从上述不难看出，互联网对图书生产和销售的影响正在渗透到出版业的各个层面。作为图书的生产者——出版社首先需要通过各种渠道把书发行出去。当今，图书网站——不论是出版社自建的还是独立的网络经销商——已经成为图书发行的重要渠道之一，这已经是不争的事实。国内各大出版社或者和网络经销商展开了不同程度的合作，或者通过自建建立了销售网站，这些努力都是在网络普及时代中出版业的积极应对。

但是，从图书营销现实看来，出版社大都不具备专业的网络营销能力，认识深度的缺乏和营销经验的不足，导致了图书的网络营销面临着两方面的困境：一方面，通过专业网站（如当当网、卓越亚马逊）销售，这些网络经销商在发货折扣上对出版社施加的压力日益严重；同时网络经销商在库存和物流管理上推行的精益化（这一高度借鉴丰田汽车公司生产模式[4]的销售模式，在某种程度上将库存的压力也转嫁给了出版社相当大一部分），意味着出版社正在逐步自觉或不自觉地替网络经销商分担库存成本。因此，成本上升和发货折扣压低进一步对出版社的利润空间造成了挤压。另一方面，出版社自建网站也面临危机，我们发现，和固定销售渠道的发货量相比，出版社自营网站的销售业绩简直可以说是"惨淡经营"，造成如此局面的原因固然有很多，但笔者认为非常关键的两点在于：首先，没有哪家出版社占有的资源已经强大到足以吸引稳定的流量用户和潜在用户不断访问自己的网站；其次，那些拥有资源达到足以吸引大量用户访问的出版社，在营销理念和管理方式上出现了问题导致了出版社的销售网站成为了鸡肋。

根据以上对当下时代背景和出版社网络营销局面的初步梳理，笔者发现，不论在纸质图书的经销商面前，还是在未来电子书的经销商面前，出版社都将始终面临被销售渠道所挤压的困境。营销模式的革命性变化是比产业标准的变化更致命的问题，至少在图书电子化即将到来的局势下，出版业做电子商务的前途并不乐观。一方面是发行渠道如何打通是个难题，另一方面，图书这一商品的特质也是重要因素。笔者看来，图书作为商品的几大特点：一，生产成本较高，特别是像人大社这一类的教育类出版社，在生产非大众图书类产品时，如果不能得到出版资助就很难抵消成本；二，流通成本低廉，电子书普及后流通几乎不需要任何成本；三，复制成本低廉，即盗版的成本很低；四，生产商同质化竞争严重，选题重复、类似的情况比比皆是。图书的这些特质，使得图书的生产者在和经销商的博弈中，并不占据优势局面。

基于以上分析，笔者认为，不论是围绕纸质图书还是电纸书的网络营销，实际上都必须围绕图书特点来构建经营模式，以及需要克服出版社对经销渠道的缺乏控制而可能带来的困境。对于当下出版社自主建设网站、进行网络营销面临的瓶颈，则可以具体概括出如下问题：

第一，多数出版社在用运营门户网站的方式运营图书销售网站，网站定位模糊不清。门户网站的属性本质上属于静态展示，网民之所以访问这样的网站是因为搜狐、新浪等门户网站能够在单位时间内提供丰富的信息以满足浏览者的需求。因此，要支撑足够的访问量，并且依靠这些访问量来支撑一个网络书店的运营，依靠出版社静态展示的信息，哪怕是展示关于图书的海量信息，都是不够的。确切的说，将"图书中心"、"新闻中心"、"资源中心"、"营销中心"和"网上书店"放到一起，并不一定会为"网上书店"带来多少能量，原因在于上到出版社的网站寻找图书的用户，一般情况下不会对这些内容感兴趣；同样的道理，关注出版新闻的人，对购买出版社的图书也并不必然感兴趣。

第二，图书信息展示、作者读者互动、图书销售及由此产生的配套服务等功能，在出版社的网站上没有整合到统一的页面里，分散在了各个不同的频道中，甚至分布在不同的网站中。因此，读者为了买到一本图书，需要在不同的频道间切换，由此产生的问题是，读者在不停地点击页面上各个链接的同时，也在不断降低对出版社网站的兴趣，即用户体验差的问题。

上述两方面的误区，导致了出版社的优势资源无法集中到一个功能定位明确的网站上来。而当网站定位不清晰，无法聚合人气的时候，我们就不能指望这样的网站承载经营者过多的期望了。

三、解决方案探讨——以教材营销为例

大众图书的营销在图书电子化、网络化的背景下，将会面临更多的挑战，根本原因在于此类图书同质化竞争以及快餐化消费的趋势越来越明显，而图书的电子化、网络化发行本质上助长了上述现象对出版社的不利影响。相对而言，以教材为主的教育类图书的营销，在网络化的环境之下如何与各类经销商进行利益博弈，并非完全占据劣势：

首先，优质教材经过长时间的积淀，形成了品牌效应，例如人大社出版的"西方经济学"教材系列。有品牌效应意味着在口碑营销的影响下，大学教师替出版社培养了一批具有品牌忠诚度的用户。

其次，教材中讨论的理论问题，经过长时间的沉淀，学生对此会持续产生兴趣，学生的兴趣意味着如果网站运营组织顺畅，网站可以吸引足够多稳定的访问量。

第三，同一课程在一定区域乃至全国有数量众多的教师在同时教授，也存在数量众多的学生在学习，这一状况为教材营销的普及以及立体化开发奠定了基础。

第四，单位时间内同一专业的教师、学生关注教材的网页，也意味着出版社在教材网页的基础上进一步整合教学视频、相关图书广告推送、数据库有偿服务接口，甚至是展示教师形象等功能，存在着可能性。

上述教材的特性，都是大众图书所不具备的。而就教材营销而言，对于网络营销需要解决一系列基础性问题：

（1）图书展示、销售、相关服务、读者交流等功能，需要整合到同一网络平台的同一页面上来，而不是分散到各个频道或网站中去，由此实现访问量的集中和聚合。虽然在控制销售渠道上，教育类出版社与任何一类经销商比并不具备特

别的优势，但以服务高等教育为己任的出版商，真正的优势在于集中力量围绕有挖掘价值的图书这一载体，系统的挖掘能够持续吸引读者眼球的资源。因此，网络营销的平台可以以视频、音频、留言、资料下载等体现读者、作者的互动交流的功能为核心，图书信息的展示为次要和辅助，以核心功能体现产品的综合价值来促进图书的销售。

（2）需要解决纸质图书实体阅读与网络拓展的结合。现在较为流行的做法是，在图书的封底印刷作者的博客、电子邮件以及出版社网址、责任编辑电子邮件等信息。换一个角度看，在这种情形下，纸质图书成为了出版社信息、作者博客的广告载体，但对于图书的营销而言，当图书印刷的网址将读者指向出版社的展示网站的时候，这并不能为网上图书的销售带来直接的影响。因为就购买图书而言，对读者起决定作用的不是出版社的名气或某套图书的品牌，而是这本图书的具体内容，反映在网页上，直接体现该书内容具有多大吸引力的，是读者就这本书的内容产生了多少希望交流的问题、读者是否能够从图书页面上得到丰富的多媒体信息等方面。

（3）做好教材和课程在网络平台的结合。笔者认为与教材对应的课程才是教材销售的前提，从人大社创立"教材进校园"的营销模式以来，教材营销的基本思路主要是围绕如何在大学校园内销售展开的。但网络营销与以往不同的地方是，以往的营销活动完全围绕教师展开，通过影响教师的决策从而达到影响学生购买的目的。而在实际销售中，我们知道，由于盗版的猖獗、二手书的流行、影印服务的便捷廉价等因素，教材销量的真正落实，会有很大折扣；在网络营销的背景下，上网浏览图书网页的人群中学生与教师相比，数量明显庞大得多，吸引学生且能够促进教材真实销售的，体现在网络上，不仅仅是通过专业人士对这部教材评价、教材的学术价值等，很重要的还包括如何让看到图书网页的学生留下"这是一部好教材"的印象。这个问题涉及教材的立体化开发，现在出版社通行的做法是在网站上提供 PPT 课件的下载，但多数学生的心理则是一种"懒人"心态——期望有人向《百家讲坛》节目一样直观、平易、详细地给他们讲解教材的重点和难点。在流媒体技术已经日臻成熟的背景下，将教学视频、音频文件存储于第三方网站并在自己网站上调用显示的技术，已经可以很轻松地实现。

（4）图书网上定价的问题。问题很简单：同样购买同一本书，在出版社的网站上买比在网络经销商那里要贵，同时在出版社购买所获得的运费方面的优惠也不多（多数网络经销商实行免费或低价的运费策略），那谁愿意在出版社的网站购买？这是一种自己逼迫零售客户投奔经销商的做法。定价策略的背后是核算方法如何与网络营销匹配的问题：通过当当、卓越买书，走得是经销商的渠道，出版社给经销渠道是批发定价；本社网站售书，是按照零售的方式来核算的。但是现实问题是终端读者买书时是不考虑这些因素的，他们只考虑在哪里买书花钱最少。是否可以尝试用两种方法解决：一是给本社网络书店卖的书定一个足够低的价格，这样做是否可行取决于出版社对网络出售的图书如何核算以及如何控制成本；二是通过比价系统做一个网络指针，这个指针指向网络经销商销售对应图书的网页，通过比价指针引导消费的数量并从网络经销商处获得利润分成。

最后，在通过以上对图书网络营销的现状进行扫描和对未来的可能进行一个简单的构想之后，我们或许可以用一种更乐观、更开放的心态来对出版业的电子商务化进行设想。应该说，多数出版社在实际经营中面临的首要任务，是如何尽可能扩大发行码洋，并且尽可能促使回款顺利到账。不论在仅存在实体书经销商的时代，还是在网络经销商风起云涌的年代，都是如此。但是，我们日渐发现，网络经销商通过掌握了数量庞大的注册用户之后，其销售功能和服务定位已经悄然发生了变化，当当网再也不是只卖图书和音像制品的图书网店了，IT产品、数码产品、日用品都可以在当当网上找到货源。理论上这是一个长尾效应的问题。对于出版社来说，同样也面临相似的问题——当出版社通过合适的方式成功地拓展了自己的营销网站的时候，出版社是否必须仅仅通过卖书来获取利润。电子商务迅捷化、无线化且迈向移动终端的时代，在图书本身的价值之外，无论是纸质书还是电子书，都可以成为广告的载体。这样一来，图书的产品价值还可以体现在由图书带来的附加值上。对于大学教材的营销而言，由教材体现的是课程的分类，而课程自然就代表了教材读者的兴趣、爱好，而围绕这读者的这些兴趣、爱好来做文章，有可能创造比图书销售本身更多的价值。

【注释】

[1] 谷歌图书提供的搜索定位以及比价，在国内商业网站的运用取得了成功，最为明显的例子是豆瓣网对特定图书在不同网络书店的报价集中展示进而将顾客的访问引导至特定的网络书店，并从交易中获取差价的做法。从法律角度分析，比价指针引导流量促成交易的做法，属于民法上"居间"的范畴，受到合同法关于居间合同规定的规制与保护。

[2] 电子墨水（E-ink）指电子墨水公司（E-ink Corporation）制造的电子纸。1997年，基于美国麻省理工学院媒体实验室（MIT Media Lab）的研究，电子墨水公司成立。电子墨水

属专利材料，在胶卷结合电子显示器，尤其用于电子书。根据制造商的描述，"电子墨水的主要成分，是数以百万计的细小微胶囊（microcapsules），这些微胶囊约为人类头发直径大小。一次化身（incarnation），每个微胶囊包含带正电荷的白粒子和带负电荷的黑粒子，黑粒子、白粒子都在清晰液体中悬浮。设置负极电场时，白粒子向微胶囊顶部移动，读者可见白粒子，此处表面看来白。同时，相反电场把黑粒子拉到微胶囊底部，黑粒子隐藏。这过程倒转过来，黑粒子在胶囊顶部出现，该处看来黑。"

［3］参见汉王电纸书产品主页介绍，http：//www. hanwang. com. cn/epboks，2010-05-03。

［4］利用杜绝浪费和无间断的作业流程——而非分批和排队等候——的一种生产方式。精益生产是衍生自丰田生产方式的管理哲学。精益最著名的是把重点放在减少源自丰田的七种浪费，借此提升整体顾客价值。丰田汽车公司从一家小公司，稳步增长成为世界最大的汽车制造商，正是把注意力集中于如何达到这个目标。精益生产的理念，已经从生产的领域逐渐渗透向产品设计即产品在设计阶段就从精益生产的角度考虑问题，考虑成本的最低化和产出效能的最大化之间的关系，参见王拥升、齐二石：《从精益生产到精益设计》，载《现代管理学》，2010（3）。

当前高校教材市场简析

·张　义·

　　随着高校出版社的逐步建立，高校教材市场在 20 世纪 80 年代开始初具规模，但其发行还带有强烈的计划经济体制下系统发行的特点。20 世纪 90 年代后期到 21 世纪初期的高校扩招带来的高等教育大发展，带动高校教材市场实现了一次井喷式的增长，相比网络打压下低迷的一般图书市场，高校教材市场因其稳定的利润和较低的进入门槛，成为一个"香饽饽"，各出版社争相进入。而近几年，高校扩招脚步放缓，高校教材市场的大环境随着竞争的加剧又发生了哪些变化呢？本文尝试从教材市场的整体及渠道、营销、终端使用者等角度进行简要分析。

一、高校教材市场整体趋势分析

　　——总量趋稳、增长趋缓；竞争加剧、强者恒强；无序竞争、微利分销。

　　从 21 世纪初开始的高等教育的跨越式发展，到最近几年，扩招规模已经逐步放缓。从教育部公布的数据来看，我国高校招生规模从 2007 年到 2009 年的增长率分别逐年下降为 7%、6% 和 5%，预计 2010 年的增长率将进一步下降为 3%。招生规模增长放缓，带来的自然是整个市场规模的变相萎缩。

　　而从出版商来看，全国 579 家出版社中，初步统计有三分之一以上涉足高校教材市场，除传统的大学出版社和部分教育类出版社外，如中信出版社等均是从高校扩招后开始进入这一市场，另也不乏如北京师范大学出版社等，将高校教材市场调整为其发展战略的重点市场；从教材品种来看，2009 年春季教材品种比 2004 年增长了 55.2%，5 年间平均的增长率超过 20%。

　　市场的"萎缩"，产品竞争的加剧，带来的是强者愈强，在拥有品牌、资本、优质高校和作者资源、优质产品和渠道的多重优势下，传统的高校教材出版大社发展越来越快。如外研社依托外语教材的优势，早就跨进了"十亿"俱乐部，人大社、清华社等也依托自身优势，数年间实现了跨越式的发展；高教社依托政府资源，2010 年将与人教社、语文社和教科社合并成立中国教育出版集团，这将成为我国名副其实的教育出版大航母，一些地方出版社也纷纷上市，借助资本优势和地区市场优势，不断做大做强。而一些中小出版社，则面临多重的考验，生存都将越来越艰难。

同时，竞争加剧，也带来了教材市场的无序竞争：价格战升级，发货折扣降低，压缩利润空间；产品同质化严重，一纲多本，一社多本，一作者多社；重复审批，同层次、同类型院校规划教材出现多本；利益营销，部分出版社对使用者许诺"提供科研经费"、"保证编写图书获奖"、"发表论文"、"国内考察"、"教师培训"等。这些无序竞争近年来屡见不鲜，也带来了诸如商业贿赂等违法行为，2005 年前后全国各省区同时开展的打击高校教材领域商业贿赂行为，给当时的高校教材市场不法竞争者当头一棒，这些无序竞争和不正当竞争都极大地扰乱了高校教材市场的常规发展，让高校教材市场进一步深陷"低质—微利—低质"的恶性循环。

二、高校教材市场渠道发展趋势分析

——"渠道为王"时代一去不回，渠道通过整合区域出版资源，逐步分红上游出版利润；新华书店和网络书店借机抢滩高校教材市场。

在统购统销的教材供应模式下，依托多年积累的人脉关系、灵活机动的服务，高校教材的分销主要由民营经销商掌控，"渠道为王"正是那时的真实写照，各出版社的教材渠道也主要依靠民营经销商。随着市场规模的壮大和较稳定的利润保障，新华书店逐步加入到这一竞争行列中来，尤其是 2005 年前后扫及多个省市的高校教材供应体系商业贿赂集中打击活动，使得自那以后高校教材采购逐步采取透明度较大的招投标的方式进行，同时，新华书店渠道通过资产重组、股份制改造，放开搞活体制机制，利用资金、信誉、卖场等优势打压民营渠道，形成强有力中盘，许多省区新华书店还专设大中专教材部门来开拓这块业务，逐步蚕食民营经销商的教材市场份额。激烈的竞争也导致民营教材经销商的经营风险也进一步加大，近几年四川、陕西、广东等多个高校教材大省都时有民营经销商倒闭，也给出版社带来了巨大的坏账风险。

招投标的采购模式，同时也极大地打压了经销商的折扣，利润大幅下降，民营经销商彻底转变成物流服务商，在这一大环境下，不少的民营经销商将紧跟品牌教材出版社，与出版社一同开拓区域市场份额并分一杯羹作为其必然选择，同时，随着国家对民营书店的"阳光政策"的到来，不少民营经销商也在向出版公司转型，乘着自编教材盛行的东风，依托在地区多年经营的人脉资源优势，不少经销商也逐步和出版社合作开发当地的自编教材，并以独家经销的方式，分割出版利润。

此外，近年来网络书店异军突起，以当当、卓越为首的网上书店以其便捷的服务、低廉的价格和及时送货服务赢得了读者的青睐。随着高校教材分销模式的放开和学生对教材购买的话语权的提升，不少学生也纷纷选择了网络书店选购教材。

三、高校教材市场营销趋势分析

——整合营销资源，从活动营销转型为产品营销，在一线组建院校代表业务团队，立足全过程营销，提供个性化的服务营销。

高校教材市场逐步走向市场化的过程，同时也伴随着教材营销工作竞争日益激烈。从 21 世纪初，各传统教材出版大社相继开始开展以巡展、会议等活动，不过这种以活动为导向的教材营销工作，大多主要目的是收集市场信息、传递产品信息，达到教材促销的目的，大多停留在营销工作的初级阶段，在教师获得教材信息渠道相对闭塞的年代，这种贴近市场、贴近教师的活动获得了高校和老师的认可，也取得了不错的成效，但由于这种营销模式进入门槛低，各出版社低水平的无序竞争加剧，继而其成本高、效率低的劣势逐步凸显，使得这种营销工作模式也逐步不能适应新的竞争形势需要。

从高校老师的角度来看，在网络高度发达的今天，带来的是爆炸式的信息发展，教材产品信息需求不再是高校老师的主要需求，高校老师转而更需要获得满足其教学需求的全方位、个性化的服务。各出版社从最初的简单的赠送样书、请客吃饭式的人脉营销，转而进一步加强教材的增值服务开发，如立体化教学资源库、高水平的教师培训、周到的教材售后服务等，为老师降低教学备课工作的难度，并提供整体化的解决方案，用服务带动营销，以此来提升高校一线教师的品牌认可度。

从出版社的角度来看，从教材营销资源整合角度出发，一方面，为应对这种分散、流动性强的教材选择决策模式，各教材出版大社，纷纷在各地建立分支机构或分公司，组建院校代表团队，采取顾问式的营销方式，一对一地对老师尤其是有教材决策权的重点老师开展个性化的服务式营销工作，其一可以追踪动态的教材使用信息，其二可以灵活机动地开展教材换版促销工作。另一方面，在掌握了一定的市场信息基础上，本着抓大放小的原则，出版社需要整合优势营销资源，针对本社的重点教材和新教材开展以产品为导向的营销工作，从产品本身出发，通过调研地区教材市场需求，找寻合适的市场切入点，开展一系列的调研、活动、跟踪、服务等营销工作。

四、高校教材市场的终端需求趋势分析

——统购统销逐步变成议价团购，学生对于教材的自主消费话语权逐渐提升；老师被动地接受教材逐步变成教材主动自编自用，自上而下的精英教材模式演变成自下而上跑马圈地式的全民自编自发的区域模式。

首先，从教材的使用者角度来看，随着高校后勤改革的开展，许多高校逐步撤销了教材科这个高校教材"分销终端"，越来越多的高校逐步进入了后教材科时代，教材科分发教材的功能逐步被教材经销商取代，高校教材也由统购统销的系统发行逐渐转变成学生可自主决定是否购买教材，购买什么教材，以及如何购买教材。二手教材、复印教材、零售团购教材等现象的出现变得越来越普遍，总之，高校教材市场不再是学校和老师说了算的年代，学生作为教材的实际使用者和购买者，其在教材购买过程中的话语权逐步在扩大，但各出版社对这方面还不够重视。

其次，从教师的角度来看，教材虽然是解决教师教学需求的重要工具，但随着高校课程改革和教学改革的推进，教师已经不满足于仅仅依靠单一的教材，而是希望能够有配套的辅导书、教学案例、PPT课件、课后习题和考试题库等多重资源，希望出版社能够提供教材之外的增值服务。各教材出版社也已经意识到增值服务的重要性并迈出实质性步伐，如高教社的"百门精品课程"、立体化教材开发、外研社的在线教育平台、人大社的教研服务网络等，都力图从教学服务的角度提升教材产品的市场竞争力，采取个性化服务的营销方式，提高竞争门槛，同时培育教师的教材选用品牌偏好，提升品牌忠诚度。

　　同时，高校教师不仅是教材的使用者，也是教材的编写者。一方面，教材的个性化需求越来越凸显，不少老师还是喜欢针对本地区和本校情况使用自己的讲义；另一方面，高校教师的考核和职称评定需要科研成果，而编写教材便成为重要的捷径，而且自编教材在本校或本地区的大量使用，也为老师带来不菲的版税收入；再一方面，许多出版社为追求品种效应和出版规模，或将自编教材变成其进入高校教材市场的切入点（如科学社等），也催生了大量自编教材的产生。总之，教材编写已经从精英化走向大众化，自编教材的现象也成为一种常态，各出版社一方面积极应对，同时也在主动参与，共同造就了当前自编教材的独特状况。

从教材出版商向教材服务供应商的转变

——大学出版社立体化出版道路的战略思考

·王　强·

一、目前的形势与立体化出版道路建设的紧迫性

服务是互联网络服务商的生命，满意的网络服务已经越来越多地给各行各业带来了巨大的商机，"服务为王"已经成为网络时代的共识。

面对迅猛发展的网络，出版商尤其是以教材出版为主的出版商同样面临着巨大的转变。如何从教材出版商转变为教材内容服务供应商是每一个以教材出版为主的出版社所面临的严峻挑战。

随着基于网络的数字化学习以及传统教学与网络学习相结合的混合式学习的快速普及，进行立体化教材开发，提供优异的立体化教材出版服务，成为以教材出版为主的出版社的当务之急。支持网络环境教学的立体化教材的开发和出版服务不仅是世界各国教材建设和发展方向的大趋势，同样也将迅速成为我国大学教材建设和发展方向的大趋势。

高教社百门精品主干课立体化教材包和4A网络教学平台的推出，辽宁出版集团以数字化、信息化推动传统出版业升级改革战略的全面实施及其沃尔玛式的数字化物流平台的建设和应用，在当今的出版领域已显示出强大的生命力和竞争态势。其立体化出版道路的建设完全顺应了网络时代中国教育领域中教与学的个性化、自主性、适应性、持续性和实践性的趋势和全新的出版发行的形势要求。在多媒体、网络等信息技术的推动下，从传统的，建立在印刷材料基础上的纸质教材到幻灯片、音像制品、计算机教学软件、多媒体电子出版物、仿真实验室以及虚拟现实教学材料、网络资源等的多种表现形式，教材无论在形式上还是在内容上都正在发生巨大的变化，并作为多元化的教学元件用于多功能的网络教学平台，全方位地为一线的教学服务。真正具有多媒体、多形态、多层次、多用途的

立体化教材成了网络时代教学领域中被广泛需求的产品。因此,大学出版社以各自的精品教材为基础,全面实施教材的立体化开发,建立支撑立体化教材开发和出版的网络服务系统,全面推进大学出版社的立体化出版道路的建设,使各大学出版社从教材出版商向教材服务供应商全面转变就成了摆在各大学出版社面前刻不容缓的任务。

二、立体化出版道路建设的基础和当前可资参考、利用的网络化教学平台

立体化教材是以满足多种教学需求,最大程度地提高教学水平和改善教学效果为目的,在传统印刷教材的基础上,以课程教学为中心,借助网络技术和多媒体技术等现代信息技术将教学内容、教学计划、教学资源和数字化教学支持服务以多种媒介、多种形态、多个层次进行整合的具有灵活性、开放性和动态性的出版物的集合。

立体化的教材应用服务系统的建构,则是在综合考虑了教学内容的多学科、教学对象的多层次、表现形式的多媒体、解决问题的多角度等不同层面的要求的基础上,为网络时代的教与学提供的一体化解决方案。

立体化出版道路的建设是立体化出版服务体系的建构过程,它包括立体化的教材应用服务系统和立体化的出版支持服务系统的建设。

立体化的教材应用服务系统的建设和立体化的出版支持服务系统的建设构成了立体化出版道路建设的基础。立体化的教材应用服务系统包括立体化的系列教材和网络化的教学服务平台。立体化的教材应用服务系统提供教材售前咨询、教材演示、对教材产品的用户定制、教材应用经验共享、教材资源共建共享等服务。网络化的教学服务平台是以印刷教材为基础的音像制品、教学课件、网络课程、电子教学素材等立体化系列教材内容呈现的载体和门户。立体化出版支持服务系统提供交互式的数字出版支持工具,包括诸如网络课程和多媒体课件的协同编辑、加工工具,学科前沿和动态资讯服务工具,学科资源数据库等。

高教社百门精品课程的立体化教材包已形成相当规模的出版优势,支撑其教材立体化出版的数字平台主要是 4A 网络教学平台和经纬中天网络视频点播系统。此外,时代视通 V-Learning 多媒体网络教学平台、加华远程多媒体交互教学系统、富媒体网络教学系统、光华网上学校系统等数字化网络教学平台亦能较好地支持立体化教材包的运行。

三、当前主流网络教学平台的主要特点及其对立体化教材出版的支持程度

当前主流网络教学平台主要有以下功能和特点：

1. 较为完备的教学功能

以课程教学为中心，通过功能强大的多媒体网络教学平台，较好地满足师生之间的一切教学活动要求。主要包括课程管理、作业与答疑、考试与评价、师生交互、自主学习、个人信息等。

2. 较为强大的自动化的网络教学管理功能

通过统一的多媒体网络教学平台，实现自动化的网络教学教务管理。其管理范围基本覆盖教学活动的各个环节以及包括教学涉及的所有对象和资源。如设备管理、机构管理、人员管理、资源管理、考评管理、信息管理、资费管理等。

3. 较好的开放性和丰富的媒体格式支持功能

采用成熟、规范的网络和多媒体技术，保证了系统的伸缩性、扩展性、安全性、可靠性和跨平台性，具有较好的环境集成性和完善的接口规范。支持多种音频和视频格式，支持 MP3、Flash、Office 文档和各种主流富媒体课件。

当前主流网络教学平台对于以课程学习为中心的教学及其管理的良好支持毋庸置疑，它们都能较好地成为立体化教材包的应用平台。然而，这些还不足以成为全面提供立体化教材出版服务的强有力的支撑。它们还不能较好地满足以教学内容、教学计划和课程教学为中心的多种媒介、多种形态、多个层次的不同的教学要求，尤其是还不能满足不同用户的定制教学要求。因此，要实现从教材出版到全方位提供教材内容服务的转变，首先要借助网络技术和多媒体技术等现代信息技术开发出将教学内容、教学计划、教学资源和数字化教学支持服务以多种媒介、多种形态、多个层次进行整合的具有灵活性、开放性和动态性的立体化系列教材。其次是要开发网络化的教学服务平台，以使具有灵活性、开放性和动态性的多媒介、多形态、多层次的立体化系列教材能向不同的客户提供具有个性化、自主性、适应性、持续性和实践性的定制课程教学服务。

建设立体化系列教材和网络化的教学服务平台的同时，还应建立交互式的数字出版服务系统，并使之包括教材信息交流、在线立项、在线编辑加工工具，包括网络课程和多媒体课件的协同编辑、加工工具，学科前沿和动态资讯服务工具，学科资源数据库等，以更好地挖掘和掌握教材出版及发行环节中对教材编

著、选用起直接、决定作用的教师资源。

四、立体化教材出版服务体系的模式和基本平台

要完成从教材出版商向教材内容服务供应商的转变，必须建立具有鲜明特色的立体化出版服务体系。而立体化出版服务体系应包括立体化的系列教材、网络化的教学服务平台和立体化的出版支持服务系统。因此，立体化出版服务体系建设应采取"立体化教材出版服务＋网络化教材应用服务"的模式，并建立两个基本平台——"大学出版社数字化教研出版服务平台"和"大学出版社网络化教学服务平台"。

1. 大学出版社数字化教研出版服务平台

该平台建成之后，应该是一个具有教研服务和数字出版服务双重功能的网络化系统。在教研服务方面，它拥有动态的、不断更新的学科资源库和教学资源库，拥有学科前沿和动态资讯服务工具，能快捷地为一线教师分门别类地、分层次地提供最新、最有特色和最丰富的专业资讯。在数字出版服务方面，拥有教材信息交流、教材在线立项、在线编辑加工工具，拥有网络课程和多媒体课件的协同编辑和加工工具，能与广大教师和作者形成一种从选题策划、编辑加工直至出版发行的互动。能为不同学校不同层次的学生动态定制高适应性的立体化教材。

2. 大学出版社网络化教学服务平台

该平台的模块，应该具有提供教材售前咨询、教材演示、对教材产品的用户定制、教材应用经验共享、教材资源共建共享等服务功能，应该是立体化系列教材内容呈现的载体和门户。它能较好地支持以课程学习为中心的教学和管理，能较好地满足以教学内容、教学计划和课程教学为中心的多种媒介、多种形态、多个层次的教学要求，尤其是满足不同用户的定制教学要求。

第一，该平台以课程教学为中心，具有较为完备的教学功能，能较好地满足师生之间的一切教学活动要求。具有课程管理、作业与答疑、考试与评价、师生交互、自主学习、个人信息、教学资源库等功能模块。

第二，具有强大的自动化网络教学管理功能。通过统一的多媒体网络教学平台，实现自动化的网络教学教务管理。其管理范围基本覆盖教学活动的各个环节以及包括教学涉及的所有对象和资源。

第三，该平台具有较好的开放性和丰富的媒体格式支持功能。采用成熟、规

范的网络和多媒体技术，保证该系统的伸缩性、扩展性、安全性、可靠性和跨平台性，具有较好的环境集成性和完善的接口规范。支持多种音频和视频格式，支持 MP3、Flash、Office 文档和各种主流富媒体课件。

以前，人们往往重视的是多媒体教材包的开发和网络化教学平台的建立。在教材的立体化出版服务和网络化的教学服务方面，与师生的互动都远远不够。而"大学出版社数字化教研出版服务平台"和"大学出版社网络教学服务平台"的建设就是要弥补以上的不足。一方面，要以数字化教研出版服务平台尽可能多地吸引和抓住教材出版的上游资源，不断更新学科资源库，及时了解和掌握相关领域的科研和学术动态，与广大教师和作者形成一种从选题策划到出版发行的互动，紧紧抓住新的教材出版和销售契机。另一方面，要把注意力从重视教和重视教学管理逐步转向重视支持学生的学上面，向学生提供多形态、多层面、多媒体的定制教材服务，以满足不同层次的教学要求。要以网络教学服务平台推动立体化系列教材的销售，随时保持已有教材的动态更新，不断更新教学资源库，在教材出版销售终端，牢固树立大学出版社优质内容服务提供商的形象。

五、立体化出版的盈利点和未来出版的增长模式

1. 立体化教材及其定制服务的有偿供应将成为重要盈利点

目前各大学出版社的主要销售收入还是靠传统的纸质教材。随着网络的数字化学习以及传统教学与网络学习相结合的混合式学习的快速普及，网络化多媒体教材的需求趋势快速增长，立体化教材的质量和出版规模必将极大影响到以教材出版为主业的出版社。能否全力推进各大学出版社的立体化教材出版进程，必将成为各大学出版社能否继续保持教材出版优势的关键。市场对网络化多媒体教材和教材品质的追求，使得各大学出版社必须加快立体化教材的开发步伐。

随着出版社立体化教材的推出，在学校教师和学生对多媒体、网络化教材的直接购买活动中，作为立体化教材整体资源或教材包部分的幻灯片、音像制品、计算机教学软件、多媒体电子出版物、仿真实验室以及虚拟现实教学材料、教学资源数据库及其相关数据、网络资源等的多种表现形式的电子化产品的销售和服务价值都将成为未来立体化教材有偿服务供应的盈利点，而且还将进一步带动和

促进传统纸质教材的销售。

根据某些学校的具体教学要求，在这些学校的教师和学生对出版社立体化教材资源的定制购买活动中，通过对出版社立体化教材资源的重组和定制，为这些学校的教学所提供的立体化教材的定制服务收益，会成为出版社立体化教材出版服务带来的另一个盈利点。

依靠各自学校的学科资源优势，依靠各大学出版社教材出版的丰厚资源建立起来的"大学出版社数字化教研出版服务平台"，将依托各种教材图书网和教研服务网呈现在广大用户面前，该平台及其网站随着服务质量和声誉的不断提高，其访问量必然日益增高。因此，该网站的广告收入和对其他电子产品的代理收入，也势必成为立体化出版服务的一个盈利点。

2. "十一五"期间各大学出版社的增长模式

由于立体化教材的出版目前还是一枝独秀的局面，且不同地域的不同学校对教材的内容品质、形式、性价比的认知以及选用政策、教学方式和习惯都有不同，因此，在相当长的一段时间里，传统的纸质教材还将继续存在，且对各大学出版社而言，纸质教材尚存一定的发展空间。有的大学出版社依靠其教材的出版优势和品牌优势，在不少专业领域，其教材尚有不可动摇的领军地位。数字化教研出版服务平台和网络教学服务平台的建立，使得教材的出版必将呈现一个传统纸质教材和立体化教材齐头并进的局面，而具有一定学科优势和品牌优势的大学出版社"十一五"及其后的增长，必然会逐步转向以立体化教材服务为龙头，传统纸质教材和立体化教材同步增长的模式。

六、立体化教材服务体系的建设实施

立体化教材服务体系包含四部分内容：立体化教材资源体系；数字化科研出版服务平台；网络教学服务平台；网络物流系统。

1. 立体化教材资源体系建设

立体化教材资源体系的建设是立体化教材服务体系建设的源头，也是关键所在。各大学出版社应从各自的基础课、核心课教材入手，依托已有的精品纸质教材，首先完善纸质教材及其音像制品的系列化建设。从主教材入手，完成相应的参考教材、辅导教材、练习手册以及相应的录音带、DVD/VCD、CD 等音像制品的制作。其次是完成相应的教学课件和网络课程建设，依据教学内容和课程教学计划，明确教学目标，制作出相应的指导型课件、演示型课件、问题解决型课件、练习和测试型课件等。第三是完成将来会成为定制服务的重要资源来源的具有强大、方便的检索功能的教学资源库建设，包括按照通用规范和标准分门别类建设和收集的数字化的电子图书、图形/图像素材、动画素材、声音素材、视频素材、教学案例、文献资料、资源目录索引、专业学术前沿动态资讯、常见问题解答等。

三者当中在立体化教材资源体系中即将扮演重要服务角色的，也是建设最难、投入最大的是教学资源库的建设。首先要做好教学资源库的定位，确定教学资源库的组织和结构，然后要确定教学资源库的建设规范，使教学资源库具有前瞻性、学科性、建构性和连续性。只有这样，才能更好地完成教育教学资源的开发、收集、整理和入库工作，才能使教学资源库在教学服务当中发挥更大的作用。

2. 数字化教研出版服务平台的建设

数字化教研出版服务平台是挖掘、掌握立体化出版上游资源的重要手段，因此，数字化教研出版服务平台的建设是立体化出版服务体系建设中不可或缺的重要环节。充分利用现有的网络化资源，可以节省大量的人力物力和时间。在现有的网络资源中，对数字化教研出版服务平台的建设来说，最具改造潜力的是优秀的教材图书网和教研服务网。首先，可以在教研服务网中搭建数字化教研出版服务平台，使该平台拥有教材信息交流、教材在线立项、在线编辑加工、出版和个性化定制工具，拥有网络课程和多媒体课件的协同编辑和加工工具，从而凸显该平台的交互出版功能和服务价值。其次，建立学科资源库，使学科资源库为教师提供深层次的专业服务。首要的当然是确定学科资源库的架构和建设规范，确保学科资源库具有较好的前瞻性、连续性、开放性和通用性，按照学科结构以及教师使用习惯，设定不同的栏目及资源内容，使资源系统更加专业化。学科资源库的建设要充分利用各大学的学科优势，建立与各大学院系学科资源库的无缝链接。建立学科信息发布和资源共享中心，以通用的文本格式，按照学科的结构以及教师使用习惯，链接和呈现各个学科的资源信息。设置学科前沿和动态资讯服务工具，并提供动态信息发布、通信交流、电子备课等辅助功能。建立学科资源后台管理中心，配置、存储、维护和管理所有资源信息，建立各子学科资源索引，从而达到资源的最大程度共享，最终把有关的教研服务网和教材图书网改造成数字化教研出版服务平台。

3. 网络教学服务平台的建设

为了在最短的时间里建成网络化教学服务平台，可以参照现有的主流网络化教学平台，根据目前的教学趋势和教学特点，依据各学校的学科优势和各自传统教材的优势和特点，提出相应的系统建设需求，寻找具有雄厚技术和开发实力的公司（如微软中国公司或 IBM 中国公司），或引进、利用、改造目前国外著名出版公司已有的网络化教学平台，为各大学出版社制定出能充分反映各学校学科、教材优势和特色的开放和通用型的网络化教学服务平台。

4. 网络物流系统建设

与传统的图书物流模式相比，图书的网络物流是一种基于互联网的高效的图书物流方式。它从传统的物流转变为"信息流＋实物流"，从单向的滞后于供求信息的物流转向双向互动的高效的供求信息物流，从以产品为主转变为以产品和服务为主。

大学出版社现有的图书物流渠道主要是新华书店系统、地方代办站、网上书店。有不少出版社目前采用了数字化图书出版发行系统。有些发行系统对图书的销售数量、折扣、实洋、码洋、回款、销售区域、代（经）销商方面能有一个较为准确的信息反映，但这种信息的反馈依然是一种被动的、单方面的，它不能较好地形成数字发行系统与物流渠道之间的一种休戚相关的互动。比如，它还不能及时地反映图书（包括教材）经销售商所流向的终端客户购买使用的具体信息（最终使用者、数量等）、退货预知信息，不能反映物流渠道的需求信息、库存信息，也不能及时向发行渠道提供具有动态更新功能的电子书目及图书（教材）简介等。

因此，必须建立图书（包括教材）的网络物流系统，以使图书物流能与渠道形成一种休戚相关的互动，并以此为基础，重新部署电子网络物流网点，大力扩充图书（包括教材）的物流渠道。

图书的网络物流系统应包括生产流通平台和客户交易服务平台。

生产流通平台可以在现有的诸如云因编务、计划与流程管理系统和云因发行系统的基础上加以整合，并增加相应的功能模块。

客户交易服务平台则应全新建立。该平台应具备物流、信息采集发布、经营咨询、网上结算等功能，用以建立各大学出版社与物流渠道之间的联系和互访，完成从信息采集发布到进、发、退的整个物流过程。客户交易服务平台不仅应该建立在物流渠道上的新华书店、代办站，由于各大学出版社的物流主要是以教材为主的图书物流，因此，更应在全国大专院校和职业学校，尤其是在学校的教材科、图书馆推广客户交易服务平台，并进而在网上书店、各地的读者俱乐部、图书大厦、超市、机场、车站等地的网络终端上推广和布置客户交易服务平台，以此大力扩充图书发行渠道，适应图书发行多元化的趋势。

网络环境下高校出版社客户价值分析

· 董立平 ·

客户关系管理的本质是最大限度地挖掘客户价值。同传统的直复营销相比，客户关系管理更注重的是与客户进行长期的、持续性的联系，网络技术的发展与应用给高校出版社客户价值实现带来了新的契机。

一、高校出版社网络客户价值分析

（一）客户价值的概念

客户价值是客户分类管理的基本依据。通过客户价值分析，能使企业真正理解客户价值的内涵，从而做好客户分类管理，使企业和客户真正实现"双赢"。客户价值是企业从与其具有长期稳定关系的并愿意为企业提供的产品和服务承担合适价格的客户中获得的利润，也即顾客为企业的利润贡献。"长期的稳定的关系"表现为客户的时间性，即客户生命周期。

客户终生价值（Customer Lifetime Value，简称 LTV 或 CLV）是指对一个新客户在未来所能给企业带来的直接成本和利润的期望净现值。即考虑未来客户产生的利润，现在客户对你的价值。一个客户的价值由三部分构成：历史价值、当前价值、潜在价值。

（二）网络环境下高校出版社客户分析

1. 高校出版社的客户构成

高校出版社的出书范围主要是教材和学术专著，这就限定了其客户范围，主要集中在教师特别是高校教师及相关领域的研究者，所以本文中的客户主要讨论的是高校教师。

2. 网络环境下高校出版社客户特点分析

随着网络技术的不断进步，高校教师对于网络的依赖日益加深，作为高级知识分子，高校教师与其他读者相比具有鲜明的特点，主要表现在：

（1）知识层次高，对于新知识、新技术的接受和利用能力较强。

（2）教学和科研的双重压力使得教师对于信息的需求强烈。

（3）更加关注出版社提供的增值服务。

（4）个性化需求日益凸显。

（5）更乐于分享，因此对公共信息平台的要求日益提高。

（三）高校出版社网络客户价值分析

基于高校教师的特点，教师客户价值主要体现在以下几方面：

1. 直接订购产品

教师是高校出版社产品的主要使用者，通过网站及线下的宣传营销活动，教师可以直接选用教材和学术专著，并且在教材的选择上具有批量性和持续性，即老师是为学生选定教材的，而学生是以班级、院系为单位进行批量选用的，并且一旦选用后，将会以学期、学年为单位持续使用，因此其订购行为会直接生成较高的利润。忠诚的客户第一价值在于满意的客户会源源不断地提供回报和未来利润，即教师一旦对出版社产生忠诚，会提高其教材使用量，并且在新开设课程时首先考虑自己所忠诚的出版社，只有在该出版社没有适合的教材时才会订购其他出版社的产品。

2. 信息反馈

作为教材的使用者，教师乐于向出版社反馈使用信息，对于产品中存在的问题和缺陷的意见，是出版社进行教材修订最好的依据，而教师对于教材的褒扬也是最好的宣传方式。此外，通过在线调研、营销活动等形式向教师征集市场动态信息，包括学科发展趋势、最需要的附加价值、竞争对手动态、终端市场购买行为动向等等，为出版社从产品研发到印数确认、营销方案制定的各个环节提供充足的一线信息，使出版社真正了解整体市场的发展动态，提前做出反应，调整出版社的战略规划，在日益激烈的竞争中立于不败之地。

3. 推荐新客户

高校教师对本专业的依附性使得他们能够辐射较大范围的出版社目标客户，在他们成为出版社的会员并享受到了良好的服务后，对出版社所提供的价值认可将会促使其成为出版社网站及产品的宣传者，并且乐于与他们的同事、同学、同行分享推介，使其也成为出版社的客户，这种病毒式传播方式可以在极短的时间内聚集人气，提升出版社的影响力。

4. 作者资源

高校出版社的产品主要是教材和学术著作，而高校教师既是这些产品的使用者，同时也是产品的制造者。传统高校出版社与其他教育类出版社相比，具有一项优势，即占有本校教师作者资源，依靠学校政策及教师偏好，高校出版社能够获得本学校优秀教师的稿件，一般来说这些教师都是其所属专业的专家及学科带头人，在其专业领域具有很强的影响力，并且其稿件质量较高。但是随着教育水平的不断提高，高等教育机构的层次划分将会更加细化，不同层次，不同办学特色的高校必然形成多元化的教材产品需求。截至 2008 年，中国高等教育机构共有 3 846 所，分别按照普通高校、研究生培养机构、成人高等学校、民办的其他高等教育机构进行划分，细分层次有本科院校 1 079 所（其中独立学院 322 所），专科院校 1 184 所，科研机构 317 所，成人高等学校 400 所，民办的其他高等教育机构 866 所。[1]简单地按照细分市场来划分，可分为一类本科院校、二三类本科院校、独立院校及高职院校。这些学校的学生层次、教育教学水平及培养目标具有很大的差异，所以以往出版社"一本教材打天下"的时代已经一去不复返了。目前高校教育向科研型和应用型两极发展，对教材的需求也与办学特色相一致，专业顶尖专家更擅长于编写理论性较强的教材，其目标市场是一类研究型本科院校，而层次较低的院校则对应用型教材的需求日益迫切，实际上，这类院校的老师长期从事教学工作，积累了大量的实践操作经验，往往能够编写出质量较高的应用型教材。所以终端教师用户就是最好的作者资源，出版社可以利用自己的优势，组织相同层次、相同需求的高校教师开发新的选题，弥补单纯依靠本校作者带来的不足，实现教材产品线的优化。

二、网络环境下高校教师客户价值的实现模式

客户价值的实现依赖客户需求的满足，要实现这一目标，首先需要建立完善的客户关系管理系统，对高校教师客户的需求、行为进行有效的追踪和分析，将客户进行划分，并按照不同客户群组制定不同的营销模式，以实现客户价值。

（一）建立高校教师客户关系管理系统

高校教师客户关系管理系统通过电子邮件、移动通信软件等多种方式与教师保持沟通，使出版社更准确、全面地了解终端用户，根据教师的需求进行交易，并保存他们的信息，在内部做到客户信息共享；同时，对市场计划进行整体规划

和评估，对各种销售活动进行跟踪，通过积累大量的动态资料，对市场和销售以及客户进行全面分析。

1. 教师客户需求感知系统

建立教师客户需求感知系统可以对来自教师客户的信息保持高度敏感，全面捕捉教师对出版社的感受、需求和心理预期，具体可以用数据仓库技术和数据挖掘技术实现。

2. 教师客户需求的满意系统

出版社在获取教师需求信息之后，应对其进行分析，整理和传递，进而及时地进行决策并采取相应的行动，尽力满足这些需求。

3. 教师客户满意的反馈系统

为了更好地实现教师客户满意度，需要对为提高教师满意所付出的行为作出评价，此时，建立教师客户服务中心系统就很重要。

（二）进行教师客户分类及分类管理

利用客户关系管理系统，可以对教师客户进行有效的分级分类，按照教师客户生命周期可分为潜在客户、新客户和忠诚客户，按照教师客户所创造的价值可分为青铜客户、白银客户、黄金客户和白金客户。出版社可以进一步根据这些分类来采取有针对性的管理对策。如图 1 所示：

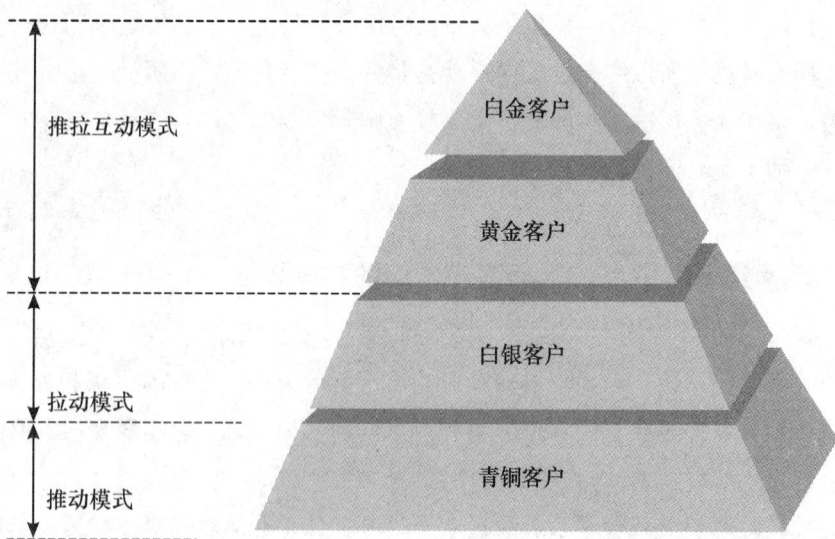

图 1 分级客户管理对策

（1）推动模式指通过网络将产品直接推销给教师，对个性化需求不强、未来增值潜力不大的青铜客户采用推动模式实现客户价值。

（2）拉动模式指通过网络引起教师的消费欲望、吸引客户购买，对增值潜力较大的银质客户采用拉动模式实现客户价值。

（3）推拉互动模式指通过网络与教师进行互动，在出版社和教师客户之间建立"依存关系"，使教师客户价值和出版社价值和谐统一，对个性化需求强、未来增值潜力大的白金、黄金客户采用推拉互动模式实现客户价值。

（三）网络高校教师客户价值实现具体操作形式

1. 加强网站建设

网站是教师通过网络接触出版社的首选途径，具有十分重要的作用。网站建设的主要手段有：

（1）统一风格。出版社的企业风格和营销特色的现实载体主要是其产品、服务和宣传资源上，读者会依据自己的偏好来选择所要联系的出版社，因此，网站的整体风格一定要与产品、服务和出版社企业形象相一致，如科技类出版社的网站应采用现代化的风格；文学类出版社应采取典雅活泼的风格；教育类出版社则应采取稳重的风格等等。

（2）合理设置栏目。网站的各项常设栏目及模块应简洁明了，并按照教师的使用习惯进行合理布局，并定期调整，尽量简化栏目层级，这样便于用户浏览和后台管理。

（3）完善内部搜索引擎。根据调研，教师初次登录网站的首要目的是搜索产品信息及下载相关教学课件，所以最先利用的往往是网站的搜索引擎功能。常见的搜索引擎是基于关键词的搜索引擎，由信息采集程序、数据库和检索代理三部分组成。一般来说，读者对于所要查询的具体书名并不能准确掌握，只能对应自己所授课程进行查找，所以搜索引擎首先要实现模糊查询功能。要完善搜索引擎功能除了在技术上进行升级外，还需要对图书产品信息进行准确的分类，在前台按分类建立产品信息模块，可以引导教师在最短时间查询到自己所要的信息。

（4）定期更新。对于新闻、产品信息等实时栏目，应保持定期的更新，以吸引用户定期登陆网站，增加点击率。

（5）加强互动性。合理设置虚拟社区，利用话题、网上活动、调研问卷等形式，加强与用户的互动性，吸引他们进行评论和反馈，增强其对网站和出版社的忠诚度，并且可以收集用户信息。

（6）注重前后台的衔接。后台的主要功能之一是维护前台网站正常运行，信息添加、活动设计及管理、会员资源收集及处理都是在后台进行，并且利用后台的其他栏目模块将所收集的信息提供给出版社内部其他部门共享。所以在网站设计时也要尽可能完善后台功能处理的友好性，尽可能多地为功能升级预留出口。

2. 网站推广

网站推广就是指让更多的客户清楚企业网站的具体位置。顾名思义，就是通过网络手段，把出版社的信息推广到出版社的受众目标。要实现网络客户价值，就必须保证网络客户可以顺利找到网站，对网站有基本的了解。具体方式有：

（1）搜索引擎优化（search engine optimization，SEO）。搜索引擎优化是指通过改善网站页面优化、网站关键字分析与分布、网站结构、用户体验等等多方面因素，提高网站对搜索引擎友好度，使网站在搜索引擎中得到更好的表现。目前较为普遍的方式是关键词策略，就是确定出版社网站的核心关键词。首先对目标客户即老师的搜索内容进行分析归纳，如书名、课程名、出版社名称、作者名称、课件等增值服务字段等等，从中筛选出出版社网站的关键字，然后在网页中一切可以让搜索引擎抓取的文本中都尽量带有关键词，包括域名、Title、meta标签、正文、链接文本、文件名、alt、header 标签（即正文标题等）使出版社的关键词无处不在。

（2）电子邮件推广。电子邮件推广是利用邮件地址列表，将出版信息通过电子邮件发送到教师会员邮箱，以期达到宣传推广的目的。电子邮件是目前使用最广泛的互联网应用。它方便快捷，成本低廉，不失为一种有效的联络工具。

（3）在新闻组和论坛上发布网站信息。互联网上有大量的新闻组和论坛，人们经常就某个特定的话题在上面展开讨论和发布消息，其中当然也包括商业信息。出版社网站推广人员可以掌握不同专业高校教师经常登录的新闻组和论坛，如经济在线、教育在线等等，在论坛中发布出版社网站广告。

（4）发展形式丰富的网上活动，提供免费资源等。网上活动是聚拢人气、增强点击率的良好方式，通过活动奖励来吸引更多的教师登录网站，可以收集一线使用信息，从而达到互动的效果。免费课件资源是教师最希望从出版社获取的增值服务之一，在用户下载时，可以采取注册会员的方式，收集教师的信息，或采取积分换取的方式吸引教师不断登录网站。

（5）友情链接。与各相关专业网站、各高校门户网站建立出版社网站的友情链接，通过借力的方式达到宣传的效果。

　　小结：在网络技术迅猛发展的今天，互联网改变了人们的生活和工作方式，同样也促进营销方式和营销思维的转变。在日益激烈的市场竞争中，高校出版社不断调整自己的营销思路和经营理念，将网络营销与客户关系管理相结合，实现对终端客户信息的及时掌握，并指导出版社生产与经营模式的变革，从新的角度解析教师客户价值，利用互联网技术实现对教师的会员制管理，从而最大限度的实现其客户价值，使自身在不断变化的市场竞争中立于不败之地。

【注释】

［1］数据来源于中华人民共和国教育部网站。

参考文献

1. John Arndt. 关系营销与交易营销的演化与兼容. 北京：中国财经出版社，2002

2. L. Berry. Services Marketing，1983

3. Morgan, Hunt. The Commitment-Trust Theory of Relationship Marketing. Journal of Marketing，1994（7）：20—39

4. 王健康. 网络时代的客户关系管理价值链. 天津大学硕士学位论文，2001

5. Jiawei Han, Micheline Kamber. 数据挖掘概念与技术（第二版）. 北京：机械工业出版社，2007

6. 赛迪网. 全国出版社网站建设工作交流会在北京召开. http://www.gapp.gov.cn/cms/cms/website/zhrmghgxwcbzsww/layout3/index.jsp? channelId ＝ 367&siteId ＝ 21&infoId＝452057，2007-12-11

出版营销中的院校代表模式简析

·宋义平·

院校代表是出版社为加强教材营销和服务而设立的直接面向高校工作的营销人员，是沟通出版社和终端的桥梁，是市场的前哨和触角，体现了相对先进的教材营销理念。国内院校代表制度模仿发达国家，尚处于起步阶段，在管理和营销上存在很多不足之处，在借鉴国外经验的基础上，应立足国内市场现实，不断改进管理模式，更好地为出版社的营销服务。本文将主要分析当前国内院校代表的模式特点和不足之处，并提出相应的改进对策。

一、院校代表模式介绍

院校代表概念来自于国外的教材营销实践，一般认为，是培生集团将院校代表制度引入国内，该公司建立中国办事处以后，组建了院校代表。因国内外两种市场的产业环境、竞争格局、消费理念、销售渠道的不同，呈现出彼此不同的特点。院校代表在国内处于起步阶段，与国外成熟的制度相比，有很多自身的特点。

(一) 国外院校代表模式

在欧美等发达国家，院校代表是非常普遍的现象，并进入发展成熟期。包括培生、麦格劳－希尔、汤姆森在内的国外大型出版机构都设立了各自的院校代表，如培生公司在美国的院校代表有 600 多人，其主要出版机构 Peentice Hall 出版公司有约 350 位院校代表，汤姆森公司旗下的 Wadsworth、Brookscole、South-Western 出版社分别负责出版人文社科类、理工类、经济管理类图书，它们各有自己的院校代表。培生公司下属的 Prentice Hall、Longman、Addison Wesley 等也分别有自己的院校代表。在管理上，出版社实行垂直分级管理、层层汇报的制度。在业绩考核上，一般依据如下三点：一是本公司教材在相关学校的市场占有率；二是拜访高校教师的频率；三是教材使用者（主要是教师）对院校代表所提供服务的投诉。在职业生涯发展上，很多院校代表转行从事策划编辑甚至进入出版社领导层。在欧美国家，高校教材市场基本上属于寡头垄断，培生等几家大型出版社基本垄断了整个市场，院校代表也基本由这几家寡头设立。

（二）国内院校代表模式

借鉴国外同行的经验，国内很多大型出版社也纷纷尝试设立院校代表，如高等教育出版社、外语教学与研究出版社、中国人民大学出版社、机械工业出版社等。院校代表人数不等，多的如高等教育出版社，达到 400 多人，少的如一些小型出版社可能只有几个人。不同出版社院校代表分属不同部门管理，有的属于编辑部门管理，如外研社；有的属于销售部门管理，如电子工业出版社；有的属于市场部管理，如人大社；有的则分属编辑部和发行部，如高教社和清华社。除了出版社，一些有远见的教材经销商也设立了自己的院校代表，利用自己在当地的资源优势，寻找区域选题，对出版社进行反馈，并促成选题合作，进行产品包销，获取较高利润。如武汉恒曦书业有限公司，在武汉地区设立了 3 名院校代表，负责高职理工类教材的选题开发工作，目前已和大连理工大学出版社和上海立信会计出版社合作出版多套区域版教材。

（三）两种模式的简要对比

1. 院校代表的岗位重要性

在国外，院校代表可称得上某一领域的专家，对教材和学术的理解很深，能够和高校教师对话，也很受出版企业的重视。在国内，大部分院校代表被视为服务于编辑部门和发行部门的附属人员，缺乏一定的独立性和自主性，并容易受到多头管理的牵制，影响工作效率。

2. 考核制度

在国外，院校代表具有清晰的量化考核目标，依据市场占有率和拜访人次等定量指标进行考核，奖罚分明，机制的激励作用明显。而在国内，院校代表的考核带有很大的主观性和随意性，暂时难以做到量化考核，奖罚不明，一线院校代表缺乏进取意志和责任精神。

3. 职业路径

欧美大的出版集团院校代表中有很多人在积累了一定经验和人脉之后，转作策划编辑。而在国内，很少有院校代表能够做策划编辑，至少在当前的市场实践中，很少看到地方院校代表"进京"变成策划编辑，大多在当地服务数年，充其量是资深院校代表，而非懂得选题策划、懂得编辑加工技能、懂得出版政策法规的资深编辑。

二、院校代表模式的不足

（一）院校代表工作职责和内容

院校代表是沟通产品和市场的桥梁，一方面要将出版社的产品信息和服务信息及时传递给终端使用者，一方面要将终端市场的反馈信息及时传回出版社。具体而言，院校代表工作主要有以下三个方面：

1. 传递产品信息

院校代表的基本工作是在每年的教材推广旺季将出版社的产品信息通过各种方式传递到目标客户，如新书目录、样书等。最常见的方式是开展书展活动，在院系或者教材科进行教材展示活动，并通过现场的推介，促使教师选用合适的教材。院校代表也会借助各种行业年会，适当开展书展和赠书活动。书展活动的优势是样书可以和使用者"见面"，教师能够获得清晰的、完整的产品信息，有利于促成教材换版。同时，院校代表也将教师对教材的意见和建议以及对出版社服务的反馈信息及时传递回出版社，以利于出版社改进产品、改善服务。

2. 提供增值服务

在教师选择了某本教材之后，院校代表的工作并没有停止，还应根据教师的要求和授课特点，及时提供增值服务。所谓的增值服务，就是提供产品之外的其他配套服务，包括教学资源服务、学术培训服务等。增值服务是巩固用户关系、提高用户满意度的最重要的方式，因此被越来越多的出版社所重视。如高等教育出版社的《大学语文》，建立了专门的网站和教学资源库，使用者可以凭账号和密码登录下载所需网络资源；人大出版社的《大学数学》，也建立了庞大的数据库供教材选用者使用。同时，根据出版社安排，院校代表还担负着区域年会和学术培训的组织和宣传工作。院校代表所提供的增值服务依托于出版社自身的发展实力和服务水平，是出版社吸引用户、打造品牌的重要手段。

3. 收集选题信息

随着高校教材市场竞争的加剧，区域版教材开发也被更多的出版社所看重。很多出版社纷纷将出版重心下移，在区域市场不断开拓选题。这一工作很大程度上落到了院校代表身上，他们因为有属地化服务的优势，可以方便、快捷地与潜在作者进行面对面沟通，并通过日常营销活动积累作者资源。收集选题信息是院校代表服务在更高层次的延伸，对院校代表自身的学识能力和知识结构提出了更高的要求。

（二）当前院校代表模式的不足

1. 服务缺乏层次性

总体而言，国内出版社院校代表服务水平还处于较低层次，能够和高校教师进行深层次对话者少之又少，基本的服务就是较低层次的送样书、组织会议、传递信息等。这与终端需求还存在一定差距。很多教师认为院校代表就是出版社卖书的，对其角色和身份的认知产生偏差，因而在态度上也不同于对待出版社的编辑。很少有院校代表能够和教师进行较为深入的交流，能够就教材本身和相关学术问题进行沟通。此外，由于大部分出版社将工作重点投入在新产品的研发上，对后续的资源库建设投入不足，导致增值服务大打折扣。很多教材只配有简单的PPT，基本是课本内容的简单提取。类似这样的配套资源很难满足使用者的需求，也使院校代表面临"巧妇难为无米之炊"的困境。

2. 管理和考核缺乏科学性

大部分出版社的院校代表都是在当地招聘，当地工作。一方面，院校代表的工作成果难以考核。促成教材选用的因素有很多，如何将院校代表的因素单独提取出来对其进行考核，涉及到部门间的利益问题，出版社决策层面临制定绩效考核的决策困境。同时，院校代表的工作效果存在一定的滞后性，有时今年推介的教材，可能明年才被教师换用，时间上的滞后性也使得管理部门难以量化考核院校代表的工作成效。另一方面，出版社实行异地管理，对院校代表的监督和管理都存在一定的困难。如果个别院校代表职业道德修养不够，出现迟到、早退甚至同时再兼一份工作的情况，社总部管理部门很难在短时间内监控到这种情况，将极大影响当地日常营销工作的开展。

三、加强和改进院校代表模式对策

（一）完善管理制度，强化职位管理

1. 要在思想上对院校代表职位引起足够重视

院校代表不是可有可无的点缀，而是出版企业深入市场一线的轻骑兵和狙击手，能够在短时间内对市场做出迅速反应，提供及时和个性化服务，并及时反馈

一线声音，提供有价值信息。应当从全社战略层面给予院校代表"国民待遇"，激发院校代表工作的积极性。

2. 重视社内培训和行业培训

定期组织院校代表参加由出版社发行部门和编辑部门举办的社内培训，不断完善产品知识和营销技能。有条件的出版社也可以从社外邀请行业专家对院校代表进行行业培训。

3. 构建院校代表管理信息系统

规定院校代表应每天将工作内容和工作心得录入院校代表管理系统，其上一级经理和部门管理者都能随时看到，并且提供被访者的联系方式，可以随时通过联系被访者而对其工作进行抽查。

（二）明确工作内容，实行科学考核

1. 明确工作内容

院校代表工作内容繁杂而琐碎，应进一步明确其工作内容，包括传递信息、赠送样书、教材展示、资源库演示、营销会议组织和实施、选题信息收集等。院校代表的工作内容应随着市场实际的变化而变化。如当前很多高校已放开教材统购统销，由学生自行购买教材，很多大学教材书店应运而生。院校代表可以对这些大学教材店的本版图书进行上架指导和组织店内营销。

2. 实行科学考核

在明确工作内容的同时，依据科学指标进行考核，以量化考核为主，定性考核为辅。首先应建立量化指标，如确立该区域年度教材的相对于全国教材的发货增长率，本社教材的市场占有率、维护和拜访的教师数量等客观指标。量化考核应在整体考核中占70％的比重，其余30％为主观考核，包括上级经理对其工作态度、工作流程及工作方法的评价等。每年初给予院校代表量化指标，如果完成指标则有相应奖励，未达标则实行一定的惩罚，以此来调动院校代表工作的积极性，激发其市场斗志和工作活力。

（三）寻求制度创新，探索有效模式

高校教材市场在不断地发展变化，出版社的营销管理也发生相应的变化，院校代表作为市场前哨，也应该不断调整工作方法和工作思路，以适应市场的快速发展和变化。制度创新表现在方方面面，既可以是工作流程的创新，也可以是工作内容的创新。同时，应结合出版社自身特点，不断探索适合各自特点的院校代表模式。院校代表模式的科学依据应是全社营销资源的合理分配，有的出版社规

模较大，各个编辑部门规模较大，则可以将院校代表归口各个编辑部门管理，以利于部门均衡发展；有的出版社产品较多，产品线较长，而营销人员有限，则应将院校代表归入发行部门统一管理，统一调配全社营销资源；有的出版社规模较小，实力较弱，则不适宜设立驻地方办事处，可以采取灵活的产品经理兼作院校代表的模式。制度创新的意义在于，随时把握市场动向，最大化地优化全社营销资源，实现投入产出的最优化和利润的最大化。

教材院系展示与会员教师年会

——两种教材营销模式的比较分析

· 杨松超 ·

高等院校教材市场竞争空前激烈，传统的教材出版社在产品研发和营销方面的工作越来越深入，营销手段也在向深入发掘客户资源等方面积极推进。结合市场一线营销推广工作的实践，本文拟对院系展示和会员教师年会这两种主流的营销推广模式进行比较分析，以期探索和交流教材营销推广工作的新思路。

一、两种营销模式的内涵及现况

1. 院系展示

院系展示是指将教材产品直接带往对口院系，向老师们展示并推介，以获取订单的营销推广活动。在实践中，一般由市场营销人员与各相关学院提前沟通联络，由各相关学院免费提供展示场所，在约定的时间里举行展示和沟通活动，在每个学校的活动时间通常为半天至一天。院系展示活动的特点是操作相对简单、投入较少，可以直接传递产品信息，使老师们接触到真实的产品。中国人民大学出版社自 2001 年起，率先在全国各省的主要高校开展了这种针对全校各相关专业的营销推广活动，从 2004 起不断成为其他教材类出版社模仿和采取的主要营销方式。人大出版社从 2007 年起，逐步将针对全校的全品种展示改革为针对性更强、频度更高的院系展示，现在的院系展示活动是"教材进校园，服务到身边"活动的延续和细化。目前，各大教材出版社均频繁在全国各高校开展教材展示，清华大学出版社、科学出版社和东北财经大学出版社等都十分活跃，开展了大量的教材产品院系展示活动，活动形式和内容基本一致，由于教材展示受营销人员数量和工作精力的影响，大多集中在一线城市，导致一线城市的教材展示营销活动效果大不如前，但在二三线城市的高校仍能收到较好的效果。

2. 会员教师年会

会员教师年会是充分利用会员教师资源，跨学校集中同专业一线任课教师进行产品宣传和互动交流的营销推广活动。在实践中，通过前期拜访各相关学院领导并广泛邀请会员教师参与，以期通过集讲解、沟通、展示及后续服务等为一体的系列活动实现市场拓展目的。会员教师年会方式的特点是集中推广、全面传递产品信息和讲解出版规划，能有效增强会员教师对产品的认同度和忠诚度，受到各高校院系领导和一线任课教师的认可和高度评价，缺点是投入相对较高。截止到 2006 年，中国人民大学出版社经过 5 年多的教材进校园活动，在全国各高校发展会员教师 3 万余名。在拥有大量会员教师的基础上，人大出版社于 2006 年起在全国率先举办会员教师年会，主要用于在重点省区集中推介重点产品，目前已发展为集产品推介、选题开发、研讨交流和后续服务为一体的立体化营销推广模式，对扩大品牌影响力、凝聚和团结广大会员教师，增加产品市场占有率有十分积极和直接的作用。今天，人大出版社的会员教师已达 4 万余名，基本覆盖全国各个省份的主要高校。机械工业出版社和中国政法大学出版社等也都在积极利用会员教师资源通过会议的形式征集选题和推广产品。

二、两种营销模式的内容对比

项目	院系展示	会员教师年会
准备阶段工作内容	1. 与相关院系沟通联络，确定展示时间和地点 2. 准备样书及各种宣传资料	1. 拜访各学校对口院系的领导，向其讲明会议的宗旨和目的，并邀其参会 2. 了解和掌握详细的教材使用数据 3. 选择会议举办地点 4. 撰写调研报告 5. 制定活动方案 6. 通过发送纸质邀请函、电子邀请函和邀请短信等手段向广大会员教师发出邀请 7. 挑选拟推广展示的样书，并将样书和各种宣传资料提前发至会议举办地 8. 会议室各项会务准备工作
实施阶段工作内容	1. 样书展示及推介 2. 与老师沟通交流 3. 发展会员教师	1. 承办方领导致欢迎辞 2. 社领导介绍我社的出版规划 3. 分社介绍重点产品 4. 会员教研服务网络的宣传和讲解 5. 社领导和编辑与参会老师的沟通和交流 6. 样书的展示和赠送

续前表

项目	院系展示	会员教师年会
后续 服务 工作 内容	1. 赠送样书 2. 追踪换版及教材 选用情况	1. 寄赠样书 2. 回访相关教师 3. 追踪换版及教材选用情况

三、两种营销模式的效果分析

院系展示和会员教师年会两种营销模式特色鲜明，前者是将书送到各学院展示并推介，而后者则是将各学院相关教师邀请至会议举办地集中展示和推介。参与院系展示活动的老师可以实地看到出版社的教材产品，并可获赠所需样书；而参加教研网络会员教师年会的老师不仅可以实地了解教材产品，获赠样书，而且对学科前沿及教材研发前沿都会有全面的了解，可以与出版社相关编辑有较深入的沟通和交流，并建立联系，为出版社向其提供后续服务打下良好的基础。

院系展示活动和之前的教材进校园活动曾一度是各高校任课教师直接接触出版社教材的良好平台，对教材选用和发展大量会员教师起到重要作用，但由于各出版社对一些重点地区主要高校的频繁展示，使得许多高校和老师疲于应付，甚或干脆拒绝参加，此方式对教材换版工作的贡献度越来越小，但在二三线城市的一般院校里，仍能取得较好的效果。院系展示活动边际效应在不断递减，具体表现在：（1）参加活动的老师越来越少；（2）能和老师开展的沟通和交流越来越少。

会员教师年会通过展示、沟通、感情联络和后续服务，在推介产品的同时通过建立和维护人脉关系等人性化举措顺应了中国人情社会的现实，往往会给参会老师留下较深较好的印象，每次会议都会有老师当场表示要换用或选用举办会议的出版社的某某教材，在换版跟踪过程中也更容易获得参会老师的理解和支持，对出版社教材产品的选用有十分积极的作用。总体而言，会员教师年会可以立体地实现以下目标：

（1）向各学校老师集中推介出版社的相关产品。

（2）交流互动的时间较长，有利于出版社获取较多的意见反馈。

（3）老师们可以了解到出版社即将出版和更新再版教材的信息。

（4）对于出版社选题开发和区域版教材开发有积极的推动作用。

（5）在良好后续服务工作的推动下，能有效拓展出版社教材产品的市场占有率。

（6）能增加广大会员老师对出版社产品的认知度和忠诚度。

四、提升两种营销模式效果的建议

1. 院系展示的改进建议

院系展示活动虽然在整体效果上大不如前，但在一些高校，尤其是二三线城市的高校仍然有较好的宣传推广效果，结合市场营销推广工作的实践，可以从以下方面对此形式进行改进，以提高此类营销推广活动的整体效果。

（1）加强活动前期的调研工作，通过会员老师和非会员老师详细了解该学院任课教师的具体情况，增强活动的针对性。

（2）市场营销人员应该加深对重点产品的了解和熟悉程度，在邀请老师参加活动时就能给老师很大吸引，使老师们自我产生参加活动的愿望。

（3）选择好院系展示的具体时间，一是指老师们空闲率较高的时间，二是指在报订教材的黄金时段。

2. 会员教师年会的改进建议

会员教师年会在现阶段是扩大出版社品牌影响力，集中推介出版社重点产品的强有力平台，在活动连续性很好的省份能够获得很高的认知度，但仍需要出版社围绕市场拓展这一中心环节精耕细作，实现更好的效果，可以在以下方面予以加强：

（1）将目前以会员教师为主的参会群体扩大至相关学院所有任课教师。

（2）逐步掌握各相关学院的教材使用详细数据，增强活动的针对性，提升活动的效果。

（3）适当增加出版社参会人员的数量，以提升沟通效果。

（4）提升后续服务的频度和质量，使换版工作水到渠成。

大学连锁书店运营与管理

·侯桂仙·

近几年来，由于网上书店的兴起以及其他各种客观原因的影响，实体书店的图书零售业务竞争激烈，利润越来越微薄，"实体书店不好做"已经越来越成为业内公认的事实。但在白热化的竞争态势中，却仍然有一些细分市场领域呈现出较好的增长态势，大学连锁书店就是其中之一。那么，这一细分类型为何会在普遍下滑的图书零售业态中逆势上扬，又如何才能做好大学连锁书店的运营与管理？笔者结合近十年来的实际工作经验，在本文中对这些问题进行了初步的探索和研究。

一、大学连锁书店存在与发展的意义

1. 直供直销，崭新的零售模式

大学连锁书店在最近几年的兴盛，首先与高校教材供销模式的变化息息相关。近年来，高校教材供应模式不断地发展变化，呈现出很多新的趋势和特点。就目前来说，许多高校，尤其是北京地区高校，长期以来一直倚重的高校教材科体系正在逐步消失或功能减弱，教材科体系逐渐解体，高校教材供货出现全新的流程和模式。首先，大部分学校教材供应权都采用招投标形式来确定；其次，大部分学校因教材科解散或人员编制减少，无力承担发书收款等工作，因此要求中标的供货商在春秋两季到学校现场收款和发放教材。如此一来，对于教材供应商而言，以往主要为批发形式的教材供应业务，现在的工作流程和模式已经完全改变，基本等同于零售。这种职能和供应模式的变化也促使很多大学将教材供应和校园书店业务捆绑招标，要求教材供应商在校内开设零售店面，长期在校内提供零售服务。这种教材供应新模式的逐步建立的过程为大学连锁书店的产生和发展提出了客观需求。以人大出版社下属的连锁书店为例，其中不乏校方主动要求开设书店的案例。可以说，在这个教材供销模式转变的过程中，大学连锁书店的发展有其必然性和客观性。而从教材供应商角度而言，他们可借助教材供应新模式的建立过程完成我们校园书店连锁模式的布局和建设，也因此能为连锁书店业务的发展提供可能性。

2. 宣传展示，培养潜在客户的前沿阵地

对于以高等教育为主要业务领域的出版社和经销商而言，大学校园的重要性不言而喻。在高校范围内建设完全自主掌控的书店卖场就是在最大的终端目标客户群体——高校师生中设立了一个长期有效的宣传展示窗口，可以保证自己的产品在这些范围内的第一时间的形象展示和销售目的。因此，长期以来，对于专业出版社和以专业书为主要经营内容的经销商而言，高等学校是绝对不可忽视的兵家必争之地。如果能够抢得先机占领作为稀缺资源的校园内或者周边地区的合适店面资源并成功运营的话，就等于成功占领了这个高校的主要的教材供应市场。这就为大学连锁书店的发展提供了助力强劲的催化剂，促使其在整体不景气的环境下脱颖而出，不断兴盛。同时校园书店因为拥有比较稳定的教材销售市场的支撑，其整体销售就比较有保障，相较于目前整体萧条的图书零售市场而言应该属于比较优质的店面资源。

3. 信息采集，特定产品信息互动的桥梁

对于出版社而言，高校除了是重要的目标销售市场，也是不可或缺的作者资源。大学连锁书店扎根于校园中，可经常与老师学生交流，书店可因此收集到很多很关键的信息资源，如可充分了解学校的教材使用情况，从而可针对性地做换版工作，也可直接对某单一品种的教材与学校联合开发，形成一手信息采集的重要枢纽，书店所隶属的上级出版社或经销商也可将之作为特定的专业性产品的信息互动的桥梁。

二、大学连锁书店的定位与选址

1. 定位原则

大学连锁书店作为特定的细分市场中的零售书店，其目标定位应当非常明确，即服务于学校广大老师和学生，以满足师生的教学科研用书为最主要的目标。在此大原则之下，应当根据所在学校的不同，针对其所开设的专业和师生状况设定经营品种范围。例如人大出版社下设的连锁书店中，开设于理工类大学的书店以理工科技类图书为主要经营品种，而位于文科类院校的书店则以人文社科类图书为主。在同为理工科学校的书店中，以冶金钢铁为特色的北京科技大学书店则以冶金工业、机械工业等专业出版社的品种齐全为特色，而林业大学书店则以中国林业出版社、农业出版社的相关专业品种齐全为特色。

2. 选址原则

大学连锁书店，顾名思义，其选址范围是在高校校园内或校园附近。在此原则下，在书店选择址时，如能与学校校方的教材科等原来主管教材或经营教材的部门建立合作关系，对于书店的运营是有很大好处的。与校方的合作能借助教材供应很好地掌握本学校教材供应的信息和基本情况，保证书店开业伊始就有良好的经营态势。同时，书店和学校教材供应捆绑在一起，在春秋两季教材供应忙的时候，书店可以配合教材业务部门做好教材供应工作的后期服务。在春秋两季教材供应结束以后，书店可以瞄准学校的资料室、学校培训等市场，拓展出其他潜在的业务渠道和资源。在这个过程中，书店的品牌也可以逐渐为学校师生所熟悉，又进而带动书店的店面零售业务，最终形成良性循环，保证书店的运营和发展。

三、大学连锁书店的运营与管理

大学连锁书店作为零售书店的一种业态，在运营管理上有其自身的特点和要求。

1. 管理目标

作为经营单位，效益总是不可回避的第一目标。大学连锁书店同样如此。在具体操作中，首先要由总经理结合年度任务制定各连锁分店的业绩指标和要求，具体来说，量化的销售额是最重要的指标，但对所在学校的师生的服务水平、自身品牌宣传和建设也是不可或缺的目标内容。在人大出版社下属的连锁书店业务管理实践中，我们通过总部与各书店的分工，实现了决策与作业的分工，总部结合任务要求制定各分部的任务指标，各分部严格按照总部下达的任务实现销售，取得了良好的效果。

2. 连锁业务操作流程

连锁书店由于其连锁的特性，地理位置往往与总部相隔很远，因此标准化的管理就成为连锁书店成功经营的基础。因此，大学连锁书店的管理者必须根据部门情况，把握各个环节的业务流程，以最少的成本提高效益。

书店的业务流程归纳起来无外乎"进销存退"四个环节，大学连锁书店也不例外。

（1）进：总部对各分店采取集中采购、统一配送的原则。总部在采购店面图书时，按照图书的销售目标，制定总量额度并按需分配到各个店面，由物流中心按商品分配单送达书店。各店面主动添货的品种，必须上报总部采购人员，统一由总部报定，以较好的实现内部控制。

（2）销：各店按照销售目标，分头依据各自所在学校的情况，做好日常店面零售和店外团购等渠道销售工作。

（3）存：各连锁门店应当按照实际情况定期盘点，保证账实相符，并将污损、丢失等尽量减少，不超出财务规定的许可范围。

（4）退：总部根据图书库存情况，统一制定退货计划，各店面认真执行，确保各店面退货步调一致。

各分店在财务管理、经营管理、市场开发、促销方式、店面布置及宣传工作需服从总部的指导和监督。

3. 货品管理

图书货品的管理是店面日常管理很重要的一项工作。店面经理及员工要经常查看自己管辖区域图书上架、销售、库存情况，及时掌握图书销售信息，及时清退滞销库存。

盘点工作是书店的货品管理中非常重要的一项工作。开门营业是序幕，货架销售是过程，定期盘点则是阶段性总结。盘点也是库存管理的重要检验手段。在日常工作中，首先应该要求员工熟悉图书管理和账目的关系，并让员工懂得进、销、存、退的关系，熟悉电脑操作，盘点前一定要事先做好单据的汇总整理和图书的归类码放，对于有错误或不准确的信息，一定要交叉复核，每个员工要细心认真、准确无误做好盘点工作。盘点结束后，书店对于盘存盈亏一定要认真对待，从业务流程和管理制度中查找根源，对今后的库存和店面管理提供有效的办法和经验。

4. 物流管理

连锁书店物流配送是关系到书店经营好坏、服务质量好坏的关键环节。在集中采购原则下，采购由总部负责，故总部应当为各个店面的经营提供可靠、优质、准确、及时的物流配送服务。首先，总部应在最短时限内满足各店提出的采购要求，在春秋两季教材高峰阶段，总部应统一指挥，协调做好物流配送，帮助店面完成服务。连锁书店规模扩大以后总部更要加强监控和管理，尤其是加强安全等方面的管理，经常对司机进行安全教育，确保物流工作顺畅有序的进行。

5. 团队管理

总部根据图书市场情况和工作内容，对店面经理和员工进行不定期的岗位培训，特别是对新员工进行岗位培训。在每个店面中，店面经理和营业员组成该店面的经营团队，其团队管理者和员工之间要有良好的沟通，使员工都能清晰了解总部的目标和工作内容，营造一个相互信任、共同进步的氛围。

总部承担着团队建设的首要责任，尤其是培养店面经理的重任。店面经理是书店的核心人物，也是一个小的团队的指挥者。店面经理的素质和能力直接决定着一个分店的运营状况。因此，店面经理应根据总部的政策、经营指标、管理规范合理有效制定营销方案，控制卖场整个布局和陈列图书，协同各方面关系，保障店面能够正常、有序运营。对店面经理及其后备力量的培养，是总部应当着力的一个重要工作内容。

6. 店面服务规范

营业员是零售店中实现销售的第一个环节。因此，在营销活动中，营业员的服务、营业员的素质、营业员对图书的熟悉程度和态度直接影响书店销售。因此，连锁书店必须有一些针对营业员的基本工作服务规范，如：

（1）热情服务，礼貌待人，店面服务员的根本宗旨就是为读者服务，主动、热情、周到地为读者服务。

（2）坚守岗位，遵守劳动纪律、柜台纪律。

（3）不旷工、不迟到、不早退，工作岗位上不聊天，不干私活。

（4）保持良好的店容店貌，书架要丰满，保持工作区域干净、整洁。

（5）着装整洁、大方。

（6）对读者保持笑容，不要用不尊重的语言、态度、举动对待读者。

搭建馆社互动合作平台，提供专业解决方案

·周 倩·

随着整个社会经济文化的发展，图书馆作为社会文化建设中的最重要的公益性组织之一，其建设和发展也越来越受到重视。受到各种主客观原因的推动，无论是公共图书馆还是高校图书馆，购书经费近几年来逐年增加，馆藏需求急剧膨胀。随着市场需求在短期内的井喷式爆发，馆配市场在短期内很快地形成了一定的规模，图书馆也成为出版社，尤其是大学出版社非常重视的一类终端客户。而出版社作为文献资源的生产者，也是图书馆在进行其自身建设时不可忽略的一个重要因素。近年来，这两者之间的关系随着馆配销售量的急剧增加较以往任何时期都更加紧密。对两者之间关系的研究与探讨也成为出版行业中的一个重要问题。

一、互为依赖，理性审视馆社之间的主体关系

目前，出版社、图书馆、馆配商大致是构成馆配市场的最重要的三个主体。出版社→馆配商→图书馆是现在馆配市场中最主要的销售渠道。出版社和图书馆作为馆配市场链条中的两端，在现阶段，它们之间的联系主要还是依赖于馆配商来建立和沟通。而这种联系很大程度上局限于生产者与终端客户之间的单纯销售方面的关联，图书馆对于出版社来说，还只是众多类型的终端客户之一，而出版社对于图书馆来说，也只是供应商之一。毋庸置疑，这种渠道和市场结构的形成是由馆配市场特定的需求特点所决定的：图书馆的文献采访是极具专业性的工作，为其供书需要有专门的馆藏加工服务能力，这就催生了诸多专业馆配商。目前而言，绝大多数出版社都与这些大型的专业馆配商建立了业务联系，依托它们来完成对馆配市场的开拓。出版社的任务，就是按照馆配商的要求，提供书目信息，按照馆配商的订单做好发货工作，还有少数服务比较到位的社主动为馆配商

提供本社图书的编目数据。而作为终端客户的图书馆，其需求的满足则交由馆配商来完成。这一渠道和市场结构的形成是市场自然选择的结果，无论在过去、现在还是将来，专业馆配商都是馆配市场的主体渠道。但是，馆配商作为承上启下的中间环节，上游面对的是数百家出版社，下游面对的是成百上千家图书馆，其精力是有限的。要使馆配市场做到长期平稳有序的发展，仅仅依靠馆配商显然是不够的。目前的现状也凸显出这样的问题：由于竞争的激烈，各家馆配商为了抢夺市场，争相为图书馆发送书目，因此图书馆得到的五花八门的书目越来越多，信息甚至可以说是海量的，但是，图书馆却在反映采访工作中仍然有很大的困难，尤其是专业书籍越来越难买了：图书馆要想买书并不难，但要想更精深一点，从专业角度架构、调整和丰富自己的馆藏体系时，却很难获得馆配商或出版商的有效帮助，许多毫无疑问应该收藏的图书却因为种种原因无法采到，或者要付出很大的努力才能采到。而作为出版社，尤其是作为天生以出版专业、学术书籍为己任的大学出版社，所出版的那些本来应该完全适合图书馆收藏的专业书籍，无论在销售量还是图书馆的收藏率上来看，都没有达到应有的效果，许多很有学术价值的图书却成为了出版社出版发行过程中的一个大难题：学术书由于其专业性较强，受众面较小，依靠书店销售量根本没有保障，很多学术书出版后就成为库存，造成极大浪费。而这些书无法与读者受众见面，其学术价值也就无从实现，造成经济效益和社会效益的双重损失。

由此，无论从出版社的角度出发，还是从图书馆的实际需要出发，在初期的井喷式和粗放式的急剧增长之后，现在有必要也有基础来重新审视馆配市场，研究和探索馆配市场中各个相关主体的关系，针对图书馆的文献采访工作的专业需求和特点，为其提供专业解决方案，从馆配服务的专、精、深上着手，与馆配商协同，建立新型的互动型的馆社沟通合作平台，为馆配市场的长远、稳定、有序的发展奠定基础。

二、明晰定位，搭建馆社互动合作平台

要研究和建立新型的互动合作关系，首先必须明晰在馆配市场链条中的各个主体应有的角色和定位。

首先，图书馆是馆配市场链条的终端，图书馆的需求特点决定着馆配市场中的其他主体的相应市场行为和方式。就我们的接触所了解的信息来看，在馆配市

场竞争极其激烈的今天，图书馆要想买书并不困难，但想要按照自身情况购买到符合自身需求的某一类或某些类别的专业图书却并不容易。图书馆按照本馆所服务人群的需求以及本馆的经费等实际情况来确定所需采购的各专业类别文献资料的比例和结构，不同类型的图书馆，如公共馆和大学馆的需求重点不一样，不同学校的图书馆需求重点也不一样。通过书目浏览和筛选图书信息是图书馆图书采购工作的首要环节，也是最主要的采访形式，是使图书馆提高采访质量和馆藏质量的前提。如何面对看似海量的信息，如何能从其中筛选出自身需要的专业图书的信息，是图书馆现在所面临的一个困境。图书馆希望在采购专业图书时，所浏览的书目是信息规范详细、分类科学清楚的，它们希望通过书目了解某种书适合哪个层次的读者，希望了解该书是新版还是重印、修订等等，从而决定是否采选。此外，图书馆对其所关注的重点专业类别的图书希望能够持续获得最新最全的信息，能够使得本馆重点建设的类别能够系统地收集本专业最新、最全、最权威的文献资料信息，以满足所服务的读者的需求。

出版社是图书等文献资料的出版者、生产者，是文献资源建设的源头，其中的大学出版社更是专业图书和学术图书的重要生产者和出版者，因此，图书馆的专业图书采访需求从根本上来说，是依赖于出版社的有效供给。但是，图书馆对于出版社而言，除了是一类具有很强消费能力并且信誉无需担忧、资质良好的终端客户以外，它至少还具有这么几方面的意义：首先，图书馆，尤其是以出版社相关专业为重点建设的图书馆，是出版者出版的专业图书最好的消化渠道之一，在细分市场中具有决定性的意义；其次，图书馆的馆藏也是出版社与终端的个体读者，也就是大量的终端消费者之间很好的桥梁，能够协助出版社面向终端读者进行品牌和产品的宣传和推广。

从肩负的社会责任和使命来看，出版社，尤其是人大出版社身处其间的大学出版社，其诞生之时的使命就是出版高校所需的教材学术专著，为教育服务是其最为重要的使命和责任。图书馆则更是天然的以服务于教育为其唯一的目标。因此，两者同为社会文化建设的重要组成部分，其终极目的都是为社会和公民的教育服务。

从上述分析可以看出，出版社和图书馆互为对方需求的满足者，彼此对对方而言都具有很大的作用和意义，因此，有必要也有可能在馆社之间建立一个互动性的沟通交流平台，一方面实现从出版社到图书馆的规范、及时的信息发布，满足图书馆的特定采访需求，另一方面实现图书馆对出版社的信息反馈，以使出版社按照市场终端需求调整自身的选题、生产、营销等各个环节的行为，以获得更好的经济和社会效益。

比较而言，出版社更应该主动出击，积极服务，搭建馆社互动合作平台：

首先，是要针对图书馆采访工作的特点和需求，建立针对图书馆的专业图书信息发布体系，为图书馆做好专业图书的信息服务。出版社拥有自己所出版的各种文献资源的原始信息，这是最完整和真实的信息。同时，出版社为了获得更大的经济和社会效益，在本社所属的出版范围和领域内，必然要求自己的工作人员，尤其是编辑和发行人员对该领域内各学科的发展拥有国内外最前沿和全面的信息。出版社可以利用这些专业优势，加强横向联系，扩大信息量，定期组织和发布分专业的、全面的专业书目信息，并要听取图书馆的意见，尽可能规范和详细介绍这些信息，为图书馆专业文献资源建设提供权威、系统、持续的参考依据。在网络技术如此发达的今天，完全有可能也有必要建立一个专门的书目信息发布平台，这个平台在设计之初就要充分考虑图书馆的采访所需：例如以图书馆采访人员所习惯的专业分类方式进行书目信息的分类，每条信息涵盖采访人员必须了解的各项内容，尽可能使图书馆采访人员做到一目了然等等。

其次，出版社要协同馆配商，提供针对性的配套服务，做好针对图书馆的专业图书销售服务。例如在力所能及的前提下为馆配商提供所购图书的编目信息，为其做好一包一单，提高物流效率等。也要面向馆配商普及专业图书的较为深度的信息，以协助馆配商做好专业图书的征订和销售工作。

第三，出版社由于其出版职能的要求，拥有高质量的作者资源，这些作者往往都是相应学科和专业的专家。如果出版社能与图书馆建立一个畅通、互动的沟通平台，能够了解图书馆所服务的对象的需求，就可以与图书馆合作，利用这些优秀的作者资源，共同开展面向终端读者的学术服务，为出版社和图书馆双方品牌和业绩的提升起到重要的促进作用，从而共同实现为教育服务这个终极目标。

第四，也要畅通图书馆对大学社的信息沟通渠道，建立良好的反馈渠道和机制，定期、定向听取图书馆的反馈意见，这将对大学社的专业图书出版和营销产生良好和重要的影响。

馆社互动合作平台的建立，从技术上可以依托于网络，也可以会议或其他形式形成定期沟通互动机制。但为了保证这一工作的真正落实，最好能够在出版社内部建立相关的专业职能部门，专门从上述的信息、销售、学术各方面为馆配商和图书馆提供专业服务，并对其设定以满足图书馆需求为主要内容的绩效考核制度，以保证工作的有力开展。

三、共同远景，馆社合作的未来

　　建设一个新型的互动性的馆社合作平台，将对馆社双方共同的长远发展具有深远的意义，并从而对馆配市场的健康良性发展产生很大的影响。出版社和图书馆，不仅是生产者和消费者的关系，也是共同建设、共同发展的战略伙伴关系，出版社出版的专业图书能够具有稳定的信息发布渠道和销售渠道，学术图书、专业图书不再是鸡肋，并且能够通过包括图书馆在内的市场信息反馈，使其出版的图书更具有专业水准和学术价值；而图书馆则能够拥有权威的、畅通的专业图书采购渠道，并且能够通过将终端读者的阅读需求反馈给出版社而对专业图书的出版产生影响，在社会文化建设进程中留下更多更深的印迹。

出版社图书促销的困境与出路

·王　强·

图书促销（promotion）是图书营销活动关键组成部分，主要用于刺激读者的购买需求，鼓励读者更多更快地购买特定的图书。在品种日益增多，选题同质化严重，市场竞争激烈的市场环境下，出版社纷纷采取各种促销手段，推销本社图书，拉拢读者。

图书促销的目的主要是用于促进销售，展示出版社品牌形象，吸引新的读者和培养读者品牌忠诚度。

一、目前出版社采用的主要促销手段和特点

由于图书自身的特性，不同类别的图书价格弹性也不同，畅销书价格弹性较大，教材及社科学术类图书价格弹性很小。但图书的定价机制使得图书一旦形成定价后就无法改动，只能依靠折扣等手段进行调节。同时，读者购买图书消费的是图书内在价值，而非图书本身，这也使图书促销的手段受到限制。

对出版社而言，每一种图书就是一个单独的商品。有限的资金如何分配，哪些图书该做促销，在促销图书和推广出版社品牌之间如何平衡，地区之间的差异如何调剂，这些都是在进行促销时需要考虑的问题。

目前使用的促销手段主要有以下几种：

促销方式	特点	局限性
礼品	对购买指定金额的读者免费提供不同层次的赠品	价格较低的小礼品缺乏吸引力，发放不方便
折扣或优惠券	为书店或读者提供一定折扣的优惠奖励	书店结算麻烦，不易操作
抽奖	读者购买图书后有机会获得现金、旅游或商品奖励	操作不透明

续前表

促销方式	特点	局限性
展销、专台或专架	在店面进行出版社指定图书的展示销售	卖场展台有限
俱乐部（书友会）	凝聚固定的阅读群体形成核心读者，提升读者忠诚度	活动主要集中在出版社所在地，缺乏大面积吸引力
讲座、签售	利用作者品牌进行现场演讲、售书	作者的人气很重要，成本高
店面人员培训	对书店营业人员进行本社图书的介绍、讲解	无法定期、定时进行，营业员面对众多出版社
驻店销售代表	雇用固定人员在店面对图书进行综合促销	成本高，对销售代表的管理不成体系，考核指标不明
销售竞赛	对销售人员和书店在一定时期内完成某一销售量进行奖励	区域化差异明显，书店和营业员间的关系不易平衡

二、出版社图书促销面临的问题

从目前来看，出版社的促销活动主要依靠书店来进行，但它和书店之间只是简单的经销关系，对书店缺乏掌控，无法完全按照自身意图进行促销。许多促销活动在社店商讨的过程中走形甚至变样，背离了出版社促销的目的。出版社在促销时面临诸多困境：

（1）促销方式多从消费品行业借鉴过来，缺乏新意。图书的营销落后于其他行业，其促销手段一般借鉴其他行业，但又没有这些行业的规模和运作，创新较少，缺少图书独有的促销模式，无法吸引读者的注意。

（2）促销活动随意性大，费用占出版社收入比例较小。出版社对图书的促销没有统一规划，往往看见其他出版社在促销才决心做活动，容易陷入为了促销而促销的怪圈。对促销费用的投入也较少，与出版社的整体收入不成比例。

（3）促销效果缺乏有效的评价工具。在促销结束后，出版社缺乏专业的评价工具对促销效果进行评估，只是简单地从书店同期销售数据上进行对比分析。至于促销给出版社品牌带来的价值，促销活动是否带动了潜在的需求，对出版社市场占有率是否有促进、是否会影响后续的销售等问题无法深入研究。

（4）不能整合多种营销方式，没有和媒体宣传形成合力。出版社的促销多为"活动式"促销，没有将促销作为营销的一部分进行管理。对促销活动很少"广而告之"，一般只是在书店店堂内发布。缺少出版社媒体宣传的介入，不能最大限度地发挥促销的销售和宣传作用，对出版社品牌价值增长贡献有限。

（5）出版社促销方式重复，对书店形成负担，流于形式。面对众多出版社类型重复的促销活动，书店疲于应付。有限的卖场面积使书店有了更大的话语权，书店掌握了活动的主动权。对一些单纯的展销类活动，书店一般予以拒绝或者是简单地陈列一下，使促销活动徒有其表。

（6）和书店自身的营销活动缺乏结合点。书店每年也要进行大量的主题促销和各种方式的营销，但社店之间信息不对称，两者之间的促销各行其是，没有交叉。经常出现出版社促销的同时书店也在进行促销活动，既不方便操作也易给读者造成混淆。

三、新形势下出版社促销模式的改进

随着新书品种的膨胀和有效卖场资源的集中，书店议价能力增强，出版社借助书店进行促销活动的难度越来越大。传统的促销方式已经不能适应信息化时代快速、高效的需求，迅捷的信息传递和便捷的物流服务为出版社促销提供了更多的可能。

（1）整合全社资源，加强针对性的信息传播。信息传播是图书销售的先决条件和催化剂，出版社必须利用各种途径和新兴媒体最大范围地使图书信息得以发布，并保证受众的专业性、针对性，把信息传播上升到促进销售的层次，针对不同种类的图书和读者群设计不同的受众媒体和传播方式。

（2）多种促销方式并用。各种促销方式都有其优缺点，在促销过程中，出版社需根据促销图书的特点和预定目标，综合考虑各种影响因素，对促销方式进行选择、编配和运用，形成全方位立体化的促销组合，使促销常态化。将促销纳入出版社整体营销管理中，使促销不仅仅限于活动，而是综合利用各种手段，放大营销效果，形成交互式的营销网络，达到促销的目的。

（3）与图书内容紧密结合。传统的促销活动因为脱离了读者购买图书的初衷而失去吸引力，只能靠折扣手段刺激消费，这种方式可为但不可常为。图书促销应该回归到和内容相结合的状态，通过讲座、年会、社会热点营销等方式为读者提供增值服务。

（4）区域化、易操作的差异促销手段。出版社促销应该结合书店和地区实际情况，在基本的框架和标准内，采取灵活的操作方式，进行多样化促销。同时和

书店自身的促销活动相结合，既方便书店操作，又可以通过设计在整体活动中凸显自身。

综上所述，面临变化的市场环境，出版社必须适时调整促销策略，以信息传递为纽带，以优质的图书为载体，用创新的促销活动聚拢一批品牌忠诚度高的读者。将短期的奖励工具（折扣变化）和长效的增值促销（品牌建设）相结合，以各种方式为读者提供针对性的图书资讯和愉悦的购买体验，吸引更多竞争出版社的读者。同时，在进行促销的过程中设定目标，对方案进行规划、实施和控制，并利用销售数据、读者调查等手段评价促销结果。如下图所示：

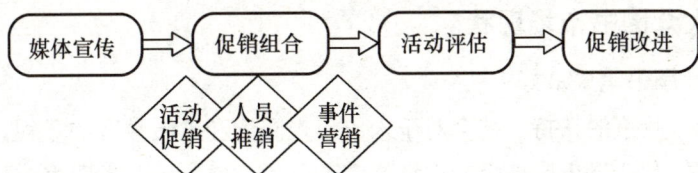

市场营销学认为：产品、价格、分销、促销是市场营销组合的四个基本因素，它们是协调和配合的关系。在图书促销过程中，要牢牢树立促销是市场营销一部分的观念，既要将促销纳入出版社整体营销中进行考量，又要突出它在营销中的地位和作用。面对竞争日趋激烈的图书市场，只有创新，才有发展、有进步。要紧跟信息社会发展的趋势，抓住市场机遇，迎合千变万化的读者需求，走符合自身特色的图书促销之路。形成媒体宣传、活动促销、人员推销、事件营销四维一体的销售模式。

大众图书出版市场现状及营销策略创新

·邹　晗·

一、大众图书市场现状

1. 少儿图书销量最好

由于国家政策的扶持，社会对于未成年人阅读和素质教育的重视，中小学课业负担的减轻，业界出版理念和市场推广手段的成熟，少儿类图书市场步入前所未有的黄金期。参考开卷数据我们可以看到，少儿类图书从 2007 年至 2009 年持续三年保持着较高的增长速度，2007 年和 2009 年均列细分市场增速首位（见下图）。

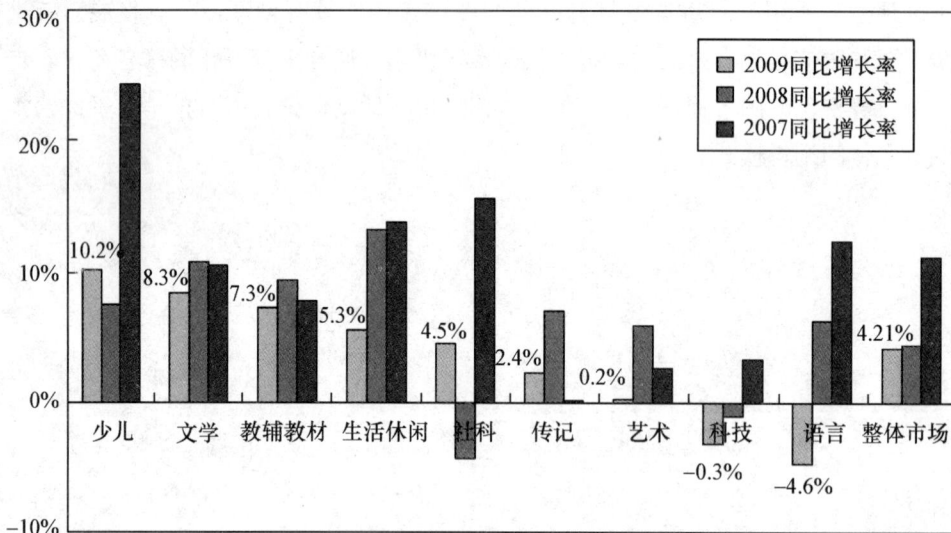

根据国家统计局发布的数据，我国 2007 年全年出生人口是 1 594 万人，2008 年全年出生人口 1 608 万人。婴幼儿必将带来各类消费需求，除衣食之外，数以千万计的婴幼儿日益长大，他们开始接受教育，阅读即为一种消费需求。在未来十年甚至更长时间内，少儿图书作为经济链上的重要一环，必然会继续发挥其优势，在图书市场大显身手。

如自 2006 年 1 月开始销售的"童话大王"郑渊洁的作品汇集《皮皮鲁总动员》由二十一世纪出版社出版。截止到 2008 年 12 月，这套作品集共销售出 1 500 万本，相当于 3 年来平均每天卖出 13 698 本。进入 2009 年，销量更是大幅上升，仅 2009 年 2 月期间，就销售出 100 多万册。

2. 代表性作家销量攀升

所谓"代表性作家"就是在作品之外，代表着某种精神气质的作家，比如郭敬明和张爱玲，前者是青少年的最爱，是青春期少年的代名词；后者是年轻高薪阶层的偶像，是对物质生活和内心世界有所追求的集大成者。作者一旦成为代表性作家，销量自然高涨。郭敬明在西单图书大厦签售当天现场卖了 15 000 多本。张爱玲的遗作《小团圆》出版后，同样引起白领的狂热追捧，上架两个月时间，全国销售总量突破 60 万册。

3. 全媒体阅读兴起

根据我国文化体制改革的部署，要求大力发展以互联网、通讯网、电视网为基础的电子报纸、电子期刊、网络文学、手机报纸、手机小说等新型数字媒体，从而实现文化产业的创新与发展。中国移动推出的手机阅读平台，用户已达 200 万人。不惟国内如此，国外对电子书的重视也非同一般。

在法兰克福书展上，据说最抢眼球的不是 2009 年诺贝尔文学奖得主赫塔·米勒，而是近 500 家厂商带去的电子书阅读器。2009 年期间，德国的一家出版业杂志《书业报道》针对 840 位来自世界各地的出版人进行了一项调查。在调查中，50% 以上的人认为，到 2018 年数字化出版将超越传统的纸书出版，纸质图书将逐步消亡。

4. 民营书商身份合法

对于全国 1 万多家民营图书公司或工作室来说，2009 年 4 月是福音月，在新闻出版总署公布的《关于进一步推进新闻出版体制改革的指导意见》中，民营出版获得官方肯定。这意味着，长期以来只能从简单的书号合作，到项目合作、挂靠出版社，缺少合法身份的民营书商，今后将被允许以合法身份参与出版行业竞争。

5. 引进书热输出销量不佳

我国图书引进和输出仍然严重失衡。每年引进图书 1 万本左右，输出才 2 000 多本。引进的图书，大多销量不俗。在当当网 2009 上半年的小说类畅销榜中，引进版图书占到前十名中的三席，分别是《三杯茶》、《追风筝的人》、《暮光之城》。相比之下，我们输出图书的海外表现实在令人尴尬。畅销书《狼图腾》在海外水土不服，销量平庸。中国小说到底怎么样能够传播，这是一个问题。

6. 跟风图书遭读者抵制

2009 年 1 月，一本名为《好妈妈胜过好老师》的教育类图书迅速走红。该书上市不久就登上当当网热卖榜，迄今持续在榜时间超过 40 周；在卓越网同类热销商品中，同样位居第一。2009 年 8 月，一本名为《好爸爸胜过好老师》的跟风书赫然上市，原本想借风沾光，不料遭到读者恶评。此类的事情在中国图书市场，几乎每天都在发生。前几年是悄悄跟风，取一个和畅销书相近的书名，到现在已经是明目张胆，愈演愈烈。

二、发展趋势

1. 网络传播速度迅速

随着科学技术的不断创新，以信息革命、网络革命和全球化大市场为基础，以数字技术、信息技术、网络技术和信息产业为根本，以创新为核心的新经济得到高速发展。新经济以信息业务为中心，互联网信息的优势在于易于区分、个性化以及通过网络以难以置信的速度迅速地传递与传播。数字化出版与阅读作为新经济下的热点取得了迅猛的发展，也成为出版产业的重要增长点。

2. 阅读方式多元化

计算机技术、数字技术、网络技术和出版活动相结合，使电子出版成为新生事物，并开启出版无纸时代。电子出版的无纸化最终产品即电子出版物。电子出版可以以光盘、磁盘为载体，也可以以网络为载体，因此电子出版可分为网络电子出版、非网络电子出版、电子图书等形式。以光盘为载体的封装性电子出版（非网络出版）尽管依然有一定的发展空间，但已经不是电子出版的发展方向。随着个人电脑的广泛使用和互联网的普及，网络出版已经成了电子出版的主流，呈现出巨大的发展空间。据美国《洛杉矶时报》报道，2009 年美国电子书的销售额预计将达到 1 亿美元。

三、基于内容服务的网络出版营销策略创新方法

1. 产品策略创新

随着互联网和网络经济的发展，生活水平的不断提高，人们的消费观念发生

了根本的改变。求新、求美、求名，突出个性魅力占据消费主导。出版物之所以为出版物取决于其所承载的内容。一般而言，内容产品要实现价值创新关键在于"原创性"和"不可替代性"，这也是内容产品实现差异化的根本所在。网络文学是一种更广泛、更深入地反映现实社会，反映人们心灵的表达方式。其中的一些作品，又可以成为比较优秀的直接或者代理网络出版结构的图书产品，经过编辑加工，机构中的资格评定小组对其进行认真审查和评价，并对其做出修改，提升网络图书出版质量，可以对作者和作品进行极好的宣传，同时直接增加了选题的开发，节约出版操作流程和营销时间。

2. 价格策略创新

价格对于读者乃至书商都是最为敏感的问题。传统营销以成本作为定价出发点，即图书依据为顾客的付出而收费，因此产品价格不会具有很大竞争优势。由于互联网的开放性和互动性，读者可以在全球范围内迅速收集到与购买决策有关的信息，能够通过互联网全面比较供应商的价格和在线购物服务的能力，促使价格竞争加剧，使产品或服务接近边际成本。在网络出版营销中，出版社在制定营销策略时，除适当降低读者所支付的金钱成本外，还应千方百计节约读者的时间成本，以减少购物等待时间，缩短订购产品的交货期限等；在满足读者物质需要的同时，努力提高顾客的精神享受，如提供贯穿于售前、售中、售后的人文关怀等，降低顾客风险成本，提供风险保障。

3. 渠道策略创新

互联网的网络出版营销活动则是直接、面对面和自由化的营销。网络经济开创了新型的贸易方式，拓展了市场营销渠道，网络将出版社和读者连在一起，出版社提供了一种全新的销售渠道，从而使营销效率成倍提高，营销成本大幅下降，中间环节因此减少，中间商的重要性将因此而有所改变。网络出版同网络经济中其他主体在互联网中的营销活动相类似，都需要利用网络的便捷，完善市场调研、信息收集和分析、电子交易和互动顾客服务等各种功能，更好地实现营销，满足顾客需求和实现出版社利润最大化的目标。网络出版营销中需要创建开放的互联网电子商务平台，出版商应与读者、顾客、用户直接建立联系，才能减少中间商的利润，切实减少读者的成本。读者一经上网，即可饱览各类书目，如同进入实际的商店一般，从而增加上网意愿与消费动机。顾客在决定采购后，可直接在商务平台进行订购，付款方式可通过网上银行、电汇付款、邮局邮寄或物流委托送货上门等方式进行钱物交割。

4. 促销策略创新

网络出版营销中促销的出发点是利用网络的特征实现与读者的沟通，使读者自己可以参与到图书的营销活动中来。这种沟通方式不是传统促销中的大面积播送，而是等候读者自己的选择，它的主动方是读者，读者的需求趋于个性化，他们会在个性化需求的驱动之下自己在网上寻找相关的信息。网络出版在互联网上的促销是一对一、读者占主导的、循序渐进的，同时也是一种低成本与人性化的促销，符合分级与直销的发展趋势。网络出版商要通过网络受访情况信息的分析，来了解读者的需求，施行有针对性的促销，这样更易引起读者的认同。例如：将作品广告融于网络游戏中，使网络使用者在潜移默化中接受促销活动；通过组建读者俱乐部、网上论坛吸引大批网友来交流互动；在网络上参与公益活动；在网上发布新书信息，参与网络资源索引，提高点击率；提供购物优惠等，提高读者上网搜寻及购买产品的意愿。

5. 创新服务理念：提供个性化服务

（1）提供完备的图书数据库信息和直观的导航系统。网站提供有各种比较完备的数据信息，主要包括出版社基本信息、销售店数据信息、出版物数据信息、书业资讯数据信息、用户信息数据信息等。便于读者搜寻各个书店的地址和简介，各种出版物的题名、著者、提要、封面照片等，书刊评价、作者动态、文化热点、行业新闻等。

（2）突出服务细节。利用读者注册信息和购书记录，给读者设计符合其独特需要的书库，一旦有符合读者需求的新书出版，书店就用电子邮件或其他方式向读者提供最新书讯；聘请相关领域专家担任兼职编辑，通过电子邮件或其他方式向特定的读者群体提供专业的编辑评论，引导读者筛选特色书籍；通过邮政快递方式直接送书上门等。

四、结论

内容产业不断发展，同时互联网的发展离不开内容产业，如何将互联网和内容产业进行更好的耦合，从一定意义上说，是内容服务与营销创新的结果决定的。网络出版是内容产业的一部分，网络出版商必须清醒地认识到，网络出版的运营不仅依靠信息技术的支撑，还需要不断创新营销策略，否则很容易陷入传统产业"商品化"的陷阱。无论何时，"创新"才是永远无法被模仿的最佳策略。

出版市场信息反馈体系的构建与利用

·张宗芳·

一、出版市场信息利用现状及问题

1. 出版市场信息利用现状

（1）出版行业对市场信息的重视度不够。

市场信息的利用率与行业市场化程度成正比。出版行业是传统行业，市场化程度较其他行业偏低，虽然近两年随着出版业转企改制工作的完成其市场化程度逐渐加强，但是对于图书市场信息的重视程度远远不够。从新闻出版总署自2004 年开始推行《图书流通信息交换规则》以来，历时 6 年真正实现信息交换的出版社和经销商少之又少，其根本原因是出版业对图书市场信息的重视度不够。

（2）出版行业的粗放式增长模式制约市场信息的利用。

出版行业对于信息的不重视很大程度上受制于图书出版行业的粗放式增长模式。2009 年 8 月，新闻出版总署公布的《2008 年全国新闻出版业基本情况》的统计数据显示，2008 年全国共出版图书 275 668 种，其中新版图书 149 988 种。出版行业到目前为止还依靠品种的扩张和价格的提升实现增长，这种粗放的经营模式导致出版社给编辑部门过高的出书任务、不合理的发货等考核指标设计，使编辑部门不得不重视短期效益图书，从根本上限制了编辑进行市场调研、市场分析和预测市场的时间和精力，更多的情况是有什么书稿出什么书，或者干脆跟风出版，基本上没有体现市场信息在选题策划中应有的作用。

2. 出版行业市场信息利用不足引发的问题

（1）图书出版同质化现象严重。

过高的出版任务使得策划编辑没有时间和精力挖掘有潜在阅读需求的图书选题，为了在最短的时间内出版更多的图书品种，几乎所有能够想到的选题每个出版社都可以出版，能否成为畅销书，能否实现单品种盈利，并没有有力的数据信息做支持，直接导致的结果就是国内图书出版同质化现象日益加重，单品种效益逐年下滑，长此以往，整个行业将由文化创意产业成为加工制造业，大生产、大发货、大退货将成为行业常态。

（2）出版行业成为"柠檬市场"。

"柠檬市场"（the Market for Lemons）也称次品市场，是指信息不对称的市场，即在市场中，产品的卖方对产品的质量拥有比买方更多的信息。在极端情况下，市场会止步萎缩和不存在，这就是信息经济学中的逆向选择。"柠檬市场"效应则是指在信息不对称的情况下，往往好的商品遭受淘汰，而劣等品会逐渐占领市场，从而取代好的商品，导致市场中都是劣等品。"柠檬市场"效应在图书行业表现的是主观臆断化所导致的选题质量低劣，从而使图书市场呈现虚假性繁荣。

二、出版市场信息反馈体系的构建

1. 构建出版市场信息反馈体系的重要性

随着出版行业进一步市场化，作者、读者、出版社版权意识的加强，以及国家相关法律法规的制定和完善，出版业的发展也面临着更高的要求与挑战，在出版社内部购建一套完善的信息反馈体系就成为一种很好的应对措施。出版社构建市场信息反馈体系，对出版业的发展有着重要意义：

（1）从产品研发的角度，掌握市场信息才能研发出满足读者阅读需求的产品。

出版业迅猛发展的客观事实需求市场信息，只有认真研究读者需求，满足读者对文化需求的多样化和个性化，出版社才能策划出符合读者需求、经济效益和社会效益俱佳的选题。

（2）从营销推广的角度，关注市场信息才能策划效果显著的营销活动。

营销活动要取得效果，活动组织和活动内容的针对性至关重要，通过市场信息可以了解读者习惯的信息获取渠道、读者关注的话题等，根据图书的特点细分读者，无论是大型营销活动的推广，还是简单的出版信息的传达，都争取做到目标明确、投入产出高、效果显著。

（3）从市场竞争的角度，"知己知彼"才能"百战不殆"。

出版社转企改制后，图书市场的竞争将更加激烈。除了需要关注终端读者的需求外，竞争对手的动态信息同样非常重要。学习竞争对手本社的思路和做法，规避竞争对手的弱点和短处，朝着"知己知彼"的方向，在图书市场的商业竞争中，能够"百战不殆"。

（4）从内部管理的角度，关注市场信息才能发现问题，提高内部管理的效率。

拘泥于出版社内部有时难以发现问题，如果我们把视角投向市场，有些市场信息可以折射内部管理的问题，发现问题、正视问题才有解决问题的可能，市场信息提供了一个发现问题的渠道，通过解决问题来提高内部管理的质量和效率。

2. 如何构建出版市场信息反馈体系

出版市场信息反馈系统包括四个子系统，即分级分类管理系统、数据采集系统、数据管理系统和信息发布系统。这四个子系统相辅相成，缺一不可。

（1）分级分类管理系统。

市场信息反馈体系首先要分级分类管理，选择有代表性的产品、渠道和终端院校，收集他们所代表的市场信息，从统计的角度进行归纳总结，从而推断总体市场情况。分级分类管理包括产品分级分类、渠道分级分类、学校和终端会员老师分级分类、竞争对手分级分类等。

（2）数据采集系统。

分级分类管理系统确定了市场信息反馈体系要研究的内容、数据采集的渠道和调研对象，接下来就要通过数据采集系统进行数据收集，为信息的加工整理做准备。数据收集主要分为内部数据和外部数据两个来源，通过内部数据"知己"，通过外部数据"知彼"。内部数据主要是出版社 ERP 系统的内部运营数据；外部数据主要是开卷数据、东方数据、经销商数据以及出版社对终端市场的调研数据等。数据收集主要通过固化表格和调研网问卷的形式完成。

（3）数据管理系统。

数据的收集过程是花费人力、物力和财力的，只有将收集的数据用数据管理系统存储、加工和整理，数据积累的时间越长，这些数据的作用越能显现。考虑到渠道和终端两个角度，这里主要考虑建立渠道数据库和高校资料库。渠道数据库主要记录渠道的基本信息、信用评价、主发档案、进销存情况等。高校资料库主要记录学校的基本信息点，为高校教材营销提供强有力的支持。

（4）信息发布系统。

通过分级分类管理系统、数据采集系统和数据管理系统，出版社收集到大量一线的市场信息，通过信息的数据录入、加工整理，运用 SPSS 等统计软件，构建若干反映出版社运营的指标，运用统计方法归纳总结，以样本推断总体，得出最能显示市场信息反馈体终极价值的若干报告，通过信息发布系统予以公布。信息发布系统包括每月常规报表、每季度专题分析报告、半年五大报告和全年五大报告（产品与市场分析报告、发货与退货分析报告、回款与在途分析报告、库存分析报告、重点产品分析报告）等多种报告形式使市场分析报告系统化，真实、全面、客观、及时地反馈市场动态情况，为出版社各级领导决策提供信息支持。

三、出版市场信息反馈体系的管理和运用

1. 出版市场信息反馈体系的管理

出版市场信息反馈体系的构建是一个庞大的工程，需要出版社投入专门的人力、物力和财力不断完善和使用该体系。

（1）需要专门的部门或团队负责出版市场信息反馈体系的构建。

出版市场信息反馈体系很重要的工作就是通过分级分类管理系统抽选代表性调研样本，通过固化表格和调研问卷的数据采集系统收集市场数据，通过统计分析方法总结市场规律和趋势。总体而言市场信息反馈体系的管理和应用对数据分析能力有较高的要求，可以以统计专业、社会学专业的员工为主组建专门的部门或团队，负责出版市场信息反馈体系的构建和管理。

（2）上下游的市场信息观念均需加强。

市场信息无处不在，关键在于是否有收集和使用市场信息的观念，在图书市场竞争日益激烈的环境下，无论是编辑人员还是发行人员都应该树立较强的市场信息观念，从不同的角度协助完成全社整体市场信息的收集，同时上下游加强沟通，建立出版社内部信息沟通良性机制。

2. 出版市场信息反馈体系的运用

出版市场信息反馈体系构建的意义在于运用，将海量的市场信息转化成真正"为我所用"的信息。市场信息的层面很多，出版社不同的人员关注的市场信息截然不同，以下主要从领导层、编辑和发行人员的角度关注市场信息反馈体系中信息的运用。

（1）出版社领导层关注行业发展，关注竞争对手，关注"动态、动作、动向"。

出版社领导制定全社的发展战略和规划主要基于对行业发展动态、本社运营

情况的把握，市场信息反馈体系对于领导层的意义就在于能够提供关于本社运营情况、行业动态、竞争对手关于研发和营销的大的动作、数字出版动向等相关信息。

（2）编辑关注零售卖场热点，从市场中催生选题，关注"同类、同时、同社"[1]。

策划编辑要注重从市场信息反馈中产生选题的机会，除了参考开卷、东方数据提供的排行榜之外，利用多种公开的排行榜信息进行图书市场研究，把各种排行榜数字都要看到、看透：

1）比较本社和其他社同期同类图书市场表现；总结各自的优劣势（书名、封面、版式、宣传等），总结竞争产品给我社的启示。

2）关注排行榜上本社没有但是很有市场潜力的图书选题，讨论作为本社下一步重点开发的方向的可行性。

3）从读书连载网站上的点击排名数据来推测该书的好卖与否，也是一个评判标准和策划思路的来源。因为网络能够体现最快的读者阅读趋势，所以，对于网络点击的数据分析，已经成为大众图书策划的必修课。

4）很多畅销书很难复制，策划编辑要侧重将排行榜上和自己的图书在大致相同的时间段所出同类图书作对比，因为这种数据更客观真实。通过不断总结图书本身、营销手段、所处的时代背景等因素对图书销量的影响，逐渐把握畅销书的脉搏，策划越来越多的畅销图书。

（3）发行人员关注渠道进销存数据，关注"各类、各地、各时"[2]。

发行人员需要定期关注渠道进销存数据，关注各类图书、各地市场、各个时段的销售状况。发行人员应该比较哪类、哪种图书较为畅销，经过不断分析，不同地区销售情况的差异，指导以后的发货，提高发货针对性，防止退货和死账。各销售大区主管应尤其关注各地的发行数量，应该每天研究发货回款的各省布局；提醒各业务经理进行合理添退货，使发书量更符合当地市场的需求程度。在每次销售例会上，发行人员可以一起研讨各个省份之间的销售差异。时间长了，销售部对各地读者的阅读口味和需求数量就有了比较可靠的把握，就能够有针对性地提升销量，减少退货，提高整体零售卖场市场占有率。

【注释】

[1] [2] 参见刘观涛：《出版人：我们需要什么样的"解密数字"》，载《中国图书商报》，

2006-09-19。

参考文献

1. 王立平. 选题策划与图书市场信息的整合利用. 中国编辑，2005（3）

2. 林疆燕. 中盘竞争激烈信息技术制胜——美国图书发行业考察记略. 出版广角，2003（1）

教材重印决策的影响因素

· 张文超 ·

在出版社的实际运营中，重印书贡献了大部分的利润，重印决策非常重要。对于以教材为主的出版社而言，教材重印决策的水平直接决定了出版社的生产经营水平。教材重印的基本要求是"课前到书"，理想要求是"充足不积压"。这两个要求看似简单，实现起来却要考虑诸多影响因素，并非易事。本文着重分析影响教材重印的两个关键因素，分别是教材重印时机和重印数量。

一、教材重印时机的影响因素

（一）教材征订的特点

教材发行的主要形式是学校征订，这种形式具有季节性、时效性和印制提前期等特点。这些特点影响着对教材重印时机的选择。

1. 季节性

季节性是指根据所适用教学群体的特点，教材在一年内不同时期的征订数量分布极不均匀，具有明显淡旺季特征。例如大中专教材，集中于春季和秋季开学前征订，且大部分教材的秋季用量大于春季。教材重印的重点即保证旺季的教材供应，做到课前到书。

2. 时效性

时效性是指教材内容必须随着国家法规、行业规范和教学需求的发展而不断修订，不同教材的时效性强弱不同。例如法律类教材，每一次新法规出台，相应的教材必须修订，时效性较强；文学类学科的内容随时间迁移变化缓慢，相应的教材修订需求不大，时效性较弱。

教材的时效性强弱还体现在修订以后旧版的销量变化上。大部分教材修订结束后，旧版教材的市场需求会迅速消亡，但也有例外情况。例如部分引进版教材，某些版本由于流传广泛而被奉为"经典"，旧版能够保持较稳定的销量。

3. 印制提前期

教材征订的正常流程是：学校确定教材用量→学校向经销商报订→经销商向出版社报订→出版社向经销商发货→经销商向学校供货→学校使用教材。为保证"课前到书"，需要根据教材的预测重印数、印刷厂生产能力、现有库存等多种因素确定比较合理的印制提前期，使生产与销售可以无缝链接。

(二) 教材重印时机的选择

1. 教材重印时机多选择在淡季

基于教材征订的特点，教材重印工作一般安排在淡季生产，主要有以下几个原因：

(1) 淡季时间印制教材可以实现全年均衡生产，保证整个生产系统尽可能均衡地运行，避免销售旺季时由于生产能力不足导致的损失。

(2) 淡季时间重印教材，有利于收集更多的教材征订信息，利于发行部门和编辑部门就教材重印进行深入的沟通和交流，利于提高教材重印决策的科学性和合理性。

(3) 淡季时水电、纸张、人力、物流等资源较为充足，整体价格比旺季时低，出版社选择此时生产可以有效降低成本，同时保证充足的时间安排生产，利于保证教材质量。

2. 教材重印时机的确定需要上下游部门加强沟通

教材重印工作涉及到出版社多个部门，上游编辑部门、出版部门，下游销售部、市场部，还涉及到合作的印刷厂和物流中心，因此在教材重印工作中要加强各个部门的沟通，尤其是教材的换版计划、重印书入库计划等都需要上下游部门在重印工作中随时沟通。

(三) 教材重印计划的安排

根据教材征订的特点和教材重印大多在真实订单下达之前提前印制，教材重印计划按照春秋两季教材重印时机进行如下安排：

1. 秋季教材

一般而言，秋季教材整体发货量占全年教材发货量的 2/3，具体的产品略有差异。秋季教材重印时机确定遵循以下两个原则：

(1) 秋季教材整体重印计划安排在 3—6 月份为宜，教材重印计划完成应该在 4 月底之前，但具体重印工作的执行可以根据每种教材的库存情况安排在 3—6

月之间生产，6月底常规教材重印工作基本完成。

（2）对于待修订的教材暂不重印，到6月底根据新版出版进度安排是否重印旧版教材，可以进行秋季用量全部或部分重印。

（3）对于库存量较大的教材品种，如果根据预测判断不足以满足秋季教材需要时，也要提早进行加印，保证秋季教材的供应。

2. 春季教材

春季教材一般占全年教材量的1/3，但由于春季教材销售期横跨春节期间，大部分印刷厂工人休春节假期较长，生产能力很难保证，因为春季教材更需要提前印制，有两个原则：

（1）春季教材整体重印计划安排在10—12月份为宜，教材重印计划完成应该在11月底之前，根据单品种库存情况具体安排重印计划的执行，12月底重印工作基本完成。

（2）对于待修订的教材暂不重印，到12月底根据新版出版进度安排是否重印旧版教材，可以进行秋季用量全部或部分重印。

（3）对于库存量较大的教材品种，如果根据预测不足以满足春季教材需要时，也要提早进行加印，保证春季教材的供应。

二、教材重印数量的决定因素

教材重印数量和教材重印时间的合理性和科学性决定了教材重印工作的质量。合理的重印数量建立在对进销存信息进行充分地收集、整理和分析的基础上，预测教材销量，了解供应商存货水平，为保证教材的不间断供应，引入"安全库存"的概念。

（一）教材销量的预测

1. 确定重印满足的销售周期

由于教材的征订集中在春秋两季，所以进行教材重印时一般以满足一个或两个征订旺季的需求比较适宜，对于新教材或短期内没有换版计划的教材可以重印满足两个征订期甚至更长周期的销量需求，对于市场不稳定或即将修订的教材则一般仅满足当前销售旺季。

2. 预测销售周期内的销量

一般而言，教材销量比较平稳，有较强的市场连贯性，即征订过该教材的学校倾向于继续征订。形成这种延续性有多种原因，例如教师在教学中习惯使用自己熟悉的教材，作者在该领域具有权威地位，或者出版社的增值服务到位等。这使得教材有基础的使用量，销量预测即在这个基础上根据内外环境的变化进行调整。销量调整的因素有以下几个：

（1）根据教材生命周期调整重印增减量。

教材不同的生命周期呈现出的市场表现不同，大部分学校要求征订三年以内出版的教材，有的学校要求必须是"国家级规划教材"等等。对于多次修订、成熟的精品教材或获奖教材，市场表现比较稳定，如果出版时间在三年以内，可以根据多年的市场增长情况给予比较准确的增长预测；对于新开发的教材、出版时间较长、存在修订可能的教材，市场可能存在波动，销量预测以够用为主，建议采用多印次小批量的方法减少重印风险；对于"年久失修"的教材，可以参考往年的年均下滑速度来进行预测。

（2）根据教材营销推广力度进行调整。

教材营销推广是能够最直接影响教师，促使他们选用本社教材的手段。尽管推广活动最终的效果要到学校报订单时才能体现出来，推广活动的力度和范围已经能够为销量预测提供参考。值得注意的是，在各家出版社对推广活动投入越来越多，推广活动形式层出不穷，任课教师已经习惯甚至厌倦推广活动的背景下，将本社的教材产品及对应的营销活动和其他主要竞争社的产品及活动进行对比，得出相对的活动效果评价，更值得销量预测时借鉴。

（3）根据一线终端老师反馈进行调整。

一本教材是否适应教学需要、适应哪些群体的教学需要，处于教材使用终端的任课教师最清楚。因此，重视收集任课教师的反馈信息是做好销量预测的重要因素。在人力物力有限的情况下，出版社可以选取"有代表性"的学校和老师进行调查，这个代表性可以指某教材使用量最大的几个学校，某学科开课人数最多的几个学校，某教材过去一年内被竞争对手替换最多的几个学校等。系统地、有目的地收集终端反馈信息，就可以得出该教材的比较优势和劣势，从而对其预测销量作趋势性的调整。

（二）了解渠道库存信息

为了保证教材的及时供应，各级渠道会保持自身的库存水平。渠道的教材库存是由历史发货形成的，这些库存既可能是利润来源，也可能是退货风险。出版社在进行春秋两季教材重印工作前，需要对渠道的进销存情况进行统计，对于渠道购进过多，无法在一个征订淡季内消化掉的库存，称为"渠道剩余库存"。根据渠道剩余库存情况以及该渠道的历史销售情况预测其下一销售旺季的订单情况，如果库存过多，可以进行渠道间调拨。汇总渠道库存信息可以提高教材重印数量的准确性。了解渠道库存信息不只是为了调配剩余库存，某本教材实际的使用数量和流向相结合，直接反映了其市场需求的变化，出版社可以组织研发和营销力量进行深一层次的调研，发现产生这些变化的原因，例如教学需求有所改变，竞争出版社强有力的营销活动等，从而采取进一步措施来保住市场份额。

（三）设定教材安全库存

尽管大部分教材集中在旺季征订，但是淡季中仍有一定量的订单，因此出版社任何时候都需要维持一定的库存数量来保证供应，即"安全库存"。安全库存是一个标准，当出版社的库存接近或低于该标准时就必须决定重印与否。出版社需要对不同的教材根据历史销量情况、重印生产工艺情况设定淡旺季安全库存的范围。安全库存上限一般设定为旺季时的月均销量，安全库存下限一般等于淡季时的总销量，销售旺季启用安全库存上限，销售淡季启用安全库存下限，一旦低于安全库存则提示相关部门该书即将进入重印环节。

（四）教材重印数量的决定

预测教材销量、了解渠道库存信息和设定合理安全库存后，得到该教材重印数量，即

$$重印数量＝预测销量＋安全库存－现有库存－渠道剩余库存$$

公式虽然简单，但是为此要准备的信息量很大，涉及的业务部门几乎涵盖出版社上下游各个环节，唯有建立规范的重印决策体系才能够保证这一过程的顺利实施。

（五）教材重印工作的组织

教材重印一般集中在春秋两季，相对比较集中，在全面收集市场信息的基础上，出版社可以组建包含编辑部门、销售部、市场部、出版部门等相关负责人的教材重印决策小组，沟通上游换版信息、下游市场反馈信息、出版生产安排信息等，确认比较完备的春秋两季教材重印计划，减少教材重印的市场风险，提高教材重印工作的合理性和科学性。

三、教材重印影响因素小结

在我国教育领域的改革持续进行的大背景下，教材市场的形势日新月异，参

与其中的各家出版社日益加大投入的力度。在部分产品出现同质化倾向的同时，许多新的需求也被挖掘出来，例如区域自编教材的兴起，教学配套资源的高水平化等。这些新的变化不断地冲击着原有教材的市场需求，对教材重印决策效果造成一定的影响。这要求出版社以新视野来进行认识，不断地改进现有的重印决策系统，才有可能持续地做好教材重印决策，保证课前到书，努力达到充足不积压的理想要求。

参考文献

1. 赵东晓. 图书出版中的印量控制决策. 出版广角，2003（8）

2. 万海刚. 谈图书重印的常见误区和基本规律. 出版发行研究，2008（2）

3. 万海刚. 论图书重印的基本运作模式. 大学出版，2007（1）

4. 张永洋. 关于经济生产批量模型在图书重印决策中的研究与应用. 编辑之友，2009（12）

5. 杨捷. 图书出版的印数控制. 科技与出版，2005（6）

浅谈出版物流企业信息化管理系统的建设

·张海明·

一、出版物流企业信息化管理系统

出版物流企业信息化管理系统建立的目的是将物流信息的收集数据化和代码化、物流信息处理的传递标准化和实时化、物流信息存储的数字化，建立产品配送优化调度、动态监控、仓储优化配置等新型的物流管理技术和物流模式。具体地说，出版物流企业信息化管理系统是将生产、物流仓储、销售各个环节中产生的信号、数据，通过信息技术，如条码技术、电子数据交换技术、进行系统的智能采集和分析处理，对企业物流系统中涉及的出版企业各个流通环节及部门进行有效的组织和协调，从而实现企业物流管理和计划决策的高效率和高质量，进而降低物流成本。基于这样的信息系统平台，出版企业的销售部门通过出版社的产品信息发布平台获得产品的最新信息，然后通过网上交易平台明确获得读者所需产品的名称、书号、作者、单价和数量等信息。生产商能够做到按需生产，还可以及时调整产品方向，适应市场的不断变化，以便能够给出版物消费者提供最合适的精神产品。

随着出版企业的规模化跨区域发展，信息技术应用的广度与深度不断扩大，物流信息化数据的快捷准确处理至关重要。物流信息化出版企业信息化数据处理方式可以分为集中式数据处理、分布式数据处理和协作式数据处理三种方式。在集中式数据处理方式中，数据全部存储在中央系统，由数据库管理系统进行管理，所有的处理都由该中央系统完成，终端是客户机，只是用来输入和输出，本身不作任何处理。但是由于个人计算机的性能得到极大的提高，使处理能力分布到网络上的所有计算机成为可能，这也使分布式数据处理方式得到广泛应用。在协作式数据处理方式中，系统内的计算机能够联合处理数据，处理既可集中实施，也可分区实施。协作式计算允许各个计算机合作处理一项共同的任务，采用这种方法完成的速度要快于仅在一个客户计算机上运行；协作式计算允许计算机在整个网络内共享处理能力，可以使用其他计算机上的处理能力完成任务。除了具有在多个计算机系统上处理任务的能力外，该类型的网络在共享资源方面类似于分布式计算。企业要根据自身电子商务应用的需求选择相应的数据处理方式。

二、出版物流企业信息化管理系统设计的技术分层

出版物流企业信息化管理系统开发架构体系必须突出以下特点：有利于软件维护及系统管理；满足应用系统的安全性，便于业务级别权限管理；提高系统性能，减少网络数据流量和提高数据库的响应速度；具有强大的扩展能力。

具体来说，出版物流企业信息化管理应用系统层次结构如下：

（1）基础系统平台。指为应用系统提供底层支持的部分，包括网络（内部网、互联网）、硬件平台（服务器、存储备份设备等）、操作系统、数据库管理系统等应用系统。

（2）业务平台。企业在构建自己的物流平台时要涉及许多具体的业务，业务架构平台是新一代的业务系统基础运行环境，可以使基础技术平台与业务应用系统之间实现有机隔离，应用系统的执行只与应用架构平台有关，而与基础技术平台无关，对于物流企业的应用，以业务信息和客户业务往来为核心，系统可以包括，以进销存和客户服务中心为核心的供应链管理子系统，以账务查询、统计报表、成本核算为核心的统计和查询子系统，以出版生产计划、物流企业产品调拨计划、系统管理为核心的生产计划管理系统。

（3）门户网站。提供各种信息服务，通过安全隔离通道（防火墙）与企业内网、专网进行数据交换，实现统一的数据接收、发布。

（4）信息化管理系统的运行与维护管理平台。为系统提供运行管理制度和各种维护功能，运行管理制度包括机房管理制度、数据及软件管理制度、运行日志记录制度。维护功能包括用户管理、权限管理、系统维护、数据备份、设备设施的运行维护等。

（5）企业信息系统的安全管理技术。主要包括：系统实体安全、数据安全、软件安全、运行安全计算机病毒和计算机犯罪等方面。为系统提供网络、硬件、操作系统、数据库、应用系统、人员管理等多个层次安全解决方案。

三、出版物流企业信息化管理的应用

出版产品物流是出版业供应链管理过程中非常重要的一部分。无论是出版物

的出版印制，还是产品的物流分销，物流供应链信息化管理都扮演着重要角色，并且发挥着越来越重要的作用。概括有以下方面：

（1）近年来，物流行业持续快速扩展，IT 技术与信息化管理系统对物流管理发挥着重要作用。出版物流企业基础信息化建设达到一定水平后，物流企业管理开始将信息化重点转移到业务流程与管理流程的优化上，改变传统的传真、电话、邮件等联络方式。

（2）物流信息化提供了一套先进的、集成化的现代物流管理系统，通过对发货仓库和在途的库存量进行及时监控、对运输货物在途状况进行追踪查询、对物流运送各个环节实行自动报警机制并提高整个流程自动化程度，有效地实现系统之间、上下游企业之间以及资金流、物流、信息流之间的无缝连接；更好地协调生产与销售、运输、储存等各环节的联系；优化供货程序、缩短物流时间及降低库存，提高资金周转率。拥有统一的信息平台，形成信息的集成应用，如生产计划管理、产品调拨计划管理、仓储管理、配送管理等。

（3）通过信息技术的集成运用，借助现代信息技术改造传统企业，大力发展现代流通。实现仓储存取的优化、减少备用库存、运输路径的优化，以求降低成本、提升竞争力。

总之，出版物流企业信息化管理已经得到了出版物流业的重视，随着我国出版业迅速发展，出版业要紧紧把握住信息化的历史机遇，加快与信息科技融合，利用互联网技术、信息化管理系统为平台，做到物流企业组织整体高效运营，信息资源共享，不断提高企业的信息化管理水平，实现对出版物流全过程的控制、协调和管理。

参考文献

1. 刘刚. 物流管理（第二版）. 北京：中国人民大学出版社，2008

2. 唐纳德·沃特斯. 全球物流与配送规划：管理战略（第 4 版）. 北京：中国人民大学出版社，2009

3. 王悦. 企业信息管理. 北京：中国人民大学出版社，2010

4. 朱美虹. 电子商务与现代物流. 北京：中国人民大学出版社，2010

5. 令狐佳. 电子商务系统分析与建设. 北京：中国人民大学出版社，2006

试论出版物流企业标准化工作

· 张海明 ·

出版物流企业标准化是指从出版行业的整体出发，采用出版物流企业的建筑设施、机械设备、专用装具等技术标准和物流业务工作标准，并与造纸、印刷、出版物销售等相关其他行业的标准进行衔接。相对造纸、印刷相关其他行业，出版物流企业标准化工作起步较晚，所以物流企业标准化的各项标准要求更高地体现科学性、准确性和经济性。物流企业标准化具有非常强的国际性，需要考虑与国际物流企业标准化体系相匹配。随着全球经济一体化进程的加快和中国加入WTO，物流企业标准化落后问题将严重制约我国出版业与国际出版业的衔接。

一、我国出版物流企业标准化的现状

近年来，我国数字出版业发展迅速，数字技术和网络技术在出版界得到广泛应用，极大地增强了出版的创造力和传播力，催生了网络出版、手机出版等新的形态。今后的出版业必将加快与信息科技融合，大力推动以互联网为平台，对音频、视频、图文等出版内容和出版形式进行全方位深层次的开发和利用。因此，新型的物流企业标准化工作已引起出版业各部门的高度重视。

国内大型的出版集团、出版社、专业化物流公司、书店销售企业配送中心都各自拥有与物流有关的标准，如：物流机械与建筑设施方面的装卸机械、输送机械、仓储设备、自动化物流装置、托盘等相关标准；在包装和仓储标准方面包装术语、包装尺寸、包装标志、包装技术、包装材料、产品包装、仓储库位、标准台仓储容量等相关标准。同时，积极采用国际出版业物流标准，在包装、标志、运输、贮存方面采用了出版物条形码、内部单位代码、物流作业标志等相关标准。

二、出版物流企业标准化存在的问题

（1）出版物流企业管理思想在我国诞生较晚，各出版物流企业单位都是原计划经济体制下转变过来的，组成现代物流企业之前，已分别实现了本企业的标准化。这就必然在标准制定内容上出现条块分割、部门分割。同时由于在长期计划经济体制的影响下，各地区各行业各自为政，物流企业标准不一致，跨区域性、多式联运物流效率下降。

（2）出版物流企业信息标准化落后。物流企业的商品信息数据库的字段、类型和长度都是以内部应用为主，与造纸、印刷和销售批发及零售企业的标准不匹配，形成各自的信息专区，严重影响了物流管理的信息交换和电子商务运作。物流信息标准化是资源整合的重要基础工作，针对出版物流企业当前物流企业标准化存在的问题和国际、国内物流企业标准化的发展，出版物流企业应加强对物流企业标准化工作的重视，要在物流术语、计量标准、技术标准、物流运作模式与管理标准等方面做好基础工作。加强标准化的组织协调工作。对已经落后于物流企业发展需要的标准应予淘汰，并代之以新型标准；对部分不符合实际业务需要的标准进行修订完善；对尚缺的标准应抓紧制定，以使各种相关的技术标准协调一致，与国际标准接轨。

（3）物流企业采用出版物国际标准的比例低，目前能与国际标准接轨的物流企业标准所占比例很低，我国现有的出版物流企业相关标准与国际标准的一致性还有待进一步完善，出版物流企业未来需要不断采用出版物流企业国际标准。

（4）物流企业标准执行上存在标准化意识淡薄和体制性障碍等问题，出版物流企业执行的基本是本行业和本单位内部的标准，企业的物流都依赖自身的仓储设施、装备、包装和运输资源，因此出版物流企业标准化程度极低，降低了物流速度，提高了物流成本，这对于与社会物流企业衔接十分不利。

（5）在出版物的仓储、装卸和运输等过程中缺乏基本设备的统一规范，仓储、装卸和运输是物流企业中极其重要的组成部分，其效率的高低直接影响物流速度和效率。目前，出版物上游行业印刷行业与物流企业货物的仓储、装卸、运输和计划调拨等环节，缺乏统一的规范标准而难以实现有效的衔接。例如：标准台位不同产品规格的层、台和高度的换算标准，不同用途托盘的规格标准，仓库货架的标准等等。其中标准台位的换算标准和托盘的规格标准较为典型，物流企业如果在计划调拨时执行标准台位的换算标准，不同规格的出版物采用不同用途托盘，严格规定产品包装箱尺寸，可以大大提高物流企业的运作效率。

（6）出版物流企业真正具有现代物流理论与实践经验的物流人才极其匮乏，有资料表明，物流人才目前已被列入全国 12 种紧缺人才之列，而物流规划人员、物流管理人员、物流研究人员、物流师等全面紧缺。许多企业在招聘物流管理人才时，都需要具有相当学历，3 年以上管理经验，5 年左右行业经验，最好有过在大型外企的物流部门工作的经验。而目前的物流企业从业人员，绝大部分是从相关行业转过来的，物流标准化操作理念比较低，亟须进行物流人才的培养。

三、对加强出版物流企业标准化管理工作的建议

（1）制定出版行业即出版（集团）、印刷企业、造纸企业、专业化物流公司、书店销售企业配送中心等行业物流企业标准化总体规范。

（2）深入研究出版行业与子行业之间的关系，克服制约我国出版物流企业标准化进程的资源管理体制性障碍，规范和完善出版与印刷、造纸、专业化物流公司、书店销售企业配送中心等行业衔接的业务管理标准和相关技术标准。开展物流企业标准化管理的协调工作，最大限度地实现技术标准的统一。加大网络信息技术的投入应用，为物流信息标准化建设提供了一定的基础平台，扩大标准化数据在业务相关行业和企业间的应用，为出版物流企业管理的信息交换和电子商务运作做好基础工作。

（3）制定企业标准规范的物流标识，实现物流过程的实体与信息的协调统一。例如：货位与标识管理是仓储管理标准化的必然途径，仓储标准化管理的主要内容是物资的货位划分与堆码摆放，堆码摆放则离不开特定的货位。任何出版物产品一旦入库，首先要解决和明确的就是存放的货位，货位确定后，装卸落地，才会减少不必要的重复倒运。同样，产品落地必须要有明确的标识，以方便管理，达到账、卡、物、资金的一致。结合现代物流装备和信息技术，将标识管理与物资信息管理系统融合后，通过对特定应用系统简单的操作，就可实现快速的产品信息跟踪与追溯，提高消费者满意度。

（4）积极推广条码技术在自动识别技术中的应用，采用扫描专用设备，使物流与信息流进行有效的结合，在没有应用条码技术的时代，不管是人工系统还是计算机系统，都存在一个问题，那就是操作中出现差错的机率非常大，如在产品出库、入库、发货和盘点过程中等等。这是由于物流与信息流脱节，在生成与物

流对应的信息时易于出错造成的。条码技术形成后，条形码在物资管理中的应用，大大减少了出错的可能性。而且条码还可以保证数据的准确性、唯一性，使用条码既方便又快捷。特别是全球统一标识系统，更将企业与供应链连接在一起，不管业务人员身处世界的何处，利用全球统一标识系统，结合条形码管理系统，就可以快速、准确地与客户之间通过标准电子报文的方式，以最快和最准确的方式进行信息的交换，把物流供应链各个节点的信息联接在一起，跟踪产品从生产到销售的全过程，进一步实现深层次管理的精细化，实现货位和标识管理条码化、规范化。

（5）在信息技术高速发展的时代，为适应技术发展的新变化，出版物流企业应积极推广使用新兴数字出版、网络出版、手机出版等新产业的相关标准。

（6）积极采用国际标准，在全球经济一体化和加入 WTO 的今天，我国的国际贸易必将日渐频繁，因此我国出版物流企业标准化必须与国际接轨。

出版物流企业标准化工作的普及有赖于产业自身和国际标准化结合的发展程度，真正的动力必须来自企业本身。从这个意义上讲，物流企业必须实行标准化管理，我们应该转变漠视物流和物流管理的观念，积极推进物流企业标准化工作。

参考文献

1. 唐纳德·沃特斯. 全球物流与配送规划：管理战略（第 4 版）. 北京：中国人民大学出版社，2009

2. 沈瑞山. 仓储管理. 北京：中国人民大学出版社，2009

3. 王悦. 企业信息管理. 北京：中国人民大学出版社，2010

4. 周爱莲，李旭宏，毛海军. 中国物流标准化现状与对策建议. 中国物流招标网，2007-06-15

5. 朱美虹. 电子商务与现代物流. 北京：中国人民大学出版社，2010

论维权打盗工作的方法

·李六中·

一、盗版市场存在的根源

《孙子·谋攻篇》中说："知己知彼，百战不殆；不知彼而知己，一胜一负；不知彼，不知己，每战必殆。"要有效打击盗版，须先查清盗版产生的原因，才能对症下药，根本除掉这块社会毒瘤。

通过对国内盗版出现的历史与现实状况进行初步分析，可以知道盗版市场形成的根源，主要在以下几方面：

1. 不法书商为利益驱使铤而走险

国内盗版现象产生于上世纪 80 年代中后期，当时随着印刷与图书发行体制改革，原本主要由国营和集体印刷厂、新华书店承担的书刊印制、发行工作，部分向其他业主转移，社会上开始出现大量民营印厂、个体书店。这些个体户、民营企业在产生的初期，对提高印刷、发行效率，缓解书刊供求矛盾有一定促进作用，但其负面因素也在快速增加。虽然，政府部门曾针对这些因素，制定出相关政策法规，但由于经验不足、管理不到位，未能有效遏制盗版活动。不法书商在暴利引诱下，看到有隙可乘，便大胆涉足盗版领域，年深日久，慢慢积累，逐渐壮大，最终成为久治不愈的社会顽症。

2. 政府官员为个人及地方利益保护盗版

现在国内很多省份都有盗版情况发生，活动的主角当然是不法书商，但他们之所以敢于火中取栗，因为背后有党政官员做其支撑。一些地方政府为提高本地经济收益、保持 GDP 增长，对盗版活动不仅不追查，反而采取支持态度。例如，河南某县的领导，就对前往该地调查盗版案情的出版社人员自豪地讲："我们县有两个支柱产业，一是挖煤，二是印刷"。他们明明知道那是盗版物生产厂，却把它作为本县经济发展的支柱。也不知这些领导者是真不懂法，还是以经济建设为借口，而公然蔑视国家法律。在这样的政府官员治理下，盗版现象非但不能消除，反会像癌肿般恶性生长。

3. 读者为了降低阅读成本购买盗版书刊、音像、光盘

有买卖双方，才会形成市场。没有读者购买，盗版商贩就做不成生意。然而，现在包括北京在内，从城市到乡镇，到处可见公开兜售盗版书刊和音像制品的流动摊贩。因为盗版物生意是一本万利，其售价极低，对读者有强烈吸引力。巨大的购买需求，是盗版屡禁不止的重要原因。

4. 文化市场管理力量不足、执法人员素质不高，工作不到位

除了到处存在的流动商贩，各地书刊市场和农贸集市也是盗版物销售场所。它们分属文化市场稽查队或工商执法检查站管理。由于管理人手不够，加上部分执法人员素质较低，对盗版现象熟视无睹，甚至还有人与盗版商贩暗中勾结，使这些合法市场变为盗版产品卖场。

5. 一些执法部门对于打击盗版不够重视、管理放松，导致盗版泛滥

公安机关是"扫黄打非"、打击盗版的主力。但在目前建设小康社会的关键时期，各种矛盾加剧，查案警力有限。有些警官据此认为，那些大要案还抓不过来呢，哪有更多功夫去查处盗版？因此，对盗版情况，除非属重大案件，他们一般不会积极办理。这就使盗版者敢于兴风作浪，增加了打击盗版工作的困难。

6. 出版社、印刷厂为盈利参与盗版活动

出版社和注册登记的大型印厂，一般能守法经营，但也时不时听到某些企业从事盗版活动的消息。这些单位内部人员与盗版书商互相借水行船，为利联手，或倒卖书号，或出版伪书，或将积压产品与盗版书掺合在一起低价销售，或把其他社的畅销书改头换面抄袭为自己社的书推出，这些单位的不法行为，也是盗版现象产生的根源。

上述各种因素综合在一起，便形成了盗版市场。盗版市场其来有自，摸清楚盗版出现的原因，再进一步，就可能找到更多维权打击盗版的有效方法。我们不妨从宏观与微观两方面入手，做好维权打击盗版工作。

二、加强宏观布局，强势打击盗版

从宏观上说，打击盗版需要各级政府出面，从教育、经济、行政和法律四个不同方面，多管齐下，综合整治盗版活动。

（1）进行教育引导，通过各种媒体进行持久宣传，号召公众自觉拒绝购买盗版产品，形成强有力的舆论力量。在学校，发动师生签署不买盗版书刊、盗版光盘的自律协定，互相提醒，对违反者记入档案。

（2）实施经济举措，减少读者阅读成本，压缩盗版者的生存空间，给优秀出版物生产单位以补贴，促使文化企业自觉降低产品和服务价格；对虚高定价，牟取暴利的出版单位进行高额征税。

（3）采用行政手段，将打击盗版效果与领导干部业绩挂钩，对打击盗版行动不力的领导干部，给予一票否决；关闭污染环境的造纸、印刷和光盘生产企业；重罚盗版参与者，使生产销售盗版产品者的成本大幅增加，令其经营陷入困境，难以为继；对购买盗版产品的消费者，施以高额罚款或行政拘留。

（4）加强法律制裁，完善法律制度，加大对盗版者的惩处力度，让更多盗版者因慑于法律威严而不敢参与盗版活动；对公然支持盗版活动的领导干部，撤职查办，移交司法部门处理；加强公安执法队伍查处盗版案件的力量，像交通管理局和消防管理局那样，在各地设置公安部门文化执法局，提高公安人员参与打击盗版工作的积极性。

三、出版企业参与维权打盗工作的方法

出版社等文化单位，是从微观层面参与维权打击盗版工作的主要力量。只有积极主动工作，才能有效维护自身权益，净化生存空间。

出版企业维权打盗工作的具体方法，需要不断研究和探索。不断总结自身工作实践并借鉴其他单位的经验，作者认为，出版社维权打盗工作的方法，目前至少有下述五种，即主体打盗、专业打盗、社会打盗、技术打盗、知识打盗。

1. 发挥主体打盗作用

出版社和作者是图书文化市场活动的主体，要不断强化对维权打盗工作的意识，才能增强参与维权打盗事业的积极性与自觉性，投入力量，取得显著效果。譬如，高教社领导对本社参与维权打盗工作有较高的认识，他们在社内组建有20多名专职人员参加的打击盗版办公室，长年主动出击，展开市场巡查，查实并处理了许多大案，为本社挽回经济损失上亿元。人大出版社也是这样，在社领导支持下，反盗版工作者配合市场稽查执法人员，及时查处了盗版《毛泽东传》和李瑞环同志著作的重要案件，两度荣获国家版权局颁发的打击盗版工作优秀集

体奖。

主体打盗工作的方法很多，各单位具体情况不同，可以针对不同实际，采取不同做法。像人大出版社的工作人员，更多依靠现代通信手段与各地建立联系，这样即便出差次数不多，也能随时掌握当地盗版情况，及时处理案件。

各出版社从事维权打盗工作的人员，应该加强横向合作，拓宽工作渠道，组成打盗联络网，才能更有效地应对盗版者日益密切的勾结举动。现在，盗版者为逃避打击，采取了更为隐蔽的手段，利用现代通信手段，搞跨地区联动，已形成印制、运送、储藏、批发、销售一条龙式的作业，如此一来，更增加了打击难度。对此，出版社在加强与地方政府主管部门联系沟通的同时，必须不断加强兄弟社之间协助，才能克敌制胜。

现在文化出版单位之间在维权打盗方面展开联合行动的范围还不够广泛，以北京地区为例，目前在京的出版社有230余家，报纸期刊2 700家，电子出版单位45家，在工商部门登记注册的各类文化公司有5 000多家，创作人员有35万之多，占全国的三分之二。面对如此众多的版权使用单位和个人，打击盗版、保护著作权人利益的任务非常艰巨。联合起来，才能更加节约人力财力，也才能取得更多实效。然而，令人遗憾的是，出版社之间主动进行联合，共同打击盗版的活动并不多见。即便是国内最有影响的打盗联合体——"京版十五联打击盗版联盟"，也仅有二十几个单位参加，无论是自身能量，还是影响力都还太小，亟须进一步扩大范围，加速增加成员单位，提高社会影响，才能让盗版者感到权利人维护自身利益和法律尊严的威慑力。

2. 倚重专业打盗队伍

全国"扫黄打非"办和新闻出版局是维护文化市场秩序的专业队伍，是握有监管执法权的维权打盗工作主力军。出版社开展维权打盗工作，应该而且必须更多地与执法单位取得联系，依靠各地区、各层级的新闻出版、版权管理部门，加快编织遍及全国的打击盗版工作网，这样才能更加有效地保护自身权利不受盗版者侵害。

为保证工作有效展开，出版社的专职打盗工作者要密切保持与各地版权局、扫黄办，以及广大读者之间的联系，坚持认真接听举报、咨询电话，及时回复各地文化管理部门的信函，及时提供图书鉴定证明，配合专业工作人员办案。

3. 动员社会打盗力量

人民群众是维护法治的根本力量，出版社应通过有效宣传，传播知识产权观念，发动更多人举报盗版活动，使社会打盗力量更好地凝聚在一起。有的出版社提出，使用国家版权局发给的打盗工作奖励资金，作为维权打盗基金，用于激励举报人，以吸引更多人投身打盗事业，逐步培育起维权打盗的雄厚社会力量。

为了减轻举报人经济负担，鼓励读者举报，出版社可采取由邮件接收方付款的方式，提高举报数量，实行广种薄收的策略。通过此类服务，既可提高出版单位的良好声誉，也有助于及时掌握盗版者的活动情况，还能增强与行业管理部门及读者的协作，为查办大案打好基础。

4. 更好地利用现代技术打击盗版

现代印刷、通信等先进技术的采用，有效地促进了出版行业的发展，但也为盗版者提供了越来越多的方便和低廉的手段。为打破盗版网络，出版社需要使用更先进的科学方法。例如，采用录音电话、固定电话与手机自动转接等工具，发挥盗版举报电话 24 小时有效服务的功能，利用先进科技，为更多读者参与维权打盗工作创造条件。对于最近几年出现且愈演愈烈的网络盗版，必须从电信和网络这些源头地点切入，从根上掐断其传播路径；对网络内容侵权情况，需使用相应的排查软件，进行实时监控，及时记录取证。

5. 掌握更多的专业知识打击盗版，对有效维护版权具有十分重要的意义

党的十七大和四中全会发出了建立学习型组织的号召，我们只有努力学习更多与维权打盗相关的法律知识和网络出版方面的新知识，掌握更多辨假识假方法和打盗技能技巧，才能有效提高我们打盗维权工作的水平，更好地维护反盗体系自身的安全。

论维权打盗工作的重要意义

· 李六中 ·

　　维权打盗工作的主旨，是打击侵权盗版活动，保护版权、著作权不受侵害。维权打盗是全国"扫黄打非"工作的重点。"扫黄"，指清除含有淫秽色情内容的出版物，"打非"，指打击各类非法出版活动。今年 1 月 15 日，在第 23 次全国"扫黄打非"工作电视电话会议上，中宣部部长刘云山将 2010 年的工作重点概括为：打击非法出版物是"重中之重"，打击互联网和手机传播淫秽色情信息是"突出任务"，打击侵权盗版和非法报刊是"日常监管的重点"。从中宣部部长上述讲话中频频使用"重中之重"、"监管的重点"之类加强型语句的情况，人们不难判断出维护版权、打击盗版工作肯定具有特别重要的意义。

　　"扫黄打非"是我国一项具有战略意义的长期重要工作。国家开展"扫黄打非"工作至今已经 20 多年。1989 年 7 月，时任中共中央政治局常委、书记处书记的李瑞环同志，在全国宣传部长会议上传达指示，提出"扫黄"问题要"下决心、下力气，抓出成效，决不手软"。一个月后，"全国整顿清理书报刊和音像市场工作小组"——全国"扫黄打非"工作小组的前身——成立。从"扫黄打非"工作小组领导来看，其规格相当高——目前组长由中宣部部长刘云山担任，副组长包括新闻出版总署署长和一位副署长，以及中央政法委一位副秘书长等人。它的成员单位包括中宣部、中央政法委、外宣办、国务院办公厅、最高人民法院、最高人民检察院、公安部、国家安全部、监察部、财政部、教育部、民政部、工业和信息产业部、住建部、交通部等 28 个部门。"谁主管谁负责"，一直是"扫黄打非"办的工作原则之一。参加工作小组的各成员单位，分工负责"扫黄打非"中的对口任务。工作小组下设日常办事机构——办公室，是一个跨地区、跨部门的综合协调机构，承担全国扫除黄色出版物、打击非法出版活动工作的组织协调和出版物市场的执法监管等职能。办公室设在国家新闻出版总署。公安系统一直被定位为"扫黄打非"运动的骨干力量之一。多年以来，"扫黄打非"工作小组成员单位逐渐增加，体现了中共中央对"扫黄打非"工作"只能加强，不能削弱"的决心。

在地方，各省、地、县级党政机关也分别设立了相应的机构，一些地方将"扫黄打非"办设在新闻出版局，另一些设在文化厅（局）。不过，总体架构大致相似，小组的成员单位也与中央"扫黄打非"小组的基本相同。按照 2006 年中共中央办公厅规定，"扫黄打非"工作实行属地管理责任制，地方各级党委、政府对辖区内的"扫黄打非"工作负总责。官员们对此项工作感到"压力一直挺大的"。《南方周末》一名记者说：江苏"扫黄打非"办一位不愿具名的工作人员表示，"一旦所辖区域发生重大问题，又未能妥善解决之时，很可能会追究相关党委、政府分管领导的责任"。从"扫黄打非"办接到上级指示精神开始，所属各成员单位立即行动起来，宣传部门要组织媒体进行宣传报道，检察院要依法从重从快打击违法犯罪分子，公安局要依法查处涉及反动、淫秽色情出版物和非法出版活动案件，财政局要编写预算并按时拨付等，各地对各部门各司其职的具体责任，都有明确规定。

从宏观上看，"扫黄打非"工作的重心是维权打盗，清除反动、淫秽出版物，保护版权单位和著作权人的合法利益不受侵犯，实质上是构建国家法治秩序，维护社会稳定。维权打盗工作不仅是建设社会主义法治国家，维护社会主义市场经济秩序的要求，而且影响到国家文化产业能否健康快速发展和能否满足人民群众对高质量精神产品的需要；从长远看，维护知识产权，打击侵权盗版，对在全民中普及法治观念，提高公民质素和社会道德水准，对保障广大青少年身心健康，提升全民族创造力，对于促进科技进步，增强国家核心竞争实力，推动我国加速向创新型社会发展模式转变，都具有十分重要的意义。

而盗版活动却对国家文化出版产业和教育事业的发展有相反作用。盗版书报刊、音像制品、网络视频的存在，直接冲击正规文化产业，妨碍读者阅读；盗版物中有大量劣质教材教辅读物，严重干扰学校的正常教学，不仅误人子弟，而且直接危害学生健康成长；那些非法传播的反动和黄色的书刊、光盘、视频内容、手机短信等，不仅诱惑青少年和未成年人犯罪，甚至还配合境外敌对势力，宣扬恐怖暴力、邪教异端，挑动民族分裂，鼓动颠覆国家政权，是社会安宁的大患。

在微观层面，侵权盗版活动对出版社、印刷厂和其他文化出版生产企业的危害尤其明显。不法书商书贩到处扰乱图书文化市场秩序，阻碍出版企业进行正常经营；拥有现代化印刷设备、具备大规模生产能力的国营印厂开工不足、经营困难，而大量非正规、甚至根本未经工商注册的作坊式乡镇小造纸厂、小印刷厂却机器轰鸣，日夜加班加点大批生产劣质纸张，制作非法书刊、光盘，严重污染河流，破坏周边环境；质量低劣的盗版书刊，影响读者阅读，引起群众强烈不满，直接损害了出版社的社会声誉和经济效益；盗版分子的猖狂行径，打乱了正版图书的创作、编辑、印制和发行秩序，同时加剧了国家资源和能源消耗及环境污染；肆无忌惮的盗版活动，侵蚀作者、编辑的创新积极性，妨害出版社健康发展，对出版企业的生存构成相当威胁，严重阻碍出版社实现靠自身产品形成核心竞争力而跻身国际一流出版集团的战略目标。

综上所述，无论从宏观面，还是从微观面观察，侵权盗版活动都有巨大的社会破坏性，对此需要动员更多社会力量，特别是作为版权、著作权主体的出版社和作者，自觉投入维权打盗工作，这无疑具有十分重要的意义。因此，主动维护出版市场秩序，营造良好的社会文化环境，不仅是国家新闻出版行业主管部门的工作职责，也是全国各个出版单位和每个公民义不容辞的社会责任。出版社作为版权所有权人，有必要积极行动起来，保护自身利益；出版社作为精神产品的生产者，应尽到自身社会责任，主动维护文化市场秩序，自觉参与维权打盗工作，协助政府主管部门净化图书市场。

反之，如果对盗版现象采取听之任之、袖手旁观的态度，对制售盗版物的活动畏首畏尾、视而不见，一味消极等候政府部门采取行动，而非积极协助文化市场管理部门去查处、打击盗版，则势必削弱社会维权打盗的力量，客观上会使盗版活动打而不绝，其结果对出版社的生存与发展将非常不利。

五、书评

处处都有辩证法

——读《辩证法随谈》有感

·王海龙·

李瑞环同志的《学哲学 用哲学》一书出版后，各方面反应热烈，特别是其中的"处处都有辩证法"一节，经多家媒体转载，引起读者广泛关注，认为这种质朴、鲜明、生动的片言只语，简短精练，好读好记好用，可以使读者在轻松、活泼的氛围中获得认识论、方法论的启迪，因而希望出一个《学哲学 用哲学》的简编本。这本《辩证法随谈》就是在李瑞环同志主持下为满足读者上述要求而选编的。

《辩证法随谈》一书收录了类似于《学哲学 用哲学》中"处处都有辩证法"一节的富有辩证意蕴的精彩段落 1 400 多条，分为六编三十六题。书中并非专门谈论辩证法，而是把马克思主义唯物辩证法的原理运用于对具体问题的分析和解决上，既有立场、观点、方法，又覆盖工作、学习、生活诸多方面，是时时处处应用了辩证法，时时处处体现了辩证法。所谓"随谈"，即随时、随地、随事、随兴而谈，触景生情，有感而发，不拘形式。

作为《辩证法随谈》的编辑，在审读本书的过程中有以下几点深切体会：

（1）《辩证法随谈》一书是李瑞环同志数十年来学哲学用哲学，特别是运用辩证思维指导实践的丰硕成果的概括与总结。在 1 400 多条简短精练的段落中，凝聚着丰富的哲学智慧和思想方法。在当前我国建设学习型社会的过程中，广大干部群众一方面需要提高文化科学知识水平，另一方面也亟须提高理论水平和认识能力。一个人、一个单位，乃至一个国家，在处理复杂关键的问题时，固然需要丰富的知识，但更需要智慧与方法。李瑞环同志运用辩证法去分析、解决具体问题时所展现出的智慧，所提示的方法，会让读者豁然开朗、获益匪浅。比如书中"解决经济问题，不能只就经济谈经济，见物不见人，而必须从政治上看问题，从人的积极性上看问题"；"考虑问题，不但要里里外外、方方面面，而且要颠来倒去、反反复复。这看起来是麻烦，但实际上可以减少麻烦"等论述，充满了辩证的睿智，有助于澄清模糊认识，启人智慧，发人深省。在新的历史时期，党中央提出了与时俱进、继承和发展马克思主义理论的历史课题，正在组织实施马克思主义理论研究与建设工程。展现作者深厚的理论功底、凝聚作者丰富的实践经验的《辩证法随谈》的出版，必将深刻推动马克思主义哲学的传播和普及。

（2）《辩证法随谈》一书包含着许多富有创新性的提法和思考，展示了辩证法的威力，体现了理论联系实际的学风。例如："头疼要吃头疼药，脚气要抹脚气灵，老抹脚气灵是治不了头疼病的。"深刻批评了"头痛医脚"的脱离实际的作风。又如："我们在确定一个国家的发展战略时，无论选择什么样的目标、模式和途径，都不能只顾眼前不顾长远，只顾局部不顾全局，只顾自己不顾别人，而应当多从全球发展的角度考虑，多为我们的子孙后代着想。滥用资源、毁坏环境、过度消费是绝对不可取的。"为我们落实科学发展观提供了系统思维的启示。此外，作者就弘扬中华民族"和"的思想提出了许多独到的、富有前瞻性的思考，如："大家在一起总是要多看别人的长处，多给别人留些存在与活动的余地。如果你挤得人家一点空间都没有，互相一伸胳膊、一伸腿就碰上了，不能怨别人蹭了你，而要怨你自己留给别人的空间太小。""'和'的思想、'和为贵的思想'不是不分是非，不是无原则的苟同，而是和而不同。只有不同的调味品的结合，才能做出美味佳肴，只有不同音调的交响，才能奏出动听的音乐。和为贵就是一切以和为依归，以和为出发点和落脚点，争论也好，谅解也好，一切都是为了和，为了人与人、人与自然的和谐相处、和谐共存、协调渐进。而这些和马克思主义的观点是一致的。"

（3）《辩证法随谈》一书语言诙谐幽默，生动活泼，通俗易懂，行文风格贴近群众，贴近生活，极具亲和力。当前形式主义的文风、话风抬头并有弥漫的趋势，这种文风、话风远离了生活、脱离了群众。而李瑞环同志的讲话和文章，文风朴实，个性鲜明，习语、典故信手拈来，隐喻、排比运用自如，从而大大增强了表达效果，很多表述有着强烈的感染力和震撼力，比如："在环境问题上，如果只顾当前，不看长远，急功近利，竭泽而渔，就是'吃祖宗饭，造子孙孽'，就会成为历史的罪人。"又如："先生孩子后起名，孩子生下来可以先起个小名，叫阿猫、阿狗、铁蛋都行，主要是让他身体好，长本事。"这种语言表述源自生活、源自群众，与毛泽东、邓小平的文风一脉相承，"阿猫、阿狗、铁蛋"说就与"白猫黑猫"说有异曲同工之妙，读来特别亲切自然，为广大干部群众所喜闻乐见。《学哲学 用哲学》一书出版后，其语言风格已在干部群众中产生了广泛影响，书中的一些精彩的话语广为流传。相比之下，《辩证法随谈》一书的语言风格更加鲜明，相信出版后影响会更大，有助于促进文风、话风向清新自然、简洁明快的风格转变。

（4）《辩证法随谈》是一部能助人修身养性的好书。书中虽然只有两个专题收录了"作风"和"修养"方面的段子，仅有几十个小段，但在其他专题中，作者无论是谈到领导艺术，谈到统战工作，谈到为人民办实事，谈到"和为贵"的思想等，字里行间也都饱含着许多有关修身养性的道理。"大智若愚看似糊涂不真糊涂，善解人意设身处地考虑对方"，"人心换人心，真诚换真诚，只有真诚地尊重别人，才能得到别人的真诚尊重；批评别人对自己不真诚，首先要反省自己对别人是否有虚假"，"冷静地想一想，掌声、歌颂未必真帮忙，批评、反对不是都添乱"……这些为人处世的名言警句令人百读不厌，也令人自律自省。许多道理看似浅显，却是很多干部做不到甚至没想到的。它们发自作者对社会、对民族、对国家的强烈的责任感，对人民群众的深厚的感情，体现出作者豁达的心胸、平和的心境。胡锦涛总书记在中纪委七次会议上的讲话，提出要加强领导干部作风建设。《辩证法随谈》中的相关内容，对于抵制领导干部中的歪风邪气，加强党风廉政建设，在全民中树立正气，具有重要的意义。

（5）《辩证法随谈》在体例和形式上也有所创新。将一些精彩的论断、警句，按照专题分类，并辑录成书，这种体例和形式具有创新性。这种形式既方便读者阅读，也方便读者记忆和运用。由于书中的每一段（条）都是独立的，读者拿到书不必从头至尾、按部就班地读，而是可以随心所欲地翻阅，挑自己感兴趣的段子阅读，而且也不必专门拿出大块的时间来读。这些精选出来的段子，以朴实通俗的语言传递着深邃的哲理和方法，言简意赅，又朗朗上口，应能常读常新，广泛流传，因而一定会在干部群众中产生深远的影响。

本书是李瑞环同志在生活和工作实践中活学活用辩证法的理论结晶和实践总结，是马克思主义中国化的重要成果。与《学哲学 用哲学》相比，本书的内容更凝练活泼，语言更富有个性，形式更新颖。作为本书的责任编辑之一，能够对这样精彩的著作先睹为快，实为幸事。

哲学：相遇与对话

——《西方哲学智慧》的魅力

· 吴冰华 ·

《西方哲学智慧》是中国人民大学出版社 2009 年出版的一部教材，这部教材自从 2000 年出版第 1 版以来，已经重印了几次，在读者和广大师生中有很好的口碑。这次推陈出新，出版第 2 版，在内容质量、文字形式等方面均锦上添花。在编辑加工《西方哲学智慧》的过程中，以及之后闲暇时慢慢翻阅中，我对《西方哲学智慧》有点点滴滴的感悟，我想这也是《西方哲学智慧》的魅力所在。

一、与哲学大师的相遇

20 世纪一位著名犹太哲学家亚伯拉罕·约书亚·海舍尔曾说过这样的话："对于物，我们只是感知，对于人，我们则是相遇。"感知是单向的，相遇是双向的。我在与《西方哲学智慧》的相遇中感知哲学大师的风采，在相遇中思考哲学的问题，在相遇中体悟人生的意义。

哲学是一门特殊的学科，它是以问题开始的，或者说哲学是以人的困惑开始的，但又没有终极的答案。

学习哲学史，首先要追问什么是哲学。什么是哲学的问题与哲学本身思考的问题一样，可能是我们人类永远追寻而又永远无法回答的问题。有人说，哲学是智慧之学，因为"哲学"一词的本义就是"追求智慧"、"爱智慧"；有人说，哲学是人生的学问，哲学就是探索人生的价值和意义；有人说，哲学是理论化、系统化的世界观和方法论；有人说，哲学是人类意识的自我反思；有人说，哲学是时代精神的精华……我们知道德国著名哲学家黑格尔还对哲学作过许多生动形象的比喻，如"庙里的神"、"厮杀的战场"、"花蕾、花朵和果实"、"密涅瓦的猫头鹰"等。这些对哲学的定义、解释和比喻都从一定维度揭示了哲学这一学科的特点。但这些解释显然不能令人满意，在这里我更愿意用更加模糊化的话语来解释哲学：哲学是人类的精神家园，哲学是人类对智慧的渴望，哲学是人类试图对自身的超越，超越自然，超越宇宙。当然，这种超越只能是有限的超越，这种超越也只能超越有限。也许有人说，这种超越既是人类的进步，也是人类的悲剧。但我要说的是，悲剧不是悲哀，就像加缪笔下的希腊神话中的西西弗斯推滚的巨石，虽一次又一次地从山顶滚落下来，但他的一次又一次的推滚仍然是有意义的，就如人的生命一样。神祇给予西西弗斯最可怕的惩罚："从事徒劳无功和毫无希望的工作。"[1]但西西弗斯的行动证明：他的命运属于他，他的巨石也属于他。没有什么命运能不被轻蔑所克服。西西弗斯用真诚否定了神祇。"挣扎着上山的努力已足以充实人们的心灵。人们必须想象西西弗斯是快乐的"[2]，我们每个人都应该对生活充满爱和感激。

我们为什么要研究哲学？对此，也许有人回答说：我们之所以研究哲学，是因为我们有探索宇宙的渴望，我们有超越自身的渴望，我们有超越生死的渴望。研究哲学能给孤独的人类以精神的慰藉。在这个意义上，可以说哲学是人类随身携带的精神行囊，是人生旅途中的必备物品。有人曾经这样说，人类自从从猿变成人后，在地球上就不再有朋友，就不再有交流者，只能自己对着苍茫的宇宙发呆。这种说法对于理解人的生存困境是有一定启发意义的。

哲学对我们有什么意义？更通俗地说，哲学有什么用？亚里士多德曾把哲学称为"最神圣的学术"，但如果你要问哲学有什么用，这可就难煞了很多喜爱哲学的人。关于哲学的用途的追问，会让人想起《庄子·列御寇》中讲的一个故事：有一个人历经千辛万苦，去向高人学习了屠龙之术，回来后却发现无龙可屠。为此有人把哲学比喻为"屠龙之术"，意为"无用之学"。为了"屠龙"而学哲学，显然出发点错了。著名哲学家冯友兰曾经说："每个人都要学哲学，正像西方人都要进教堂。学哲学的目的，是使人作为人能够成为人，而不是成为某种人。"[3]也就是说，学哲学是教人如何做人，而不是教授某种专门技艺。人类的哲学意识，即人类对世界的困惑和好奇，人类对智慧的渴望和探索，是人之为人的根本所在。从某种意义上说，人类如果没有哲学意识，就不能说人类与其他动物有什么根本区别。记得俄国著名作家陀思妥耶夫斯基在小说《卡拉玛佐夫兄弟》中说："因为人类存在的秘密并不在于仅仅单纯地活着，而在于为什么活着。当对自己为什么活着缺乏坚定的信念时，人是不愿意活着的，宁可自杀，也不愿留在世间，尽管他的周围全是面包。"这就是哲学的意义。

　　《西方哲学智慧》对以上这些哲学问题或困惑均给予了自己的解答。《西方哲学智慧》涵括公元前 6 世纪至 20 世纪两千多年的西方哲学，虽然没有按历史的顺序编排内容，但众多的西方哲学大师，如苏格拉底、柏拉图、亚里士多德、圣奥古斯丁、笛卡儿、休谟、康德、黑格尔、胡塞尔、罗尔斯、詹姆逊等，他们的思想就在书中十二章的结构框架中，在通畅易达的语言叙述中，为我们打开了通往"智慧"之路的大门，为我们了解西方哲学点燃了"智慧"之灯。我们就在与这些哲学大师的相遇中，在对西方哲学"智慧"的探索和追求中，开阔了视野，锻炼了理论思维，深化了思想深度。

二、与哲学问题的对话

　　哲学作为一门学科具有自己独特的特点：哲学的反思和批判功能。

　　哲学对一切问题都要追本溯源、寻根究底，作一番反省性或前瞻性的思考；哲学在别人从未发现问题的地方发现问题，对人们通常未加省察和批判就加以接受的一切成见、常识等进行批判性的省察，质疑它们的合理性根据和存在权利。社会生活的一切领域和人生的一切方面都向哲学思维敞开，接受哲学家的质疑、批判和拷问；同时哲学思维本身也向质疑、批判和拷问敞开，也要在这种质疑、批判和拷问中证明自身的合理性。哲学活动因此成为一种质疑、批判和拷问的活动。[4]卡尔·波普尔把这种哲学活动的必要性说得十分清楚："如果不对假定的前提进行检验，将它们束之高阁，社会就会陷入僵化，信仰就会变成教条，想象就会变得呆滞，智慧就会陷入贫乏。社会如果躺在无人质疑的教条的温床上睡大觉，就有可能渐渐烂掉。要激励想象，运用智慧，防止精神生活陷入贫瘠，要使对真理的追求（或者对正义的追求，对自我实现的追求）持之以恒，就必须对假设质疑，向前提挑战，至少应做到足以推动社会前进的水平。"[5]

　　当然哲学没有也不可能给出令每个人满意的答案，一个哲学家的回答不能代替另一个哲学家的回答，一个时代的回答不能代替另一个时代的回答。但这并不是问题的关键。问题的关键是问题的提出，而不是问题的答案。从哲学史的观点看问题，问题的提出比答案更有意义，解决问题的过程比达到的结论更有价值。可以说整个哲学史就是哲学问题史，就是历史上和现实中的哲学家提出一个又一个问题，提出一个又一个答案，但这些答案一个接着一个被推翻、被修改、被重写。这既是哲学的命运，也是人类的命运。

　　有人曾经这样说，哲学是独一无二的，因此哲学史也是独一无二的。黑格尔说哲学史就是哲学。恩格斯也指出，一个人要想学习哲学，除了学习哲学史，别无他途。我这里想说的是，学习哲学史也就是在思考哲学问题。哲学史展现的就是高尚心灵的更迭，思想英雄的较量。正是在这个意义上，黑格尔说哲学就是"厮杀的战场"。

　　用真正哲学的方式来学习哲学史，就是要敞开自己的心胸，试着用历史上一个一个哲学家的眼光来看世界。也就是说，理解历史上任何一个哲学家首先要理解他的问题，理解他在他的时代为什么会提出这个问题。因此学习哲学史，首先要求我们必须对每个哲学家在他那个时代对世界的思考有准确的了解。也就是说，学习哲学史不仅是学习知识，即知道哲学家们说了些什么，更重要的是了解哲学家们"因为"什么说和"为什么"这样说。换言之，应该了解不同时代的哲学家所面临的哲学问题是什么，以及他们解决哲学问题的不同方式。可以说，凡是在哲学史上留下自己见解的哲学家，都是具有大智慧的人，我们切忌以现代人的眼光来断然地否定他。"每一位哲学家的思想都代表着一条哲学运思之路，而每一条道路都具有永恒独特的意义和价值，都是不可替代的。"[6]

　　《西方哲学智慧》共分十二章，以哲学问题为主线，如"形而上学"、"终极关怀"、"主体性原则"、"历史之谜"、"生存的困惑"、"正义与幸福"等，涉及形而上学、宗教哲学、认识论、历史哲学、伦理学、政治哲学等，每一章都有一个主题，相关的讨论贯穿始终，古今纵横，史论结合，虽没有对全部西方哲学史做到面面俱到，但详略得当，主次分明。这种以问题、主题为主线的叙述风格增添了内容的丰富性。同一位大师，如康德的思想就同时构成了"形而上学"、"实践智慧"、"主体性原则"等章节的内容，虽然可能显得有些重复，但并不杂乱，反倒表明康德的哲学思想在西方哲学的不同领域都有重要的影响，凸显了康德思想的价值与意义。

　　正如编写者在导言中所说："虽然在《西方哲学智慧》中有'智慧'二字，我们却不要望文生义，以为可以从本书中学到'智慧'而且是'西方哲学'的'智慧'。"[7]我想，在阅读完《西方哲学智慧》之后，我们能热爱或追求"智慧"，享受"智慧之爱"给我们带来的愉悦或痛苦，也就足矣。

　　当我们沿着人类思维的踪迹走过一遍，我们就完成了我们自己精神上的再生。我们仿佛又走了一遍人类发展的路，也仿佛走了一遍自己人生成长的路。就像我在前面说到的，学习哲学是与历史上哲学大师的相遇，学习哲学史就是与这些先哲进行精神的交流和心灵的对话。在交流和对话中领悟生命的真谛，体认人类生存的意义。这就是《西方哲学智慧》的特采和魅力！

【注释】

[1] [美] W.考夫曼编著：《存在主义》，326页，北京，商务印书馆，1987。

[2] 同上书，329页。

[3] 冯友兰：《中国哲学简史》，10页，北京，北京大学出版社，1996。

[4] 参见《牛津西方哲学史》，"总序" 4页，北京，中国人民大学出版社，2006。

[5] [英] 麦基编：《思想家》，4页，北京，三联书店，1987。

[6] 张志伟主编：《西方哲学史》，9～10页，北京，中国人民大学出版社，2002。

[7] 张志伟、欧阳谦主编：《西方哲学智慧》，2页，北京，中国人民大学出版社，2009。

"小史"之中有"大道"

——读《中国哲学小史》有感

·张玉梅·

  中国人民大学出版社出版的《中国哲学小史》是中国著名哲学史专家冯友兰先生的著作。"小史"确实很"小"，32开本，总共159页，除去作为"附录"的数篇论文，"小史"部分只有区区78页，不足5万字。然而，"小史"不"小"，它传达给我们的是中国数千年文化文明的精髓，跟随着先生平实流畅的叙述，中国思想史清晰的发展脉络跃然纸上，使我对中国传统文化的产生及走向有了更深一层的理解。

  冯友兰自己释"小史"之义曰："小史者，非徒巨著之节略，姓名、学派之清单也。譬犹画图，小景之中，形神自足。非全史在胸，易克臻此。惟其如是，读其书者，乃觉择焉虽精而语焉犹详也。"这正道出了该书的基本特点：该书是"巨著之节略，姓名、学派之清单"，但又不仅仅是节略、清单。该书区区13章、不足5万字的篇幅充分体现了其简略的特性。中国历史上下数千年，朝代更迭，学派林立，然先生只撷取13个专题述其旨要，其中先秦诸子就占了前7章，宋明学者占了后4章，另有两章分别对"五行，八卦"和"佛教，道教与道学"进行了梳理阐释。这种大胆的取舍隐含着先生对中国哲学史发展源流的深刻理解。先生在"序"中对之所以如此节略进行了解释："魏晋之玄学，即先秦诸子之学中道家之学之继续。隋唐之佛学，虽亦有甚大势力，然终非中国思想之主流。清代之义理之学，乃宋明道学之继续。故此小史所述，仅详于先秦诸子之学及宋明之道学。"可见，在先生看来，先秦诸子之学及宋明道学已经涵盖了中国哲学思想的主流内容，其所关注、讨论的问题几乎包括了中国哲学所讨论的所有问题。

  该书另一鲜明特色是体现了冯先生对中国哲学思想的梳理和追根溯源的探索。对于一种学说的提出，先生试图从社会现实、人生需要等寻找其产生的根源，并从现实需要层面探寻、解释其发展走向。一部"小史"13章，有7章讲先秦诸子之思想，可见先秦诸子百家在中哲史上的地位之重要。而诸子思想之起源，其所讨论的问题，实是春秋时期社会现实状况决定的。冯先生说："春秋之时，原来之周制，在社会、政治、经济各方面，皆有根本的改变"。从春秋至汉中是一个大的过渡时期，乃"旧制度失其权威、新制度尚未确定、人皆徘徊歧路之时"，人们经历着前所未有的环境变化、思想解放，于是各种学说应运而生，有起而拥护旧制度者，有批评或反对旧制度者，有欲修正旧制度者，有欲另立新制度以代替旧制度者等，拥护或反对均须说出种种理由以论证自己、驳斥对方，由此促进了中国哲学思想流派的产生及其理论化。理论发展的需要及学者间的相互辩难，更进一步催生了以研究纯理论为旨趣的名家"坚白同异"学说的提出。就史上最著名的儒、墨、道三家而言，以孔、孟为代表的儒家是旧制度的坚决拥护者，孔子以维护礼制为目的的"正名"理论和以"忠"、"恕"为核心内容的"为仁之方"的道德修养功夫，在孟子那里发展为"性善论"和"仁政"思想，在后来的思想发展中影响深远。墨家是儒家的反对派，其最大的不同就是，儒家所言所行不计功利，而墨家以功利作为判断一切事物的标准。凡事物，符合"国家百姓人民之利"的就有价值，就坚持，反之就反对，墨子因而主张节葬、节用、非乐、兼爱、非攻等。可以说，墨子的主张也是为了"救世之弊"，这一点与孔子没有什么不同，然救世之方法却走了一条截然不同的路。和儒、墨之积极入世不同的是，道家采取了避世的态度，老子主张顺应自然，抛弃文明，回归无知无欲的婴儿状态；庄子更反对社会上各种制度，主张回归自然，达到"天体与我并生，而万物与我为一"的逍遥境界。

追踪理论的走向，一种主张之所以在后世理论中得到继承发扬，是和当时社会的需要分不开的，冯先生把这种联系点称作"有兴趣的问题"。例如，在佛学大行其道的唐朝，学者发现《孟子》之谈心谈性，谈"万物皆备于我，反身而诚"，以及"养心"、"寡欲"之修养方法，可用于与佛学进行讨论，就当时人们认为有兴趣的问题给出解答，于是极力提倡，遂为宋明道学所依据之重要典籍。《大学》之所以得到推崇，也是因为其关于"明明德"、"正心"、"诚意"之说与当时所认为有兴趣之问题有关。宋明道学家到儒家典籍中去寻找他们感兴趣问题之解答，从而作为自己立论的依据。因此可以说，宋明道学实际是外来之佛学与中国原有之儒学的融合。所讨论问题一致，而其内涵却已有不同，如关于圣人的修养境界，宋儒所说之"圣人"或与孟子所说之"人伦之至"之人已不完全一致。

该书又一个特点是冯先生力图以西方哲学的体系结构和方法来解读中国哲学史。冯先生在《怎样研究中国哲学史?》一文中说:"中国哲学没有形式上的系统,若不研究西洋哲学,则我们整理中国哲学,便无所取法"。于是他打算借用西方哲学的结构形式对中国哲学予以梳理和规范。《中国哲学小史》可以说是这种方法的一种实践。在对中国哲学思想的阐述中,冯先生有意识地从形而上学、人生哲学、方法论等角度切入,运用了诸如宇宙观、唯物论、唯心论、道德哲学、政治哲学、逻辑学等概念来诠释中国哲学思想,并将中国思想家与西方著名哲学家的思想进行比较,从而把中国哲学的发展纳入到了世界思想发展的长河中。例如,在"孟子"一章,冯氏把孔子、孟子、荀子与西方哲学家苏格拉底、柏拉图、亚里士多德相比较,认为"孔子在中国历史中之地位如苏格拉底之在西洋历史。孟子在中国历史中之地位如柏拉图之在西洋历史,其气象之高明亢爽亦似之。荀子在中国历史之地位如亚里士多德之在西洋历史,其气象之笃实沉博亦似之。"具体而言,孟子的理想社会是以有圣人之德者居天子之位,圣人老后,由民意预选一位年少的圣人试之,合格则作为继任者。冯氏认为,这种思想与柏拉图《理想国》之主张极相似。又说,亚里士多德有纯讲逻辑的著作,荀子《正名》篇从知识论角度论述正名之观点,其逻辑的意义不亚于伦理的意义。谈起《易》学中的"象数之学",冯氏认为其注重"象"与"数",与毕达哥拉斯学派有极多相同之点,尤其是关于天文与音乐中"数"的功用,中国象数学与毕氏学派之观点大体相同。

可以说,以西方哲学之框架体系架构中国哲学,是冯先生对中国哲学史学科建设所做的重大贡献。

总的来说,《中国哲学小史》是一部中国哲学的入门书,其语言平易流畅,言简意赅,以通俗的语言诠释着大道理,平实简洁的叙述背后蕴涵着繁复深奥的东西。可以说,这种简易,是繁复之后的抽象功夫,是"深入"之后的"简出",能"深入"而又能"简出",这是做学问的最高境界,看似简单的"出"与"入"之间,是先生对丰富思想史料的全面掌握和深入探究,没有这种扎实功夫做基础,先生这种高屋建瓴的归纳梳理、贯通中外古今的比较分析就不可能做得如此张弛有度,游刃有余。读此书,使人受益良多。

用心读史，传承文化

——读柳诒徵《国史要义》的感想

·张玉梅·

"读史使人明智"，这是 17 世纪英国哲学家培根的一句名言。意思是说，读史可以知兴衰，明是非，进而知取舍，知进退，把握自己的人生。常人讲此言，无非从多识明理的角度理解，而柳诒徵先生的《国史要义》则把"读史"提升到了认识论和方法论的高度。

由中国人民大学出版社出版的《国史要义》是一部史学研究专著。作者柳诒徵是我国现代著名的史学家。他从史原、史权、史统、史联、史德、史识、史义、史例、史术、史化十个方面对中国丰富的史学资料和研究著作进行了系统的分析与整理，在精彩的剖析点评中阐发了自己的史学观。从十个方面解读国史，可以说是柳先生的独到之处。十个方面，各有一个主题，彼此独立又相互关联，综合形成了一个完整的史学史理论体系。其以礼解史，以人本主义架构国史思想体系，深得中国传统文化的义理精髓，其著作因而被视为中国的"历史哲学"。而其处处维护中国传统文化与制度，思想具有强烈的国粹主义的色彩。柳先生史学功底深厚，学问博大精深，其理论得失，我一个史学门外人岂可妄论！读先生之书，对于先生有关治史与做人的观点感触颇深，本文就此略谈一点感想。

一、治史以明德

研究历史，首先面临的就是以什么样的态度、用什么样的方法对待历史。这也是《国史要义》通篇都在讨论的问题。

过去的史家，有人"多讥往哲"，喜言前人之非；有人则以"忠恕"立论，主张"临文必敬"。柳先生则主张言史则必先言德。他评价说，"临文必敬"的观点，会对人产生一种误导，使人以为平时不必修德，只在做研究时做到"敬恕"

就可以了，这实际上是本末倒置，难道不研究历史，就不需要修德了吗？他从做学问与做人关系的高度论述了治史与修德的关系：做人是治史的前提与根本，治史只是修身的工具而已。"言德不专为治史，而治史之必本于德"。"古人之治史，非以为著作也，以益其身之德也。""学者之先务，不当专求执德以驭史，而惟宜治史以修德矣。"治史只不过是修德的一种手段，修德做人才是根本。所以说一个学者，不应只单纯追求学问上的精通，而应以提高道德修养为目标，一个只知做学问而忽视提高自身修养的人，即使学富五车，著作等身，也只是抓住了末节而失去了根本，最终也算不得一个真正的学问家。

"德"如此重要，那什么是德呢？柳先生引史学家章学诚的话说："德者，何？谓著书者之心术也。"梁启超解为心术端正。梁先生接着说：心术端正对治史固然十分必要，但尚未尽史德之含义，"史家第一件道德，莫过于忠实"。对于梁论，柳先生的看法是："忠实"其实是"心术端正"的题中应有之义，没有忠实，自然谈不上心术端正。对于"德"，柳先生有自己的见解："言德则必究德之所由来"。他认为，"人类之道德，秉于天赋之灵明"，"而其灵明所由启发而养成，则基于积世之经验。必经历若干之得失利害，又推阐其因果之关系，灼然有以见其自植于群有必然之定则，决不可背"。从这方面说，柳先生的观点与《大学》所谓"明明德"、孟子之性善论乃一脉相承，无非先天的禀赋加上后天的修养而已。不同的是，柳先生是就史德而言的，他所谓修养的内容与方式有着更为丰富也更为具体的含义。他主张通过"读史"而修德，而"史"作为"前贤往行"的记录，有着丰富的内容，是以往人们实践活动的总结，故而"读史"本身便不同于前人脱离现实的纯粹修养功夫，而具有了与社会实践息息相关的现实内容。

从柳述可以看出，德之修养包含着两个必要的方面：其一，通过读史，多识前贤往行，了解过去实践的利害得失，总结经验教训，把握"必然之定则"即社会发展规律，从而鉴往知来，预知应变。其二，通过读史，修养自己的性情，培养待人处事的美德，这也是治史者应具有的品德，具体说就是："于其性情矫其偏而济其美"，即"直而温，宽而栗，刚而无虐，简而无傲"。在柳先生看来，直、宽、刚、简都是君子之美德，然而必须以温、栗、无虐、无傲来中和，矫正其偏颇，方能达到完美。具体到治史上，就是"好而知其恶，恶而知其美"。不偏执，不以己之好恶定事物之好坏，以辩证的观点看待历史事实，对治史而言应该是一种客观公正的科学态度。前者应该是一种知行能力，属于知识层面；后者则是一种道德境界，兼有价值观和方法论的意义。

正是由于史德的不同，决定了治史者对历史的态度及研究方法的不同。"秉心厚者，则能尚友而蓄德；赋质刻者，则喜翻案而攻人。"修德对于治史的重要性，由此可见一斑。柳氏认为，历史的功能在于惩恶而劝善，"知人论世，在求古人之善者而友之，非求古人之恶而暴之"。通过读史体会史实中的礼仪精髓、圣哲典训，进而尽己及人物之性，穷究天人之际，这才是治史的关键。

二、史尚忠实

修德的过程便是治史的过程，也是通过读史认识社会发展规律的过程。

柳氏引刘咸炘之言曰："读史有出入二法：观事实之始末，入也；察风气之变迁，出也。"这其实是把读史分为层次不同的两个阶段。入，就是沉下去，踏踏实实对已有史料做基础研究，弄清史实的来龙去脉，对于历史研究来说，这是必须要做的基础功夫；出，即是在前段研究的基础上做抽象总结，以求透过现象看本质，掌握事物发展规律。一入一出，目的就是最大程度地还原历史真实。这就是《国史要义》里多次提到的"忠实"。

梁启超以"忠实"为史家最重要的道德，而在柳先生这里，它更多的应该是一种方法，即一种治史的方法。柳先生首先从史的源头上说明了史与忠实的关系。

"史尚忠实，尤必推原古史"。从本原上来说，"史"本指朝廷中记事的书记官，其功能是"掌官书以赞治"，由于常伴君左右，对国君的言行乃至国家的政治起着至关重要的作用，在柳氏看来，史职相当于现在的秘书长。在日常的行政中，史往往被作为行政和司法的依据，"官府民众有不可信，则考其史官，证其诈伪，施以刑辟，盖相沿之成法"。"夫史既以典法约剂判决官民之信与伪，则其为史也，自必不能作伪造言，以欺当世，以惑后世"。对于史的这种特性，柳先生称之为"信"，"信者忠实之征也"。可以说，这是史与忠实最原始也是最本质的关系，正是这种关系，为后人治史提供了最基本的前提和基础。

忠实之于史的最核心的意义在于治史的方法。治史者最基本的职责便是利用已有的史料还原历史的真实。这件事说起来容易做起来难。从主观上来说，治史者都是站在自己的立场上来看待过往之事，其观念方法不可避免带有时代特征，评价标准自然带有主观色彩。这时，史家最容易犯的错误就是夸大、附会、武断，这是与"忠实"相违背的史家最不该犯而又最常犯的错误。从客观上说，治史者治史的依据是前世史家留下的记录，虽然知道古代史官重"信"而不敢为非，然所记一般为全国重大政事，不可能对所有史实一一记述，况且记什么不记什么，是由当时的行政需要和价值观决定的，按柳氏的说法，"其所书与不书"，是以礼为标准的，故而某些记述的缺失，给后人还原历史真实带来了极大的困难。于是，为了最大限度地还原历史真实，方法便非常重要了，这种方法就是"忠实"。

如何忠实？一是慎重考订。首先，对待史实，要遵循《春秋》"信以传信，疑以传疑"的原则，即可信的，就作为可信的流传下去；可疑的，就作为可疑的流传下去。决不妄加揣测，牵强附会，这样传疑本身也就是传信了。其次，读史要全面，不能偏听偏信，以偏赅全。"三皇五帝之书，与四方之志并重"。他举例说，司马光做《资治通鉴》，先为草卷，再为《长篇》，再为《考疑》，而后删述而为《通鉴》正文；司马迁做《史记》，网罗天下放失旧闻，梳理六经异传、百家杂语等，均经历了慎重考订的过程。二是好学深思，见微知著，于史实中体会先哲之深意，由历史而求人类之原理。史书记事，有详有略，有取有去，后人读史，"宜就其取去，推寻其识"，了解他之所以取去的原因，进而通古今之变，掌握社会发展的规律。这实际是要求治史的人不要只看历史现象，要考察历史事件产生的背景、原因，掌握现象背后的本质，进而掌握现实应对之策，指导实践。两种功夫相辅相成，缺少任何一方面，都不可能做到"忠实"，也不可能真正掌握历史真相。而柳先生更重视后者，更看重读史所得对现实和未来的指导作用。为此，他反对专务考据而不能推求前贤深意的治史方法，认为那样会使人偏离正道，走入歧途。

柳先生对读史的方法从认识论的高度进行了讨论，不同的是，他对社会发展规律的认识是通过读史完成的，借助的是前人的经验即间接经验而非直接经验，而其认识之由感性向理性的发展过程则是脉络清楚的。值得注意的是，柳氏读史的最高境界并不是仅仅达到"认识"就止步了，而是更注重"认识"的指导作用，所谓"于其已成，则知将来之厌恶；于其方始，则知异时之滋长"，从而能够随时调整自己的行为策略，应对不同的变化。这与认识论上理论之对实践的指导作用的观点，在思想方法上是一致的。况且，柳氏之治史，主观上从没想要"离家国天下而言学"，而主张"史之为用，其利甚溥，乃生人之急务，国家之要道"，治史的最终目的是为了治国平天下。柳先生所倡导的读史方法遵循了认识论的基本规律，只不过这个过程不是在现实的生产生活实践中完成的，而是在读史的过程中完成的。但其所看重的理论对实践的指导作用则不仅仅限于历史领域了。

三、史出于礼

熊十力先生评价柳先生《国史要义》曰："公精于礼，言史一本于礼，是独到处。"此评价可以说一语中的。柳氏说："礼者，吾国数千年全史之核心也。"历史上的史书，虽有纪传表志等体例之不同，所记也有详略去取之差异，但就注重礼与非礼的区分却是一致的。

正因此，"史"在柳先生这里非仅是记人记事而已，而是一种文化的载体，是民族精神的传承。相应地，读史也不仅仅是"诵述其事，研阅其文"，而是"重在能知德义之府，生民之本"。柳氏认为，以礼解史体现了我国政治制度以民为本的特征。"礼"是什么？是秩序，是规范，是君臣父子夫妇兄弟等各安其身的名分，它的表现就是典章制度。礼产生于人类之伦理，"民俗之兴，发于天性，圣哲叙之，遂曰：天叙"。所以，所谓父子有亲、君臣有义、夫妇有别、长幼有序、朋友有信这五种伦理思想，"必非一王一圣所垂创，实由民族之聪明所表现"。所以，以礼行政，其基础在民而不在君。

柳先生认为，朝代更迭，时代变迁，而不变者就是这人伦的本质。当然，历史发展也不可能全是太平盛世，但以人伦为本的文化传统却未曾绝而不续，这是因为治史者"必思持名义拨乱世而反正之"，而"国统者之屡绝屡续者恃此也"。正是有此一脉相传的民族文化传统，使"元凶巨慝有所畏，正人君子有所宗。虽社会多晦盲否塞之时，而史书自有其正大光明之域"。本书成书于抗战后期，适逢中国之乱世，阅先生此书，听先生此言，对先生之治学态度与治学目的，应该有更深的理解吧。依柳先生的观点，中国历史实际是一部政治史，一部以礼为核心的思想发展史，史家读史治史，就在于接续传承传统文化之精义，弘扬民族精神。"通万方之略，弘尽性之功，所愿与吾明理之民族共勉之。"由本书结语可以看出，柳先生撰此书的目的可谓高尚也，从中我们或许会对柳先生的史学思想有更深的体会。

走近吴晗

·李 红·

或许真的有一种机缘，是人无法回避的。

知道吴晗先生，应该是在中学时的课本里面，记得课文的题目是《谈骨气》。年轻的乡村老师在课堂上用质朴的乡音朗读这篇文章，从中，我知道了孟子的"富贵不能淫，贫贱不能移，威武不能屈"，知道了文天祥和他的《正气歌》。当时脑海中久久为这样的人格而感动，小小的心灵里面，不停地想：是怎样的人，写出这样的文章？只是，那时候，我不曾有机会多一点点了解吴晗先生。

再次知道吴晗先生，是在大学的课堂，白发的教授讲起"三家村冤案"，那是一场浩劫的开始，十几岁的我，对政治还没有些许的感觉，从图书馆查阅的相关文字，让心中充满了新的疑惑：人，为什么能把灵魂扭曲到变形？对于吴晗先生，只是把他当作了众多悲剧人物中的一个。我不曾再试图多了解一些。

大学毕业以后，做了十几年的编辑。偶尔也会浏览吴晗先生的《朱元璋传》，书店里、图书博览会上，屡屡看到，自己不禁羡慕起那些编辑，何时自己也能有机会接触那样的大家？

终于，冥冥中的机缘，让自己在 2005 年也有幸接触到这样的大家，有幸编辑这样的大家的作品。

记得那是一个夏日的中午，还没到上班时间，自己正在网上浏览新出版的一本《吴晗画传》。忽然领导通知说：准备一下，我们下午去谈一部稿子。什么稿子？我很好奇。自己是文字编辑，稿子还没有交到出版社，就让文字编辑介入，自然是稿子已经很有把握，而且也很重要。

《吴晗全集》。

啊？真的？

过去的种种，一下子涌进自己的脑海。或者，这就是机缘？

就这样，带着几近敬畏的心绪，我终于有机会阅读吴晗先生的作品，有机会走近吴晗。

一、他是年轻的史学家

很多人说，有年轻的作家，没有年轻的史学家。的确这样，我们往往聆听白发苍苍的教授，讲历史的中国，不要说远古的黄帝尧舜，也不必说金戈铁马的战国时代，就是汉唐的长安、明清的北京，也要老先生娓娓道来，仿佛那样才是浸在岁月长河中的历史。但是吴晗先生是一个例外。他是早早出名的历史学家。一部《西汉社会经济》，不仅使他得到胡适的赏识，更使他从此走上了历史研究之路。

《西汉社会经济》由大东书局出版，得到了 80 元版税。凭借这 80 元版税，吴晗北上求学。从江浙水乡初到古都北平，吴晗曾这样写道：一下火车，就被前门的城楼和城墙唬住了，那样高，那样厚！一进城，看到街道很直，街道两边的铺子，有的挂着各式各样的市招，和南方不一样，也觉得很新奇。在 20 世纪 30 年代初，这种新奇是自然的。住在沙滩附近的一处公寓里，每日去当时的北平图书馆读书，如此 1 个月。但精神生活的满足并不能解决生活的来源。后经顾颉刚的介绍，吴晗到了燕大图书馆中日文编考部做编目工作。在这里，他畅游书海，读了很多书。一年后，他考入清华大学历史系二年级，并经胡适介绍，开始做整理清代档案的工作，借此上学生活。在清华园，他求知若渴，同学甚至给他取了"太史公"的绰号。

当时的清华园，可谓大师云集，陈寅恪、朱自清、闻一多、郑振铎、冯友兰等等。吴晗先生年纪虽轻，却颇得前辈学者们赏识。在清华园读书直至留校任教的几年，也是他发表史学论文最多的几年，《清华周刊》、《清华学报》、《大公报·史地周刊》、《益世报》等陆续发表了他的四十余篇史学论文。其中的《胡惟庸党案考》、《明成祖生母考》、《元代之社会》、《元帝国之崩溃于明之建国》等有关明史的文章，奠定了他在明史研究领域的地位（大都收于《全集》第一、二卷）。这些文章，也可以说是他日后四次撰写朱元璋传记的基础。

当时的明史研究者很少，吴晗的史学研究受顾颉刚、傅斯年等人的影响很大，他在自传中说："读他们的文章却很多，治学的方法，以致立场基本上都是胡适的弟子。胡适和陈寅恪的考据，顾颉刚的瞭古，都在我这时期的著作中留下了深刻的烙印。"对于史学研究，吴晗强调基础，主张多读多抄。求学期间，他常去当时的北平图书馆读书抄书。那时图书馆的抄书人有两位，一位是白发的孟森，另一位就是年轻的吴晗。二千九百余卷的《明实录》和一千七百余卷的《李朝实录》，吴晗都做了摘抄卡片，而从《李朝实录》中摘抄的八十本关于中国的史料，后来由中华书局出版，书名为《李朝实录中的中国史料》，作为研究建州女真历史的难得史料，这部书至今还为治史者常常引用。

二、他是民主的斗士

1937 年 7 月 7 日，卢沟桥事变爆发。

日军隆隆的炮声，打破了书斋的宁静。从这时起，中国的大学开始陆续内迁，埋头学术的教授，还有年轻的莘莘学子，辗转从北平到长沙，从长沙再到昆明，清华、北大和南开，合并为一校，这就是中国教育史上著名的西南联大。

"七七"事变爆发后不久，吴晗接受云南大学教授的聘书，辗转至云大，讲授中国通史。后来又到西南联大任教。在频遭轰炸的昆明，生龙活虎的吴晗却变得消沉了。在城外的落索坡居住的时候，他除了进城上课以外，整天在村边桥头钓鱼，有时放下钓竿，在大路上踟蹰，心头仿佛有极大的苦闷。就在此时，他生命中的一个巨大转折来临了。正如吴晗在自传中所说的："1937—1940 年，我还是和在清华时一样，埋头做学问，不过问政治。1940 年以后，政治来过问我了。"

在昆明，经人介绍，他见到华岗，知道了统一战线，1943 年，他加入民盟。之后，他阅读了联共党史之类的书籍，看到了原来不曾接触的书刊，思想认识上起了剧烈的变化。抗战胜利以后，面对国民党政府的反动与独裁，他以笔做"投枪"，写下了大量的杂文和评论，这些文章，用他自己的话说："有点火气，有点辣气，有反动派很不喜欢的味道在。"

1946 年，他从昆明回到北平，组织参加了抗暴运动、反饥饿反内战运动，还通过秘密渠道，把一批批进步青年送到延安。

1948 年，他离开清华园，来到解放区。

《历史的镜子》、《史事与人物》、《投枪集》（均收入《全集》第七卷）三本杂文集，收录了吴晗在这一时期写下的文字，集中反映了他这一时期的思想转变与社会活动。他曾经想过的、说过的、骂过的、所反对的、所抨击的，在今天看来，都已经是历史的印记，但是，这些文字中间，反映的是一个知识分子追求民主、自由的心声。

三、他的最后二十年

1949 年，北平和平解放。不久，吴晗以军管会代表的身份回到清华园。当年 11 月，他当选为北京市副市长。从此，他以一个全新的身份工作了近二十年。

在此期间，他曾组织力量标点《资治通鉴》，主持《中国历史地图集》的编辑工作，主编《中国历史小丛书》、《外国历史小丛书》等，这些工作为历史研究、历史知识的普及作出了积极的贡献。他还曾倡议修缮雍和宫，保护古代冰川遗迹，同时，他也主持了明定陵的发掘工作，还因北京的旧建筑如牌坊、城墙的拆改存废问题，在会议上与梁思成拍案争论。他还写作了《灯下集》、《春天集》等杂文集，以及《海瑞罢官》的剧本。根据毛泽东的意见，他再一次改写了《朱元璋传》。《朱元璋传》是吴晗先生的代表作之一，这本传记，他前后写作了四个版本，《全集》全部收录。这四个版本的传记，不仅让我们看到吴晗在史学研究上精益求精的治学态度，更可以从他对人物的处理、所用的分析方法等方面，看到他前后思想之变化。

这一时期，吴晗的文章，主要是简短的杂文，以及一些类似领导讲话的提纲性质的文字。还有一些是工作报告，这类文字，因为种种原因，未全部收入，读者可以到相关档案馆查阅。但总的来说，他这一时期已经没有早期富有学术深度的史学论著，更多是史学普及一类的文字，例如，关于古代的斗将，关于宋代的阵图，等等，对于普通老百姓既有吸引力，又有普及史学之功效。在今天看来，这是十分难得了。如今的史家，很少人愿意抽出宝贵的时间，为孩子、为普通百姓写上几篇通俗易懂的文章。

新中国成立以后，百废待兴。建设怎样的国家？如何建设？没有先例。从照搬苏联模式，到 1978 年的改革开放，我们走过曲折的道路。而吴晗所经历的近二十年，正是新中国历史上运动不断的时期。身处其间的吴晗，怀着满腔的热忱，深深投入其中。他因写作历史剧《海瑞罢官》而被批判，直至被迫害而死。

在《全集》的序言中，黄裳写道："他（指吴晗）一直是紧跟，而缺乏自己清醒的思考，这是他的缺点。历次运动，直到'反右'，他只是以一个忠顺的政治棋子活动……直到《海瑞罢官》，陷入自己也莫名其妙的政治旋涡，终于死去，真是一个悲剧。"

吴晗生于 1909 年，逝于 1969 年，终年仅 60 岁。

编辑这部《全集》，前后用了将近五年的时间。2009 年，在吴晗先生诞辰百年的时候，我终于拿到了这套散发着淡淡墨香的《全集》。五年，不算短，而用五年的时间，去了解吴晗，走进吴晗的思想世界，似乎还是太短。在我眼中，吴晗是温文尔雅的学者，是热情似火的战士，是单纯率真的书生。他不是政客，他亦无法左右政治，故而，他的悲剧亦难以避免。

《吴晗全集》收录了吴晗的历史论著、杂文、戏剧、诗歌、书信等，其中有些是首次发表。由于"文化大革命"期间，吴晗的家多次被抄，他的书稿遗失颇多。本书的主编常君实先生，耄耋之年，辛勤收辑，将吴晗先生的著作编辑为十卷，近 500 万字。其间的甘苦，我在几年的编辑过程中一一亲见。为人作嫁的编辑工作，在他那里成为一种事业，一种追求，这，也许是我们这些年轻编辑所缺少的吧。

先生之风，山高水长

——《戴世光文集》书评

· 薛　锋 ·

我国著名统计学家、人口学家戴世光教授 1908 年 12 月 1 日出生于天津。2008 年恰逢先生诞辰 100 周年，中国人民大学和统计学院策划了先生 100 年诞辰纪念活动。先生的弟子代表袁卫、任若恩和高余先准备出版一本收录戴世光教授的代表性论文的文集，以纪念先生在中国统计学发展史上作出的卓越贡献和突出成就，书名定为《戴世光文集》。

文集收录了戴世光教授从 1940 年到 1992 年 50 余年从事教学科研工作中具有代表性的 17 篇文章，并将其归为三部分：第一部分是"社会调查与人口研究"，共 7 篇。从 20 世纪 40 年代初呈贡的人口和农业普查一直到 80 年代我国第三次全国人口普查研究。第二部分是"统计学基本问题研究"，共 6 篇。包括 1979 年和 1980 年连续发表的两篇对统计学基本理论问题的文章。这两篇文章在统计学界引起了巨大的反响和激烈的争论，对统计高等教育尽快摆脱苏联极左思潮的影响，追赶并达到国际先进水平起到了解放思想、指明方向的作用。第三部分是"经济统计研究"，共 4 篇。文集中收录的每一篇文章都展现了先生治学严谨的风格和高尚的情操，由于篇幅所限，下面仅以第一部分的两份报告为例，先生的品德由此可见一斑。

作为本书的责任编辑，我当时去明德楼找袁卫校长取稿子，袁校长暂时列了一个目录，由于先生著作颇丰，在取舍之间袁校长作了一番挣扎。先生的作品都是手写稿，没有电子版，当袁校长把他们整理的先生的作品交给我时，心中十分震撼。尤其是文集第一部分收录的珍藏至今并幸运地躲过了"文化大革命"抄家浩劫的两本调查报告：云南昆明市《呈贡县人口普查，1940 年》和《呈贡县农业普查，1941 年》。据袁校长介绍，这两份调查报告都是手刻钢板的油印本，是当时清华大学国情普查研究所组织进行的近代中国最早的人口普查和农业普查，这两项调查由戴世光教授任统计主任，负责主要工作。当时，人口问题的严重性已经引起了我国学者的关注，但是，当时连我国人口总数，都缺乏比较可靠的统计。虽然前人也做过多次估测，但是每一种估测要么仅凭臆说，要么根据一小部分事实估计，结果各不相同，相差很大，对于解决我国的人口问题毫无意义。在这样的背景下，清华大学国情普查研究所组织了近代中国的第一次大规模人口普查，在当时人员少、经费紧张、方法缺乏的背景下，这项史无前例的人口统计工作面临诸多难题，比如人口普查试验区选择哪个地区？用何种方法进行？调查日如何选择？人口调查表如何编制？包括哪些项目？每一个项目应该如何定义？由谁进行？如何对他们进行培训？由谁监督和复核调查表的项目？人口资料的整理采用哪种方法？人口资料的分析该如何进行？如何取得民众的支持？等等，在调查开始之前，这些前期筹备工作必须做好。调查组的同志屡次访问、考察云南各地区，最终选定呈贡县作为人口普查的试验区，因为呈贡县的人口规模适当，估计有 7 万余人，可在相对较短的时间内完成，不至于耗费大量人力物力，更重要的是，呈贡县是我国西南农业社会的典型代表，人口具有固定性、成分简单的特点，且交通便利，有利于人口普查工作的展开。调查区选定后，调查组的同志经过反复讨论、磋商，对后面的具体问题逐一解决，前期工作顺利完成。在翻阅这部已经发黄，甚至有一些页面已经残破的书稿时，我一直心存敬畏，先生们殷勤劳动的身影跃然纸上。报告中处处透露着先辈们严谨求实的学风。对于摆在面前的每一个问题，先生们都是精益求精，反复探索。比如调查方法的选择，调查组的同志们经过慎重考虑后，提出了四种方法：划记法、条纸法、边洞法、机器法，并对每一种方法的优劣作了比较和说明。由于时间经费紧张，调查组只采用了划记法和条纸法，分别用这两种方法进行了人口统计，并比较了统计结果，结果表明：条纸法相对于划记法而言，准确度更高、错误更少、经费更省，因此最终在大规模人口普查时选定了条纸法。由于调查员人数众多，大部分是由当地小学教员兼任，在对调查员进行了系统的培训后，编制了调查员须知，由调查员参照须知的内容挨家挨户入户询问情况，填写表格。为了减少失误，还嘱咐调查员随问随填，不必回家后再抄写一份。对于调查员填好的表，作为原始资料，交由监察员后，由监察员立即作初步的审核及复查，以尽量减少错误。当时没有计算机，甚至连计算器都没有，报告中的每个数字都是调查组的成员反复核对、手工计算出来的，工作之繁重可想而知。这次人口普查共编制人口统计表 19 种，家庭统计表 8 种，为了更容易表示统计的意义，调查组的同志还制作了统计图 10

种，列于统计表后，和表相互印证。作为我国近代第一次大规模人口普查，这份报告具有里程碑的意义，及时满足了我国行政工作者和研究者的需要。虽然由于年代久远，书稿纸已发黄，并且一些页面已经破败不堪，有些文字和数字也已模糊不清，但是字体清秀、工工整整。为了方便读者，书稿中还用手工绘制了呈贡县简图。这绝对是一份极其珍贵的历史资料，具有划时代的意义和很高的研究价值。先生们严谨求实、精益求精的学风，成为后代的楷模。

尤其是，1982年第三次全国人口普查结束后，戴世光教授又一次来到云南昆明，对比分析了呈贡等县区40年代初和80年代初人口、经济和社会特征的变化，主编了《1942—1982年昆明环湖县区人口的变动与发展：一个城乡社区的人口学研究》，这是一本非常有价值的学术著作，但由于篇幅过大，没有收录进文集。

1940年完成人口普查后，调查组又进一步研究了呈贡县的农业，进行了农业普查。由于有人口普查的经验，农业普查前期准备工作省去了不少时间和经费。但是，农业普查所遇到的困难，甚至大于人口普查。仅以农作物为例，这次普查中主要收集三方面的数据：种类、数量和价值。除了第一个问题比较容易得到准确的答案外，关于数量和价值，往往难以取得可靠的事实。因为有些农民对于数量和价值，实在是不能提供正确的答案，有些农民虽然知道两者的答案，但是由于种种顾忌，不愿意直说。因此，从这个意义上说，虽然有人口普查的经验，但是农业普查困难更大，结果的可靠性也相应有所降低。但农业普查对于当时摸清家底，具有极其重要的意义。调查组的成员不畏艰难，编制了35个农业普查表，对呈贡县的农业作了一次大规模的清查，意义深远。

戴世光教授是统计学界的一座高山，先生之风，山高水长。

让爱成为我们共同的意志

——读罗洛·梅的《爱与意志》

·李 颜·

《爱与意志》是罗洛·梅的成名作，也是存在心理学的一部重要作品，1969年在美国出版。

在书中，罗洛·梅阐述了许多基本的和富有吸引力的概念：爱、性、死亡、原始生命力、意志、自由、意向性、选择、决意、冷漠等。从古希腊，到中世纪、现代社会，从神话、文学、艺术，到哲学、宗教，从理论，到精神、心灵，从问题，到根源、案例、解决方案，他无不信手拈来，点染成章，加上语言明白晓畅，如行云流水，因此，这本书摆脱了学术著作由于深奥晦涩而乏人问津的宿命，甫一出版，便成为畅销书，被《纽约时报书评》誉为"本年度最重要的书"，并获得了"爱默生奖"。

爱是永恒的主题，意志也是。这是恒久而常新，从来没有被完美地回答过，而人们又不得不永远去寻找答案的问题；是人们总有一天无法绕开，而每虑及于此便需经历痛苦挣扎，因此充满神秘和魅力的问题。从某种意义上说，它与"我是谁"具有同样的根本性。

令人惊讶的是，罗洛·梅 40 年前所描述的爱与意志的困境，在今天的中国依然在上演——孤独、焦虑、冷漠、暴力、空虚、抑郁、身份认同感的缺失等等。而罗洛·梅之所以那么珍贵，还因为他不仅揭示和预见了当今的时代困题，而且提出了一系列在当下仍然极富针对性和可行性的解决策略。因此，循着罗洛·梅的思想轨迹，去探寻爱与意志的根基，去整合爱与意志，确有必要。

一、爱是什么，意志又是什么？

在西方传统中，爱可分为四种类型。"第一种为性爱，如我们所称谓的性欲或利比多。第二种是爱欲，即让人有繁殖或创造欲望的爱的驱力，正如古希腊人描述的那样，它是朝向关系这样更高级形式的欲望。第三种是菲里亚，即友谊，朋友之情。第四种为拉丁语中的神爱或博爱，也被称为'同胞爱'，是对他人的幸福的关爱，其原型为上帝对人类之爱。而人类所体验到的真正的爱则是这四种爱以不同比例混合在一起的爱。"[1]然而，当代社会中，爱欲与性欲的分裂和冲突不断升级。性的泛滥和技巧化以爱的压抑和消失作为代价，人们对性再也不是讳莫如深了，但其中的意义和乐趣却也变得贫乏了。

罗洛·梅并不否认性的意义，但他强调性不能与爱欲分离。性一旦脱离了爱欲，就会丧失自身的活力，导致对爱欲与激情的压抑，最终将导致性冷淡和性无能。爱欲具有赋予生命力量的功能，而性的功能是释放紧张；爱欲是吸引我们的力量，在前面召唤我们，而性则从后面推着我们。

而什么是爱欲？罗洛·梅认为，爱是人们存在于世的一种形式，是一种生命的原动力，是人与自然或周围世界、与他人和与自我的统一。爱欲是一种朝向与我们所属之物相结合的驱力——与我们自己的可能性的结合，与我们世界中其他人的重要性的结合。爱欲是人对于建立一种完全的关系的渴望，它引导人致力于追求高尚美好的生命。"爱欲创造生活、唤起激情，是一种创造的力量，其产物是一种永恒与不朽。"[2]爱欲赋予生活以形式，是整合我们分裂状态的凝聚力，是构建文明的推动力。

爱欲让我们快乐、狂喜，也令我们悲伤、痛苦。"当我们相爱时，我们放弃了自我的中心，我们被从先前存在的状态抛入了空虚之中；虽然我们希望得到一个新世界，一个新的存在，但我们永远都没有把握。这个世界已经覆灭了，我们怎能知道它是否还能够重建？我们给予和放弃我们自己的中心，我们怎么能够知道我们还能重新得到它？……这极其痛苦的欢乐伴随着死亡迫近的意识。"[3]

所以，人类确实有理由害怕爱。爱把我们带到意识的紧张状态中，在这种紧张状态中，我们丧失了"安全距离"，丧失了安全的保障。所以，当爱得到回报时，往往比没有得到时更加令人焦虑。出于这种内在的恐惧，人会自我封闭，用孤独进行自卫，或者通过使性与爱分离，来达到一种肉体结合而不投入情感的境界。这种退缩使人丧失了存在的勇气，导致了爱的异化和意志的丧失。

意志从前被认为是使人们下决心的能力，可以指导他们循着理性与道德之路生活。这种观点使人们要么将意志过于理性化和刻板化，用来压抑人性、爱欲、性欲等等，并在这压抑最深处爆发出歇斯底里症或者激发出性解放；要么夸大人类的伟大力量，将力量与情感分离，将人与自然、与他人分离，并在这自大之极致处感到怀疑、空虚、孤独、疏离、幻灭。意志被削弱了，个人责任感逐渐丧失，个人不再主动去"驱动"，而只能被刺激、被控制、被动承受。

那么，什么是意志呢？意志是组织自我以便能够向某个方向或某个特定目标移动的能力。意志需要自我意识的参与，暗示着某个非此即彼的选择的可能性。与此相连的愿望是对某个行动或状态发生的可能性的一种想象，它为意志提供温暖、满足、想象、新鲜感和丰富性。意向性则是对事实真相的认识，也是我们对现实的建构——包括对世界以及我们自身意义的形成。意向性是意识的中心，是我们作为主体与作为客体的外部世界之间的桥梁，是使意识的每一行为都朝向某物，或者说，朝向行动向度的一种推力。意志和意向性与未来密不可分，它们都指向将被实现的事物，指向一种生命力和勇气——人可在任何向度上超越自我进行创造。

二、爱与意志：冲突与悖论

爱与意志在过去被人们视为解决人生困境和人类迷局的法宝，然而，在今天却失去了其基础。

获得爱过去一向被人们视为确立自尊的依据和基础，一种推动我们的生活继续前进的力量。然而今天，婚姻的神圣性被淡化，"闪婚"、"闪离"、"不婚"、婚外情泛滥到被很多人理解和接受，离婚率不断上升；性变得越来越容易得到，人们越来越热衷于探讨性技巧，然而性之中的爱，以及关于人的意义在不断失去——爱已变得飘忽不定并濒于毁灭。

理性和意志过去一向被视为做出决定和采取行动的能力，然而今天，意志本身的根基却已被动摇，甚至连"意志力"这样的词都已很少被人们提及。人们个人责任意识弱化，用从众心理来逃避道德抉择和个人责任。技术决定论使人们盲目地兴奋和自大，广告、媒体的狂轰滥炸替我们思考和做决定，互联网和电子产品使我们获得新的"大脑"和思考方式，医疗的进步使人们可以战胜很多从前的绝症，甚至连疲劳和抑郁也"有药可医"了。——人们似乎真的成了"被选择"、被祝福之人，解放了头脑和四肢，获得了巨大的力量和空前的自由，然而这种被动的承受削弱了个人的意志，不可避免地导致了空虚、无力感以至恐慌和焦虑——上帝死了，而我们却并不是神。

三、恨并非爱的对立面，冷漠才是。——罗洛·梅

冷漠成了当代社会的痼疾。对于这一点，我们甚至不用再费心地找出案例来证明——这是已被公认的事实。

罗洛·梅认为，冷漠作为一种无感觉或缺乏感觉的状态，某种程度上是人们对抗焦虑的手段。当一个人持续面对他无力应对的现实和精神困境时，他最后的防御手段就是最终连对困境的感觉也放弃了。所以，第二次世界大战的集中营幸存者均以冷漠或者说超然为强大的精神武器而生存了下来。在这个意义上，这似乎类似于先秦道家的"形同槁木，心如死灰"、"心斋"、"坐忘"。

然而，冷漠确实意味着人们与自我以及激发情感和意志的客体相分离了。冷漠开始于情感淡漠，开始于使自己的情感置身事外，直至最终自我和生命本身也已不复存在。在意志的意义上，冷漠始于对于重大事件，对于做出决定的行动的无动于衷，直至最后丧失了意向性和意志。爱与意志都朝向外部世界，寻求对外部世界的影响，并敞开自己欣然接受外部世界的影响，而冷漠导致了双向的封闭。我不接纳，因此我不能给予；我不给予，因此无以接纳。

冷漠将导致暴力。"暴力是用以填充无关系所导致的真空的最终的破坏性的替代物。"[4]感官刺激就是一种低等级的暴力，继而会发展到道德沦丧，最后便是暴力犯罪。人是社会的动物，本质上对于与外部世界和他人的关系和联系有强烈的需求。当冷漠和封闭使得人们无法对外部世界和他人真正施以任何有意义的影响之时，原始生命力这本能的兼具破坏性与创造性的强大驱力便以暴力形式爆发出来。"倘使我不能影响或接触任何人，我至少可以刺激你让你产生某种感觉。通过伤痛迫使你产生激情，我至少可以保证我们都能有些什么感觉，我可以迫使你看见我并知道我也是存在的。"[5]这是典型的小人物心态，从儿童故意做出破坏行为来吸引家长和同伴的注意力，到马加爵的疯狂报复，再到挥刀砍向无辜幼儿的无选择性残杀。

因此，冷漠是爱与意志的丧失，最终将导致人们无力保护自己。所以，不管适量的冷漠多么具有建设性，我们依然要为重建爱与意志的融合而不断探寻和努力。

四、如果我的魔鬼离开我，恐怕我的天使也会逃走。——里尔克

里尔克所说的这个"魔鬼"，便是罗洛·梅意义上的原始生命力。

罗洛·梅认为，爱与意志的源泉就是这种原始生命力，这种产生于存在的自然本性的力量。原始生命力是控制人的力量的所有自然功能，例如爱欲与性、愤怒和狂暴等等；是人对于自我确定、自我主张、自我永恒的渴望。它既有创造性，又有破坏性，超越于善恶之外。

原始生命力常与暴力和攻击相关，这是其破坏性的一面、"魔鬼"的一面。我们不能忽视这一面，这种忽视曾经导致人们纵容希特勒崛起——人们自我陶醉地以为人性本善。原始生命力同时与创造力相关，这是其"天使"的一面。这在古往今来无数文学家、艺术家身上体现出来。然而，魔鬼固然是可怖的，也是充满活力和魅力的，而天使固然是善和美的，也是乏味和无趣的。

问题是，在分裂的当代，我们一直试图将这两个方面截然分开，选择一个，压抑另一个。而这种努力注定要遭到失败。第一，无数案例证明，这是一个问题的两面，其本质上便是无法分开的。"所有生命都是在原始生命力的这两个方面之间的起伏涨落。我们可以压抑原始生命力，但却不可避免付出冷漠的代价，和这压抑觉醒后带来的爆发的趋势。"[6]第二，如果我们彻底抛弃了魔鬼，那么天使也会离我们而去，反之亦然。结果便是平庸和肤浅，而这种平庸和肤浅损害了我们体验爱与意志的能力以及我们爱与意志的完整性，削弱了我们的生命力。所以，否认原始生命力，便是爱的自我阉割，也是意志的自我否认。

"如果原始生命力力量比例平衡，它就成为一种伸向他人的渴望，一种通过性、创造、更文明来使生命更充实的渴望。这是一种欣喜若狂的感觉，或只是因为知道我重要，我能影响他人，能塑造他们，能够施加一种相当重要的力量而得到安全感，这是一种确保我们是有价值的方式。"[7]

达致这种状态，首先需要我们面对原始生命力。"我斗胆以为希腊人之所以能够创造难以超越的文明是因为他们有面对原始生命力的勇气与坦率。他们为激情、为爱欲、为原始生命力而自豪"。[8]其次，原始生命力需要指导与引导。此时，意志挺身而出。原始生命力的激情以一种猛烈的形式向我们证明它的存在，这是原始人或者群体人的身份缺失的状态；而意志能够整合、约束和调节它，使之个性化、个人体验化，使之在建设性的范围内淋漓尽致地发挥自己的威力。

五、爱与意志的再结合

爱与意志都是体验的结合形式，都描述了一个人朝向外部世界或他人，试图对之产生影响，同时开放自己以便可以被影响。"爱与意志都是塑造、形成这个世界并与之联系的方式。它们试图通过那些我们想要得到其利益或爱的人来从这个世界引发出回应。"[9]

爱与意志会相互阻碍，却也相依而存在。在自我肯定等意志的方面，爱是不可或缺的；而在持久的爱的体验中，选择和意志也是不可或缺的。

爱与意志的结合不是一种自动的、无意识的自然过程，它将经历融为一体——对立——再结合这样一个发展的过程。"意志必定会来摧毁幸福，使人在新的层面上体验他与世界成为可能，使成熟意义上的自主、自由以及随之产生的责任感成为可能。……意志摧毁了最初的自由、原始的结合，并非为了永远对抗宇宙——即使我们当中有些人的确在那个阶段停下了脚步。"因此，爱与意志的再结合是人类的一种任务和成就。"它指向成熟、统合、成为一个整体。如果不与其对立面相联系，这一切就不可能达成：人类进步永远不是在一个向度上的。但它可能成为我们回答生命之可能性的试金石和标准。"[10]

"无论我们喜欢与否，我们都站在了陌生且令人迷惑的大地上。唯一的出路是向前。"[11]

因此，过去、现在、未来，意识、无意识——所有这一切，倘若要赋予其意义，我们必须参与其中，"卷入"其中。我们必须冒着永远失去过去的"安全"的风险来与当前和未来的新的世界（包括他人和自我）交流，我们必须把世界当成一个紧密的、自发的整体，从而用意志来爱它。因为，在我并未对其施以影响的时候，世界对我是没有意义的。只有自我觉知了，行为才令人惊讶地具有意义。

正如罗洛·梅在全书的结尾所说，因为在每一个爱与意志的行动中，我们都在塑造着我们的世界，同时也在塑造着我们自身——这便是拥抱未来的含义。

于是，在未来，正如在《奥瑞斯忒亚》里雅典娜所希望的那样：爱将成为我们共同的意志。

【注释】

[1]［美］罗洛·梅：《爱与意志》，28页，北京，中国人民大学出版社，2010。

［2］［美］罗洛·梅：《爱与意志》，74 页，北京，中国人民大学出版社，2010。

［3］同上书，104 页。

［4］［5］同上书，19 页。

［6］同上书，128 页。

［7］同上书，152 页。

［8］同上书，156 页。

［9］同上书，293 页。

［10］同上书，302 页。

［11］同上书，346 页。

生命的路有多宽

——当心理学走出书斋和治疗室

·王爱玲·

2010 年 2 月 19 日，农历正月初六，移动电视播放了一条消息：当天，去医院精神神经科就诊的心理疾病患者是去年同期的三倍，这些患者大多患有抑郁症。据分析，春节期间，人们走亲访友，受到大量信息的刺激，激起攀比心理，由此导致心理疾病的发生。

这条新闻不过是众多现代社会病的表征之一。现代社会钢筋水泥的城市丛林，给人们构建了宽阔的互联网空间，但是当我们有了巨大的生活空间的时候，自我的内在确定性却格外缺乏，人们像茫茫大海之中漂泊的一只小船，无所依靠，没有安全感，也没有成就感，人们焦虑、恐惧、无所适从……但焦虑并非总是负面的，它可以作为一种力量推动人们去认识自我，正如罗洛·梅所说："生活在一个焦虑时代的少数幸事之一是，我们不得不去认识我们自己。"[1]

作为美国精神分析学派的心理学家，罗洛·梅承继了克尔凯郭尔、海德格尔、保罗·蒂利希等存在主义哲学思想，将心理学与存在哲学成功地嫁接在一起。他认为，心理学和心理治疗作为科学，其主要关注的是人本身，是现代人的生存困境，而不仅仅是心理疾病患者；是建立积极的、有创造勇气的人格，而不是仅限于严谨的实验研究。所以，心理学应该走出治疗室和心理诊所，去观照每个人体的生命建造。在根本的意义上，心理问题指向的是价值观问题，这不是在治疗室中就能建构的，所以，当心理学走出书斋和治疗室，进入日常生活，就具有了更大的意义和价值。罗洛·梅自觉地选择了这一路向。在罗洛·梅这里，心理学已经走出了弗洛伊德的"本我"与道德约束的"超我"的挣扎框架，而是在原始生命力的驱动下，如何意识到自己的存在，并有勇气为自己的存在承担责任。这样，心理学给我们提供了极大帮助。

一、重新认识自己

我们似乎生活在一个悖论的时代。一方面，我们一直以来被教导要努力成为第一而不是第二，要超过别人；另一方面，今日成功之关键因素却是他能否更好地与团队共处、协作；你要表现得温和顺从，你需要被他人接纳，要有合作精神，但同时你又要张扬出你的个性，得到别人的认可。这些要求似乎都是合理的，但是其中的矛盾性却潜在地制造着人内心的困境：就是阿瑟·米勒的《推销员之死》中的威利·洛曼之挣扎，就是卡夫卡笔下人物之绝望……甚至就是我们每个人的日常烦恼。

没错，每个人都希望自己是独一无二的，都盼望获得别人承认，而不是生活在父母、兄弟姊妹或其他人的影子之下，这就是实现自我潜能的需要，亦是存在的价值。但是我们首先面对的是环境和人际的压力，即使在我们幼小的时候，就可能已经学会取悦父母，因为这样才能得到奖赏。可能在自我意识刚刚觉醒之初，我们已经在经受外界的压力和挑战了。

在罗洛·梅看来，人的种种心理疾病或心理问题，表面上看是对环境适应不良，实质上，就是人为了保持自己的独特性、逃避现实的或幻想的外在压力所采取的一种不负责任的策略。罗洛·梅的治疗方案听起来并不新鲜——自由。在《自由与命运》中，罗洛·梅说："心理治疗的目的是使人获得自由"，"人们来找治疗者……因为他们在内心已经受到控制，并渴望能获得自由。"[2]自由是指人参与他自己的发展，塑造自己的能力。然而，如果一个有机体不能实现它的潜能，它就会出现问题。就像当你长时间不用你的双腿走路，你的双腿就会萎缩，但是你将失去的不仅是双腿的力量，血液的流动、心跳以及整个生命机体都会出现问题。当一个人不能实现他作为一个人的潜能时，他就会在某种程度上衰竭、患病。

罗洛·梅认为，人际关系中的"顺应"和"适应"这些范畴都是需要的，但是，"如果我坚持要另一个人适应我，那么我就不是把他当作一个人来看待，不是把他看作是此在，而是把他看作是一种工具；而且即使是我适应我自己，我也是将自己当作一个物体来使用。"[3]

为了保持自我的独特性，逃避自我实现的努力，我们甚至将表扬和被人喜爱变成强迫性需要，从而导致虚荣和自恋。从表面上看，我们达到了保护自己的目的，实际上，我们是把自己像商品一样保存起来，去换取心理上的麻木，我们也把自尊心和自信心完全建基其上。其结果就是，如果没有这些表扬和喜爱，我们会觉得自己毫无价值。

每个人的创造力和独特性必须重新得到发现，并以其为基础在积极的工作中发展，而不是消融，这是走出心理阴影的第一步。

二、积极面对焦虑

我们生活在充满焦虑的时代：我们对通货膨胀焦虑，为道德的沦丧而焦虑，为失业焦虑，为家庭结构的解体而焦虑，我们还为空气污染和汽油涨价而焦虑。于是，我们用紧张忙碌来掩盖焦虑，或者用心理治疗来消除焦虑。

罗洛·梅把焦虑比作现代最严重的"肺结核病"，是人类健康和幸福的最大破坏者。从本体论意义上说，焦虑就是我们存在感的现实状况。焦虑是我们在恐惧中的混乱和困惑，是个体作为人的存在的最根本价值受到威胁，自身安全受到威胁，由此引起的担忧。焦虑代表一种冲突，但是，只要冲突继续下去，就可以找到建设性的解决方法。

罗洛·梅在《人的自我寻求》中对焦虑和恐惧作了区分：当我们在马路上，看到一辆疾驶的汽车迎面而来时，我们会感到恐惧，我们心跳加速，快速横穿马路到达安全地带；而当我们处于朝不同方向疾驶的汽车流，被困在马路中央时，我们心跳加剧但无所适从，心里有一种空洞感，这就是焦虑。我们体验过多种焦虑，或轻微或严重，比如一场至关重要的考试，一次对于亲人在空难中是否幸存的消息的等待，或者小孩子意识到自己迷路后的恐惧，这都唤起我们一种内在的"痛楚"、心脏的收缩、泛化的困惑。焦虑可以非常强大甚至摧毁我们，因为它是人类在其生存遭受为现实所做出的基本反应。焦虑是人类遗留下来的最为痛苦的情绪，是当自我的存在受到威胁时所感受到的危机感，它打击的正是我们的自我"核心"。

罗洛·梅将焦虑分为正常的焦虑和神经症的焦虑，他关注的中心是如何建设性地运用正常的焦虑。焦虑作为一种自我力量，与另一方威胁要消灭我们作为自我存在的力量较量，就像发烧是身体力量与病毒相较量一样。所以，一个需要弄清楚的问题是我们的自我认知是怎样的。一个人的自我意识越清楚，就是说，我们对自我和周围客观世界的意识的能力越强，在与焦虑的较量中获胜的可能性就越大。相反，正如感觉到发烧就放弃治疗，正面经验焦虑的积极意义的可能性就越小。

罗洛·梅为我们提供了将焦虑向着正常的方面转化，取得积极意义的方法：第一，用自尊感受到自我力量和面对生活的能力；第二，将整个自我投身于训练和发展技能上；第三，在极端环境中，相信领导者能够胜任；第四，发展自身，直面存在的困境。这似乎印证了克尔凯郭尔的一句话：冒险会导致焦虑，但是不去冒险将会失去个人的自我……而在更高的意义上，冒险正是为了意识到个人的自我。

三、创造的勇气——生命的路有多宽

当读到西西弗斯需要不断地把大石块从山下推到山上，我们说，这是命运；当读到俄狄浦斯杀父娶母，我们说，这是命运。对生活中遇到的事情，我们有多少是用"命运"来解释的呢？

"命运"这个词被神化、被滥用。在《自由与命运》中，罗洛·梅对命运作了清晰的解释：命运隐含着"朝向某个目标"的意思。其中包括，一种是方向，一种是要达成目标的计划或设计，由此就突破了"注定的东西"的局限性和天赋模式。面对"命运"有几种积极的反应方式，第一，介入自己的命运；第二，毫无保留地面对和挑战自己的命运；第三，最积极的反应，是正面冲突和反叛命运。当然，也可以把我们一生的时间花费在试图篡改和逃避命运上，但这无非是重蹈《伟大的盖茨比》中盖茨比的故事，别无新意。

我们不能否认命运的压力，因为这仍然是一种逃避，逃避我们所面对的恐惧、害怕和焦虑，逃避我们所缺乏的冒险的勇气，逃避我们生命的本真的蓝图。在《自由与命运》中，罗洛·梅教会我们，将积极的命运和消极的命运（厄运）一起接受，在与命运的交会中产生我们的可能性、我们的机会。

在面对命运的时候，我们需要勇气。

我们通常把勇气和勇士的美德并举，勇气的反面就是懦弱。而在罗洛·梅那里，勇气的反面是勇气的缺失，就是说，勇气的对立面是自动顺服，是放弃自我。人们不愿意脱离群体，不愿意"鹤立鸡群"，是因为我们缺乏勇气去孤立、孤独，害怕被嘲笑、被拒绝。罗洛·梅十分强调勇气，甚至把它看作一个人成熟的标志。一个成熟的个体，他的生活与他自己选择的目标是融合在一起的。勇气是一种肯定的选择，而不是妥协的选择，他必须彻底割断脐带，抵挡住内心的焦

虑反应以及家人朋友的攻击，并且由于这肯定的选择，他可以作出愉悦的防御。

罗洛·梅把勇气分为四类：身体勇气、道德勇气（感受他人身处困境的勇气）、社会勇气（与他人建立关系的勇气）和创造的勇气（创造新的形式和象征，推进社会发展）。他认为创造的勇气是最重要的。运用这种勇气，就可以发现新的象征、新的形式和新的模式，而一个新的社会就是建立在其上的。人如果可以向更大的可能性开放，通过自己的判断，做各种有益的尝试，从而过一种创造性的生活，他就可以不断地发展自身的存在感，就是一个心理健康的人，也就趋向于人本主义的自我实现。

人必须不断地鼓励自己、督促自己，使自我核心趋于成熟，这就是自我肯定。自我肯定是一种生存的勇气，没有它，人就无法确立自己的自我，更不能实现自我。

勇气来自一个人的自我认知、他的尊严感和自尊感。一个人若没有勇气，是因为他太过小看自己。所以，最难迈出的一步是否认那些我们曾经有过的别人的期许和行为惯性。这也是最可怕的一步，因为这意味着要对自己的标准和判断负责。然而，个体必须保持自己的自我，才能参与到社会中。

当我们逐渐具有了清楚的自我认知，不再被束缚，而是自由地去创造，去实现自我的认知和自我价值时，我们就可以成为一个成熟的、积极的人，一个心理健康的人。这时，我们的生活之路、创造之路，我们的爱情之路就是开阔而宽广的，我们的生命就是丰富多彩的。

【注释】

[1]［美］罗洛·梅：《人的自我寻求》，前言，北京，中国人民大学出版社，2008。

[2]［美］罗洛·梅：《自由与命运》，22、23页，北京，中国人民大学出版社，2010。

[3]［美］罗洛·梅：《存在之发现》，137页，北京，中国人民大学出版社，2008。

林语堂的中国新闻舆论史

·刘　莉·

　　林语堂[1]在其《八十自述》开卷自评："我只是一团矛盾而已。"的确，在林语堂一生的学术生涯中，这句评论很准确地概括了他思想与性格的特殊性。林先生自幼以四书五经启蒙，再于教会学校读书，后远赴欧美留学，丰富的中西文化涉猎，使他的学术思想集古今中外文化因素于一身，致古今之学，通中西之变。正如陈平原在《两脚踏东西文化——林语堂其人其文》文章中所评价的那样："林语堂的知识涵养中包含了乡土文化、西洋文化和中国传统文化。……这三种文化在他身上也免不了相互冲击，使他产生种种矛盾和困惑。……不论矛盾多少，作为一个文化人，一身兼有多种文化涵养，毕竟是难能可贵的，这是林语堂的一个特点和优势。"

　　对传统文化批判式的继承，对西方文化尤其是西方民主精神的推崇，使得他的学术思想在经历了近代中西文明相互交汇、各种思潮相互撞击的中国思想界大变革的时代背景下，表现出区别于其他文学人物独特的复杂性。

　　之所以谈到林语堂思想性格的矛盾性与复杂性，主要是因为林先生在大陆出版的作品是十分单一的。长期以来林语堂的作品被认为是"闲适"与"幽默"的小资文化的代表。这显然与战火纷飞、民族危亡的时代背景不相吻合。这一时期，林语堂的"论语派"悠然、闲适、灵性、幽默的文学主张以及他在20世纪40年代的右倾言论曾受到左翼作家的激烈批评。因此，在新中国成立后很长一段时间里，对于林语堂著作的出版及文学思想的研究仅仅局限于描述中国传统文化和闲适生活的一部分小品文作品的简单层面上。而随着改革开放的深入，社会文化包容度逐渐提高，林语堂一些非小品文类的文集逐步在大陆编辑出版，为研究林语堂学术思想提供了更为丰富的参考文献。目前在大陆出版的林式作品主要有：为读者熟知的曾获得诺贝尔文学奖提名的候选作品《京华烟云》、广为流传的有关中国的国民性论述《吾国与吾民》、为中外中产阶层津津乐道的《生活的艺术》，以及传记类作品《苏东坡传》、《武则天传》，还有杂文选集《人生不过如此》、《平心论高鹗》等。而近期中国人民大学出版社出版的《中国新闻舆论史》虽为林先生作品中一部鲜为人知的著作，但对于研究林语堂文化思想却具有十分重要的意义，抛开闲适与幽默的文学基调，林语堂的文化血液中还流淌着爱国热情以及对民主政治的向往。

中国新闻事业发展史的研究者公认 1926 年出版的戈公振的《中国报学史》是中国第一本新闻史著作。而林语堂 1936 年编写的《中国新闻舆论史》是中国早期研究中国舆论史为数不多的用英文写作的新闻学、舆论学方面的著作之一，刘家林在为本书中文版作序时甚至称其为我国舆论学研究的开山之作。[2]

林语堂在大量借鉴前人对中国报刊发展的基本史实研究的基础上，在舆论史的撰述中，加入了大量的个人观点，他对中国舆论发展史结合中西文化背景的独特视角与分析是本部著作的独到之处。这种撰述历史的方法对于考据严格的史学研究者看来也许是有失严谨的。比如林语堂以大篇幅的文字重点阐述汉代"清议运动"、宋代抗金言论及学生运动、明代的新闻审查和东林党运动等。而对于魏晋时期、唐代、元代等重要历史时期却一笔带过。这样处理的原因也许是因为那些朝代的舆论动向和朝廷贪腐不作为、社会动荡、民生凋敝的社会现实与作者所处时代的某些特征相对应，作者有感而发却忽略了作为撰写历史所必要的冷静。

但正是由于作者本身对中国舆论发展过程中一脉相承的学者精神的阐述，使得这部舆论史著作不仅仅是简单的历史罗列，而更呈现出一种文化精神的探寻。林语堂在对中国舆论影响政治走向的历史评议中，提炼出学者自古担负道德责任而义无反顾地以死谏言以求政治上的惩恶除奸的侠义精神，使得中国舆论史有了一种独特的文化线索。这种殉道精神一直延续到作者所处的动荡年代。作者给予这种精神以充分的肯定，同时，作者认为由于中国自古缺乏保护个人权利的宪章，舆论常常被暴力钳制，导致公众对于国家事务的漠视态度，并以此作为自我保护的手段。典型的事例是从东汉末年的清议运动到魏晋时代的崇尚清谈。经过东汉的"党锢"事件，在政治高压的社会背景下，学者们对政治和国家事务的漠视成为一种普遍的态度。这也是道教在魏晋时代成为时尚的宗教信仰的原因之一。文学史的第一次浪漫主义文学运动应运而生。崇尚清谈的风气日渐成为士大夫阶层普遍的生活态度。林语堂在舆论史古代时期的写作部分用宋朝的学潮、明朝的新闻审查等史实充分论证了在现代报刊出现之前中国封建制度下舆论所处的尴尬境地。

　　在本书第二部分——现代时期的写作中，林语堂详细梳理了中国近代报刊的开端、辛亥革命前的报纸改革、民国初年的新闻事业、当代新闻事业（到 1936年）等主要报刊及报人活动。对于现代时期的新闻舆论事业的写作在林语堂所处的时期无疑是在撰写一部当代史。作者在新闻活动的史实分析中，对于军阀混战、外敌入侵的时局进行了尖锐的评论，其中不乏批判的言辞。林语堂在分析《申报》在报道复旦大学反日游行事例中指出："中国这样一个不乏电台和报纸的现代国家，如何能面对外强侵略而表现出这么一副若无其事、奴颜婢膝的嘴脸？"这样直接的批评是需要勇气的。而作者更是直言：当代新闻事业（特指 20 世纪30 年代）的倒退包含着一个"悖论"，即越是强大的政府，其新闻事业越小，反之亦然。尽管当代新闻事业确实在印刷和发行方面取得了明显的进步，但这不是判断新闻事业进步与否所遵循的标准。作者秉承西方将新闻事业看作"第四权力"的观点，对于报刊言论影响政治民主进程的意义尤为重视。他认为，"任何民主制度的最终检验标准就是，人民的意见能够多大程度地影响或者直接引导和控制政府的政策。现代新闻的重要意义依赖于这个界定被接受的程度。"这些民主观点在 30 年代的社会环境下，无疑是十分进步的。

　　纵观全书，它不仅仅是一部简单考据历史的史学著作，而更像是以每一章节标题为独立题目的杂文集。从中国古代歌谣所代表的舆论萌芽谈起，到现代报刊所承载的新闻事业，作者纵横捭阖，博古通今，更兼顾中西文化的双重背景，使得这部舆论史从文化的广度和历史的深度两个方面对于研究中国文学史、传播史、政治史、思想史都具有十分重要的意义。

　　林语堂正如他自己所说的"一团矛盾"，将其文化活动还原于所处的时代，不难发现"矛盾"一词是多么恰当的自我评价。当四万万同胞经历苦难的时候，悠闲地向外国人介绍中国文化中的闲情雅趣，向中国人介绍西方幽默的生活态度，显然是不合时宜的。而与此同时，他也在同时期写作的《中国新闻舆论史》的结尾中这样振臂疾呼："我们必须为实现新闻自由和个人公民权的宪法保护而斗争。所有这些朴素道理背后的民主形式意味着，普通人能够并将明智地看待人类社会的生活。"

【注释】

　　[1] 林语堂（1895—1976），福建龙溪人。原名和乐，后改玉堂，又改语堂。1912 年入上海圣约翰大学，毕业后在清华大学任教。1919 年秋赴美入哈佛大学文学系。1922 年获文学硕

士学位。同年转赴德国人莱比锡大学，专攻语言学。1923 年获博士学位后回国，任北京大学教授、北京女子师范大学教务长和英文系主任。1924 年后为《语丝》主要撰稿人之一。1926 年到厦门大学任文学院院长。1927 年任外交部秘书。1932 年主编《论语》半月刊。1934 年创办《人间世》，1935 年创办《宇宙风》，提倡"以自我为中心，以闲适为格调"的小品文。1935 年后，在美国将《吾国与吾民》、《京华烟云》、《风声鹤唳》等文化著作和长篇小说翻译成英文。1944 年曾一度回国到重庆讲学。1945 年赴新加坡筹建南洋大学，任校长。1952 年在美国与人创办《天风》杂志。1966 年定居台湾。1967 年受聘为香港中文大学研究教授。1975 年被推举为国际笔会副会长。1976 年在香港逝世。

[2] 林语堂：《中国新闻舆论史》（中文版），北京，中国人民大学出版社，2008。

解释与批判之间的改革

——《教义刑法学》简评

· 郭焘红 ·

陈兴良教授是中国刑法学的一位改革者。他胸怀宽广，具有远见卓识，而且孜孜不倦地不断推进中国刑法学前进的步伐。当中国刑法学还笼罩在意识形态的强烈影响之下时，他就挣脱了政治刑法的枷锁，推出了令人瞩目的刑法哲学研究三部曲：《刑法哲学》、《刑法的人性基础》和《刑法的价值构造》。当经历了立法阵痛后亟待重建刑法的规范体系时，他适时地推出了一系列规范刑法研究的大作：《刑法适用总论》、《本体刑法学》和《规范刑法学》。当意识到中国刑法学的改革遭遇到深刻的知识形态危机和方法论危机时，他义无反顾地挺身而出，奉献了《刑法知识论》、《刑法方法论研究》和《刑法知识论研究》。当判例研究在学界缺失以至于学者们宁愿大量引用德日判例也不重视本国判例时，他耗费大量心血，捧出鸿篇巨制《判例刑法学》。今天，通过出版《教义刑法学》，陈兴良教授再一次以实际行动发表了其在解释与批判之间改革中国刑法学的最新宣言！

所谓教义学，意在强调"一种对待法律的态度，就像对待宗教戒律一样来对待法律"；教义刑法学，或者刑法教义学、刑法信条学，自然就是指围绕刑法对基本刑法学理的体系性展开。从本质上说，教义刑法学以刑法为对象，但是并不局限于法条，而是在目的论和刑事政策的指引下形成一致的理论体系，以便为实在法提供合理的解释服务，由于其解释的教义性，甚至连法官在适用实在法时亦不得不对其予以遵从。

陈兴良教授的新著凭借自己在我国现行刑法和刑法学理之间的努力，配以《教义刑法学》之名，实不为过。全书内容共 18 章，大致是依犯罪论之本体内容循序渐进次第展开的，并未完全以刑法法条为依归，但是每一章的内容又都紧密联系刑法的规定，寸步不离解释刑法的宗旨。仅以看上去和法条联系不大的第1、第 3、第 4 章为例，在"刑法方法论"一章中，解释了刑法第 196、第 236、第 264、第 358、第 359、第 360 条；在"行为论"一章中，解释了刑法第 3、第 15、第 16、第 21、第 28、第 246、第 232、第 236 条；在"犯罪论体系"一章中，解释了刑法第 14、第 15、第 20、第 21、第 232、第 233、第 234、第 236、第 237、第 264、第 266、第 271、第 275、第 280、第 382、第 384、第 385 条等。更重要的是，这些解释蕴涵了教授三十余年刑法研究之精华。笔者深信，本书中闪烁于法条和学理之间的智慧完全可以成为教义学的样板！

当然，陈兴良教授并不仅仅是以解释刑法而著称的，其学术形象更多地体现于身体力行地改革中国刑法学和持之以恒地保有批判精神两个方面。这两点即使是在作为教义学的本书中也展露无遗。就批判精神而言，教授尽管在本书中恪守了教义学之分际，绝不混淆学理上认为正确的与立法上所规定的之界限，但仍然在提供解释服务之余，对传统刑法学理、司法判例以及立法本身进行了不遗余力的批判。

首先，教授在本书中沿袭了其对传统刑法学理一贯的批判态度，如对四要件犯罪构成理论的驳斥（第 4、第 5 章）、对排除社会危害性行为理论的辨正（第 10 章）、对共同犯罪理论的批判（第 17 章），以及对罪数论体系的彻底放弃（第 18 章）等。其批判的深刻之处无须笔者多说，各章的内容已经给出了最好的回答。

其次，教授在本书中列举了大量国内外的重要判例，除了少数是作为论据使用，教授本人对它们的结论或者论证大多持有异议。如通过批评梦奸案和骂翻汽车案揭示了 1979 年刑法之前无视行为理论的荒谬做法，通过批评王帅、吴保全等网上诽谤案捍卫了言论自由的宪法性地位，通过批评夏某被强制杀人案确立了不可抗力的规范性质，通过批评赵金明等伤害案和王某职务侵占案指明了主观判断先行的危害，通过批评母亲利用不满 14 周岁女儿投毒杀人案展示了我国共犯理论的困境，通过批评乔秀云非法侵入住宅案捍卫了罪刑法定的界限等，不胜枚举。即使对于国外的判例，教授也没有盲从，在对点烟引起火灾案和照明引起火灾案两个日本判例的分析中，教授就直言不讳地批评其具有较为明显的主观主义色彩。

最后，对现行有效的实在法，固然不能从教义学的角度作出相反的解释，教授仍然指出立法上可能存在的问题，并期待未来的立法能作出响应。如针对引诱幼女卖淫和奸淫幼女之间的紧张关系，教授开放性地提出了质疑："在刑法中把嫖宿幼女的行为从强奸罪及其共犯中分离出来，另设罪名，并且规定了较轻的法定刑，这一立法本身是否具有合理性?"针对不退去的行为如何定性的问题，教授坦率地说："像日本刑法典那样，将不退去规定为纯正的不作为犯较为妥当"，并进而总结指出："我国刑法对某些纯正的不作为犯未加以规定，从而导致这些纯正的不作为犯被认定为不纯正的不作为犯，这在一定程度上违反了罪刑法定原则，也难以实现罪刑均衡原则。"在论及共同犯罪的立法规定时，教授更是感叹："在某种意义上说，组织犯这一概念是苏俄及我国刑法关于共犯规定中的唯一亮点。"

如果对本书的以上介绍给人以教授是一个批判性的破坏者的形象，那完全是笔者的罪过，因为教授更多的精力其实是投入如何改造中国刑法学及其教义。实际上，本书集中地阐明了教授改革中国刑法学的立场和观点，以至可以被视为其改革的最新宣言与大纲。现举其要者如下:

其一，教授在本书中坚持了形式理性的刑法观的基本立场，也重申了客观主义、法益侵害说和结果无价值论的基本态度，并且大力提倡引入三阶层犯罪论体系等。此等事宜均为众所周知之事，不必再言。

其二，对刑法中的违法概念和相关问题作了鞭辟入里的解析。和违法有关的问题堪称本书的重中之重，教授甚至用了整整三大章对其予以讨论，即第9章"违法性论"、第10章"违法阻却论"和第14章"违法性认识论"。传统的排除社会危害性理论是在犯罪构成之外展开的，是传统刑法学理流弊的集中体现。教授由此入手，以违法性理论取而代之，并结合行为无价值和结果无价值建构了其完整的体系和内容，然后将违法性认识逐入有责性的范畴，从而以其新的体系与内容合理地化解了原本存在于犯罪构成与排除社会危害性理论之间的紧张关系。

其三，引入客观归责的视角，并为其构筑了安身之所。客观归责在德国已经逐渐成为通说，教授在提倡三阶层犯罪论体系的同时，也一并吸收了为目的行为论之前的德日犯罪论体系所陌生的客观归责理论，强调应当区分归因与归责，并将客观归责视为消极的构成要件。如此一来，构成要件理论就得到了新的发展和充实。

其四，从旧的共同犯罪论过渡到新的共犯论。根据刑法条文机械地发展起来的旧的共同犯罪论极大地桎梏了共犯理论的发展，为了脱困，教授从刑法的规定中尽管只寻找到区分正犯与共犯的蛛丝马迹的根据，但这一举突破了主犯、从犯体系的局限，彻底赋予新的（狭义的）共犯论以正当化根据，然后据此摆脱旧有的共同犯罪论的研究路径，开辟了共犯论发展的康庄大道。

其五，在不涉及法条变动的前提下，将罪数论彻底改造为竞合论。"从罪数论到竞合论的转换，并非法律规定的变化所导致，而是刑法理论的发展使然。""我认为，在教义刑法学的视域中，更应引入竞合论。"于是，传统刑法学理中的处断一罪、实质一罪和法定一罪就被法条竞合、想象竞合和实质竞合所替代。

其六，本书还吸收了最新的研究成果。除了已经介绍过的违法性认识、客观归责理论和竞合论等，教授还对目前国内殊少研究的义务犯、主观归责等有所涉猎，近期国内刑法学界关于刑法方法论、监督过失、构成要件错误与禁止错误、行为无价值与结果无价值等的讨论成果在本书中亦有反映。

相较于全书的巨大篇幅，上述聊聊数语甚至不能完整地呈现其内容之梗概，只有亲自阅读了本书的人才能深切地体会到教授的功底与用心。更为重要的是，教授之前的研究大多从某一个侧面对刑法进行解读，即追求所谓之"片面的深刻"，而在本书中，教授在一定程度上对自己的体系作出了全面化的努力，其中关于方法论的哲学思考、脱离法条的本体思考、围绕法条的规范思考，以及判例方面的思考都融为一体，甚至还吸收了《口授刑法学》的流畅语感。在此意义上，本书又是教授学术思想的阶段性总结，并使我们有充分的理由对教授期待更多。需要补充说明的是，在构筑自己的教义学时，教授运用其卓越的辩证思维能力，很好地平衡了他国与本国、立法与司法、学理与判例、体系与问题、热点与难点等范畴之间的关系，对刑法以及刑法学的驾驭能力令人叹服。

寻找中国法学的坐标

——《自由的孔子与不自由的苏格拉底》书评

· 班晓琼 ·

这是一本轻松易懂的法学读物，轻盈的二十余万言，没有艰深晦涩的语言，而是深入浅出，为年轻学子开启一扇理解法学的窗户——法学到底是什么；这是一本充满智慧的学术专著，作者用其独到的视角探寻所有中国法学学者都关心和思考的问题——中国的法学何去何从；这是一本亲切的、能触动人心的"精神药酒"，在东方与西方的碰撞、传统与现代的扬弃过程中，实现对中国法学的自省，也是对中国文化的自省。

本书题为《自由的孔子与不自由的苏格拉底》，旨在凸显两种不同的圣贤气象，以及由此"开"出来的两种截然不同的学术思想传统与政治法律实践。表面上看，"自由的孔子"与"不自由的苏格拉底"分别代表了中国与西方，两者的关系主要是中西关系。但是，换个角度，其实也可以转换成为古今关系。因为，在当前的语境下，孔子常常被归属于古代或传统，苏格拉底则象征着今天或现代。从这个意义上看，以孔子和苏格拉底作为隐喻，大致可以体现本书的一个基本旨趣：在中西与古今的框架内，寻找中国法学的坐标。

本书的作者喻中，曾经就读于中医学院，对于中国传统医学以及传统文化有着深刻的理解与体察。在他看来，中医中药首先是一种哲学。阴阳交错、相生相克、循环往复既是"人身"观，也是世界观，更是辩证法。其次，传统的中医中药还是一门艺术，也是一种生活态度。我们不能否认，中医中药对于几千年中华民族的繁衍功不可没，其中也蕴涵着中国传统文化的独特魅力。后来，喻中先生研读法学，并从事过多年司法实践工作，在法理学、法哲学领域有所建树。作为一名编辑，我认为，这样的机缘背景是十分难得的，因为医学和法学有一定的相通之处：医学的目的在于研究人体的组织、机能，通过一定的工具和手段预防或者治疗疾病，达致健康状态；法学的目的在于研究社会这个有机体的组织、机能，通过一定的制度和规则维持社会关系的正常运转。

本书汇集的文字，是作者最近年间陆续写成的学术思想笔记的一部分。它们的载体介于学术论文与思想评论之间，力求兼具思想与学术之美，能够宜人神智。因为没有思想的学术，虽然可以做得精致、工整，但可能流于匠气与琐碎；而没有学术的思想虽然看上去飘逸、玄妙，但可能不着边际、大而无当。作者将十余篇文字概分为三个部分：上编偏重于中国法学的主体坐标；中编聚焦于中国法学的时空坐标；下编着眼于当代中国的法学理论及其方法，具有学术批评与学术对话的意味。

在本书开篇，作者以平和、冷静、客观的心态，对中西方文化进行深刻的剖析比较，发掘现象背后更深层次的东西，不保守，也不激进：苏格拉底以自己的不自由（死）为代价，为西方文化注入了自我省察、自我批判、自我革新的精神因子。如果要追溯西方文化中蕴涵的创造能力、科学精神的源头，大概就在这里。孔子的自由，源于他在年届七旬之后，终于为自己确立了作为传统文化的继承者与整理者的角色。这种角色所承担的核心职责，就是承前启后，既总结、提炼人世间的秩序，也为这套秩序赋予"意义"。站在这个角度，可以说，孔子是"守旧"的。然而，孔子对"旧"文化的守护与整理，既有助于民族精神的凝聚，更有助于形成和谐有序的社会生活。当前，我们既需要苏格拉底的批判精神与自省能力，也需要孔子的传承立场和守成态度。然而值得注意的是，这两种相互对立的思想倾向，在现代中国都处于相对贫困的状况。一方面，在面对传统文化的时候，我们要么采取历史虚无主义的态度，要么彻底倒向另一边，认为只有儒家学说才能救中国，才能救人类。这两种对待传统文化的态度，都阻碍了当代对于传统的亲切的理解，不利于在当代与传统之间建立起具有血脉相连的关系。另一方面，在面对社会现实的时候，我们更缺乏足够的批判意识和质疑性格，或者说，缺乏苏格拉底所说的"马虻"的精神。

作者以其犀利的眼光指出，在中国法学逐步走向繁荣的身影背后，也潜伏着某些缺陷和危机，这些缺陷和危机之一就是：主体迷失。即在当代中国的法学研究中，谁应当处于主体地位？作者的回答是：当代中国的法学研究，应当围绕当代中国人而展开，应当尊重与满足当代中国人的需要；因此，当代中国的法学研究中的主体，就应当是 21 世纪初期的中国人。然而，值得警醒的是，如此庞大而鲜活的主体——13 亿当代中国人，居然就在当代中国的法学话语中迷失了。譬如，很多学者的法学研究都遵循这样的套路：首先指出中国当代缺少什么样的法律或制度，然后逐一列举西方各国的法律制度是什么，最后根据西方提供的法律经验，为当代中国设计出相关的法律框架。至于当代中国人的生活和经验、思想与情感，似乎是无足轻重的。而另一些学者习惯于站在传统中国人的立场上演绎法学理论，习惯于从传统文化中寻找法学理论的生长点。这样的思维定式，则源于文化保守主义思潮的影响，倾心于解释传统中国的圣贤或民众，而忽略了当代中国人。法学不是一门审美的、追求境界的、具有历史纵深感的学问，法学关注的焦点是人的现实的生活秩序和利害关系，尤其是人与人交往的过程中，如何形成和谐有序的关系。法学是一门世俗的、实用的学问，应当解释、解决现实生活中存在的问题，哪怕是在相对抽象的层面上，也应当对当代中国人的现实焦虑有所回应。

作者指出，在"中国法学何去何从"的问题上，存在着两种相左的认识，主导性的观念是：促使当代中国的法律实践逐步靠拢西方式的"法治"，乃是中国法学的立足点和归宿。与之不同的是，这种主导性观念的批评者与质疑者则要求，中国法学应当从中国社会出发，建立起自觉的、自我的、自成体系的中国法学。然而，无论是坚信"在西方发现法学"还是要求"在中国发现法学"，都不足以完整地、妥善地回答"中国法学何去何从"的问题。因为，在当代中国，处于主流地位的法学话语尽管倾心于西方法学与西方法治，但也一贯主张"与中国实践相结合"，也在强调尊重中国国情。西式法学话语的批评者与质疑者尽管要求"在中国发现法学"，但是，这种法学的未来是什么，它长着一副什么模样等问题，依然暂付阙如。于是，作者提出，要回答这一问题，就要着眼寻找中国法学的坐标。

——"后礼法"阶段：中国法学的时间位置。与漫长的"礼法"时代相比，"后礼法"时代最显著的标志是"社会转型"，即，从农耕社会转向工商社会。在这个阶段中，一方面，传统的"礼"在形式上已经彻底消退，在实质上还在某些领域、某些环节、某些层面上发挥着规范作用，还在支配着某些群体的思维模式、情感模式、行为模式。另一方面，在"礼法"时代逐步转入"后礼法"时代的过程中，旧的"礼"将去但尚未全去，新的"法"正在建立但尚未得到普遍的内心承认。在这样的历史坐标下，中国法学必须具有兼容性：看到新旧两种秩序，兼顾新旧两种规则。

——"世界与中国"：中国法学的空间位置。"世界与中国"图式是相对于"西方与中国"图式的，在其框架内，并不是要抹去西方法学的重要性，但是，却有必要重新审视西方法学与中国法学的关系。中国不是微小的城邦国家，更不是没有历史传统的"一张白纸"式的国家，这两个因素，决定了中国的法学不大可能通过对西方法学的简单模仿而建立起来。当然，在这个交流与融合日渐加剧的世界，中国法学也不能成为完全排斥西方法学的自我封闭者，中国法学在维护自己独立性与文化个性的前提下，应当积极面对西方法学。"积极"即指，中国法学既要参考、借鉴西方法学，但更要质疑、批评西方法学，仔细分辨西方法学中的普遍性因素与个性化特征。如果中国法学主要表现为"西方法学在中国"，那么，中西法学之间，就失去了相互交往的前提。中国法学有责任全面而深入地反映中国的文化传统，有责任从中国的社会事实出发，反映当代中国人特有的价值观、秩序观、道德观、是非观。正如梁启超在《国性篇》一文中所言："吾国立国于大地五千年，其与我并建之国，代谢以尽者，不知几何族矣，而我乃如鲁光岿然独存。其国性之养之久而知之厚也，其入人之深也，此不待言而解也。且其中又必有至善美而足以优胜于世界者存也。"对于这些"至善美"之处，中国法学有责任把它提炼出来，贡献于世界法学，贡献于人类文明。只有当我们从"西方法学的消费者"转向"世界法学的建设者"，我们用汉语表达的"说法"，才可能成为世界性的"说法"。从这个意义上说，找到中国法学的坐标，事关中国文化的复兴。

在本书下编，对于"中国的法学迈向何方"这一问题，作者给出了其独到的解答：所谓法学，乃是关于规则与秩序的学问。法学旨在探索的规则与秩序，大体上可以划分为三大领域：天人关系、人我关系、身心关系。其中，天人关系是指作为整体的人与其他事物的关系；人我关系是指人与人之间的关系；身心关系是指肉体之人与精神之人所形成的相互关系。

作者发出这样的追问和思考：我们的法律越来越多，但贬值也越来越厉害：廉政法律规则越来越多，腐败却越来越严重；食品质量法规则越来越多，"三鹿"等国产婴幼儿奶业品牌却因此几乎全军覆没。在几乎所有领域，正式法律规则都正在遭遇潜规则的冲击。正式法律规则为什么站不住？为什么在人们的心里没有分量？一个重要的原因是它没有根。

在这本书中，我们可以看到中国的孔、孟、老、庄、李悝、商鞅、董仲舒、朱熹……以及近现代法学家的影子，也能看到西方的苏格拉底、柏拉图、亚里士多德、西塞罗、洛克、康德、庞德、富勒、马克思、恩格斯、耶林等不同时期的哲人、思想家、法学家的影子。透过每一篇文章，以及文章中质朴而精致的文字，可以看出作者对于中国传统文化的深刻领悟和深厚情感。作为中国人，不管是否自觉与承认，祖先留给我们的文化基因流淌在我们血液当中。通过对传统的儒、释、道做历史的分析、批判的继承，作者获得了许多智慧和启迪。其行文如天马行空，却不失严谨，对语言的驾驭游刃有余，切中肯綮。

最后，用作者自己的话说：重新出发的中国法学是否需要回应历史，回答当然是肯定的。无论是天人关系、人我关系还是身心关系，都离不开历史的启示。但是，要解决这三重关系，不能仅仅沉溺于发思古之幽情，而是要根据现实的情势关系，在规则、制度、秩序的层面上，作出创造性的努力，从而为中国的天人关系、人我关系、身心关系探索未来。

《公共政策经典译丛》总序

· 刘 晶 ·

政策科学是第二次世界大战后在西方兴起的一个综合性和应用性很强的全新学科，它的出现被誉为当代社会科学和管理科学尤其是行政学、政治学发展的一个重大突破。政策科学以其一系列独特、新颖的范式以及它对公共决策的科学化、民主化和对社会经济发展的巨大促进作用，而备受各国学界和政界的共同关注，成为当代国外社会科学和管理科学中的一个重要而又充满活力的新兴学科，成为 20 世纪 70 年代以后西方公共管理研究领域的一个新方向。

20 世纪 70 年代末 80 年代初，伴随着改革开放的伟大历史脚步，西方政策科学传入我国。一些高校学者和实际部门的政策研究者注意到了国外社会科学中的这个新领域，着手进行介绍、引进和初步的研究工作；80 年代中期，特别是1986 年，万里在全国软科学工作座谈会上做了《决策民主化科学化是政治体制改革的一个重要课题》的报告，明确提出要做"决策研究"这一重大课题，促使我国的政策科学研究逐步走上正轨；到了 90 年代末，我国政策科学发展的重要性和迫切性已被越来越多的人所认识，政策科学的研究与教学逐步体制化，它作为我国社会科学和管理科学研究的新型领域的地位得以确立。经过学界与政界二十多年的共同努力，我国的政策科学从无到有，迅速发展，无论是学术研究及学科建设方面，还是在人才培养和知识应用方面都取得了显著的成就。特别是近几年，许多高校、党校和行政学院纷纷开设这一领域的课程，开办相关的本科生专业和研究生专业方向以及 MPA 专业学位，使我国政策科学学科和科研呈现迅猛发展的态势。

但是，我国政策科学的研究与教学刚起步不久，水平不高，仍有不少问题需要解决，有不少薄弱环节亟待加强。一个突出的问题是：学术界对于西方政策科学的引进、消化和吸收的工作做得不够。迄今为止，国内政策科学方面的译著种类和数量不多。目前国内学界仍缺乏对西方政策科学理论和方法的系统了解以及对它的最新趋势的跟踪研究，批判、消化和吸收工作也就难以深入地展开。因此，当务之急是要紧密跟踪国外政策科学发展的最新趋势，大胆借鉴其新理论和新方法成果。

我国改革开放和现代化建设事业尤其是市场经济的发展，加入 WTO 和政治—行政体制改革的深化，对政策科学的研究提出了更高的要求。我国公共决策的科学化、民主化以及依法行政、依法治国更需要政策—法律的相关知识，这也为政策科学的发展提供了极好的机遇。新形势要求我们迅速改变政策科学的研究与教学比较落后、水平不高的局面，克服目前政策科学发展中存在的问题与困难，迅速提高我国政策科学的研究及教学水平，以适应迅速变化的公共管理实践的需要，迎接新世纪的挑战。

政策科学的研究对象是政策实践、政策系统及其运行；它以行动取向，体现理论与实践的有机统一；它的目的和功能是提供政策相关知识，为现实政策实践服务。一方面，政策科学以各国具体的政策实践为基础，它要反映各国具体的政策系统、过程与经验，因而各国的政策科学具有自己的特色；另一方面，现代政策科学是西方的产物，西方政策科学的许多理论、范畴和方法反映了人类政策过程的本质或规律性，属于全人类的共同文化成果，可以为我所用。"他山之石，可以攻玉"。中国政策科学的发展必须既立足于对中国政策实践及现实政策问题的研究，又大胆借鉴西方的政策科学的理论和方法，充分吸收其积极成果。

正是基于上述考虑，我们组织翻译了这套《公共政策经典译丛》，以比较系统、全面地反映西方政策科学发展的现状和理论成就，为我国公共政策分析学科的教学和科研提供参考资料和理论借鉴。

《公共政策经典译丛》选取目前在西方最有影响、最新版本的公共政策领域的教科书或专著，提供当代国外公共政策学科及其分支研究的概貌，并展示出其新的学科框架、研究途径和知识体系。所选教材或专著有两个共同特点。一是学术水准高。作者基本上都是公共政策领域及其分支学科的名家，这些教科书或专著是其主要的代表作或成名作，凝结了作者多年的研究心得与教学经验；它们在西方的政策分析及公共管理学界产生了广泛影响，被经常引证，并被许多大学用作教材或教学参考书。这些教科书或专著大都经过比较长时间的检验，有的经过多次修订或再版。二是理论与实践密切结合，现实感、实践性和应用性强。这些教科书或专著面向的是当代西方的公共政策实践，探讨公共政策实践中出现的新课题；作者用大量的实践经验和案例材料来说明相关的理论问题，所提出的理论与方法针对性、操作性较强，具有现实的应用价值。

《公共政策经典译丛》具有权威性、学术水平高和实践性强的特点。译丛将展示当代西方公共政策学科的新视野与新途径。它的出版将填补国内公共政策领域的空白，为我国的读者特别是公共管理各专业的师生、研究人员提供公共政策学科的崭新知识体系，为我国公共政策知识体系的创新提供很好的参照和借鉴；它所提供的新理论、新方法以及新的概念框架和思维方式对于我国公共部门的决策者和管理者更新观念、开阔视野和增加理论素养，对于推进我国公共决策的科学化和民主化，具有现实的理论与实践意义。我们相信，《公共政策经典译丛》的问世，必将有力地推动我国公共政策及公共管理学科的教学与研究的发展，并对市场经济条件下和"入世"背景下的我国公共政策与公共管理实践产生积极的影响。

自信自强，实现崛起

·王克方·

中国的崛起不仅是中华民族的大事，也是世界的大事。由于中国巨大的战略潜力，中国的崛起对世界上不同的人具有不同的意义。世界上不同的人对中华民族的崛起必然抱有不同的态度。

在人类进入 20 世纪 70 年代以后，由于多种原因，新自由主义作为经济实践在人类历史上逐步兴盛。在苏联垮台以后，新自由主义作为与政府干预相对而存在的选择，几乎成了人类唯一有效的经济体制。美国更是把世界范围内的新自由主义化，当成在 21 世纪里能够独霸世界的体制性基础。美国政府和智囊在许多文件中明白无误地指出，要把中国纳入能保障美国利益的格局里。要把中国纳入这样一个经济框架，必须做到三点：第一，使中国经济依赖美国，至少是依赖美国市场；第二，必须使中国经济走上低技术水平扩张的道路；第三，必须在金融上控制中国。美国认识到，鉴于中国巨大的经济潜力，不把中国纳入这个体系，中国就有可能成为竞争对手。为了达成这一战略目的，美国做了四件事：一是在中国"入世"文件中，迫使中国承诺开放银行、金融和资本市场；二是作为交换条件，美国开放了自己的低端市场，通过市场力量将中国经济引导到低水平扩张的轨道上；三是通过中国承诺的产业开放，打击乃至摧毁中国的自主技术；四是严格限制具有竞争力的技术向中国转移，完善对中国的技术封锁。

我们面临着重重危机和挑战。如何迎接挑战？如何参与竞争？如何在竞争和选择中实现中华民族的崛起？现为美国摩根大通银行副总裁、高级资产经理、金融分析师的黄树东先生在《选择和崛起》这本书中做了全面、深刻的阐述。他认为：掌握中华民族未来的是中华民族自己。任何对手都不太可能阻止中华民族的崛起。

一个国家的崛起取决于许多因素，包括内部的和外部的。然而归根结底取决于内部因素。中国的崛起之路是靠中国人自己走出来的。崛起之路既不存在于别人的书本里，也不存在于别人的建议中。崛起是自己实践。必须从自己的国情出发，与自身的国情相结合。学习借鉴不是目的，建立某种模式也不是目的，目的是自身的崛起。

崛起不是简单地变得富一点，不是 GDP 量的扩张，不是简单的资源输出，包括自然资源和人力资源的输出。建立在不合理国际分工上的"富裕"，不是中国崛起的道路。

如何实现崛起？作者认为：一个强国的崛起是全面的崛起，包括军事的崛起、经济的崛起和文化的崛起。三者相互依承，密不可分。军事崛起是经济、文化崛起的前提和保障，经济崛起是军事、文化崛起的基础，而文化崛起的核心则是为强国崛起提供一套独特的价值体系，是意志上的崛起。为此，我们一要高举独立自主的旗帜。独立自主，自力更生，是每个民族崛起的不二法门，是对过去的总结，对未来的预测，是中华民族崛起过程中必然的选择。中国要改变出口导向，不能走金融全球化的道路。中国的崛起，不能走不合理的国际分工和财富输出的道路。二要高举现代化的旗帜。经济崛起的核心是经济独立。经济独立是一个国家战略安全的基础，没有经济独立，就没有国家的战略安全，没有国家的独立。解决经济发展中的低效益和单纯的数量扩张的问题，提高自主创新能力的关键，是现代化。现代化是中华民族崛起的必由之路。现代化的道路，要求中国建立独立和完善的国民经济体系，要求中国迅速在主要的产业化技术上实现创新和独立。三要高举社会主义公平正义的旗帜。新自由主义把人类关于公平的争论转化为对自由和效益的争论，进而指责政府干预，认为公有制是不自由的低效率根源，甚至认为公平本身是效率低下的根源。在新自由主义看来，扩大差距，扩大不公平就是效益。所以，世界范围内，新自由主义的改革都是以扩大不公平、打破公平为出发点。一定程度的公平和效益并存，是人类追求的理想。公平和效益的平衡，将为社会的共赢创造条件。四要高举中国特色的旗帜。有些发展道路也许适合有些民族，有些发展道路也许适合有些民族的特定历史阶段。在这个世界上，没有一条适合所有民族、所有历史条件的发展道路。五要高举中国自己的价值体系。历史表明，经济战争的特点是攻心为上。而攻心的要害是价值的输出。从这个意义上讲，文化上的崛起是经济崛起的条件。文化上的崛起的核心是民族价值体系的崛起，民族主义的崛起。任何一个伟大的民族都是在自己的历史中为自己寻求价值的坐标，来界定今天和未来的现实。要提升民族的意志，要坚决抛弃自暴自弃、自我菲薄、媚外异己、唯洋是重。六要高举大多数人的旗帜。中国要崛起，必须凝聚大多数人的意志和代表大多数人的利益。一个民族的意志崛起来自全民族的意志和凝聚力。所以要用体制保障全体至少是绝大多数人的利益，要坚决阻止扩大社会差距、撕裂社会、危害社会和谐、伤害民族凝聚力的东西；把收入分配的公正、社会的公正、对社会各阶层利益的协调放在国家安危和提高国家综合实力的战略角度来看。

　　崛起本身就是一种进取。但是，任何一个新的国家的崛起必然导致国家间综合实力的相对变化，以及由此带来的世界权力分配格局的变化。一个国家的崛起就是另一个国家的相对衰落，没有一个强权愿意通过帮助另一个强权的崛起而加速自己的衰落过程。历史上没有任何一个理性的强权扶持过挑战者，哪怕这个挑战者是自己的战略盟友。只有自强自立的民族，才能创造自己的历史，才能最终以自己的风貌走进世界，为世界创造历史。对于我们这样一个自信而强大的民族而言，暂时落后并不可怕。关键是要自信自强，把握历史给予的机会。今天我们面临这样的机会时，坚定信心，自强自立，顺势而搏，调整战略，减少损失，就一定能够再造辉煌，实现崛起。

道德在经济增长中升华

——评本杰明·弗里德曼《经济增长的道德意义》

·马学亮·

对任何一个国家来讲，经济增长都是一个永恒的主题。当今，增长与道德的关系是任何一个经济学家在讨论经济增长时都回避不了的一个话题。一个经济学家认真地研究经济增长很寻常，但是一个经济学家认真地研究经济增长的道德意义就不多见了，最近，本杰明·弗里德曼先生的论著《经济增长的道德意义》一出版就打动了众多读者，成为学界的热门话题。书中坚信，国家的富强有利于推动社会公德的进步。本杰明·弗里德曼是哈佛大学威廉·约瑟夫·梅耶政治经济学教授，曾任经济学系主任，2005 年度约翰·康芒斯奖获得者。他凭借多年研究美国经济政策获得的远见卓识，多次为政策制定者与公共职位候选人就经济问题提供建议。他亲掌国家经济研究所金融市场部，以其多年研究美国经济政策获得的经验，直接审视政府经济决策。

今天，在讨论经济增长的道德意义时，不得不提到法国伟大的启蒙思想家、法学家孟德斯鸠，在其名著《论法的精神》中亦有断言："商业精神带来的是节俭、经济、适中、工作、智慧、安静、秩序与法治的精神……哪里有商业，哪里就有高尚的民德。"马克思也曾指出："水推磨产生的是以封建主为首的社会，蒸汽磨产生的是以工厂主为首的社会。"而"以工厂主为首的社会"就是资本主义社会。社会形态不同，当然其道德等意识形态就不一样。可见，道德是随着经济的发展而不断升华的。

在书中，弗里德曼首先强调的是经济增长显而易见的意义：更长的预期寿命、更少的疾病、更低的婴儿死亡率和更少的营养不良。经济增长还意味着更好的食品、更大的住房、更多的旅游以及医疗的改进；更多的人能够负担得起更好的教育；有更多的公园和博物馆免费向民众开放。它也可能意味着更短的工作周，从而使人们有更多的闲暇时间来享受这一切。经济增长还能够推动一个国家举办奥运会和世博会等。

弗里德曼显然没有停留在对经济增长意义的讨论这一层面上，为了阐释这一问题，他超越了经济学，研究了美国等西方发达国家的政治与社会历史，以展示经济的增长如何使一个社会更加开放与民主。《资本主义文化矛盾》的作者丹尼尔·贝尔在谈到弗里德曼的这本书时，与亚当·斯密进行了比较："（它）复兴了亚当·斯密《道德情操论》的骄人传统，展示了一个令人震惊的曲面的经济增长观，并提出了其道德意义的正面前景。"

对于经济增长的道德意义，弗里德曼的解释是强有力的：不断上升的生活标准的价值，不仅在于它给人们如何生活所带来的具体改进，而且在于它如何形成一个民族的社会、政治和最终的道德品性。经济增长，不仅意味着明显的生活水平提升，还意味着产生更多的机会、对多样性的容忍、社会流动性、坚持公平以及对民主的尊崇。

作为一个经济学教授，弗里德曼从经济史的角度为我们展示了一个伴随经济增长的"民主的历程"。为此，弗里德曼审视了几乎所有西方民主大国的政治史和社会史。比如，他指出，18世纪的欧洲之所以能出台多部法律和取得诸多积极的制度转型，很大程度上归因于当时日渐发达的贸易和商业。亚当·斯密甚至针对此提出，道德增长与经济增长是相伴相生的；正因为此，此前频繁的武力使用才有可能被自由贸易所取代。一个相反的例子是南北战争后的美国。当时经济处于全面萧条和停滞状态，三K党横行，仇恨和暴力情绪蔓延于整个社会。但随着经济的增长，不但人们的生活水平提高了，而且也最终形成了一个开放、民主的社会，从而为以后美国的崛起奠定了基础。

弗里德曼在研究20世纪美国历史时发现，头20年美国经济突飞猛进，政府大刀阔斧地实施了许多改革，这些改革表现在征收所得税、制止行业垄断等措施上；五六十年代美国经济走向鼎盛，肯尼迪、约翰逊两位总统实时颁布了美国历史上具有划时代意义的民权改革法案。与此相反的是，当1973—1993年间美国经济增长减缓的时候，尼克松、里根政府实施削减税收、砍掉社会公益项目、减少社会福利的政策，由此产生的美国社会严重贫富分化现象遗留至今。

有趣的是，弗里德曼发现：当国家经济发展、国民收入提高时，美国选民就支持政府制定各项措施，以增加个人权利、消除社会偏见、优待移民、提高公共教育水平，从而为更多人创造机会，因为他们认为这些措施会扩展自己的发展前途。而当经济停滞或衰退时，美国人就会患得患失，要求减税，并希望阻止政府采取任何政策将社会财富和发展机会重新分配给别人。

弗里德曼在书里还列举了大量的发展中国家在经济增长后所取得的政治和社会进步——他预测这些国家也将不可避免地走上这一进程，但他同时也警告，收入提高并不意味着就一定能实现民主，只要增长出现停滞甚至倒退，其民众就很可能因为失去美好的生活前景而与民主和宽容渐行渐远。他甚至警告说，即便是像美国这样富裕的国家，一旦收入增长长期停滞，民主价值就会处于危险之中。增长是一种前进的感觉，一旦有足够多的公民失去他们在前进中的感觉，目前所拥有的富裕就不能保证一个社会免于倒退到刚性与不容忍的状态。

这本书实际上回答了经济增长仅仅带来物质财富的积累这样一个问题："经济增长——即对明显的大多数公民生活水平的提升——常常形成更多的机会、对多样性的容忍、社会流动性、坚持公平以及对民主的尊崇。"可见，除了创造物质财富，经济增长还能够产生各种有利的附加效果，也就是说，经济增长本身能够带来诸多正的外部性，这些外部性包括上面讲到的宽容、公平和正义、民主、自由等，而这些都是一个社会和政府所追求的。

经济增长对道德的促进作用还表现在，在美国和其他地方的经济增长时期，大多数公民都具有乐观向上的精神，研究也表明，在这些年中，迈向自由和民主运动最成功的国家，常常也是平均收入上升了的国家。作为一个整体来看，发展中世界在过去的 20 年中，甚至在第二次世界大战后，更清楚地显示了经济增长和民主化之间的正相关关系。中国六十多年的发展历程特别是改革开放三十多年的历程说明，不仅经济取得了巨大成就，人们的道德水平、民主、法制水平也取得了突出成就，甚至可以说，经济民主和经济自由的发展促进了经济增长。自从 1978 年邓小平提出改革开放以来，中国人的物质生活水准已经上升到了新的台阶，这不仅表现在营养、住房、卫生和交通上，更重要的还表现在中国公民职业选择的自由、开放的心态及与国际社会的交往上。伴随着经济的进步，政治与自由的选择也可能会随之而来。

弗里德曼还指出，经济增长最终会消除其给社会带来的负面影响，平等、环境改善、健康、稳定、普遍的福利增长等将惠及老百姓，但是这并非只靠市场就可以完成，政府会在其中承担越来越多的责任。随着经济不断增长，让人民拥有适当的财富并享有政治民主、平等、自由是人心所向。

目前，我国大力提倡科学发展观和构建和谐社会，我们有理由相信，只要维持健康的经济增长，一个有着高度幸福感、满足感的社会就在眼前。

　　巴格迪希·巴格瓦蒂，《为全球化辩护》的作者这样评价，"这本优秀的著作是在超越美国本土忧虑的背景下创作的，作为一本重要著作，它用历史与经济学的见解指出，增长是繁荣的朋友，而不是敌人。它将给人一次愉快的阅读体验。"

从全新视角看中国经济改革与发展

——成思危《中国经济改革与发展研究》书评

·崔惠玲·

　　《中国经济改革与发展研究》（简称《研究》）三卷本是成思危先生有关中国经济改革与发展问题的研究与思考。成思危先生作为中国的一名学者、一位政治家、一个民主党派领导人，他的研究思路和看问题的视角独特、新颖，不仅对中国经济改革与发展过程中存在的问题进行了深入、细致、多方位的分析研究，而且高瞻远瞩地对中国经济未来的发展提出了对策和建议。该书可谓他多年来"从政"和"治学"两个工作领域的研究结晶。

一、从全新的视角对中国经济改革与发展的问题进行了全方位的研究

　　《研究》主要从三个方面对中国经济改革与发展的问题进行了研究，既有理论性的研究，又有实证性的分析。

　　一是用复杂科学的方法研究我国改革及发展中的重大问题。理工科和管理学的双重学术背景，使作者能运用复杂科学的方法研究社会科学，对社会、经济改革的研究既有定性研究，又有定量研究。复杂科学是用以研究复杂系统和复杂性的一门新型的交叉学科。它的研究对象很复杂，既研究生物学领域，又研究社会科学领域。在该书中，成思危先生借鉴物理复杂性和生物复杂性的研究成果，采用定性与定量研究相结合的方法，运用群体决策、演化计算、数理逻辑、计算机模拟等研究工具，把经济、社会、政治等各方面的系统结合起来，从微观和宏观两个层次上对中国经济改革与发展中遇到的问题进行了分析。研究内容包括国有企业、商业银行、资本市场、货币市场、农村金融、住房制度、事业单位、保税区等方面的改革，以及对社会保障体系的建立和完善、发展计划的制定和管理、境外投资的战略与管理、培养中国的跨国公司、

农村市场的分析与开拓、坚持依法治国、转变政府职能、加强和改善宏观调控、推荐自主创新、提高经济发展质量、促进非公有制经济发展等方面的探讨。在写作上，该书运用复杂科学的方法，先确定改革和发展的目标模式，然后再提出从发展现状演进到目标模式的政策措施和实施步骤，从而使得出的结论具有科学性和可操作性。

二是探索虚拟经济与金融危机之间的联系。对于虚拟经济，作者不仅从理论上进行了研究，还把虚拟经济运用到具体的经济活动中，对一些经济现象进行了分析。虚拟经济是与实体经济相对应而在经济系统中存在的经济活动模式，是与虚拟资本以金融系统为主要依托的循环运动有关的经济活动，以及其中所产生的各种关系的综合。在本书中，作者用虚拟经济的理论分析了金融系统中的混沌与自组织、金融创新、金融安全和金融危机、通货膨胀及通货紧缩、经济全球化、知识经济和知识社会发展等方面的问题。尤其对虚拟经济与最近十多年来两次世界性金融危机的联系进行了深入分析。20 世纪末席卷东亚的金融危机给世界经济造成了无法估量的损失。对于金融危机成因的讨论，抛开传统的"经济基础论"、"金融恐慌论"和"资本流动论"，作者独辟蹊径，从系统论的角度，认为金融危机的成因主要是基于虚拟经济系统的内在特性，加上来自外界的扰动。2008 年由华尔街金融风暴引发的全球性的金融危机，大多数人从表面现象和外部原因对其成因进行了分析，认为是由于金融创新过度、金融业混业经营、金融业产能过剩等原因导致的，作者则经过正本清源后认为，金融危机的一个重要原因是过度负债投机所造成的虚拟资本的过度膨胀，并从国际化、市场化和系统化等方面对中国面对金融危机应进行的改革进行了分析。

三是研究和推动我国风险投资的发展。风险投资是促进高技术产业发展的一种有效的投资方式，对于我国建立创新型国家具有重要的作用。它是指把资金投向蕴藏较大失败风险的技术创新领域，以期成功后取得高资本收益的一种商业投资行为。风险投资在我国的发展虽然已有二十多年，但由于观念及体制等方面的障碍，融资渠道不畅，发展仍很缓慢，致使一些好的高技术投资项目由于缺乏融资渠道而无法投入研发。在本书中，作者既总结了美国等主要发达国家发展风险投资的经验和教训，又从宏观制度、微观制度和实务操作上对中国风险投资的发展现状和存在的问题进行了分析，指出风险投资的目的是"支持创新者创业，帮助投资人投机"，并从中国风险投资发展的战略、立法、政策和有关项目遴选，风险投资公司的组织结构、筹资方式和运营机制，以及商业计划书编制、项目遴选、风险企业管理、风险投资退出途径等实务角度对风险投资进行了分析，建议政府以"支持而不控股，引导而不干涉"的原则来鼓励民间风险投资事业的发展。本着"大胆试、允许看、不争论"的精神，积极探索符合中国国情的风险投资发展道路，这为研究风险投资及其在中国的发展开创了新的思路。

二、把"治学"与"治国"有机结合起来研究中国经济的改革与发展

《研究》的作者成思危先生不仅是一位从政多年的民主党派领导人，而且是一位具有理工科和管理学科专业背景的学者。从政和治学的双重背景，使其对经济、社会改革的研究既有理论深度，又有实用价值；研究的问题既具时代前沿性，又具实践上的可操作性。本书研究内容既有住房制度改革、国有企业改革、社会保障体系建立等改革之初提出的问题，又有科学发展观、建设创新型国家、人民币汇率改革、次贷危机等近些年遇到的新的热点和难点问题。他对这些问题的研究，既借鉴了国外发达国家的经验，又结合中国的实践，用数据、案例等进行了分析，所提出的建议在技术上可能、经济上合理、法律上允许、操作上可行、政治上能为各方所接受。

成思危先生作为一名学者，写作《研究》一书的目的并不是代替政府进行决策，而是从探讨理论基础、评介国外经验、完善总体框架、分析实施难点四个主要方面对政府进行决策支持，促进政府决策的科学化和民主化。作为一位政治家，在《研究》一书中他将学术研究的成果用于全国人大立法及监督的实践之中，以此来促进国家的发展与稳定，维护绝大多数人民的根本利益。作为一个民主党派的领导人，他将学术研究的成果与参政议政、民主监督的职能结合起来，按照"识大局、顾大体、有作为"的要求，在中国的政治生活中发挥一个参政党应有的作用。

该书的研究内容时间跨度较长，从中基本上能看出作者的学术观点形成和发展的过程，他所提出的许多观点，在当前的发展实践中已经得到了证实。成思危先生说过："我觉得我能扮演的角色，就是能够用我的知识，用我的思想，提出各种建议和意见，来促进国家的发展。"他认为，治学是从政的基础，只有认真调查新情况、分析新问题、总结新经验，才能提出新举措。他的这种对"治学"和"治国"的认识境界，在《研究》一书中得到了很好的体现。

　　总之，《研究》一书不仅是一部有关中国经济改革与发展对策的建议书，而且还是一本探索有中国特色的社会主义经济体制改革模式与发展道路的学术专著，对于研究未来中国经济改革与发展的学者、政策制定者、参政议政团体都有很大的借鉴意义和参考价值。

《社会问题经济学》（第十八版）书评

· 商晓辉 ·

改革开放三十多年来，我国经济社会得到了全面发展，经济结构在不断优化中实现了重大调整，基础设施和基础产业建设成绩斐然，城乡居民生活从贫困向全面小康迅速迈进，人口素质全面提高，各项事业取得了显著成绩，国际地位和国际影响力也不断提高……与此同时，我们也要正视在社会发展过程中出现的种种问题，如贫富差距不断加大，经济增长是以对资源环境的极大消耗为代价的，通货膨胀问题时而困扰政策制定者，青少年犯罪率偏高，失业问题突出，社会保障、医疗、教育等关切群众切身利益的问题比较突出……

这些问题是社会经济发展过程中必然出现的问题，如何运用经济学原理正确解读并提出切实可行的解决办法？安塞尔·M·夏普、查尔斯·A·雷吉斯特和保罗·W·格兰姆斯的这本《社会问题经济学》（第十八版）对其中的很多问题都给出了解答。这本书专门列出一章讨论中国问题，并指出改革开放将市场经济引入僵化的计划经济体制，使得中国经济最近十几年来一直以两位数的速度增长，通过将中国经济与同时期的亚洲其他经济高增长国家（包括同样处于市场经济转型中的越南）、所有低收入国家的平均水平以及美国的数据进行对比，说明中国实际 GDP、人均 GDP 等方面取得了伟大成就（见表 1）。并由此说明一国在处理资源配置这类最基本的问题时，所要做出的最重要的经济决策之一就是选择经济体制，包括从完全市场经济体制到完全指令性经济体制之间的各种体制，只有正确地选择了符合本国经济和社会发展状况的经济体制，才能极大地促进经济的发展，实现社会进步。

表 1 中国改革后的经济表现比较 %

	实际 GDP 增长率	人均实际 GDP 增长率	农业产值增长率	工业产值增长率
中国	8.87	7.85	6.51	11.40
韩国	3.28	2.24	0.01	5.10
新加坡	7.69	6.56	6.56	8.52

续前表

	实际 GDP 增长率	人均实际 GDP 增长率	农业产值增长率	工业产值增长率
越南	7.51	6.37	6.37	10.34
低收入国家	4.63	2.41	2.41	5.83
美国	2.55	1.56	1.56	0.67

资料来源：《社会问题经济学》（第十八版），42～43 页，北京，中国人民大学出版社，2009。

　　然后，这本书又分别阐述了目前我们关心的各类问题。关于污染，本书利用福利经济学的观点指出，污染问题源于两个基本因素中的一个或者两个：一是被污染的环境没有产权，或者产权没有得到有效保护，这使得环境得不到有效的监督管理，因而人们有可能破坏河流、空气、土地等环境而不必受罚；二是多数环境服务是由全体人口共享的。从经济学角度来讲，由于污染者存在负的生产外部性，生产者应该承担的成本被人为降低了，因此存在着过度生产的动机，也就是说，污染者吸纳了太多的社会稀缺资源。由于市场中存在资源的错误配置，使得大众的福利遭受损失。与此同时，本书用成本—收益分析方法指出，全面禁止污染并非符合公众利益，由此进一步推导出政府控制污染可以采用的三个主要方法：第一，有些污染活动可以通过禁止或限制而直接控制；第二，通过向污染者提供不污染的激励而间接控制；第三，在某些情况下，允许形成污染权市场，企业可以买卖政府发放的污染许可证。

　　另外一个影响我国社会经济稳定运行的问题就是失业率，《社会问题经济学》（第十八版）同样对此问题给予了特殊关注。失业威胁着作为社会单位和经济单位的家庭的稳定。在市场经济条件下，失业的经济问题起源于劳动力的需求数量小于供给数量，当工资率过高，即高于竞争水平时，失业将会发生。失业的解决方法是扩大需求，或者依赖自动的市场力量将工资率压低到劳动力需求数量等于劳动力供给数量的水平。如果劳动力市场是自由竞争的，工资率根据市场条件自由变动，失业程度就会最小化，遗憾的是，劳动合同、集体谈判协议以及其他制度性因素可能导致工资率高于竞争情况下的工资水平。而且，由于工资往往具有黏性，一旦上升，合同、工人预期甚至心理因素都会使得工资难以下降，使得失业问题很难解决。总供给疲软或总需求不足解释了经济为什么会在低于充分就业的水平上运行。解决失业问题的总需求方法是，实施增加总需求的财政政策，即增加政府支出和减少税收。解决失业问题的总供给方法是，实施可以增加总供给的政策，即实施可以提高资源生产率、降低资源价格的政策。最好的可能办法是，实施协调的总供给和总需求政策。

　　一国最主要的总量性经济问题，除了失业，就是通货膨胀。很多情况下，稳定的物价水平都是政府经济政策公开宣布的全国性目标，所有消费群体——包括消费者、企业以及政府——都关注通货膨胀。通货膨胀具有动态的、自我维持的特点，物价水平的上涨会导致经济群体对上涨的价格作出反应，从而导致价格进一步上涨。在物价上涨期间，生产者无法拒绝提高工资和其他成本，因为更高的生产成本以更高的价格形式转嫁给了消费者，而这些价格的上涨，又成为将来生产成本以及物价进一步上升的基础。通货膨胀会影响收入分配、资源配置和国民产出，它在扭曲资源配置，导致低效率配置的同时，对产品和服务的国民生产的可能影响是鼓励生产。在经济达到充分就业以前，持续上升的物价会与不断增加的生产保持同步，引起物价上涨的因素同样会促使生产增加。然而，在达到充分就业时，通货膨胀力量的持续存在将引起持续的通货膨胀，即持续上涨的物价没有伴随生产增加。目前对于通货膨胀，只能是针对引起通货膨胀的原因，分别情况处理，例如，对于需求拉动型通货膨胀，需要采用适当的货币政策和财政政策；对于成本推动型通货膨胀，除了恢复竞争性市场，确保不存在因超额货币供给增长而引起的通货膨胀压力外，还没有什么明确的解决办法。

　　此外，《社会问题经济学》（第十八版）还对犯罪经济学与犯罪防范、教育经济学、贫困与歧视、大企业经济学、职业体育经济学、社会保障和医疗保险等多方面的问题进行了全面、系统的分析，并给出了相应的解决方案，对于目前处于经济增长关键阶段的我国经济具有重要的借鉴意义。

谱写经济增长的新篇章

——评赫尔普曼《经济增长的秘密》

· 马学亮 ·

经济增长问题是人类社会进程中一个永恒的话题，也是一个事关人类福祉的问题，诺贝尔经济学奖获得者卢卡斯说："诸如此类的问题所包含的对于人类福利的影响简直令人惊讶：一旦一个人开始思考经济增长问题，他就不会再考虑其他任何问题。"在《经济增长的秘密》一书中，赫尔普曼教授将经济增长理论二十多年来的研究，进行了有条理的整理，形成了一个很严谨的体系，其内容之丰富令人叹为观止，诺贝尔经济学家获得者阿罗认为，这是目前为止对经济增长的最全面的分析。

赫尔普曼是以色列当代著名经济学家、以色列特拉维夫大学经济学教授和美国哈佛大学经济学教授、新贸易理论和新增长理论的重要奠基者。他于 1946 年在苏联出生，1957 年移居以色列，在特拉维夫大学获得学士学位和硕士学位后，于 1974 年获哈佛大学经济学博士学位，旋即回到特拉维夫大学任教，并多次在哈佛大学和麻省理工学院等著名高校做访问学者。先后当选为经济计量协会会员及会长、以色列经济协会会长、美国经济协会外籍荣誉会员和美国艺术与科学研究院外籍荣誉会员，并获得马哈拉诺比斯纪念奖章、印度经济计量学会、以色列奖和伯恩哈德-哈姆斯奖等多项荣誉。正如作者所说，从亚当·斯密时期经济学家就开始对经济增长问题着迷：为什么经济会增长？为什么有的国家经济增长较快，出现持续的增长，有的国家较慢甚至会停滞、倒退？对经济学家来说，几百年来经济增长仍然是一个秘密。

近几十年来，当经济学家关注增长的时候，他们最感兴趣的是两个现象：其一，为什么会出现持续的经济增长？其二，为什么各国经济增长的绩效差异如此之大？

传统的经济增长理论无法回答这些问题。在索罗模型中，增长来自资本积累。所谓的资本包括了物质资本和人力资本。按照索罗模型的推理，长期内人均收入的增长率会逐渐趋同于技术进步的速度。索罗模型还指出，增长率会随着资本密集度而变化。当一国的资本密集度上升的时候，增长率会逐渐放慢，而当其资本密集度下降的时候，一国的增长率将逐渐上升。进而提出了经济增长理论中的"趋同假说"。但是，在现实中这一趋势表现得并不清晰，穷国和富国的差距也不像人们想象的那样在缩小，而是在渐渐地扩大。

之后，索罗自己在这方面做了进一步的研究，他的结论是：全要素生产率的提高能够解释经济增长的主要原因。经济增长不应该仅归于资本积累，全要素生产率的提高才带来了经济增长，而技术进步带来了全要素生产率的提高，所以技术进步才是经济增长的终极根源。如果全要素生产率是经济增长的终极根源，那么经济增长理论就不应该是投入的积累，而应该关注技术进步。新经济增长理论改变了经济增长理论的方向。

在综述了前人的经典文献后，本书中，赫尔普曼创新地提出了他的"新经济增长理论"模型。书中他主要探讨了影响经济增长的四大因素：创新，即技术对经济增长的影响；相互依存，即国际贸易对经济增长的影响；不平等，即收入分配对经济增长的影响，制度，即政治和社会因素对经济增长的影响。这是在增长经济学领域新近涌现的四个增长维度。

所谓创新，可以理解为人类技术的进步首先使发达国家获益，其次它的技术溢出也让穷国发展；从罗默的第二代模型开始，经济学家才从正面直接研究知识的积累。创新能够为创新者提供利润，只要利润超过了研发的成本，企业就会做出对创新的投资。但是，创新也会产生溢出效应，后一代的创新者会从前一代创新者的努力中受惠。只要创新带来的溢出足够大，经济增长就可以自我维持。赫尔普曼尤其强调，创新的过程是一种"创造性的毁灭"，高质量的产品占领了旧的、低质量产品的市场份额，因此经济增长的常态是非均衡。经济增长所呈现出的不再是"趋同"的特征，而是马太福音里面说的"富者越富、穷者越穷"！另外，大多数经验研究并未发现创新总是带来所谓的规模经济。知识的创新可能也不总是收益递增的。

所谓的相互依存，可以理解为发端于20世纪初期的全球化趋势；在全球化的今天，各国的经济增长是相互依存的。贸易对创新和全要素生产率的影响渠道包括：市场规模扩大、减少重复竞争、知识共享等。这些都能刺激创新。在大多数情况下，贸易对增长是有促进作用的。但是也有例外，贸易保护主义曾经在

19 世纪末期推动了经济增长，在国际交往中，富国的研发通过溢出效应会对穷国带来好处，但是富国从创新中得到的收益大于穷国，所以创新会扩大贫富差距。此外，贸易促进了知识的国际溢出，激发了创新者之间的竞争，减少了研发活动中的重复劳动，提高了研发部门的总生产率。由于新产品要优于老产品，发达国家成功的创新者在一定时间内能够获得利润，而当发展中国家的模仿开始后，创新者的利润逐渐流失；另外，发展中国家厂商由于成本低于发达国家，因此，成功的模仿者同样可以在一定时间内获得利润，但当发达国家的创新者推出更新的产品时，其利润流也会被打断。在这一动态过程中，发达国家的领导者、追随者与发展中国家的模仿者之间的创新与模仿的博弈，保持了总的创新率与总的模仿率不变，维持了贸易与经济的稳定、均衡增长。

所谓不平等，造成了经济的市场化流动。赫尔普曼接着考察了不平等和经济增长的关系。赫尔普曼认为，总体来说，收入分配不平等对经济增长是不利的，但究竟是通过何种渠道妨碍了经济增长，仍然有待我们深入研究。不过，经济学家认为经济增长对贫困的影响是正面的。经济增长可能会减少也可能会加剧贫富不均，但是快速的经济增长是减少贫困的最直接也是最显著的办法。

之后，赫尔普曼还讨论了制度对经济增长的影响。而对制度的考量，则引入了许多非经济学的因素。如果说赫尔普曼对创新、相互依存和不平等的考量带有古典经济学的方法论，那么他对制度问题的把握，则为增长经济学开辟了一个更加开阔的领域。因为很长一段时间以来，经济学界对所谓的政治因素、社会因素、文化因素等都是敬而远之的。不是因为这些问题不重要，而是经济学家不能用数学方法厘清其中的机制。对此，赫尔普曼有独到见解：既然创新是导致经济增长的根源，那么为什么有的国家更容易创新，更容易接受和学习创新，而有的国家却顽固僵化呢？引入制度分析就可以使这一问题的答案明晰可见了，制度可以被定义为规则、信念和组织的组合。制度可以保护创新，也可以保护既得利益，扼杀潜在的创新。好的制度必须能够保障法治和合同的执行，并限制政府的干预。

金融改革与创新的理论体系

——评《成思危论金融改革》

·安　卫·

一、潜心研究，硕果累累

　　成思危先生现任全国人大常委会副委员长，民建中央主席，中华职业教育社理事长，中国软科学研究会理事长，中国管理现代化研究会理事长，中国台湾研究会会长，中国科学院研究生院、中国社会科学院研究生院、北京大学、南开大学兼职教授及博士生导师。1997—2004 年间曾兼任国家自然科学基金委员会管理科学部主任。

　　在成先生七十多年的人生征途中，有三个重要的转折点：一是 1951 年从香港回内地参加工作，踏上了报国的道路；二是 1981 年到美国进修管理，拓宽了治学的领域；三是 1996 年当选中国民主建国会中央委员会主席，登上了从政的舞台。

　　从政的舞台为他的工作和治学提供了有利的条件，也为研究成果的应用提供了难得的机遇。作为民建中央主席，他每年都有多次机会参加总书记或总理召开的座谈会，协商国家发展的重大问题，可以直接听到最高层领导的声音，并向他们反映意见和建议。作为全国人大常委会副委员长，他经常参加法律草案的审查、法律实施情况的检查、听取政府有关部门的汇报、人大代表视察等活动，可以了解到许多具体情况和问题并提出意见。他兼任的一些学术职务，为他和专家学者们保持联系与合作提供了方便。

　　成先生认为，作为一名学者，其学术研究的目的并不是代替政府进行决策，而是从探讨理论基础、评介国外经验、完善总体框架、分析实施难点四个主要方面对政府给予决策支持，促进政府决策的科学化和民主化。作为一位政治家，应当努力将学术研究的成果用于全国人大立法及监督的实践之中，坚韧不拔地贯彻

"依法治国"的方略，促进国家的发展与稳定，维护绝大多数人民的根本利益。作为一个民主党派的领导人，应当将学术研究的成果与参政议政、民主监督的职能结合起来，按照"识大局、顾大体、有作为"的要求，在中国的政治生活中发挥一个参政党应有的作用。

成思危先生的学术观点和论述除了在专著中出版以外，还大量散落在各种报刊杂志登载的文章、演讲和访谈中，并由一些网站相互转载。为了完整而准确地使读者了解成思危先生的思想观点，中国人民大学出版社决定将成先生的零散著述分门别类汇集出版。继《成思危论金融改革》出版发行后，陆续会出版发行《成思危论风险投资》、《成思危论社会保障》、《成思危论自主创新》、《成思危论虚拟经济》等。

《成思危改革论著选》——《成思危论金融改革》、《成思危论风险投资》、《成思危论社会保障》、《成思危论自主创新》、《成思危论虚拟经济》，是成思危先生改革思想的集中体现，涉及改革的方方面面。成思危先生对金融改革、风险投资、社会保障、自主创新、虚拟经济等进行了深入的研究，提出了许多重要的理论观点和政策主张，许多重要的政策建议成为党中央、国务院决策的参考依据，为我国经济的发展、改革和开放作出了重要的贡献。

成思危先生首先是一个政治家，一个民主党派的领导人，同时也是一名著名的经济理论学者。在冗重的政务之余，他倾注了大量的时间和心血在学术研究上。多年的努力，使他在学术上硕果累累。

成思危先生倾注的研究涉及我国社会、经济、科学和文化的发展，汇集成三个主要研究方向：

一是系统研究我国改革及发展中的重大问题。

研究主要集中在社会层次中的国有企业、商业银行、资本市场、货币市场、农村金融、住房制度、事业单位、保税区等方面的改革，以及对社会保障体系的建立和完善、发展计划的制定和管理、境外投资的战略与管理、培养中国的跨国公司、农村市场的分析与开拓、坚持依法治国、转变政府职能、加强和改善宏观调控、推进自主创新、提高经济发展质量、促进非公有制经济发展等方面的探讨。

二是探索虚拟经济（fictitious economy）的特点与发展规律。

研究主要集中在虚拟经济的发展历程、虚拟经济系统的主要特点、虚拟资本（包括信用资本、知识资本、社会资本等）的实质和运动规律、虚拟经济与实体经济之间的关系和相互作用等方面，并试图用虚拟经济的理论来分析金融系统中的混沌与自组织、金融创新、金融安全和金融危机、通货膨胀及通货紧缩、经济全球化、知识经济和知识社会发展等方面的问题。

三是研究和推动我国风险投资（venture capital）的发展。

研究主要集中在中国风险投资发展的战略、立法、政策和有关项目遴选；风险投资公司的组织结构、筹资方式和运营机制；以及商业计划书编制、项目遴选、风险企业管理、风险投资退出途径等实务，并建议政府以"支持而不控制，引导而不干涉"的原则来鼓励民间风险投资事业的发展。

二、金融改革，理论创新

《成思危论金融改革》汇集了成思危先生关于金融改革的文章、演讲及访谈共56篇，内容涉及：金融全球化、金融制度及产品创新、金融危机、金融安全、金融监管、混业经营、资本市场、货币市场、商业银行、农村金融、期货市场、外汇市场、金融衍生物、产权市场、保险业、产业投资基金、企业融资等。

全书基本上涵盖了金融改革的各个方面，形成了我国金融改革与创新的理论体系，其中有20篇是首次全文公开发表。在附录中还收入了成先生向全国人大常委会提交的两份报告——《证券法》执法检查报告及"农村金融"调研报告。

纵观全书，笔者为成先生的学术造诣之精深而感叹，为成先生的理论研究之超前而敬佩。其主要观点阐述和理论亮点归纳如下：

（1）金融全球化在现阶段的主要趋势是世界金融市场的规模急剧扩张，资本跨国流动的规模迅速增大、速度急剧提升，各国货币的虚拟化程度增加，各国货币之间的汇率成为政策工具，金融创新迅速发展，世界金融市场的集成程度不断提高。在金融全球化过程中产生了适当放松金融管制的客观需求，有人称之为金融自由化。但是这种自由只是相对的、有限度的，各国出于维护国家主权及安全的考虑，都不可能容许其金融系统完全自由开放。金融全球化正在给全球经济、政治和社会生活等诸多方面带来深刻影响，也将为中国的现代化提供难得的机遇，为此应当谨慎设计我国的金融改革战略，从宏观上消除我国金融的制度性障碍，从微观上加强金融企业的内部管理，加快金融创新。

（2）要正确理解金融和经济之间的关系，金融界研究问题不要脱离经济，金融是经济的核心，但是金融对经济既有积极的作用，也有消极的影响。同时，经济还是决定金融的重要基础，如果经济情况变化了，金融肯定会受影响，当然金融对经济也有反作用。在推进我国金融改革的时候，应当特别注意正确理解经济和金融之间的关系，进一步促进其协调发展。

（3）要积极推动金融体系的市场化改革，发挥市场在资源配置方面的基础性作用，坚持推进利率和汇率的市场化，稳步发展各类金融市场，扩大市场主体的参与。鼓励民间资本进入中小金融行业，可以社区银行作为一个突破口。

（4）金融安全是国家经济安全的核心，国家金融安全是一个宏观的概念，主要是综合防范涉及公债、汇率、储蓄、金融市场等方面的风险，发现并化解各类隐形债务。实体经济的健康发展是防范金融风险的前提，而金融系统微观基础的增强则是宏观金融稳定的重要保证。

（5）股市的本色应当既是有效的投资和融资场所，也是适度投机的场所，中国股市要向本色回归才能真正有希望。我国股市在制度上有三大缺陷，一是融资市，只注重股市的融资功能，忽视股市的投资功能；二是半流通市；三是单边市，只能做多而不能做空，要认真加以纠正。要发挥股市在扶优汰劣、优化资源配置方面的作用，建立退市制度，提高上市公司的整体质量。

（6）商业银行改革是我国金融体系改革的重点，四大国有商业银行的改革更是重中之重。我国四大国有商业银行的改革"路线图"——"实行股份制改造、引进战略投资者、加快处置不良资产、充实资本金、完善公司治理、创造条件上市"已经开始实施，尽管还需要在实践中进行必要的调整和细化，但应当坚持改革的大方向，尽快提高我国商业银行的国际竞争力。同时也应清醒地认识到，上市只是改革的继续而远远不是结束，还必须进一步加强公司治理及内部管理，针对市场、客户和风险，不断提高金融服务质量，争取早日将我国的商业银行改造成现代金融企业。

（7）要进一步改善金融监管，维护市场秩序，创造公平、公正、公开的市场环境，要按照科学发展观的要求，真正做到以人为本，保障公众投资者、存款人和投保人的合法权益，避免受到违法行为的侵害，给他们以必要的知情权，要督促各类金融机构努力降低运营成本，改善金融服务，使有关群体在总体上获得合理的回报。要从信息披露入手，按照披露、分析、公告、处置的程序，引导市场力量来参与监管，并在市场发展过程中不断改善监管。

（8）适时适度地推进人民币汇率制度改革，从钉住美元改成钉住加权的一篮子汇率，按照"只有管得住，才能放得开"的原则，逐步放开资本账户，最终实行人民币的完全自由兑换。经济全球化和地区一体化是相辅相成的，地区一体化就要提到货币一体化问题，但地区货币一体化有一个重要因素，就是各参与国的发达程度要比较接近，如果相差较大，就可能会带来一些问题。由于目前亚洲各国的发展水平相差较大，亚洲货币一体化的路程还很漫长。

（9）资本是目前我国农村中最缺乏的生产要素，必须大力发展农村金融，保证充足的资本供应，尽量满足农业、农村及农民的金融需求，逐步解决"三农"这一在我国实现现代化过程中必须妥善处理的重大战略问题。我国农村金融体系建设的目标模式应为：1）财政支持，市场运作；2）三足（政策金融、商业金融、合作金融）鼎立，各司其职；3）存贷为主，综合配套；4）法制健全，市场发育。

（10）改革开放以来，我国保险业发展较快，但保险业的发展现在仍处在一个比较初级的阶段，要进一步拓宽我国保险业的服务面，提高保险业的竞争力，加强保险创新，提高精算水平，大力发展再保险业。

（11）要适应经济发展的客观需求，积极稳妥地推进我国的金融制度和金融工具的创新，更加有效地提高金融效率，化解及转移金融风险，但也要注意防止过度投机，维护金融市场秩序。

（12）由于资本和风险都具有易于流动的特性，混业经营应当是我国金融改革的最终目标之一。在目前分业经营的情况下，要建立强有力的金融风险管理协调制度，并要不断地努力探索，创造条件，稳步推进混业经营和监管。

鉴古知今
——评《管理思想史》（第五版）

·王　前·

为大唐盛世创下"贞观之治"的唐太宗李世民曾说过："以古为镜，可以知兴替"；被马克思称为"英国唯物主义和整个现代实验科学的真正始祖"的英国哲学家培根曾说过："读史使人明智"。然而，当前中国的企业管理者为"人浮于事"、"效率低下"、"流程不畅"等问题而苦苦求索的时候，恐怕未曾料到那正是几十年甚至上百年前困扰着美国管理学家和实践者的难题。

管理活动古已有之。过去，人们只是以一种非正式的、自认为最佳的方式在管理，没有人真正研究过不同的管理方式效率如何。但是，随着组织日益庞大、复杂，有效的管理几乎成为高生产率带来的更多利润的同义词。正是在经济、社会、政治、文化和技术环境不断变化，组织日益发展的推动下，对管理的研究逐步发展并受到关注。

管理的历史虽然远称不上漫长，但是也给人一种波澜壮阔、博大精深的浩瀚之感。其间涌现出了绚丽多彩的思想和众多的风流人物。其中一些思想仍在深刻地影响我们的管理活动，一些人物的名字至今耳熟能详，也有一些为人们所忽视，还有一些甚至受到了曲解。《管理思想史》（第五版）（丹尼尔·A·雷恩（Daniel A. Wren）著，孙健敏、黄小勇、李原译，中国人民大学出版社，2009年出版）这部经典著作将带领我们透过历史的长焦镜，更全面、更公正地审视这段历史。

《管理思想史》（第五版）追溯了管理历史和思想的演变，考察了早期人们认为有效的管理思想，并探讨了管理思想如何随着时间的发展和技术的变革而演变。以时间为脉络，以管理思想及其代表人物为主线，该书分为四个部分，分别对应四个时代：早期、科学管理时代、社会人时代和现代。当然，管理思想的时代绝不是以某个特定的年份作为起止时间，相反，存在各种思想的融合、各种主题的变换。

　　早期的管理先驱们试图解决工厂制度所引起的问题，从他们的工作中可以看到现代管理思想的起源。19 世纪后半叶，当工业革命发展到一个全新的阶段时，科学管理时代到来了。弗雷德里克·W·泰勒对于这个以追求效率和系统化为特点的时代的出现起到了重要的推动作用。同时，围绕在泰勒周围，另一些人也在美国传播效率主义，例如，卡尔·巴思、H. L. 甘特、弗兰克和莉莲·吉尔布雷斯夫妇、莫里斯·库克等。在这个时代，亨利·法约尔和马克斯·韦伯的思想也在形成，虽然他们对于管理思想的贡献在更晚的时期才得到承认。"社会人"诞生于科学管理时代的后期，但直到 20 世纪 30 年代才引起更多的关注。社会人时代更多地关注人际关系运动，同时发展出了各种独立、平行的管理思想分支，包括对于工业行为日益增长的兴趣和研究；由众多学者逐渐发展的关于组织高层管理的观点。而现代管理思想是过去的思想在四个方面进一步发展的产物：在亨利·法约尔贡献的基础上扩展而成的一般管理理论和管理活动研究；人文主义者、人类关系学家和其他一些人本取向的研究者提出的行为发展；组织结构的发展观点；以亚里士多德、巴比奇、科学管理先驱及其继承者为代表的问题解决范式。在这四个领域中，共同性与多样性是并存的。在当代，管理思想度过了它多样化的青春期，正在寻求其成熟的专业化态势。

　　该书不仅阐释了上述各时代的管理思想，而且分析了各时代的管理思想的产生背景——经济、社会和文化环境。正是这样的经济、社会和文化环境分析使我们能够更加透彻地了解各时代管理思想的内涵。毕竟，管理思想的产生正是为了解决管理中遇到的各种难题。

　　该书不仅全面系统地分析了管理思想的演变过程，而且对诸多我们看似熟悉的理论提出了新的注解和阐释。例如，长期以来，人们一直将泰勒制理解为一种单纯的"效率至上主义"的理论，一种机械的、纯科学的思想。然而，在雷恩博士的引领下，当我们更全面地了解泰勒的思想时，对科学管理会有一种全新的认识。泰勒认为，"科学管理的本质"就是"心理革命"，并强调他的思想带给人们的是一场"心理革命"，他的管理原则和手段也都能体现他对工人的关心。用今天的话来说就是人性化的管理方法。

　　正如雷恩博士在该书的序言中所说，该书"像一本有关我们睿智的前辈们生活和时代的故事书"。这些前辈在他们的时代，竭力应对管理大规模的人力和物力资源组合所产生的各种难题，努力发展关于人类行为的哲学和理论，绞尽脑汁解决这样一个古老而恒久的问题——分配稀缺的资源以满足组织和个体的需要和目标。今天，尽管我们的时代在前进，我们的环境在变化，我们的技术在进步，但是这个问题依然摆在我们面前。所不同的不过是，基于这些前辈的贡献，我们的解决办法发生了变化而已。通过该书，我们可以了解当时他们是如何解释这些问题的，又是如何解决这些问题的。正所谓"鉴古知今"。

正如该书的译者所说，该书内容博大精深，思路和条理清晰，解析和评论精辟透彻。但是，该书也有一个严重不足，也是所有同类著作的共同缺陷，那就是只关注西方特别是美国管理思想的发展。书中大部分内容是关于美国的管理思想的，对于欧洲和亚洲的管理思想不够重视。当然，这并不能掩盖这部经典著作的思想火花和深邃洞悉。

在这个"快餐文化"盛行的年代，我们实在有必要静下心来，仔细品味前辈乃至古人留给我们的丰厚著作，从中汲取经验，从而开拓创新。

金融危机的微观理论解释

——评《理解金融危机》

· 李臻云 ·

金融危机是经济研究当中不可回避的话题，不论是学者还是政策制定者，都希望能够准确把握金融危机产生和发展的一些规律，然而，现实中的每一次金融危机似乎都是独一无二、不可复制的。究竟是什么原因导致金融危机？人类能够预测甚至避免金融危机吗？怎样才能减少金融危机的影响？政府和国际组织应当干预金融危机吗？是否应当让金融危机自行发展？每一次金融危机之后，这一系列问题总会引发广泛的讨论，而答案似乎总是不确定。金德尔伯格在1993年出版的《西欧金融史》中总结道：在过去的400年时间里，金融危机大约每隔10年发生一次。金融危机发生得如此频繁，为何相关的理论解释又如此匮乏呢？原因可能正如该书的作者所言："可用以总结前车之鉴的许多信息是专有的，并且或许永远不会为人所知。"

正是由于这样的原因，使得从微观理论上来分析金融危机变得更为重要。在1997年的东亚金融危机之后，艾伦和盖尔教授独辟蹊径，梳理了他们多年来撰写的一系列关于金融危机的福利经济学论文，出版了《理解金融危机》(*Understanding Financial Crises*，该书中译本由中国人民大学出版社出版，2010) 一书，该书是到目前为止试图对上述诸问题从微观经济学的实证和规范视角做出回答的唯一著作。

作者从追溯金融危机史开始，向读者展示了理解金融危机文献所必需的基本经济学工具，构建了一系列日益成熟的模型。自始至终，作者引导读者通过现有的理论和实证文献，建立他们自己的理论方法。该书描述了现代中介理论，介绍了资产市场和资产价格波动的原因，讨论了银行与市场之间的相互作用。此外，还涉及了一些更为专业化的话题，包括最优金融管制、泡沫以及金融传染等。

特别值得指出的是，该书对当前的热点问题——金融管制进行了深入的讨论。从理论上来说，银行资本的一个主要功能是风险分担，资本相当于一个缓冲器，用来弥补一旦发生银行失灵所造成的存款者的损失，并且允许银行资产有序清算，从而避免了以"甩卖出售价格"来处理资产。银行资本的这些功能解释了为什么股东和存款者应该注意银行的资本结构，但是它们并没有解释为什么政府需要管制资本结构。由于资本结构会影响风险分担的有效性或者银行承担风险的动机，成本和收益应该内化在银行的目标函数中。在银行没有考虑某种外部性的情况下，并没有明显的原因说明为什么银行在不受管制的情况下不会选择社会的最优资本结构。换句话说，还没有发现哪种市场失灵会导致对管制者干预的要求。

艾伦和盖尔教授指出，当市场是不完全的时候，货币外部性会影响福利，而且在这种情况下资本的管制可以潜在地改善福利，因此不完全市场为资本管制提供了一个可能的理由。资产价格变化是任何福利改善都必不可少的因素，在具有总体不确定性的模型中，资产价格在各自然状态之间发生波动。尽管存在一个约束价格分布的一阶条件，资本充足率的要求也会对均衡价格有一定的影响，从而对福利也会产生影响。由于不完全市场的均衡一般不是约束有效的，资产价格的变化可以被用来改善福利。然而问题的关键是：什么样的资本管制可以实现福利的改善。要求金融中介持有更多的资本也并不是明显有益的，事实上，没有病理特征的简单例子可以带来令人惊讶的结论，即资本的增加会减少福利，资本的减少会增加福利。《理解金融危机》一书的这些结论强化了一种观点，即当涉及一般均衡影响时，预测金融系统中资本结构的改变带来的宏观经济影响将是非常困难的。因此，艾伦和盖尔教授强调，在有一个一般理论来指导我们之前，谨慎的政策抉择似乎是可取的。

此外，该书详细论述的金融传导理论也被源于美国次贷危机的全球金融危机所印证。艾伦和盖尔教授对金融传导的定义是："始于一个地区或国家的金融危机蔓延到与之有经济联系的地区或国家的过程。"同时指出，有时传导的基础是由信息提供的。传导的存在依赖于一些条件，首先便是金融关联性采用时期0签署事前债权的形式。银行间贷款网络的运营是件好事情，原因在于它允许流动性的再分配，但当存在流动性需求水平的总体不确定性时，这种关联性会导致传导。

艾伦和盖尔教授所构建的模型证明了某一地区或银行的微小冲击会挫伤整个银行系统，而无论这一系统相对于冲击有多庞大，这一问题的关键在于银行间存款的网络结构。若关联性的渠道变窄，则传导更容易爆发。尽管该模型勾勒出的是一个虚构的并高度简化的环境，其结论也依赖于很多假设。但是，这一模型提供了整个金融体系的一个简化的图景，其基本思想也可应用于实际数据，并为真实经济中的传导提供前景展示。传导是金融危机领域里最为重要的议题之一，冲击会扩散并导致比初始影响更大的损失，这一概念对政策制定者来说极为重要，它可以对所观察到的许多干预和管制提供依据。

艾伦和盖尔教授的这本《理解金融危机》虽然写于此次全球金融危机之前，然而，书中所讨论的大多数理论问题都在现实的危机当中被再次印证。两位作者感慨道，回顾最近两年所发生的事件，并试图梳理导致近期金融市场动荡的人，可能会不由自主地想到塞巴斯蒂安·容格那本书的主题，以及后来被拍成电影并由此命名的《完美风暴》。这是一场 1990 年在新斯科舍发生的风暴，一些看似不相关的天气系统相互叠加放大并最终导致了极度灾难。尽管金融危机的发生相当频繁，然而，导致当前全球性金融危机的一系列事件和巧合，如果说与容格书中所描绘的有什么区别的话，那就是更加复杂和不可思议。

面对愈来愈频发和复杂的金融危机，我们似乎应该去做些什么，至少我们首先要对金融危机有一些理解。如果我们希望能够把握金融危机产生和发展的一些规律，以便在金融危机发生之前或发生时有一些准备，不至于任由危机肆虐我们的正常生活的话，我们不妨翻开这本由艾伦和盖尔这两位世界顶尖级金融学家撰写的《理解金融危机》，它可以让我们了解到关于金融危机的一些基本的非常规的思想。当然对于政策制定者和那些关注金融危机风险的金融学者们来说，读读《理解金融危机》，以了解这些非常规思想，那就更有必要了，因为作为政策制定者和金融学者，对于避免危机带来不可思议的灾难性后果，是负有不可推卸的责任的。

通过绩效改进驾驭我们的生活

——评《绩效分析与改进》

· 邢伯春 ·

21 世纪是一个充满机遇与挑战的时代，是一个优胜劣汰、适者生存的时代。长期以来，绩效管理对企业的发展发挥着越来越重要的作用：世界著名公司通用电气用活力曲线来进行绩效评价；IBM 关注员工的绩效工资，能够通过薪金管理达到奖励进步、督促平庸的目的，IBM 将这种管理已经发展成为高绩效文化；摩托罗拉以人为本管理绩效……

尽管绩效管理作为各国企业人力资源管理的重要环节、优秀的管理思想和管理工具已经被企业实践了很多年，但很多企业依然不能很好地驾驭它，出现了种种问题：为什么员工的表现不尽如人意？绩效考核的战略如何与企业愿景相结合？如何从无到有建立绩效考核的流程？

在现代市场经济中绩效管理已成为对企业的竞争能力有巨大影响的重要因素。特别是在我国加入 WTO 后，人才市场的开放使得企业必须要结合企业实际实施科学、合理的绩效管理政策，进行有效的绩效管理来满足员工的物质、精神需求，促进企业发展。而面临着严峻挑战的传统的绩效策略和实践已经越来越不适应新的环境，如何利用好绩效这个激励杠杆，调动员工的积极性，令其获得经济上和心理上的满足是企业发展必须考虑的问题。

与此同时，伴随着企业在激烈的竞争压力下对高绩效的追求，管理者作为企业运营的直接承担者也背负着高度的心理压力。长期广泛的压力不仅影响管理者的心理健康，而且降低了管理者的工作绩效。那么，如何做一个压力的管理者而不是被压力所管理？怎样识别良性或者恶性的压力？如何缓解员工压力？

针对这些问题，为了帮助企业建立科学、高效的绩效管理体系，《绩效分析与改进》一书（理查德·A·斯旺森著，孙仪、杨生斌译，中国人民大学出版社，2010 年出版）从多个角度真正解决企业管理者在实际工作中对于绩效管理的困惑，使管理者从不同的角度清晰、系统地认识目前企业中存在的绩效问题，探寻在后经济危机时代全新的绩效体系建立的新理念、新方法，并寻求企业高绩效与适度的心理压力之间的平衡点，激发不懈的创造精神，并在追求较高绩效的同时促使管理者的压力保持在适度水平，提高管理者的心理健康水平。

本书是一部讲述如何掌握绩效改进的技能并驾驭我们日常生活而不是如何掌控员工的书。它的最大特点在于集企业绩效分析的实践与学界研究方法于一体，直接反映了作者多年来在美国企业界从事绩效分析咨询实践与研究之大成。在国内业界与学界对人力资源开发的重视不断升温的情况下，国内读者可以通过本书了解国外学术界和企业界的最新成果，有助于共同推动人力资源开发的研究与实践。

本书的另一个特点在于对直接影响企业绩效的岗位和任务分析的归类和细化，这种细分既可涵盖传统制造业企业内的程序性任务，又可包括知识经济条件下的高科技产业中的知识性任务。

绩效分析与改进的基本前提是：系统与全面的组织绩效诊断和对工作场所专业技能的描述能够为改进组织的、流程的、团队的以及个人的绩效提供实际的基础。

绩效改进，借助人力资源开发、质量改进、过程改进、流程再造、知识管理、技术以及责任管理，日益成为组织战略性角色不可或缺的一部分。它有多种表现形式，如组织发展、培训、质量改进、组织再造、人力资源开发和绩效技术等。无论采用何种形式，标准的绩效改进模型往往包含从分析到评估的4~6个阶段。一个标准的模型是：分析、设计、开发、实施和评估。

绩效分析及相应的组织诊断和专业技能描述是绩效改进过程中最关键的步骤，它是人力资源开发的第一步。而这一步骤也是在当前组织实际工作中最薄弱的一环。

只有强调分析步骤，才能使绩效改进所作的努力达到为组织增加价值的目的。员工培训、组织发展、职业生涯开发的目标与内容往往取决于这关键的第一步，换句话说，绩效分析为上述三方面的人力资源的开发活动提供了指导。分析阶段的工作如何开展直接决定了为绩效改进所作的努力是支持组织的核心流程还是仅仅是一系列在组织内所进行的活动。

大多数基于组织决策者的一时兴起的发展和绩效改进计划，都会在一两年之内不了了之。其原因就是缺乏通过前期分析，把企业领导力发展的职能作用与组织所面临的绩效问题联系起来。

　　绩效改进专家必须能够胜任绩效分析方面的工作，他们应该能够对组织、流程、工作团队以及岗位层面的绩效进行科学的分析，而且在实施改进方案之前，就能够解释方案实施后会满足哪些组织改进的需要。当然，他们的分析技能和分析水平将通过不断运用业已证明行之有效的组织诊断和技能分析工具来提高，并为进一步提出对组织负责的绩效改进解决方案打下坚实的基础。他们的目标是开发出能够影响个人、流程、工作团队和组织的绩效的干预手段和策略。

　　绩效改进专家所从事的工作与其他胜任的业务领导人相比应当没有很大的差异。在企业制定战略及战术计划、产品开发方案、市场营销策略以及系统流程再造等领域所需要的并定期实施的细致的分析流程也同样适用于绩效改进。可见，细致的分析加上坚持不懈的跟进是组织通向高业绩回报的必经之路。

　　《绩效分析与改进》是一本非常实用的人力资源开发教材和组织问题解决指南，该书虽然旨在引导企业的人力资源开发和专业技能提升，却少有提及人力资源开发的字眼。"书中自有黄金屋"，我相信，所有读者，特别是关注组织绩效问题的人都可以从中获益。

国际教材本土化的典范

——浅析《营销管理》(第13版·中国版)的创新

· 熊鲜菊 ·

美国营销学者菲利普·科特勒教授的著作《营销管理》是一部在全球范围内被广泛使用的经典教材，自1967年初版以来，影响了一代又一代的营销学人和营销实践者，被誉为"营销圣经"。

《营销管理》(第13版·中国版)是基于这本经典著作改编的一部本土化教材，作者团队中首次加入中国营销学者，写作语言为英语，在亚洲范围内公开出版和发行。本书中文翻译版2009年5月由我社在国内出版和发行，作者之一卢泰宏教授亲自担纲翻译。一经推出，就引起国内学界和业界的极大关注，读者反响十分热烈，仅在国内两大购书网站当当和卓越上的网评就多达数百条。

一本教材何以产生如此影响呢？

我有幸在第一时间读到本书翻译版，此后由于工作的关系又读了数次，感触很多，归结为一条：本书进行了很大的创新，堪称国际教材本土化的一个典范。

一、作者团队构成的创新

本书的前两位作者科特勒教授和凯勒教授都是国际营销学界造诣深厚的学者，前者被尊称为"现代营销学之父"，后者被公认为国际营销新生代的代表人物，他们不仅在美国享有盛誉，而且活跃于世界各国（如科特勒教授曾六次到访中国），具有很强的国际化视野。第三位作者卢泰宏教授则是全球"科特勒营销理论贡献奖"的首位中国获奖者，在国内享有很高的声望和影响力。三位营销大师联袂编写本书，并在写作过程中充分交流，实现了国际化和本土化的完美结合，从而使本书得以在保证其全球水准的同时，更贴近中国的营销实际。

二、内容和结构的调整和创新

1. 篇幅和结构的调整

和许多国外教材一样，原著是一个大部头，8篇22章800多页，很不适合国内读者的阅读和使用。本书创新性地进行了"瘦身"，将原著精简为7篇19章580页。这项工作看似简单，其实难度很大：既要保留原著的核心内容和更新的内容，又要大幅度增加本土化的内容。为此，除了删繁就简，还采取了结构合并调整和新的表达形式，在简化与合并时特别注意了内容的连贯性，让人读来浑然一体，并无不畅的感觉。

2. 新的主题和章节的增加

这是本书内容上的一大创新和贡献。

当前国内市场上有一些名为"中国版"的书，更多是从加入本土案例替换原有案例的角度入手，对核心内容并无贡献，本书则从内容上作了大胆的创新。本书中国作者在与原作者多次沟通的基础上，结合中国的营销实践，提出了新的主题"转型营销"，并新增了一章"转型营销的管理"。"转型营销"更加关注营销管理的动态适应性，旨在回答营销管理如何升级转型的问题，这一主题反映在全书的多个章节，并在"转型营销的管理"一章中集中进行了阐述，该章以改进营销管理的效能和效率为主线，指引营销管理由浅入深，从传统走向创新。

作者强调，对中国和其他发展中国家的公司而言，转型营销十分重要，"因为这些公司从营销的初级阶段起步，面对一系列新的问题和挑战，包括如何适应市场化和全球化的历史进程；如何不断学习提升营销的水准和采用新的模式；如何更有效地与跨国公司等开放市场中的竞争者争夺市场；如何从无到有地创建品牌"。

那么，跨国公司和发达国家的公司是否就不存在转型营销的问题呢？作者的回答是否定的。作者认为，对这些公司而言，转型营销意味着"思考如何更好地适应新兴的市场，在全球营销中有效地调整本土化营销，以及适应新的竞争环境和创新"。

接下来的问题是，如何有效地开展转型营销呢？本书提出了要改进绩效营销的营销模式，测量和改进营销管理效能，以及测量和提升营销管理的效率（见下图）。

```
┌──────────────┐                      ┌──────────────┐
│  新营销组织  │                      │  新营销效能  │
└──────────────┘                      └──────────────┘
           ↖                        ↗
              ╭────────────────╮
              │    转型营销    │
              │   新营销概念   │
              ╰────────────────╯
           ↙                        ↘
┌──────────────┐                      ┌──────────────┐
│  新营销战略  │                      │  新营销效率  │
└──────────────┘                      └──────────────┘
```

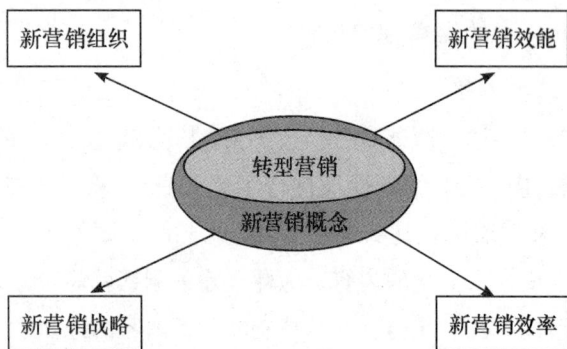

3. 本土案例和资料的充实

这是本书的一大亮点，对中国读者尤具借鉴意义，使我们得以在国外经典的著作里读到中国的案例，从而更有效地改进自己的营销实践。

全书有 100 多个新案例，其中，基于中国市场的案例占较大的比重。作者在案例的选取和编排上别具匠心，兼顾了欧美、亚洲及中国香港和台湾地区的案例，侧重与中国公司和中国市场有关的案例，并基于中国市场和全球市场两个区域、中国公司和跨国公司两条主线，特别将案例区分为四类：中国公司在本土；中国公司进军海外市场；跨国公司在全球；跨国公司在中国。国内企业可结合自己的发展阶段和经营战略，有针对性地学习和借鉴。

此外，书中还精心设计了三个专栏——"营销视野"、"营销在中国"、"创新营销"，极大地补充印证了相关的营销理论，也提升了读者的阅读兴趣。

以下试举几例：

在"分析消费者市场"一章中，有"独生代"、"中国女性社会角色之转变"、"中国人行为中的数字命理"等极具本土特色的阅读材料，分别剖析了中国独生代的消费价值观和特征，阐述了中国女性三种社会角色的转变和特征，并探讨了中国社会的一种普遍理念——认为数字代表吉凶，这些材料读来让人饶有兴味又深受启发。

在有关"转型营销的管理"的章节中，为了从多个视角来说明转型营销的具体策略和方法，作者编入了大量的典型案例，包括：

"联想转型"——深入分析了联想公司在成长过程中是如何适应市场的变化而转型发展的，涉及的主题广泛，包括联想的竞争战略、公司结构调整、国际并购战略、品牌策略等。

"海尔的内部市场链"——介绍了海尔以市场链为纽带对公司业务流程进行

再造的做法，这一做法真正实现了以客户为起点的整个流程的创新管理。

"安利在中国的两次转型"——分析了安利在中国两次转变基本经营方式的原因和策略，强调了跨国经营中应该以适应本土为先。

"微软和星巴克在中国"——前者改变了一味指控盗版的态度，加强了与中国政府的合作；后者根据中国消费者的口味调整了自己的产品和经营策略。

读者可通过对这些案例的研读和分析，真正领悟到营销的精髓。

特别值得一提的是，本书的封面设计独具特色，无论是英文版极富写意色彩的翠竹还是翻译版典型的中国红，都恰好突出了本书的"中国版"特色。这也从一个侧面反映了本书于细节处本土化的特点。

总之，阅读《营销管理》（第13版·中国版），时时能体会到作者贯穿本书改版战略的一个指导思想：国际本土化，即既具备国际版的全球水准和前沿视角，又充分贴近中国的本土特色，真正体现全球视野、中国特色、世界与中国的互动。也正是由于这种本土化的创新，本书在整个亚洲市场，特别是中国市场广受好评，并取得了骄人的销售业绩：截至2010年5月，英文版（2008年8月出版）累计销售近5 000册，中文翻译版（2009年5月出版）累计发行38 000册，实现码洋近300万元。

最后，借用卢泰宏教授的话，"我相信，多方合作诞生的这本书能对中国和世界的读者具有价值。在营销管理的发展历程中，本书的价值将会得到市场和时间的见证和肯定"。

如何真正改进与提高组织绩效

——评《绩效分析与改进》一书

·李 玲·

众多组织每年花费数百万美元用于开发和提升自身系统、员工和客户，目的是大幅度提高组织绩效，但往往由于对组织现状的错误估计而草率投入，并没有给组织带来预期的收效。绩效改进专家常常发现自己陷入无能为力的境地，他们面临客户很多自相矛盾的期望，每个人似乎都有自己的一套对组织发展轻重缓急的看法，在讨论中，公司管理高层往往会把注意力放在那些煽动性强的发言者身上，而且常常被那些管理布道者华而不实的激情演讲和言过其实的虚假许诺所诱惑。言过其实常是决策者的陷阱。那些忠心耿耿的绩效改进经理，为了应付老板心血来潮的想法，只得聘请一些外部专家，以提高绩效为目标的活动最终演变成一系列密集的无果而终的形式主义活动。

每个组织都是独一无二的，都有其特定的使命、战略、目标以及面对的挑战，试图简单地套用一般意义上的、时尚流行的以及所谓放之四海而皆准的绩效改进方法，都不可能与具体组织中千差万别的特定情形相适应。首要的事情应该是对企业绩效问题进行全面的调查和研究，并针对重要的组织目标提出行之有效的改进方案，比如：

- 某某分部的质量存在什么问题？
- 我们的工程师为什么不能把 CAD/CAM 与客户的 CAD/CAM 整合起来？
- 怎样才能缩短市场需求量最大的产品的生命周期？
- 为什么我们的 12 位投资交易员中只有 2 位可以出色地完成交易？

《绩效分析与改进》不是一本讨论确保绩效改进的某个方面或某种技术（如全面质量管理、流程再造及知识管理）的书，而是聚焦于运营产出和组织绩效，为读者呈现各种各样致力于引导绩效改进工作的技术和方法。本书针对的读者群包括公司的管理人员、绩效改进专家，以及在各种岗位上试图改进所在组织绩效的工作人员，同时也有助于促进项目团队改进组织的特定绩效。

艾克米国际股份有限公司的案例贯穿全书，包括公司概述、组织绩效记录、随机得到的信息、访谈要点、对货运主管就团队合作问题的访谈等。在书中，艾克米公司显然存在着绩效问题，存在于高层管理者之间的相互指责和抱怨，必然对组织、流程、团队以及个人层面的绩效带来很大的负面效应，尽管得到的信息并不充分，绩效分析人员还是会为公司所记录的负面绩效指标所震惊。艾克米国际股份有限公司的案例将会在书中逐渐展开，在组织诊断和专业技能描述的各个阶段，都会不时看到涉及本案例的内容。此外，为了便于学习和归纳，本书还选取了很多其他案例。对于有实践经历的人来说，本书绝不是一本空泛讨论理论的书，而对于学校的学习者来说，理论配合实际案例，也不会过于枯燥和乏味。

标准的绩效改进模型是：分析、设计、开发、实施和评估。分析阶段的工作如何开展直接决定了为绩效改进所做的努力是不是能支持组织的核心流程。虽然这方面的实践还不尽如人意，但几乎所有的从业者都承认进行前期分析至关重要。基于作者多年的研究和实践，绩效分析及相应的组织诊断和专业技能描述是绩效改进过程中最关键的步骤，这一步骤也是当前组织实际工作中最薄弱的一环。

本书基于这样的假定：为绩效改进所做的努力如果要达到为组织增加价值的目的，就必须强调分析步骤，这正是本书的内容。为此，从以下两方面来展示相应的实际操作工具：（1）对绩效的诊断；（2）对专业技能的描述。绩效诊断部分在组织、流程与个人层面上分析各个绩效变量（使命、目标、流程、激励、产能等），专业技能描述则分析所要求的工作专业技能以达到最佳工作绩效。所涉及的要素有岗位描述、任务清单、对不同任务的详尽分析，包括程序性、系统性和知识性的工作任务。需要强调的是，细致的工作场所诊断和描述为绩效改进提供了真实的基础。这些内容在本书的第二部分和第三部分作了详尽的阐释。

乍一看，本书介绍的工具会显得比较复杂，但在实践中，它们非常易学并高度有效。在多数情况下，书中会提供流程和思维模型来解释每一种工具，流程用来描述步骤和流向，思维模型解释所讨论的问题需要考虑的各种维度。本书中的这些工具，适合于在任何一个组织中就职于任何职位的任何一位员工，对有关团队进行分析可以节省时间并细化责任。本书还体贴地将组织诊断与专业技能描述的表格添加在附录中，包括工作岗位说明书、任务清单、程序性任务分析、系统描述和系统流程、流程图工作表等，作为一本注重实践和可操作性的书，让人一目了然。

此外，不得不提一下这本书的作者——斯旺森博士。实际上，人力资源开发研究在美国也是一门新兴的应用学科，很多方面的研究问题尚无定论，但在知识经济条件下又非解决不可，比如本书中提到的知识性任务分析。斯旺森博士是绩效改进、组织变革和人力资源开发与评估方面国际公认的权威。本书的最大特点在于，集企业绩效分析的实践与学界研究方法于一体，直接反映了斯旺森博士多年来在美国企业界从事绩效分析咨询实践与研究之大成。在国内学界与业界对人力资源开发的关注不断升温的情况下，将本书介绍给国内读者，有助于人力资源开发的研究与实践。本书的另一个特点在于，对直接影响企业绩效的岗位和任务分析的归类与细化。一般同类书在讨论任务分析时，只谈传统的程序性任务分析，而斯旺森博士将其细分为包括系统性任务分析和知识性任务分析。这种细分既可涵盖传统制造业内的程序性任务，又可包括知识经济条件下的高科技产业中的知识性任务，如对软件工程师、保险精算师的岗位任务分析。

本书在美国的应用范围较广泛，一直属于企业管理或人力资源开发咨询师的必备书，通用电气、摩托罗拉、IBM 等多家跨国公司都曾以本书作为培训、咨询参考用书。本书作为学校的教科书也广受学生的好评，很多学生在毕业后还致信斯旺森博士，告诉他这本书如何帮助自己完成绩效改进的有关项目。书中的很多方法和案例都可直接用于指导人力资源的从业者和研究者。

绩效分析是人力资源开发的第一步。员工培训、组织发展、职业生涯开发的目标与内容往往取决于这关键的第一步。换句话说，绩效分析为上述三方面的人力资源开发活动提供了指导。希望本书能真正成为相关研究者和从业者的良师益友。

浅谈《企业家精神》

·梁 硕·

企业家精神到底是什么？这本书的书名一下就吸引了我。中国人民大学出版社2009年11月出版的《企业家精神》一书，由李兰主编，以生动的面坊形式记录了8个著名企业家对企业家精神的独特理解，展现了中国优秀企业家的精神风貌。以下摘录的是企业家名言，同时加上了我自己的注解。

企业家精神＝能力

做企业也好，做冠军也罢，都要学会放下。领导者如果不能胜任这个位置，一直很累地"扛"，梦想也会变成一种痛苦。我就是天生爱做梦，也愿意为梦想而执著。

——李宁体育用品有限公司董事长　李宁

企业家可以是国有企业的，也可以是民营企业的，作为国有企业尤其是大型国有企业的企业家，更要不断提高自我认识和反思的能力，勇于承受困难和压力的能力，以及不断追求和汲取新知的能力。

——中国工商银行行长　杨凯生

企业家精神＝创新

企业家精神应该归纳为勇于创新，敢于冒险。这种创新必须建立在感恩和责任的基础上。我觉得，那些有韧劲，脑子里充满创新思想的人，往往进步得更快一些。

——万向集团董事局主席　鲁冠球

优秀的企业家应该具备两方面特点，一是在素质层面，要把握战略和善于创新，这是做好企业的起码要求，也是企业家精神的核心内涵。二是在人格方面，要常怀感恩之心，心有敬畏之意。无论民企还是国企，奋斗到这个程度，都不能说完全是个人的成就，应该感谢环境。

——中国物资储运总公司总经理　韩铁林

企业家精神＝竞争优势

同仁堂300多年的发展不是哪一个人的成就，而是由历代经营者共同努力积累而成。个人与企业是紧密相连的命运共同体，并且更多时候，体制、文化比个人更为重要。

——中国北京同仁堂有限责任公司总经理　梅群

我并不认同"狼文化"，企业不是百米冲刺，也不仅是马拉松赛跑，而是没有尽头地向前。所以要不断提高自己的境界，既不投机取巧，也不向往捷径。只有老老实实地干，老老实实地积累，才能走向成功。

——海信集团有限公司董事长　周厚健

企业家精神＝社会责任

责任，奉献，顺势而变，禀赋中庸是中国企业家精神的独特之处。

——中国水利水电建设集团公司总经理　范集湘

作为一个企业角色，企业家所掌握的社会资源远远多于普通人。意识到这一点，你就会拥有更强烈的社会责任感，更有忧患意识地去思考人生、社会和未来。

——万科企业股份有限公司董事长　王石

综上所述，企业家精神体现在能力、创新、竞争优势和社会责任方面。当然，企业家精神是一个内容非常丰富的概念，除此之外，还包括学习精神、思考精神、求实精神、拼搏精神，等等。这使企业家精神成为体现企业凝聚力必不可少的充要条件。其中，以企业家的能力为基础，创新精神则是企业家精神的灵魂和精髓，竞争优势是企业家精神的目标。

企业家精神是一个国家或地区经济发展最主要的动力之一，是企业生存与发展之本。企业家精神是提高生产率和促进经济增长的重要因素，企业家精神对一个国家宏观经济的推动是通过它对微观经济推动作用的积累而产生的。面对日益激烈的全球竞争和国内市场的竞争，企业家精神对提高公司业绩水平的作用越来越大。

企业家精神象征着一种与普通人明显区分的个人禀赋。这种禀赋使企业家成为经济增长、社会福利增进使命的主要承担者。企业家也就是通过企业家精神和具体的组织工作带领企业员工前进。我们知道，商学院是培养不出企业家精神的，这就如同语言文学系培养不出作家一样。企业家精神是一种非常稀缺的社会资源，一方面，企业家需要具备相应的素质，另一方面，企业家精神是在企业家群体产生的基础上培育的。

每一时代都有其独特的精神引领，企业家精神作为企业持续发展的动力源泉，不但能够促进创业与创新精神的引领，培育积极进取的市场环境，还可以激发整个社会的创新活动，推动整个社会文明与进步。时代呼唤企业家精神。

以上浅谈了我对《企业家精神》一书的思考和理解。要想了解企业家精神更详细、更精彩的问答内容，请翻开书吧。

解读《赢得盈利客户》中客户忠诚度和盈利性

· 屠媛媛 ·

商业的唯一目的是创造消费者。在今天这样一个产品丰富、收入提高的时代，顾客无疑具有重要的发言权，谁了解顾客，谁拥有顾客，谁留住顾客，谁就是最大的赢家。随着生产技术的不断改进，产品种类的不断增加，服务方式的推陈出新，客户期望越来越高，市场竞争异常激烈，要想在竞争中获得一席之地必须建立与客户的良好关系，有自己的忠诚客户，更重要的是有自己的盈利客户。换句话说，企业只有依靠真正忠诚的盈利客户，才能在竞争中长久生存。

在我们身边经常会听到或者见到很多企业的管理者抱怨与他们的大客户谈判经常没有什么利润可言，例如一些给耐克、阿迪达斯代工的工厂就面临这种窘境，而这些大客户有时是他们为撑门面而难以割舍的。许多研究发现，并非所有的忠诚客户都是盈利性的，而且并非所有盈利性的客户都是忠诚客户。现今很多大企业的管理者，无论忠诚客户是否盈利，仍对他们给予首要的、最大的重视，并且将忠诚客户视为企业的生命之源。这是传统营销管理的思想之一，是企业管理者一直以来所强调的以客户为中心的不二法则，但即使那些真正以客户为中心的企业，也可能并没有采用科学的方法对客户进行管理。

V. 库马尔教授是客户管理领域公认的专家，他在其畅销书《赢得盈利客户》中精辟地论述了忠诚度与盈利性的紧密关系，提出了盈利性策略对客户的未来价值，并通过客户终身价值（customer lifetime value，CLV）加以衡量，最终打破了一贯强调客户忠诚度的传统观点，从全新的视角处理客户关系管理（CRM），设计并开发了具有创新性的 CLV 计量方法，用于帮助制定与客户获取、客户维系以及客户流失有关的客户关系管理决策。他打破了枯燥无味的理论化的讲述方式，使用量化的指标说明了忠诚与盈利的关系，真正地为企业管理者提供了一套面向盈利与不盈利的忠诚客户的实用管理方法，为管理者们指引了通往策略性客户思维模式的途径。

企业提高盈利的三种途径是良好的运作、品牌资产和关系营销。如果企业选择采用关系营销提高盈利，那么客户忠诚度是十分重要的，盈利的忠诚客户就更是重中之重。客户的忠诚度究竟是什么？如何将 CLV 运用到协同管理客户的忠诚度和盈利性中？在阅读了库马尔教授的《赢得盈利客户》后，这一连串的问题都有了很好的解答。

首先，库马尔教授引入了客户终身价值的概念。这一指标是对客户忠诚度和盈利性的最好诠释。

传统上，人们历来认为忠诚客户是受欢迎的，因为他们对企业而言更具有盈利性。尽管这在契约模式下也许是正确的，因为在契约模式下吸引客户进行购买不需要任何重复成本，但在非契约模式下，情况就不尽相同了。在非契约模式下，想要确定客户关系持续时间也许并非易事，企业很难预测维系客户所花的时间有多久。在这种情况下，通过观察购买方式和其他可解释的因素来预测客户生命周期是很重要的。而且，传统标准不能很好地体现忠诚和盈利性之间的关系，企业需要使用 CLV 的客户价值标准来确保有价值的客户是盈利性的客户。CLV 考虑的是某客户在与公司的整个关系期内的全部经济贡献——收入减去成本，CLV 可被定义为：某客户在与企业的整个关系期内的累计现金流的总额（使用加权平均资本成本进行贴现（WACC）。

实际上，CLV 能够帮助企业根据客户的贡献大小对其加以区别对待，而不是一视同仁。计算 CLV 有助于企业了解为了让投资有所回报，它应投资多少用于维护客户。一个企业的资源是有限的，企业管理者一定希望将有限的资源投资于那些能为企业带来最大回报的客户。要做到这一点，只要知道客户与该企业的整个生命期长度或者知道客户的终身价值就可以了。具体来说，CLV 能够帮助企业确定以下事宜：第一，哪些客户应享受优惠待遇，有时享受个性化服务。第二，哪些客户可以通过互联网或电话等便宜的渠道进行联系。第三，用报价联系客户的时机。第四，哪些潜在客户未来更具有盈利性，是值得现在获取的；对哪些客户的去留不必在意。第五，应该配置什么样的销售和服务资源。第六，监控客户活动，以便重新调整营销活动的形式和力度。

因此，CLV 是将忠诚与盈利性相衔接的最佳计量标准，企业会依据 CLV 的计算值维系自己的真正盈利性客户，并挖掘潜在的忠诚客户，以获得长期的效益。

值得注意的是，库马尔教授不是用一般的传统方式分析协同管理客户的忠诚度和盈利性，而是将实用而又具有前瞻性的策略方法应用于盈利性的客户管理中，深入而又清晰地解释了客户忠诚与盈利性的复杂关系。此外，他还解释了有效管理客户所需的各种策略。

在进行分析前，先要了解一个深层次的问题，即什么是真正的客户忠诚。真正忠诚的客户被定义为："那些深信企业能满足他们的相关需要，丝毫不考虑企业的竞争对手的客户；那些几乎只购买你产品的客户。"用时髦的词说，这些真正的忠诚客户就是"粉丝"！但即便是最忠诚的客户，也不一定能真正盈利。这就意味着，要建立并维系真正盈利的客户忠诚，有必要考虑驱使客户作为的态度行为。因此，企业的客户忠诚计划需要将态度忠诚和行为忠诚同时考虑在内，以实现企业盈利潜力最大化。同时，企业管理者也应注意到：行为忠诚本身不足以成为衡量真正忠诚的标准；行为忠诚不能成为预测客户盈利性的可靠依据。

库马尔教授还向我们展示了客户的忠诚度与盈利性的四象限图，即将客户分为挚友型（高盈利性的长期客户）、蝴蝶型（高盈利性的短期客户）、陌生人型（低盈利性的短期客户）、藤壶型（低盈利性的长期客户），并分析了各种客户的特征。四象限图能够很好地说明客户忠诚度和盈利性的关系，也有利于企业清晰地判断其客户的优势与劣势。

在了解了客户的分类之后，下一步是建立客户忠诚计划。忠诚计划旨在最大限度地提高企业的整体盈利能力。库马尔又提出了维持忠诚的策略框架图——分层的奖励体系（第一级别奖励与第二级别奖励），该框架建议了几个步骤，这些步骤可以用来建立和维系那些盈利性客户的忠诚。同时，有九种策略可以有效地管理客户并获得利润。这些策略旨在为未来的目标定位挑选适当的客户；确定并区分在未来具有最高潜在盈利能力的客户；通过多渠道优化配置营销资源实现CLV最大化；选择适当的产品在适当的时间将其推介给适当的客户；防止高价值客户的流失；确定和锁定多渠道购物的客户；分配适量的营销资源来获取并维系那些具有盈利性的客户；确定那些会通过客户转荐给企业带来价值的客户。管理者们可以针对不同的客户群采取不同的策略，这样可以实现客户忠诚和盈利能力的最大化。

当然，库马尔教授在《赢得盈利客户》一书中提到的远不止这些内容，各章内容简单易懂，为各行各业的管理者们获得企业的长期盈利和发展提供了科学的指导。我仅仅将与客户忠诚与盈利性部分相关的重要内容进行了梳理，希望能与读到此书的人共勉。

永恒的企业文化

——评《做正确的事》

·邢伯春·

每一个企业都有自己的企业文化，企业越是庞大，就越是依赖企业文化。好的企业文化是企业发展的助推器，而落后的企业文化则会成为企业发展的桎梏。

有的企业依靠企业文化，提高员工的凝聚力，调动员工的积极性，员工与企业同呼吸共命运；有的企业说员工是最重要的资产，但事实并非如此，口号喊得震天响，却没有得到员工的响应，员工没有丝毫的热情与动力。问题出在哪里？

詹姆斯·F·派克在《做正确的事》（中国人民大学出版社，2009 年出版）一书中给出了答案。

詹姆斯·F·派克曾是美国西南航空公司的 CEO，任职期间经历了"9·11"恐怖袭击事件。西南航空是"9·11"事件以后美国航空界唯一没有裁员并保持盈利的航空公司。他们是如何做到的呢？詹姆斯·F·派克在书中娓娓道出公司制胜的秘诀——做正确的事。

做正确的事，简单的几个字，蕴涵着詹姆斯·F·派克对公司管理的深刻理解，提供了关于文化、领导力和决策共同造就一家伟大公司的正确方法。

做正确的事，听着简单，其实包含了一系列管理法则。

第一，要有好的领导。对领导岗位来说，对本职工作知识和技能的掌握无疑至关重要，但工作技能突出的人不一定能成为出色的领导。领导者要高瞻远瞩，要为团队制定正确的目标。制定正确的目标，不但能引领前进的方向，而且能够激励和促进员工工作。要带领员工做对的事，而不是把事情做对。如果企业目标不正确，即使各级齐心努力，结果也只能是背道而驰。我们常说的一句话——"火车跑得快，全靠车头带"，其实道出了领导的作用。

詹姆斯·F·派克在书中提出了好的领导应具备的品质：

（1）对他们所领导的工作充满激情。

（2）认为他们所领导的工作以及他们个人的成就，最终取决于被领导者的表现。

（3）深切关心每个人的福利，关心他所领导的人所取得的成就。

（4）尊重每个人及他所从事的工作。

（5）永远公平和真诚地对待每个人。

（6）拥有教导和指导别人的耐心。

（7）善于发现人才，并拥有人尽其才的本领。

（8）拥有勇于承担责任的坚强性格，面对失败时不寻找替罪羊。

（9）面对成功，能够保持谦虚并与人分享。

（10）表现自然，不做作，善于发挥自身才能和个性上的优点。

总之，好的组织到处都有好的领导，好领导使周围的人变得更好。

第二，要有好的团队。伟大的领导者要通过团队工作达成目标。形成一个优秀团队，重要的是要共享目标、共享知识、相互尊重。能够做到这三点的团队就会形成一种共享使命的团队理念。在以共享目标、共享知识、相互尊重为特征的企业文化的基础上，可以组建高水平团队。为了实现有效的目标，上述品质与理念必须在一个组织里得到自上而下的整体贯彻。所有员工都必须理解公司的使命，理解自己在实现这一使命的过程中发挥的作用。他们必须理解和尊重其他员工在完成这一使命过程中的职责，并且知道他们的表现是如何影响其他人的。当然，他们还必须全力以赴，保证这一使命的成功。

人们都想实现自己的价值，希望为自己所做的事情感到骄傲，得到别人的尊重。好的团队让员工理解其使命，为员工提供实现自身价值的空间。员工实现自身价值的过程也正是其所在团队实现目标的过程，二者互相促进，形成良好的互动。

人们总是希望在一个引以为豪的团队中工作，在这样的团队中，他们会充满成就感，感到有价值、受尊重。詹姆斯·F·派克认为，对员工进行公司使命和价值的教育，是建立企业文化的第一步。在这样的文化环境里，员工可以感觉到自己投身于企业的成功中，人们希望成为这样团队的一员。

第三，要有合适的员工。有些企业招聘员工，过分注重高学历，注重工作经验。其实，对于企业来讲，合适的员工是最重要的。有一些人，当他们来到新企业工作时，无法放弃原来的感受，无法适应用新的方法来处理事情。对于这样的人，以前的工作经验实际上成了他们的负担。詹姆斯·F·派克认为，应该根据人们对待工作的态度来挑选员工，每一个员工对待工作都应该有乐观的态度，个人价值观应与企业价值观相容。

每一个员工都应该对工作充满激情，成功的企业建立在每个人积极努力的基础上。如果员工对一切漠不关心，无精打采，"这不关我的事"，不知道企业的目标，可想而知，企业将往何处去。

《做正确的事》通篇没有深奥的理论描述，也没有冗长的案例分析，而是通过作者亲身经历的一件件小事，向读者展示了西南航空如何从一个不提供就餐服务、不分配座位、不提供头等舱的低票价州内航空公司发展成为美国最受尊敬的三家航空公司之一、全球最负社会责任的航空公司之一。西南航空曾经得到美国交通部统计的"三重皇冠"——最佳航班正点率、最低行李丢失率以及最少客户投诉率。

詹姆斯的书只有区区十余万字，但它的精彩内容会让你拍案叫绝，你会一口气把它读完。这本书让读者重新认识到企业文化在组织中的重要作用。

美国麻省理工学院斯隆管理学院领导力研究中心主任黛博拉·安科纳这样评价《做正确的事》：这是一本读来非常有趣的书，有让人难忘的故事，它告诉了我们同时使员工、客户和股东满意的关键所在。詹姆斯·F·派克雄辩地揭示了交织在领导力、企业文化、价值和团队之间的成功原因。这是一本关于公司各个层面英雄事迹的书，环境造就了这些英雄。今天的管理者都应该读一下这本书。

悟性与灵性之作

——评《比强者更强》

·安 卫·

"好雨知时节，当春乃发生，随风潜入夜，润物细无声。"又一本好书面世了，赵玉平的《比强者更强》是一本好书，值得一读。

本书在历史、人文、实践三条主线下，深入、清晰、全面地展现了管理学丰富多彩的内容和历史实践，既注意保持管理学权威的观点和框架，也注意体现内容的社会化、人文化、本土化和案例化。全书每章在阐述基本理论核心知识的同时，也讲述了管理历程的内容；同时为使读者更全面地理解书中内容，每章都安排了相应的案例和知识库，所选案例尽量把理论要素和人文要素结合起来，以便于理解。

全书吸纳了多个学科如社会学、经济学、历史学的养分，现实与历史、理论与实际的有机结合，使不同层次的读者都能从中学得所需。全书纲目清晰，通过要点、引例和阐述建立了管理理论的框架，介绍了管理的基本职能、管理理论的发展和演化；以贯通古今的气势，深入浅出地介绍了管理的产生和发展、地位和作用；通过经典理论与现代观念、古典思想与现实案例、西方理论与本土文化的穿插，使读者对管理体系结构有全面认识。同时，每一章都针对管理者的需要给出了崭新而详尽的案例，这些案例对了解管理理论的应用具有非常重要的意义。全球著名的公司和成功的管理者、中国历史上的管理案例都被纳入案例进行了研究，这将有助于读者了解管理现实并抓住管理的精髓。

本书还用专门的章节介绍了管理思想的演进，方便读者理解管理思想的精髓，通过对管理历史的探讨，将管理概念扩展至人类产生之初甚至之前。更值得一提的是，作者在每章之后都安排了知识库，丰富了内容，拓展了管理学的发展空间。

作者还根据当代社会各个领域快速发展，管理者的素质和能力面临新挑战的现状，对管理的诸多方面进行了深刻的反思和求索，在管理者的能力训练、个性培养等各方面提出了独到的见解，并对各种先进的管理方法在实践中的应用提出了务实的建议。本书具有创新性、前沿性和可读性，对读者提高管理能力、素质大有裨益。

本书是悟性之作，《西游记》、《水浒传》都被拿来当作案例，而且剖析精辟，言之成理。书中很多例证，无论是古今中外都是信手拈来、挥洒自如，有大家风范。例如，在第五章讲组织、工作作风的时候，对于国人传统处世风格的概括就十分精准独到。

本书是苦心之作，全书信息量大，内容相当广泛，正合古人"博观约见、厚积薄发"之义理。全书讲理论、讲历史、讲故事，看得出作者在苦心经营一种融会历史与现实、西方与本土的叙述氛围。单就引用历史典故、依托传统文化背景诠释现代理论来看，没有三五年工夫是做不到的。

令人印象深刻的是作者在理论叙述中表现出的人文关怀，例如在回顾历史过程中，在介绍马基雅维里、韦伯乃至"蓝血十杰"等人物的时候，作者的笔墨是富含感情的。作者写道："管理并非那些停在书本上的条文、定理，管理是活生生的历史和现实，它是隐藏在时间深处的精彩画卷，这幅画卷里饱含着一个时代的潮起潮落，饱含着一群人的悲欢离合……"把理论书籍写出感情，并且这份感情自然、丰满，做到这一点是十分难得的。喜欢作者在后记中说的话："写书是一个充满回忆的过程；写书是一段辗转痛苦的经历；写书是一次体验激情的旅程。"

读完本书，回味无穷。它的值首先在于其作者：一则在于作者有心，倾其全心所以真；二则在于作者有悟，因为有悟所以有道；三则在于作者有德，所以尽显其对传播管理之美的拳拳之心。它的值还在于书本身：本书的重要价值就在于它传播了管理之美；在管理理论和实践之间、感性认识和理性认识之间架起了一座双向畅通、来去自如的桥梁；激发和加深了读者对管理学的兴趣。

管理之美是能让该书各个层次的读者深切感受到的。诚如作者所说："管理是不仅局限在企业管理的领域之内的，可以说，历史有多么丰富多彩，管理实践就有多么丰富多彩；人类活动的领域有多么广阔，管理的舞台就有多么广阔。"从这个角度来说，作者将大家普遍对管理的相对狭窄的理解和视野大大拓展开来，为了能让读者充分地感受到管理之美，作者案例的选材纵跨古今，横贯中外；案例面覆盖历史、人文、实践；涉足政治、经济、军事、社会、生活等各个领域；自如运用并融合了管理学、政治学、心理学、社会学、人类学、交际学、成功学等各学科知识，让人如同置身于一幅幅波澜壮阔、绚丽多彩的画卷，不得不感叹管理之浩瀚恢宏并沉醉其中。

本书在管理理论和实践、感性认识和理性认识之间为读者架起了一座桥梁，这也是本书的独到之处。理论、认知和实践的关系，毛泽东早就论述过："理论从实践中来，到实践中去。人对事物首先是有着感性的认识，在感性认识的基础上再将其抽象出来，形成理论，而理论又将进一步指导实践。"作者为了将理论和实践很好地结合和融通，在本书的结构设计上可谓煞费苦心、匠心独具。通常每章先有引例，让读者先建立感性认识的轮廓；在感性认识初步建立后，有概念篇、基础篇和行动篇，为该章理论部分，对管理理论的经典内容和最前沿的理论思潮作精要的重点阐述，而理论阐述中也不乏具体的丰富多彩的小案例穿插其间，以便读者理解，在此阶段，读者的感性认识和理论认识有了一个融合；而其后的知识库和综合案例则对读者来说是理论回归实践的一种升华，同时加深了读者对理论的认识。从这个角度来说，本书是实用的。

对初识管理的人来说，本书无疑是在不知不觉间就将读者引入了管理学的殿堂，激发了他们对管理的无穷兴趣；而对于管理专业的老师、学生和各类管理工作者来说，自然加深了他们对管理的兴趣，让他们更深切地感受到管理的神奇魅力。

现代社会的中国人对管理的热切渴求，催生和呼唤着能将中国几千年优秀的传统文化精髓和现代中外管理思潮相结合的优秀作品。这本书可谓"好雨知时节，当春乃发生"。虽然作者是在费尽苦心地写书，但读者却是不知不觉畅游于管理广阔的世界中，管理知识和认识已悄悄地潜入意识中，正可谓"随风潜入夜，润物细无声"。本书既合乎时代所需，又能给人以美感，还可激发人的兴趣，且具有实用的功效，自然是一本好书。

分享的不再是钱包，而是心灵

——评《友爱的公司》

· 魏 文 ·

著名经济学家米尔顿·弗里德曼说过，商业行为的终极目标就是使股东利益最大化。这些观点就是传统经济学理论的基石，它们统治着人们的思维并支配着人们在经济领域里的一切行为。如何引导企业沿着可持续发展的道路不断前行，如何监督企业摆脱利己主义的束缚？由拉金德拉·西索迪亚（Rajendra S. Sisodia）等合著的《友爱的公司》（*Firms of Endearment*）一书或许能为我们指点迷津。

何为"友爱的公司"（FoEs）？其含义很简单，FoEs就是这样一些公司，它们通过把所有利益相关群体的利益战略性地统一起来，任何一个利益相关群体都不能以牺牲其他利益相关群体的利益为代价来获得自己的利益，一荣俱荣，一损俱损。这些公司以一种使利益相关群体满意的方式来满足它们有形或无形的需要，从而培养它们对公司的感情和忠诚。

FoEs引入了一个全新的观念，它们追求的是心灵的共鸣。只要赢得顾客的心，顾客就会乐意拿出更多的钱购买你的产品，接受你的服务；以同样的方式对待员工，员工就会以生产率的大幅提高和高效的工作质量来回报你；与你的供应商建立起感情纽带，他们就会为你提供优良的货物，并给予你相同的情感回应。同样，如果让公司所在社区自豪地认可你的存在，你就等于拥有了丰富的劳动力来源和顾客群。正如下图所示，每个利益相关者不仅其自身的权利是重要的，同时他的利益又与其他成员的利益紧密联系在一起。当公司能够处理好与各个利益相关者的关系，它离成为名副其实的"友爱的公司"也就不远了。

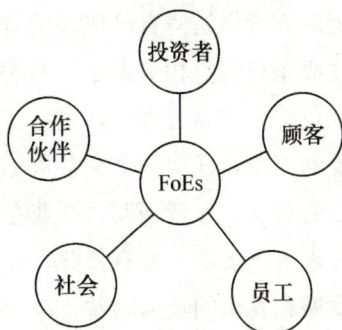

　　FoEs 以一种广阔而非狭隘有限的视角看待这个世界，于是它们看到了无限的商机。它们坚定水涨船高的信念，在不断上涨的商业大潮中，要让每个人从中受益。面对竞争挑战，它们采取的措施不是降价、减少成本和裁员，而是提高附加值。这些公司所采用的是一种"利益相关者关系管理"的商业模式，而非传统的股东利益高于一切的商业模式。在公司运作的各个环节，都呈现出领导者在创造公司佳绩的同时造福社会的迫切愿望。因而，利益相关者对此的回报便是无限信任他们的公司及其产品，他们还与公司建立了深厚的感情。

　　FoEs 沐浴在永恒的智慧之光中。在这个竞争激烈的残酷世界，它们表现出柔性并不是因为它们软弱或缺乏勇气，而是公司领导者的自知之明、成熟的心理和高尚的灵魂使然。这些公司坚定不移地恪守自己的经营原则。公司领导者勇敢地维护与履行着他们的信念：如亚马逊公司的贝索斯；好事多公司的西内格尔；谷歌公司的佩奇和布林；捷蓝航空公司的尼勒曼；新佰伦公司的戴维斯；西南航空公司的凯莱赫。这样的公司不胜枚举。这些领导者们正在建立卓越的产业转型公司，他们认为，为所有利益相关者增加利润、通过提高产品质量使公司获益的商业模式能够使公司更具竞争优势。

　　如果用一句话来概括 FoEs 的经营特点，那就是：它们拥有人性化的商业理念。基于这一理念，这些公司愿意为所有利益相关者提供最佳服务。这些公司乐于为社区、社会、环境、顾客和同事服务。FoEs 的领导者帮助、鼓励、奖励、认可并祝贺他们的员工为社区乃至全世界提供良好的服务，其原因很简单，员工们所做的是正确的。企业承担社会责任的最好方式并不是向慈善机构捐款，而是致力于使公司中的每一个人投身于有意义的事情。在 FoEs 中，管理人员、经理与一线工人并肩工作是司空见惯的事，他们紧密团结，共同为利益相关群体服务。这种做法有助于在公司内部培养一种相互合作、相互支持的意识，使公司员工互相帮助，而不是彼此把对方看做妨碍自己成长的竞争对手。

在本书中，作者在阐述股东与利益相关者之间的关系时强调了维护"经济生态系统"的重要性，即在企业整个营运过程中，利益相关者和股东是一种互相依赖的关系，都具有同样重要的地位，任何一个利益群体都不能以牺牲其他利益群体的利益为代价来获得自己的利益。作者强调，企业在提升自身业绩的同时，要为社会乃至整个世界的美好未来作贡献。唯有如此，才能保持经济生态环境的健康，企业才能确保可持续发展和股东的长远利益。

反观国内的种种现象，我们会发现利己的商业行为虽然可以带来一时的丰厚利润，但是最终逃不过破产倒闭的结局。例如，2008 年在国内外引起极大反响的"问题奶粉"事件，制造这样的问题奶粉并将它们销售给广大的消费者，这样的行为不仅使消费者的身心遭受打击，更使整个行业的诚信度遭受重创。对产品质量的严格把关正是公司显示出对消费者关爱的最基本前提，否则，何来股东的收益，抑或是企业的可持续发展？

《友爱的公司》一书充满新思想，它是一首领导者的赞歌，它歌颂了具有与其下属员工打成一片的强烈意识的领导者，赞扬了那些起杠杆作用的领导者，因为他们鼓励他人一同来创造更美好的世界。友爱的公司无论是领导者还是员工，都勇于打破传统的资本主义经营理念。他们是成功的，甚至是朝气蓬勃的，面对贪婪、不择手段的竞争对手，面对短期内来势汹汹的压力，他们坚持着人性化管理。我们应该为他们的成功而高兴；我们应该向世人传播他们为员工谋福利的经营理念，以及他们对一切事物的乐观主义态度。希望这个世界上人人都为建立这样的公司而努力。

扬起职业生涯发展的帆

——评《职业生涯发展与规划》（第3版）

· 胡志敏 ·

十几年前，关于职业生涯的中文文献在国内还不多见。如今，各种关于职业选择、职业发展、职业定位、职场处世之道、"心灵鸡汤"等的书籍和文章已经可以用"汗牛充栋"来形容，网络上还有专门的职场人生小说，点击率颇高，甚至还有了以生涯发展为方向的硕士研究生。职业生涯已不再是一个陌生的概念，它成了一个流行词，可见人们对于职业生涯的关注已经今非昔比。

为什么会如此呢？第一，社会飞速发展的影响。比如，我国已进入市场经济社会，在职人员流动性增强，寻求向更好的、更高层次的企业或部门"跳槽"或"升迁"；随着我国大学招生和就业体制的改革，大学扩招使大学教育从精英教育向全面素质教育转化，加之劳动力市场的变化，大学毕业生的就业压力越来越大，只以就业为导向的就业指导已经不能满足学生的需要；企业用人与劳动者择业是双向选择，"一拍即合"的现象实属罕见，更多的是在多次寻找后才能找到彼此都相匹配的。第二，世界变得越来越小，我们越来越多地生活和工作在"地球村"。全球经济的各种因素和趋势都将影响我们的工作、学习和生活的方式。如新的工作方式——弹性工作、兼职工作、工作共享、临时工作、在家工作、远程工作等，新的组织运行方式——菱形工作场所，新的沟通方式——电子邮件、电视会议、MSN、QQ……这一切都在改变人们的生活和工作。能否拥有所需技能，能否顺应时代的发展，在今天变幻莫测的世界中找到适合自己的生涯定位，将决定着一个人未来能否成功。

在众多的文献中，笔者发现罗伯特·C·里尔登等著、侯志瑾等译的《职业生涯发展与规划》（第3版）（*Career Development and Planning*，Third Edition）虽是一本教材，却提供了远高于教材的视角，对于已经或者将进入工作领域的每个人的职业生涯发展都颇有助益。它的阅读人群不仅限于大学生，还包括所有已身处职场的人们。或者说，也包括笔者本人。它为我们提供了一个源于认知心理学的知识基础，包括：（1）认知和社会基础；（2）职业世界和工作行为；（3）个体与组织的生涯选择与发展。这些基础知识和随处可见的思想火花促使我们从各个方面了解自我和自我的各种选择，认真审视自己的生涯发展，思考自己的生涯决策。书中提出的认知信息加工理论是一种思考生涯发展的新方法。认知是什么？它就是我们的思维方式和大脑加工信息的方式。我们每个人都会在自己的长时记忆里保留几种不同的知识结构和成分，它们对于生涯决策制定非常重要。认知信息加工理论就是关于在生涯问题解决和决策制定的过程中，我们的大脑如何接收、编码、存储和使用信息与知识的理论。这种方法为我们的生涯选择和生涯决策提供了一个信息加工金字塔模型，它包括了进行生涯选择所涉及的各种成分。金字塔底部的知识领域使我们能够对生涯问题解决和决策制定中的信息进行处理和加工，并对自己的兴趣模式有更为清晰的了解；金字塔中间的决策制定技能领域包含一个信息加工技能的信息沟通（C）、分析（A）、综合（S）、评估（V）和执行（E）循环，即 CASVE 循环，为进入职业生涯比赛做好充分的赛前准备；最后，我们就到了金字塔的顶层——执行加工领域，对决策过程进行思考，决定 CASVE 循环中的各种程序将以何种顺序运作，弄清自己在何时已实现了目标。经过这一系列的过程，认知信息加工理论帮助我们学会如何解决生涯问题和进行生涯决策，既简单，又有效。它强调在决策制定中，如何定位、存储和使用信息，改变消极的生涯观念，因此改善了我们的生涯发展。

理论总是有些枯燥的。书中，上述理论在配以丰富的在典型职业生涯情境中的详尽实例后活泼起来，从多学科角度，包括影响生涯决策的因素（如经济趋势、组织文化和双职工问题）以及执行战略性生涯规划和求职的具体步骤（如简历撰写、面试、谈判和工作适应等）等一系列大家熟知的话题，展开论述。在阅读的过程中，我们甚至可以"对号入座"，回忆一下自己当初的就业运动，将自己的亲身体会融入其中，这时，对于已经身处职场的我们来说，这些理论看上去有点亲切，似曾相识，只是我们无法把它们用文字表述出来。这些并非老生常谈的东西却一直就是我们所经历的，其中也有我们走过的弯路。经过该书的提炼和总结，读者必定会有一个新的认识，从而进入下一个更高层次的 CASVE 循环。对于那些将要开展就业运动的人来说，书中的经验和教训就是起步的奠基石、一个更好的起点、一个指南，可以更好地认识自己，让自己在正确的职业生涯发展道路上前进。

作为一份阅读材料，该书提供了丰富的多元视角，它所包含的认知心理学理论和应用行为科学的相关知识，利于读者拓宽自己的职业生涯知识领域，做好自己的生涯决策；作为一本教材，该书的结构以及相关的教学辅助资料便于各种教学背景的教师在对该书进行调整后应用于不同的课程管理设置中，在教学、成绩评估等方面都提供了极大的灵活性，便于学生学习掌握相关知识，发展个人的及与就业有关的技能和知识，形成个人目标和行动计划，以促进个人职业生涯发展，所以它在国内的大学生职业生涯教材中应该是独一无二的。

由于《职业生涯发展与规划》（第3版）的作者是美国人，其中有些内容读者在阅读时还是应该从我国国情出发。比如，关于劳动力市场的介绍，我国的读者就不能实行所谓的"拿来主义"，毕竟中国和美国的劳动力市场还是有巨大差异的。尽管在全球化进程中，我们遇到的问题越来越相似，但还是应该有所取舍。

侯志瑾是该书的一位译者，是毕业于香港中文大学的咨询心理学方向的哲学博士，拥有扎实的理论功底和很好的英文翻译基础，英文原版书中一些复杂和单调的词汇在其笔下活跃起来，栩栩如生。借用其在译后记中的一段话："我觉得，如果每一大学生可以将本书通读一遍，用书中的方法指导他们自己的生涯发展，那么，他们可能会在大学期间及大学毕业工作之后，更有计划地安排自己的时间，明确发展的方向，会在自己的'生涯旅途'上走得更坦然，欣赏到更多的'景色'，也更有可能实现自己的人生梦想，对自己的生活满意度更高。"

有人说，知识是一个圆，圆周内是你所知道的，圆周外是那些你不知道的。那么，《职业生涯发展与规划》（第3版）一书就是我们在画职业生涯发展的圆时手中所执的笔。如果说职业生涯是借以航行在人生海洋中的一条船，那么，相信《职业生涯发展与规划》（第3版）一书会为我们的职业生涯发展提供更好的帆！

无风险投资的互联网创业

——读阿诺德·克林《机会地带》

·马小莉·

    《机会地带》一书的英文名为 *Under The Radar*，意为雷达区外的地带。在 20 世纪末的那场互联网热潮中，互联网创业者们的终极目标是 IPO，那些风投就像雷达一样不断地扫描寻找有上市潜力的互联网企业，而《机会地带》这本书所讲述的就是在没有风投的情况下取得成功的互联网创业者的故事。书中以作者以及作者对几十个互联网创业成功者的访谈为素材，深入探讨了如何进行互联网创业，包括企业的规划、设计推广、销售、合作关系、创业中的难题等。

    这本书成书于 2002 年，图书的销量似乎并不大，网上搜索结果也不多，这说明在该书的成书年代，中国的互联网创业并不怎么流行或引人注目，书中所讲述的创业故事虽大多发生在互联网发展初期，而现在国内的互联网环境已今非昔比，但这本书中所讲述的问题与经验对现在来说仍具十分重要的借鉴意义，如果放在当前发行这本书，其销售必是另一番情景。

一、处在最前沿才可能最先迸发灵感

    20 世纪末，互联网发展的初期，美国全国的网站一共才约 1 000 家，其中大部分还都是学校、政府机关的网站。书中的创业者都是在这个时期就敏锐地捕捉到了互联网的商机，预感到了互联网的强大力量，而如今，这些成功的创业者所创造的网站都已经发展成为互联网中的大腕。

    为什么有阿里巴巴？因为马云在 1995 年出访美国时正是互联网开发发展的时候，他回国后创办了网站"中国的黄页"，而国内在 2000 年的时候大部分人还不知道互联网为何物。搜狐的张朝阳、百度的李彦宏等都有留学出国的背景。在一次中关村创业论坛上，中关村高科技园区的一位官员说："在座的各位如果有机会一定要出国去看一看、走一走。"为什么？我想这其中最重要的不过就是寻找灵感，只有处在最前沿才可能找到灵感、嗅到商机。即使是现在，对那些年纪稍长的人来说，互联网仍不是什么十分重要的概念，而80后、90后必将成为互联网创业的主力，他们之中会出现越来越多的年轻的成功创业者。

如今的互联网环境已经不可同日而语，到2010年初，国内的运营网站已经超过300万家，竞争的激烈程度可想而知。现在已经是全球化的时代，不必非得出国才能感受全球的最新浪潮，更多的是需要持久地关注与不断地思索。2010年又将是一个新的重要时点，移动互联网正迅速崛起，3G时代已然到来，移动互联的潜力无限，10年之后，将又会出现若干个移动互联网的门户。

想要进行互联网创业，必须先关注和思索。

二、做你所熟悉的

书中互联创业者来自各行各业。

作者阿诺德·克林原是美国联邦住宅抵押贷款公司的职员，后来创办了"置业展销"，是一个有关房地产买卖的网站；

斯科特·麦克洛克林是一名计算机编程狂热爱好者，他创办了"肾上腺素"网站，这是一家在互联网初期为企业开发网站、软件的企业；

特里·萨哈尔原是美国哥达德宇航天中心某计算机系统的系统专家，她创办了"农户链接"的网站，这个网站旨在提供农产品需求与供货信息，她创办这个网站的原因是她在家中照顾自己的孩子时经常收听一个"社区丰收"的节目；

马克·马塔萨从16岁开始从事新闻业务，在他36岁的时候创办了个人读者网站，这之前他是西雅图市一份重要报纸《西雅图时报》的政治编辑。

从中可以看出，互联网创业只不过是互联网在各个行业中的应用而已。谁先在本行业中发现互联网的先机，谁就有可能成功。创业者必须建立在对某个行业丰富经验的基础上，这是了解用户需求的最根本的途径，也才有成功的可能性。网站靠的是什么，是满足用户的需求，是为用户提供解决问题的信息与方案。这是网站生存与发展的根本条件。目前国内各行各业大部分都已经有占主导地位的网站，这是互联网专业化、细分化的必然，而未来的创业者应该根据自己的技术水平、行业经验去开发有特色的网站，进而以点带面，取得更大的成功，特色化、精细化是发展趋势。

三、掌握一定的计算机技术是必需的

马云说自己对计算机一窍不通。在一个中关村创业论坛上有人问论坛嘉宾："我对计算机一点也不懂，我能不能进行互联网创业呢？"论坛嘉宾说："如果你一点都不懂，那还是不要做了。"为什么？

书中所讲述的创业者大部分都掌握了一定的计算机技术，而有些人还是专家。回想当初，在当时看来高端的技术现在已经不再是主要的壁垒了，但现在计算机技术也在进步，门槛相应也在提高，搜索引擎、即时通讯、在线网游、移动互联网等都是高技术要求的行业。

JAVA、C#、ASP. NET、PHP、RUBY 等等已经很成熟，而大型网站通常是多种技术的综合体，网站系统编程、服务器维护与管理、产品开发等，都需要技术解决，技术问题仍然是一个非常重要的因素。虽然目前各种 CMS 应运而生，但掌握 CMS 的使用与维护也是一种技术，而熟练的使用还需要有编程的经验。

计算机技术是进行互联网创业的基本条件。特有的技术会产生更高的价值和利润，独特的产品对用户的吸引力更大。

形势已不同，创业者掌握一定的计算机技术是必需的，不会再有第二个马云。

四、专业的人做专业的事并不完全对

书中专门列出一章阐述了对团队的分析——"伙伴关系的禅"。

"作为一家小公司，为了能够与较大的公司有效地竞争，你需要伙伴。"这是大概每个创业者都知道的，每个人都知道需要团队，但什么时候组建团队？团队关系又该如何处理呢？专业的人做专业的事才更有效率吧？

然而，合作伙伴是一个很棘手的问题。网上也经常有人问合作伙伴的股权比例应该如何分配？创始人应该分多少？技术应该分多少？万一散伙了怎么办？这些书中都进行了说明，有很多创业者初期都经历了一段不美好的"婚姻"，早期"离婚"是很平常的事。创业是需要巨大付出的，无论是兼职还是全职。在投资、分工、股权、期望等方面都是对创业者的考验。"如果你要找一个合伙人，建议

要考虑出现问题的各种可能性。应以几个月的磨合期开始为宜，而不应当即做出长期承诺，还应签订一个合作协议，这是为解除合作伙伴关系及公平分配资产所必需的。"

曾有人说："如果你爱一个人就让他去创业，如果你恨一个人还让他去创业。"互联网创业也是如此，其中充满了艰难与险阻。因此，寻找合作伙伴是要十分谨慎的，全职创业一年甚至更长时间都没有一分收入不是一般人可以承受的。

坦诚公开是寻找合作伙伴的根本条件，全盘托出，而不应有所保留。

有人说专业的人做专业的事，这应该是分阶段的。在创业之初，创业者必须是全能的。优米网的创始人王利芬在一个创业论坛上说过她的体验，她说她不得不对网站、运营、节目等每个工作细节都弄得明明白白才敢放手，因为大部分工作人员不会为企业主动思考，创业者必须亲力亲为。优米网是有风投的，之初就有团队。而对于大部分创业者来说，全能更是必需的，只有运营到一定的阶段后，才可能专业的人做专业的事吧。

五、两脚跳入还是从容投入，看你的感觉

互联网网站的盈利时间一般都是非常长的，这在书中被称为"先驱时间"，即过渡时期。大部分互联网创业者开始都是兼职的，但全职与兼职都有问题。兼职的好处是可以有固定的收入，不影响正常生活，但缺点也是显而易见的，缺少时间维护与思考，工作进度与创新能力也会大大下降。而全职的最大缺点就是失去了基本的生活保障，如果先期时间比预想的要长得多，那就会产生很多问题，可能最后什么都没做成，也没收入，不过这大概也是最坏的可能性了。

全职还是兼职，要看项目的盈利性和发展前景。不过大部分人一般都是经历两三年的兼职后，才会转为全职试一试，而更多的人则兼职的时间会更长。最终采取哪种方式，要看创业者的感觉，对所做项目的信心。书中也提到，大部分创业者对取得第一笔收入的时间都估计得过于乐观，这也验证了那些成功创业者的一句话：要坚持！

六、风投并不都是美味大餐

引进风投是每个缺乏资金的互联网创业者的梦想，但风投并不是一顿美味大

餐。要不要引进风投，什么时候引进风投，是一个值得思考的问题。

初期引进风投有两个好处：一是公司会成长得更加迅速，另外一个好处是帮助克服先驱时期的困难，如果没有资金，先驱时期可能会把你引向痛苦的境地，并使你太早放弃。但早期获得风投也有两个坏处：一是你忙于寻找投资，而无暇顾及企业的管理与发展；二是那些风投就成为你不得不考虑要喂的大嘴，你的压力会更大，对企业的盈利能力要求更高，意味着你的责任更重。

从目前的形势来看，太早的风投并不是什么好事，这很可能会影响企业的稳健发展。不过早期能得到风投的并不多，所以大部人的资金来源还是以前的老板或朋友。

如果企业处于发展阶段，还是闭门谢客、练好内功为好，这样引进风投的时候才底气更足。如果企业已经有了很高的盈利能力，实现这些盈利需要更多的人力、物力时，就应该引进风投了。雷军在 2010 年 B2C 电子商务峰会上说，如果你的电子商务网站每天固定有约 1 000 个订单，就会有风投找你。

风投是把双刃剑，站在这个角度上考虑一下，然后再决定是否要引进风投。

七、享受创业过程

20 世纪末，互联网创业者的目标大都是上市，而那些风投们只对有上市潜力的企业感兴趣。书中讲的互联网创业者最终的结局都是出售了自己的公司，他们以上千万美元被收购，这是十分不错的成绩了。国内互联网上市的机会就更小了，能够被大公司收购是大部分创业者的终极目标。

在一个创业者论坛上，有人问论坛嘉宾：请问你是要创办 100 年的企业还是最终把它卖掉？论坛嘉宾回答："只要价格合理就可以卖，你要做一个企业家，而企业家的终极目标其实都是资本，企业只是一个载体。"以资本再投资创业，这大概是那些企业家们必走的路吧。

由此看来，创业的过程是主要的，被收购仅是一个结果，收购之后还要再创业，这是一个螺旋上升的过程，创业过程如此之长，那为什么不以享受心态去创业呢？

旅游最快乐的其实是在路上，创业也是。

幽幽古韵览风骨　习习新风纵清音

——读高占祥诗集《古韵新风》

· 王宏霞 ·

高占祥先生的诗集《古韵新风》2009 年初由中国人民大学出版社出版，该书几乎囊括了高占祥平生诗作的精华，被誉为"当代诗坛的巅峰"之作。

高占祥先生曾任文化部常务副部长、中国文联党组书记等职务，现任中华民族文化促进会主席。他既是一位文化事业的优秀领导者，又是一位才华横溢的文化工作者。多年来，他在文学、书法、绘画、摄影、舞蹈等诸多领域都有不俗的建树，取得了骄人的成绩：1991 年，他的论人生文集《恪守篇》荣获中国图书奖；1995 年，他的书法作品被美国总统图书馆收藏，同年，他的散文《梦里依稀慈母情》获联合国儿童基金会征文一等奖；1997 年，他的摄影作品获中日友好摄影作品优秀奖；1999 年，他的诗集《咏荷诗五百首》获"大世界吉尼斯之最"证书，他被授予"世界最多咏荷诗作者"称号；2001 年，他荣获中国舞蹈"荷花奖"国际标准舞开创者称号；至今已出版《人生宝典》、《人生漫步》、《文化力》、《新三字经》、《咏荷·诗五百》等文集、诗集、歌词集、书法集、绘画集、摄影集 70 余部。

"旧社会的小童工；新社会的好青年；'文革'时的'反革命'；平反后的'高部长'"，翻开高占祥最新出版的诗歌选集《古韵新风》，我们赫然看见，他将自己的简历归纳为以上四句话。而他所强调的个人身份，也不是"历任河北省省委书记、文化部常务副部长……"，却是诗人、书法家。

高占祥先生对诗歌创作有着特别的爱好，早在上个世纪 60 年代，由他作词、由夏宝森谱曲的《永远站在祖国建设最前线》，就获得了群众的广泛喜爱，传唱于大江南北。不论是在印刷厂当工人，还是担任领导职务，他一直笔耕不辍，将大量的精力投入到诗歌写作中。几十年来，他创作了大量脍炙人口的诗歌。2005 年，他与国学大师季羡林、百岁诗人李国彝在第 19 届世界诗人大会上共同获得

"世界桂冠诗人"的殊荣。

文章合为时而著，歌诗合为事而作，是高占祥先生始终秉承的理念；艺术与思想结合，精雅与通俗并重，堪称高占祥先生诗歌作品的最大特点。

此次出版的《古韵新风》诗集，包括"今日颂"、"百花吟"、"莲之恋"、"新国风"四部分，体裁囊括了旧诗、新诗与"新国风"。此外，书后还收录了作者的一百四十五则诗论。

"今日颂"收录了高占祥先生创作的《微笑》、《梯田颂》、《和平颂》、《航天颂》、《梅质兰魂永芳香》等新体诗，这些作品紧系生活而又奇思驰骋，韵律流转而又朴质健雅，让人咀嚼不尽。

"百花吟"以 100 首格律工整、章法严谨、立意新颖的七律描绘了 99 种各具一格的花卉，神思灵动，笔触平实，寓意深厚，达到了咏花诗前所未有的高度。

"莲之恋"为高占祥先生历年来创作的咏莲七绝作品精选。莲花是作者最钟爱的花卉。字字珠玑，句句真妙，于动静参合处、声色浓淡间将莲花端洁、清雅的风姿娓娓道来。

"新国风"属于一种新的诗歌创作理念，其秉承几千年来的"国风"精神，站在民众的立场，用人民大众喜闻乐见的传统形式表达抒发作者对于当代生活的切实感悟，力求晓畅明白却又内蕴深厚的艺术效果。《古韵新风》中选取了上百首高占祥先生的新国风作品，这些作品以精严的格律形式、生动的比兴手法、通俗的语言词汇书写了一篇篇饱含时代气息的诗歌佳作。《和平颂》、《航天颂》两首诗充分展现了诗人的浪漫情怀："乘祥云兮穿星破月，驾神州兮逐电追风"，"神州像金梭，霞光万道织锦缎；神州像飞剑，云海千层一瞬穿"。《丰碑在民间》栩栩如生地刻画了为民造福的县委书记谷文昌："谷文昌——望着百姓热泪弹，面对南海发誓言：老百姓怎么想啊，我就怎么办！老百姓怎么盼啊，我就怎么干！不把荒岛勾销，我死不瞑目；不把这贫困撵走，我甘愿黄沙埋九泉！"抑扬顿挫的诗歌语言，以强大的震撼力叩击着读者的心灵。

"新国风"滥觞于"五四"时期，为郭沫若所首倡，目的就是唤起"最古的优美的平民文学"。这一主张虽在当时产生了一定的影响，但后来由于种种原因归于沉寂。直到本世纪初，诗坛终于重拾这一理念，在一些著名诗人的推动之下，"新国风"渐为国人所认同。《古韵新风》诗集的出版价值，一是向世人呈现高占祥先生的优秀诗作；二是继续推广"新国风"理念，让社会大众了解并参与其中。全民读诗，是"新国风"的终极目标，也是高占祥先生的毕生理想。他相信，诗歌不是贵族文化，而是大众艺术，只有写出平民百姓喜欢阅读的诗歌作品，中国诗歌才有机会真正复兴。

"雅有所谓，不虚为文。"艺术上承继传统，内容上又不脱离现实，文字精益求精，因此，高占祥的诗，情致与哲理交融，历史与现代并陈，深入人心，历久盈香。

《古韵新风》诗集附录中还选录了高部长的 145 则诗论。他在诗论中写道："生活土壤是诗歌之根，时代精神是诗歌之魂。诗是艺术的奇花，它给人以美的享受；诗是智慧的天使，伸展羽翼，给人意味无穷的启示；诗是时代的号角，为人们奏起悦耳雄壮的战歌。诗人，要向生活的深处进军，只有不断从生活的矿藏中开掘，精心冶炼，才能铸出闪烁光彩的金子般的诗篇。"他认为，诗歌不是贵族文化，而是大众艺术，只有写出平民百姓喜欢阅读的诗歌作品，中国诗歌才有机会真正复兴。

我国的传统文化博大精深，诗歌文化更是源远流长。"饥者歌其食，劳者歌其事"——诗歌本就源于广大人民群众对生活的现实感受和艺术表达。在中华传统文化日益复兴的今天，"全民读诗"之日应该也不会太遥远吧。

诗里画外寻无邪

——读范曾先生书稿随感

·戴文瑞·

以前我一直以为范曾先生只是一位享誉中外的大画家。最近范先生的书稿交由中国人民大学出版社出版，我有幸成为书稿的责任编辑。审读完书稿，使我对范先生有了新的了解，他不但是一位著名画家，同时也是一位对中外文化尤其是对中国的诗词散文情有独钟的诗人和散文家。正如范先生自己所言："世皆以画家视余，其实于诗癖爱尤深。"先生此言，是对自己对中国传统诗词文化的了然和自信，这种了然和自信，贯穿先生的整部书稿中。

从《诗经》、《楚辞》开始，至唐诗宋词，范先生读得如此仔细、如此倾情，以至于不经意间，我便在其书稿中读出了"性情"二字。这性情，交织着现实主义的凝重；这性情，荡漾着浪漫主义的旖旎；这性情，晕染着中国传统文化的华彩。

先生论文学，从《诗经》开篇。"诗三百，一言以蔽之，曰'思无邪'。"好一个"思无邪"，圣人简简单单三个字的概括，却令后世人每思量一回便怦然心动一回。而范先生之于中国传统文学最看重的也便是这"思无邪"，书稿中对纯净天然、毫不矫饰的诗风，大加赞赏，与我不禁心有戚戚焉。先生所爱、所论之诗，必为高人洁士之作，而这高人洁士纵贯上千年都无一例外具有"大丈夫"品格："富贵不能淫，贫贱不能移，威武不能屈"，忠于信仰、追求理想、豪迈沉雄，不屈不挠。而大丈夫们的"思无邪"之举便在于强烈的家国天下的意识，明知不可为而为之的高度责任感。范先生在此书稿中所崇仰的每一个大丈夫都是才高八斗、学富五车，风流倜傥、豪迈不羁，都是天才中的天才、世林中的奇葩，这些天之骄子在个人和家国天下之前途不能两全之时皆义无反顾地放弃了个人的安身立命，毅然决然地以救天下苍生于水火为己任，舍生取义，甚而慨然赴死。

不禁唏嘘，诗人的风骨便在这义无反顾、毅然决然的取舍间建立了起来；诗句中的高洁之魂也便在这义无反顾、毅然决然的取舍间凝结成形。

《诗经》中取范先生最激赏的两首以窥先生读诗之意：

《秦风·无衣》：岂曰无衣？与子同袍。王于兴师，修我戈矛，与子同仇！岂曰无衣？与子同泽。王于兴师，修我矛戟，与子偕作！岂曰无衣？与子同裳。王于兴师，修我甲兵，与子偕行！

《邶风·式微》：式微式微，胡不归？微君之故，胡为乎中露！式微式微，胡不归？微君之躬，胡为乎泥中！

同为战事之诗，前一首为"音调铿锵、凛然大义的典范之作"，"'与子同袍'四字成为古往今来战争中唇齿相依者、利害相共者、同仇敌忾者的誓词"，令人顿生壮烈大义的情怀；而后一首虽然满含着个人思乡的情愁，却悲而不怨，悲而就义，令人直击勇士的铁骨柔肠。

在《少年读诗从骚始》中范先生认为，"《离骚》表达了一个高洁的灵魂对理想的追逐和幻灭；表现了一个忠贞的朝臣对朝政的希冀和失望；《离骚》不是苟活者的哀吟，而是爱国者的浩叹；它吐露着不朽生命的芬芳"，范先生便是在少年纯洁的心灵中，沁入了《楚辞》、《离骚》的芳香，然后一步步追寻屈原诗中的空旷博大的境界。

范曾先生在书稿中指出，《诗经》、《楚辞》正是中国诗歌源头活水之所在。"凤凰翔于千仞兮，贤德辉而下之"，熟读之，就可摆脱鄙俗的侵袭，走向崇高的人生；就可生出一副辨花识香的锐利眼光，插上高翔于泥淖之上的翅膀。

是以，范先生在自序中，称自己诗文强于画：

"古有善文而不善诗者，而善诗者不善文，则未之见。""诗、善文矣，而又善书者，古之大文豪大体如此。""善诗、善文、善书矣，其砚中剩墨正无所施用，适案上有陈宣一纸，则跌宕数笔，竟有高雅之趣。久之，画石；又久之，画竹，文人画形成之过程，无一例外者此也。""有问范曾诗、文、书、画水平之排列，画家必以为诗、文佳于书、画，作家必谓书、画佳于诗、文，其中心理的微妙感，不难体会。以我自己之评，凡至某一境界，略无可比列者，则自比其甲乙，不亦'个山驴'乎？"

在我看来，范先生自论其画不如诗文，实在是指：画，品的是画外之意；诗，读的是诗外之情。而先生用画笔所描述的具象实不能尽达心中之意。所谓"得意忘象"，乃是精神共鸣的最高境界，是以，强以描绘仍不能尽现。

"中国画是灵智之域的胜果，不是耐心从事之苦差，更非费力卖块之功役。

笔锋之运转，来自画家神经末梢对心灵悟性的传递，当神经末梢与笔锋合而为一之时，则天地精神在焉、人世沧桑在焉。"

因此先生之画，诗人、诗中之人是其源源不绝的创作来源。读诗、爱诗，实在不是为了作画而读、而爱；画诗人、画诗中之人，实在是不得不画、不画不快，因只有通过这方式才能勉强穿越时空与诗人们阔论倾谈。

是以，范曾先生之爱诗，爱之真切、爱之热忱跃然纸上。屈原、苏东坡、辛弃疾是他的最爱，谢灵运、陶渊明令他神往……他爱诗，不独爱诗中之韵、诗中之情、诗中之趣，更爱作诗之人的冉冉风骨。

他崇仰屈原"宁溘死以流亡兮，余不忍为此态"的高洁灵魂，"长太息以掩涕兮，哀生民之多艰"的忧国忧民情怀，"路漫漫其修远兮，吾将上下而求索"对理想之永恒追求，认为其"决不与世沉浮，坚守崇高品节，纵然一死也要与黑暗的世道做一次壮烈的抗争"的正直无畏精神正是中华民族爱国主义的开篇；

他欣赏东坡"在任何艰难颠厥之中可以在心灵上释放自我"的旷达胸怀，"一点浩然气，千里快哉风"的豪情，"回首向来萧瑟处，归去，也无风雨也无晴"的恬淡平和；

他赞美稼轩"壮岁旌旗拥万夫，锦襜突骑渡江初"、"金戈铁马，气吞万里如虎"的大丈夫气慨，"八百里分麾下炙，五十弦翻塞外声，沙场秋点兵"的报国热情，也感慨"把吴钩看了，阑干拍遍，无人会，登临意"、"却将万字平戎策，换得东家种树书"的报国无门的英雄凄苦；

他理解谢灵运在"狂躁、残暴、奢靡、乖张、恣肆"的现实性格和"池塘生春草，园柳变鸣禽"的超凡脱俗之间的游走，理解他"不遇于今，必得于古"的"寂寞心"；

他向往陶渊明"纯净、与世无争的高雅"、"晨兴理荒秽，带月荷锄归"、"久在樊笼里，复得返自然"的惬意，"俯仰终宇宙，不乐复何如"的心灵自由。

他读诗，总有一种感觉覆盖了全身，犹如将灵魂直带了去诗人的年代、诗人的处境、诗人的吟念之中。

他读这些诗便将自己化入了诗人的魂灵，穿越幽冥，无阻无碍，就融在了一起。那是深深的理解，感同身受、不需言说的心有灵犀，甚至我怀疑，是那些永恒不死的精神的轮回。

他是这样去触摸史上那些伟大的诗人的："诗人的确爱风，所以称他们为风人；他们直承《诗经》、《楚辞》的传统，所以称他们风骚；而诗人又偶傥多情，所以说他们风情；诗人偶有微行，被轻慢为风流。大自然的风，飘向诗人的笔底，协奏社会、人生的乐章，感知'夜阑卧听风吹雨，铁马冰河入梦来'的是勃郁的陆放翁，他听到雄阔激烈的风；看到'舞榭歌台，风流总被雨打风吹去'的是慨叹的辛稼轩，他听到摧枯拉朽的风；彻悟'愁风愁雨愁不尽，总是南柯'的是忧患的郑板桥，他听到凄切催泪的风。而看尽繁华地、远绝是非乡的苏东坡，不再迷恋喧嚣的人生，'回首向来萧瑟处，归去，也无风雨也无晴'。这时的苏东坡，由道而佛，无缘大悲已笼罩了他的生命，渐渐远离了人寰，同时也远离了当年豪逸雄阔的自己。"

他是如此地挚爱这些诗人，神往那些魂灵的高洁深远，因此这些人才成了他笔下的画，或者说这不是画，而是他不能抑制的热忱和深情的表达。

他在书稿中曾自述画陶渊明时，眼前那人正是"卓而独立、空所依傍的孑然一身。他正呼吸着田野沁人的清香，微闭双眸，体味那'世与我而相违，复驾言兮焉求'的解脱羁绊的快意，于是我'振笔狂扫'，那不可多得的情境交融的瞬息，那激情的震动不会持续太久。文章天成，妙手偶得，只有追光掣电，才可把握。当掷笔而起的时候已汗涔涔而沾衣。"

这哪里是在作画，那一刻分明是先生用心灵的密语唤回了千百年前的魂灵，将画笔在那人生命历程的每一番欢喜、忧伤、寂寞、豪情中都翻滚了一遍，如水泻般直印在纸上……

画中人那千古不朽的精神便如此穿越古今将自己拓在了画卷上，与有缘人见时，便将那不灭的光明力量从画卷的痕迹中释放出来，穿透肉身，直击心灵。

这就是范曾先生的画吧，我想。这是先生的心，是先生的灵性，是先生的生命跃然在纸上，是先生的光明投射在世间。

苏东坡评价王维乃是"诗中有画，画中有诗"，以此语评价先生，不为妄也。

古今用人之道

——兼评《做正确的事》和《大匠无弃材》

·杜俊红·

一、不材之木

世上有无不材之人？全世界有几十亿人，不可能人人都是有用之人吧？顺着这个问题，让人想到了生长于我国海南岛南山上的一种树木：不老松。这种树木，已经存活了几千年，屹立在南山之上，享受雨露阳光，接受人们的朝拜。这种不老松有一个别称，叫做"不材之木"，传说有人用它做柴，却点不着火；用它做材，却不可雕琢。于是它被认为是不材之木，也就没人将它砍了去，它们就这么在背山面海的风水宝地活了几千年，依旧枝繁叶茂。

这不材之木，因其不材，方得千年独活，而那些有用之木，却因为总有这样那样的用项，很难不被砍伐了去，由此来看，这"不材"便也是一材，而且是最持久之材。只是这不材之材，是谁在用、如何去用，则颇让人玩味。

回过头来，考虑我们身边以及发生在其他地方的一些事情。我们看到，总有那么多人失业、被解雇、找不到工作，同时有的企业老是抱怨人才难找，或者有的领导干脆说自己的手下都是庸才。当然，这和整个的经济、社会环境有关。不过我们发现，在这其中，不乏那些知人善用、慧眼独具之人。有时，一个人在一个单位里一事无成，但到了另外一个单位，就能够事业有成。这其中最重要、最关键的问题，就是如何选对人、用好人。

所谓选对人、用好人，也就是说知人善用。万事开头难，可能这其中最难的，不是用好人，因为选对了人往往就能成功一半了；最难的就是选对人。要选人，就要知人。本文接下来将从我国古代的经验、现代西方管理学的经验和我国国有企业的经验说起，谈一下用人之道，希望能够提供一些可在识人、用人时参考的思路。

二、知人善用——古代的经验

俗话说：人心隔肚皮。与人面对面，也不一定了解他在想什么，想要知人，实属难事。中国许多古人都表明了这一观点，以说明知人之难，比如庄子曾说："凡人心险于山川，难于知天"，也就是说人心比山川还要险恶，知心比知天还要困难。

对于一个组织而言，它的领导能够有一双慧眼，识别出人才，对于组织的正常运转、未来发展都有重要意义。然而常言道：先有伯乐，然后有千里马；千里马常有，而伯乐不常有。这就需要领导者学习一下已有的经验，提高自己知人识人的能力。

针对知人之难，中国古代的大师们提出了一些知人之法，可供各级领导选人、用人时参考。

● 孔子提出了"听观法"，认为知人不能只是"听其言"，还要"观其行"，做到"观其所由，察其所举，视其所安"。

● 庄子提出了"九征"法，即：故君子远使之而观其忠；近使之而观其敬；烦使之而观其能；卒然问焉而观其知；急与之期而观其信；委之以财而观其仁；告之以危而观其节；醉之以酒而观其侧；杂之以处而观其色。

● 吕不韦有"八观六验"法，八观即：通则观其所礼；贵则观其所进；富则观其所养；听则观其所行；止则观其所好；习则观其所言；穷则观其所不受；贱则观其所不为。六验即：喜之以验其守；乐之以验其僻；怒之以验其节；惧之以验其恃；哀之以验其心；苦之以验其志。

● 诸葛亮提出了著名的"七观法"，以帮助人们知人识人。包括：问之以是非而观其志；穷之以辞辩而观其变；咨之以计谋而观其识；告之以祸难观其勇；醉之以酒而观其性；临之以利而观其廉；期之以事而观其信。

● 刘劭提出了"八观法"，在刘劭看来，人才的最高准则是"内中和，外平淡"。他在《人物志》中指出，"八观法"就是：观其夺救，以明间杂；观其感变，以审常度；观其至质，以知其名；观其所由，以辨依似；观其爱敬，以知通塞；观其情机，以辨恕惑；观其所短，以知所长；观其聪明，以知所达。

中国古人在谈论识人用人的时候，侧重的是对人内心秉性的了解，从言谈举止间了解一个人。这一点和西方有很大的不同。

三、做正确的事和正确地做事——西方管理学的经验

西南航空公司是在"9·11"之后唯一没有裁员并保持盈利的航空公司。当时担任该公司 CEO 的是詹姆斯·派克，在谈到用人时，他在《做正确的事》一书中指出，"很多公司都会说员工是最重要的财富，但事实并非如此，公司只是把员工当成可折旧的资产，从他们身上榨取到所有的价值后就抛弃，这就是今天很多大公司文化冲突的根源。"作者认为，"任何组织最终的成功都需要组织中各个岗位的员工持续的出色表现。一个富有活力的成功的公司不应该让员工感觉到他们是在被指使着工作，相反，要让员工相信他们将要完成的使命是至高无上的。"他的观点充分地体现在《做正确的事》一书中，概括来说，就是做对的事，而不只是把事情做对。

关于做正确的事和正确地做事，是目前许多人津津乐道的话题。下面将分两点来从这个角度讨论用人之道。

1. 先做正确的事，再正确地做事

被当代人称为"管理学之父"的彼得·德鲁克指出："效率是以正确的方式做事，而效能则是正确地做事。当效率与效能无法兼得时，我们首先着眼于效能，然后再设法提高效率。"这也就是现在常说的"先做正确的事，再正确地做事"。一个组织的管理，所要解决的就是这样两件事：一是"做正确的事"，二是"正确地做事"。目标制定解决的是"做正确的事"，管理机制解决的是"正确地做事"。这是从创业到守业的过程，领导者先要带领团队成员做正确的事，然后再用适当的机制来管理员工正确地做事。

在用人上，体现为选合适的人做正确的事，再选合适的人来正确地做事，这对人的要求是不同的。前者要求所用之人能够有战略眼光，在方向性的决策上不失误。对于领导者来说，这种人可能是他的合作伙伴，也可能是参谋人员，更可能是他下面的员工。后者要求所用之人能够达到工作要求的规范和技能，能够按照已经确定了的标准做事，并且具有一定的效率。这种人不应仅针对广泛的执行层和普通员工，也应包括领导者本身。只有这样，才能保证整个组织朝着正确方向高速、有效地前进。

2. 既要做正确的事，又要正确地做事

一个组织既要有能够确定方向、战略、愿景的人，也要有具体实施、执行的人；如果说最开始需要先制定目标，也就是做正确的事，那当组织的运行步入轨

道的时候，就需要具体的管理制度，由执行者来正确地做事了。当然，这当中也需要他们了然于心的是，在正确地做事的同时，自己所做的事情也是正确的事情。这样才能保证组织始终沿着正确的方向高效、快速前进，并在关键的时候迅速调整方向。这对组织用人就是一种双重要求，是在第一点之上的一种提升。概括来说，就是找到合适的人，既有做正确的事的人，又有正确地做事的人；既要做正确的事，又要正确地做事。

西南航空公司每年都收到超过 10 万份简历，而只有其中的 1％～2％ 的应聘者会被聘用。如何选择合适的人，是每个组织、每位领导者都要面对的复杂事情。很多组织为此设下重重关卡，从大量候选者中筛选出比较优秀的人员。可是在聘用中，总有这样那样的原因导致这个人最后决定不到这个组织来，还有的人来了之后因为不适应而离开。要想减少这种低效率情形的出现，组织在选人的时候，一定要将一个组织的文化因素以及候选者硬指标以外的因素考虑进来。

四、大匠无弃材——国有企业的用人经验

西方的用人经验，更多地体现在规章制度上，用外在的规范和指导方向来管人、用人。中国传统的思想，在识人、用人方面更多地体现在对人心的考查上。这两种思路有很大差别，又互为补充。现代企业制度本身就是西方的产物，我国的企业在采用这一整套机制的时候，确实取得了一定的效益，但也遇到"水土不服"的现象，这主要是由文化上的差异造成的。而这种现象，集中体现在了国企身上。国有企业可说是我国特有的企业形式，它由国家所有，不像一般单纯以盈利为目的的企业一切经营活动都围绕获利展开，国有企业的各种活动、行为，都承担了超过经济因素以外的责任，包括社会责任、道德责任等等。这就要求国有企业针对我国的传统和外来的经验，吸收二者的长处，总结出适合自己的用人经验来。

大庆油田组织部副部长那子纯编写的《大匠无弃材——国企用人之道》一书，针对国有企业这一中国特有的企业形式，全面论述了国企用人之道，读来颇让人受启发。书中指出，好的用人机制，不仅应该达到人尽其才的境界，还要达到人尽其性、人尽其乐的境界。在国企，优秀人才大致有三点共同的优秀品质：一是奉献，二是诚信，三是钻研精神。如果说搞好国企有什么快药猛帖，那就是培养好"一把手"、选拔好"一把手"、激励好"一把手"、监督好"一把手"。

　　书中列出了国企用人之道的 50 句忠告，都是来自前线的经验，以下摘录其中相关的几条：

- 没有哪一种用人模式是最好的，适合的才是最好的。

- 不要一味强调国企用人的体制、机制如何不好，重要的是开动智慧去刻苦琢磨如何在现有条件下力争把事情做得尽可能好一点、哪怕好一点点！都是功德！

- 为什么人到用时方恨少？完全在于没有长远培养人的日常努力。

- 要培养年轻干部对企业的深厚感情。

- 要让干部感恩于组织，不要让干部感恩于个人。更不要台上提拔干部，台下买好干部。

- 对下属讲 100 个道理，不如说明白、说透彻一件具体事情，这才是管理，这才是企业管理之道。

- 在国企，没有信任，什么事都办不成。信任第一！

- 口若悬河、夸夸其谈、炫耀才学的干部，难堪大用。

- 清晰的头脑、敏锐的判断、准确的分析、擅长出管用的招，这样的干部才是国企靠得住的中坚力量。

- 恰当地考虑人际关系，有利于事业；过度地考虑人际关系，妨害于事业。

　　国有企业的用人，从一方面看，不仅体现在经济效益上，还有对整个企业所有人的责任。这样的组织，不能也不应该抛弃其中的任何一个人。从另一方面看，每一个人总有他的可用之处。正如本文开头所讲不材之木，看似不才，实则大材，如今作为景观之一供人们观赏供奉，其所用之处比做木材、做建筑用材要大多了。所以在国企这样一个特殊的组织中，领导者能够具有一双识人的慧眼就显得格外重要。古代的经验可以借鉴，作为判断人才、选拔人才的重要理论基础；外国的经验也可以借鉴，作为适应现代企业制度的借鉴很有指导意义，说白了，一个企业的发展，最终还是要靠经济效益来支撑的；而总结、运用真正适用于自己组织的用人之道，是最重要的，它来自于前面两者，又不限于这两者。国企如此，其他组织亦如是，所有组织都应在已有理论和经验的基础之上，总结、摸索出适合自己的用人之道，才能让自己走得更好、更长久。

"小雨讲故事"是传递爱和知识的精品少儿制品

·黄　颖·

　　2010年初，"小雨讲故事"系列CD首批14张单盘由中国人民大学音像出版社出版了，首次出版了《伊索寓言》、《安徒生童话》、《格林童话》、《中华神话故事》四个系列共62个故事，后续还将出版成语、寓言、国学名言、中国古代十子故事等多个中华传统故事系列"小雨讲故事"CD，是新中国成立以来出版的最大规模的讲故事光盘。

　　2010年4月17日，由西单图书大厦和中国人民大学音像出版社联合举办的"'小雨讲故事'签售会"上气氛异常热烈，很多喜爱小雨姐姐和喜欢听小雨讲故事的小朋友在家长的陪同下来到现场，和金牌少儿广播主持人小雨亲密接触。更感人的是，还有多位听了"小雨讲故事"十几年的大"粉丝"们亲临现场，给小雨送来了十几年前的纪念品，表达他们对小雨姐姐的爱和感谢。现场销售情况也非常可观，家长们对这套制品的认可度很高。家长们说，现在讲故事的光盘不少，但品质良莠不齐，有些故事编得很粗糙，有些就是简单地朗诵。听了小雨姐姐的故事后，才深深感觉到，讲故事是一种艺术，给孩子讲故事更是一种独立的艺术形式。

　　中央宣传部、新闻出版总署《中共中央、国务院关于进一步加强和改进未成年人思想道德建设的若干意见》中强调要努力为未成年人生产更多更好的精神食粮，加快规划出版适合未成年人阅读和观看的图书、音像制品和电子出版物的重点选题。"小雨讲故事"出版后得到市场的广泛认可和社会的高度评价，正是响应这一文件号召的好制品。出版后，媒体争相报道，在全国市场普遍上架，销售情况很好。"宝剑锋从磨砺出，梅花香自苦寒来"。"小雨讲故事"在以下几方面格外用心或有卓越之处：

一是讲故事的人好。小雨姐姐是北京人民广播电台的金牌少儿广播主持人，从事少儿广播主持工作 16 年，对少儿工作充满了热爱和执著。她是国内少有的获得国际大奖的少儿广播主持人，曾经获得"中国播音主持金话筒奖"、"中国首届最佳少儿广播节目主持人奖"等，她编辑主持的节目曾获"亚广联国际大奖"、"中国广播奖"等 90 多项奖项。

1993 年，在国家部委工作的小雨拥有令人艳羡的工作。但是，这样的工作拴不住爱孩子的小雨，偶尔给儿童节目配音的小雨从孩子们的快乐中感受到因自己的声音而带来的成就感。这种成就感与快乐使得她选择辞职，家人无论如何劝阻也无济于事，她加盟了北京广播电台儿童频道。从此，小雨将自己的"身家性命"贡献给了她所钟爱的少儿广播事业。现在，小雨是北京人民广播电台的明星主持人，用声音传递爱心，用故事演绎生活。

每天晚上 7 点整，FM87.6 都会响起一个熟悉的声音："小朋友们快来听，小雨姐姐讲故事啦！"现在很多小朋友都养成了每天听小雨姐姐讲故事的习惯，故事讲了十几年，一批小朋友已经在小雨姐姐的故事声中成长起来。小雨还热心社会公益事业，参与各种赈灾活动、环保活动从来都是不遗余力。在这一次小雨的见面会上，小雨专门赠送给北京盲校的孩子们整套的故事 CD，答谢他们多年的倾听和信任，给这些耳聪心灵的孩子们一份特别的关爱。

二是故事好。故事的编写是非常讲究的，要用适合孩子的语言，既不能听不懂，又要适当前半步。要有正确、积极的导向和教育意义，避免简单说教和与时代脱节。孩子的注意力集中的时间都很短，故事情节一定要引人入胜才行。还有一些专业的尺度，比如谈到死亡和杀戮的描写，标准是不能让孩子产生恐怖的想象。讲故事的语言要非常口语化，朗朗上口，不能产生歧义。

"小雨讲故事"系列全部邀请国内儿童文学名家、资深少儿节目编辑编写故事。比如当代寓言作家、中国儿童文学作家凡夫，原北京人民儿童广播台副台长邵平东，中国传记文学学会理事、北京日报高级记者李培禹等。尽管编故事的都是大家、专家，但每个故事从初稿到最后演播前都要几易其稿，反复修改，语言更是经过数次推敲。编写者经常是熬通宵编写出故事，早上经审阅发现不行，又全盘推翻重新来。

虽然《格林童话》、《安徒生童话》、《伊索寓言》是世界名著，有现成的故事，但是改编成中文，以适合儿童的语言呈现，并不像想象中的那么简单。即将出版的《中华成语故事》、《中华寓言故事》、《中华人物故事》、《中华名言故事》

等中国传统故事系列，全部由这些专家重新整理创作，既要传播中华传统国学故事，又要让小朋友听得懂，寓教于乐。用这样大规模的讲故事演绎中华传统国学，也是国内领先的和填补市场空缺的。

三是故事讲得好。有家长说："过去也买过不少讲故事的光盘，有些故事编得很粗糙，甚至已经不合时宜了，有些就是简单地朗诵。听了小雨的故事后，才深深感觉到，讲故事是一种艺术，给孩子讲故事更是一种独立的艺术形式。不是念故事，而是演绎故事，讲故事的人的表情穿过音波，听故事的人是感受得到的。小雨不愧是主持少儿节目十几年的老主持了，声音甜美、温柔并有很强的感染力，语言情感丰富、饱满。记得听《小人鱼》的时候，我和女儿都哭了。"确实，小雨讲故事的最大特点是饱满的感情，录音都是在夜深人静的时候，讲的时候小雨的情感随故事情节而悲喜起伏，甚至因哭泣而不得不停止。她的情感透过音波传递给孩子们，演绎故事中的人物和道理，传播爱的种子。北京市盲校的孩子说："我从小失明，'小雨讲故事'伴随我度过儿时，陪伴我成长。小雨姐姐甜美的声音滋润我的心田，快乐的心态鼓励我坚持和乐观。故事里的小动物，故事里的人和事，带给我很多欢乐。'小雨讲故事'现在出CD了，我都要收集，那是我童年的记忆。"签售会上还来了几位大朋友，都20多岁了，有的还带着自己的孩子，他们说自己从小听"小雨讲故事"，是大"粉丝"。有个姑娘还带来了以前参与小雨活动的纪念品，连小雨自己都没有，令小雨非常感动。

四是音乐配得精妙。音乐有特殊的感染力，'小雨讲故事'动人的原因还有一个，就是音乐和故事搭配得非常精妙。精心选择的都是名曲，都是贝多芬、柴科夫斯基、莫扎特、勃拉姆斯等名家的钢琴曲、小提琴曲，像故事《睡美人》还专门配了芭蕾舞剧《睡美人》。中国传统故事系列结合故事，配的是《妆台秋思》、《霸王别姬》、《渔舟唱晚》、《梅花三弄》等古曲。更重要的是，音乐随着情节的发展而精妙搭配，有时一个故事根据剧情发展会配不止一段音乐。音乐和故事浑然一体，才有或是让人快乐鼓舞，或是催人泪下的震撼感染力。

下一阶段，小雨将把讲故事进行到底，重在宣传中华传统文化，打造国学经典普及系列"小雨讲故事"CD。小雨深情演播，将陆续出版成语、寓言、国学名言、中国古代十子故事等精彩制品，希望能奉献给社会更好的精神文化享受，为中国文化的传播和传承出一份力。

帮助孩子戒除网瘾的"孙子兵法"

· 潘蔚琳 ·

2006年4月，作为《破"网"重生——预防与戒除网瘾实战案例》的姊妹篇，由陶宏开教授亲自执笔的介绍预防与戒除网瘾的专著《回来吧，孩子——预防与戒除网瘾指南》由中国人民大学出版社出版发行。我有幸担任该书的责任编辑。该书从出版至今，指导众多受网瘾困扰的孩子与家长们走出了困境，实现了较强的社会价值。

一提起孩子的教育，家长都会觉得责任重大，每位家长都希望自己的孩子在将来有所作为，出发点一致，但在具体的教育方式和方法上，却有着很大的不同。青春期的孩子正处于叛逆期，最难教育，而这些半大不大的孩子，却往往把老师和家长的话当作耳边风，认为自己有辨别是非的能力，认为家长总是啰啰唆唆。现代社会诱惑太多，有些孩子沉浸于网络游戏，在网络游戏中寻找自我，满足于虚拟的世界，却荒废了学业，家长们痛心不已却往往找不到好的方法。

该书作为"健康上网拒绝沉迷——帮助未成年人戒除网瘾大行动"指定用书，是陶宏开教授走遍全国七十余个城市，解决大量个案、反复实践的结晶，其中细致全面地分析了青少年上网成瘾的成因，深刻论述了预防与戒除网瘾的理论和方法，有效地引导父母步入与孩子融洽沟通的轨道，蕴涵着深刻的整体素质教育思想，堪称帮助孩子戒除网瘾的"孙子兵法"。

一、论述有理有据，由浅入深，层层深入

该书分为四大部分，依次为网瘾成因与预防上网成瘾之道、孩子有了网瘾家长怎么办、怎样帮助青少年戒除网瘾，以及最后提出人人健康上网，构建和谐社会。

1. 未成年人上网成因与其早期教育的质量息息相关

陶教授曾说过："每个孩子都有一颗向上的心"！上网成瘾不能完全归于孩子

的错，而是源于家庭教育误区、社会不良影响和学校引导缺失。父母是孩子的第一任老师。当有些家长发现孩子上网成瘾，动辄对孩子百般责怪，甚至棍棒相加，孰不知孩子出现网瘾，正是先期家庭教育没有做好的体现。我国目前多为独生子女家庭，家长们对孩子百般呵护，过度关爱、过度保护；又望子成龙，对其过度期望，这种对孩子的高度期望与早期过分的关爱形成强烈的矛盾反差，很容易造成亲子之间难以沟通。因此，家长应该检讨自身的教育方法，在孩子小时候就应该对他们进行科学而健全的起点教育：培养孩子正确的感知识别能力和基本的理性思辨能力，使其建立正确的人生观、世界观；培养孩子的自理能力、自控能力和自我平衡能力；与孩子进行朋友般的理性沟通，培植孩子的良性情感。

2. 整体素质教育是预防网瘾之道

陶教授认为素质主要包括三个方面：心理素质、专业素质和综合素质。其中，心理素质对成人、成才起着决定性作用。只有从家庭、学校、社会和青少年自我这四个方面全面开展素质教育，才能使青少年健康成长。

3. 帮助孩子戒除网瘾的具体方法

书中，陶教授给家长们提出了帮助孩子戒除网瘾的九大具体方法，对每一方法都加以辩证的剖析。这九大方法分别是：（1）自我反省：努力改进自己是最佳途径；（2）放松心态：理性的态度是正确的开始；（3）大事小事：任何事情都要把握好度；（4）不贴标签：不要一味指责或盲目表扬；（5）学会抱怨：使孩子全面感受真实人生；（6）自然沟通：要进行朋友式的心灵对话；（7）不加压力：追堵打骂只能使问题更糟；（8）懂得自爱：用自重去赢得孩子的尊重；（9）家庭交流：组织起来进行群体性自助。

二、论述与案例相配合，更具有指导的实用性

陶教授 2002 年从美国退休回到国内，机缘偶遇使他投入拯救网瘾孩子的行动中。在中央文明办、共青团中央、新闻出版总署、中国社会科学院以及光明日报社等机构和媒体的支持组织下，陶教授策划并全程参与了"健康上网全国行"活动，接触了大量案例。本书收入了许多这方面的案例，配合理论的讲解，使得内容更加具体，更加能为家长所理解和接受。

一位读过本书的家长是这样告诉我们的："孩子晚上忍不住又跑去了网吧，我的心又开始烦闷起来，赶忙拿出这本书看，看到里面生动的一个个案例……渐

渐地，我恢复了平静，开始反思自己在教育孩子过程中犯下的错误。我要像陶教授说的那样改变自己，再帮助孩子转变。等孩子回来，我要……"该书收录的大量案例，真实感人，而且具有一定的代表性和指导性，许多网瘾孩子的家长从案例阅读中找到了引导孩子的正确方法，获得了鼓起勇气、拯救孩子的力量。

三、叙述方式多样，配合漫画穿插，形式活泼

在该书中，配合论述，自然地穿插了许多漫画，还有陶教授创作的诗和歌曲作品，感人至深，能引起读者深深的共鸣。

例如，书中收录了一首名叫《学费》的歌，是陶教授在"健康上网全国行"活动中为广大家长创作的，其中有几句歌词这样写道："母亲的手啊颤巍巍，眼里闪烁着深情的泪，'孩子啊孩子，快快接着吧，这是你需要的学费。'父亲的脸上笑微微，眼里放射出自豪的辉，'孩子啊孩子，快快拿去吧，这是你需要的学费'……父母的爱心滋润着我，我要刻苦地学习……父母的山海深情，激励我永远向前奋飞"。这样的歌曲，催人泪下，能够唤起孩子的真情，激发他们的良知，也能够教育父母们或通过适当抱怨，或通过激励，掌握与孩子正确沟通的方法。

从整本书的论述，不难看出陶教授希望家长首先通过调整心态、改进自身，建立坚定的信念，然后再采取科学、理智的方法帮助孩子戒掉网瘾。以军队作战打个比方，只有通过自身努力使自己强大的军队，才能立于不败之地，进而待机破敌。而能否做到"先为不可胜"，主动权在于自己，只要"修道而保法"，努力谋划，就"能为胜败之政"。而科学的方法则是帮助孩子戒除网瘾的手段。希望这部帮助孩子戒除网瘾的实战书，能够使更多的网瘾青少年及其家长获益。

因爱而恨

·朱亮亮·

中国有句话叫"爱之深，恨之切"，说的是爱恨相生相随，常常纠缠在一起，由一方向另一方难以理解却也合情合理的极端转化，比较常见的例子是男女之间感情亲密无间温柔缠绵，突然晴转多云甚至暴雨雷霆，兵戈相见水火不容，但这里所用的却是突破这种狭隘的更高层面的含义。

我们生活在一个一切都商业化的时代，一个信息过剩的时代（我不知道广为人所接受的垃圾是否也可以称为信息，但对于垃圾信息的大量生产已经成为我们时代的特色）。我们充当的是大众传播下无力受众的角色，商业时代的浮华外表蒙昧了我们纯净的心灵，欺诈并遮住了我们犀利的眼睛，我们分辨不清好坏美丑，甚至失去了对于自身弥足珍贵的最基本的判断力，面对生活，感到无力，失去方向，开始恐慌，于是，当我们看到热情教导的大小媒介、专家或者某个你并不了解的名人和非名人指引方向的时候，我们毫不犹豫地忠诚于为我们作出"可贵"判断的他们，轻易地就把我们的心灵和眼睛，连带我们自己和对于生活的选择交出。

我们热爱生活，愿意为此付出我们的激情甚至生命去追寻，然而，我们生活在一个虚假无处不在的现代化环境中，我们到底应该追求什么样的生活，我们周围的一切究竟是什么样子的，我们有的是什么样的判断标准，我们是否使用了我们自身的判断力，什么应该成为我们判断事物的价值标准，对于这一切的一切，我们可曾有过怀疑，是否也像毫不犹豫地献出我们自己和对于生活的选择所表现的坦然那样，冷静而又坦然接受，毫不怀疑。

为了把生活看得更清楚，我们应该怀疑，因为，我们一直热爱着生活。

读到《恶俗》[1]的时候，我开始怀疑。

在《恶俗》中，作者保罗·福塞尔让我们看到了商业时代的骄子——美国更为真实的一面，拨开那浮华光彩、充满伪善矫饰的表面，恶俗之气扑鼻而来，他用手术刀一般锐利的笔锋淋漓尽致地解剖了美国社会的病态，其恶俗劣根一览无余：恶俗（BAD），是指什么？它不是割破你手指的浴室笼头，那是糟糕（bad），如同人行道上的一摊狗屎，只构成恶俗最终之形的母质，"可如果把它镀上金，那就是恶俗了"。恶俗是以纯正、高雅、明智或迷人的外表传达给我们的某种虚假、粗陋、毫无智慧、没有才气、空洞而令人讨厌的东西。从日常事物到大众传媒再到精神生活等等，恶俗无处不在，商业的时代，无论我们身处哪里，恶俗总与我们同行，但恶俗特有的"保护色"，又使人扑朔迷离，难以分辨，更何况在大众传媒的轮番轰炸下，我们自身的判断力也几无独立的地位，多已"格式化"。幸运的是，总有些人仍然保持了独立的判断力和冷静的态度，福塞尔就是这样一个人，他发出划破矫饰世界长空的咆哮，恶俗终无所遁形，乖乖地现出真实面目：

城市为了避免破产，通过想象和夸张的宣传诱惑旅游者，于是一个全国闻名的暴力犯罪城市成为了人间天堂，真是恶俗！

酒店故作辉煌和极力渲染本不属于自己的气氛，时刻提醒你身处一个高档的地方，还有那"存心引人注意的彬彬有礼，阿谀逢迎的流氓作风"，真是恶俗！

反自然法则，"只为带来完美视觉效果"的人工培植的樱桃、草莓还有其他，硕大无比却食之无味，真是恶俗！

公共建筑、雕塑的"好巨大作风"，"限量发行"的"收藏型啤酒标"，还有充斥 T 恤、海报的不知所云、做作、空虚的非"完整句子"，比如"我们人民"之类，真是恶俗！

报纸充满虚假，行文花哨，没有文法，难得看到文明的读者指望的书评，版面上到处是电视肥皂剧的情节介绍和琐碎无聊或者满是谎言的"读者来信"，真是恶俗！

无处不在的广告，"大削价"、"大放血"，更有的"假冒爱国主义"，大喊"外国石油有害"、"侵害美国经济和我们民族的安全"，在"公众服务"的幌子下掩盖厚颜无耻的贪婪与私利，真是恶俗！

耗费巨资拍摄的电影，如"重磅炸弹"，"花费在宣传上的精力与钱财占据了比电影本身更大的文化空间"，"内容空洞无物、缺少人的东西，完全依靠夸大其辞的宣传所引起的观众注意力的支持而成功"，"几乎完全依赖特技效果"，"要把观众塑造成小孩"，真是恶俗！

还有粗制滥造数量惊人的恶俗图书，看看书名就知道了——《怎样确保成功》，恶俗！当然，也包括作者花大把的钱"资助"的"虚荣出版"，在这里促销能力变得尤为重要，文学价值只能放在一边了，真是恶俗！

恶俗的人物、恶俗的信仰、恶俗的语言、恶俗的举止、恶俗的音乐、恶俗的大学……真是恶俗之极！

在福塞尔的笔下，美国社会和美国人为自己营造的自以为是的品味、格调高雅以及由其堆砌而成的恶俗的文化景观遭到当头棒喝，瞬间分崩离析、轰然倒塌，在他斗牛士般勇气的威慑声里，我听到了《国王的新衣》中那带着稚气与天真的孩子揭露真实的声音，美国那些带着面具的种种恶俗赤裸裸退却了，我们的恶俗呢？我们可曾看到？

这是一个全球化的时代，高科技使我们与在同一个星球的邻居联系更加紧密，学者们在为全球化是不是美国化争论得面红耳赤，但无论是经济还是文化，没有人否认美国对于全球的影响，经济和文化在摩擦中一体着，恶俗也同样在全球蔓延着，我们的恶俗一样让人心惊：

多少城市中拥有多少令人痛心不已的败笔，旧城改造的大旗一挥，又有多少古道巷陌文化故居成为一片尘土，千百年的文化积淀竟比不上一个豪华厕所来的有价值，追求最高最现代的建筑作为城市的标志让浓妆艳抹的城市看起来更无知，与此同时，仿古建筑、主题公园、"假古董"却大行其道，这真是极大的讽刺。

某市政府大厦，建筑空间远超出行政机关的需求，平均每人400平方米，值班员和清洁工的房间面积都有100多平方米，连水龙头也要镀金，豪华得让人发指。

越来越多的书籍成为了信息垃圾，越来越多的恶俗在眼前舞动，《穷爸爸，富爸爸》，那是一本什么样的书，有人评论说"一本无耻的书在流行"，正中要害。

看杂志吗？你一定知道那本全国知名的杂志，尽管它"充斥着谎言、无耻、伪善"，但这并不妨碍它一如既往地令读者感动、流泪，这就够了，它在流行，而且它的发行量大得惊人。

不知道从什么时候开始，"把冰卖给爱斯基摩人"被国内营销界的专业人士奉为经典，可爱斯基摩人真的需要冰吗，营销人不管这些，他们正沉浸在高超的销售技能和包装技巧的快感中，不管你是否真的需要，他们只负责把他们的产品"营销"给你，至于你是否真的需要，不好意思，对他们来说都没有关系。

恶俗，真是恶俗！

也许我们总能听到痛骂声，我们有众多的"愤青"，我们并不缺乏痛骂的勇气，但我们缺乏冷静的态度和真诚的热爱。福塞尔的眼中充满着仇恨，然而他的心却并非充满着对社会的憎恨，他对恶俗的嫉恶如仇来自于对美好生活的热爱，他对现实的彻底批判植根于对理想社会的热切期望，他并没有失去理智地诅咒一切，他的眼中也有美好。正如他书中引用以介绍别人的话语所说的那样："引导他的目光流连于这一切污迹的只是朴素的感情，'如果没有只属于我自己的对于这个地方的热爱，附着在它表面上的这一切不完美就不会如此有力地击中我……'"其实，这也是福塞尔自己真实的写照，仅此一份冷静与热忱，就足以让那些无缘由地打击痛骂一切的"愤青"、"新人类"乃至"新新人类"、"新新新人类"等等相形见绌，无知和不理智终究并不能成为藐视一切的理由。

仔细体味我们生存的环境，恶俗已经先行一步，保持对真实生活的敏感，不要麻木了神经，尽力用自己的触觉去感知恶俗和真实之间的距离，如果你无法摧毁恶俗，那就去嘲笑它，因爱而恨。

【注释】

[1] 保罗·福塞尔著，何纵译：《恶俗：或美国的种种愚蠢》，北京，中央编译出版社，2001。

后　记

出版作为一项历史悠久的文化传播活动，其产生和发展已有数千年的历史。近年来，出版业飞速发展，国际化、产业化和市场化程度日益加强。随着数字时代新技术在出版业被广泛运用，出版社作为内容提供商和服务商的特征也越来越明显。这就对传统出版业提出了严峻挑战。出版业在内容采集、集成、传播和服务等方面对从业人员提出了更高的要求，同时，业界也迫切需要从理论与实务相结合的角度来研究现代出版产业的本质与规律。

中国人民大学出版社根据行业发展的需要，编辑出版了这部《出版理论与实务研究》论文集。本书汇集了中国人民大学出版社员工撰写的有关出版工作、选题策划、审读加工、发行营销等方面的研究论文及精彩书评近一百五十篇。中国人民大学出版社编审沈小农担任主编，并确定了研究主旨和内容架构。中国人民大学出版社领导和各分社编辑参与了书稿初审。司马兰为本书稿的汇集、分类、整理付出了大量心血。王宏霞、薛锋、毛术芳为书稿的编辑润色做了大量工作。

出版理论与实务研究是一个庞大而系统的工程，需要长时间的业界实践和学科积淀，我们不揣浅陋，旨在抛砖引玉，以推动出版学科研究的发展。限于时间和水平，本书的纰漏和瑕疵在所难免，恳请业界同行和专家批评指正。

最后，借用一位出版家的名言以共勉：

我们没有显赫的地位，却有穿越时空的翰墨芬芳；我们没有殷实的财富，却有寄托灵魂的文化殿堂。

中国编辑，堂堂正正，浩浩荡荡。前人霞光满天，后人朝气蓬勃。我们前仆后继，鹏程万里。

编者

图书在版编目（CIP）数据

出版理论与实务研究/沈小农主编.
北京：中国人民大学出版社，2010
ISBN 978-7-300-12226-7

Ⅰ. ①出…
Ⅱ. ①沈…
Ⅲ. ①出版工作-文集
Ⅳ. ①G23-53

中国版本图书馆 CIP 数据核字（2010）第 103386 号

出版理论与实务研究

沈小农　主编

出版发行	中国人民大学出版社			
社　　址	北京中关村大街 31 号		邮政编码	100080
电　　话	010－62511242（总编室）		010－62511398（质管部）	
	010－82501766（邮购部）		010－62514148（门市部）	
	010－62515195（发行公司）		010－62515275（盗版举报）	
网　　址	http://www.crup.com.cn			
	http://www.ttrnet.com（人大教研网）			
经　　销	新华书店			
印　　刷	北京联兴盛业印刷股份有限公司			
规　　格	170 mm×240 mm　16 开本		版　　次	2010 年 6 月第 1 版
印　　张	47.5 插页 1		印　　次	2010 年 6 月第 1 次印刷
字　　数	782 000		定　　价	98.00 元